世界传世藏书

【图文珍藏版】

二战通史

马博⊙主编

第三册

线装书局

四、苏军大反攻

（一）解放列宁格勒

1944 年初，世界战争局势逐渐明朗，同盟国形势越来越好。苏联、美国、英国三个大国无论是在军事上还是在经济上的实力都在迅猛增长，大大超过了德国和日本。

实际上，早在 1943 年，这三个主要同盟国生产的飞机就已经比轴心国多出了 2.5 倍，坦克和自行火炮多出了 5 倍，火炮和迫击炮多出了 3.6 倍。苏联、美国和英国三国的武装部队的总人数超过德国和日本将近 1 倍。

从这个对比来看，战略的主动权已经掌握在同盟国手中，他们已经具备了发动大规模进攻战役的一切条件。不过德国和日本的实力也不可低估。以德国为例，1943 年它利用本国和被占领国的资源，生产了 2.5 万架飞机，10 万多辆坦克和强击火炮。到 1943 年 12 月 1 日为止，德军总人数为 1016.9 万。陆军 709 万人，空军 191.9 万人，海军 72.6 人。其中作战部队为 668.2 万人，后备军为 348.7 万人。那个时候，希特勒几乎占领了整个欧洲，不过他的重点仍然是苏联。

苏联的武装部队也非常强大，至 1944 年 1 月 1 日，苏联不含内地各军区的军队人数已经达到 856.2 万。陆军 733.7 万人，空军 53.6 万人，海军 39.1 万人，国土防空军 29.8 万人。其中作战部队为 635.4 万人，最高统帅部预备队约为 48.8 万人。除了这些，苏军在远东、后贝加尔和南高加索还驻有大量部队。

1943 年 12 月中旬，根据敌我力量的消长和苏德战场上的变化，苏共中央政治局、国防委员会和大本营召开了联席会议，对国内经济、军事、政治形势展开了深入的讨论，对双方力量对比和战争前景进行了细致的分析。最后得出结论：苏军在兵力兵器及经济方面都已经超过了敌人，可以在整个战略正面连续地准备和实施一系列大规模战役。

1944 年初，苏军冬春战役的目标是粉碎苏德战线两个战略侧翼的敌军，解放仍被敌人占领的大片国土。苏军把重点放在了解放第聂伯河西岸的乌克兰和克里米亚上，以便春季能在这一带推进到国境线。在北面的重点是，彻底解除德军对列宁格勒的封锁，将敌军逐出列宁格勒州。

因此，从 1944 年 1 月 14 日起，列宁格勒方面军、沃尔霍夫方面军、波罗的海第 2 方面军和波罗的海红旗舰队，在列宁格勒州 3.5 万名游击队员的配合下，先后对德国第 18 和第 16 集团军发动进攻。这一战役击毙德军官兵 9 万人，俘敌 7200 人，彻底解除了对列宁格勒的封锁。苏军解放了列宁格勒州，为以后解放波罗的海沿岸 3 个共和国创造了条件。

在南部，苏军进攻的重点是第聂伯河西岸的乌克兰。这里是富饶的工业区和粮仓。希特勒一再强调说，如果守不住东线阵地，到万不得已时，只能考虑撤退北翼的德军，但决不能放弃南翼。所以，希特勒将 91 个师的精锐镇守在了这一地带。总兵力 176 万人，拥有火炮和迫击炮 16800 门，坦克和强击火炮 2200 辆，作战飞机 1460 架。

为了打垮这股强大的敌军，苏军最高统帅部也集中了优势兵力，派出了 223 万兵力，共有 162 个步兵师、12 个骑兵师、43 个航空兵师、19 个坦克军和机械化军以及 11 个坦克旅。配备的武器包括火炮和迫击炮 28654 门，坦克和自行火炮 2015 辆，作战飞机 2600 架。

无论是兵力还是兵器，苏军都占据了绝对的优势。为了让几个方面军能协同作战，增强克敌制胜的效果，苏军最高统帅部又派朱可夫元帅亲自负责协调乌克兰第 1 和第 2 方面军的作战指挥，华西列夫斯基元帅负责协调乌克兰第 3 和第 4 方面军的作战指挥。

苏军攻势迅猛，重创敌人坦克第 4 和第 1 集团军，迫使他们向西和西南后退 80～200 千米。仅在 1943 年 12 月 24 日至 1944 年 1 月 6 日这两周中，苏军就击毙德军官兵 72500 名，俘敌官兵 4468 名。

据当时担任机械化旅旅长的巴巴贾尼扬上校回忆追击敌人的途中："在切尔诺鲁兹卡附近，我让我乘坐的坦克停下来，因为有大批的德军俘虏挡住了道路。我仔细一看，简直使我目瞪口呆，原来这支约 300 人的纵队只有我们一名战士在押送。我命令纵队停住，一名十分年轻的冲锋枪手来到我跟前，清晰地报告说：'红军战士皮加列夫押送战俘 273 人！''就您一个人，不怕这么一群人跑掉吗？往哪里跑，上校同志，'士兵笑了，'现在他们可老实多了……'确实，现在条件不同了。"

1944 年 1 月 5 日，乌克兰第 2 方面军发起基洛夫格勒战役。至 1 月 10 日，向西推进了 50 千米，迅速解放了乌克兰重要交通枢纽和中心城市基洛夫格勒。但是由于德军迅速调来强大的坦克部队进行反击，苏军攻势受阻。

1 月 10 日至 11 日，乌克兰第 3 和第 4 方面军对尼科波尔、克里沃罗格地域的德国第 6 集团军发起进攻。不过由于兵力不足，未能取得重大战果，不得不暂时停止进攻。

（二）名将瓦杜丁之死

为了对德军实施新的突击，苏军最高统帅部给各个方面军都补充了人员、技术兵器和运输车辆。

1月底，遵照大本营的指示，4个方面军准备实施3个进攻战役，分别是：乌克兰第1方面军左翼和第2方面军实施科尔松—舍甫琴柯夫斯基战役；乌克兰第1方面军右翼实施罗夫诺—卢茨克战役；乌克兰第3和第4方面军实施尼科波尔—克里沃罗格战役。

1月24日，乌克兰第2方面军开始实施科尔松—舍甫琴柯夫斯基战役。两天以后，乌克兰第1方面军也转入进攻。

当时参战的苏军共有27个步兵师，4个坦克军，1个机械化军和1个骑兵军。而德国守军共有9个步兵师、1个坦克师和1个摩托化旅。虽然还有大量增援兵力，但是从总体上看苏军在兵员和兵器方面都占据着强大的优势。

苏军两个方面军的突击集团在突破敌人防御后，两面合击，迅猛前进。至1月28日，苏联两个方面军的突击集团在兹维尼哥罗德卡胜利会合，切断了德军的退路。大量德军陷入合围。

但是在离被合围的德军不远的地方，德国"南方"集团军群司令部拥有大量的坦克师。他们不仅打算去解围，还计划以坦克第1集团军从西面、第8集团军从南面两路实施突击，反包围突入兹维尼哥罗德卡地域的苏军。

1月28日，有3个坦克师和3个步兵师开始攻击攻苏军两翼。至2月11日，德军增至8个坦克师和6个步兵师，德军调来解围的兵力已超过被围的兵力。

德军统帅部相信，他们肯定能为被围的德国部队解围。德国坦克第1集团军司令胡贝还夸下海口，给被围德军发电报说："我来救你们，胡贝。"希特勒本人也对胡贝将军的强大坦克集团抱有很大的希望，他亲自给被围的德军司令施滕麦尔曼发电报说："可以像依靠石头墙一样依靠我。你们将从合围中解救出来。目前应坚持住。"

为了破灭德军的这一企图，朱可夫迅速将坦克第2集团军从预备队中调到危险地段上，对德军实施了最坚决的反突击。到了2月11日，被压迫在合围圈中心地带（斯捷勃列夫、科尔松—舍甫琴柯夫斯基）的德国部队，供应来源几乎全被切断。就在这一天，"南方"集团军群也合围成功，对外发动了正面决定性的进攻。

德国坦克第1集团军以4个坦克师的兵力，从里齐诺以西地域向累襄卡实施突击。同时，德国第8集团军也以将近4个坦克师的兵力，从耶尔基向累襄卡发起进攻，而被围德军则冲向突破口接应。

苏军击退了德军从耶尔基发动的冲击，但是德军坦克第1集团军的部队攻入了累襄卡，被围的德军于2月11日夜里突围到慎迭罗夫卡。力图会合的这两个德军集团之间的距离，已缩小到10~12千米。

在万分紧急的情况下，朱可夫迅即命令苏军坦克第21集团军和近卫坦克第5

集团军主力以及几个步兵师和反坦克炮兵师，火速增援上述突破地段，并命令苏军航空兵对累襄卡和慎迭罗夫卡实行大规模强有力的空袭。敌人损失惨重。

2月12日白天，外围德军被迫放弃了与被围德军会和的企图。被围德军陷入绝望。德国"南方"集团军群指挥部被迫准许他们丢弃汽车、重武器以及除坦克以外的一切技术兵器，用本身的力量向累襄卡方向突围。

2月16日夜间，陷入绝境的德国被围部队借助夜幕和暴风雪的掩护，分成三路纵队，一枪不发，悄悄地开始突围。不过苏军迅速做出了反应，以坦克、炮兵和夜航轰炸航空兵进行猛烈打击。德军四散奔逃，溃不成军。

2月17日整整一个上午，苏军以更猛烈的火力歼灭德军突围纵队，德军除了一小部分坦克和运载将军、军官和党卫军的装甲车得以突围之外，基本上全部被歼和被俘。科尔松—舍甫琴柯夫斯基战役远远超出了苏军最初预定的目标。

两个乌克兰方面军不仅围歼了威胁其侧翼的敌军重兵集团，拔除了卡涅夫突出部，而且重创敌人15个师，大大削弱了德军的力量。

为了庆祝乌克兰第1和第2方面军的胜利，苏联首都莫斯科以祖国的名义，鸣放礼炮20响。参战的部队都受到表扬。

然而，苏联名将瓦杜丁大将却在这次战役之后牺牲了。他不是死在德国侵略军的枪炮下，而是被苏联国内的一群匪徒所杀害。

据苏联元帅朱可夫回忆：2月28日，他到乌克兰第1方面军司令部去找瓦杜丁再次讨论当前战役的问题的时候，瓦杜丁对朱可夫说："我想到第60和第13集团军去，检查一下那里与航空兵协同的问题是如何解决的，以及在战役发起前能否完成物资技术保障的准备。"朱可夫建议他派副司令员去，但瓦杜丁坚持要自己去。

2月29日，瓦杜丁在离开第13集团军司令部前往第60集团军的时候，看到了一群人，大约250~300人，同时听到在这群人中响起了零落的枪声。

瓦杜丁命令汽车停下来查明情况的时候，躲在农舍里的匪徒们突然朝汽车开枪，瓦杜丁的腿部中弹。由于只有前往戈夏村才能给他进行包扎，所以他在抢救的路途中失血过多，后来虽然苏联派出了最好的医生，但还是没能挽救瓦杜丁的生命。

4月5日，一代名将瓦杜丁闭上了双眼。莫斯科鸣放了20响礼炮，以哀悼祖国的忠诚儿子和颇有才能的统帅。

（三）白俄罗斯战役

1月27日，苏军开始实施罗夫诺—卢茨克战役，这是一个规模不大的战役。苏军仅用3个集团军就基本上达到了战役目的。至2月11日，苏军先后解放了卢茨克、罗夫诺、马涅维契、谢佩托夫卡等城市，夺回了一些大的公路和铁路枢纽，从而改善了实施兵力机动的条件。

1月30日至2月29日，苏军又投入70.5万的兵力，以绝对优势在尼科波尔—克里沃罗格战役中击溃了德军12个师，拔除了尼科波尔登陆场，肃清了第聂伯河扎波罗热弯曲部的德军，并且彻底破灭了德军想恢复其与被围在克里米亚的第17集团军的陆上交通联系的希望。

瓦杜丁

3月11日，苏军最高统帅部给乌克兰4个方面军重新明确了任务和此后实施协同作战的程序：乌克兰第1方面军强渡德涅斯特河，向切尔诺夫策发展突击，以便占领该地并一直推进到苏联国境线；乌克兰第2方面军坚决地追击德军，不让德军在南布格河组织防御，攻占莫吉廖夫—波多尔斯基、德涅斯特一线，并夺取德涅斯特河上的渡口；乌克兰第3方面军在康斯坦丁诺夫卡、新敖德萨地段夺取南布格河上的渡口，不让敌人退往南布格河对岸；尔后，占领蒂拉斯波、敖德萨，并继续进攻，推进到普鲁特河和多瑙河北岸。

3月上旬，乌克兰第1、第2、第3方面军先后发动了进攻，旨在击溃德国"南方"集团军群和"A"集团军群的敌军，解放第聂伯河西岸的乌克兰土地，把德军赶出国境。

3月的乌克兰正是春季，雪融化得很厉害，道路泥泞不堪。在这种恶劣的天气下，红军指战员依然在两个月里，强渡了因古列茨河、南布格河、德涅斯特河和普鲁特河，向西和西南推进了250~450千米，到达罗马尼亚边境和喀尔巴阡山麓，把德军南方战线截成两段。

3月26日，乌克兰第2方面军部队在翁格内以北宽85千米的正面上进抵苏联国境线。莫斯科用几百门火炮鸣放礼炮，大放节日焰火，热烈庆祝这一重大事件。几乎与此同时，乌克兰第1方面军所辖第1坦克集团军的部队也进抵苏联—罗马尼亚边境。

尽管德军已被赶出乌克兰，但是希特勒依然命令盘踞在克里米亚的第17集团军死守到底。因为从军事上来说，占领克里米亚不仅能牵制苏军大量兵力，还能牵制黑海舰队的行动。从国际关系上讲，德国占领克里米亚可以对土耳其施加压力，使其不敢站到同盟国一边；可以把罗马尼亚和保加利亚控制在侵略集团之中。克里

米亚具有重要的战略意义。

4月8日，乌克兰第4方面军从北面彼列科普地峡，独立海滨集团军从东面刻赤地域的登陆场，同时向半岛腹地发动进攻，到5月12日，彻底击溃了敌人。克里米亚战役以彻底粉碎德军第17集团军而告终。

在克里米亚战役正酣时，斯大林于4月22日又召集副统帅朱可夫、代理总参谋长安东诺夫、装甲坦克兵司令员费多连科、空军司令员诺维科夫等商讨夏季战局计划。他们分析了1944年在苏德战场上德军可能采取的行动以及将会遇到的困难，并预计盟军将于6月以大批兵力在法国登陆，德军将不得不在两个战场上作战，其处境将更加艰难，最终将无力回天。朱可夫请求斯大林要特别注意德军的白俄罗斯集团，因为粉碎了这个集团，德军在其整个西部战略方向上的防御就垮台了。

白俄罗斯地处苏联的最西边。1941年希特勒发动侵苏战争时，白俄罗斯首当其冲。希特勒在白俄罗斯已经统治了3年，盘踞在白俄罗斯的德军是布施元帅指挥的"中央"集团军群，共有120万人，火炮和迫击炮9500门，坦克和强击火炮900辆，作战飞机1350架。

苏军攻打白俄罗斯的部队是4个方面军：波罗的海第1方面军和白俄罗斯第3方面军，由总参谋长华西列夫斯基元帅负责协调其作战行动；白俄罗斯第2和第1方面军，由副统帅朱可夫元帅负责协调。

这4个方面军共有240万人，36400门火炮和迫击炮，5200辆坦克和自行火炮，5300架飞机。

这次战役，苏军依然占据着绝对优势，这种优势是以前历次战役前所未有的。为了集中优势兵力合围并歼灭"中央"集团军群的基本兵力，担任主攻的白俄罗斯第3和第1方面军，集中了4个方面军总人数的65%，炮兵的63%，坦克的76%，飞机的73%。为了保障白俄罗斯战役的顺利实施，后勤部门给部队输送了约40万吨弹药，30万吨燃料和润滑油以及约50万吨粮秣。

6月23日，苏军4个方面军先后发动进攻，进展十分迅速。无论在哪一个主要方向上德军均无法阻止苏军前进，无法避开打击。所以苏军的胜利也十分迅猛，26日，苏军解放了维帖布斯克，27日解放了奥尔沙，28日解放了莫吉廖夫。

在6天的时间里，苏军向西推进了80—150公里，解放成百上千个居民点，合围并消灭了敌军13个师，从而获得了向白俄罗斯首都明斯克方向发展的条件。

7月3日，苏军趁胜解放了明斯克。在明斯克以东，苏军合围了德军官兵10.5万人。在7月5日至11日的7天激战中，苏军毙敌7万余人，俘敌3.5万人，其中包括12名德国将军。至此，白俄罗斯战役第1阶段的任务胜利完成。

7月4日，苏军最高统帅部具体确定了各个方面军的任务：波罗的海第1方面军应向考那斯方向发动进攻；白俄罗斯第3方面军应解放立陶宛首都维尔纽斯；白俄罗斯第 2 方面军应向波兰境内的比亚维斯托克进军；白俄罗斯第 1 方面军应向巴拉诺维济和布列斯特方向迅猛前进。

按照这个部署，白俄罗斯第 3 方面军于 7 月 4 日开始向立陶宛首都维尔纽斯进发，7 月 13 日，苏军在游击队的配合下，解放了维尔纽斯。

白俄罗斯第 2 方面军向西前进了 230 千米，强渡了许多江河，7 月 27 日，解放了波兰东部重镇、铁路和公路交通枢纽比亚维斯托克。此后，他们继续扩张战果，向东普鲁士前进。

与此同时，白俄罗斯第 1 方面军也于 7 月初解放了科韦耳市。

7 月 20 日，苏军强渡西布格河，进入波兰国土，受到当地居民的热烈欢迎。在波兰人民的协助下，苏军于 7 月 24 日解放了波兰城市卢布林，一天以后就在登布林以北进抵维斯瓦河。7 月 28 日，另一支部队解放了俄国名城布列斯特和布列斯特要塞。

到 7 月底，苏军击溃了德"中央"集团军群的基本兵力，推进到苏联国境线，从而达到了解放白俄罗斯的作战目的。

7 月 27 日和 29 日，苏军具体确定了各个方面军在波罗的海地区和西方方向上的任务：波罗的海第 1 方面军负责切断"北方"集团军群与东普鲁士之间的交通线；白俄罗斯第 3 方面军最迟于 8 月 1—2 日占领考那斯，并于 8 月 10 日前至与东普鲁士的交界线，从东面进入东普鲁士，摧毁德国军国主义的温床和堡垒；白俄罗斯第 2 方面军向沃姆惹、沃斯特罗温卡方向发动进攻，于 8 月上旬抢占那累夫河登陆场，就地牢牢地驻扎下来，准备从南面进入东普鲁士；白俄罗斯第 1 方面军奉命以右翼向华沙进攻，应不迟于 8 月 8 日占领普腊加，并在普乌土斯克地域抢占那累夫河登陆场；方面军左翼占领华沙以南维斯瓦河对岸登陆场，为下一步进攻做好准备。

按照这个部署，苏军迅猛向西推进，大纵深突破，这让德军统帅部惊恐不安。就在这时，西线的美英军队也在法国大举进攻。希特勒尝到了两线作战的苦果，顾此失彼，处境越来越艰难了。

7 月 31 日，"中央"集团军群司令官莫德尔元帅在命令中惊恐地写道，苏联军队已到了东普鲁士国境线，"后面已没有可退的地方"。不过由于德军的顽强抵抗，波罗的海第 1 方面军未能切断德"北方"集团军群同东普鲁士的交通线。

与波罗的海第 1 方面军相比，白俄罗斯第 3 方面军进展则颇为顺利。8 月 17 日，该方面军的一个营首先攻入东普鲁士。

德尔菲诺少校指挥的法国"诺曼底"歼击航空兵团也在这个重要方向上作战。他们同苏联飞行员一起，痛击德军。

白俄罗斯第 2 方面军继续发展进攻，于 9 月在奥斯特罗温卡方向上将敌人击退到那累夫河岸。

1944 年 8 月底，苏军先后到达波兰东部的耶尔瓦加、多贝莱、奥古斯托夫、那累夫河和维斯瓦河，白俄罗斯战役到此结束。

经过白俄罗斯战役，苏军解放了白俄罗斯、立陶宛共和国以及拉脱维亚的一部分，解放了波兰东部地区。

（四）华沙起义

苏军解放波兰东部、进抵维斯瓦河之后，波兰国家军遂于 1944 年 8 月 1 日在华沙举行起义，力图控制波兰首都。

早在 1942 年 1 月的时候，波兰共产党就已经在华沙成立了波兰工人党，同时建立了武装司令部，着手组建人民近卫军，以此抵抗德国侵略者。除此之外，一些流亡在苏联的波兰共产党人和爱国人士也组成"波兰爱国者联盟"，请求苏联政府帮助建立波兰军队，以便打回老家去，光复祖国。

1943 年 5 月，新型的波兰军队在苏联国土上建立起来了。到 1944 年 7 月，这支波军已发展为 10 万多人。1943 年 12 月 31 日至 1944 年 1 月 1 日，波兰工人党和人民近卫军的代表、波兰社会党左派、农民党和党的代表以及知识分子左派的代表等，在华沙秘密召开"全国人民代表会议"，决定把国内的武装力量统一起来，正式组成人民军。

1944 年 7 月 29 日，设在苏联的"科希秋什科"电台用波语广播了下列节目："华沙，这个从未屈膝投降、从未停止战斗的城市，行动时刻到来了……"晚间新闻】4 月 15 日完整

"通过巷战，在房屋里、工厂里、商店里进行战斗，我们将使最后解放的时刻日益接近，我们将保护国家的财富和兄弟同胞的生命。"

在此后几天里，这家电台一再对华沙居民发出呼吁："华沙的人民，武装起来！进攻德国人！帮助红军渡过维斯瓦河。传递情报，指明道路……"

当时德国的溃败趋势已经逐渐明朗，然而波兰起义者虽然在人数上与德军旗鼓相当，但在武器和技术装备方面德军依然占据着绝对的优势，德军可以召唤空军和坦克部队进行支援，而波兰国家军则无此后盾。

德国在华沙地区的军队约有 4 万人，波兰国家军约有 3.8 万人，其中包括 4000 名妇女。他们拥有步兵的轻重武器，但严重不足，弹药仅仅可以供 7 天的战斗。

7 月 31 日下午，在国家军司令部里，华沙地区司令蒙特尔上校报告说，德军在维斯瓦河东岸的桥头堡已被苏军坦克突破，德军防御已呈瘫痪状态。苏军先遣部队已占领华沙郊区若干地方（后来查明，这个消息是不准确的）。

根据这个报告，总司令博尔命令蒙特尔上校于8月1日下午5时向德军发动进攻。几分钟内，华沙完全湮没在炮火声中。德军在街上巡逻的部队遭到了攻击，并被解除了武装，许多目标都被占领。

第二天，第三天，国家军队开始攻击德军战术据点。但是因为缺乏重武器，无法摧毁钢筋混凝土工事，收效甚微。尽管伤亡很大，战斗的结果令人失望，但是这一切都没有影响进攻的势头。不过最让人失望的是，维斯瓦河东岸苏德两军交战的枪炮声逐渐减弱，到8月4日，完全停止了战斗，华沙上空也看不到苏联的飞机。蒙特尔上校考虑到诸多因素，命令部队从8月5日起转入防御。

在起义的最初阶段，波兰国家军就控制了华沙3/5的地区。华沙德军防卫司令施塔赫尔反应迟钝，直到8月4日才宣布全城戒严。不过希特勒可不迟钝，当华沙起义的消息一传到希特勒的耳朵里，立即在8月2日任命党卫军的高级将领巴赫·齐列夫斯基为华沙城防司令，负责镇压起义。德国陆军司令希姆莱也火速派出了增援部队，给华沙德军运去了重炮、火箭和火焰喷射器。此外，党卫军"赫尔曼·戈林"坦克师和另外两个师也部署到华沙南郊，以镇压起义和加强对红军的防御。

从8月4日起，德军便开始对起义者发动猛烈进攻，随着战斗的升级，手段也越来越残酷。德军开始大量屠杀战俘、和平居民和医院里的伤病员。他们甚至把几百名妇女儿童赶到前线，让这些人走在进攻的德国坦克前面，以防波兰起义者的射击。

但波兰人宁死不屈，他们说："一旦武器在手，我们就要他们以血还血！"到9月，起义者的处境更为艰难，伤亡日多，弹药匮乏，粮食不济，饮水也成了问题。他们频频向苏军呼吁，请求紧急支援。

8月底，白俄罗斯第1方面军的部队在华沙北面进抵那累夫河，在塞罗茨卡地区占领一个登陆场。苏军几次试图在华沙附近强渡维斯瓦河，但均未能粉碎德军坦克和步兵的抵抗，遭受重大牺牲后被迫返回原地。

尽管如此，白俄罗斯第1方面军和波兰第1军指挥部仍以炮击和空袭来支援起义者。从9月13日至10月1日，苏联空军先后出动飞机4821架次，直接袭击华沙的敌军，并向起义军投下了大量急需的武器、子弹、军用物资、药品及粮食。英国空军也向华沙投入了一些补给品。但这些依然是杯水车薪。

9月底，华沙的起义者弹尽粮绝，他们发出的最后几次广播中说：

"……您的英雄们是一些士兵，他们用左轮手枪、汽油瓶作为武器，跟坦克、飞机、大炮搏斗。"

"您的英雄们是那些妇女，她们在弹雨纷飞的炮火下护理伤员，传送信件，她们在炸得倾塌的地下室炊制食品，喂养小孩，供应成人。她们安慰垂死者，减轻他们的痛苦。"

"您的英雄们是这些孩童，他们在还在冒烟的废墟间安静地嬉戏。"

"这些就是华沙的人民。"

"能够鼓舞起这样广泛的英雄行为的民族是不朽的，因为死者可以说已经战胜了；而生者将继续战斗，取得胜利，并一再证明：只要波兰人活着，波兰就存在下去。"

波兰国家军司令部在同人民抵抗领袖们商量之后，认为继续战斗已不会达到起义的目的，只能延长人民的痛苦，于是通过波兰十字会与德军谈判。

10月2日，起义军与德军签订了停火协定。同日，波兰代表团在德军司令部签署了投降书。在长达两个月的战斗之后，波兰国家军放下了武器。在这次起义中，德军损失2.6万人，波兰国家军的3.8万人中有1.5万人壮烈牺牲了。据波兰方面统计，平民死者大概有15万—20万人左右。

在华沙巷战正酣时，罗马尼亚人民也于1944年8月23日举行了武装起义，保加利亚于1944年9月9日举行了反德武装起义。罗马尼亚和保加利亚的解放，为苏军进入匈牙利和南斯拉夫开辟了道路。1944年9月21日，南斯拉夫人民解放军最高统帅约瑟普·布罗兹·铁托到达莫斯科，同苏联领导人举行会谈，就苏军暂时进入南斯拉夫达成协议，同时缔结了苏军同南斯拉夫人民解放军协同作战的协定。

（五）进军东欧

9月28日，苏军在南斯拉夫军队和保加利亚祖国阵线军队的配合下，再次向德军发起了进攻。

10月20日，苏军解放了南斯拉夫首都贝尔格莱德，同时还占领了两个重要的战略据点，切断了德军的退路。苏联给了南斯拉夫相当数量的军事援助，帮助他们装备了12个步兵师和两个空军师。南斯拉夫人民解放军经过好几个月的激战之后，终于在1945年5月15日彻底击溃了德国侵略军，取得了民族解放的胜利。

在解放了贝尔格莱德之后，苏军和保军便开赴匈牙利战场，围歼那里的德军。德军企图凭借多瑙河天然屏障，守住出产石油的匈牙利，保护德、奥南翼的安全，所以大量调兵遣将，加强"南方"集团军群的力量，妄图阻止苏军在匈牙利的攻势。

苏军经过艰苦奋战，于1945年1月包围了匈牙利首都布达佩斯的德军。为了避免不必要的流血牺牲，苏军建议被围德军投降，但德军不仅拒绝接受投降条件，还杀害了苏方的两位军使。苏军开始攻打布达、佩斯。

1月18日，苏军解放了佩斯，全线进抵多瑙河。2月13日，苏军又解放了位于多瑙河对岸的布达。这一仗歼灭德军18.8万人。

布达、佩斯的解放使苏军能够进一步打击匈牙利、奥地利和捷克斯洛伐克的德军。不过德军依然在做拼死抵抗，他们调集了43万人马，于1945年3月初在匈牙利的巴拉顿湖地域进行疯狂反扑，力图阻止苏军前进。

苏军经过一个月的激战，击溃了巴拉顿湖的德军，于4月4日解放了匈牙利全境。德军残部向西逃遁。苏军乘胜前进，4月13日解放了维也纳。

1944年底，罗马尼亚、保加利亚相继解放。希特勒为了巩固战线的南翼，派重兵直接占领了捷克斯洛伐克。1945年1月中旬，苏军发动了西喀尔巴阡战役，于两个月后解放了斯洛伐克大部和波兰南部地区。

4月4日，苏军解放了斯洛伐克首都布拉迪斯拉发，月底解放了工业中心布尔诺。

5月5日，捷克斯洛伐克首都布拉格人民举行抗德起义。斯大林命令乌克兰第1方面军火速支援，将德军歼灭。

1945年初，在苏军实施的各大战役中，维斯瓦河—奥得河战役和东普鲁士战役是其重点，它们都在柏林方向上。由于希特勒在西线对盟军发动反扑，丘吉尔急电斯大林请求支援，苏军提前8天发动了进攻。1月12日，科涅夫元帅指挥的乌克兰第1方面军首先从散多梅希登陆场发动进攻，直取布累斯劳。两天后，朱可夫元帅指挥的白俄罗斯第1方面军从马格努舍夫登陆场发起攻势，直指波兹南。

两路大军以雷霆万钧之势，迅猛突破德军防线，向西推进。在23天的战斗中，苏军摧毁了维斯瓦河和奥得河两河之间的德军防御，向西推进了500千米，歼敌35个师，重创敌军25个师，俘虏德军官兵14.7万人。

东普鲁士战役也是1月中旬开始的。至1月底，盘踞在东普鲁士的78万德军被苏军分割为3个孤立的集团。经过3个月的苦战，苏军逐个击溃了德军。

在白俄罗斯第1方面军主力进抵奥得河后，德军最高统帅部迅速集结了一股强大的兵力，准备从北面击溃前出奥得河的苏军。苏军识破德军意图之后，立即派出白俄罗斯第2方面军向西挺进，消灭东波美拉尼亚之敌。

3月初，苏军前出波罗的海，3月底解放了格丁尼亚和但泽，波兰国旗当即飘扬在这两座名城的上空。

4月9日，苏军占领哥尼斯堡，四月下旬击溃了德军残部。东波美拉尼亚战役解除了白俄罗斯第1方面军所受的威胁，为攻打柏林创造了有利的条件。

五、百万盟军前进

（一）盟军向德国边界推进

巴黎解放以后，艾森豪威尔厉兵秣马，指挥几路大军同时向德国边界挺进。他的战略计划是：蒙哥马利的北方集团军群从沿海一带向东北推进，消灭德军有生力量，摧毁德国 V-1 飞弹的发射基地，占领良港安特卫普，改善盟军供应条件，前出德国北部平原，从北面包围鲁尔。布莱德雷的中央集团军群突破德国边界防线，强渡莱茵河，直指卡塞尔，完成对鲁尔的包围，消灭西部德军主力，摧毁德国工业潜力，然后再继续东进。

8 月 30 日，克里勒将军指挥的加拿大第 1 集团军从塞纳河上的桥头堡埃尔伯夫出发，9 月 1 日占领第厄普。9 月 4 日，加军包围了勒阿弗尔，德军拒绝投降。盟国海空军猛烈轰击，空军投弹 1.1 万吨，海军用口径 15 英寸的大炮发射炮弹 300 发，到 9 月 12 日上午，德军 7000 人乖乖地当了俘虏。

加拿大第 1 集团军的主力沿海岸向东北扫荡，解放了许多小港。布伦和加来的德国守军负隅顽抗，在遭到盟国海空军的猛烈袭击后，才于 9 月 23 日和 30 日先后缴械投降。9 月 8 日，加军占领了比利时的奥斯坦德。15 日解放了泽布腊赫，肃清了海峡沿岸的敌人。

与此同时，在加军的右翼，英国第 2 集团军乘胜东进，9 月 3 日解放布鲁塞尔。根据比利时抵抗运动的战士们提供的情报，英军于 9 月 4 日一举占领了重要港口安特卫普，港口设施完好无损。

在中线，霍奇斯指挥的美国第 1 集团军从巴黎东西两侧的基地出发，用 3 个军的兵力向东挺进，直指比利时的纳慕尔、列日和德国边界。9 月 2 日，美军进入比利时，一路势如破竹，8 日占领日，10 日解放卢森堡首都卢森堡城，11 日进抵德国边境。在进军途中，一支德寇挡住去路，美军毫不客气地在法比边界俘虏了这支德军。

在霍奇斯右翼是巴顿的第 3 集团军。8 月 29 日，第 3 军团占领了兰斯和马恩河上的夏龙，9 月 1 日占领了凡尔登，然后渡过默兹河向梅斯挺进。9 月 5 日，美军到达了重要的交通枢纽南锡，7 日强渡摩泽尔河。9 月 11 日，美军在摩泽尔河东岸的梅斯和南锡之间建立了阵地。9 月 12 日，另一支美军渡过摩泽尔河，从南锡的东北迂回包抄，15 日攻下南锡。

9 月 21 日，北上的美国第 7 集团军和第 3 集团军的大部队在厄比纳尔会师，这样盟国各路大军就联成一体，时刻准备好了向德国边境发动全面进攻。

自诺曼底登陆以来的 3 个多月中，德军损失重大，西线只剩下 49 个师，并且每师兵力不过半数。大多数德军将领都认为，唯一的希望就是迅速撤到莱茵河东岸，据险防守。但是希特勒认为，他还有 1000 万以上穿军装的人，德国的工厂还能维持高速生产，甚至达到了战时的高峰，德国的实力还很强。他下令减少后勤人员，增加战斗部队，把海军、空军人员转为步兵，同时还扩大兵役年龄界限，通过这种方式又拼凑了 25 个新师补充西线。

9月5日，希特勒又让冯·龙德施泰特重新担任西线总司令，莫德尔降为B集团军司令。3月之中，三易统帅，希特勒总是习惯性地把失败的责任推给下属。他命令冯·龙德施泰特：守住德国同荷兰和比利时的边界、齐格菲防线和摩泽尔河，然后组织反击，迫使西方盟国单独媾和，以便他集中力量去对付苏联。

在诺曼底战役胜利之后，盟国各路大军顺利东进，艾森豪威尔兴致勃勃，满怀必胜的信心，以为能稳拿柏林。他认为柏林是主要目标，必须集中全部精力和资源迅速向柏林突进；同时要把这个战略同俄国的战略协调起来，采取最直接最迅速的路线，用美英联合兵力并在其他适当部队的支持下，通过关键性的中心城市，占领两翼的战略地区，向柏林推进。

诺曼底战役

蒙哥马利极力主张把主要的兵力和物力资源集中到战线的一部分，最好是集中到北部，迅猛地、持续不断地攻入德国，直捣柏林。但巴顿反对这个主意，他认为只要给他适当的支持，第3集团军就可以在几天之内占领莱茵。艾森豪威尔自己则主张在"宽大的正面"上向莱茵河推进。虽然艾森豪威尔反对上述的两个建议，但还是批准了蒙哥马利的一项空降作战计划：用3个空降师去帮助英国第2集团军克服荷兰境内的3个障碍——马斯河、伐耳河和下莱茵河，抢先占领这些河上的主要桥梁，使英军取得一些阵地，进而前出德国北部平原，迂回齐格菲防线，包围鲁尔。

9月17日下午，英国第2集团军的3个师和1个旅从地面向荷兰发动进攻。与此同时，盟国第1空降集团军开始空降作战行动，美国的两个空降师降落在荷兰东南部的奈梅根地区和埃因侯温的北面，18日和19日先后同前进到这里的英国第2集团军的部队取得了联系。英国第1空降师和波兰的1个空降旅降落在下莱茵北岸的阿纳姆以北地区，遭到德军的猛烈反击。这支伞兵孤军奋战，坚持8日后牺牲了近7000人，仅存的2300多名幸存者被迫撤回下莱茵的南岸。

这是一次大规模的空降作战行动。从9月17日到30日，盟军空投了34876人，5230吨装备和供应品，运输1927辆军车，568门大炮。此后盟军又不断地给这支军队空运补给物资，先后出动飞机7800架次。这次空降作战行动虽然牺牲较大，但是前进了80公里，为英军以后强渡莱茵河创造了有利的条件。

为了摧毁齐格菲防线，艾森豪威尔要求美国陆军部每月供应800万发炮弹。刚好这时候的美国人民反法西斯热情空前高涨，他们把1200万儿女送到部队去打击法西斯侵略者，很多女士都参加了妇女辅助队，开赴前线做各种力所能及的工作。留在国内的美国人则以忘我的劳动创造了大量的物质财富，以千百万吨衣物食品供应前线，制造了大量的武器弹药和其他军需品，为前线的胜利创造了雄厚的物质条件。除此之外，英国和加拿大的人民也生产了大量武器和军需品供应前线。

1月中旬，早已经做好了充分准备的盟军全线发动了猛烈的进攻，以突破齐格菲防线。但是德军反抗也异常激烈，想从他们那里夺得一寸德国土地都要付出重大的代价，所以进展不大。

11月底，美第3集团军摧毁了梅斯地区以及摩泽尔河和塞勒河沿岸的敌军防御，准备向萨尔进军。南方集团军群一举攻入阿尔萨斯—洛林。11月23日，法国第2装甲师攻入了斯特拉斯堡，俘虏了1.5万名德国军人。27日，法军肃清了城外四周堡垒里的德军，完全解放了法国这座历史名城。德军龟缩到科耳马尔城，在莱茵河西岸保持了一个强大的桥头堡。

到11月底，盟军已增加到300万人。加拿大第1集团军以付出1.3万人的伤亡代价，肃清了舍尔德海口一带的敌人，使安特卫普可供盟军使用。虽然这个大港依然经常遭到德国V-1飞弹和V-2火箭的袭击，但每天还能卸货2500吨，从而使盟军的供应大有改善。

由于全线720千米都保持攻势，艾森豪威尔仍感兵力不足，致使德军有隙可乘，在盟军薄弱的阵线上实行反扑。

（二）希特勒在阿登地区的反扑

早在1944年8月19日，盟军在法国的阿尔让唐—法莱斯地区围歼德军。希特勒一边指示法国南部德军全线撤退，一边准备反扑。他秘密地下达一道命令"准备于11月发动进攻，25个师必须在今后一两个月内向西线推进。"

这道命令使了解内情的德国将领感到吃惊，他们不知道从哪里可以再搞到25个师。但是疯狂的希特勒自有办法，他实行"总体战"体制，授予戈培尔以专制权力去增加军工生产和强迫人们参军。应征年龄从16岁到60岁，而且没有一个人能逃避兵役。工人、小业主、家庭佣人、大学生、正在受训的预备役军官，以前征兵时不合格的人，刚出狱的犯人——所有这些人都被吸收到这支队伍里。在经过6至8个星期的训练后，这些新兵就开到了前线。11月初，希特勒又拼凑了18个师的新兵送到西线。

希特勒11月底进行反扑的战略意图是：集中优势兵力，迅速突破盟军防线，直捣默兹河。一旦渡过默兹河，德军就形成两把尖刀，直插西北面的布鲁塞尔和安特卫普。而在拿下安特卫普和舍尔德海口以后，欧洲盟军将被切成两半，他们在北方的 4 个集团军——美国第 1、第 9 集团军，英国第 2 和加拿大第 1 集团军就能被消灭掉。"那时西方盟国将准备缔结单独和约，德国就能把它的全部兵力转向东方。"

希特勒选择的进攻地点是卢森堡、比利时和德国交界的阿登地区。这里是森林茂密的山地，是西方盟军防守的 720 千米战线上最薄弱的地段。1940 年希特勒大举进犯西欧各国时就是从这里突破的。

反攻部队第 6 党卫队坦克集团军在阵线的北翼，担任主攻；第 5 坦克集团军与它并肩前进，突破中线；第 7 集团军的任务是在南部迅速建立一道壁垒，掩护进攻部队的南翼。此外，希特勒还下令搜罗了 1000 多名伞兵，准备在盟军阵线后面空降，占领要冲。他还别出心裁，下令训练一支突击队，穿上盟军服装，乘坐缴获的盟国军车，伪装成美军，潜入盟军后方，占领默兹河上的桥梁，发布假命令，散布德军已获大胜的谣言，制造混乱，扰乱军心。

防守阿登这条 140 千米战线的，是美国第 1 集团军的第 5 军和第 8 军。在德军重点突破的地段上，美军只有 2 个步兵师，1 个骑兵巡逻队和 1 个毫无作战经验的坦克团作为预备队。所以，在发动进攻时，德军占有绝对优势。

在进攻前夕，希特勒还特意给他的法西斯将领们打气。他大谈国际政治，妄图把胜利的希望寄托在反法西斯联盟的解体上。他对他的将军们说："历史上从来没有过像我们敌人那样的联盟，成分那样复杂，而各自的目的又那样分歧……一方面是极端的资本主义国家；另一方面是极端的马克思主义国家。一方面是垂死的帝国英国；另一方面是一心想取而代之的原来的殖民地美国……如果我们发动几次进攻，这个靠人为力量撑住的共同战线随时随地可能霹雳一声突然垮台……只要我们德国能保持不松劲的话。"

德军的将领们大多不相信这次进攻会获得成功，他们认为这是一个野心太大的计划。陆军元帅龙德施泰特说得更尖锐："安特卫普？如果我们能到达默兹河，我就跪下来感谢上帝。"但希特勒坚持己见，声言将军们的唯一职责就是服从他的命令。

在严格保密的情况下，德军 20 个师悄悄地集结到阿登前沿阵地。1944 年 12 月 16 日晨 5 时 30 分，密集的德军大炮突然开火，几乎所有的美军阵地都遭到了猛烈的轰击。不久以后，在美国兵还没有清醒过来的时候，德国的突击部队蜂拥向前，为坦克开辟道路，紧接着坦克部队就开始了冲击。

北翼的德军遭到美第 5 军和增援部队的阻击，战斗激烈，进展缓慢。中线的德军进展迅速，因为这里的守军是美国第 8 军的第 28 师，他们在亚琛周围苦战了两个月，损员 6184 人，正在阿登休整补充。另一支守军是美国第 106 师，他们是刚从国内调来的新兵，3 天前才进入阵地，毫无作战经验。

二战通史

二战全程

12月17日晚，德第5坦克集团军在施尼—艾菲尔包围了美军第106师的2个团，2天以后这支8000多人的部队向德军投降了。美国官方历史说，这是美军在欧洲战场上最严重的一次失败。

18日，德军进抵作为公路交通枢纽的巴斯托尼。美军坚决死守，寸土不让。19日，美第101空降师火速赶来增援。两军展开了争夺巴斯托尼的白刃战，双方都有大部队增援，战斗持续了20天。

在南翼，德第7集团军建立起一道壁垒，保护中线。此外，在美军后方，伪装成美军的德军虽然起到了一些破坏作用，但是很快就被美军发现并清除了。

12月24日下午，德第2坦克师进抵距离默兹河只有6.5公里的小镇塞莱斯，纵深突进将近100公里。第二天，美国第2装甲师在英国的一支装甲部队的协助下，在美国战斗机、轰炸机的支援下，一举击溃了德军第2坦克师，打毁敌坦克80辆，使德军最终未能到达默兹河。

对于美国高级指挥官来说，希特勒的这次反扑是突然袭击。起初，布莱德雷还以为这是一次破坏性进攻，旨在阻止巴顿对萨尔发动攻势。12月17日，前线告急。艾森豪威尔把最高统帅部仅有的预备队第82空降师和第101空降师拨归布莱德雷使用。布莱德雷迅速把第82空降师派往北翼的斯塔弗洛，把第101空降师派往中线的巴斯托尼。

由于希特勒党卫队分子的破坏活动，前线情报极其混乱。所以直到12月18日晚间，盟军最高统帅部才搞清楚了敌情，确定这是德军一次大规模的反攻。艾森豪威尔认为，没有必要在南北两翼同时反击。因为北翼在德军进攻中正首当其冲，应采取守势。但在南翼应尽早组织反击。

危急时刻，美军表现出高度的机动性，各集团军迅速调兵遣将，驰援阿登。艾森豪威尔一方面向英美政府告急，要求尽快向前线增兵；另一方面也在努力鼓舞士气："敌人一冲出他们的固定防线，就给我们一个机会把他们的大冒险变为他们的惨败。所以我号召全体盟军战士，鼓起勇气，坚定信心，努力奋斗。希望每个人都坚定这个唯一的信念：消灭敌人，从地面、从空中、从一切地方消灭敌人！让我们以这个决心和我们为之奋斗的不可动摇的信念团结起来！在上帝的保佑下，我们朝着最大的胜利奋勇前进！"

12月22日，巴顿从南面发动进攻。他派出1个步兵师到卢森堡城东北支援南翼美军阵地，同时又派出1个步兵师和第4装甲师到巴斯托尼去解围。但是由于冰雪塞途，这支援军到26日才赶到巴斯托尼与被围的美军取得联系。

23日，天气转晴，盟军出动了约5000架飞机，猛袭德军的进攻部队和运输车辆，侦察敌人的重要活动，大大缓和了危局。同时由于空军给巴斯托尼的守军投下了急需的供应品，在很大程度上鼓舞了士气。此后，除了恶劣天气干扰以外，空军一直大显身手，充分发挥了地空战术协同的效率。

在北翼，由于德军的进攻，布莱德雷的中央集团军群司令部已经无法同北面的美第1和第9集团军保持正常的通信联系。12月19日，艾森豪威尔把美国第1和第9集团军暂时拨给蒙哥马利指挥。蒙哥马利把他的预备队布置在默兹河西岸，严阵以待，防止德军渡河。同时采取各种措施，整编和补充美第1集团军，不断派兵去挫败北翼敌人的攻势。

1945年1月3日，美第1集团军从北翼发动了进攻，南北夹击德军。同一天，德军用两个军的兵力对巴斯托尼发动了最后一次猛攻，展开了阿登战役中最激烈的战斗，妄图拿下这个重镇。但是在巴顿的猛烈反击下，德军以失败告终。1月8日，希特勒命令德军撤退到豪法里兹西部。巴顿乘胜紧迫，但是由于冰雪阻滞，进展缓慢。到了1月16日，美第3集团军才和第1集团军在豪法里兹会师，这时敌军早已逃跑了。

1月28日，盟军终于把法西斯侵略军赶回德国边境，恢复了原来的阵线。

在盟军开始反攻以后，丘吉尔曾致电斯大林求援。1月12日，苏联军队从波兰的维斯杜拉河（现名维斯瓦河）发动了强大的攻势，重创德军。1月22日，希特勒急忙把党卫队第6坦克集团军从西线调往东线。这大大减轻了西方盟军的压力，加速了他们的进展。

在阿登之战正酣时，希特勒乘巴顿北上，盟军南方集团军群扩大防地、战线空虚之际，又动用10个师的兵力在阿尔萨斯发动了"北风"攻势，对盟军进行第二个打击。但是德军只是在德法边界上前进了30千米，丝毫没有改变阿登的战局。

希特勒在阿登的反扑是他的垂死挣扎。据德军最高统帅部作战部长约德尔后来供称，安特卫普计划是一次异常大胆的军事行动，"但我们处于绝望境地，改善这种处境的唯一办法就是采取最后决策。我们不可能期望逃避我们所面临的厄运，战斗而不是等待，我们还可能拯救一点东西"。希特勒孤注一掷，付出了巨大的代价，伤亡和被俘的德军约10万人，损失坦克800辆，飞机1000多架，依然没有捞到任何好处。

阿登战役结束之后，德国在西线上只剩下了66个师，但是大部分部队的武器装备和训练都很差，有24个师甚至连反坦克炮都没有。

（三）艾森豪威尔放弃占领柏林

1945年1月底至2月初，美第7集团军和法第1集团军全线进抵莱茵。根据艾森豪威尔的战略部署，从北到南，各个集团军都要清除莱茵河西岸的残敌，扫清障碍，以利大军渡河。

从2月8日到3月25日，盟国各个集团军先后肃清了从阿纳姆（荷兰）到瑞士边界的莱茵河西岸的德军，进抵莱茵河畔。由于阿登战役的失败，德军士气低落，兵力兵器遭到了无法补偿的损失，齐格菲防线已成一个空架子。所以，盟军并没有遇到太顽强的抵抗。

3月7日，美第1集团军的第9装甲师进抵雷马根，战士们惊奇地发现，莱茵河上的鲁登道夫大铁桥还没有破坏。德军原本准备在下午4时炸桥，可是当他们扭动开关的时候才发现电线失灵，炸药未能起爆，大桥安然无恙。一名德军中士又点燃了300千克备用的炸药，但在一声巨响后，大桥岿然未动。这时美军探索着冲到桥东，在那里建立了第一个桥头堡。艾森豪威尔得到这一消息后非常高兴，积极支持布莱德雷迅速渡河。第1集团军迅速向东岸增援，击退了敌人多次进攻。

3月10日，希特勒撤去了冯·龙德施泰特西线总司令职务，任命意大利战场的凯塞林来接替他。然而，大厦将倾，什么将帅也挽救不了败局了。

从3月7日到31日，美、英、加、法等同盟国家的7个集团军先后在莱茵河上抢占了很多渡口，相继渡河，向德国腹地挺进。

美第1集团军和第9集团军渡河以后，迅速从南北两面包围德国主要工业区鲁尔以及退守那里的德国B集团军群。

在对鲁尔的包围圈即将完成时，蒙哥马利命令英国第2集团军和美国第9集团军必须以最大的速度和干劲向易北河猛进，直指从汉堡到马格德堡一线。他特别强调需要"突然出击"，以快速装甲部队为先导，沿途占领飞机场，以利随后用来进行密切的空中支援。

然而当蒙哥马利的部队已经整装待发的时候，"艾森豪威尔不仅完全改变了计划，而且直接通知了斯大林"，以便他的作战行动同苏军的作战计划协调起来。他同意蒙哥马利在鲁尔东面同布莱德雷会师。然后不仅美国第9集团军不让蒙哥马利指挥，而且还清楚地表明，盟军的主要突击方向不是柏林，而是莱比锡和德累斯顿，并同苏联人会师。

当蒙哥马利向艾森豪威尔呼吁，在到达易北河之前，既不要改变计划，也不要变动指挥安排时，艾森豪威尔更全面地说明了他的意图："我的计划很简单，其目的在于分割和消灭敌军并同苏联军队会师。只要斯大林能给我情报，卡塞尔—莱比锡轴心是达到这个目标的最直接的进军线。"

对于艾森豪威尔的这种做法，丘吉尔和英国军界人士都极为恼火，因为英国一直想让蒙哥马利担任副统帅，全面指挥盟军所有的地面部队。但是美国的马歇尔等人则支持艾森豪威尔的行动，他们认为在纯军事问题上盟军最高统帅有权直接与苏军最高统帅进行联系。

然而，艾森豪威尔放弃占领柏林的真实意图又是什么呢？

事实很明显，由于希特勒在阿登的反击，盟军耽误了 6 个星期的时间。结果，当蒙哥马利的北方集团军群离柏林还有 480 千米的时候，苏军距柏林只有 60 千米左右，并且早已准备攻打柏林了。艾森豪威尔预见争夺柏林的比赛快要输掉了，罗斯福也有这种看法。

其次，当时的希特勒还在柏林做困兽之斗，如果强攻德国首都，就要付出巨大的伤亡代价。并且，在雅尔塔会议上，苏美英三大国早已经划定了各自在德国的占领区，柏林在苏联占领区内。即使美军付出巨大代价占领了柏林，布莱德雷说："我们还要退出来并把地方让给人家。"所以美国高级将领不愿为了政治上的威望而付出这样重大的牺牲。

再次，据美国情报部门获悉，希特勒在德奥边境的萨尔斯堡一带山区，建立了"民族堡垒"，储备了大量的弹药物资，甚至修建了飞机制造厂，准备纠集纳粹狂热分子，负隅顽抗，战斗到底。布莱德雷说："在当时，传奇式的堡垒在我们看来是完全现实的和非常严重的威胁，我们不能轻视它。它一直严重地影响到我们在战争最后几个星期里的战术思想。"

最后，在反法西斯联盟内部，英美同苏联始终存在矛盾和斗争。特别是到了 1945 年春天，他们的共同敌人希特勒的失败已经成为定局，这种矛盾和不信任也越来越明显。但是美国想争取苏联参加对日本的战争，所以在很多地方都尽量迁就苏联。

因为上述的这些原因，所以艾森豪威尔决定不同苏联争夺柏林，而是"尽量多用美国军队去占领德国"。

（四）易北河会师

当盟国大军渡过莱茵河时，西线德军号称还有 60 个师，但实际兵力还不到半数。但是盟军却已经增加到了 93 个师，空军早已经取得了制空权，拥有飞机 1.7 万多架。在盟军地面和空中的绝对优势兵力的打击下，德军已成强弩之末，不堪一击，只有少数法西斯党卫队的狂热分子还负隅顽抗，做困兽之斗。

4 月 1 日，美第 1 和第 9 集团军在帕德博恩以西会师，封闭了对鲁尔的包围圈，把德国 B 集团军群紧紧地围困在鲁尔地区。莫德尔两次突围都告失败。4 月 14 日，莫德尔做出一个空前的决定：下令解散 B 集团军群，使部队免受投降之辱。他首先命令瓦格纳遣散年纪最小和最老的士兵，让他们回家去。72 小时后，其他的人有 3 条出路：回家、以个人身份投降、试图突围。

15 日，美军把鲁尔口袋切成两半。16 日，东半部德军瓦解了。美军敦促莫德尔投降，莫德尔派出一名德国军官带去了他的口信："由于受到效忠希特勒的誓言的束缚，将军不能投降。"但是 4 月 18 日，被围的西半部德军还是投降了；在整个鲁尔战役中，美军俘敌 32.5 万人，据说莫德尔本人自杀了。

鲁尔战役还没有结束，美第 1 集团军和第 9 集团军来不及打扫战场，就把肃清残敌的任务交给了新近建立的美第 15 集团军。他们自己则日夜兼程，每天以 50~80 千米的速度向东挺进，沿途包围和俘虏已处于瓦解状态的小股德军。美第 9 集团军的先头装甲部队于 4 月 11 日跑到易北河边，并于 12 日在马格德堡附近建立一个小小的桥头堡，第二天另一支美军又建立了一个桥头堡。由于德军出动飞机猛烈反击，所以美军被迫于 14 日放弃了这两个桥头堡。不过美军的第三个桥头堡却很快建立并守住了。

在东线，经过长期准备的苏联军队 4 月 16 日实施了攻占柏林的计划。苏军从奥得河边向西面发动强大的攻势，"到处取得迅速的进展"，彻底动摇了德军的防御。这时，艾森豪威尔就"更不想占领柏林了"。

4 月 19 日，美军占领了莱比锡。25 日，美第 1 集团军的巡逻队在托尔高与苏军会师，从而把德国分割成两半。"美苏双方商定，沿易北河及其支流木耳德河来划分两军中央战线的会合线。"

在北方，英第 2 集团军从奥斯纳布吕克—不来梅一线向东北挺进。5 月 2 日他们占领卢卑克，前出波罗的海，在维斯马同苏军会师。5 月 3 日，汉堡德军投降。加拿大第 1 集团军解放了荷兰的全部国土。5 月 5 日，荷兰、丹麦以及德国西北部的德军向蒙哥马利投降了。

在中南，美第 3 集团军占领了哥特、埃尔富特，并挥戈东南，向捷克斯洛伐克和多瑙河流域推进。5 月 18 日，巴顿的部队进入捷克斯洛伐克，6 日进驻比尔森。另一支部队则于 5 月 4 日解放了林茨。

在南方，美第 7 集团军经过 3 天的激战攻下了纽伦堡，渡过多瑙河，进入巴伐利亚平原，解放了希特勒法西斯的最早活动场所慕尼黑。5 月 4 日，他们占领了萨尔斯堡。同一天，另一支盟军拿下了希特勒的山间别墅伯希特斯加登。"民族堡垒"的神话揭穿了：这里并无大量德军据险死守。为了彻底摧毁希特勒的这个黑窝，美第 8 航空队把它炸成一片废墟。

5 月 3 日，美第 7 集团军的另一支进入奥地利的部队拿下因斯布鲁克；在奥地利游击队的帮助下，他们进入勃伦纳隘口。5 月 4 日，他们同意大利北部的美第 5 集团军部队在维皮泰诺会师。

最南翼，法第 1 集团军沿上莱茵河东进，占领了卡尔斯鲁厄、斯图加特。5 月 1 日，法第 1 集团军肃清了瑞士边境康斯坦茨湖以西的敌军。

5 月 5 日，德国 C 集团军群向盟军南方集团军群无条件投降。

这时，德国法西斯的罪魁祸首希特勒已经完蛋了。苏军已攻入德国首都，柏林街头战火熊熊。德军兵败如山倒，但是由于他们当中很多人曾在苏联作恶多端，生怕苏军给他们最严厉的惩罚，所以极力避免向苏军投降，纷纷像潮水一般涌往西线，向美英军队投降。

根据希特勒的遗嘱，继任德国总统的邓尼茨，派约德尔到设在法国的艾森豪威尔司令部洽降。1945 年 5 月 7 日凌晨 2 时 41 分，约德尔代表德军最高统帅部在无条件投降书上签字。

苏联和英国、美国、法国、加拿大等同盟国军队的进攻以及欧洲被占领国人民的武装斗争和大起义，这三条战线的内外夹攻，东西合击，彻底打垮了希特勒的法西斯暴政，使欧洲摆脱了黑暗的深渊。

六、雅尔塔会议

（一） 准备——马耳他会议

1945 年初，德日法西斯的失败已成定局。随着大战进行到收尾阶段，结束战争和安排战后世界而产生的一系列政治问题需要迅速解决。其中最重要的几个问题是：制订盟军在反希特勒德国战争最后阶段的协同一致的军事行动计划，处置战败的德意志"帝国"的基本原则，对日作战，实现战后世界国际安全问题的基本原则。美、英、苏三大国需要举行新的最高级会晤。

1944 年 7 月 19 日，美国总统正式提出了举行新的最高级会晤的建议。美、英、苏三国政府首脑在来往信函中就召开新的三国最高级会议问题交换意见，决定"三巨头"在 1944 年 11 月在苏联沿海城市雅尔塔举行会议。由于罗斯福总统就职典礼，会议延期到 1945 年 1 月底至 2 月初举行。

丘吉尔提议以"阿尔戈航海者"为会议代号，这个词来源于古希腊的勇士到黑海沿岸去寻找金羊毛的神话故事。罗斯福对这个名称表示欢迎。

在这胜利前夕，丘吉尔想起了 26 年前的巴黎凡尔赛。当时德国被打败，它的盟友奥匈帝国分崩离析。欧洲人等来了渴望已久的和平，至少英国人和法国人感到心满意足。当时的凡尔赛会议上，英国首相劳合·乔治、法国总理克列孟梭和美国总统威尔逊"三巨头"为战后世界设计了蓝图。

然而欧洲人得到的不是和平，而是 20 年的休战。20 年后，德国死灰复燃，重燃战火，把整个欧洲和世界都拖入比上次大战更残酷、更漫长的战争中。现在胜利在望，可身为英国首相的丘吉尔心里清楚，这场仗绝不是靠英国或苏联打赢的，还有美国。若没有美国参战，丘吉尔不知道战争会发展成什么样子。

对于日后世界的另一"极"——苏联，丘吉尔的感情就复杂得多了。丘吉尔是著名的反共分子，在"二战"中出于现实的考虑，选择与斯大林合作对抗纳粹德国。但丘吉尔从心底里对苏联和斯大林都无好感。事实上，丘吉尔乃至大多数英国人，几十年来都怀着厌恶，甚至仇恨的眼光注视着苏联。

罗斯福

丘吉尔没有忘记苏联在 1918 年单独与德国媾和，致使德军集中兵力于西线，几乎将协约国打败。他也没有忘记英王维多利亚女王的外甥、俄国沙皇尼古拉罗曼诺夫二世一家被布尔什维克枪杀在叶卡捷琳娜堡的地下室里。当然，丘吉尔忘不了的还有：苏联几十年在欧洲、亚洲和全世界鼓吹革命；同纳粹瓜分波兰；恃强凌弱入侵芬兰；为纳粹德国打败法国而欢呼雀跃。

苏联对波兰的态度更让丘吉尔耿耿于怀。英国是为波兰的独立而向德国宣战的，波兰在伦敦设有流亡政府。波兰军队忠实地跟随英国军队转战西欧、北非、意大利。但苏联 1939 年却在卡廷森林枪杀上万名波兰军官，并在卢布林建立亲苏的民族委员会。1944 年 8 月苏联又听任德军镇压华沙起义者，使波兰流亡政府的国内组织元气大伤。1945 年 1 月 5 日，苏联宣布承认卢布林委员会为波兰共和国临时政府。而英美两国都不承认这个政府。

丘吉尔看到苏联红军正如决堤之水，席卷东欧诸国，更加觉得担心，他害怕这样的场景在战后出现：苏联把整个东欧纳入自己的控制之下，德国被摧毁了，法国虚弱不堪，英国多少年来苦心维持的欧洲大陆均势荡然无存。

有能力与苏联在欧洲大陆抗争的只有英国和美国，而英国又被战争弄得民穷财尽，所以丘吉尔对美国总统罗斯福寄予厚望，他希望与英国同文同宗的美国兄弟能发挥巨大影响，在处理战后问题上与自己合作，不仅要彻底削弱德国，让其从此服服帖帖，更要在雅尔塔与斯大林争一高低，遏制苏联的扩张。

为此，1 月 5 日，丘吉尔致电罗斯福总统，希望在赴雅尔塔之前，与美国总统会晤，取得一致。罗斯福同意了。两国代表团商定，先在马耳他集合，然后一起飞往雅尔塔。

丘吉尔和随行人员乘坐 2 架"空中霸王"式运输机飞抵马耳他。在罗斯福总统到来之前，英、美两国最高军事领导人——英帝国总参谋长艾伦·布鲁克、美国陆军参谋长乔治·马歇尔及艾森豪威尔将军的参谋长比尔德·史密斯先就欧洲盟军的战略问题举行会议。

面临着胜利，英美军方领导人却各执己见，会议几乎破裂：马歇尔将军支持艾森豪威尔将军的扩大正面战略，即肯定蒙哥马利担任主攻的同时，必须保证其南翼的安全。其实也就是允许布莱德雷的第 12 集团军群和德弗斯的第 6 集团军群发动助攻。英国人则坚持说，只要蒙哥马利从北面渡过莱茵河、直捣北德平原就行了。最后由于马歇尔强烈要求执行艾森豪威尔的计划，英国人被迫妥协，但要求艾森豪威尔保证北面的进攻为主攻，而且要在彻底歼灭莱茵河以西德军之前就过河。

这样激烈的争执是丘吉尔没有料到的。但与解决这些争执相比，丘吉尔更希望罗斯福总统能早日到来，制订两国在雅尔塔会议上的共同政策。

2 月 2 日 9 点 35 分，罗斯福总统乘坐的"昆西号"巡洋舰缓缓驶入马耳他瓦莱塔港。午饭前，丘吉尔首相在女儿萨拉和外交大臣艾登的陪同下登上"昆西号"。看到罗斯福，丘吉尔不禁暗暗一惊。只见那个著名的"罗斯福式宽下巴"消失了，罗斯福总统面色枯槁，只有两片松弛的皮肤毫无生机地挂在腮上。不仅是丘吉尔，马歇尔将军和美国海军作战部长欧内斯特·金海军上将见到罗福斯总统消瘦的面庞也大吃一惊。

丘吉尔想跟罗斯福好好讨论一下东欧的政治问题、战后德国问题和波兰等问题。罗斯福对这几个话题却避而不谈。虽然在晚宴上两国首脑也提及这些问题，但仅仅是泛泛而谈，没有深入讨论。英国外交大臣艾登对此大感失望，丘吉尔更不用说了。

（二）罗斯福身体状况恶化

1945 年 2 月 2 日晚，英国首相丘吉尔和美国总统罗斯福一起前往马耳他的卢卡机场。23 时 30 分载着英国、美国首脑和政府随员的 20 架美制 C—54 "空中霸王"式运输机和 5 架英制"约克"式运输机腾空而起，向东飞去。他们将飞到苏联克里米亚的雅尔塔，与苏联部长会议主席斯大林会晤。

丘吉尔满心不安，在之前的马耳他会议上，他没有从罗斯福口中得到他想要的承诺。丘吉尔怀疑罗斯福是不是因为身体不适而影响了判断力，以至于对同英国一道遏制苏联不感兴趣。事实上，罗斯福总统的身体状况的确日益堪忧，两个月后就与世长辞了。

然而事情并非全部因为罗斯福的身体状况，丘吉尔是为英国考虑，罗斯福却得为美国考虑。他不可能罔顾美国自身利益，去为英国火中取栗。

与战争过后的国际秩序相比，罗斯福更关心眼下太平洋上的战事。

在太平洋上，美国军队已将日军打得节节败退。日本本土通往东南亚的海上生命线已被美国舰艇切断，本土正在遭受美国 B—29 型"超级空中堡垒"巨型轰炸机越来越猛的轰炸。美国军队很快就要在日本的冲绳岛登陆，拉开进攻日本本土的序幕。罗斯福不再担心战局出现反复，但是日军的疯狂表现让罗斯福忧心不已。

日本人发明了"自杀式"攻击，组织起"神风特攻队"，驾驶装满炸药的飞机撞击美国军舰。发了疯的日本大本营竟喊出"一起玉碎"的口号。

据美国参谋长联席会议估计，如果美国在日本本土登陆并征服日本，至少要付出伤亡 120 万人的代价。罗斯福要为这 129 万美国青年的生命考虑，所以他需要斯大林帮忙，出兵中国东北，消灭有百万之众的日本精锐之旅关东军。而丘吉尔考虑的只是维护英国在东欧的影响和它庞大的殖民帝国，罗斯福并不希望用美国士兵的生命换取大英帝国的辉煌。罗斯福不想给斯大林留下英美两国联合起来向苏联施压的印象。

罗斯福甚至曾对儿子埃利奥特说："殖民体系意味着战争。"当丘吉尔质疑他"在试图搞垮大英帝国"，罗斯福毫不客气地回击道："你们开发印度、缅甸、爪哇的资源，掠夺这些国家的财富，而又不给当地居民以教育、像样的生活水平和最低的卫生条件。你们做的一切，正是在否定和平的任何价值。"

在出发参加雅尔塔会议之前，罗斯福对妻子伊莉诺表示："我若能发展同斯大林元帅的个人关系，定能大有作为。"罗斯福念念不忘为人类留下一份将受益无穷的国际组织——联合国。

和 1919 年的美国总统伍德罗·威尔逊一样，罗斯福总统坚信人类需要一个超国家的有效国际组织来规定国与国交往的基本准则，制止战争，制裁或出兵打击未来的侵略国。威尔逊总统倡议成立的国际联盟，在德意日法西斯的侵略扩张面前一无所成，最终以悲剧而告终。罗斯福要避免自己重蹈威尔逊总统的覆辙。

罗斯福坚信正义、法律、道义的力量，但也承认大国在国际事务中举足轻重的作用。因此他认为美国需要苏联的合作，一道携手共造和平。

罗斯福的愿望在他去世后实现了。1944 年 8 月 21 日至 9 月 28 日，美英苏三国代表于美国华盛顿的敦巴顿橡树园进行谈判，签署了关于建立维护和平与安全的普遍性国际组织的"建议草案"。1945 年 4 月 25 日，50 个国家的代表在美国旧金山召开联合国成立大会。经过两个月的讨论协商，于 6 月 26 日一致通过了联合国宪章，成立了联合国组织。

25 架大型运输机载有 700 余名英美两国政府要员，经过 7 个半小时的飞行，穿过南斯拉夫、保加利亚和罗马尼亚，在苏联克里米亚的机场着陆。随后，早就在机场等候的苏联外交人民委员莫洛托夫陪着丘吉尔和罗斯福驱车前往 130 千米以外的雅尔塔。

（三）战后德国的处置

三巨头会议在雅尔塔的利瓦吉亚宫举行，这是沙皇尼古拉二世在 1911 年兴建的避暑行宫。十月革命后，利瓦吉亚宫被改造成劳动者结核病疗养院。这个宫殿融合哥特风格和摩尔风格，典雅豪华。里面的家具全部是苏联工作人员专门从莫斯科大饭店运来的。

2 月 4 日，斯大林乘火车抵达雅尔塔，下午 3 点，先去拜访了丘吉尔。两人对苏德战场的形势交换了看法。斯大林告诉丘吉尔：苏军正与德军在奥得河东岸激战，用不了多久就可以渡过奥得河。斯大林还说："德国所有能征善战的将军都被希特勒处决了，只剩下古德里安。希特勒是个铤而走险的亡命徒，此时还把 11 个装甲师留在布达佩斯。难道他不知道，德国过不了多久就不是强国了，再不能四处派兵了？"

然后，斯大林向丘吉尔告辞，前去拜会罗斯福总统。两人还是先谈德国，罗斯福说：他对克里米亚遭到的破坏大为震惊，比一年前更痛恨德国人了。斯大林说每个人都痛恨德国人。他们"是野蛮的畜生，似乎对人类创造的一切精神文明都有刻骨仇恨"。

两人还聊起戴高乐。罗斯福对这位自命不凡的法国首脑很有些厌烦。斯大林则说戴高乐太不现实，法国在战争中没打什么仗，却要求战后同美国、英国和苏联平分秋色。罗斯福悄悄告诉斯大林，戴高乐在卡萨布兰卡会议上还把自己比作法国当代的贞德。

与永远彬彬有礼的丘吉尔相比，斯大林对罗斯福的印象要好得多。

斯大林向罗斯福转述了戴高乐对自己说的话：莱茵河是法国的天然边界，希望法国军队永远驻扎在莱茵区。罗斯福对斯大林说，丘吉尔希望法国战后能在莱茵区驻军 20 万人，自己则重整军队。罗斯福还说了一些英美在划分德国占领区时的分歧。

下午 5 点，三国举行第一次全体会议。包括三巨头在内的 10 位美国领导人、10 位苏联领导人和 8 位英国领导人围坐在圆桌旁，开始了具有历史意义的会议。会议进行了两个小时。

会议之后，罗斯福总统举行晚宴，招待英苏两国政府首脑、外长和首席顾问。宴会上丘吉尔发表祝酒词："全世界在注视着我们。如果我们的会议圆满成功，数百年的和平将继之而来。我们三大国为这次战争付出了巨大的代价，做出了的贡献，我们应该维护和平。"

2月5日下午4时，第二次全体会议开始，罗斯福提议讨论有关德国的政治问题，即分割德国问题。

在之前的欧洲协商委员会上，苏、美、英三国代表就讨论过这个问题，并建议将德国分为英、美、苏三国占领区。美国财政部长摩根索曾提出一个计划，建议将德国分割为7个邦，变成一个农牧业国家。罗斯福倾向于赞同这个主张。

在德国问题上，斯大林的看法与罗斯福相似，也主张分割德国，于是想把分割德国的方案确定下来。但丘吉尔坚决反对制订分割德国的方案，他说自己对这个问题还未准备充分。最后罗斯福提出一个折中方案，将是否分割德国的问题交给英国外交大臣和苏美驻英大使组成的委员会去解决。

随后就是关于法国占领区的问题了。丘吉尔像法国的保护人一样，立刻站起来："法国人想要一块占领区，我准备奉送他们一块，甚至会很高兴地给他们一块英国的地盘。"丘吉尔表面上在为法国考虑，实际上却是在打自己的算盘：欧洲大陆的传统均势已被破坏，英国需要法国甚至德国来抗衡苏联。所以丘吉尔不仅要给法国一块占领区，还要为法国争取在对德国管制委员会和联合国中与三大国平等的地位。

丘吉尔问罗斯福："我不知道美国能同我们一起占领德国多久。"罗斯福立刻答道："2年。"丘吉尔最担心的事终于发生了，他仿佛挨了一记耳光。斯大林则两眼放光，他请罗斯福再确认一遍，罗斯福说："期限是2年。为了和平，我可以得到美国公众和国会的绝对合作，但不能耗费巨资在距美国3000英里的欧洲长期驻军。"

丘吉尔极力为法国争取利益，他说："不管怎么样，我们需要法国的帮助。"罗斯福却不冷不热地说道："只要法国人不在发号施令的岗位上就行。"斯大林听出罗斯福在支持他，就兴冲冲地说："我希望法国强大起来，但别忘记，法国向德国敞开了大门……管制德国只能由那些从战争一开始就反对德国的人来做。法国不在其列。"

丘吉尔想反问："战争开始时苏联在干什么？"但还是把话压了下去，道："战争爆发时我们都极其困难。但法国必须有重要的地位。我们反对德国人时最需要法国人。当美国人撤回国时，我们就得想想未来了。"

这时霍普金斯给罗斯福总统递了一张字条，上面写道："1. 法国已在欧洲协商委员会之内，现在的主要问题是德国问题。2. 答应给法国一块占领区。3. 推迟关于德国管制委员会的决定。"

罗斯福看罢，建议说给法国占领区，但将管制委员会问题留在以后讨论。斯大林同意。三人最后决定以后研究。

事实上，后来三国签署的雅尔塔协议，就未来德国的处理问题表述得相当含糊。

（四）最棘手的波兰

2月6日，会议进行到第三天，最敏感、最棘手、无法回避的波兰问题被提了出来。

丘吉尔首先就波兰问题发言。他发表了慷慨激昂的演说："英国在波兰没有任何物质上的利害关系。当1939年我们以劣势装备对德国宣战时，谁都知道我们冒了多大的危险。我们为此几乎牺牲了生命——不仅仅是帝国的生命，而且作为民族的生命。我们之所以拔剑而起，帮助波兰抗击希特勒的野蛮进攻，唯一的原因是荣誉。因此，我们对于不能给她以自由、独立、自主的任何方案，永远不能接受。波兰人必须当家做主，做自己灵魂的主宰……"

"目前波兰有两个政府，我们对它们的看法是有分歧的。如果允许这两个对立政府在三大国之间造成分裂，那么三大国要受到批评。我们能否在战争结束之前组成我们三国都承认的临时政府或执行机关？如果能做到这一点，我们就可以离开会议桌向未来的和平和中欧的繁荣迈出巨大的一步。"

斯大林不同意丘吉尔的论调，他在椅子后面来回踱着，阐述自己的观点："我理解英国政府在波兰的荣誉问题，但对俄国来说，它既是荣誉问题，又是安全问题。所谓荣誉问题，是因为俄国人与波兰人有过多次冲突。所谓安全问题，不仅因为波兰是俄国的邻国，而且因为俄国历来的敌人都假道波兰入侵俄国。

"在过去的30年中，德国人两次取道波兰进攻俄国。俄国愿意看到一个强大的波兰能用自己的力量封闭这条走廊。俄国人不能从外面关闭它，只能由波兰从里面关闭。就是因为这个理由，波兰必须自由、独立和强大。对于苏联来说，这是一个生死攸关的问题。苏联政府的对波政策与沙皇政府大不相同。沙皇政府要兼并、同化波兰；而苏联政府则是要同一个自由、独立、强大的波兰保持友好关系。"

对于苏波边界和德波边界，斯大林表示："寇松线不是俄国人的发明，是由寇松、克雷蒙梭和美国人在巴黎和会上划定的。俄国人没有被邀请参加和会，是违反俄国意志的。现在有人要俄国得到的比寇松和克雷蒙梭承诺的还少，这对我们是奇耻大辱。如果我们同意把利沃夫地区划归波兰，乌克兰人会找到莫斯科，作为俄国保卫者的斯大林和莫洛托夫还不如寇松和克雷蒙梭……"

斯大林接着又说，波兰的领土应当以德国东部领土补偿，波德边界应当是奥得河—尼斯河。这个方案早在1944年10月斯大林就提起过。

丘吉尔和罗斯福对此心存疑虑。丘吉尔用了一个比喻："这只'波兰鹅'填满了这么多德国饲料，要消化不良，会生病的。"

与波兰的边界问题相比，波兰政府的问题引起的争议更大。

罗斯福向斯大林阐述了美国政府的立场和波兰政府问题的严重性，他说三大国如果在这个问题上不能达成一致意见，"将来在更重大的问题上也难以取得一致意见"。

三国还就联合国安理会的表决程序问题进行了讨论，意见依旧不一致。斯大林提出苏联16个加盟共和国都应有表决权，至少对战胜德国做出重大牺牲和贡献的乌克兰和白俄罗斯应有表决权。丘吉尔出来支持斯大林，他是在为英联邦的自治领、特别是战后要取得自治领地位的印度争得表决权，以增加英国的地位。罗斯福成了孤家寡人。

2月8日，三巨头已开了5天的会议，3个悬而未决问题的讨论终于取得突破，即法国在对德国管制委员会的地位问题、联合国安理会表决程序问题和波兰政府问题。

罗斯福改变了之前的立场，转而支持丘吉尔关于法国地位问题的方案。斯大林被迫举起双手表示同意。

在联合国安理会的表决程序上，罗斯福放弃了一国一票的设想，接受了一个妥协方案：白俄罗斯和乌克兰为联合国成员国；安理会的决议须经5个常任理事国（美、英、中、苏、法）的一致同意，即五大国有否决权。

在波兰政府问题上，苏联给了英、美两国一个台阶，同意在卢布林政府的基础上，吸收伦敦流亡政府的部分成员。丘吉尔虽然在这个问题上态度坚决，但鉴于波兰已在苏联红军的控制之下，只好作罢。

在这一天，罗斯福也得到斯大林同意出兵中国东北的允诺。但苏联出兵是有条件的，斯大林与罗斯福私下达成协议。于是一个涉及中国主权和领土完整的秘密协定，作为一个绝密文件附在雅尔塔协定的诸文件中。

最后，三巨头在雅尔塔会议上达成的协议大致如下：

所有被解放的欧洲国家内应该举行民主选举。

4月在旧金山进行就联合国成立的会议。联合国的组织方式基本被确定，联合国安理会的主意被采纳。美国和英国同意当时属苏联的乌克兰苏维埃社会主义共和国和白俄罗斯苏维埃社会主义共和国为独立的联合国成员。

德国被分裂，德军被解散，德国不准再拥有军队。美英苏认为这是"今后和平和安全的必要条件"。

德国应该为"对同盟国在战争中造成的损失"付战争赔款。战争赔款可以以德国国家资源（机器、船只、企业所有等）、一段时间内应该支付的偿款或劳动力的方式赔偿。美国和苏联达成协议偿款总额为约220亿美元。英国认为在当时偿款总额还无法估计。

战争罪问题被暂时搁置。

在波兰，一个"广泛的民主临时政府"应该"尽快进行自由的和不受他国控制的、全民的和秘密的选举"。

在南斯拉夫，一个保皇党和共产党的联合政府应该被建立。

德国投降后3个月内苏联向日本宣战。其报酬是苏联获得库页岛、千岛群岛以及其对大连、旅顺及其铁路连接的控制。

关于意大利—南斯拉夫、意大利—奥地利、南斯拉夫—保加利亚、罗马尼亚、伊朗以及土耳其管理的黑海与地中海之间的海峡使用的问题被暂时搁置。

所有被俘的苏联公民被遣返苏联，不论他们愿不愿意。

在德国投降、欧洲战争结束后2~3个月之内，苏联依据以下条件协助同盟国参加对日战争：

外蒙古（蒙古人民共和国）的现状须予维持。

对1904年由于日本背信攻击（日俄战争）所受侵害的帝俄拥有权利，应予恢复：1. 库页岛南部及其邻近的一切岛屿均须归还苏联；2. 维护苏联在大连商港的优先权益，并使该港国际化。同时恢复旅顺港口苏联海军基地的租借权；3. 中苏设立公司共同经营合办中长铁路、南满铁路，并保障苏联的优先利益，同时维护中华民国的完整主权。

千岛群岛让与苏联。

上述有关外蒙古及东北的港湾与铁路等协议，须征求蒋介石之同意，罗斯福总统依斯大林之通知，采取取得其同意之措施。

至此，英美苏三国各自得到了自己所需要的东西：美国获得苏联对日作战的保证，确立了联合国安理会的表决程序；苏联保住了对波兰及东欧诸国的控制；英国则为法国争得大国地位。实际上斯大林是雅尔塔会议最大的赢家，他不仅取得对东欧的控制权，而且在远东做了一单划算的生意。

七、血战柏林

（一）柏林市民宁愿被美英盟军攻占

从1933年希特勒上台开始，一直到1943年和1944年之交，他鼓吹的建立大德意志帝国的美梦一直迷惑着大部分的德国民众，他们对于纳粹政权表现出空前的支持。

即使很多人对国家社会主义（纳粹主义）不感兴趣或者持保留态度，但是这个政权在很短的时间内创造的许多值得吹嘘的政绩，比如就业率上升、消费品充裕等都让德国人民感到骄傲。在全力仿效墨索里尼建立极权主义国家的过程中，希特勒比他的朋友高明一等：他一直不愿意下令动员全德国的经济和社会力量投入战争，他坚持将生活消费品的生产维持在相当高的水平，以保持德国在战争期间的民心和士气。直到战争的最后几年，德国社会服务业的从业人员数量仍然与战前保持一致。

还有一个最重要的因素，也是最能迷惑德国德国民众的原因是，作为第一次世界大战的战败国，希特勒让德国重新崛起成为一个欧洲大国乃至世界大国，恢复了昔日的荣耀和尊严。所以许多德国民众对纳粹政权采取了逆来顺受的暧昧态度。

1944 年底，纳粹德国企图征服世界的迷梦以一种灾难性的方式迅速走向破灭，他们一手发动的用来实现野心的战争全线溃败，大批德军不是客死异国他乡，就是丢盔弃甲向本土败退。这时候的德国，面临着比纳粹政权上台前更高程度的羞辱和毁灭，这让很多德国人骄傲的自尊受到了伤害。特别是 1945 年初，苏联和盟国军队从东西两线同时向德国本土发起进攻，德国军队遭受致命打击，经济也因为大片国土沦丧而陷入停滞。在东线与苏军的激战中，德军阵亡 295000 人，被俘86000 人。

1945 年 1 月 30 日，希特勒的总建筑师，军备和战争生产部长，纳粹领导层中最富才华、最有独立思想的官员阿尔伯特·施佩尔向希特勒提交了一份报告，就当前德国面临的形势坦率地指出："（德国）已经输掉了战争。"鲁尔工业区遭到接连不断的轰炸，西里西亚如今也落入苏联红军之手，施佩尔据此判断，德国铁路、工厂和发电站储备的煤炭只够用两个星期。

事实上，施佩尔并不是危言耸听。德国 1945 年的煤炭产量只有 1944 年的 1/4，钢产量只有 1/6。由于燃料极度缺乏，驻克雷菲尔德的一个拥有 37 架飞机的战斗机大队每三天只能起飞一次，作战半径仅有 100 千米。更危险的是，施佩尔 1944 年10 月视察驻意大利第 10 集团军时，当地驻军的 150 辆卡车竟然用牛来牵引。施佩尔最后这样总结道："在失去西里西亚之后，德国的军事工业再也无法满足前线对弹药、军械和坦克的需求了……从现在开始，面对敌人庞大的资源优势，单靠士兵的英勇作战是不行了！"

当时德国的许多大城市都遭到盟军的猛烈空袭。尤其是柏林，几乎遭到全天 24小时的不间断轰炸，白天是美国陆军航空队的攻击，夜晚是英国皇家空军的轰炸。

一些头脑清醒的德军官员和柏林市民已经认识到，敌人在几周内很快将攻入这座城市。大多数德国人盼望的并非是德国国防军能够取得某种程度的胜利，而是希望由美英盟军而非苏联红军攻占柏林。因此，在听说美英军队进入德国境内并向前继续推进的时候，柏林人的内心在感到绝望的同时，竟然有着一种难以名状的期盼，这是一种非常微妙、复杂的情感。当时一位 45 岁的德国家庭主妇说，自己时刻准备走上战场阻击苏联红军，一直坚持到美国人到来。

除了普通的柏林民众外，德国陆军总参谋部也抱着几乎同样的想法。其实，就连德国最高统帅部也不例外，他们普遍认为美英与苏联之间的盟友关系将很快分崩离析。所以希特勒和他的幕僚们重点讨论的并不是如何投降的问题，而是如何与西方盟国达成某种条件的妥协，然后联合对付"共同的敌人"——苏联。

历史学家 H. R. 特雷弗·罗珀仔细分析了希特勒的"国家社会主义"意识形态，深刻体会到希特勒对共产主义和苏联人的刻骨仇恨。虽然希特勒对于那些阻挠其实现霸业的国家，尤其是法国，同样非常憎恶。但客观地讲，出于荒谬的种族理论和地缘政治的现实需要，纳粹德国对于苏联更憎恶一些。他们认为英国、法国和美国正在一步一步地堕落成一个官僚化、犹太化的国家。他们始终不能明白，为什么英法美等国家的领导人和民众就不能认识到，共产主义苏联其实是一个比纳粹德国更加可怕的威胁。不过，纳粹德国高层深信，由于苏联和西方盟国在地缘政治和意识形态方面存在不可调和的矛盾，他们之间的反纳粹同盟将很快崩溃。到那个时候，西方盟国由于担心布尔什维克的胜利所造成的后果，一定会主动上门与自己媾和。

1 月 27 日，就在苏军离柏林只有 160 千米的时候，希特勒召开例行性的元首会议：

希特勒："你们认为英国人对于苏联人的这些进展会高兴吗？"

戈林："他们当然不希望我们会挡住他们，而让苏联人占领整个德国……他们当初并不希望……我们会像疯子一样地抵挡他们，而让苏联人步步进逼，现在差不多占领了整个德国！"

约德尔："他们一向对于苏联人怀有戒心。"

戈林："如果照这种情势发展下去，几天之内我们就会从英国人那里收到一份电报！"

希特勒和他的官员们把自己最后的希望维系在一根游丝之上，但直到最后他们仍然不能明白，为什么英国人和美国人不同自己一道去击败苏联？

英国人的电报始终没有到来。越来越多的官员开始拿着自己拟订的和平方案与英国人或美国人私下进行沟通。不过这种临时抱佛脚，在最后一刻试图结束战争的努力都失败了。自从 19 世纪初拿破仑军队横扫欧洲以来，德国军队第一次与敌人在自己的国土上进行战斗。这种局面让所有德军将士始料未及，无论是从感情上还是从心理上都难以接受。

但是，当最后时刻的决战即将来临的时候，昔日喜欢不切实际地白日做梦的纳粹将士纷纷陷入困惑之中，接受失败和有条件投降是一件难以想象的事情。在1942—1943年血腥的斯大林格勒战役期间，希特勒执意不准陷入绝境的第6集团军撤退或投降，并向指挥官保卢斯元帅下达指令："必须死守阵地，直到最后一兵一卒一枪一弹。你们的英勇坚持对于拯救西方世界将是永志难忘的贡献……"在他的固执和愚蠢下，285000名德军将士被蓄意送进了地狱和苏联人的战俘营。

1944年9月，在苏联红军和美英盟军大兵压境的形势下，希特勒签署了一道灭绝人性的"焦土"命令："所有人类文明的成果，凡位于有可能被敌人占领的地区，都必须彻底予以摧毁。"这些成果主要包括：社会基础设施，如工厂、煤气厂、电力设备等；与社会生活息息相关的文件信息，如食物定量配给卡、婚姻和居住情况档案、银行账户等；粮仓也要予以摧毁，农田要放火烧掉，牲畜要全部杀光，绝对不能落入敌人之手；纪念碑、宫殿、教堂、城堡、剧院、电影院等文化设施，通通要夷为平地。在上述地区生活的德国民众必须根据命令进行迁移，绝对不能让任何一个人生活在沦陷区里。

纳粹发表社论鼓动民众："对于敌人，绝不能把任何一棵日耳曼人的麦穗留给他们食用，绝不能有任何一张日耳曼人的嘴巴向他们通风报信，绝不能有任何一只日耳曼人的手臂伸出去帮助他们！将他们面前的每一座桥梁摧毁，每一条道路堵死！除了死亡、灭绝和仇恨以外，让他们什么也得不到！"

由于每天接受纳粹政权连篇累牍的宣传灌输，以及亲眼看见了那些潮水般涌入柏林的东部难民们的悲惨遭遇，柏林市民对苏联人产生了一种近乎绝望的恐惧。他们将对方看成嗜血成性的"恶魔"，通过折磨和虐待手无寸铁的平民来寻求极大的快感。在柏林民众中间流传着极其恐怖的谣言，比如苏联人用火焰喷射器将神甫们活活烧死，将活人的舌头残忍地钉在桌子上。更为糟糕的是，这种广为流传的谣言又因为苏联红军自身的宣传活动而更让人觉得那是真的。其中，最为可怕的是伊利亚·埃伦伯格撰写的一篇反纳粹的宣传文章，他在文中慷慨激昂地指出：

日耳曼人是一个女巫，我们踏上了她的土地。如今，日耳曼的城镇正在熊熊燃烧，我欢呼雀跃……日耳曼，你这个邪恶的女巫，你就在死亡的舞曲里旋转吧，燃烧吧，哭泣吧！报应的时刻来到了！

（二）红军将士精心备战

柏林战役是苏联红军对纳粹德军的最后一击。虽然苏军意识到德军绝不会轻易放弃一寸领土，很多情况下还会顽抗到底，直到最后咽气。

虽然苏军的将士早已对战争产生了厌倦，但是却有一种坚定的信念在激励着他们，那就是攻下柏林，把红旗插到"第三帝国"国会大厦的顶端，彻底粉碎纳粹分子所鼓吹的"日耳曼民族是天生的优等种族"的谬论。朱可夫元帅曾经这样描述苏军的作战热情："我们全体将士斗志昂扬，都希望亲眼看到攻克柏林的那一天。这同时也是我的愿望，我全身上下都洋溢着这种热情。"

朱可夫元帅不但讲话鼓舞人心，而且身先士卒，对于作战行动具有一种天才的决断能力。他是个非常有主见的指挥官，除了对部属取得的优秀战绩表示赞赏和祝贺外，他从不随意赞同任何东西。他具有令部属既敬畏又忠诚的品质，同时又十分关爱和体恤下属。这些优秀品质使他在红军中担任过很多职务，并且不断得到提拔和重用。

1941年6月22日，德国法西斯发起"巴巴罗萨"行动，朱可夫被提升为苏军总参谋长，并指挥莫斯科保卫战取得胜利。1943年7月，他在库尔斯克指挥了战争史上最大规模的一次坦克会战，成功击败了德国法西斯的战略反攻。1944年夏，朱可夫亲自策划并指挥了"巴格拉季昂"战役，一鼓作气将德军赶出苏联国土，并从此踏上了长途追击德军的征程，一直进逼柏林。

1944年11月，朱可夫被任命为白俄罗斯第1方面军司令，与乌克兰第1方面军协同作战，合力进攻柏林。

早在1945年4月初莫斯科会议最终确定进攻柏林的方案之前，朱可夫就已经意识到，与柏林城直线距离60千米的屈斯特林对于任何进攻都至关重要。屈斯特林坐落在由奥得河和瓦尔塔河冲积而成的一个小岛上。春季的洪水淹没了所有通向该岛的通道。由周边地区进出这里的唯一路径只是几条沟渠和几条呈扇形的通向柏林、法兰克福、波兹南和斯德丁的道路。

希特勒将屈斯特林确定为要塞城镇，在此构筑了坚固的防御体系，配备了大量的战略物资，要求德军守备部队死守到底。这里部署的人员几乎囊括了德国武装部队的各个军兵种，如纳粹国防军、武装党卫军、防空部队和警察部队等，还配置了大批重型武器：102门火炮、30门高射炮、25辆自行火炮、50门迫击炮和10辆"卡秋莎"火箭炮（德军称之为"斯大林的管风琴"）。

毫无疑问，希特勒早就严密地封锁了这些道路。德军在这些沟渠内和堤坝上到处挖掘防空壕、堑壕和交通壕，修建碉堡，架设铁蒺藜，布设雷区。在战斗中，苏军的突击分队设法接近敌军的防御工事，双方用手榴弹和反坦克火箭筒互相攻击，几乎没有停止过。由于路面非常狭窄，只要有

"卡秋莎"火箭炮

一辆坦克被击毁在路面上，其他坦克就无法通过。无论如何，屈斯特林都是一个非

常棘手的军事目标。但它确实是苏军对柏林发起进攻的最理想的出发地。

2月初，苏军在屈斯特林两侧的基尼茨和格里茨分别构筑了一个桥头堡，对屈斯特林构成夹击之势。之后，苏军多次尝试彻底合围该小镇，用火炮、迫击炮和"卡秋莎"火箭炮对这个小镇进行毁灭性的轰击，其中有两次还动用了充气艇，但均未能获得成功。德军第21装甲师和第25装甲掷弹兵师成功地维持着一条进出小镇的3~5000米宽的走廊。虽然这条走廊只在夜间供坦克部队通过，但它对保持屈斯特林在很长一段时期内没有迅速陷落发挥了重要作用。

3月22日，苏军在付出惨重伤亡的代价下，终于将屈斯特林团团包围。在战斗中，苏军共有116辆坦克被德军击毁。3月27日，德军发起反攻，企图解除苏军对旧施塔特的包围，最终以失败而告终。当天，苏军搭乘橡皮艇和驳船横渡洪水泛滥的瓦尔塔河，从东南部攻入旧施塔特。德军指挥官莱尼华斯请求其准许自己放弃该小镇向后方撤退。希特勒对于这种情况大发雷霆，下令逮捕莱尼华斯，将其送上军事法庭。

迫于希特勒的压力，防守新施塔特的德军不得不硬着头皮坚守了一天时间，与苏军在奥得河上的要塞展开了残酷的白刃战。不过德军指挥官们仔细分析了希特勒的命令"除非士兵自愿放弃阵地，否则不得擅自撤离阵地"之后，私下里达成一致，决定放弃阵地向后方突围。其中1318名德军成功地突破了苏军的6道阵地，回到己方一侧。剩余的135名"国民冲锋队"队员在突围无望的情况下，最终向苏军缴械投降。

在这场战役中，德军大约5000人阵亡，9000人负伤，6000人被俘。苏军5000人阵亡，15000人负伤。但是无论如何，朱可夫最后还是在奥得河西岸夺取了一个进攻柏林的最佳落脚点。

就在苏军攻克屈斯特林的当天，朱可夫返回莫斯科，同斯大林一道商讨进攻柏林的作战方案。斯大林希望红军最迟在5月1日攻入柏林，因为这一天是社会主义国家最盛大的节日——五一国际劳动节。所以他要求必须在4月16日之前发起进攻，力争在12~15天内结束。

同时，最高统帅部总参谋部A.I.安东诺夫将军介绍了柏林战役的基本作战方案：苏联红军3个方面军从南北两个方向包抄柏林，粉碎德军逃往南部阿尔卑斯山脉防御工事的企图；同时，加大对捷克斯洛伐克和匈牙利境内德军的压力，防止其回师柏林解围；苏军攻城部队将首先突破德军外围防御，将其分割包围而后逐个歼灭。根据斯大林格勒战役的成功经验，必须在柏林外围歼灭德国第9集团军，从而避免出现谁也不愿意看到的残酷的巷战。一旦突破柏林的外围防御，苏军将很快攻克整座城池。

（三）轰炸泽洛高地

苏联各路集团军按照计划纷纷向柏林逼近，他们期待已久的时刻已经到来。面对泽洛高地和奥得布鲁赫的整个德军防线，苏军第8近卫集团军指挥官崔可夫将前沿的观察指挥所设在了屈斯特林登陆场。可是红军元帅朱可夫的一个决定让他非常不快，因为朱可夫也即将到达这个指挥所，观察这重要的第一波轰炸和攻击行动。崔可夫将接待任务交给了梅列日科，要知道这位参谋官自从斯大林格勒会战后就跟随着他，而此时的梅列日科必须穿过奥得河，这样他才能把司令员朱可夫和他的随行人员领到阵地上来。

崔可夫早早地等在外面，远处朱可夫的车队全部闪着大灯，所有人都能看见一支车队在向这个方向移动，这让崔可夫非常恼火。那是在1942年的冬天，崔可夫率领的第62集团军在斯大林格勒会战中英勇战斗，取得了不可磨灭的功绩。然而剩下的日子里，红军似乎将所有的注意力和荣耀都给了朱可夫，这让被低估的崔可夫对朱可夫有了明显的偏见。而更甚的事情就在最近，由于崔可夫攻占波兹南堡垒消耗了大量时间，朱可夫对他进行了责难。同样，崔可夫也反击称苏军早应该在2月初就打到柏林城下，朱可夫听了这样的埋怨也非常恼火。

在前线，炊事班的老兵将热腾腾的汤盛给那些即将进行战斗的士兵，也有些士兵在冰冷的战壕内，喝着上级发下来的伏特加酒。在指挥所内，通信兵紧张地忙碌着，他们跑进跑出传递信息，电话铃声不停地响着，所有这一切都预示着大战的来临。

此时朱可夫已经来到了指挥所，陪同他的是方面军政治部主任捷列金和炮兵司令卡扎科夫。朱可夫在崔可夫的引领下从山头周围的小路进了指挥所，这是在山崖的一边由工兵们抢工挖出的掩体。而剩下的时间只有等待，但似乎更加漫长。崔可夫陪同朱可夫开始喝起热茶，在场的每个人心里都有不同的想法。

由于苏军的绝对优势加上苏军火炮的巨大威力，如今的朱可夫似乎低估了即将面临的困难。白俄罗斯第1方面军大约有700万发炮弹，而在第1天就发射了123.6万发。卡扎科夫将军的整装部队有8983门火炮，由重型迫击炮、152毫米重型榴弹炮、"喀秋莎"火箭炮组成，每千米就有270门火炮。

朱可夫每次进行大规模作战都会亲临前沿阵地，这样可以更好地研究地形，不过他的这个习惯做法受到了斯大林的"批评"。迫于压力，朱可夫这次没有前往前线，而是依靠士兵拍摄的前线照片研究战略部署。然而从平面图像看到的泽洛高地并不能显示出它对奥得布鲁赫桥头堡形成的威胁。更让朱可夫兴奋的是，他忽然有了一个奇怪的想法，那就是攻击开始的瞬间，如果用强光让德军士兵短暂"失明"，这更有利于发起进攻，于是他将143盏探照灯连夜运到了前线。

距离发起总攻还有3分钟的时候，朱可夫和他的将军们走出掩体，他们穿过崎岖的小路到了山顶，这里是一个用伪装网遮盖起来的观察所，而山下就是奥得河畔。由于是清晨，河上还有一层很重的雾。朱可夫打开怀表看了一下时间，正好是莫斯科时间早上5点整。

就在这时，一声声巨响响彻云霄，近万门火炮将整个战区笼罩在一片火光之中。这可以说是整个战争中规模最大的一次炮击。苏军的炮兵们陷入一种疯狂状态，大地的颤抖让他们感到震撼。身经百战的苏军炮兵对这样的进攻或许并不陌生，然而这一次炮击让他们自己都为之动容。就连指挥官都捂上了耳朵，来不及发出命令。炮手们都张大了嘴，用来平衡炮声对耳膜的破坏，他们只知道把所有的炮弹都打出去。

在苏军火炮第一波大规模轰炸之后，趴在战壕内的德军士兵缓过神来，他们马上发出警报。这些极少数幸存下来的德军士兵回忆起当时的情景，都说只有"地震"才能与这次炮击的威力相比，有一部分士兵甚至丧失了听觉。即使是在后方用望远镜和潜望镜观察前线的德军，也明显感觉到大地在颤抖。

但是，让苏军没有想到的是，虽然泽洛高地的每寸土地都经受了炮火的轰炸，可是德军的伤亡并没有预期的那么大。一名在屈斯特林南部被俘的红军战俘向德军交代了相关情报，海因里希将德军第9集团军的主力撤往了第二道防线，而此前在法兰克福南部地区和苏军第33集团军对峙的德军被当成"炮灰"扔到了前沿。这么做是为了保存正规军的实力，充当"炮灰"的人民冲锋队大部分队员都是一些老年人，有些人甚至根本没有武器。

苏军面前的德军没有丝毫抵抗，这让朱可夫非常高兴。在他看来，德军已经完全丧失了战斗能力。经过这半小时的炮击，德军阵地上不可能还有活着的人。他下令发起总攻，几千枚信号弹打向空中，苏军年轻的女兵们看到这些信号弹，打开了143盏探照灯，整个前线顿时犹如白昼。

德军士兵面对这样的场面，都感到非常惊讶。他们甚至认为探照灯的灯光是一种能令人致盲的新型武器。而不知道实情的苏军先遣队，认为这些灯光是防止他们后退的手段。

苏尔汉尼什维利上尉率领的苏军第3突击集团军正在猛烈进攻，看到这样强烈的灯光，他更加确信这是上级在要求他们只许前进、不能撤退。显然朱可夫对自己的这一"发明"非常自豪，但实际效果可能恰恰相反——所有的光束都被炮火扬起的烟雾、尘土反射回来。这些探照灯除了迷惑了德军之外，也让苏军士兵不知所措。前线的战地指挥官们为此要求关闭探照灯，可是刚一关闭，又有人命令打开，苏军军阵开始变得混乱。

当然，朱可夫还犯了一个更大的错误，这一点即使在后来他也不肯承认。那就是苏军对德军第一道防线的轰炸完全没有收到效果，因为德军主力并不在那里。在战斗打响之前，就有一些参谋人员向他建议，应该直接打击德军的第二道防线。现在苏军的进攻被德军的第二道防线拦住了，这让朱可夫非常尴尬。

另外，崔可夫的第8近卫集团军从屈斯特林桥头堡左翼发起攻击，别尔扎林的第5突击集团军从右翼展开进攻。斯大林也同意了4天前朱可夫想要改变大本营的行动计划，第1近卫集团军支援崔可夫，第61集团军和波兰第1集团军在朱可夫的右翼，在别尔扎林右侧是第2近卫集团军、第47集团军和第3突击集团军。

然而，苏军现在只能顶着敌人猛烈的火力困难地穿越奥得河，一直到对岸根本没有任何屏障可以利用。虽说先头营使用的是美制水陆两栖突击车，可是大部分苏军士兵还是要划船渡河。整个过程中伤亡惨重，被德军击中的小船沉到了河底。德军顽强的抵抗让苏军吃了大苦头，苏军第12近卫步兵师的1个营艰难地渡了河，可是全营仅剩下了8个人。朱可夫的左翼是第33集团军、第69集团军，他们的任务是阻断德军守军与外部的联系。由于雷区的阻挡，朱可夫的坦克部队很难前行，于是他让步兵先冲过雷区。很多苏军士兵都对朱可夫以步兵蹚过雷区的命令感到失望。

唯一进展顺利的是苏军第8近卫集团军，他们顺利地通过了德军的防线。苏军第16航空集团军的飞机超低空飞行，对德军的战壕阵地进行了猛烈的轰炸。另外，第18航空集团军派出大量重型轰炸机对德军纵深目标和通信设施进行了轰炸。白俄罗斯第1方面军在这一次的轰炸任务中共派出6500架飞机，可是整个行动对德军的防御阵地并未造成严重打击。因为当时的尘土和浓烟，加上河面上的一层薄雾，很大程度上降低了能见度，让苏联空军对地目标不是太准确。德军部队只有第9集团军遭受了重创，他们弹药缺乏，而艾特扎斯特多夫的弹药库又被苏军炸毁。

坚守阵地的德军士兵几乎什么都看不见，他们的正面到处都是炮火扬起的烟雾和尘土，河面上的薄雾也阻挡了视线。面对苏军的轰炸和探照灯，德军中的新兵感到非常恐惧，很多人只能藏在战壕里双手抱头、瑟瑟发抖，只有老兵还在一直开火还击。然而，糟糕的能见度让他们的射击变得毫无意义。他们只能听见苏军冲锋时的呐喊声，以及苏军坦克发动机的轰鸣声，但是看不见苏军的人和坦克都在哪里。

在苏军冲锋过程中，反坦克炮和榴弹炮很难跟着步兵一起前进，因为大规模的轰炸让道路受到了严重破坏，"喀秋莎"火箭炮也无法通过这样的道路。德军对"喀秋莎"火箭炮的畏惧是由来已久的，那些德军战俘被送往苏联后方后，当他们看到这种火箭炮时竟然不敢过去，这让苏军炮兵非常得意。

当得知泥泞的道路让苏军的车辆陷入瘫痪时，朱可夫在屈斯特林登陆场的观察所里大发雷霆。这些车辆都在等着别尔扎林的第5突击集团军和崔可夫的第8近卫集团军先行通过，苏军的前进脚步就这样被彻底放缓。因为崔可夫的部队在奥得布鲁赫停滞不前，朱可夫当着所有参谋长的面对他进行了痛斥。

部队推进速度的缓慢让朱可夫感到忧虑，也害怕因此而遭到斯大林的斥责，他决定改变作战计划。最开始的计划是等步兵到达泽洛高地，打开了德军防线的缺口后，坦克集团军再向前推进。可是现在的朱可夫等不及了，他命令坦克部队尽快投入突击行动。崔可夫对此举感到惊讶，或许一场巨大的混乱即将到来。

下午 3 点钟，朱可夫向斯大林汇报他的决定。斯大林非常严肃地批评了朱可夫对敌军形势估计不足，本以为马上逼近柏林，可还在泽洛高地。而另一方面的科涅夫似乎更顺利些。卡图科夫率领的第 1 近卫集团军负责攻击泽洛高地，而第 2 近卫坦克集团军负责攻击新哈登贝格地区。在进入战斗之后，这支坦克集团军的指挥官波格丹诺夫感到非常惊讶，苏军炮兵部队在坦克提前行动后就失去了机动空间，糟糕的路况让他们更加难以前进，而前线的那些坚固堡垒却都要靠炮兵进行打击。结果正如崔可夫预料的，成千上万的装甲车和坦克拥堵在一起，整个战场一片混乱。负责指挥交通的士兵完全没了头绪，对横七竖八的车辆束手无策。

新哈登贝格的战斗异常激烈，德军士兵使用反坦克手雷向苏军坦克发起进攻，加上掩体内部署的 88 毫米反坦克炮，使波格丹诺夫的苏军坦克损失惨重。德军第 111 教导旅 1 个突击炮连从浓烟中杀出，摧毁了大量苏军坦克。作为攻击前锋，格纳特的单车就摧毁了 7 辆，第 2 天他的战绩达到了 44 辆，海因里希后来授予他"骑士勋章"。

经过艰难的进攻，苏军的坦克集团军先头旅终于到达了泽洛高地，他们开始向山顶冲锋。可是山崖陡峭，道路崎岖，苏军坦克没有头脑地前进着，时不时就会受到德军要塞的攻击。同时，科涅夫的部队沿着多尔吉林—弗里德斯多夫公路挺进，其先头旅遭到了重创。德国党卫军第 502 重型装甲营带着他们的"虎王"式重型坦克坚守阵地，沟渠阻碍了苏军坦克前进的速度，双方展开了坦克大战，苏军伤亡惨重。

与此同时，在新哈登贝格和泽洛高地之间，被戈林吹得神乎其神的德军第 9 伞兵师，被苏军的攻势吓得屁滚尿流，而他的第 27 伞兵团早早地将指挥部从洛斯古索转移到树林里。当天早上，苏军就展开了大规模轰炸。芬克勒留在前沿指挥所通过电话与后方联系，但是他的汇报没什么实质性的内容，因为烟雾让他看不到任何东西。当年轻的空降兵从前线纷纷退下来的时候，甚至已经扔掉了手里的武器，一切都说明德军前线正在溃败。

霍恩措伦是德军设在柏林的防御指挥部，那天早上巨大的轰炸声波及至柏林东部 60 千米的范围，犹如一场小型的地震。长期以来处于安静生活的德国人感觉到房屋在震动，人们跑出房屋在大街上奔走相告，他们没有想到苏联人来得这么迅速。在柏林，人们开始变得恐慌，尽管希特勒对奥得河的防线充满信心，可是街道上临时建起的防御据点和路障让所有柏林人明白，那只不过是一个谎言。此时，戈培尔发表了一份冗长而充满激情的演说，让所有柏林市民放心，苏联人到不了这里。然而，对于柏林市民来说，现在最重要的是在家里储存大量的食物和水，因为他们感觉到苏军已经越来越近了。

在措森的德军地下指挥所，克莱勃斯将军疲惫地喝着苦艾酒，旁边的电话铃声一直响着。现在很少有前线的指挥官向这里汇报情况了，因为苏军的地面炮火和空中打击摧毁了前线指挥所并破坏了通信设施。可是帝国总理府地下避弹所的布格多夫电话逐渐增多，他们需要了解更多的前线情况。就在上午召开的前线会议上，所有的军官都希望撤退，现在的措森岌岌可危。乌克兰第1方面军如果突破了尼斯河，将直接杀到这里。希特勒曾经说过："苏军对柏林发起攻击完全是假的，他们要的是布拉格。"而舍尔纳陆军元帅也得到了希特勒给他的3个德军装甲师。第9集团军司令巴塞非常需要这3个装甲师，因为他的3个主力军坦克数量已经明显不足，这包括党卫军第11装甲集团军、第101军、第56装甲军。目前这3支部队只能被动地挨打，消极防守。在法兰克福南部的德国党卫军第5山地军虽然没有受到苏军两大方面军的攻击，但是他们也与苏军第69集团军交上了火，好在他们成功地守住了阵地。

泽洛高地和奥得布鲁赫的战斗仍在继续，由于能见度依然很低，苏德双方展开了近距离的厮杀，德军伤亡惨重。苏军对当天的战役做了总结，发现他们犯了很多错误。

第5突击集团军通信状况极差，而指挥官在不了解情况的状态下胡乱发布命令。加密的信号太多，许多紧急的信息指挥部无法解密，贻误了战机。另外由于上级指挥部的压力，很多下属指挥官都虚报战绩。首先是朱可夫在电话里责骂集团军司令官，然后集团军司令官将怒气发泄到下属的军长和师长身上。别尔扎林将军曾得到了第26近卫步兵军的好消息，称他们已经占领了村庄，向前推进了2千米，然而这些都是子虚乌有的事情。苏军第248步兵师受到了重创，其中1个团全军覆灭。苏军的另外1个师，其下辖的1个营还迷了路，导致整个团的进攻时间被推迟。好不容易等到进攻开始，他们却找不到德军的炮兵阵地在什么地方，各团之间也失去了联系。苏军士兵只顾前进，却被德军的炮火猛烈攻击而伤亡惨重。更可笑的是，苏军在这次战斗中出现的伤亡，有一部分是来自己方火炮的误伤，而且这已经不是苏军第一次"闹乌龙"了。

与此同时，苏军的第8近卫集团军也受到重创，然而失误不能归咎于崔可夫，问题是出在朱可夫身上。德军的第一道防线被强大的苏军炮兵摧毁，苏军步兵得以顺利通过。但是德军第二道防线完好无损，即使后来苏军航空兵对其进行轰炸也没有将其彻底摧毁。而且，苏军轰炸机还造成了大量己方士兵的伤亡。这是因为苏军没有很好地利用信号弹引导空军进行支援。苏军有白色和黄色两种信号弹，然而在战场上，黄色信号弹往往不够明显，出现误伤的情况也就非常正常了。同时，由于猛烈的炮击和轰炸使前线变得坑坑洼洼，导致炮兵牵引车跟不上突击部队的脚步，因此炮兵也没有及时到位。更可怕的是，苏军的医疗条件非常恶劣，整个苏军前线居然只有4个手术台，有的伤员躺在阵地上十几个小时也没人处理。

在奥得河畔的法兰克福南部，苏军第33集团军被德国党卫军第5山地军困住了。显然这里的伤员也无法得到更好的救治，最后苏联军官用枪威胁德军战俘，让他们将伤员转移并带回弹药。苏军政治部对前线的这种状况非常吃惊，当时的苏军军官被痛斥。实际上，苏军并不是很关心自己的伤员，因为战斗开始就意味着"自伤"情况的发生。

朱可夫对泽洛高地的进攻并不是非常成功，作战计划和指挥都不完善。然而苏军士兵的坚韧、不怕牺牲的精神化解了这一切。而德军方面，海因里希和巴塞将军不比朱可夫好过多少。德军最为正确的决定，就是在苏军炮火到来之前，将主力部队撤到了第二道防线，避免了重大损失。最初，战斗的局势让很多高级将领仍然相信希特勒的判断。但是，当苏军突破了德国党卫军第11装甲集团军的阵地，并且切断了德军第101军和第56军的联系时，戈培尔幻想的"铜墙铁壁"就已经开始瓦解了。

就在朱可夫步履维艰的同时，科涅夫元帅的部队却正在快速挺进。他的前沿指挥部设在了波兰的布雷斯劳，正在对西里西亚地区的首府进行着艰苦的包围战。紧张的战斗局势让科涅夫来到了普霍夫的第13集团军观察哨。由于观察哨在敌军有效射程内，他们只能通过潜望镜观察。克拉索夫斯基率领的第2航空集团军飞过了尼斯河，并投掷了大量的烟幕弹，导致德军第4装甲集团军失去了进攻方向。苏军的先头部队立刻开始猛攻，第一批成功登陆尼斯河的士兵插起了小红旗，以鼓励其他的兄弟部队。当他们到达浅滩，那些有经验的老兵将武器举过头顶涉水而行，工兵们跳入水中开始搭建浮桥。第一批步兵营成功登岸之后，苏军的SU-85自行反坦克炮也上了岸。

苏军的轰炸和快速登陆，让把守前线的德军士兵无法抵抗，他们很多人开始四处逃跑，一些无路可逃的德军士兵趁着混乱向苏军投降。苏军很快在桥上架设了缆索，这样他们的T—34坦克就可以渡河增援步兵。紧接着根据命令，苏军第3、第4近卫坦克集团军要抢渡施普雷河。不久后，1座60吨重的桥梁架设完毕，列柳申科率领的第4近卫坦克集团军开始渡河。苏军全速前进的先头坦克部队与德军第4坦克装甲集团军的第21装甲师发生战斗。南部的第52集团军和波兰第2集团军也成功渡过尼斯河，他们的任务是前往德思沃顿。

科涅夫率领的部队在第1天取得了令人满意的战果，他的先头部队离施普雷河已经不远了。唯一的不足之处是苏军的通病，那就是伤员依然没有及时送往后方治疗。在深夜，科涅夫通过无线电向斯大林报告，乌克兰第1方面军的进攻非常顺利，计划非常成功。斯大林在电话里称赞科涅夫，并提到了并不顺利的朱可夫。斯大林又向他下达了新的指示，让他向吕本发起进攻。吕本就是科涅夫和朱可夫的进攻分界线，这样一来，乌克兰第1方面军就可以从南部攻入柏林。

斯大林下达这项指令的意图是让科涅夫封闭从采伦多夫通往柏林的道路，采伦多夫是美军进攻柏林的必经之路。3个小时前，在苏军召开的会议上，安东诺夫将军根据斯大林的指示，向美国人给出了解释。美国人很关心苏军对柏林发动的全面进攻。然而，安东诺夫还是放了"烟雾弹"，他说道："苏军的行动是对柏林中部地区进行的侦察，为的是了解德军在柏林城的防御情况，而并不是像英国和美国所想的那样。苏军对柏林没有什么企图，这一点是不容置疑的。"

（四）兵临城下

4月20日下午，朱可夫发出命令，命令苏军第3突击集团军所属第79步兵军的远程炮火对柏林进行轰炸。朱可夫并没有在意这个不寻常的日子，他并不知道这一天是希特勒的生日，他只想比科涅夫先攻克柏林。但是他的火炮距离柏林比较远，而射程仅仅是到柏林东北的一部分地区。得知科涅夫的坦克集团军即将从南部靠近柏林，朱可夫非常着急。当晚，他召集了第1、第2近卫坦克集团军的2位司令。他们的任务是必须首先冲入柏林，将胜利的旗帜插到帝国总理府上空。首先，他们必须在21日4点前突破到柏林的郊区。只有这样才能在第2天立刻汇报给斯大林，而苏联领导人也能在新闻发布会上直接宣布这条伟大的消息。但是，天不遂人愿，朱可夫的部队中，进攻速度最快的一支坦克旅抵达柏林近郊时也已经是晚上了。

与此同时，科涅夫的部队已经到达柏林的东南部。第3近卫坦克集团军执行攻打柏林南部的任务，其余2个坦克集团军将迅速穿越施普雷瓦尔德。在中午的时候，雷巴尔科的近卫坦克军对距离措森只有20公里的巴鲁特进行了突袭，不过失败了。随后，科涅夫向他发电报指出，他的突破失败造成其他集团军也无法前进，必须经由沼泽地通过巴鲁特—卢肯瓦尔德地区，呈多线进攻。2个小时后，巴鲁特被苏军占领。

列柳申科的第4近卫坦克集团军沿着一条平行的战线向波茨坦和于特博格挺进，继续向柏林南部和西部纵深地区前进。苏军大本营在当天向朱可夫、科涅夫和罗科索夫斯基发出命令，让3个方面军注意进攻路线上可能会遇到的盟军部队，他们可能会突然攻击柏林。另外，科涅夫的乌克兰第 1 方面军在东南方向可能会遇到第 9 集团军，他们正从柏林南部向后撤。科涅夫的野心也不小，他也想第一个冲入柏林。当天晚上，他就向 2 个坦克集团军司令发出了命令，晚上必须要突入柏林。

4 月 19 日晚，别尔扎林的第 5 突击集团军到达施特劳斯贝格。4 月 19 日、20 日德军泽洛高地防线全面溃败，德军残部纷纷逃向后方，偶尔有一些小股部队进行着最后的抵抗。当天，海因里希收到了第 9 集团军司令部发来的形势图，然而这些与前线情形脱节的东西不能说明任何问题。德军的撤退并不是那么顺利，越来越多的难民堵塞了西撤的道路。苏军的 T-34 坦克已经攻入韦尔诺伊兴机场，防空炮兵竟然用 88 毫米高射炮进行平射，来轰击苏军坦克。现在的德军仍在柏林西部坚守，但所有的士兵都清楚，这场战争不会持续太久了。党卫军第 11 装甲掷弹兵师在慕赫堡西北部作战，魏德林在该地区的司令部被迫后撤。挪威团从普里茨扎里撤退，希特勒青年团、丹麦团和德军第 18 装甲掷弹兵师的残部合到了一起。

党卫军第 11 装甲掷弹兵师的侦察营已经被全部包围并且受到重创，魏德林的命令完全失去了作用。希特勒青年团先遣队与大部队失去了联系，此时的他们被困在燃烧着的森林一角。苏军坦克在他们的反坦克手雷投掷范围外向树顶开火。逃亡的德军士兵继续沿着小路向施特劳斯贝格撤退，苏军步兵在坦克的火力掩护下迅速追击。突然，1 辆德军突击炮出现，准备攻击苏军的 T-34 坦克，可是它立即就被摧毁了。直到出现了 1 辆"虎王"式重型坦克，击毁了 2 辆 T-34 坦克，德军残部才得以逃脱。在施特劳斯贝格附近的树林中，一股侦察营的残部重新集结。他们首先包扎伤员，又对武器进行清洁，修好了车辆。处在这样的环境下，党卫军的 1 名突击队队长仍然发表了对元首的生日贺词，并讲述了这场战争的意义。

作为德国党卫军二级突击队中队长，朗根多尔夫在受伤后被送进了党卫军战地医院。在手术的过程中，戈培尔发表的希特勒生日贺词让他哭笑不得。而主刀的医生也无奈地说道："还是让他自己承受这一切吧。"战地医院的护士们都是来自荷兰、丹麦或者挪威的志愿者。其中一名重伤员是一个挪威女护士的恋人，他的头部受到了严重创伤，已经奄奄一息。女护士抱着恋人的头，一直陪伴着他，直到他死去。对这些国家的人来说，国家没了，为之奋斗的事业也没了。他们对布尔什维克主义恨之入骨，因此成为保卫柏林的一员。

丹麦、挪威团对施特劳斯贝格机场的死守成功抵挡住了苏军坦克的进攻。克劳茨是党卫军一级突击队队长，同时也是丹麦团的指挥官，他因为所乘坐的汽车被苏军炮火击中而牺牲。士兵们将他安放在旁边一个小教堂的公墓，可是根本没有时间埋葬他，他们必须向柏林环城公路区撤退。此时的 1 号环城公路正处在混乱之中，党卫军第 11 装甲掷弹兵师撤退的时候只能避开大路，特别是吕德斯多夫附近，因为那里的交通更为混乱。载满难民的农用小车阻碍了德军车辆向西撤退的路线，为此他们经常受到苏联空军的机枪扫射。这些疲惫的德军士兵中，大部分人已经5天没有分配到食物了。由于疲劳，他们冲进周围被遗弃的房屋后，很多人都是倒头就睡。他们过了很久之后才睡醒，醒来后才发现，在他们周围爆发的一场遭遇战都已经结束了。

德军的撤退仍在继续，有的时候，军官们使用武器才能完成所要执行的命令。当1辆正向后方运载伤员的自行高射炮经过时，有个少校拦住了它。他命令自行高射炮必须掉头向敌人发起反击，可炮组的人员告诉他炮管已经损坏。这个少校仍然下令，让他们把伤员放下来。就在这时，附近的人民冲锋队队员大喊："开枪打死他！"听了这句话，这个少校才不情愿地后退了。在这种局面之下，除非带着冲锋枪的宪兵队进行强制执行命令，否则普通军官根本无法阻止德军的撤退，而一些流言让整个撤退过程显得更加混乱。出于恐慌，一些士兵经常叫喊着"苏军来了"。正如他们所喊的，苏军坦克确实会不定时地出现，这让德军的撤退过程显得极具讽刺意味。

如今已是4月，天气早已转暖，仍然穿戴着皮帽和夹克的士兵非常羡慕那些换了夏装的人。在穿过柏林西部的松树林时，苏军士兵明显感到非常轻松。因为越接近柏林，地形与莫斯科越相似。很快，忙于抢劫财物的苏军士兵就慢下了脚步。维持军纪的苏军抓到了50多名士兵，将他们遣送回了各自所在的步兵营。他们甚至当着本地居民的面拿走他们的衣服、鞋子和其他东西，而理由仅仅是为了能给家里寄一些东西。苏军的追击让魏德林的第56装甲军被迫退向柏林西部郊区，而第101军的残部从柏林北部撤到了贝尔瑙地区。由于车辆缺少燃油，很多德军伤员被丢弃在路边，他们只能在那里坐以待毙。

由受训军官和技师组成的德军临时部队驻扎在贝尔瑙，他们住在学校和民房内，很多人发现床榻后倒头便睡。4月20日，该镇遭到了苏军第47集团军所属的第125步兵军的进攻，而他们中间的1名德军士兵不得不在每个屋子里挨个儿将熟睡的士兵踢醒，让他们展开反击。然而这一切都毫无意义，一些负隅顽抗的国防军士兵仍在战斗，只是因为当时没有人告诉他们可以不这样做。贝尔瑙之战可以说是柏林战役开始前德军最后一次真正意义上的防御战。这场战斗持续的时间非常短，而且非常混乱。在指挥新兵的时候，那些仍然相信奇迹的德军军官已经明显感觉到，靠现在的队伍已经无法阻止德军的溃散了。德军士兵开始大量逃跑，从1个人变成1个小队。随后，苏军第47集团军占领贝尔瑙。与此同时，波格丹诺夫率领的第2近卫坦克集团军突破了柏林的东北郊区，很快抵达了环城公路区的外围。

苏军的第7政治部调出大量的德军战俘对德军士兵进行劝降。在苏军第3突击集团军的阵地上，5名德军人民冲锋队队员向自己的战友们喊话。第2天，整个营的德军都缴械投降了。

巴塞将军的部队向西南方向的施普雷瓦尔德撤退，其中包括第9集团军的主力部队、党卫军的第5山地军、党卫军的第101装甲军和一些法兰克福的戍卫部队，"永远不能放弃奥得河防线"的命令在巴塞看来已经没有任何约束力可言了。

在奔袭柏林的"比赛"中，朱可夫和科涅夫都要求自己的坦克集团军加速向柏林推进。而此时的希特勒竟然要求各部队向苏军发起反击，显然这只是他的一厢情愿而已。

克莱勃斯接到了希特勒的命令，让他从柏林的西部发动攻击，阻止科涅夫的集团军对柏林的包围。然而，实际上他几乎没有任何御敌之兵。所谓的"文斯多夫装甲集群"一共只有6辆用于学校训练的坦克。而"步兵师"几乎都是由儿童组成。

战局已经发展到这种程度，希特勒还不忘派遣了一支秘密警察部队，让他们在施特劳斯贝格地区抓捕和处决逃兵，任何没得到命令就进行撤退的士兵也要一律枪毙。最可笑的是，这些被派往前线防止士兵逃跑的人，有很多在半路就没影了。当时，有大约4万名逃兵藏在柏林城内。尽管此时苏军还没有发起进攻，但逃兵就已经大量出现了。希特勒的秘密警察和盖世太保已经完全失去了作用。

（五）柏林巷战

战争持续得越久，柏林平民的日子越难熬。战斗蔓延到所有的街道、房屋，甚至是他们避难的地下室。4月26日，忽然下起了大雨，夹杂着巨大的雷声，但是现在的德国人不再对它感到畏惧。好消息是这场雨浇灭了很多燃烧的火焰，唯一让他们感到难受的是燃烧的气味变得更加浓重了。

现在德国的官方新闻已经不再可靠，市民的信息交流场所变成了小区的水泵房，他们在打水的时候讨论目前的窘境。前不久，德国《装甲熊》报纸称，他们已经收复了奥拉宁堡。现在，戈培尔宣传部的无线电广播电台已经被苏军占领，纳粹只能靠传单来迷惑柏林市民，让他们坚持住——"温克的集团军马上就能赶到柏林援救他们，柏林离解放的日子不远了。"可是清醒的德国民众知道，单靠这样的一份传单，德国1个集团军就能挡住已经逼近柏林的几个苏联集团军？这是个多么可笑的宣传！尽管他们很久以前还曾对美国这根救命稻草抱有希望，认为美军会在苏联人到达之前占领柏林，然而斯大林对柏林的包围让他们仅有的希望也破灭了。

在柏林城西北部，作为苏联第2坦克集团军的工兵军官，谢别列夫上校向家中写的信充分说明了现在柏林的局势："写这封信的时候，我正在柏林的一座高大建筑内，同几个军官一起发布上级的命令，传令兵和信号兵不停地在我眼前穿梭。士兵们冲进一个又一个建筑，他们小心地前行，而我们也即将攻入柏林的中心区域。一些负隅顽抗的德国守军从门和窗户后面向我们的坦克发起攻击，可是我们的坦克兵非常有办法，他们避开了街道中心，而是沿着旁边的人行道行进，然后冲着街道对面，用榴弹炮和机枪开火，而另一侧人行道上的坦克同样也向相反的方向射击。这样一来，躲在门和窗户后面的德国人只能拼命逃跑，死伤惨重。与此同时，在一座很大的院落里，我们的后勤兵在补给车上给饥饿的德国市民分发食物。由于饥饿和战火的摧残，他们看起来是那么窘迫、绝望与无助。曾经美丽的城市，现在到处都是障碍物和被毁坏的车辆。所有的房子都是空的，而那些活着的人基本上都躲到地下室去了。现在正是家乡收获谷物的时候，我们真希望早点儿回去与你们见面，战争马上就要结束了，我们非常高兴。"

德军在柏林街道的一些角落修建了临时障碍物，但是它们根本拦不住苏军坦克的进攻，党卫军清楚地知道这些无用的障碍物将是苏军坦克首先摧毁的目标。由于坦克无法将炮口的仰角升得更高，所以那些埋伏在顶楼窗户或房顶上的德军士兵才更具杀伤力。那些埋伏在地窖或地下室的士兵，也可以用反坦克火箭筒打击苏军坦克。在吸取了党卫军的经验之后，希特勒青年团和参加过第一次世界大战的人民冲锋队队员，也用同样的方法进行反击。苏联人称他们是"动员武装力量"，因为他们都是纳粹集团动员的产物。

苏军第1近卫坦克集团军坦克的大量损失让苏联的领导层陷入反思中。首先他们在坦克上安置了冲锋枪手，当坦克行进的时候，就可以让这些士兵对付高层建筑物里的敌人。唯一的缺点是坦克上面的人员过多，影响了炮塔的转动。另外就是在坦克的外面加一层弹簧床垫或金属物，这样就能让反坦克火箭弹提前爆炸。最后，苏军使用了152毫米和203毫米重型榴弹炮，直接摧毁障碍物和建筑物。第3突击集团军则创造性地将高射炮进行平射，直接将楼房炸个粉碎。

在斯大林格勒会战中由崔可夫发明的步兵战术，后来在攻占波兹南的时候得到了广泛的推广。按照现在的形势，大兵团的进攻战术不可能在巷战中取得胜利。这也是两个集团军最初实行的战术，结果导致他们伤亡惨重。于是，他们采取了这个新的有效战术。

首先，对己方的进攻路线和德军的撤退路线进行缜密的侦察，所有的步兵必须利用烟雾和夜幕进行掩护。支援小组和后备小组进行充分配合，互相支持，可以有效地阻止德军的反攻。突击小组用冲锋枪、手榴弹、匕首、刺刀进行短兵相接；支援小组利用机枪和反坦克炮等重型武器作战，另外还必须配有带着炸药和十字镐的工兵，用他们打开房间的墙壁。不过，这样做的危险就是炸开墙壁的时候，后面的德国人有可能会通过这个洞扔手雷过来，但大部分情况下还是安全的。让苏军士兵特别高兴的是，德军逃跑时留下了不少反坦克手雷，它们的威力足够炸死整个屋子里的人。进攻小组的苏军士兵很快消灭了一个又一个房间中的德军士兵。有的人则在房顶上前进，消灭那些高处的敌人；有的进入地下室，消灭那些持有反坦克火箭筒的德军士兵。在这种攻坚战中，苏军工兵的火焰喷射器发挥了巨大的作用。

平民的出现并没有对苏军的进攻造成什么影响。苏军通常都会将平民从地下室里赶出来，强行疏散他们。这正是德军第6集团军在进攻斯大林格勒的战役中采取的方法。因为根本无法分清楚平民和士兵，有的苏军士兵只是往地下室扔1颗手雷，然后就继续前进。

面对城市搜索战，有经验的部队当然没有问题，可是那些只经过短期培训的年轻军官对此却毫无办法，他们不知道如何在不熟悉的环境下指挥作战。经过奥得河战役，再加上24小时急行军，很多苏军士兵已经疲惫不堪。体力的消耗让他们的反应速度减慢，甚至接错了迫击炮弹的引信，导致炮弹在炮管里爆炸，那些使用德军手雷的士兵还经常会误伤自己和身边的战友。

除此之外，各大集团军之间的误伤也频繁发生。当苏军各支队都向柏林中心集结时，一个集团军的炮兵和"喀秋莎"火箭炮经常会轰炸另外一个集团军。因为在市区内到处都是浓烟，朱可夫和科涅夫指挥的3个航空集团军常常会轰炸其他的集团军。特别是在柏林的南部，支援乌克兰第1方面军的航空团会攻击第8近卫坦克集团军。为此，崔可夫向朱可夫建议，请求友军部队撤出战场。

4月26日，第1近卫坦克集团军和第8近卫集团军用去了大半天的时间，终于攻占了腾珀尔霍夫机场。德军的"慕赫堡"装甲师组织了快速反击，但由于坦克太少，他们只能依靠希特勒青年团和拥有反坦克火箭筒的步兵进行作战。党卫军大队长扎尔巴赫将党卫军第11装甲掷弹兵师的侦察营撤到了安哈尔特车站，而其他的装甲车辆和8辆"虎"式重型坦克向蒂尔花园区撤退。第2天早上，大规模的炮火轰炸开始，蒂尔花园区遭到了重创。一片狼藉的景象很难让人想象，这里曾经是孩子们最喜欢的游乐园。

崔可夫和卡图科夫命令部队向安哈尔特车站前进。朱可夫与科涅夫的竞争已经到了白热化阶段。崔可夫的军长格罗斯曼调侃道："现在，我们面前最大的障碍不是德军，而是我们的友军。我已命令用废弃的坦克来阻挡友军到达帝国国会大厦。现在没有比听到友军的胜利更让我们感到沮丧的了。"崔可夫为此付出了惨重的代价，他让自己的左翼部队开到了第3近卫坦克集团军的前面，将后者调离帝国国会大厦。可是他也没有向雷巴尔科通告此事，很多士兵因此成了第1方面军炮火下的冤魂。

4月26日凌晨，柏林城防司令魏德林被大量的火箭弹爆炸声惊醒。他清楚地知道这是苏军的"喀秋莎"火箭炮在射击。很显然，他的指挥部已经在射程范围之内了，现在要做的就是马上转移指挥部。他希望将指挥部转移到柏林的本德勒区，德国陆军指挥部以前就设在这里，而且防空设施非常完备。在本德勒区的地下深处，魏德林的参谋们完全不知道此时外面究竟是白天还是黑夜，他们只能靠喝咖啡和吸烟提神。好在这里有发电机，照明还是很充足的，只是空气非常潮湿，让人不舒服。各战区都在向他们这里发来请求支援的电报，但是他们已经没有任何可以派往前线的增援部队了。

当天晚上，魏德林向希特勒汇报了撤退计划：首先，希特勒的警卫队向西突围，与维斯瓦河集团军残部会合。先头部队由 40 辆坦克组成，元首警卫队跟在后面，断后的是 1 个加强师，突围行动于 4 月 28 日晚开始实行。魏德林的计划非常周密，但希特勒摇了摇头说："你的计划非常完美，但是我不想在森林里打游击，我要留在柏林，与帝国共存亡。你还是继续防御任务吧。"显然，魏德林进行的努力全部成了泡影，"柏林与德国同在"的标语恰恰说明了现在的一切，现在的德国大概也就只剩下柏林了。

苏军一进驻柏林就建立了临时政府。现在，一些重要的机构已经开始重新运作了。朱可夫任命别尔扎林担任柏林指挥官，这位第 5 突击集团军的司令很有一手。但是朱可夫并不知道贝利亚早已经让"锄奸团"负责管理柏林的平民事务。从 18 世纪开始，红军有个传统，攻入城市的第 1 支部队，其指挥官将担任这个城市的"市长"。崔可夫对此极为不满，但是他没有任何办法。

格罗斯曼这样描述别尔扎林："身材肥胖，褐色的眼睛，头发花白，机智镇定。"当天，他召见了所有的柏林要员，有市长，水电、下水道、地铁、天然气、环城高速铁路各个部门的负责人和各个工厂厂长。所有这些人都接受了新的职务，地区企业负责人成了国家的要员，副主管变成了主管。别尔扎林让市长组织一队人清扫破败的街区，而市长的话让他感到震惊，因为他建议给这些人报酬。德军曾经像对待奴隶一样对待苏联的劳工，德军曾经给过什么报酬吗？这个要求完全就是多余的！

4 月 27 日，也就是第 2 天，苏军集合了 2000 名德国妇女，把她们赶到了腾珀尔霍夫机场，让她们清理跑道上遗留的残骸，因为苏军航空兵希望在 24 小时内使用该机场，作为空军基地。

德军向柏林市中心撤退的时候，双方又展开了遭遇战。德国人用反坦克火箭筒消灭一辆苏军坦克，苏军就会利用"喀秋莎"火箭炮进行报复。后来苏军俘虏了一小队党卫军的法国志愿掷弹兵。法国志愿兵称自己是德国人抓来的劳工，最后又强征入伍。苏军相信了他们的话，那时苏军还不认识党卫军的纹身标志。4 月 28 日，克莱勃斯将军开始效仿他们的元首，欺骗下属部队。他仍然鼓吹美国人会在短时间内来到柏林，那时的局势便会好转。

当克鲁肯伯格听说党卫军第 503 重型坦克营的 8 辆"虎王"式重型坦克将归党卫军第 11 装甲掷弹兵师指挥时，顿时信心大增，其他增援力量还有拉脱维亚的一小队志愿者。

克鲁肯伯格的指挥所设在施塔特米托地铁站的一节车厢里。这里既没有电灯也没有电话，他们抢劫了柏林广场的一家杂货店才有了补给品。他们从临时军火库找到了大量的反坦克手雷，现在还能同苏军对抗，但是他们缺少重型武器。在使用反坦克手雷时，不仅能发挥它本来的反坦克效用，还可以与苏军步兵展开近战。在柏林的防御区内，阿德隆旅馆地下室的救护站接待了很多的德军伤员。而党卫军伤员被送到了帝国总理府地下室的一处救护站，那里有近500名伤员。

反观苏军，各支部队攻入柏林的推进速度大不相同。西北部，科涅夫的第4近卫坦克集团军和第47集团军成功会师后向施潘达推进。在这个巨大的城堡内还有着不为人知的秘密，这里是德军进行"塔崩"和"沙林"神经毒气研究的地方。在柏林加图机场，苏军与德军进行了激烈的交战。空军军官学员和德军人民冲锋队队员藏在飞机残骸后面，使用88毫米高射炮向苏军射击。在北部，第3突击集团军到达了蒂尔花园区普伦茨劳贝格的北部，而第2近卫坦克集团军才冲过西门子斯特德。第3突击集团军聪明地绕过了火力凶猛的德军洪堡高射炮台，把它留给后方的重型火炮和轰炸机。第5突击集团军也同样绕过了腓特烈海恩掩体，主力已突进到法兰克福施普雷河南岸。在南部，第1近卫坦克集团军和第8近卫集团军到达了兰德韦尔运河，这里离帝国总理府不到2千米。在西南部，第3近卫坦克集团军突入夏洛滕堡，与德军第18装甲掷弹兵师残部进行交战。

（六）森林中的歼灭战

德军的局势在日益恶化。在向贝利茨前进的德军"沙恩霍斯特"师中，有士官这样描述当时的情况："从西线到东线战场只有1天的路程，这就是我们现在的状况。"在这种情况下，温克将军的第20军于4月24日对苏军发动了反击，意在向西突破与第9集团军会合。而后者此时正被围困在森林之中，供给线全面瘫痪。

就在当天晚上，由帝国劳工青年组成的"特奥多尔·克尔纳"师攻击了叶尔马科夫将军驻扎在特罗伊恩布里岑附近的第5近卫机械化军。第2天，"沙恩霍斯特"师接近了贝利茨附近的广阔森林地带。身处大片浓密的人造林中，谁也不知道将会发生什么。距离贝利茨还有几千米时，他们抵达了海尔斯塔滕的综合医院。

苏军在前天洗劫了这所医院。当时，护士们和病人听到了炮火声，但没有人知道战斗到底在哪里发生。楼房被炮弹击中，孩子们被转移到地下室，护士们只能颤抖着彼此安慰。后来，她们突然发现西面出现了德军部队，从一棵树冲到另一棵树，以小规模编队行进突围。这时有2名护士冲了出去，向他们高喊："让俄国人去死吧！"当战斗趋于激烈时，这所医院的院长珀奇克医生曾决定与驻扎在易北河的美国人联系，临近的瑞士人很显然提供不了任何援助。

贝利茨之战已经打了几天，战斗异常惨烈，没有人投降。德军的伤员都安排在了房屋的地下室，当苏军攻占了这所房屋后，颇为震惊。有一些德军士兵非常年轻，这明明就是"娃娃兵"，是那些第1次遇到T-34型和"斯大林"2型坦克会染上"坦克恐惧症"的人。几天之后，当德军使用反坦克火箭筒炸毁苏军4辆"斯大林"2型坦克时，这些年轻士兵的信心才有所恢复。彼得·雷蒂西营长表扬了年轻士兵们无与伦比的英勇行为和奉献精神，但气愤地说道："将这些孩子投入到这场毁灭一切的该死战争中是一个奇耻大辱，也是一种罪恶。"

4月28日，德军"胡腾"师的人员将3000名伤员和儿童送上了一列货物往返列车，列车载着伤员和儿童缓缓地驶向巴尔比。在巴尔比，儿童医院重新建立起来，美国人以战俘的条件接收了伤员。不过温克将军给第12集团军发布了更为重要的任务，一项任务是协同"胡腾"师的主力向波茨坦进攻以开辟一个"安全走廊"；另外一项任务就是帮助第9集团军脱困。

"斯大林"2型坦克

一支8万人的德军混合编队驻扎在施普雷森林中，其中还包括受到重创的军队和逃离的平民。人员分别来自不同的集团军，主力是巴塞将军的第9集团军，包括党卫军第101装甲军和党卫军第5山地军。正如巴塞将军预期的那样，法兰克福的驻军也成功地突出重围，与他们会师了，南部的第5军也跟了上来。与第4装甲集团军分开之前，第5军一直作为该集团军的北翼部队，在遭遇了苏军乌克兰第1方面军之后，该军被迫撤退。

经过讨论，巴塞与温克将军一致通过，第9集团军应向柏林南部的松树林正西方向突围，与第12集团军会师，然后一同向易北河撤退。但是，巴塞的后卫部队一直与朱可夫的部队交战，行进缓慢。他告诉温克将军，在苏军的炮火之下，他的集团军现在"就像在地上爬"。然而两位将军都不愿执行希特勒下达的命令，也不想为救援柏林而牺牲更多的生命。4月25日深夜，巴塞得到了"可自行决定最佳攻击方向"的授权。从那时起，他实行了一种"纳尔斯尼"战术，即拒绝接收各种无线电信号。当然，实际上德军的无线电通信也已经崩溃，早已接收不到什么信号了。

更困难的是，部队和身后的难民早已没有任何食物了。车辆不停地开进，出了故障或者燃油耗尽，就会被炸毁或者拆下一些零件。让巴塞欣慰的是，他还有31

辆坦克，其中还包括了吕克将军第21装甲师的6辆"豹"式坦克，党卫军第502重型装甲营的10辆"虎王"式重型坦克。

巴塞计划利用这些坦克从科涅夫的后方作战区域实施突破，因为目前的科涅夫集团军正在忙着攻击柏林。巴塞利用路旁废弃的卡车，用虹吸管为装甲车的油箱加满油，而他的剩余炮兵部队在撤退开始前打光了所有的炮弹，最后再炸掉所有的火炮。然而，巴塞的部队还是没能逃脱被乌克兰第1方面军和白俄罗斯第1方面军包围的厄运，他们被困在菲尔斯滕瓦尔德东南部的森林和湖泊之间。4月25日下午，朱可夫的主力部队，其中包括第2近卫骑兵军、第3集团军、第33集团军和第69集团军，从北面和东面对巴塞的部队发起了攻击。

科涅夫仔细看着地图，忽然发现一个重要线索。托伊皮茨的绵延处有一个湖泊群，而它的南部就是柏林到德累斯顿的高速公路。德军想要突围，必须要穿过这条公路。尽管此时做出决定已经很晚了，但科涅夫仍然迅速采取了行动。

4月25日，戈尔多夫率领的第3近卫集团军在高速公路区域附近迅速部署完毕，封锁了森林内所有从西向东的公路。他们将高耸的松树砍断，制造成简易的反坦克障碍，可是戈尔多夫没有封锁作战区域的南部地区。尽管第28集团军加强了对巴鲁特东部地区的防御，但是仍然留下了这样一个小缺口。

4月26日凌晨，巴塞的先头部队通过了哈尔伯，忽然发现苏军2个集团军中间的这个防御缺口。他们快速冲过高速公路，到达了措森公路。让巴塞没想到的是，这里正是雷巴尔科部队的供给线，此时他们正在攻击柏林。结果苏军的供给线遭到了全面攻击，在没有收到任何命令的情况下，卢钦斯基将军派遣第50、第96近卫步兵师对德军实施反击。战斗非常激烈，苏军派出第2航空集团军的飞机向地面进行扫射并大量轰炸，地面的苏军部队顽强地进行反击。受到猛烈攻击的德军部队不得不重新通过高速公路，退回哈尔伯的森林中。为了避免继续遭受苏军的空中轰炸，"豹"式坦克不敢开上公路，而树林中松软的沙土又非常不利于坦克的机动。

就在第2天，德军的一支部队成功穿过了高速公路。德国空军的1架飞机看到了它们，马上把情报汇报给了约德尔将军。随后约德尔密电希特勒，告诉他巴塞根本没有向柏林驰援。希特勒听后勃然大怒，可是他仍然不相信巴塞会背叛他。

当天晚上，希特勒让约德尔转发了一封电文："元首命令，第9、第12集团军的主要任务是对柏林实施救援，而不仅仅是解救第9集团军。"实际上，希特勒的意思是这2支集团军必须履行自己的义务与责任。如今的情况非常紧急，如果不竭尽全力解救柏林、保护元首，他们都将成为德国历史上的叛徒，必将遭到唾弃。接下来的深夜和第2天，约德尔将军又发了2次电文，可是在森林中挣扎的德军部队再也没有回信。

4月26日至27日，德军的其他部队又开始了新一轮攻击，并且是向2个方向展开。北部德军突向托伊皮茨，南部德军从哈尔伯向巴鲁特进发。在北部，几千名德军士兵击溃了苏军第54近卫步兵师，俘虏了苏军军官并包围了第160步兵团的部分部队。在南部，安德留沙切科中校指挥的第291近卫步兵团被向巴鲁特突破的大股德军包围，第291近卫步兵团拼死抵抗，利用阁楼和地下室与德军周旋。当从巴鲁特快速赶来的第150近卫步兵团抵达时，腹背受敌的德军就开始损失惨重了。

德军的参谋军官们忙着对当前的作战局势进行总结，他们想在混战中找到一丝头绪，从而进行突破。目前的森林之战，特别是在哈尔伯及周边地区，苏军地面部队的炮火攻击加上空军的大规模轰炸使战况非常惨烈，德军死伤无数。

后来，苏军从捕获的俘虏口中得知了真实的情况。德军组织大部分兵力进行第一波突围，然而苏军的飞机和大炮很快消灭了他们。德军伤亡惨重，大部分士兵甚至连头都抬不起来。一些德军军官只能趴在坦克下面看地图，根本没有办法指挥作战。大部分士兵都是由于失血过多而死，胸部和腹部是最容易受伤的部位，而且受伤后只能躺在地上。面对德军的窘境，苏军的坦克手和炮手更有意识地让炮弹在树梢上空爆炸，飞溅的树杈插到了树下德军士兵的胸口或者腹部。由于沙土内满是树根，那些想挖战壕的德军士兵，即使有铁锹等工具，也根本无法挖掘。那些急于隐蔽起来的士兵只能拼命地用枪托在地上挖，也只能挖个浅坑，根本无法起到保护作用。这种情况让德军中有经验的士兵也变得慌乱起来，只要苏军进行轰炸，德军士兵只能慌乱逃窜，只有一小部分勇敢的士兵站在车辆上用冲锋枪或者步枪对着天空开火。很多德军士兵因为过度疲劳而倒下了，坦克的履带或者卡车的车轮子直接在他们身上碾了过去。

4月的最后一个星期，广阔的森林中战斗仍在持续。此时，已经没有前线可言了，最常出现的便是苏德两军殊死的遭遇战。德军坦克行驶的时候，会突然遭遇苏军坦克，它沿着防火带向德军坦克开火。德军坦克的炮口来不及转向，在它的后面还紧跟着半履带式装甲车。这些车辆拉着筋疲力尽的德军士兵，有一些士兵甚至趴在车辆的外面。面对苏军坦克的突然进攻，慌乱的德国人试图反击。坦克手想旋转炮塔，而坐在外面的士兵不得不从上面跳下来。苏军坦克的速度比德军快得多，还不等炮塔转向，苏军坦克发射的1枚炮弹就击中了后面的1辆半履带式装甲车，立刻发生爆炸。一团巨大的火球冲天而起，火光照亮了整个森林，周围的松树随即燃烧起来，滚滚浓烟掠过森林上空。

苏军的炮兵还使用了带有白磷或者其他易燃物的弹药，尽管苏军指挥官拒绝承认这一点。那些拉弹药、补给或者火炮的马车经过时，马匹非常容易受惊。加上周围粗壮的树干使林中的光线变得更加昏暗，浓烟更是削弱了能见度。森林中只剩下大片的爆炸声和呼喊声，德军士兵只能不断地呼喊以保证不被大部队落下。为此，德军指挥官只能用不同的办法向自己的部队下达命令。然而，毫无次序的队形让不同的集团军混杂在一起。国防军和党卫军之间依旧摩擦不断，两支部队间的猜疑越来越深，很难并肩作战。党卫军不满国防军的军官们不照顾他们的部队，而事实上却是那些跟跄着挡住去路的国防军士兵被党卫军的坦克碾死，党卫军更不会为国防军做任何事情。穿着黑色军装的党卫军女兵们，会把国防军的伤兵扔在道路上，然后自己坐上"虎王"式重型坦克。

第一次突围的失败，让德军受到重创，他们企图再次集结，从其他方向进行突围。德军的一支先遣队沿着老路重新突围，他们会在半路碰到前一天攻占的苏军炮兵阵地。这次，他们很顺利地穿过了高速公路，路边的散兵坑有一些苏军士兵的尸体，他们憎恶地望着这些尸体。德军突围的集合地点是库默斯多夫，只要他们穿过森林，就会到达那里。目前最危险的地方就是巴鲁特—措森公路，苏军在这里部署了大量的步兵师和炮兵，这是德军最后的考验。

4月28日晚，德军在哈尔伯又进行了一次大规模突围。他们奋力进攻，直到成功突破苏军第5近卫步兵师的防线。然而，这次战斗使德军付出了极大的代价，损失惨重。此时的科涅夫有了新的决定，必须彻底消灭德军残余部队。他果断地对侧翼部队进行了增援，步兵师在小路旁和防火带后面建立了反坦克炮阵地，而向西的小路两旁的树木全部伐倒，像是要进行一次大规模的狩猎活动。

德军的步兵团靠着小股坦克先遣队的支援，攻进了高速公路东边的森林地带。巴塞的部队正呈扇形发起攻击行动，而他们多数位于哈尔伯附近，队伍一路向后延伸，断后的部队在施托尔科阻击朱可夫的部队。在白天，苏军有意将巴塞的部队进行分割包围。苏军的双翼机贴着树梢低空飞行，他们的任务是对德军逃窜部队进行侦察，快速做出判断以便炮兵和航空兵进行攻击。支援乌克兰第1方面军的航空师飞行2459次，执行攻击任务和1683次轰炸。

狼狈的德军在森林中逃窜着，他们只能借助地图和罗盘辨别方向，如果没有它们连出去的路都无法找到。此时想通过看太阳来辨别方向是绝对不可能的，因为浓烟和密林阻碍了他们的视线。

此时的德军士兵大部分都已筋疲力尽，没有人指挥他们，所以只能沿着沙土路蹒跚前行，未来一片渺茫。那些仍旧穿着整洁的参谋们，根本不管身边的伤兵，他们开着大众敞篷汽车，穿梭在树林的小路上，德军士兵对他们恨之入骨。道路的交界处摆放着几层有些发绿的士兵尸体，这让活着的人感到更加恐惧。

更没想到的是，党卫军第36掷弹兵师的6名士兵在迪尔旺格少将的率领下向苏军投降。他因曾领导华沙大屠杀而臭名昭著，虽然投降意味着叛国而且会被处死，但是他已经别无选择。党卫军的1名士兵描述了他们当时的情况："疲惫与饥饿困扰着我们，当时我们已经有5天没看到任何指挥官了，这场战争可能马上就要结束了，但是我们真的不想就这样死去。"对于党卫军来说，投降的结果要么是被处死，要么是被送进西伯利亚的集中营。因此，很少有党卫军的士兵会向苏军投降。从中也可以看出，党卫军第36掷弹兵师此时已经走投无路到了什么程度。

4月28日、29日，哈尔伯的战斗正式打响。苏军部队从南面使用火炮和"喀秋莎"火箭炮对德军发起猛烈进攻，双方实力的差距让德国人没有丝毫招架之力。面对如此大战，很多德国国防军的年轻士兵被吓得发抖，据当地村民讲述："甚至有些年轻人吓得尿了裤子，因为他们根本没有经历过这样残酷的战斗。"

在这次战斗中，德军能战斗的车辆越来越少。8辆轮式装甲侦察车、几辆坦克，还有几辆半履带式装甲车，剩下的大部分士兵只能步行。

4月29日，下了几天的雨终于停了，天空露出了太阳，德国人这才清晰地辨认了方向。在德军士兵里，有很多人因为疲劳而产生了幻觉，周围所有的一切都变得模糊，甚至让他们感到一丝莫名的恐惧。在穆肯多夫，埋伏在侧翼的苏军冲锋枪手向这些逃亡的德军士兵开火，几个年轻的士兵拼命抱住头趴在地上。直到枪声渐小，他们才开始对丛林深处进行还击，可是他们无法看清苏军士兵在什么地方。这时，2名穿着黑色制服的年轻党卫军女兵出现在他们面前，手里拿着手枪，大声嚷道："快起来，你们这帮胆小鬼！赶紧去战斗！"这次短暂的交火，慢慢发展成了混乱的遭遇战，战斗结束的时候，不见了那2名党卫军女兵的身影。

也许，作家西蒙诺夫对这场战争的描述更加准确："战斗结束后，我乘坐吉普车去往柏林的路上。在托伊皮茨的南部公路附近，那里的景象让我永生难忘。路的两旁是非常高大而密集的树木，由于已经进入春季，两边的松林和落叶林变得更加翠绿。高速公路两侧是并不宽敞的小路，它们向树林深处延伸，没有尽头。在这里可以清楚地看到被遗弃的卡车、坦克、吉普车、装甲车、救护车，等等，它们拥挤地堆在两边。所有车辆都紧挨着，简直可以摞起来。有的已经翻了，有的倒在了一边，还有很多已经底朝天，把旁边的大树都撞倒了。不远处，那些德军的伤兵用大衣包裹着自己，靠着大树蜷缩着，有的缠着纱布，大部分人没有经过任何急救。因为伤兵太多，没有人去照顾他们。有的士兵直接躺在高速公路边上，那里堆满了碎石，到处都是洒出来的汽油和一摊摊的血迹，他们混合到一起。很显然，苏军的炮兵和"喀秋莎"火箭炮猛烈地轰炸过他们，德军几乎全军覆灭。"

苏军对德军残余势力进行歼灭的同时，也不忘对他们再次展开心理攻势。坐在这里的德军伤兵们，会不时地看到空中投来的传单。这是苏军政治部的战术，他们力争使更多的德军士兵投降。地面上，扬声器里始终播放着由德国"反法西斯主义"战俘录制的讲话。另一边，苏军的士兵也在动情地向德国人喊话："你们该回家了，战争结束了，你们该去与亲人们团聚了。"

在劝德军士兵投降的同时，苏军政治部也不忘了对本方的战斗欲望进行鼓舞。"现在的局势很明显，德军主力部队已经被消灭，现在仅剩下几股残余势力仍在四处逃窜，他们希望能逃回柏林，但这是不可能的，他们无法越过我们的防线。"正像苏军政治部所讲的，大部分的德军确实没有通过苏军建立的坚同防线，有 3 万人死在这里，最后被埋葬在哈尔伯公墓。

现如今，偶尔还能在这片树林里发现当年留下的士兵尸体。1999 年的时候，德国人还在高速公路旁的一个墓穴里发现了第 9 集团军的武器和一些变成骷髅的尸体。苏军也有 2 万多名士兵在此阵亡，他们被埋葬在巴鲁特—措森公路旁边的一座公墓里。真正让人感到不可思议的是，在这场战斗中，竟然有 2.5 万名德军士兵和平民，经过殊死的抗争，越过了苏军的三道防线，在贝利茨附近与温克的第 12 集团军会师。这些人在大喜大悲之中经历了战争中的最后几天。

目前来看，德军最大的难题是维斯瓦河集团军群已经与巴塞将军失去了所有联系，而哈尔伯附近的大战还在继续。不甘失败的德军指挥部又派出 1 架"白鹳"式轻型飞机，试图与巴塞的部队进行联系。可是他们非常失望，维斯瓦河集团军群已经不是一支完整的部队了，因为第 9 集团军现在已经遭到了孤立。

由于罗科索夫斯基元帅的白俄罗斯第 2 方面军进攻在即，因此曼陀菲尔将军的第 3 装甲集团军将马上面临灭顶之灾。海因里希向德国陆军元帅凯特尔和克莱勃斯将军隐瞒了一个事实，他私自允许曼陀菲尔的部队向西撤退到梅克伦堡，当然这也直接违抗了希特勒的命令。

与此同时，由于罗科索夫斯基元帅的大踏步进攻，海因里希的部下放弃了哈斯莱本的指挥所。这次撤退中，在离希姆莱把守的霍恩吕兴不远的地方，海因里希遇到了希特勒青年团员组成的人民冲锋队步兵营。可以看出这些孩子不超过 15 岁，武器和背包将他们压得摇摇晃晃。海因里希的一位参谋官说道："让这些孩子去战场真的是一种罪恶！"然而这样的抱怨丝毫起不到作用。

海因里希让曼陀菲尔撤退，他的上司很快就会知道他的这个决定。4 月 29 日，陆军元帅凯特尔给海因里希打了电话，愤怒地责骂他："不但违抗军令，而且太软弱，这完全是叛国的行为。"海因里希立即被解职，上级命令曼陀菲尔接替海因里希的岗位，但是曼陀菲尔果断拒绝了。

约德尔过了很久才给海因里希打了电话。当然，他一样非常冷漠，并同样谴责海因里希的软弱，指挥军队毫无章法，让德军失去了应有的战斗力，并告知海因里希立刻回德国最高统帅部述职。当海因里希准备回德国的时候，他的副官们劝他不要回去，因为此行必将十分危险，或许会被处死或者像隆美尔那样"被自杀"。海因里希听从了他们的意见，有意拖延了回去的时间。由于第二次世界大战的结束，他终于保全了性命。

（七）希特勒自杀

如今，德国败局已定，希特勒离死亡越来越近。就在 4 月 25 日，丘吉尔和杜鲁门再次向克里姆林宫发出通告："希姆莱通过贝纳多特伯爵向西方盟国寻求谈判。"斯大林在 4 月 26 日向杜鲁门回复："你们拒绝希姆莱的决定，完全是正确的。"

4 月 26 日希特勒照例召开临时会议，可他突然发现费格莱因不在会场。鲍曼曾与费格莱因洗过桑拿，知道后者在夏洛滕贝格有间公寓。希特勒马上派出一队盖世太保去了那间公寓。很显然，费格莱因同情人在一起，但是他已经喝醉了，旁边放着装满钱、珠宝和假护照的行囊，看样子早已收拾妥当准备逃跑了。被捕获的费格莱因坚持要给爱娃打电话，这让爱娃非常震惊，没想到他也准备离开自己敬爱的元首。爱娃非常伤心，并拒绝干预此事。可费格莱因称格雷特（爱娃的妹妹）要生孩子了，他必须去陪她。爱娃再也不会相信他了，最后费格莱因被秘密押解回来，关在帝国总理府地下室的一个房间内。

4 月 28 日下午，希特勒从斯德哥尔摩电台的报道中得知希姆莱正在与盟军接触。但是希特勒仍然拒绝相信忠诚的海因里希试图同盟军秘密谈判，这是他不能理解的。当施泰纳拒绝援救柏林时，希特勒已经对党卫军产生了怀疑。他把这件事告诉了邓尼茨，随后邓尼茨马上询问了希姆莱，然而希姆莱对此全然否认。

当天晚上，希特勒看到了一篇路透社的新闻报道，他才完全相信了此事。希特勒终于爆发了，愤怒与失望让他变得面色苍白。与此同时，党卫军地区总队长穆勒对费格莱冈进行了审讯，费格莱因说出了实情，他知道希姆莱同贝纳多特进行接触的事情。随后，费格莱因在党卫军重兵押解下上了楼，他曾经具有的那种高傲的姿态荡然无存。最后，他在帝国总理府的花园被秘密处死。现在的希特勒完全相信，他的党卫军正在密谋背叛他。

希特勒去找格赖姆，这个新提拔的军官正躺在床上养腿伤。希特勒给他下达了秘密指令，让他重新组织空军对波茨坦广场的苏军坦克进行攻击，并且对希姆莱这个大叛徒实施惩罚。希特勒大声喊道："叛国者永远不能接替我管理这个国家，你现在就离开柏林，把希姆莱抓回来接受应有的惩罚，一刻也不能停。"最后格赖姆在赖奇的帮助下拄着拐杖上了楼梯。1 辆装甲车正在外面等候他们，不久后他们又上了 1 架教练机。这架飞机停在了勃兰登堡门附近，显然是有人特意安排好的，并且做好了随时起飞的准备。这一幕被刚到此地的苏军第 3 突击集团军发现了，士兵们看着这架飞机在他们眼前起飞，所有人的直觉都是"希特勒正在逃跑"。他们缓过神来，掉转机枪和高射炮对飞机开火，然而却未能命中，格赖姆和赖奇成功逃走了。

在元首的地下避弹所内，惊人的一幕正在上演。希特勒马上要结婚了，新娘子就是爱娃——费格莱因夫人的姐姐。瓦格纳被戈培尔带到了希特勒的卧室，负责主持此次婚礼。此前，瓦格纳正穿着纳粹党服执行警卫任务，他对接到的这个任务感到哭笑不得。此时，希特勒穿着那件他经常穿的紧身衣，爱娃则穿着一件长的黑色塔夫绸礼服，它的颜色与现在的环境非常协调。瓦格纳显得非常紧张，向元首和爱娃询问了一些问题——"是否是纯正的雅利安血统？""是不是都没有传染病？"由于处在特殊的历史时期，整个过程变得简单，只有几分钟的时间。戈培尔和鲍曼做证婚人，最后双方在婚书上签字。希特勒的签名非常潦草，因为他的手抖得非常厉害。到爱娃签名的时候，她突然停下，画去了那个"B"，改了一个首字母，变成了"爱娃·希特勒·布劳恩"。

随后这对新人来到了地下避弹所会议室的前厅走廊，在场的将军和秘书们纷纷表示祝贺。他们又到了起居室，喜宴正式开始。桌上摆放的大瓶香槟是特意为"希特勒夫人"准备的，爱娃喜欢让所有人这样称呼她。在这个充满背叛的世界里，她因为自己的忠诚而终究得到了回报。紧接着，鲍曼、戈培尔和他的妻子玛格达，还有2名秘书——克里斯蒂安和容格，都来了。希特勒将容格带到了另一个房间，口述了他的个人遗嘱。显然容格有些紧张，但更多的是兴奋，她猜测她面前的元首会说出一番豪言壮语来诠释自己死亡的真正意义。可是希特勒的嘴里却都是那些政治上的陈词滥调、狂想和责难。他说自己从没有想过发起这场战争，这都是犹太人强加给他的。回忆这场战争，尽管受到了各种挫折，但是它必将被写进历史，成为一个民族最光荣、最具英雄主义的见证。

德国海军司令邓尼茨元帅被任命为新的帝国总统。在希特勒的追随者中，无论是陆军、空军或者党卫军要么令他失望，要么就是背叛了他，只有忠诚的邓尼茨在所有的阴谋家面前脱颖而出。戈培尔成为帝国总理，鲍曼成为党的元首并作为希特勒遗嘱执行的监督人。希特勒的意愿是自己死后，德国政府分而治之。在所有新政府的成员名单中最滑稽的当属由汉克接替希姆莱出任党卫军全国领袖。汉克曾是戈培尔的追随者，可是他现在仍被围困在布雷斯劳城内，准备让全城人陪他一起自杀。

戈培尔也留下了自己的遗嘱，他拒绝离开柏林并且认为陪自己的元首共同死亡是自己最大的职责。德国陆军新任司令舍尔纳元帅接到了一份希特勒的遗嘱复印件，而布格多夫将军的一封信证实了希姆莱的叛变，正是这个消息给了希特勒最后的打击。

4月29日，容格完成了自己的打字任务，而希特勒和他的夫人已经回去休息了。当她上楼想为戈培尔的孩子们找一些食物的时候，距离帝国总理府地下野战医院不远的地方，震撼人心的景象让她吃惊。所有人的身体里都燃起一团"性爱之火"。无论任何地方，即使在牙医的椅子上，都有无数的肉体交缠在一起。此时，女人们放下了所有的矜持，随意与男人发生关系。那些党卫军的军官引诱那些动情的年轻姑娘回到帝国总理府，那里有派对，更有吃不完的食物和香槟。这样一场生存主义者的表演，更预示了极权主义者的腐败与必将灭亡的结局。

希特勒越是推迟自杀，帝国死亡的人数就越多，即使是希特勒最忠诚的信徒也承认这个事实。希姆莱和戈林的悲剧，让所有人都不敢在元首自杀前提出停火。可是他们关心的问题是，如果苏联人攻进了帝国总理府，希特勒再自杀的话，里面的人就没有一个可以活着出去了。洛林霍芬可不想就这样等死，当看到通信员带着希特勒的最后遗嘱离开后，他倒有了一个主意。因为此前通信已经中断，他和博尔特上校被允许出城加入德军部队。于是他对克莱勃斯将军说："我不想在这里躲避，我希望能回到部队去战斗。"开始，克莱勃斯并不同意，他又询问了布格多夫将军，得到的指示是这里的副官都可以离开，最后洛林霍芬、魏斯中校与博尔特上校都离开了柏林。

那天中午的例行会议后，洛林霍芬去见希特勒，请求出城。希特勒问他怎么出城，洛林霍芬说出了一连串的路线计划，穿过柏林城区到哈弗尔河，最后用1艘小船渡河。希特勒忽然产生了兴趣，说道："电力摩托艇是必备的，因为它没有噪声，可以安全地躲过苏联人。"洛林霍芬发现希特勒对于逃亡非常热心，这让他非常紧张。最后，他又补充说，如果有必要的话，会使用另一艘船。这时，希特勒忽然感到疲劳，与在场的所有人握手后就让他们离开了。

与此同时，苏军正在计划对帝国国会大厦发起总攻，时间定在4月29日拂晓。苏军的指挥官要为莫斯科的"五一"庆典"献礼"，所以非常急切地想要占领它。现在的苏军已经完成了对柏林的包围，也就是说已经将美军挡在了柏林之外。此时的斯大林已经没有后顾之忧了，他便不再干涉地面部队的作战行动。不过，攻占帝国国会大厦仍旧是战争取得胜利的最大标志，自然成为各界舆论所关注的焦点。希特勒害怕毒药不起作用，于是在前一天晚上对施通普费格医生的氰化物胶囊进行试验，希特勒最爱的德国牧羊犬成了试验对象。1932年，在希特勒穷困潦倒的时候，别人送给他这样一只牧羊犬。由于当时的房间太小，他把牧羊犬寄养到别处，可没想到的是这只牧羊犬又跑了回来，这让他非常感动。然而，牧羊犬的忠诚没有换来它生的希望，在帝国总理府的花园里，它被毒死了。

希特勒非常担心希姆莱会叛变，但是他更害怕自己会被苏联人活捉。此前，他曾得知墨索里尼被游击队处死的消息，墨索里尼和情妇佩塔奇的尸体被倒挂在了米兰广场。而且，这篇报道被工作人员用了"元首字体"打印，字号巨大，这样希特勒不用戴眼镜就能看清。希特勒害怕自己会成为第2个墨索里尼，所以他下定决心，死后必须被火化，这样才不会被苏联人带回国内展览。爱娃愿意陪他一同自杀，死亡就成了必然的选择。希特勒同魏德林在一起时，爱娃和容格来到了自己的房间，她送给容格一件银灰色狐皮披肩，这是她从来没有穿过的。此时的容格在猜测希特勒和爱娃独处时的谈话内容，另外，她也在想，如果自己穿着这样一件银灰色狐皮披肩，怎么可能逃出柏林呢？

就在午饭前，希特勒召见了他的私人副官京斯谢，告诉他如何处理自己和爱娃的尸体。随后，希特勒同他的营养学家曼齐亚利和2名秘书容格、克里斯蒂安共进了午餐，爱娃没有食欲，所以没有同他们一起用餐。希特勒看起来似乎很平静，但是他在整个用餐过程中一直没有说话。饭后，他回到了卧室。过了一会儿他和爱娃两人到了前厅的走廊，京斯谢早已召集了所有纳粹核心阶层的人等在这里。戈培尔、鲍曼、克莱勃斯、布格多夫将军和2名秘书，大家一同进行了最后的道别。戈培尔的妻子已经情绪失控，在房间里没有出来。此时的希特勒穿着平时的衣服，灰绿色的军服上衣，黑色裤子，白色衬衣，还有领带。爱娃穿着一件黑色礼服，胸前别着粉红色的花。希特勒同他们一一握手后，漠然地离开了。

地下避弹所的下层房间都已经清扫干净，京斯谢和另外2名党卫军军官站在走廊里，他们要保持元首最后时刻的平静。突然，一个叫喊声打破了此时的平静，这个人就是戈培尔的老婆，她强烈请求去见希特勒。当门被打开时，她推开了京斯谢闯了进去，可是希特勒还是把她打发走了，似乎没有人听到希特勒自杀的枪声。

下午3点15分，戈培尔、鲍曼、京斯谢和艾克斯曼跟着希特勒的男仆走进了卧室，其他人只能越过他们的肩膀窥视，门最后还是被关上了。士兵们用国防军毛毯裹着希特勒的尸体，抬出了走廊，沿着楼梯来到了总理府的花园。爱娃的尸体被放在了希特勒尸体的旁边，离出口处不远。随后有人将两具尸体浇上了汽油，戈培尔、鲍曼、克莱勃斯和布格多夫对元首进行了最后的致敬。两具尸体就这样燃烧起来，在场的军官们向他们行了希特勒式的敬礼。一名党卫军警卫从侧门看到了这一幕，他迅速跑到避弹所，向所有的警卫说道："元首火化了，你们不去看一看吗？"

当元首的尸体还在花园里燃烧的时候，地下避弹所内所有的人都开始觉得自己不会被苏联红军杀死，有些人则开始酗酒。此时的鲍曼却把心思放在了新一届德国政府的组建上。他首先向邓尼茨发了一封电报，而现在的邓尼茨正在基尔附近的普伦指挥所里。电报告知邓尼茨，他将接任德国元首一职，应该根据战局的形势，立即采取相应的措施。鲍曼并没有告诉他希特勒已经死了，如果没有希特勒，邓尼茨将没有任何权力可言。可是让鲍曼没想到的是，希姆莱同邓尼茨在一起，邓尼茨没有拘捕他，而鲍曼必须加入新一届的纳粹政府，这样他才能同希姆莱对抗。但此前，戈培尔、克莱勃斯和布格多夫都决定留在柏林一起自杀。

当然，在柏林还有一些并不希望自杀的人，巴塞和他率领的第9集团军此时正从柏林南部的森林突围。大约有 2.5 万名士兵和平民穿过了封锁线，虽然疲惫不堪，但是他们仍逼迫自己继续前进。

魏德林来到了地下避弹所，受到了戈培尔、鲍曼和克莱勃斯的迎接。他们告诉他元首和爱娃自杀的消息，而且两个人的尸体早已被火化，埋在了花园的一个弹坑内。魏德林被迫发誓，不泄露这个秘密。接下来，德军将在晚上与苏军达成停火协议，克莱勃斯将会告知苏军指挥官，最后转达给克里姆林宫。随后，魏德林给指挥部的雷费尔打了电话，但是没有告诉他这里发生的事，只是要求大量的参谋人员立即与他会合，包括参谋长杜温上校。

与此同时，柏林城内的苏军仍然利用重型火炮对国会大厦进行攻击。所有的军官都希望自己的士兵能够第一个冲进国会大厦，将第 3 突击集团军的红旗插在国会大厦上，因为这将使自己永载苏联的史册。

为了给斯大林一份大礼，涅乌斯特罗耶夫营成立了一个红旗方队，所有的成员都经过政治部精挑细选，由共青团员组成。其中，车臣、蒙古、鞑靼族人都被排除在外，因为"民族英雄"的称号绝对不能授予那些流亡民族的人。

师长沙季洛夫将军盲目的乐观主义情绪造成了方面军指挥部的错觉，他们以为国会大厦已经被占领，早早地将这一消息报告给了莫斯科，必须不惜一切代价将红旗插上楼顶。

下午 6 点，第 150 步兵师的 3 个团在坦克的掩护下，对国会大厦发起了猛烈攻击。可是步兵们发现，大厦所有的门窗都用砖头堵死了，他们只好借助重型火炮炸开了一个缺口，终于冲进了大厅。这时，德军从楼上的阳台往下投掷反坦克手雷。苏军伤亡惨重，但是他们将冲锋枪和手榴弹配合使用，从栏杆后面开火，沿着楼梯慢慢向上前进。德军的守军由党卫军海军士兵和希特勒青年团组成，他们有的撤进了地下室，有的沿走廊向后撤退。反坦克手雷让许多房间着了火，到处充满了浓烟。

但是，这终究是一场实力悬殊的战斗。晚上 10 点 50 分，苏军成功地冲进了国会大厦，红旗最终飘扬在国会大厦的顶楼上。当然，这种说法要谨慎对待，因为苏联一直宣传国会大厦是在 5 月 1 日被占领的。不管准确的时间到底是何时，后来苏联官方都承认，这场激烈的战斗持续了整晚。当苏军向楼上冲锋时，地下室的德军就从后面拖住他们。那天晚上，柏林的空气中到处弥漫着烟尘，几乎让人无法呼吸，不时传来建筑物倒塌的声音。探照灯四处晃着，在夜空中寻找可能漏网的德军飞机。

战争即将结束，雷菲奥尔上校在布德勒区接到了帝国总理府打来的电话。他负责向苏军在柏林的指挥部转达克莱勃斯将军请求谈判的意愿，安排一个时间和地点双方坐下来心平气和地谈判。接着，苏军第 8 近卫集团军作战区域内，双方开始停火。

5月1日，崔可夫将军发给克莱勃斯将军一张通行证，这样他可以畅通无阻地来到苏军指挥部。该指挥部设在了舒伦堡的一个房间内。崔可夫一直在与作家维什涅夫斯基、作曲家布兰特和诗人多尔马托夫斯基进行庆祝，这3个人来到柏林的任务是创作庆祝胜利的颂歌。

晚上10点，克莱勃斯来到前线，同他一起来的还有杜温上校和翻译尼兰蒂斯。尽管克莱勃斯本人主张对苏军继续抵抗，但是最近，他每天都在偷偷学习俄语。第2天4点，克莱勃斯被带到了崔可夫的指挥所。由于布兰特没有穿军装，所以他不在场，而穿着随军战地记者服装的多尔马托夫斯基和维什涅夫斯基假扮成了参谋军官。

克莱勃斯开门见山地说道："有一个绝密的消息告诉大家，你们将是第一个知道这个消息的外国人，希特勒于4月30日自杀了。"崔可夫听到后直接撒了个谎，用来迷惑他的谈判对手："我们早就知道了。"随后，克莱勃斯宣读了希特勒的政治遗嘱，还有戈培尔的一份声明。声明中要求"为早已被战争重创的国家寻求一个满意的出路"。坐在旁边的维什涅夫斯基记录下整个谈话过程。

崔可夫最后给朱可夫打了个电话，汇报了这里的情况。朱可夫立刻派了罗科索夫斯基来到崔可夫的指挥所，他可不希望最后是由崔可夫接受了德军的投降。朱可夫随后给斯大林打了电话，接电话的是警卫队长弗拉西克将军，他说："抱歉，斯大林同志已上床休息了。"

"请将他叫醒。情况非常紧急，不能等到明天早上。"朱可夫有些急切地说道。

大概过了几分钟，斯大林拿起了电话，朱可夫向他通告了希特勒自杀的消息："他终于灭亡了，可惜的是我们没有活捉他。"

"他的尸体在哪儿？"斯大林在电话中问道。

"克莱勃斯将军说尸体火化了。"朱可夫答道。

"通知罗科索夫斯基，德国必须无条件投降，不要同纳粹集团进行任何谈判。如果没有紧急情况，早上之前不要给我打电话，我想在阅兵前休息一会儿。"斯大林有些严肃地说道。

朱可夫显然忽略了马上要在红场举行的"五一"阅兵仪式，贝利亚还特意解除了莫斯科的宵禁。可是崔可夫对德国的真实状况一无所知，每次提到德国无条件投降，克莱勃斯就会辩解："苏联一定要承认邓尼茨政府，只有这样，德国才能向苏军投降，才能阻止希姆莱与美国人单独签订投降协议。"不过，崔可夫还是凭借他的直觉识破了他的伎俩。

此时，罗科索夫斯基也加入同克莱勃斯的谈判中。最后，他给朱可夫打了电话："他们非常狡猾，克莱勃斯说自己没有权力对这个问题做出决定，只有邓尼茨的德国新政府才具备这个权力。他想与我们达成停火协议，但如果他们不同意无条件投降的话，我就让他们见鬼去吧。"

朱可夫在电话里肯定了罗科索夫斯基的话并告诉他："如果戈培尔和鲍曼不同意无条件投降，我们将会把柏林炸成废墟。"朱可夫又与苏军大本营进行了协商。随后将无条件投降的最后期限定在 5 月 1 日上午 10 点 15 分。当最后期限过去 25 分钟后，苏军方面仍然没有收到德国方面的答复，白俄罗斯第 1 方面军开始对市中心发起了又一轮攻击。

（八）垂死挣扎

在柏林南部，德军第 9 集团军的余部进行了最后一次突围，试图突破科涅夫部队的包围圈。与此同时，第 12 集团军在贝利茨地区顽强地坚守，以保证易北河方向撤退路线的畅通，雷曼将军的"施普雷"集团军群有 2 万人通过这里。但是，他们的压力却越来越大。那天清晨，苏军从波茨坦调集来的自行火炮向贝利茨发起猛烈的炮击，苏军轰炸机加大了对这一地区的轰炸力度。

终于，苏军的 1 个步兵团占领了贝利茨南部的埃尔肖茨，这是德军部队重要的交通枢纽。然而，苏军还没有来得及享受胜利果实，德军的 4 辆"豹"式坦克就奇迹般地出现了，苏军士兵被迫后撤。

实际上，"豹"式坦克的油箱早已空了。许多掉队的德军士兵都因为没有食物而筋疲力尽，到达埃尔肖茨后都倒下了。这里的平民给了士兵们食物，并照顾那些伤者，一名医生和一名乡村巡回护士在那里进行治疗。只有党卫军小队还有足够的力气，他们没有休息，直接穿过了村庄。在他们的身后，科涅夫的部队仍在追击那些掉队的德国人。

5 月 1 日，第 4 近卫坦克集团军的 1 个旅返回森林，他们的任务是消灭德军坦克和其他装甲车辆。随后的报告称，"在短短 2 个小时内，德军损失了 13 辆运兵车、3 辆坦克、3 辆突击炮和 15 辆卡车"。让苏军难以置信的是，此时的德军居然还有这么多的车辆可以行动。

这一天，柏林上空显得非常凝重，汉堡无线电台向整个德国预告，将要宣布一个非常重要而庄严的消息。电台首先播放了布鲁克纳的第七交响曲，而后开始播放瓦格纳的葬礼音乐，也许这样做可以让民众有个心理准备。海军元帅邓尼茨亲自报道了"伟大"的元首希特勒已经牺牲的消息，并称他是死在了最前线的战斗中，邓尼茨本人将成为新的德国元首。

由于当时的供电时断时续，柏林城内听到这个消息的人并不多。此时，魏德林计划要在午夜投降，所以向北穿过施普雷河的突围行动必须提前 1 个小时进行。元首的地下避弹所里的所有人，包括容格、克里斯蒂安和曼齐亚利都得到命令，提前做好了出发的准备。而准备自杀的克莱勃斯和布格多夫已不见踪影。

蒙克此前曾召见克鲁肯贝格，问他是否仍然希望留在市中心进行防御。他补充说道，尽管停火协议要在午夜时分生效，但魏德林已下令从西北部突破苏军对柏林的包围圈。克鲁肯贝格同意加入突围队伍，接着他和齐格勒去召集党卫军第11装甲掷弹兵师和在这一地区的其他部队。克鲁肯贝格命令边远的先遣队先撤退。然而，弗内特上校此时还在位于阿尔布切街的盖世太保指挥部，他并没有突围，可能是传令兵死在了半路，因而消息没有传到。

鲍曼和蒙克想把所有的人都编入突围部队，这造成地下避弹所内一片混乱。晚上11点，他们才开始撤退，这比预期晚了2个小时。蒙克指挥第一队，他们计划从地下室出发，前往腓特烈大街车站，其他人则跟着他们，但相互之间保持着一定的距离。

在突围中，最难以通过的地点就是车站北部。在那里，他们必须越过施普雷河。然而，周围燃烧的建筑物发出的火光照亮了整个区域。蒙克和希特勒的秘书们很聪明地绕开了威丁桥，转而走了下游的一座金属人行桥，向慈善医院方向前进。突围的部队南党卫军的"虎"式重型坦克和突击炮开路，作为先头部队，他们承担着主要的突围任务。这次突围的消息早已被传开，有成百上千的党卫军、国防军士兵和平民加入这支庞大的队伍。

"虎"式重型坦克的突围行动开始了，它成功摧毁了桥北部的障碍，却遭遇了苏军的猛烈阻击。1发穿甲弹正好击中了"虎"式重型坦克，在它后面的平民和士兵死伤一片。艾克斯曼受伤了，但是他仍然坚持站了起来。鲍曼和施通普费格医生都被炸晕了过去，直到恢复知觉才继续前进。此时，鲍曼带着希特勒遗嘱的最后一份复印件。只要有了它，他就可以在邓尼茨的政府中占据一席之地。

稍做调整的德军又发动了一次渡桥行动，这次冲锋的是1辆半履带式装甲车和四联装20毫米自行高射炮。然而，他们到最后还是失败了。时间已经到了凌晨1点，德军又发起了第3次冲锋，接着是第4次。

开始，鲍曼和施通普费格、施韦格曼和艾克斯曼还在共同前进，后来他们就分开了。鲍曼和施通普费格去了东北方向的斯德丁车站，艾克斯曼与他们走了反方向，他后来遇到了苏军的巡逻人员，于是又往回走。结果他看到了两具尸体，他发现，这是鲍曼和施通普费格的尸体。可笑的是，在纳粹党的领导人中，只有鲍曼是被布尔什维克主义者枪毙的。而其他人，包括希特勒、戈培尔、希姆莱和戈林都是自杀身亡的。

另外，克鲁肯贝格集合了党卫军中大部分的法国志愿者作为护卫队，他们同齐格勒和党卫军第11甲掷弹兵师组成了一支更加庞大的队伍。而且这支队伍中至少有四五个人获得过"骑士"勋章。他们在天亮后不久就成功穿过了施普雷河，但他们在离格松登鲁曼地铁站不远的地方遭到了苏军重炮的轰击，齐格勒不慎受了重伤，队伍中还有几个人也倒下了。很显然，苏军在这一地区部署的兵力非常强大，克鲁肯贝格和其他人只能原路返回。他们在齐格尔街的尽头，看到了蒙克那辆报废的"虎"式重型坦克。克鲁肯贝格躲到了一个木工家中，换上了木工的工作服改装了一下，以此成功地到达了达莱姆。他在朋友家中躲了7天，最后还是投降了。

指挥苏军第3突击集团军的库兹涅佐夫将军向朱可夫汇报了德军突围的消息，朱可夫非常生气，立即下令全面戒备。如果德军成功突围，不难想象斯大林会发多大的脾气。苏军军官急忙召集还在为"五一"节庆祝的士兵们，第2近卫坦克集团军派出1个坦克旅进行地毯式搜索，并拉起了警戒线。这使贝伦范格少将率领的部队在进行第2次突围行动时彻底失败。最后，贝伦范格少将和他的妻子在一个小巷中自杀了。

"慕赫堡"装甲师第18装甲掷弹兵团剩余的坦克和半履带式装甲车从蒂尔花园区向西撤退。这时，距离哈勒尔上校答应交出"动物园"高射炮堡垒的时间已经不远了。他们向西北方向的奥林匹克体育馆地区推进。同时，与突围相关的消息开始广泛传播，有人说温克将军的第12集团军就在柏林西北部的措森，医院的火车也正等在那里，德军士兵将从那里开往汉堡。成千上万的掉队德军士兵和平民开始乘坐不同的车辆向这一方向前进。他们遇到了来自广播中心的3辆卡车，车上的人包括希姆莱的弟弟恩斯特。与作为政治家的哥哥非常不同，恩斯特是个有名的摄影师。

在哈弗尔河上有座桥，名字叫夏洛滕布鲁克，从这里可以到达古老的施潘达镇。这座桥仍然完好，由希特勒青年团的先遣队防守。这时，忽然下起了瓢泼大雨，德军装甲车冒着苏军第47集团军猛烈的炮火，冲过了大桥。后面紧紧跟随着那些衣衫褴褛的士兵和平民。

德军在河的东岸部署了自行高射炮，它们配备有四联装20毫米防空炮，正是它压制了苏军的火力。德军猛烈的火力掩护一直持续了1分钟，就在这短暂的时间内，士兵和平民借机一窝蜂地冲过了大桥并躲在了对岸的废墟里。除了那些步行的人之外，卡车、轿车、摩托车碾过那些早就被装甲车履带碾碎的尸体，开过了桥。许多人在过桥的过程中就被打死了，其中就包括恩斯特·希姆莱，他可能是死在苏军的枪下，也可能是被拥挤的人群活活踩死的。

虽然桥上的战斗使德军损失惨重，但面对大量的苏军，德军不得不向后撤退。随后，德军的2辆"虎"式重型坦克炮击了拉特豪斯，第9装甲师的部队攻占了这里。德军的装甲车辆主力部队装甲纵队继续向西面的斯塔肯推进，但是大部分部队在随后的2天里被苏军包围了，只有少数人到达了易北河的安全地带。

根据方面军指挥部的命令，苏军军官必须仔细地检查每辆坦克内被烧毁的尸体。朱可夫回忆道："没有发现在苏军坦克内的尸体中有希特勒的随从人员，但是对烧毁坦克内的尸体进行确认，也不是件容易的事。"没有人知道这些逃亡的德国人在冲出苏军包围圈的过程中究竟死了多少人。

5月2日上午，18岁的德国播音员拜尔在马祖里掩体内的播音室进行了"大德意志"广播电台的最后一次播音。苏联人忽略了德国人在泰格尔还有这样一个广播电台。"敬爱的元首已经离开了我们，帝国万岁！"他根据稿子宣布道。

八、德国投降

在柏林的西南部，第9集团军的残部由温克将军的部队用卡车和货车运往易北河。而德军第20集团军的所有士兵都希望能和难民们一起渡河，从而抵达美军的防区。这支庞大的队伍从勃兰登堡南部向易北河进发，大约有10万名士兵和相同数量的难民。与此同时，苏军继续加强对北部地区的攻击，特别是拉滕瑙和哈弗尔伯格之间，德军的部队面临着被苏军一分为二的危险。

5月3日，柏林城内的情况终于传到了温克将军的部队里，得知详情后的温克将军立即发布命令："马上恢复军礼，用来替代纳粹礼。"

"沙恩霍斯特"师的一个营长雷蒂希在回忆录中写道："所有的一切都结束了，希特勒已经死了，他死在了帝国总理府。柏林彻底被苏联人占领，到处都是一片狼藉，房屋倒塌，没有任何生命的迹象。虽然这一切都那么悲惨，但是我们爱莫能助。"同他一样，那些为数不多的幸存者，此时正以最快的速度向易北河的美国人那边赶去。当他们穿过根廷时，运河里漂着许多杜松子酒的空瓶。这显然是因为先头部队抢劫了一些商店或者仓库。"这都是瓦解的征兆！"雷蒂希又在日记中补充说道。

温克将军根据当前的局势让自己的参谋发布了命令："为了防御苏军的四面夹击，第12集团军各师都退守河岸。"而且，温克还让他的军长埃德尔斯海姆将军和美国第9集团军谈判。

5月3日，埃德尔斯海姆和他的参谋乘船渡过易北河，与当地的美军指挥官取得了联系。第2天，整个投降谈判在施滕达尔的市政厅举行。然而，美军指挥官辛普森将军的处境非常尴尬。首先，他要考虑人权问题，还要兼顾苏联方面，更要解决大量人员的吃饭问题。最后，他决定可以接收伤员和没有武装的士兵，但是不能帮助德军建造、修筑桥梁，也不能接收广大平民、难民。因为战争结束的时候，他们都要返回家园。

5月5日早上，德军分别在3个地点进行了易北河渡河行动。包括申豪森和施滕达尔之间被毁坏的铁路桥，唐格明德附近的一段公路桥，还有几千米外的费切兰渡口。

首先，德军第9集团军的幸存者开始渡河，而在东岸观望的人们都在思考他们到底走了多长时间。第12集团军的防御圈在苏军的压迫之下正变得越来越小，苏军的炮火给难民和士兵造成了更大的伤亡。此时，第12集团军的士兵百感交集，他们甚至开始怨恨为什么自己没有亲自将纳粹的政权推翻。就在马路边上，仍然有纳粹党的告示牌，上面写着：所有的一切都要感谢元首！经过的德军士兵将它砸得粉碎。

在渡河过程中，美国第9集团军的先遣队对德军士兵进行检查，他们搜查党卫军、外国志愿者和一些平民。他们没收了德军士兵的武器、手表和奖章。为了能够渡河，很多德军士兵把钢盔和大衣给了妇女们，希望这样做可以蒙混过桥，可是大部分人都被发现了，被强行拉了出来。也有其他一些人员想同样蒙混过关，他们是在苏联长大的希维人。他们知道，如果落入苏军的手里，肯定会遭到残酷的惩罚。4月初的时候，驻扎在奥得河的德军第9集团军中，有9139名希维人。可是现在，到达易北河的只有不到5000人。

队伍中的党卫军士兵得知美国人会把他们交给苏军，因此他们将证件销毁，并扔掉了徽章。其中有一些党卫军士兵是外国志愿者，他们现在只能假装成劳工。克特尔是党卫军第11装甲掷弹兵师的一名牙医，他曾在哈尔伯附近的森林里被苏军士兵发现，但是他成功地躲过了那一劫。当时，克特尔出示了带有蓝白条纹的红色证件，以此瞒过了苏军士兵。现在，克特尔又成功地对美军故技重施，而他的战友却被美军当场识破了。

温克将军在俾斯麦王子的府邸建立了指挥部。5月6日，桥头堡已被压缩至宽8公里、长约2公里的地带，外围的防御部队弹药已经不足。苏军的坦克、火炮和"喀秋莎"火箭炮轮番攻击，让成千上万排队过桥的人送掉了性命。

苏军在5月6日的狂轰滥炸让监督平民过桥的美军部队也变得非常危险，美军的第9集团军担心苏军对自己的部队造成误伤，很快将部队从河对岸撤了回去，并且又向后撤出了一段距离。那些逃跑的难民终于有了机会，他们蜂拥冲过易北河。

温克将军的参谋长赖希黑尔姆上校称："在此次渡河行动中，很多无法渡过易北河的人都选择了自杀。有的人试图使用小游艇，或者用木板和油桶扎成一个筏子渡过易北河。"

作战军官洪布洛特上校回忆道："我开始使用独木舟和各式各样可以用来渡河的小船，真正的问题在于，等一批人渡河后，必须有一个人将船送回来，然而在目前的环境下，没有人愿意这么做。而且美军部队收到命令，可以对载着平民的船进行射击。后来一些强壮的人用牙咬着电缆游到对岸，然后系在河对岸的一棵树上。那些体力较差的人或者妇女、儿童就拉着这些临时搭起的线过河，最惨的是这些电缆随时会绷断，有许多士兵和平民就在过河时被淹死了，有数百人之多。

5月7日早晨，德军外层的防御线开始全面崩溃。第12集团军剩下的几门火炮打光了最后的几发炮弹后，士兵将火炮炸毁。然而，"沙恩霍斯特"师的士兵们表现出了非常强大的凝聚力。可以说，这是德国北部最后一支尚能战斗的部队了。在大规模向河对岸撤退前，他们毁掉了所有的仓库和车辆。成百上千匹马四处乱窜，士兵们想把它们赶到河里，但是这一切都是徒劳的，这样的景象让人心酸。

在申豪森桥附近，雷蒂希重新集合了他的残余部队。在永远离开德国之前，他们发出了最后的呐喊："胜利万岁！"他们终于穿过了铰钳桥，大家把武器装备全部扔进了易北河。就在那天下午，温克将军终于穿过了申豪森指挥所旁边的那条河。当时，苏军对他的船只开了火，他和参谋人员幸运地逃脱了。

与此同时，在柏林城内，苏军仍在搜索希特勒的尸体，但这都是徒劳的。5月3日，苏军发现了戈培尔6个孩子的尸体。他们看起来像是在熟睡，小脸因为氰化物的作用变得通红。德国海军联络官福斯中将被"锄奸团"人员带进来对尸体进行辨认，当福斯看到面前的尸体时，他的精神受到了巨大的打击。

当白俄罗斯第1方面军的将军们参观帝国总理府时，发生了一件奇怪的事情。当时，他们发现了1具男尸，而那具男尸也留着一小撮牙刷状的小胡子。但是，人们还是排除了其为希特勒尸体的可能。因为尸体上穿的袜子是补过的，所有人都知道希特勒不会穿补过的袜子。后来的一件事让斯大林非常生气，因为普通的士兵都见到了戈培尔的尸体，他对负责此事的军官进行了惩罚。

对希特勒的尸体，斯大林有着自己的打算。他认为，苏联的政治体制需要树立假想敌才能稳固，无论是国内的假想敌还是国外的假想敌。他担心，一旦人们得知希特勒死了，就会彻底放松下来。因此，他必须利用希特勒的尸体制造一些"反苏阴谋"的证据。当希特勒的尸体被找到时，克里姆林宫立刻下令保密，任何人不许走漏半点风声。他的策略就是，希望人们相信希特勒已经逃走了，而英国和美国把他藏了起来，从而使西方势力和纳粹主义联系在一起。而且，谣言已经传播得非常迅速了，很多人都相信希特勒在最后一刻从地道或者乘飞机逃走了。现在他正躲在巴伐利亚，而这里是美国的控制区。斯大林非常担心，盟军会真的在暗地中与纳粹集团进行交易。

5月5日，苏军对更多的知情人进行了审讯，最后希特勒和爱娃的尸体被找到了。当天，天色阴沉而且刮着大风，苏军对帝国总理府的花园进行了又一次彻底搜查。最后，一名士兵在一个弹坑底部，发现了一条灰色的毯子。当士兵将这2具烧焦的尸体挖出来后，又发现了一只德国牧羊犬的尸体。瓦迪斯将军马上获悉了此事。

第 2 天黎明，杰里亚宾上尉和他的司机用床单把希特勒和爱娃的尸体裹了起来，他们经过别尔扎林的警戒线，把这最重要的"东西"偷运了出去。他们把尸体送到了"锄奸团"设在布科的基地。在这间诊所里，福斯特医生、卡拉耶夫斯基上校和其他几个病理学家，做好了对第三帝国最重要"遗留物"进行检查的准备。专家们接到命令，他们要对希特勒尸体的鉴定工作永久保密。这样的重大事件，连朱可夫和别尔扎林都不知道。20 年后，当朱可夫知道这些事时，他觉得斯大林背叛了他。

瓦迪斯做了最充足的准备，他在向斯大林和贝利亚报告之前，为确保找到的绝对是希特勒的尸体，再次下令做进一步的核实。后来他找来了希特勒牙医的助手，她对从希特勒头骨上取下来的颌骨进行检查，并确信这就是元首身上的，她认出了齿桥。而这块颌骨被存放在一个红色缎纹的盒子里。5 月 7 日，瓦迪斯对他所做的判断有了足够的信心和充分的证据后才向克里姆林宫发了报告。

现在的战局已经非常明朗了。尽管希特勒的死没有直接结束欧洲的战争，但他的死加速了战争的结束。5 月 2 日，奥地利南部和意大利北部的 100 万德军投降。英国的第 2 集团军从易北河的北部突进到了特拉沃明德和吕克，盟军部队迅速地解放了丹麦。苏军的罗科索夫斯基的白俄罗斯第 2 方面军彻底与丹麦这个战利品无缘了。他们已经占领了梅克伦堡，但是只抓到了很少的战俘。

最让苏联愤怒的是，德军蒂佩尔斯基希的第 21 集团军和曼陀菲尔的第 3 装甲集团军竟然投降了英军。此后，大批德军向西方盟军投降，苏联对此颇为不满。德军入侵苏联时，曾大量征调苏联人做劳工，对苏联造成了巨大的伤害。现在，苏联想用德军做劳工，对苏联进行补偿。艾森豪威尔不愿意与克里姆林宫翻脸，他把所有从东线撤过来的德军战俘都移交给了苏军，安东诺夫对此非常满意。

5 月 4 日下午，德军的弗雷德堡将军和金希尔将军抵达了英军蒙哥马利元帅位于吕讷堡希思的指挥所，他们此行的目的是代表驻德国西北部、荷兰和丹麦的德军部队签署投降书。

5 月 5 日，科涅夫元帅与布拉德利将军的美军会师，他交给科涅夫元帅一幅地图，上面标有美国陆军各个师的部署位置。但是，让布拉德利将军气愤的是，苏军只给了他"美国人不能干涉捷克斯洛伐克"的警告。他无法忍受苏军这种敌对的意思表达和他们的厚颜无耻。在圣弗朗西斯科，美国国务卿斯退丁纽斯从莫洛托夫那里得到了一个惊人的消息：16 名波兰谈判代表在与苏联控制的临时政府进行磋商时，被指控谋杀了 200 名红军士兵。

此时，科涅夫率领的乌克兰第 1 方面军又接到了新的命令，他们要转向南去攻占布拉格。在那里，弗拉索夫将军援助捷克斯洛伐克抵抗组织，起兵反抗舍尔纳陆军元帅的部队。

早在 4 月 30 日，丘吉尔就要求美国派遣巴顿的第 3 集团军尽快占领布拉格，必须要赶在苏军到达之前完成这个任务，可是马歇尔拒绝了他的建议。此后，维也纳、柏林、布拉格相继落入了苏联人的手中，目前来说苏联人占据了整个中欧。尤其是在奥地利，苏联当局在没有通知盟军的情况下就建立了临时政府，而西里西亚首府布雷斯劳于 5 月 6 日向苏联投降。

苏军对捷克斯洛伐克德军的清剿，取得了意想不到的成果。乌克兰第 1 方面军政治部主任向上级汇报称："就在 5 月 12 日，第 25 坦克军的坦克兵在捷克斯洛伐克的比尔森镇附近，抓获了背叛

伊万·斯捷潘诺维奇·科涅夫

祖国的弗拉索夫将军。整个过程是这样的，当时，有个自称是弗拉索夫部队的上尉请求与第 25 坦克军的一名中校见面，他指着 1 辆沿着马路向西行驶的汽车说，弗拉索夫就在那辆车里。第 25 坦克军的坦克兵们立即组成 1 个追捕分队，最终抓获了这个叛国者。据说，他带着一本写有他名字的美国护照，藏好的党员证，以及一份命令的副本。他命令，部队放下武器，向苏军投降。"后来，科涅夫将弗拉索夫遣送回了莫斯科。有传闻称，他死于长期的严刑拷打。随后，"俄罗斯解放军"的 2 万多人被苏军包围，苏军的"锄奸团"对他们一一进行了审讯。

苏军紧锣密鼓地打击德军残存部队的同时，盟军也在展开"适当"的围剿。在南部，美国人从慕尼黑向东南方向快速推进，马上就可以到达蒂罗尔了，可是由于艾森豪威尔的命令，他们又停了下来；法国人在康斯坦茨湖上抓获了绍肯将军；在东普鲁士边缘的维斯瓦河三角洲，还在苦力支撑的德军第 2 集团军余部全部被歼。

与此同时，苏军已经把库尔兰半岛的德军全部消灭，古德里安一直想把他们调回柏林进行防御。在布拉格，苏联第 3 方面军猛烈攻击舍尔纳元帅的中央集团军群。

5 月 7 日早上，在艾森豪威尔设在兰斯的指挥部，约德尔将军代表邓尼茨和国防军最高统帅部签署了投降协议。苏军首席联络官苏斯洛帕罗夫将军代表苏联最高统帅部在协议上签了字。

斯大林知道这件事后大发雷霆，他认为投降书必须在柏林签订，必须由战争中

付出巨大牺牲的红军来接受投降。而另一件事让他更加愤怒，盟军打算第2天就宣告欧战胜利，斯大林认为时机还不成熟。尽管约德尔已经签署了投降书，但是捷克斯洛伐克的舍尔纳集团军群仍在顽强抵抗，绍肯将军和困在库尔兰的德军部队也都没有投降。而此时的伦敦早已聚集了大量准备庆祝的人群，这让丘吉尔坚持必须在5月8日就宣告胜利。最后，斯大林做了一点儿让步，他建议在5月9日凌晨才能宣告胜利，而且在柏林也要有一个完整的受降仪式。

同样，苏联政府也无法制止苏军的提前庆祝活动。5月8日，沃尔夫和第47集团军第7部全天都在拨弄无线电机。当他听到伦敦宣布胜利的消息，马上告诉了他的同志们，于是这个消息在柏林迅速传开了。苏军男兵开始找酒来喝，女兵开始洗衣服。而"锄奸团"的军官对勒热夫斯卡娅大声交代，让她准备去参加一个宴会，但是她必须看好希特勒的颌骨。她度过了一个忙碌的夜晚，一只手为其他人斟酒，另一只手抱着那个红色的盒子。不过这至少证明了一点——大家都如痴如醉的时候，把这个贵重的东西交给女人看管是非常明智的。

作家西蒙诺夫见证了在柏林上演的最后一幕。5月8日早晨，他正躺在腾珀尔霍夫机场的一片草地上。很显然，现在这里的德军飞机残骸早已被清理干净。就在附近，苏军一个矮胖的指挥官正在指挥一队有300人的苏军仪仗队一遍又一遍地练习举枪礼。随后，朱可夫的副手索科洛夫斯基也到了。等过了一会儿，空中第一架飞机出现了。莫斯科市公审检察官维辛斯基下了飞机，现在他将担任苏联外交部副部长。跟他同行的是一批苏联外交部的随行人员，他此行的职责是对朱可夫进行政治监察。

大约一个半小时后，另一架"达科他"飞机也降落了，乘飞机的分别是美国驻欧洲空军司令卡尔·斯帕茨和空军司令特德。特德此次将作为艾森豪威尔的副手及全权代表。西蒙诺夫在日记中写道："特德身材比较瘦，但是年轻而且精力充沛。他经常保持微笑的表情，尽管有时看起来显得有些牵强。"看到他们的到来，索科洛夫斯基急忙向他们致意，并引领他们一行人走向仪仗队。

随后，第三架飞机也降落了，这是德军代表凯特尔、弗雷德堡和施通普夫将军。希洛夫将军急忙赶了过去，陪同德军代表从仪仗队的另一边绕了过去，以免让德国人闹出误会，以为这是在欢迎他们。凯特尔坚持走在队伍的最前面，他右手拿着元帅手杖，身穿全套制服，两眼故意直视着前方，大踏步向前走。

周围漂亮的交通管制员都是由头戴贝雷帽、背挎冲锋枪的年轻女兵担任，她们的任务是拦住所有的车辆，以便代表团的汽车畅通无阻地驶向朱可夫设在卡尔斯霍斯特的新指挥所。许多德国市民从路旁、街口看着护送车队扬起厚厚的尘土。当他们看到自己的将军去往签署最终投降书的路上，这样的心情难以表达。

就在午夜，所有的代表走进了卡尔斯霍斯特的一座两层建筑物的大厅，这座建筑物曾经是德国军事工程大学的餐厅。签字之前还发生了一件搞笑的事，苏军第2近卫坦克集团军司令波格丹诺夫将军和另一名苏军将军并不知道如何排座次，他们误坐在了为德国代表预留的位置上。旁边的一个参谋在他们的耳边小声做了提醒，结果他们立刻跳了起来，夸张地离开了座位，走到另一张桌子边上坐了下来。

此时，西方记者和新闻摄影师也都如精神病患者一般。为了占据最佳采访拍摄位置，他们竟然把将军们挤到了一边，试图挤到第一张桌子后面，因为那里悬挂着同盟国的4国国旗。这时，朱可夫元帅来了，他轻轻地坐下，斯帕茨将军和塔西尼将军坐在他的左边，而特德坐在了他的右边。

这时德国代表走进了大厅。凯特尔强装傲慢，而弗雷德堡和施通普夫表情冷漠。凯特尔不时用近乎轻蔑的眼光扫视朱可夫，看到此景，西蒙诺夫推测他此时正满腔愤怒。不一会儿，投降的文件被放在了最高的桌子上，朱可夫第一个签了字，随后是特德、斯帕茨、塔西尼将军。此时，凯特尔笔直地坐在椅子上，紧握双拳。他努力向后扬着头，忽然发现，一个以立正姿势站立的高个子德军参谋正默默流着泪。

签完字的朱可夫站起身，用俄语说道："现在我们请德国代表在投降书上签字。"翻译人员用德语做了翻译。但是凯特尔故作镇定地做了一个不耐烦的手势，这表示他已经明白了，并且示意工作人员把文件拿到他面前来。这时，朱可夫指着他的桌子对翻译人员说："告诉他，让他到这里来签。"

凯特尔站起身，不情愿地走了过去。在拿起钢笔之前，他故意炫耀般地摘掉了手套。他显然没有注意到在他签字的时候，苏军高级军官正在留意他的举动，那个人就是贝利亚的代表希洛夫将军。等凯特尔签完字后又戴上了手套，悻悻地回到自己的座位上。紧接着，施通普夫、弗雷德堡也分别签了字。

这时朱可夫宣布："德国的代表可以离开大厅了。"3个德国人分别站起身，凯特尔像一只牛头犬似的耷拉着脸，仍不忘举起手里的元帅手杖行了礼，转身走了出去。

当房门在他们身后关闭的那一瞬间，大家都松了一口气，而气氛立刻缓和起来。朱可夫开始微笑，特德也跟着笑起来。大家开始热烈地交谈并互相握手，苏军军官以俄罗斯人的方式拥抱在一起。

随后举行的宴会上，大家唱歌、跳舞，宴会几乎到黎明才结束。朱可夫在将军们热烈的欢呼声中跳起了俄罗斯的卡娅舞。在大厅里，他们能清楚地听到外面到处都是鸣枪的声音，那是士兵们在庆祝胜利，战争结束了。

一、重返菲律宾之战

（一）盟军突破"太平洋防波堤"——马里亚纳群岛

战争双方通过三年的较量，双方实力越来越悬殊。日本战败已成定局。尤其是美军占领马绍尔群岛和对特鲁克的袭击以后，使日本统治集团感到：敌人反攻的速度在不断加快，随时都有可能被盟军攻陷的可能。

为了改变战争的不利局势，日本大本营决定立即加强中太平洋的防御。1944 年 2 月，联合舰队司令部从特鲁克迁到帛琉。同时，水上飞机主力的前哨基地也迁到帛琉。2 月中旬，直属大本营的第 1 航空舰队开到南洋和菲律宾一带。

接下来，大本营相继成立了由小烟英良任司令官的新编第 31 军、由南云忠一任司令的中太平洋舰队、由小泽治三郎任司令官的第 1 机动舰队。日本当局可谓做足了充分的战斗准备。

4 月间，当日本侦察机在加罗林群岛发现美国航空母舰突击队之后，联合舰队司令部又从帛琉群岛迁往菲律宾南部的达沃。

5 月 3 日，日本大本营向丰田副武发出"阿号作战"命令。命令决定集中大部分的决战兵力，一举消灭敌人的舰队，挫败敌人的进攻意图；预定以 5 月下旬为目标，在从中太平洋至菲律宾及澳大利亚北部一带海域捕捉敌人舰队的主力。

与此同时，美国舰队也做好了进击马里亚纳群岛的准备工作。3 月底，美国第 58 航空母舰特混舰队向加罗林群岛西部进发，准备去袭击日本联合舰队的新基地帛琉群岛。4 月初，第 58 特混舰队对帛琉进行了第一次打击，几乎炸毁了地面上所有的飞机，炸沉了停泊在港内的大小舰只，并对附近的雅浦等小岛进行了袭击，然后安然返航。

4 月中旬，第 58 特混舰队再次出动，直接支援麦克阿瑟部队攻打荷兰底亚。

6 月 6 日，即欧洲盟军在诺曼底登陆这一天，斯普鲁恩斯指挥的美国第 5 舰队从马绍尔群岛的马朱罗基地起航，以米彻尔为司令的第 58 航空母舰特混舰队为先导，紧接着是由 535 艘舰艇组成的两栖作战部队，载有 12.7 万名地面作战部队的

官兵向西北方向进发，直指马里亚纳群岛。

6月11日，米彻尔命令他的舰基飞机猛烈袭击马里亚纳南部诸岛。由于日本在中太平洋的一部分飞机被调到哈马黑拉岛保护比亚克去了，因此，敌人飞机损失惨重。

6月13日，米彻尔派出7艘新型快速战列舰去轰击塞班岛和附近的提尼安岛。14日，他又派出2个航空母舰特混大队去袭击硫磺岛和乳岛的飞机场，以切断日本本土同马里亚纳群岛的空中交通联系，从而完全孤立马里亚纳。

美国第5舰队于6月中旬进攻马里亚纳群岛，完全出乎日本大本营意料之外，他们估计盟军将在6月以后发动攻势。所以，日本海空军的一部分兵力还在新几内亚西部同麦克阿瑟的部队争夺比亚克岛。

6月13日，当美国海军对塞班和提尼安岛实行炮击以后，形势已基本上明朗了。当天晚间，日本联合舰队总司令丰田副武发出命令，要部队根据"阿号作战"计划准备决战，同时还命令在新几内亚西部作战的部队返回原驻地。

6月15日凌晨，美军开始在塞班岛登陆。这一天，日本大本营还把停放在横须贺的海军航空兵的120架飞机拨归联合舰队，丰田便用这批飞机组成八幡航空队，调往硫磺岛，由第1航空舰队指挥。

小泽治三郎指挥的日本第1机动舰队于6月13日接到了准备决战的命令，便电令参加比亚克岛战斗的几个分舰队向他集中。6月16日，在帛琉群岛北面的公海上，小泽与他们会师。

这时，由9艘航空母舰为中心的日本第1机动舰队便向东航行，直指马里亚纳群岛。

6月19日天明，日本舰队到达塞班岛西面海域，小泽决定在这里击溃美国的航空母舰和其他舰只。

丰田副武

6月18日下午，美军情报部门得知，日本机动舰队在美国舰队西南570千米处。斯普鲁恩斯在和参谋们讨论了1小时之后，决定不去迎击敌人。他在命令中说："我们的主要目标是攻下、占领和守住塞班、提尼安和关岛。其余任何事情都必须服从这个主要目的。"在这种情况下，第58特混舰队主要是掩护部队，保护塞班岛的滩头阵地。

6月19日清晨，美国舰队派出33架飞机去袭击关岛。这时岛上的日机正准备去进攻美国第58特混舰队，于是双方便展开一场短促的空战。美机击毁日本战斗机 30 架，轰炸机 5 架。

19 日晨 6 点许，第 58 特混舰队改变了方位，开向西南，等待进攻。到上午 10 点，美舰雷达发现 240 千米处有飞机从西面飞来。第 58 特混舰队稳步地开去迎战，出动所有可用的战斗机，总共 450 架以上。接着米彻尔又命令所有的轰炸机和鱼雷轰炸机起飞，去轰炸关岛的机场，使日本飞机无法再利用它们。

在先后持续 8 小时的激烈空战中，日本第 1 机动舰队的飞机损失惨重。在空战正酣时，有 15 架日机同时中弹起火，像燃烧着的火鸡一样慢慢坠入海中。美国飞行员得意地把这次空战叫作"马里亚纳打火鸡！"

小泽的旗舰、重型航空母舰大凤号和另一艘航空母舰翔鹤号被美国鱼雷击沉，人员损失很多。小泽命令舰队向西北方向撤退，以便加油，并准备在第二天再战。

6 月 20 日，美国舰队到处搜索日舰，到 16 时才获悉，日本舰队在第 58 特混舰队西北 350 千米处，向西航行。16 时 30 分，米切尔命令 216 架美机起飞追击日本舰队，并炸沉航空母舰飞鹰号，炸伤另外 2 艘和战列舰、巡洋舰各 1 艘，击落日机 40 架。

在持续 2 天的菲律宾海战中，美国损失飞机 100 架。日本舰队遭到惨败。陆基飞机丧失殆尽。参战的 360 架舰载飞机只剩下 25 架。更为惨痛的是，参战的几百名飞行员也同飞机一起葬身海底，这是短期内无法弥补的损失。

日本舰队在菲律宾海的惨败，为美军占领马里亚纳主要岛屿打开了方便之门。

（二）攻破日本防卫大门——塞班岛

塞班岛一年四季都是夏天，终年遍地鲜花，是南海的乐园，是最优美的旅游、疗养胜地。它的面积为 120 平方公里，距东京两千多公里，笠原群岛七百多公里，是第一次世界大战后日本委任统治地的政治中枢。塞班岛的战略位置十分重要，占领了它，就等于攻破日本的防卫大门。如果从岛上机场出发，美国的超级空中堡垒飞机便可以直接轰炸日本本土。

在塞班岛上担负防守任务的是司令官小烟英良率领的第 31 军。而小烟英良当时出差，不在岛上，由第 43 师团长斋藤义次中将指挥。中部太平洋方面舰队司令长官南云忠一海军中将和第 6 舰队司令长官高木武雄中将也在岛上参加指挥。

日本陆海军首脑在连续惨败之余，已经乱了手脚，意见出现分歧，一会儿把右边的兵力往左调，一会儿又把左边的兵力往右调。再加上战线拉得太长，陆军和海军的实力都在锐减。而且在塞班岛这样重要的战略要地，防卫兵力甚少，野战阵地构筑得也不完整。

塞班岛上日本守军计有陆军 27500 人，海军 1 万人，兵力不足。为了拼死挣扎，岛上的日本冲绳县人、朝鲜人共 2.1 万余人及岛上原住民 4000 人，也全部被征集来参加战斗。

日本陆军第 43 师团是在 1943 年 7 月新组成的，原驻防在名古屋附近。5 月 9 日，主力由名古屋港秘密出发，5 月 19 日到达塞班岛。第二次输送一个联队共 4000 名，途中运输船被击沉，只有约 1000 名士兵在海上漂浮中遇救，6 月 9 日才到达塞班岛。这个师团能够担当防卫的只剩下 1.3 万了。

由于塞班岛海岸边都是珊瑚礁，土质疏松，很不牢固。再加上时间仓促，建筑材料不足，粮食和弹药的准备都不充分，防卫能力十分单薄。

在第 43 师团后续部队到达塞班岛的第 4 天，6 月 11 日午后，美舰载机 200 架猛烈轰炸塞班岛，140 架轰炸提尼安岛，140 架轰炸关岛。

第二天早晨，480 架美机铺天盖地飞临塞班岛上空，炸弹密如雨下，把塞班岛的中心城镇加拉潘大部分夷为灰烬。

6 月 13 日，又有 120 架次飞机轰炸港湾、飞机场，并把新构筑的阵地变成弹坑，塞班岛周围已被美军的战舰完全包围。

紧随飞机轰炸以后，美军舰炮开始轰击的目标是海岸炮台、高射炮阵地、物资储存处、防御阵地等，连续炮击三昼夜，对岛上的破坏程度是太平洋战争中过去所未曾有过的。塞班岛上的椰子林全部烧光，露出地面的阵地全被炸平，日军司令部和各部队之间的通信线路全被切断，指挥机陷于瘫痪。

从 6 月 15 日黎明，美军舰炮猛烈射击两小时后，大编队飞机向登陆预定海岸的第二线阵地进行地毯式轰炸，从海上的航空母舰上起飞的"复仇者式"飞机进行最后一轮轰炸。当天傍晚，美军冒着持续不断的日军炮火，已有两万多海军陆战队连同重武器登陆成功。

美海军斯普鲁恩斯将军为总指挥官，荷兰德·史密斯海军中将指挥登陆部队共约 6.2 万兵力，准备一举攻占塞班岛。

16 日，精锐的后续部队继续登陆，不断扩大占领地域。此次登陆战，2 万名美军共死伤约 2500 余人。防守部队由斋藤义次师团长指挥疯狂反扑，都被美军强大炮火和坦克的火力压垮，迫使日军主力部队节节后退。

到 17 日傍晚，日军防守部队已伤亡一半以上，第一线主力部队已基本被消灭，剩余日军只好撤退到山地的地下阵地中去。

塞班岛中部有一座塔波乔山，地形非常复杂。日军在山内修筑洞窟阵地，构筑四通八达的要塞，给进攻的美军造成很大困难。

美步兵第 27 师的两个团遇到日军顽强抵抗，连续三天不能前进一步。6 月 23 日以后，美军加强攻势，在连续地炮击掩护下，美军发起立体进攻，日军潜伏在洞窟内顽强抵抗，战斗非常激烈。26 日傍晚，美军占领塔波乔山，继续北进，30 日占领塞班岛上最大的水源地，7月3日占领加拉潘市区。

6月26日，美装甲部队突破日军严密防线，占领塔波乔山山顶。部分残余日军仍躲在山北麓进行顽抗。

美军三个师由南向北稳步推进，日军的抵抗越来越顽强，决心死守。美军的伤亡也很大。美总指挥官特纳少将对进攻速度太慢很不满意，决定亲临阵前指挥，战况十分激烈。

7月7日傍晚，日军已只剩下3000多人，其中还包括伤病员在内。到这时，日军向美军阵地发起自杀性的总攻击，发了疯的日军一面高喊万岁，一面往前冲，直至死亡殆尽。守军指挥官斋藤义次中将自杀。偷袭珍珠港的联合舰队司令官南云忠一中将也在岛上用手枪自杀。

据战后统计，塞班岛上日本陆海军共有约44000名，战死41000多名。两万多非战斗员中，有日本人、朝鲜人，有些被强迫自杀，有些被日军处死，共死亡8000到10000人。这次战役中，美军也付出了很大代价，战死2053人，受伤及失踪约13000人。

美军在拿下塞班岛和打垮了日本舰队的空军之后，便取得了马里亚纳地区的制空权。

（三）东条英机内阁垮台

1944年初，日本伊势神宫社务所收到一封来信，这封信是堺市金冈陆军医院内的一位伤残军人写来的，表达了受压迫受奴役的日本人民再也不能忍受东条等一小撮军国主义分子的欺凌了。信中这样写道：

"日本战败，我希望看一看天皇成为美国俘虏、成为奴隶时的模样。喜好战争的日本，命中注定要遭到老天爷的惩罚，一定失败。立即和美英握手拯救一亿国民吧！只有这样做，才能使我们的丈夫、儿子、父亲不再被运往战场，不再在空袭下担惊受怕，肚子也能吃上一顿饱饭。我们厌恶战争，东条英机是不是第二个平清盛呢？"

平清盛是日本历史上源平之战的战败者，在此把东条英机比作平清盛第二，可见日本国民对他的愤怒。东条英机内阁执掌日本朝政两年四个月，最初任首相兼陆相兼内相，后来还兼外相、文部大臣、商工大臣，到1944年2月，又兼任参谋总长，集军政大权于一身，专横独裁无以复加。

及至塞班岛全军覆没，太平洋的制海权、制空权完全落入盟军之手，不仅是日本国民怨声载道，甚至连朝野上下都迫切盼望东条早日下台，于是，日本统治阶层内部也发生了倒东条英机运动。

日本统治阶层内部倒东条的运动发生在 1944 年 2 月特鲁克等岛屿被空袭的时候。这座"不沉的航空母舰"变成日军的墓地，形势严峻。紧急关头，日本大本营内部的军务局长、作战科长、战争指导科长等主要决策人员一致认为，当时已经很难依靠作战来挽回败局了，应该讨论结束战争的办法了。

7 月 3 日，大本营第一部作战指导课长松谷诚大佐在陆军大臣室向东条陈述了大家的意见，并且指出德国一旦崩溃，日本也应该考虑结束战争。在战况最不利的情况下，只要能保持国体不改变就可以了，并建议派特使去苏联，加紧对苏外交。

对于东条来说，谁胆敢提反对意见就整谁，这已成为惯例。松谷的直言让他大为不悦，第二天便下令把松谷贬到中国派遣军去当参谋。在这种淫威之下，再没有人敢提出结束战争的建议了。

由于海军内部和众多元老重臣都对东条指导战争处理国务感到失望。7 月 17 日下午，陆军部召集两位次长、次官、军务部各部长会议，讨论今后的战争指导方针，会议共提出四条可供选择的方案：

1. 不管后果如何，年内动员所有力量进行决战；2. 年内把主要国力和战斗力投入到决战中去，尽可能保证国内有自给存活的能力；3. 兼顾作战和国内存活两个方面；4. 以自给存活为重点，尽最大努力作战。

日本陆军内部高级干部对战局政局的忧虑已无法克制，纷纷要求东条辞职，日本政局更加不稳。当天，陆军部次官富永恭次把陆军部会议的内容如实报告给东条，要求他不再担任参谋总长，主张由梅津美治郎继任。

7 月 17 日零时 20 分，东条改组内阁的方针遭到重臣会议否决。17 日晚，内务大臣木户把重臣会议要求东条内阁下台的信息直截了当地传达给东条。

18 日上午 10 时，东条召开内阁会议，决定内阁全体辞职。19 日新内阁成立，由朝鲜总督小矶国昭陆军大将任首相，杉山大将任陆相，米内光政海军大将任海军大臣。

8 月 19 日，裕仁天皇出席新内阁首届最高战争指导会议，在判断世界形势方面，承认德国已经失败的事实，但回避讨论如何收拾本国战局的问题。会议认为，不管欧洲形势如何演变，日本一定要倾注全力击溃敌军，为完成最终战争目的而奋斗。

然而，对新内阁的夸张语调和一厢情愿的梦想，日本政府和大本营都处于六神无主的状态。

中国战场的形势发展对日军也越来越不利。日本打不赢已是定局，诱降蒋介石已不可能。一百多万日本军队被困在中国战场抽不出身来，极大地支援了美英盟军在太平洋战场上的战斗。对苏外交也严重受挫。

小矶首相试图与中国政府谈判停战事宜，以便从中国战场腾出手来挽救局势。

对此，不仅中国政府不理睬，日本国内也极少有人支持。这是一个短命的内阁。

（四）莱特湾海战

盟军突破了日本的"太平洋防波堤"的防御线，从此可以任意选择进攻目标，轰炸，甚至在日本本土登陆，从根本上改变了日本的战略态势。而以对外掠夺和海上运输为基础的日本战争经济的弱点日益暴露，战略物资储备已消耗殆尽，经济实力日渐衰落。

在这种新形势下，日本大本营于1944年7月21日做出如下决定：

1. 加强菲律宾、中国台湾、琉球群岛、日本、千岛群岛这一水域的第一道防御线；

2. 进行准备工作，以防敌人一旦在这条防御线的任何地方发动进攻时，都能集中陆海空军力量阻截和消灭敌人；在这条防线上的作战统称"捷号作战"。

遵照大本营的指示，各个方面军的司令官命令部队做好决战准备。

8月4日，日本联合舰队得到指示，应在菲律宾方向作战，在决定性的海战中打垮敌人。日方配备了三个舰队迎击美军的进攻。第1机动舰队配置7艘航空母舰，第2舰队拥有5艘战列舰和11艘重巡洋舰，第5舰队有3艘巡洋舰和7艘驱逐舰。

美军这时在太平洋上已拥有海空军优势，可以任意选择进攻目标。但陆军上将麦克阿瑟和海军总司令金意见不一，各有主张。前者要迅速占领菲律宾，后者认为要取得达沃空军基地。二人僵持不下，参谋长联席会议也感到棘手。

1944年7月底，罗斯福跑到珍珠港亲自出面协调。他召集这两员大将开会，希望找到陆、海军都能接受的战略决策。会上，麦克阿瑟向罗斯福力陈占领菲律宾的政治和军事意义，这位总统也表示信服。

1944年8月，尼米兹命令美国第3舰队司令哈尔西从南太平洋北上，接替斯普鲁恩斯指挥中太平洋舰队，并计划参加即将到来的对菲律宾的进攻。为了给进攻菲律宾的部队准备前进基地和后勤供应基地，哈尔西的部队要在1944年9月15日拿下加罗林群岛西部的帕琉群岛，占领帕琉群岛和马里亚纳群岛之间的犹里斯珊瑚岛。

9月间，根据尼米兹的命令，第5舰队、第5两栖作战部队司令和地面部队指挥官分别由哈尔西、西奥道、威金逊和盖格担任，同时第5舰队改称第3舰队。海军中将米彻尔仍然指挥快速航空母舰特混舰队，其番号由"第58"改为"第38"。

1944年9月初，美国第3舰队司令哈尔西在他的旗舰"新泽西号"上与第38特混舰队会师，并开始对菲律宾中部进行空袭，以便对即将进行的进攻摩罗泰岛和佩列流岛给予战略支援。空袭结果令人满意。

1944 年 9 月 15 日，美国西南太平洋部队和中太平洋部队协同一致，对日军控制的 2 个岛屿摩罗泰和佩列流发动进攻。西南太平洋的第 7 两栖作战部队越过了重兵防守的哈马黑拉岛，运载 2.8 万名部队，突然袭击，一举攻下了摩罗泰岛。岛上日本守军几百人仓皇逃入山中。

9 月间，美军还占领了附近的小岛安戈尔和东北部的犹里斯岛。这 2 个小岛也作为空军基地和后勤基地，为进攻莱特提供了方便。

1944 年 9 月和 10 月上旬，美国第 3 两栖作战部队集结于马努斯，第 7 两栖作战部队集结于荷兰底亚，准备向莱特发动进攻。与此同时，盟国空军也广泛出击，以孤立莱特。

10 月 17 日、18 日，美军先头部队便在莱特湾两岸的小岛上登陆，以掩护大军的进攻。

10 月 20 日凌晨，美军运输舰开进莱特湾，直指攻击目标——莱特首府塔克洛班附近，另一支部队进抵塔克洛班以南 27 公里的杜拉格附近。在对海岸进行了最后的炮击之后，部队分乘各种登陆艇，包括两栖坦克，冲向海滩。日军大多退到西北部山区事先准备好的阵地，抵抗微弱；美军伤亡很小。与进攻太平洋上其他岛屿相比，莱特登陆非常顺利。

到 20 日日暮时，6 万名进攻部队和 10 万吨物资和装备已经上了岸。莱特湾两岸的滩头阵地都扩大到 1.6 公里以上，塔克洛班飞机跑道也落入美军手中。

在第 1 批部队登陆莱特后几小时，麦克阿瑟在菲律宾总统奥斯敏纳陪同下，乘一艘登陆艇驶向岸边。但因码头太小，舰艇太多，无法泊岸。麦克阿瑟不得不跳到水中，趟着齐膝深的海水走到岸上。他立即向所有的菲律宾人发表广播演说："菲律宾人民！我回来了！……"

麦克阿瑟在莱特登陆出乎日本陆军中将铃木宗作的意料之外。10 月 17 日，当丰田得知美军先头部队已在莱特湾登陆时，他马上命令日本机动舰队分 4 路向菲律宾进军。18 日下午，停泊在林加岛的栗田健南指挥的第 1 突击舰队从北面进入莱特湾，以打击美国舰队，在滩头附近攻击美国两栖部队的运输舰只。

栗田舰队的其余舰艇由西村祥治率领，开向莱特湾的南口，从南部打击美军，配合栗田南北合击。

停泊在琉球群岛北部天见岛的志摩清英的第 2 突击舰队在接到丰田命令后，立即南下莱特湾南口，与西村合作，打击美军。

泊在日本内海的小泽治三郎的主力舰队也迅速南下菲律宾海域，其任务是引诱美国第 3 舰队离开莱特湾附近到公海来决战，使美国运输舰只无人掩护，好让栗田等突击舰队进攻。

这时，美国第 3 舰队和第 7 舰队实力雄厚，水面舰只和舰载飞机都占优势。

在 10 月 23 日到 26 日，连续 4 天的海战中，美国舰队共击沉日本战列舰 3 艘，航空母舰 4 艘，轻、重巡洋舰 10 艘，驱逐舰 9 艘。此时日本海军已经名存实亡。美国方面损失伤亡相对较小，莱特湾海战是美国海军的一大胜利。

（五）美军重返菲律宾

日本舰队在莱特湾海战中惨败之后，岛上的陆军却进行着顽强的决战。直到 1945 年 1 月 1 日，美军在极为艰苦的战斗中才迫使日军逐渐后退，莱特战役基本结束。

还在莱特战役期间，美军就在民都洛岛登陆，以便取得进攻吕宋的基地。进攻吕宋的日期定为 1945 年 1 月 9 日，克鲁格指挥的第 6 集团军负责进行这个战役。艾奇伯格指挥的第 8 集团军接防莱特、萨马和民都洛，并准备肃清吕宋以南诸岛的日军。

澳大利亚第 1 集团军负责消灭新几内亚、新不列颠和布干维尔被孤立的日军，夺回婆罗洲（现名加里曼丹）及其丰富的油田。第 6 集团军计划在仁牙因湾登陆，占领中吕宋平原，拿下马尼拉。菲律宾的游击队要破坏吕宋南部的交通线。金凯德指挥的第 7 舰队定名为吕宋特混舰队，负责运输、掩护和支援登陆部队。哈尔西的第 3 舰队空袭台湾和吕宋北部的目标，进行战略支援。

山下奉文的第 14 方面军在吕宋已增至 25 万人。岛上只有 150 架日本飞机，这时日本第 1 航空舰队司令大西泷次郎，利用青年愿意拼命地心理，倡导神风突击战术：飞机满载炸弹对准敌舰的甲板猛扎下去，撞得机毁人亡，引起敌舰大爆炸而将其摧毁。

于是，日军中便出现一大批这种亡命徒式的"神风特攻机队"，使美国军舰遭到可怕的损失。10 天之中共炸沉 17 艘美国舰艇，重伤 20 艘，轻伤 30 艘。但是山下失去海空军支持，孤立无援，很少有守住吕宋的希望。

为阻挠吕宋落入美军手中，山下计划进行拖延战术。他把部队分为 3 组：尚武集团，在北部，14 万人，防止盟军从仁牙因登陆；建武集团，在中部，3 万人，保卫克拉克机场设施；振武集团，在南部，11 万人，保卫南吕宋。

1945 年 1 月 9 日，美国第 6 集团军的 4 个师在仁牙因湾登陆，31 日占领克拉克机场及其要塞等设施。2 月 3 日美军进抵马尼拉外围，但经过 1 个月的苦战，美军才肃清了菲律宾首都的敌军。日军败退时恼羞成怒，残杀了数以万计无辜的和平居民。此后，吕宋的日军退往东部山中，负隅顽抗。

到 1945 年 9 月初，被困的日军纷纷向本岛的美军缴械投降。9 月 3 日，在吕宋中北部山中苟延残喘的日本第 14 方面军司令官山下奉文大将和参谋长武滕章中将，在碧瑶向美军签署了投降书。菲律宾的日本侵略者彻底失败了。

1944 年 10 月，美军在莱特登陆时，菲律宾人民抗日军为了配合盟军的攻势，对日军展开了大反攻，解放了许多地方。其中民抗军中的华侨抗日游击支队非常活跃，他们和菲律宾人并肩战斗，共同打击日本侵略者，用鲜血结成了战友情谊。

1945 年 1 月，人民抗日军在八打雁进行牵制战，使美军能在仁牙因湾出敌不意进行登陆。人民抗日军还切断了日军后方重要交通线，从而加速了日军在马尼拉周围基地防御线的瓦解。

美军重返菲律宾，美国帝国主义者又重新露出他们的本来面目。他们不但不感谢人民抗日军 3 年抗战和协同美军最后打败日本占领军的功劳，相反却将人民抗日军视为他们独占胜利果实的最大障碍。

为了保证战后对菲律宾的控制，美国大肆镇压菲共领导的人民抗日军武装力量，同时积极扶植以 M. A. 罗哈斯为首的菲律宾地主资产阶级右翼集团。

1945 年 2 月 5 日，美军按预定计划将参加攻打马尼拉的人民抗日军包围，解除其武装。人民抗日军总部人员也在 2 月间遭美军逮捕，后经菲律宾广大人民和人民抗日军的强烈抗议才被释放。

1945 年 3 月 3 日，美军完全占领马尼拉市，菲律宾自治政府也随之宣布恢复。

菲律宾人民依靠自己的力量，通过武装斗争，付出巨大牺牲，为抗日战争的胜利做出了重大的贡献。

二战后菲律宾人民争取民族独立的运动空前高涨，美国企图修改《泰丁麦克杜菲法》，延期宣布菲律宾独立的阴谋破产。

1946 年 7 月 4 日美国宣布菲律宾独立，同时，两国签订"总关系条约"和"贸易协定"（又称贝尔协定），美国保持在菲律宾的经济和政治方面享有特权地位。美国获得了在菲律宾驻军的权利，于是建立了克拉克空军基地和苏比克海军基地。

二、中国战场

（一）"一号作战"

1944 年春夏以来，世界反法西斯战争已进入大规模的战略反攻阶段。日军在太平洋战场上失去了战略主动权，美海空军切断了日本本土与南洋群岛日军的联系。

日军大本营为了能经过中国大陆交通线补给东南亚各地的日军，并消除美国在中国的空军基地对其本土的威胁，遂于 1 月 24 日发出打通大陆交通线的作战命令即 "一号作战" 指令，开始调集兵力，向正面战场的国民党军进攻。

在国际形势日益有利于中国抗战的情况下，华北各解放区军民继续粉碎敌军 "扫荡"，开展攻势作战，实行局部反攻，积极恢复和扩大抗日根据地。

我各方面军向日伪发动了卫（河）南、林（县）南等战役，歼灭日伪军共 12 万余人，攻克据点 80 余处，解放人口 40 余万，开辟了林县以南、辉县以北大片新区。

同时，山东军区部队发起沂山、鲁山和诸（城）、日（照）、莒（县）山区等进攻战役。

日本侵略军为挽回败局，对华北各抗日根据地再次进行大规模的秋、冬季 "扫荡"。

我军则抓住敌军集中兵力分区 "扫荡" 的弱点，集中优势兵力，对敌人守备薄弱的城镇据点展开攻势作战，大量地歼灭敌人。

1943 年，八路军与敌人作战 24800 余次，毙伤俘日伪军 187420 余人，攻克据点 740 余处；新四军与敌作战 5300 余次，毙伤俘日伪军 66000 余人，攻克主要据点 200 余处；华南抗日力量也有了较大发展。

1944 年，解放区军民连续发动攻势作战，局部反攻全面展开。

此次战役是日本发动侵华战争以来规模最大、持续时间最长的一次战役，历时 8 个多月，先后动用约 50 万侵华兵力，战线长约 2000 千米，也是日本在第二次世界大战期间发动的规模最大的一次战役。

通过此次战役，日军虽然击溃了豫湘桂地区的国民党军队主力，但它并未能挽救其失败的命运。它既没有阻止盟军飞机对日本本土的空袭，也未能摧毁重庆政府的作战意志。打通的所谓大陆交通线，也只是无法保障运行的一条空线。

所以日本的军事历史学家桑田悦和前原透先生说这次战役是 "战略上毫无意义的作战"。

1945 年 1 月，冀鲁豫军区又派 1 个团南下黄河以东地区（简称水东）。

为开辟水西地区，打通华北与华中的联系，该部又于 5 月推进到商水、上蔡一带开展抗日斗争，歼灭敌伪一部，建立了 5 个抗日县政权，打开了水西地区的抗战局面。

1944 年 8 月 15 日，新四军第 4 师主力从泗洪县东南的半城集等地出发西进，越过津浦铁路向河南敌后进军：到 11 月下旬，开辟了商丘、亳县、永城之间地区，建立了永城、夏邑、萧县等 8 个县的抗日政权。至此，已基本上恢复了豫皖苏边抗日根据地。

1944 年下半年，日军向粤汉铁路和湘桂沿线的国民党军进攻。国民党军连连败退，大片国土沦入敌手。

中央决定组成南下支队，分批南下，开辟五岭（越城、都庞、萌渚、骑田、大庾岭）抗日根据地，尔后打通与广东东江纵队的联系。

11 月 9 日，八路军第 1 游击支队（即南下支队）从延安出发，东渡黄河，进入太岳根据地。

1945 年 1 月 20 日，南下支队进入鄂豫皖根据地，21 日在湖北省大悟山与新四军第 5 师会合。随后，新四军第 5 师的两个团也随南下支队继续南下。

1 月下旬，渡过长江，进入鄂南的鄂城、大冶、阳新地区。我军渡江后，于 2 月 26 日在大田坂歼灭追击我军的日军 300 多人、伪军 200 多人，尔后挺进大幕山区。

根据斗争形势的需要，南下支队正式改名为湖南人民抗日救国军，旋即转战鄂南、湘北，在湖北、湖南和江西三省交界地区，开辟了东西 150 千米、南北 100 千米，拥有 200 多万人口和 13 个县政权的湘鄂赣抗日根据地。

1944 年 9 月 9 日，日军第 13 集团军攻占温州，并相继占领福州，控制了闽、浙沿海地区，以防止美军在这个方向登陆，并确保京沪杭三角地带。国民党军纷纷西撤。

为贯彻执行中央关于向东南敌后发展，控制苏浙皖边，发展浙江沿海地区，为尔后收复南京、上海、杭州等各大城市创造条件的战略任务。12 月 27 日，粟裕率领新四军第 1 师 3 个团及地方干部 300 多人由苏中渡江南下，向浙江进军：到 1945 年 1 月初，在浙江省长兴县与新四军第 16 旅会师。随即成立了苏浙军区，粟裕为司令员，谭震林为政治委员，统一指挥江南和浙东部队。

二三月间，苏浙军区部队多次粉碎日伪军的进攻，并连续取得第一、第二次天目山反顽作战的胜利，控制了苏浙皖边的长兴、广德、临安、余杭之间 10 个县的广大地区，解放了 100 多万人口。

为了加强苏浙地区的力量，新四军第 1 师副师长叶飞奉命率领教导旅 3 个团及地方干部数百人，由苏中渡江南下，4 月到达苏浙军区。部队改编为第 4 纵队。

6 月，苏浙军区部队又取得第三次天目山反顽作战的胜利。

随着局部反攻的胜利进展，解放区迅速扩大，人民武装力量也急剧发展壮大。日军占领的大多数中心城市、交通线、海岸线，几乎都已处在人民武装的包围之中。

中国人民的最后胜利和日本法西斯的最后失败，都为期不远了。

（二）史迪威事件

日本发动太平洋战争的当天，蒋介石召见苏、英、美驻华大使，建议成立中、英、美、荷、澳、加拿大、新西兰军事同盟，共同对敌作战，并请美国代表向罗斯福总统提出具体建议。

1942 年 1 月 1 日，美、英、苏、中等 26 国在华盛顿签署《联合国家宣言》，结成同盟，宣布各国利用一切人力物力资源，对德、意、日作战。

1 月 2 日，蒋致电罗斯福，同意接受其建议任中国战区统帅，但建议美国任命一位参谋长。美国选任了史迪威将军。

1942 年 3 月，美国陆军中将约瑟夫·史迪威，根据中美协议，来华就任中缅印战区美国陆军司令及中国战区的参谋长。

史迪威于 20 世纪二三十年代曾两度在中国工作，先后在华 10 年，粗懂中国语言，能用汉语会话，在美国人中被称为"中国通"。

1942 年 3 月 6 日，史迪威到重庆正式向蒋介石报到，史迪威的在华使命主要是"增强用于战争的美援的效果和改进中国军队的战斗效能"。

史迪威到任后的第二天，侵缅日军攻占仰光，滇缅路有被切断的危险。蒋介石根据史迪威的要求，派他赴缅甸指挥中国第 5、第 6 军作战。可是，他却指挥不动这两个军，部队进退皆以蒋介石的密令行事。于是，史、蒋之间开始了围绕指挥权问题的斗争。

缅甸失守后，史迪威同部分中国军队一起撤退到印度。他认为，要想在军事上取得胜利，必须对中国军队重新进行整训和装备。

他对中国的士兵评价很高，认为只要领导得当，他们完全可以同任何国家的军队媲美；对国民党高级将领的贪污、无能、不关心士兵生活和军事训练，则极端鄙视。他深信，中国拥有训练有素、装备精良的 60 个师，就能够打败日本。

为此，史迪威向蒋介石提出了一份改革中国军队的计划。

蒋介石坚决反对史迪威提出的撤换和处罚国民党高级将领的要求。这进一步加深了史、蒋之间的矛盾。

1942 年夏天，由于非洲战局的变化，英国人吃了败仗。

美国把大批供应中国的租借物资，特别是飞机调往埃及，更激起了蒋介石的不满。

1942 年 8 月，蒋介石曾向来访的罗斯福的特使柯里提出撤换史迪威的请求。

不久，史迪威通过观察认为：国民党政府是个腐朽残暴的政权，政治上不积极；经济上贪污腐化，囤积援华物资；军事上消极抗日，积极准备内战。

史迪威为了美国的利益，从抗日的角度出发，想利用中国军队抗战，而支持和同情中国共产党。同样，他对国民党政府保存实力、消极抗战、热衷于内战等表示不满和憎恶。他担心，如果中国发生内战，将直接影响到抗日的大局。

1943 年 9 月 16 日，史迪威建议蒋介石武装和使用部队对日作战。

1945 年 2 月 4 日，史迪威向美国陆军参谋长马歇尔报告说，国民党政府用 50 万军队在华北围堵共产党军队，对中国抗日战争大有损害。

2 月 9 日，罗斯福致电蒋介石，正式提出派遣军事代表团赴延安的要求，遭到蒋的拒绝。

到 4 月 22 日，蒋介石才不得不表示同意，但却又以种种理由进行拖延。

1944 年 4 月，日军发动打通大陆交通线作战后，国民党军队一溃千里。罗斯福决定派副总统到中国，说服蒋介石达成一项联合抗日的协定。

史迪威

6 月 18 日至 30 日，美国副总统同蒋介石在重庆进行了多次会谈。蒋介石坚持自己的立场，并要求把史迪威和美国驻华大使高斯调走。

罗斯福向蒋介石施加压力，提升史迪威为四星上将，要求由史迪威指挥包括共产党军队在内的所有中国军队。

这是蒋介石最忌讳的一个问题，他已经越来越把共产党而不是日本人作为他的权力的主要威胁。

蒋介石不但在使用共产党军队问题上不做任何让步，就连史迪威要求把封锁延安的胡宗南的数十万部队调往抗日前线也不允许，甚至还要把在缅甸与盟军一起作战的部队抽调回国。

9 月 18 日，罗斯福给蒋介石发出"最后通牒"式的电报，电报提出，如不马上把中国军队的指挥全权交给史迪威，就停止美援。

蒋介石仍执意不允，并于 9 月 19 日在与美国总统特使赫尔利共进晚餐时说，已命宋子文请罗斯福更换史迪威。

赫尔利也告诫总统："支持史迪威，你将失去蒋介石，并且可能随之失去中国。"

此时，盟军在太平洋战场的反攻已取得重大胜利，苏联已答应对日作战，战胜日本指日可待，战后美国仍需要通过蒋介石控制中国，遂于 10 月 18 日复电蒋介石，同意撤换史迪威，任命魏德迈为中国战区参谋长。

由于史迪威与蒋介石在缅甸作战的战略与计划、中国战场的地位和作用、对华租借物资的控制权、改造国民党军队以及装备共产党军队等方面，产生了严重的对立，最终导致了蒋介石强迫美国召回史迪威，即所谓"史迪威事件"。

从历史来看，史迪威客观地观察和评价中国共产党及其领导的军队在抗日战争中的作用，为维护国共合作，推动联合抗日所做的工作，对中国和世界人民反法西斯战争都起到了积极的作用。

（三）中国远征军入缅

1942年初，中国远征军进入缅甸协助英军作战。到5月中旬，中英联军作战失利。日军占领缅甸，英军退入印度，中国远征军主力退回滇西，改编为第11、第20集团军，后经补充和整训，编为中国驻印军。

日军占领缅甸后，一方面加紧控制缅北，封锁滇缅、中印公路，断绝援华物资的陆上运输通道；另一方面又企图侵占印度东部，以断绝美国援华物资的空运基地，阻止盟军从印度向东南亚反攻，以迫使中国国民党政府和印度屈服。

1943年6月，日军准备首先急袭并摧毁盟军的反攻根据地印度东北部的英帕尔。

在日军企图扩大侵略之前。中、美、英三国就发动缅甸作战进行了磋商，决定以中国驻印军和中国远征军及美英军一部，在缅甸北部对日军进行反攻作战。

1943年10月24日，由史迪威任总指挥的中国驻印军新编第38师在美、英军支援下，从印度列多沿中印公路预定路线，向缅北日军第18师之一部发起攻击；29日，攻占新平洋。

11月初，我军攻克拉苏加，但却被前来增援的日军第18师主力包围。经月余激战，我增援部队赶到，内外夹攻，于12月18日取得缅北首次大捷。

12月下旬，我新编第38师加强攻击。日军向大龙河东岸退去，西岸敌各据点先后被我军攻克。

此时，中印公路也已从利多抢修到新平洋。

尔后，这支筑路部队和油管敷设工程队，紧紧在驻印军尾后跟进，日进数公里，几乎是部队打到哪里，他们就把路修到哪里。这支由美国工程兵和印度民工组成的筑路部队为战争做出了重大贡献。

1944年1月，我新编第22师一部向大洛推进。

美军远程突击部队3000人与中国军队并肩作战，在克复沿途和外围据点之后，对孟关形成围攻之势。

经激烈战斗，我军于3月5日攻占缅北战略要地孟关城，日军第18师主力已被击破。

与此同时，日军为切断阿萨姆供应线，打断"驼峰"运输，牵制盟军在缅北的作战行动，以3个师的兵力向印度东北部发动了攻势。

英军调集重兵抗击，在美军空军的协助下，将敌击溃，解除了缅甸反攻作战的后顾之忧。

1944年4月，中国空运3个师到印度。中国驻印军得到加强后，以主力突破坚布山险，进逼孟拱河谷。狭长的孟拱河谷，易守难攻。防守孟拱及其外围据点的日军，约有两个团的兵力。

加强后的中国驻印军与美军第5307支队编成中美混合突击支队，从太克里出发，穿越密林突击前进。

5月初，我坦克部队突破敌人纵深阵地，敌军向南溃逃。我军乘胜前进，5月27日占领西穆，并包围了加迈。

6月16日，敌军突围仓皇南窜，我军乘胜追击逃敌，于18日进抵孟拱东北地区。进至孟拱以南，约500名英军遭到敌军攻击，战况激烈。敌军据城顽抗，我军猛烈攻击。激战两昼夜，于6月25日攻克孟拱。

在进行孟拱河谷战役的同时，我军对缅北重镇密林进行了奇袭。

密林在缅甸铁路北端，有公路通往孟拱、曼德勒和八莫，也是中印公路的重要通道，地势险要。

日军第18师第114团主力及第56师第148团一部防守该地，构筑了坚固的工事。

5月17日，中美混合突击支队在击破沿途日军的阻击后，进抵密林近郊；由于当日出敌不意，突然攻占了密林飞机场。

中国驻印军总指挥部接到报告后，当即命令从18日开始，在后方机场待命的新编第30师，向密林发起进攻。由于日军依托工事顽抗，并从滇西和八莫不断调兵增援。加之盟军情况复杂，指挥不统一，攻城两个月，竟未奏效。

中国驻印军又空运两个团的兵力增援，并由新编第30师师长胡素接替美军麦根少将，负责统一指挥，于7月18日再次发起攻击。在强大的空军和炮兵火力的支援下，联军与日军展开巷战，8月5日全歼守敌，占领密林。

攻占密林后，中国驻印军将所属各部编为两个军：新编第1军和新编第6军，加上炮兵、工兵等部队，进行补充整训。

10月15日，中国驻印军兵分三路，向英多、杰沙、瑞姑、八莫一线发起攻击。

12月15日，攻占八莫。

1945年1月15日攻占南坎，守敌几乎全部被歼。

我军乘胜发起进攻，27日攻占芒友，与中国远征军会师。

为配合中国驻印军的缅北反攻作战，中国远征军于1944年5月11日强渡怒江，越过高黎贡山，向滇西日军发起反攻。

经一个多月的激战，相继攻克日军据点马面关、桥头等地，6月21日攻占江苴街。

6月25日，该集团军之一部越过龙川江上游，28日进抵腾冲外围。腾冲四面是山地，地势险峻，城区工事坚固。7月上旬，我军发起猛攻。日军坚持顽抗，战斗甚为激烈。

我第20集团军克复腾冲，并以一部向龙陵方向增援第11集团军作战，6月4日攻克腊猛。尔后，该集团军一部向龙陵突进，一部围攻松山守敌。

日军占据松山，不仅完全切断了滇缅公路，而且控制了怒江惠通桥附近的腊猛大渡。

日军一个能独立作战的加强团，依托长期修筑的既设阵地，死守待援。我军以第71军新编第28师5次攻击松山遭受巨大伤亡，毫无进展。

远征军长官部调第8军接替新28师。第8军经过详细侦察，摸清了敌情，从6月下旬起，在飞机和重炮火力支援下，结合坑道爆破，一个一个地摧毁敌外围工事，连续发动9次大的攻击和无数次小的攻击，历时两个多月，于9月8日，终于攻克松山。

龙陵之战，持续时间最长，战斗也甚为激烈。

6月10日，我第11集团军推进到龙陵附近，遭日军反击，攻势受挫。

8月26日，经激战，我军突入龙陵城内，数百名日军仍依靠核心阵地顽抗。

我军攻克松山后，打通了松山至龙陵间的公路，中国远征军的补给运输得到增强。

10月25日，我军发起总攻击。龙陵日军孤军难支，遂于11月2日夜突围。

尔后，中国军队先后收复龙陵，攻克芒市，占领遮放。

1945年1月20日，攻克畹町。27日，中国远征军与中国驻印军在畹町附近的芒友胜利会师。

中国驻印军旋即南下，于3月8日攻克腊戌，30日与英军会师于乔梅，缅北反攻作战结束。

此时，我军完全打通了中印公路战略运输线。它不仅有力地支援了中国抗战，同时也为英印军在印度英帕尔地面作战及盟军在缅甸战场取得最后胜利创造了有利条件。

（四）"扩大解放区，缩小沦陷区"

1945年初，世界反法西斯战争形势日渐好转。日军大本营为挽救危局，决定建立日本本土及中国、朝鲜等占领区的防御体系，准备与同盟国军队决战。

此时，我敌后各解放区，经过1944年的一系列攻势作战，得到了很大的发展，已拥有9000多万人口和200多万民兵。八路军、新四军等正式部队已发展到78万人，而且在军政素质上也有了显著的提高。

根据国际国内形势的发展，毛泽东于 1944 年 12 月 15 日发表了《一九四五年的任务》的演说，明确解放区军民的首要任务是"消灭敌伪，扩大解放区，缩小沦陷区"。

为贯彻执行"扩大解放区，缩小沦陷区"的战略任务，八路军各军区部队以夺取敌守备薄弱的城镇据点和交通线，将敌压缩、包围于大中城市和交通干线为目标，发起了强大的攻势作战。

晋冀鲁豫边区各部队于 1 月至 4 月，以解放豫北地区为重点展开攻势作战。1 月 16 日，冀鲁豫军区部队进攻大名城。在伪军的内应配合下，一举攻进城内，歼灭伪军长以下大批伪军和日军 1 个排，俘日伪军 400 余人。

1 月 21 日夜，太行军区集中第 7、第 8 军分区等部队 4 个主力团的兵力，发起道清战役，以消灭盘踞在道清铁路及其两侧地区的日军第 117 师和伪军第 5 方面军各一部。

此次战役历经近两个多月，直至 4 月 1 日，战役胜利结束。

此役我军共歼灭日伪军 2500 余人，扩大解放区 2000 余平方公里，解放人口 75 万，建立了 4 个抗日县政府。

4 月 3 日，太岳军区集中近 4 个团的兵力和地方武装发起豫北战役，攻克据点 40 余处，歼敌 2800 余人，1700 余名伪军反正，收复沁源、阳城、晋城等，建立了 3 个抗日县政府。

至此，黄河以北的太行、太岳根据地与黄河以南豫西解放区连成一片。

冀鲁豫军区另一支部队于 4 月 24 日发动南乐战役，攻克南乐县城及其外围据点 32 处，歼灭日伪军 3400 余人，解放卫河以东大片地区。

5 月下旬至 6 月上旬，太岳军区主力一部在同蒲铁路以南的晋南地区发动攻势，攻克据点 40 余处，收复安泽、高平两座县城，并逼近黄河北岸。

6 月 29 日，太行军区一部发起安阳战役，7 月 7 日结束，歼灭日伪军 4700 余人，逼近敌占据之安阳、石家庄两大据点。

我晋冀鲁豫边区部队在 1945 年春夏两季的攻势作战中，共进行战斗 2300 余次，攻克日伪据点 2800 余处，收复县城 28 座，为实施大反攻创造了有利条件。

山东军区部队于 2 月至 5 月发起以歼灭大股伪军为主的进攻战役。

2 月 1 日，鲁南军区以主力第 3 团、费县独立营、尼山独立营和区中队及民兵各一部，奔袭伪第 10 军荣子恒部驻地泗水城。

此役，我军共歼敌 2000 余人，攻克泗水县城及其外围据点 16 处，进一步逼近津浦铁路及敌之重要据点滋阳。

2 月中旬，胶东军区发动伪"剿共第七路军"赵保原部战役。胶东军区集中主

力 5 个团另 5 个营的兵力，于 2 月 11 日对玩底地区发起攻坚战。

2 月 14 日，胶东军区主力部队又向左村攻击，一举突破敌阵地，歼敌 3 个团。至 19 日，战役胜利结束，共歼灭伪军近万人。

3 月上旬，鲁中军区发起蒙阴战役。鲁中军区集中主力于 8 日夜向蒙阴发起总攻。由东、北、南三门攻击的部队也攻入城内，同敌人展开巷战，至 10 日晨全歼守敌。

此役摧毁了敌伪"扫荡"我沂蒙根据地的重要基地，使沂蒙与新泰连成一片。

4 月 15 日至 5 月 14 日，渤海军区以其主力和部分地方武装，解放了洱河以北、小清河以南大片地区。

6 月下旬至 8 月上旬，鲁中、滨海、胶东、渤海等军区集中主力部队，向日伪军发起进攻，歼灭日伪军 2 万余人，解放了大片地区。

山东军区部队及地方武装力量，经过春夏季攻势作战得到进一步发展。

八路军主力及地方武装已达 23 万人，民兵 50 万人，自卫团 150 万人，成为大反攻的主力之一。

与此同时，冀晋和冀察区部队拔除日伪军据点 80 多处，收复灵丘县城，逼近北平近郊，收复了平西的紫荆关和斋堂镇，并在张家口以南开辟了 2500 平方公里的地区。

冀热辽军区部队于 2 月至 5 月展开反伪满军战役，共作战 230 次，歼敌 5000 余人，迫其退至北宁铁路沿线。

为开辟平绥铁路南北的雁北和绥东地区，冀晋军区于 5 月 12 日集中 6 个团及 6 个县支队的兵力，发起雁北战役。

经过 50 多天的连续作战，冀晋军区部队攻克日伪军据点 40 多处，歼灭日伪军近 1000 人，扩大解放区 5000 多平方公里，解放人口约 40 万。

冀察军区按预定计划，集中 6 个团及部分县游击支队，于 5 月 12 日发起察南战役。

在夏季攻势中，冀察军区部队共歼灭日伪军 1800 余人，攻克和收复县城 3 座，拔除据点 110 个，扩大解放区 1.3 万余平方千米，解放人口 57 万，把冀察和冀晋新解放区联结了起来。

与此同时，冀中军区部队在北宁铁路以南、津浦铁路以西发起子牙河东和大清河北战役，歼灭日伪军 7100 余人，收复县城 3 座，并逼近北平、天津市郊。

晋绥军区部队也开始执行 1945 年军事斗争计划：连续发动几次进攻战役，为恢复和发展塞北地区创造有利条件。

2 月中旬，晋绥军区集中 4 个团和 4 个支队的兵力，向离岚公路沿线的日伪军据点发起主要攻击。攻击部队采取围点强攻、伏击打援等战术歼灭敌人，又以强大的政治攻势造成日伪军内部分化瓦解。

晋绥军区部队春季攻势历时 68 天，作战 537 次，收复方山、岚县、五寨 3 座县城及其他据点 54 处，歼灭日伪军 2400 余人，扩大解放区 3840 平方千米，解放人口 94 万。

为歼灭该敌或将其压缩到同蒲铁路上，晋绥军区决定于 6 月中旬发起夏季攻势。

6 月 19 日，晋绥军区部队首先对忻静公路沿线各据点发起进攻，歼灭日军 40 余人，参战民兵趁机冲入日军弹药库，缴获子弹 100 余箱。

6 月 27 日，我军又攻克静乐西南 10 千米的黄家等据点。

至 7 月底，晋绥军区部队攻占敌据点多处，炸毁桥梁 20 余座，切断公路 50 余处，基本将日伪军压缩到同蒲、平绥铁路和太（原）汾（阳）和汾离公路沿线。

八路军在春夏季攻势中，共计歼灭日伪军 125 万余人，收复县城 57 座，扩大解放区 148 万平方公里，解放人口 640 万。

把日伪军进一步压缩到大中城市、交通要道和沿海一带，为转入全面反攻创造了有利的条件。

除八路军外，新四军也同时展开了攻势作战。

新四军从 1945 年初开始，连续发动了春夏季攻势作战。

第 3 师兼苏北军区部队趁伪军孙良诚部抵达苏北立足未稳之际，于 1 月下旬主动出击，至 3 月中旬，歼灭日伪军 1200 余人，攻克日伪军据点 20 余处，解放了灌河以北广大地区。

4 月，新四军第 3 师抓住阜宁地区日伪军收缩兵力，忙于交接防务的时机，集中 11 个团的兵力，发起阜宁战役。

此役历时 3 天，激战至 4 月 26 日结束。我军共歼灭伪军 2400 余人，攻克阜宁县城及其外围据点 22 处。

随后，我军又解放了盐阜以东地区，并控制了东（海）淮（阴）公路和盐河，使淮海根据地扩大一倍。

5 月，我军又攻克淮安西南之日伪军据点多处。

新四军第 2 师兼淮南军区和第 4 师兼淮北军区部队，于 2 月至 4 月粉碎日伪军打通淮河交通线的计划后，立即对敌人进行了强有力的反击。

新四军第 4 师兼淮北军区部队，集中步骑兵主力和 8 个县总队共 1.3 万余人的兵力，于 5 月 21 日发起宿（县）南战役。

我军成功地运用了"围点打援"战术，至 7 月 1 日，宿南战役胜利结束，歼敌共计 2100 余人。

在春夏季攻势作战中，新四军共歼灭日伪军 38 万余人，扩大解放区 8 万多平方千米，解放人口 240 余万，使华中各抗日根据地基本连成一片。

1945 年初，日军为打通和确保粤汉铁路南段交通，不断向广东增调兵力，并扩编部队。

华南各抗日游击队相继展开春夏季攻势作战。

2 月底，北江支队进至英德后，沿粤汉铁路东侧向北发展，开辟了拥有 20 万人口的新区。西北支队越过北江后，开辟了以文洞为中心的新区。

3 月间，第 3 支队北渡东江，协同第 4、第 5 支队等部，扫除该地区的日伪势力，开辟了罗浮山根据地。

留在东江以南老区的部队，在广九铁路两侧及惠东和海陆丰沿海地区，主动出击，到 4 月末，共歼灭日伪军 500 余人，攻克据点多处。

1945 年夏，日军将华南的大部兵力调往华北和华中。到 6 月底，华南日军仅有 7 个师和 9 个独立混成旅，分布在湘南、广西和广东的广大地区。

此后，华南各抗日游击队即在广东区党委领导下，对日伪军展开了夏季攻势。

东江纵队一部在东莞、海丰、博罗等地，粉碎了敌人的多次进犯。

南路游击队回师遂溪，攻占杨柑据点，7 月又打退日伪军对廉（江）西抗日根据地的多次进攻。

琼崖纵队挺进支队开辟了以白沙县为中心的新区。

华南各抗日游击队在春夏季攻势作战中，共歼灭日伪军 1800 余人，缴获大批武器弹药，队伍发展到 2 万多人，建立了东江、珠江、粤中、琼崖等抗日根据地。

至此，抗日根据地遍布 19 个省，总面积近 100 万平方公里，人口 1 亿多，控制县城 100 多座，把日伪军压缩到了主要城市、交通线和沿海地区。

解放区武装力量也得到了发展，军队发展到 93 万多人，民兵达 220 余万人。

三、硫磺岛登陆战役

4 英里长，形状像火鸡一样，面积约 20 平方公里的硫磺岛，没有前线，没有后方，每一寸土地都是战场……更恐怖的日军不是在岛上，而是在岛内。多年来，他们在岛上修筑了复杂的密如蛛网股的地下工事，有的地下工事多达三层，能出其不意地从洞穴、岩石缝隙中突然出来，对我们进行残酷袭击。神经一直绷得很紧，除了手中攥出汁水的来复枪，你对周围的一切都不能相信。

（一） 如鲠在喉硫磺岛

今天，在美国首都华盛顿特区阿灵顿国家公墓广场上，有一座5名海军陆战队的士兵正在奋力插起美国国旗巨型雕像。这是根据美联社摄影记者乔·罗森塔尔在硫磺岛战役中拍下的著名照片塑成的，这座雕塑表现的正是硫磺岛上的血战。2月23日早晨，美军包围了硫磺岛折钵山，巡逻队冲上山顶，升起一幅美国国旗。到中午，他们又升起一幅更大的美国国旗。乔·罗森塔尔及时按下了相机快门，拍下这张影响深远的著名照片。来来往往的人群中，不时有人驻足，仰望这座具有伟大纪念意义的作品，自缅怀起在第二次世界大战太平洋战场上具有"绞肉机"之称的硫磺岛战役中英勇献身的美国军人们，崇敬与爱国之情交织而生。

1944年10月，随着太平洋战争向日本逐步逼近，美国决定将战火烧到日本本土。海陆两军对进攻目标产生了激烈争论。海军上将尼米兹力主攻打台湾和福建，与中国坚持抗战的国民革命军会师。同时这一策略也和美军沿吉尔伯特环礁到马绍尔、加罗林群岛的战线相匹配。但是陆军上将麦克阿瑟坚持要兑现对菲律宾的诺言。由于之前美军战略主要以海军为主，同时台湾处于日军陆基航空兵的攻击范围，而且面积较大、地形复杂，当易守难攻，美军担心遭到过大伤亡而影响日本登陆作战，出于平衡海陆军矛盾和实际战略考虑，罗斯福召集两位将军，最终达成了菲律宾—中国台湾—小笠原—琉球战役顺序。

硫磺岛，位于小笠原群岛南部，是该群岛的第二大岛，北距东京1200余公里（650海里），南距塞班岛1100余公里（630海里），东南距马里亚纳群岛500余公里（290海里）。岛长约8000米，宽约4000米，形状酷似火腿，面积约20平方公里，岛的南部有一座尚未完全冷却的死火山，叫折钵山，海拔160米，终年喷发着雾气，硫磺味弥漫全岛，故此得名，是全岛制高点。折钵山以北有一片比较宽阔平整的高地，地势低平，有一小片被梯状台地逼住的海滩，称为中部高地，再往北，地形逐渐起伏，并有数座山峰和多道陡峭的峡谷，被称为元山地区，岛上大部分地区都覆盖着厚厚的火山灰。硫磺岛地形起伏，沟壑纵横，溶洞密布，悬崖峭壁临海高耸。除中部高地以外，全岛没有任何可供船舶停靠的锚地或港湾。虽然硫磺岛岛小人少，但正处在东京与塞班岛之间，战略地位非常重要。

在1944年前，日军仅仅把硫磺岛作为太平洋中部与南部的航空中继基地，只部署了海军守备部队1500余人和飞机20架。1944年马里亚纳群岛失守后，硫磺岛的重要性日趋明显，日军才开始大力加强其防御力量，3月下旬将4000余陆军部队送上岛；5月将硫磺岛的陆军部队整编为第109师团，由栗林忠道中将任师团长。栗林是出色的职业军人，曾担任过天皇警卫部队的指挥官，他在岛上配备了120毫米、155 毫米岸炮、100 毫米高射炮和双联装 25 毫米高射炮，7 月海军第 27 航空战队也调至岛上。截至 1945 年 2 月，日军在岛上陆军约 1.5 万余，海军约 7000 余，共约 2.3 万人，飞机 30 余架，由栗林统一指挥。日军在岛上的中部高地和元山地区各建有一个机场，分别叫作千岛机场和元山机场，也叫一号机场和二号机场，并在二号机场以北建造第三个机场。

自从美军 1944 年 7 月攻占马里亚纳群岛后，就开始建立航空基地，出动 B-29 重型轰炸机空袭日本本土。但马里亚纳群岛距日本本土将近 1500 海里，B-29 进行如此长距离的空袭，由于受航程的限制，只能携带 3 吨炸弹，仅为 B-29 最大载弹量的 30%。而且因为航程太长，战斗机无法进行全程护航，因此 B-29 只能在 8000 至 9000 米高度实施面积轰炸，效果很不理想。而硫磺岛上的日军不仅可以向东京提供早期预警，而且可以起飞战斗机进行拦截，甚至还不断出动飞机攻击美军在塞班岛等地的机场，更是大大降低了美军对日本本土战略轰炸的作用。硫磺岛对美军而言，简直是如鲠在喉。如果美军占领硫磺岛，那所有的不利都转化为有利，从硫磺岛起飞 B-29 航程减少一半，载弹量则可增加一倍；战斗机如从硫磺岛起飞，可以为 B-29 提供全程伴随护航；甚至连 B-24 这样的中型轰炸机也能从硫磺岛起飞空袭日本本土；更重要的是，硫磺岛还可作为 B-29 的备降机场，供受伤的 B-29 紧急降落或加油。因此美军对硫磺岛是势在必得！美陆军航空兵（即美国空军的前身）司令阿诺德上将于 1944 年 4 月 17 日向美参谋长联席会议提出攻占硫磺岛的请求，美参谋长联席会议随即同意这一请求，责成太平洋战区担负此项作战，太平洋战区总司令兼太平洋舰队总司令尼米兹上将为就近指挥，将其指挥部从珍珠港移至关岛。

1944 年 10 月初，太平洋舰队司令部的参谋人员就将进攻硫磺岛的计划制订出来，参加作战的地面部队为第 5 两栖军，下辖海军陆战队第 3、第 4、第 5 师，共约 6 万人，由霍兰·史密斯中将指挥；登陆编队和支援编队，由"短吻鳄"凯利·特纳中将指挥；米切尔中将指挥的第 58 特混编队负责海空掩护；所有参战登陆舰艇约 500 艘，军舰约 400 艘，飞机约 2000 架，由第 5 舰队司令斯普鲁恩斯上将统一指挥。这次参加指挥的美军将领都是太平洋战争中骁勇善战的名将，参战的海军陆战队也是美军最擅长两栖登陆的精锐部队，接受过严格系统的登陆战训练，而且战斗力之强、战斗作风之悍，战斗意志之顽强在美军中都是首屈一指的。

由于参战部队中相当一部分人正在支援对吕宋岛的登陆作战，硫磺岛战役只得等吕宋岛战役结束后的 1945 年 1 月才能开始，又因为吕宋岛战役进展缓慢，结束的日期从计划的 1944 年 12 月 20 日推迟到了 1945 年 1 月 9 日，尼米兹再将硫磺岛的作战时间推迟到 1945 年 2 月中旬。

（二）莱特大海战

马里亚纳群岛陷落后，日本"绝对国防圈"已被冲破，海空军实力基本耗尽、此时日本海军主要军舰仅 165 艘，88 万吨；而太平洋上美军却有 791 艘，352 万吨

莱特大海战

但日军大本营仍负隅顽抗，将精锐的关东军 6 个师团调往菲律宾，并调集海军全部主力，企图在菲律宾与美军决战，代号"捷 1 号"作战。

1944 年 8 月，日军大本营将在菲律宾的第 14 军升格为第 14 方面军，将号称"马来之虎"的山下奉文大将调去担任司令官，从关东军、中国派遣军和朝鲜军调遣精锐师团进驻菲律宾除第 16 师团驻防莱特岛外，1944 年 7 月，日军将关东军第 8 师团（原驻黑龙江绥阳）和第 2 坦克师团调往菲律宾吕宋岛。同年 7 月，将中国派遣军驻山西大同的第 26 师团派往吕宋岛，驻马尼拉附近（后前往莱特岛）此外，日军在菲律宾还先后组建了第 30、第 100、第 102、第 103、第 105 师团至 8 月山下奉文接任时，在菲律宾的第 14 方面军已有 9 个师团、3 个旅团，共计 23 万人，此外在吕宋岛还有第 4 航空军 6 万人，海军 7 5 万人，补充兵员 3 万人，合计约 40 万人。

但这还不是在菲律宾的日军全部。1944 年 9 月 22 日，关东军第 1 师团（驻黑龙江北部的孙吴）调往菲律宾，11 月，关东军第 10、第 23 师团和朝鲜军第 19 师团也调往菲律宾（朝鲜军的第 19 师团也参加了"关东军特别大演习"，与第 20 师团一样，也被视为关东军部队）。第 10 师团就是 1938 年进攻台儿庄的部队；第 19、第 23 师团是日军中仅有的曾与苏军作战的师团（第 19 师团在张鼓峰，第 23 师团在诺门坎）。第 19 师团是驮马编制，2.8 万人；第 1、第 10 师团是摩托化编制，2.44 万人；第 23 师团是日军中唯一的机械化师团，2.6 万人。加上这 4 个关东军师团，以及其他特种部队，从东南亚返回本土途中滞留菲律宾的人员，日军正规军在菲律宾共 57 万人。连同动员的武装日侨，在菲律宾的日军总计达 63 万人，是日军在太平洋上最大的一个战略集团。

进攻菲律宾的美军，是麦克阿瑟指挥的西南太平洋部队，陆海军总计达 50 万人。登陆莱特岛的部队为第 6 集团军，下辖 5 个师，20 万人。海军第 3 舰队主力是第 38 特混舰队，有 17 艘航空母舰、6 艘战列舰、17 艘巡洋舰和 58 艘驱逐舰；第 7

舰队有738艘舰艇，包括18艘护航航空母舰、6艘战列舰、11艘巡洋舰、86艘驱逐舰、25艘护航驱逐舰。10月20日，美军登陆莱特岛，在岛上的日军开始仅有第16师团共13,778名官兵，根本无法抵挡美军的进攻。丢下13158具尸体，击毙师团长牧野四郎中将，仅620名幸存者逃向内陆。

联合舰队最高长官丰田副武认为："假如我们丧失菲律宾，而舰队幸存下来，那么我们南北之间的海道就被割断了。假如舰队待在日本领海的话，那么它得不到燃料补给。假如它待在南海的话，那么它就得不到武器弹药的补给。因此假如我们失去菲律宾的话，那么保存这支舰队也没有意义了。"因此，日本海军倾其全力，出动64艘军舰（4艘航空母舰、9艘战列舰、20艘巡洋舰、31艘驱逐舰），从10月23至26日，以莱特岛为中心与美军第3、第7舰队进行了长达4天的激战。

1944年10月20日，美军一支两栖部队进攻菲律宾群岛中部的莱特岛，这是莱特湾战役的开始。同一天，日军一支部队从莱特岛东南部进入阵地，美军的第7舰队的潜水艇发现日军第一攻击部队。

栗田的舰队，由5艘战列舰组成（五艘战列舰："大和"号、"武藏"号、"长门"号、"金刚"号和"榛名"号），加上10艘重巡洋舰、2艘轻巡洋舰和15艘驱逐舰。栗田的舰队企图突破圣贝纳迪诺海峡，攻击莱特湾内的登陆舰队。于10月24日进入莱特岛东北的锡布延海。在锡布延海海战中他受到美国航空母舰的攻击，"武藏"号战列舰被击沉。栗田调头撤退，美国飞行员以为他就此退出战场，但晚间他再次调头进入圣贝纳迪诺海峡并于清晨来到萨马岛。

西村中将的舰队由战列舰"扶桑"号、"山城"号以及"最上"号重巡洋舰和4艘驱逐舰组成，于10月25日清晨3点进入苏里高海峡，正好撞到美军的作战舰队。在苏里高海峡海战中"扶桑"号战列舰和"山城"号战列舰被击沉，西村战死，他的剩余力量向西撤退。

小泽的航空母舰舰队包括4艘航空母舰："瑞鹤"号、"瑞凤"号、"千岁"号、"千代田"号，第一次世界大战时建造的战列舰改装成的2艘航空战舰："伊势"号、"日向"号，3艘巡洋舰："大淀"号、"多摩"号、"五十铃"号和8艘驱逐舰组成。"瑞鹤"号是最后一艘参加过珍珠港事件幸存至此的航空母舰。"日向"号和"伊势"号的后部炮塔被改成机库、跑道和起飞机构，但这两条船都没有带飞机。小泽一共只有108架飞机。10月24日下午4点40分哈尔西上将接到发现小泽的舰队消息时，美军正在对付栗田的舰队和吕宋岛来的空袭。于10月25日才率航空母舰队追击。哈尔西的舰队非常庞大，拥有9艘航空母舰（"无畏"号、"大黄蜂"号、"富兰克林"号、"列克星敦"号、"邦克山"号、"黄蜂"号、"汉考克"号、"企业"号、"埃塞克斯"号）、8艘轻航空母舰（"独立"号、"普林斯顿"号、"贝勒伍德"号、"科本斯"号、"蒙特利"号、"兰格利"号、"卡伯特"

号、"圣哈辛托"号）、6艘战列舰（"亚拉巴马"号、"依阿华"号、"马萨诸塞"号、"新泽西"号、"南达科他"号、"华盛顿"号）、17艘巡洋舰、64艘驱逐舰和1000多架飞机，在恩加尼奥角海战中4艘日本航空母舰被击沉，小泽的剩余力量逃往日本。

栗田的舰队于10月25日清晨6点到达萨马岛。此时哈尔西正在追击小泽，在栗田的舰队和美国的登陆舰队之间只有三支美国护卫航空母舰和它们的驱逐舰编队。在萨马岛海战中美国驱逐舰绝望的鱼雷攻击和无情的空中攻击，以及天气的不利使栗田以为他面临的是美军主力，因此他转身撤出战场。

莱特大海战，世界上最大的一次海战，战场以莱特岛为中心南北达1000多海里，东西500多海里，双方投入航空母舰39艘、战列舰21艘，巡洋舰47艘，仅驱逐舰以上的大型军舰就有300多艘，舰载和岸基飞机2000多架，日军被击沉航空母舰4艘，战列舰3艘（含7万吨的超级战列舰"武藏"号），巡洋舰9艘，驱逐舰9艘，计30.6万吨；美军损失航空母舰3艘，驱逐舰3艘，计3.7万吨，不及日军损失1/8。

莱特湾海战也是太平洋战争中最后一次大海战，也是历史上最大的一次海战、这场海战消灭了日本的海军力量，除了陆上基地的飞机外，日本海军几乎已不复存在，美军取得了绝对的制海权。小泽在战后受审时说："在这一战之后，日本的海面兵力就变成了绝对性的辅助部队，除了某些特种性质的船只以外，对于海面军舰已经是再无用场可派了。"

（三）天王山移动了

天正十年，军阀羽柴秀吉和明智光秀在山崎交战，占领天王山为胜败关键，因此，日本把决定战争胜负的关键地点称为天王山。日军大本营不顾莱特大海战惨败，仍不改决心，重兵增援莱特岛。日本首相小矶国昭甚至宣称"莱特岛之战是日美战争中的天王山"。适逢菲律宾正是台风季节，连下40日暴雨（860毫米雨量），尽管美军在岛上已夺取5个机场，仍由于山洪暴发和泥浆遍地而无法使用。日军趁机将第1、第26师团和第68旅团等部通过南部的奥莫克湾送上莱特岛。这个第68旅团并非等闲之辈，而是关东军以陆军公主岭学校教导队为基干编成的精锐部队，堪称精锐中的精锐。经增援，岛上日军已达7万人。但到了11月中旬天气略有好转，美军破译日军密码。获悉日军有一支运输船队从马尼拉驶向奥莫克湾。11月11日拂晓，载运日军第35军直属部队和第26师团一部共1万人的5艘运输船遭美军347架飞机的袭击，炸沉全部运输船和4艘驱逐舰，日军1万人几乎全部淹死，军用物资也全部损失。莱特岛上的日军在海上运输线被切断的情况下，尽管顽强奋战，特别是第 1 师团第 57 联队在利蒙附近高地 50 天的战斗中重创美军第 1 骑兵师和第 24 师，以致美军称为"断颈岭"，但日军在弹尽粮绝下终于崩溃，第 57 联队仅余 200 多人。第 1 师团是日军中最老的师团之一，号称精锐的"玉"师团，共有 15 万人登陆莱特岛，生还者仅 743 人。1945 年 1 月中旬，莱特岛战役结束，岛上日军死亡 6.8 万，美军仅死亡 3500 人（总伤亡 1.2 万人），只有日军 1/20。日军在莱特岛上的第 35 军所属的第 1、第 16、第 26 师团和第 68 旅团全军覆没，这是太平洋战争以来日军第一次在一场岛屿战中就被歼灭 3 个师团兵力。至战败后，小矶故作镇静，又宣称"天王山之战已由莱特岛向吕宋岛转移"。日本民众因此嘲笑说："听说没有败，只是天王山移动了。"一时传为笑柄。

美军占领莱特岛后，山下奉文将驻吕宋岛日军 28.7 万人编成 3 个集团，分别驻守北部和中南部山区，企图以持久防御牵制和消耗美军。美军为取得进攻吕宋岛的前进基地，于 12 月 15 日占领民都洛岛。1945 年 1 月 9 日，美第 6 集团军约 20 万人在美国第 7 舰队舰炮的强大火力和美国第 7、第 3 舰队航空兵突击的掩护下，从吕宋岛西岸的林加延湾登陆，尔后一路（第 1 军为主）向北吕宋进攻，另一路（第 14 军为主）向马尼拉方向推进。第一天有 6800 人（美第 1、第 14 军的基本兵力）在吕宋岛上陆，并且夺取了正面 32 公里、纵深 7.5 公里的登陆场。由于日军顽强抵抗，美军进展缓慢。为加快进攻速度，美军在向林加延湾增兵的同时，以第 8 集团军部分兵力分别在苏比克湾西北的圣安东尼奥和马尼拉湾以南的纳苏格布登陆，并投入第 11 空降师断敌后路，很快就将掩护仁牙因湾至马尼拉的日军第 19、第 23、第 103 师团、第 2 坦克师团和第 58 旅团等部击溃，于 2 月 4 日冲入马尼拉。防守马尼拉的是日本海军人员约 2 万人，经一个月巷战全部被击毙。日军主力退入山地丛林，病死饿死者超过战死者 10 倍以上。据幸存的日军回忆，当时患上登革热、烂脚病的人，就等于被宣判了死刑。"回归热"更是热带丛棘中最可怕的一种疾病。患者周期性地持续高烧，初次发烧一般 7 天，又歇 7 天；然后第二次发烧五六天，又间歇五六天；再第三次发烧……周而复始，将人折磨得死去活来，同时间歇时间越来越短，发烧越来越频繁，故名"回归热"。不知有多少日军被"回归热"反复折磨，熬干气血，在已无人形时悲惨地死去。饥饿，是更大的敌人。渗入丛林的数 10 万日军官兵，成为与丛林中的动物竞食的一股可怕力量。他们似一群大蝗虫，所过之处，树皮、草根皆遭殃，飞禽走兽纷纷落荒而逃。日军甚至还自相残杀，吃掉战友的尸体！据士兵获原长一回忆，他曾来到某个岩洞，受到 3 个军士的"款待"，给他吃了一种味道独特的熏肉。获原等人狼吞虎咽地吃完那些熏肉后，好奇地询问这是什么肉。那个伍长淡淡地说："我们在同类相食呢！"曹长补充道："把不能行走但还有一口气的战友的躯体就那么扔在那里，让蛆虫、野兽暴食，怪可惜的……所以我们自己享用了！"获原一行听罢，不禁翻肠倒肚。后来才知道，被这几个人吃掉的，并不是他们所说的与他们素不相识的海军人员，而是与他们同一分队的朝夕相处的战友，而且都是同乡。在一个已经塌顶的小窝棚里，还横陈着5具士兵的尸体。尸体的大腿肉已被剔去，仅剩下白森森的股骨和肱骨。窝棚不远处，有4个士兵围坐在篝火旁烤食着人肉。一名少尉带领一个分队路过这里时，这4个士兵加入了这支队伍。几天后，这4个士兵杀掉了熟睡中的少尉，除骨头外，包括脚掌底下的皮都吃得干干净净。这就是日军在菲律宾失败的惨状。

1945年2月，卷土重来的麦克阿瑟率美军直逼马尼拉城下。日本第14方面军司令山下奉文大将下令马尼拉为不设防城市，但海军部队拒绝服从。在美军强攻马尼拉期间发生了持续达一个月之久的屠杀事件，直到2月23日，美国军队重新夺回马尼拉。战后据统计，马尼拉围城期间，死亡的菲律宾人总数达10万人以上，平均每天有3000人遇害。考虑到美军攻城期间也动用了大量重武器，10万人中有一部分死于美日两军的交火。但大部分菲律宾人肯定是死于日军有组织的大屠杀。美军缴获了一份这样的日军命令"杀死菲律宾人时，尽量集中在一个地方，采用节省弹药和人力的方式进行，尸体的处理很麻烦，应把尸体塞进预定烧掉或炸毁的房屋里，或扔进河里"。美军还开始了解放菲律宾南部（棉兰老岛、巴拉望岛及其他岛屿）的战斗行动，美第8集团军（司令罗伯特·艾克尔伯格）参加了此次行动。嗣后，美军在吕宋岛和其他岛屿上进行了消灭岛上南北两部日军个别孤立集团的战斗行动。菲律宾的战斗行动于7月初正式结束，但是，在吕宋岛及其他岛屿上同继续抵抗的小股日军的战斗一直持续至第二次世界大战结束。

日军在菲律宾战死陆军36.87万人，海军11万~79万人，合计48.66万人。加上军属，共计死亡51.8万人，近52万大军化作白骨。

日军的海空军主力在菲律宾战役中遭到了毁灭性的打击，已无力为硫磺岛提供海空支援，硫磺岛的抗登陆作战是要在几乎没有海空支援的情况下进行。这样就为硫磺岛登陆创造了条件。

（四）"死守硫磺岛"

硫磺岛是美军开始攻占的原本属于日本的第一座岛屿，这里被日本视为圣地，一旦硫磺岛不保，冲绳岛和东京将陷入更大的危机，日本天皇亲自指示"死守硫磺岛"。因此，栗林心理十分清楚自己与众部下的最终归宿——那就是在硫磺岛埋葬自己及全体部队，并尽可能给美军以杀伤。此时，日本军队高层的心理与开战之初是有很大的不同的。栗林意识到面对美军绝对海空优势，滩头作战难以奏效，主张凭借折钵山和元山山地的有利地形，依托坚固的工事，实施纵深防御。但海军守备部队仍坚持歼敌于滩头，最后栗林做出了折中的方案，以纵深防御为主，滩头防御为辅，海军守备部队沿海滩构筑永备发射点和坚固支撑点，进行防御；陆军主力则集中在折钵山和元山地区，实施纵深防御。

栗林决心将硫磺岛建成坚固的要塞，以折钵山为核心阵地，以两个机场为主要防御地带，适宜登陆的东西海滩则是建设成以永备发射点和坚固支撑点为骨干的防御阵地。日军的防御工事多以地下坑道阵地为主，混凝土工事与天然岩洞有机结合，并有交通壕相互连接。炮兵阵地也大多建成半地下式，尽管牺牲了射界，却大大提高了在猛烈轰击下生存能力。火炮和通信网络都受到良好保护，折钵山几乎被掏空，筑有的坑道有9层之多！针对美军的作战特点，栗林在海滩纵深埋设了大量地雷，机枪、迫击炮、反坦克炮构成绵密火力网，所有武器的配置与射击目标都进行过精确计算，既能隐蔽自己，又能最大限度杀伤敌军。唯一不足的是，原计划元山地区将修筑的坑道工事有28公里长，由于时间不够，当美军发动进攻时只完成了70%，约18公里，而且折钵山与元山之间也没有坑道连接。

栗林一改日军在战争初期的死拼战术，规定了近距射击、分兵机动防御、诱伏等战术，还严禁自杀冲锋，号召每一个士兵至少要杀死10个美军。栗林的这些苦心经营，确实给美军造成了巨大的困难，使硫磺岛之战成为太平洋上最残酷、艰巨的登陆战役。

美军对硫磺岛的海空轰击早已开始。

由于美军迅速攻占了马里亚纳群岛，原计划运往马里亚纳群岛的人员、装备和物资都被就近转用于硫磺岛。尽管美军组织飞机、潜艇全力出击，企图切断硫磺岛的增援和补给，但日军以父岛为中转站，采取小艇驳运的方式，因此美军的封锁效果并不理想。从1944年8月10日起，驻扎在塞班岛的美军航空兵就开始对小笠原群岛进行空袭，重点是硫磺岛的机场和为硫磺岛进行物资补给的中转地父岛的港口设施。从8月至10月，共进行过48次轰炸，投弹约4000吨，但收效甚微。

11月24日，塞班岛的美军首次出动B-29对日本本土实施轰炸，引起了日军极大的恐惧，并随即做出反应，3天后即11月27日，硫磺岛日军出动了2架飞机空袭塞班岛美军B-9航空基地，击毁B-29一架，击伤11架。随后的日子里，硫磺岛日军又多次组织对塞班岛美军航空基地的空袭，至1945年1月2日，已累计击毁B-29六架，严重威胁着美军B-29航空基地的安全。为压制硫磺岛日军飞机的袭扰，美军于1944年12月8日组织了一次海空协同突击，出动飞机192架次，其中B-29重轰炸机62架次，B-24中型轰炸机102架次、重巡洋舰3艘、驱逐舰7艘，共投掷炸弹814吨，发射203毫米炮弹1500发、127毫米炮弹5334发。这样猛烈的轰击，却并未彻底摧毁硫磺岛机场，仅仅起了短暂的压制作用。自这次海空协同突击后，美军在12月间又组织了4次类似的海空联合突击。

12月9日起，由黑尔少将指挥的第7航空队B-24轰炸机只要天气允许，几乎每天出动对硫磺岛进行轰炸，塞班岛的 B-29 也不时加入对硫磺岛的轰炸。至 1945 年 2 月初，美军共出动舰载机 1269 架次，岸基航空兵 1479 架次，军舰 64 艘次，总共投掷炸弹 6800 余吨，发射大口径舰炮 2 万余发，其中 406 毫米炮弹 203 发，203 毫米炮弹 6472 发，127 毫米炮弹 15251 发。美军如此猛烈密集的火力轰击，由于日军的防御工事异常坚固，效果十分有限，对岛上两个机场也没能予以彻底摧毁，日军总能在空袭后迅速修复，而日军初步领略到了美军的火力，更加倾注全力修筑以坑道为骨干的防御工事。

1945 年 1 月 26 日，哈尔西海军上将指挥的美国第 3 舰队完成了支援麦克阿瑟的西南太平洋部队攻入菲律宾吕宋岛登陆作战支援任务，便回到尤里蒂环礁湖锚地，进行休整。按照轮流指挥计划，第 3 舰队司令哈尔西上将将指挥权移交给斯普鲁恩斯，第 3 舰队随即改称第 5 舰队。中太平洋和西南太平洋部队的进军路线又分开为两路，麦克阿瑟计划南进，攻打菲律宾群岛的其余部分和荷属东印度；借给第 7 舰队的大多数舰艇又重新归尼米兹指挥。

最初，斯普鲁恩斯和尼米兹都认为攻占这样一个弹丸小岛，不会费多大力气，但看了对硫磺岛的空中侦察所拍摄的航空照片后，才知道在这个岛上极可能存在不同寻常的防御系统，史密斯中将仔细研究了航空照片后，表示这将是最难攻占的岛屿，并预计要付出两万人的伤亡。

1 月 28 日，当负责组织对日本本土战略轰炸的陆军航空兵第 21 航空队司令柯蒂斯·李梅少将前来协商航空兵如何支援硫磺岛登陆作战时，斯普鲁恩斯就向他提出硫磺岛对于战争究竟有多少价值？李梅立即肯定地表示没有硫磺岛就无法有效地对日本本土进行战略轰炸。斯普鲁恩斯这才如释重负，决心不惜付出巨大代价攻取硫磺岛。

2 月 2 日，尼米兹来到乌利西，视察硫磺岛作战的准备情况。斯普鲁恩斯提议为阻止日军对硫磺岛可能的增援，必须首先使用舰载航空兵对日本本土的关东地区机场进行压制，尼米兹同意了这一计划。随后，尼米兹又前往塞班岛观看了将在硫磺岛实施登陆作战的第 5 两栖军的 3 个海军陆战队师进行的临战演习。

2 月 10 日，斯普鲁恩斯以"印第安纳波利斯"号重巡洋舰为旗舰，第 58 特混编队司令米切尔以"邦克山"号航母为旗舰，一起率领由 16 艘航母、8 艘战列舰、15 艘巡洋舰、77 艘驱逐舰组成的航母编队驶离乌利西，经马里亚纳群岛和小笠原群岛以东，直扑日本本土。这是美军自 1942 年 4 月杜利特尔空袭东京以来航母编队第一次袭击日本本土。斯普鲁恩斯计划 16 日抵达日本外海，以 16 日、17 日两天时间对日本本土关东地区的机场进行压制性的空袭，然后再南下参加硫磺岛作战。他特别担心日军的"神风特攻队"的威胁，所以每艘航母上只有 30 架轰炸机和鱼雷机，其余全部搭载战斗机。为了尽量减少被日军发现的可能，出动多艘潜艇在编队航道前方担任侦察搜索，而塞班岛的岸基航空兵则以 B-24 和 B-29 对编队经过的海域上空进行巡逻警戒。编队自身还以多艘驱逐舰在编队前方组成搜索幕，同时以舰载机进行 24 小时不间断反潜警戒。正是由于采取了上述严密的防范措施。加上恶劣天气的掩护，美军航母编队于 16 日拂晓一直到达距东京东南 125 海里海域，此地距最近的日本本土海岸仅 60 海里，仍没被日军发现。

1945 年 2 月 16 日，美国第 5 舰队兵分两路：斯普鲁恩斯和米切尔亲自指挥第 58 快速航空舰突击队，开赴东京附近，派出飞机，对日本本土进行空袭。美军航母编队出动舰载机 1000 余架次，分成数个攻击波对东京湾各机场进行攻击，由于天空中阴云低垂，攻击效果并不理想。

雷蒙德·阿姆斯·斯普鲁恩斯

2 月 17 日，美军又出动两个攻击波舰载机 500 余架次，对关东地区的机场、飞机制造厂、锚泊船舶等目标进行了轰炸。两天里，美军在空战中击落日机 332 架，在地面上击毁日机 177 架，给一些机场、飞机制造厂造成了一定破坏，这次空袭的效果不是很大，但却极大吸引了日军注意力。当天下午，美军航母编队离开日本外海南下，参加硫磺岛作战。

（五）抢滩硫磺岛

在美军对硫磺岛和日本东京进行轰炸的同时，海军编队也向硫磺岛进发。

2 月 14 日，威廉·布兰迪海军少将率领由 6 艘战列舰、12 艘护航航母、5 艘巡洋舰、16 艘驱逐舰组成的火力支援编队离开塞班岛前往硫磺岛。

2 月 15 日，美海军部长福雷斯特尔在尼米兹陪同下到达塞班岛，听取有关硫磺岛战役的汇报，并视察战役准备。大病初愈的登陆编队司令特纳，人称"短吻鳄"，汇报原计划对硫磺岛进行 10 天的炮火准备，因为军舰无法携带 10 天炮击的弹药，只能进行 3 天的炮击，但特纳表示对面积仅 20 平方公里的小岛进行 3 天的炮击已经足够，炮火未能摧毁的防御将由登陆部队来完成。

2 月 16 日清晨，布兰迪的火力支援编队到达硫磺岛海域，开始实施预先火力准备。所有战列舰、巡洋舰都被划分了地段，对已查明的目标逐一摧毁。为确保炮击的准确，有几艘战列舰甚至在距岸边仅 3000 米处对目标进行直接瞄准射击。美国舰队把事先侦察清楚的目标都在地图上标明了，每摧毁一个就划去一个，新发现的目标就加到控制图上。由于天气不佳，岛上又是硝烟弥漫，预定的 750 个目标只摧毁了 17 个，炮击效果很不尽如人意。日军只以部分中小口径火炮进行反击，击伤战列舰、巡洋舰各一艘，大口径火炮出于隐蔽考虑，一炮未发，以免暴露目标。

2 月 17 日，美军水下爆破队在 12 艘登陆炮艇的掩护下探测海滩礁脉的航道，并清除水下的水雷和障碍物，栗林以为美军登陆在即，下令大口径火炮开火，将 12 艘登陆炮艇击沉 9 艘，击伤 3 艘，艇员阵亡、失踪 44 人，伤 152 人。美军大为震惊，岛上的日军竟然还有如此猛烈的火力，立即对这些刚暴露出的目标进行轰击。

从 16 日至 18 日的 3 天里，美军除了舰炮火力外，护航航母的舰载机也全力出击，有的进行空中掩护；有的进行反潜警戒；有的观测校正弹着；有的向日军阵地投掷燃烧弹，烧掉日军阵地的伪装，使之暴露出来，以便于舰炮将其消灭。而塞班岛的轰炸机也频频前来助战，对硫磺岛进行轰炸。这 3 天中，硫磺岛几乎完全被美军火力轰击的硝烟所湮没，日军只得龟缩在坑道里无法活动。据统计，美军在登陆前共消耗炮弹、炸弹 2.4 余万吨，硫磺岛上平均每平方公里承受了 1200 吨，但日军凭借坚固的地下工事，损失轻微。

1945 年 2 月 19 日 6 点，特纳率领的登陆编队到达硫磺岛海域，斯普鲁恩斯和米切尔指挥的航母编队也到达硫磺岛西北海域，此时，硫磺岛出现了少有的晴朗天气，天高云薄，微风轻拂。

6 点 40 分，美军舰炮支援编队的 7 艘战列舰、4 艘重巡洋舰和 13 艘驱逐舰开始直接火力准备，航母编队一边担负空中掩护，一边出动舰载机参加对硫磺岛的航空火力准备。这次火力准备，时间虽短，但因为天气晴朗，目标清晰可见，效果比较理想。

登陆部队海军陆战队 3 个师，以陆战第 4、第 5 师为一梯队，陆战 3 师为预备队，在直接火力准备的同时，第一批登陆部队 8 个营完成了换乘。

登陆滩头在硫磺岛的东海滩，从折钵山山脚下沿海岸向东北延伸，总长 3150 米，从南到北依次每 450 米划分为一个登陆滩头，代号分别是绿一、红一、红二、黄一、黄二、蓝一、蓝二。陆战 5 师在南端的 3 个滩头登陆，穿越岛的最狭窄部，孤立或攻占岛南的折钵山，陆战 4 师则在北面的 4 个滩头登陆，攻击一号机场。

8 点 30 分，第一波 68 辆履带登陆车离开出发点，向滩头冲击。

8 点 59 分，舰炮火力开始延伸射击。

9 点整，部队准时开始登陆，一开始非常顺利，日军的抵抗十分微弱，只有迫击炮和轻武器的零星射击，美军遇到的最大阻碍是岸滩上的火山灰，由于岸滩全是火山灰堆积而成，土质松软异常，履带登陆车全部陷在火山灰中，难以前进，后面的登陆艇一波接一波驶上岸，却被这些无法动弹的履带登陆车阻挡，根本无法抢滩登陆，艇上的登陆兵只好涉水上岸。见日军只有零星的轻武器射击，特纳甚至认为照此发展，只需 5 天就可占领全岛。但好景不长，登陆的美军才推进了 200 余米，日军等美军炮火开始延伸，栗林就下令从坑道进入阵地，根据事先早已测算好的数据，日军炮火准确覆盖了登陆滩头，一时间，美军被完全压制在滩头，伤亡惨重，前进受阻。

陆战 5 师因为比陆战 4 师晚了大约 20 分钟遭到炮击，而且炮火相对比陆战 4 师遭受得要弱，所以先头的 28 团 1 营得以利用这一机会，穿越岛的最狭窄部，切断了折钵山与其他地区日军的联系，二营则随后向折钵山发起了攻击。陆战 4 师在日军猛烈炮火阻击下，几乎寸步难行。就在这样的危急时刻，美军的舰炮火力给了登陆部队以非常有力的支援，此次登陆，美军登陆部队每个营都配有舰炮火力控制组，能够及时召唤舰炮火力的支援，而空中的校射飞机也发挥了巨大作用，准确测定日军炮火位置引导舰炮将其消灭，可以说，在太平洋战争历次登陆战中，舰炮火力支援从没有像硫磺岛登陆战那样有效，在舰炮火力的大力支援下，美军登陆部队艰难向前推进，全天美军共消耗 127 毫米以上口径舰炮炮弹 38550 发，火力支援之强，史无前例。

9 点 30 分，美军的坦克上岸，随即引导并掩护登陆部队攻击前进。本该发挥巨大作用的坦克，大都陷入火山灰，动弹不得，少数几辆也行动蹒跚，很快就成为日军反坦克炮的目标，被一一击毁。美军只能依靠士兵用炸药包和火焰喷射器，一步一步向前推进，而每一步都要付出惨重的代价。

10 点 30 分，美军已有 8 个步兵营和 1 个坦克营上岸，正竭力扩展登陆场。

11 点，风向转为东南，风力逐渐加大，给美军的登陆带来了很不利的影响，这时各团的预备队营正在登陆，许多登陆艇被强劲的阵风吹得失去控制，甚至倾覆，再加上日军炮火的轰击，滩头上到处都是损坏的登陆艇，而后续的物资和人员仍在按计划源源不断上岸，整个海滩一片混乱。但这样混乱的场景因尘土飞扬，硝烟弥漫，海面上的军舰根本看不清楚，特纳向尼米兹报告登陆部队几乎没遇到抵抗，伤亡轻微。

12 点许，美军陆战 4 师 23 团才前进了 450 米，接着继续在火力支援下攻击前进，直到 14 点，才攻到一号机场。而 4 师的另一个团 25 团则被日军在蓝二滩东北的一个小艇专用港边悬崖上的大量永备发射点所阻，伤亡严重，却毫无进展，为摧毁这些永备发射点，美军使用了一种新的引导舰炮射击法先以登陆艇向目标发射曳光弹，巡洋舰再根据曳光弹的弹着射击，效果极佳，到黄昏时分，终于消除了这些火力点的威胁，但 25 团在登陆当天几乎没有进展。陆战 5 师情况稍好，28 团已割裂折钵山与其他地区日军的联系，将其包围起来：27团在海滩上被困40分钟之后，终于取得了突破，推进到了一号机场南端。

日落时，美军已有6个步兵团、6个炮兵营和2个坦克营共约3万人上岸，占领了宽约3600米，纵深从650米到1000米不等的登陆场，全天有566人阵亡，1858人负伤，伤亡总数约占登陆总人数的8%。就第一天的战况而言，还不算太糟糕，但随后的战斗将更为艰巨。

天黑后，美军害怕日军发动大规模夜袭，海面上的军舰几乎不间断地向岛上发射照明弹，将黑夜照得如同白昼。出乎意料的是，日军通常在登陆的当天夜间发动的袭击根本没有发生，除了一些小股日军的袭扰外，太平无事。这是因为栗林深知自己的实力，坚决不采取自杀性的冲锋。度过了第一个平安的夜晚后，迎接美军的将是更为残酷的战斗。

（六）折钵山升起的星条旗

2月20日，从凌晨开始，美军舰炮就根据登陆部队的要求进行火力准备。8点30分，美军登陆部队发起了进攻，陆战4师在舰炮和坦克支援下，攻占了一号机场，并切断了岛南日军与元山之间的联系。机场刚刚被攻占，工兵就开始全力抢修，以便能尽快投入使用。陆战5师向折钵山攻击，由于日军很多工事都建在舰炮火力无法射击到的岩洞中，在坦克到来前，28团几乎无法前进，最后在坦克掩护下，以手榴弹、炸药包、火焰喷射器逐一消灭岩洞中的日军，有时甚至出动推土机将洞口封闭，因此进展极为缓慢，直到黄昏，才总共前进了180米。

2月21日，岛上的激战仍在继续，进展十分有限。海滩勤务大队经过不懈的努力，解决了滩头的混乱局面，天气却愈加恶劣，海上风大浪高，严重影响了补给品的卸载。由于岛上的部队伤亡较大，作为预备队的陆战3师21团奉命上岛投入战斗。

2月22日，因大雨美军登陆部队被迫停止进攻，抓紧进行战地休整。由于3天来，美军在硫磺岛上阵亡、失踪人数已达1204人，负伤4108人，美国国内的新闻界甚至强烈要求"让陆战队喘口气——给日本人放毒气"。诚然，对付隐藏在坑道或岩洞中的日军，毒气既实用，又比火焰喷射器更为"仁慈"，尽管美、日两国都没有签署严禁使用毒气的《日内瓦公约》，但罗斯福总统和尼米兹都不愿违反公约，战后尼米兹承认，没有使用毒气完全是出于道义的考虑，结果使大量优秀的陆战队员付出了生命。

2月23日，美军陆战4师以二号机场为目标发起总攻，但在日军永备发射点、坑道、地堡和岩洞工事组成的防线前，推进极为缓慢，简直像蜗牛爬行。全天，只有右翼前进了约 300 米，左翼和中间几乎毫无进展。

这天唯一的战果是在折钵山，美军因其不断喷发烟雾，称其为"热岩"。日军几乎将整座山掏空，修筑有数以千计的火力点，尤其是山顶的观察哨，居高临下俯瞰整个东海岸，能准确指引、校正纵深炮火的射击，对于美军威胁极大。经 4 天血战，10 点 20 分，陆战 5 师 28 团由哈罗得·希勒中尉率领的 40 人组成的小分队，终于攻上了折钵山山顶。升起了一面美国国旗。尽管折钵山上，仍有近千日军凭借着坑道和岩洞工事拼死抵抗。4 小时后，希勒的士兵又插起了一面更大的星条旗，美联社记者乔·罗森塔尔将插旗时的情景拍摄下来，这张照片随即广为流传，成为胜利的象征。后来太平洋战区总部还专门查询插旗的陆战队员姓名和家庭地址，进行表彰。刚赶到硫磺岛视察的美国海军部长福雷斯特尔和第 5 两栖军军长史密斯注视着在折钵山山顶飘扬的国旗，非常激动，福雷斯特总结道："折钵山升起的国旗意味着海军陆战队从此后五百年的荣誉!"海面上军舰上的水兵看到这面象征胜利的旗帜，欢声雷动! ——特纳将陆战 5 师 28 团留在折钵山，负责肃清山上的日军，而 5 师的另两个团则调到北部，协同 4 师攻击元山地区的日军。

同日，美军的航母编队在硫磺岛以东海域与海上勤务大队会合，接受海上补给，当晚再次向日本本土进发。以压制日军可能对硫磺岛的支援。

2 月 24 日，战斗殊为激烈，陆战 3 师 21 团在海空火力的大力支援下，由坦克开道，终于突破了日军在二号机场南侧的防线，推进。730 米。拔除了日军近 800 个碉堡，日军随即发动了一次逆袭，21 团猝不及防，一度被迫后退，随后在舰炮支援下拼死反击，才将阵地巩固。很快美军就发现，随着逐渐升高的地形，日军构筑了密如蚁穴的地堡和纵横交错的坑道网，凭借着这些工事抵抗是越来越顽强。至当天，美军伤亡总数已达 6000 人，其中阵亡 1600 人，面对如此惨重的伤亡，美军将作为预备队的陆战 3 师师部和陆战第 9 团、野战炮兵第 12 团送上岛，投入战斗。

2 月 25 日，3 个陆战师在硫磺岛并肩开始攻击，4 师在右，3 师居中，5 师在左，并列向东北推进。

同一天拂晓，美军的航母编队到达距东京东南 190 海里海域，出动舰载机对东京地区的日军机场和飞机制造厂进行空袭，和第一次空袭一样，因为天气恶劣，轰炸效果并不理想，米切尔随后指挥航母编队转向西南，前去突击冲绳岛。于 3 月 1 日对冲绳首府那霸进行了空袭，同时对冲绳岛、庆良间列岛和奄美大岛等地进行了航空摄影，为即将开始的冲绳战役提供资料。航母编队最后于 3 月 4 日返回了乌利西。

3 月 1 日，美军经过激烈的鏖战，终于攻占了二号机场和元山村。

（七）绞肉机

硫磺岛上的美军每前进一步，都要付出巨大的代价，战斗已经成为不折不扣的消耗，有时一整天只前进4米，惨重的伤亡甚至使军官们都没有勇气再将士兵投入战斗。在对岛上第二制高点382高地的争夺中，陆战4师屡屡陷入日军交叉火网，伤亡极其惨重，382高地因此被称为"绞肉机"，战斗部队的伤亡高达50%以上，有经验的连、排长和军士长伤亡殆尽，许多连队连长由少尉或上士担任，而排、班长大多由普通士兵担任。美军必须逐一消灭侧翼的日军阵地，解除侧翼威胁，才有可能向前推进，所以战斗异常残酷、激烈，直到3月2日，24团才攻上了高地，但所付出的伤亡是巨大的，有好几个连的官兵非死即伤，几乎全连覆没。

左翼的5师，攻击362高地的遭遇与4师在382高地如出一辙：刚攻上山头，侧翼日军立即以密集火力封锁美军的退路，再以纵深火力和凶猛的反击将攻上高地的美军尽数消灭，美军死伤枕藉，却毫无收获，只得先消灭最突出部的日军阵地，再步步为营艰难向前推进。日军早已掌握了美军的攻击程序，先是航空火力准备，再是舰炮火力轰击，接着是地面炮火射击，最后才是步兵冲击，所以日军总在坑道里躲过美军的炮火，再进入阵地迎击步兵的进攻，一次又一次粉碎了美军的攻势。美军饱尝失利的苦果，终于痛定思痛，改变战术，3月7日拂晓，美军没进行任何炮火准备，借助黎明前的黑夜，悄然接近日军阵地，突然发起冲击，打了日军一个措手不及，一举攻占了362高地。

陆战队员的巨大牺牲并没有白费，3月3日，就有一架C-47运输机在硫磺岛的一号机场降落。次日一架在空袭日本本土时受伤的B-29在硫磺岛紧急降落，硫磺岛的价值已经开始得到了体现。

3月7日，美军发动总攻，担负中央突破的陆战3师势如破竹，进展神速，遇到难以克服的日军阵地就设法绕过去，继续向前推进，尽管给后续的陆战4师、5师留下不少"钉子"。但3师突破了日军的防线，并于两天后攻到了西海岸，占据了一段约800米长的海岸，将日军分割为两部分。陆战3师21团1营最先杀到西海岸，作为战绩的证据，营长在一个军用水壶里装满了海水，贴上："只供检验不得饮用"的标签，派人送给师长厄金斯少将。

3月9日美军占领了尚未完工的三号机场。栗林得知美军突破了防线将日军一分为二时，立即组织部队进行反击，他深知美军火力强，正面进攻难以奏效，所以进行的是夜间渗透反击。他命令部队尽可能穿越美军的防线，渗透到美军后方重新打通两翼联系。美军发现了日军的行动，发射的照明弹将黑夜照得如同白昼，许多日军越过了美军的前沿防线，有的甚至渗透距离达1600米，但美军预备队和后方勤务人员，依托工事顽强抗击，给予反击日军重大杀伤。天亮时，日军的反击被彻底粉碎，伤亡至少 1000 人，徒劳无功，反而损失了大量有生力量，给以后的作战带来极为不利的影响。

3 月 10 日，陆战 3 师将日军防线截为两段后，随即开始向两面扩张战果，9 团向东，21 团向西，分别策应陆战 4 师、5 师的攻击。尽管日军的防御态势已经相当不利，但日军仍依托工事死战不退，尤其是陆战 5 师面对的是由栗林直接指挥的部队，遭到的抵抗更为激烈，陆战 5 师的伤亡超过 75%，许多部队失去了战斗力，师部的文书、司机甚至炊事员等勤杂人员都投入了战斗。3 师、4 师的伤亡也很严重，鉴于这种情况，陆战 4 师师长克利夫顿·凯兹少将向栗林和硫磺岛日军中战斗力最强的第 145 联队队长池田大佐发出劝降信，信中首先向他们的无畏精神和英勇作战表示了敬意，然后说明了目前无法取胜的处境，要求他们指挥所属部队停止抵抗，美军将保证投降日军根据《日内瓦公约》受到人道待遇。但劝降信如同石沉大海，没有回音。

3 月 16 日，东北部的 800 余日军被歼灭，美军于当日 18 时宣布占领硫磺岛，但战斗仍在继续，栗林指挥残部依然在抵抗，有时战斗还相当激烈。陆战 3 师师长厄金斯少将找到两名日军战俘，给了他们很多干粮，还配备了一部最新式的报话机，然后让他们给栗林和池田带去劝降信。这两名战俘将劝降信设法交给了池田大佐的传令兵，但到了规定的时间期限，日军仍未投降，这两战俘为美军的人道主义待遇所感动，竟留在日军防线里，通过报话机为美军炮火指引目标，一直到 18 日才返回美军战线。

3 月 21 日，日本天皇晋升栗林为大将军衔，以表彰他的英勇作战。

从 16 日美军宣布占领硫磺岛后又经过整整一周的激战，24 日美军才将残余的日军压缩在岛北部约 2100 平方米的狭小范围里。栗林于当晚焚毁了军旗，发出了最后的诀别电报，然后销毁密码，准备实施最后的决死反击。

3 月 25 日，栗林派人设法通知岛上每一个人，于夜间携带武器在三号机场附近的山区集合。

3 月 26 日凌晨，栗林亲自率领约 350 名日军向二号机场的美军发起了最后反击，许多美军在睡梦中被杀。天亮后，美军组织扫荡，四处追杀这股残余日军，激战 3 小时，将这股日军大部歼灭，日军仅遗留在美军阵地前的尸体就有 250 具，栗林负伤后切腹自杀，美军伤亡 172 人。美军于当天 8 时宣布硫磺岛战役结束，但清剿残余日军的战斗一直持续到 4 月底。

（八）特攻作战

硫磺岛的守备部队在殊死抵抗的同时，日本海军联合舰队因主力水面舰只在菲律宾莱特湾海战中损失殆尽，残余军舰燃料不足也无力组织救援，所以能够出动增援的就只有岸基航空兵和潜艇部队了。但岸基航空兵的第1、第2航空舰队基本丧失了战斗力，第3航空舰队还在训练中，准备在本土保卫战中使用，因此，日军大本营决定尽量避免损失，只以少量飞机和潜艇实施"特攻作战"，以最小代价换取最大战果。

2月19日，日军在香取基地成立了以自杀飞机为主体的"第二御盾特别攻击队"，专门担负特攻使命。

2月21日，这支特攻队转场至八丈岛，于中午加油完毕，分批出击。17点许，第一攻击波的6架自杀飞机飞临硫磺岛西北35海里，美军正准备执行夜间空中巡逻任务的"萨拉托加"号航母上空，日机随即展开攻击，有4架被击落，另2架接连撞上这艘航母，使该舰受伤起火，所幸伤势不重。18点50分，"萨拉托加"号的水兵刚把舰上的大火扑灭，日军第二攻击波5架自杀飞机就接踵而至，前4架均被击落，第5架虽被击伤，仍一头撞上"萨拉托加"号，在航母甲板上翻滚着落入海中，给母舰造成了多处创伤，被毁飞机42架，舰员阵亡123人，伤192人。只是因为舰上损管人员抢修得力才幸免沉没，但终因伤势太重而奉命撤出战场，随即回国进坞大修，直到战争结束再未能参战。

与此同时，日军的自杀飞机还攻击了硫磺岛以东的美舰，一架日机撞上了"俾斯麦海"号护航航母的后升降机，并在机库里爆炸，立即引爆了机库里的飞机，大火迅速蔓延，很快波及了弹药舱，引发了大爆炸，舰长见无法挽回，只得下令弃舰。该舰燃烧了足足3小时，才沉入海中。舰上水兵伤亡约350人。被日军自杀飞机击伤的还有"隆加角"号护航航母、477号和809号坦克登陆舰、"基厄卡克"号运输船。

日军除组织自杀飞机的攻击外，还以潜艇实施特攻作战。2月19日，日军以伊-368、伊-370、伊-44各携带5条、5条和4条人操鱼雷，组成代号为"千草"的特攻队，于2月20日、21日、22日分别从濑户内海的大津岛潜艇基地出发，前往攻击硫磺岛海域的美军舰队。

2月23日，又命令16日从吴港出发，原定前往琉球群岛活动的吕-43号潜艇改往硫磺岛攻击美舰。

2月26日，到达硫磺岛海域的伊-368号和吕-43号被美军舰载机击沉，伊-368号则被美军的驱逐舰击沉。伊-44号多次向美舰接近，都受到美军反潜舰只的有力压制，无法占据人操鱼雷的出发阵位，只好返航，回日本后艇长因未完成任务而被撤职。

2月28日，日军又以伊-58号和伊-36号潜艇各携带4条人操鱼雷组成代号为"神武"的特攻队，分别于3月1日和2日从内港出发，但到了3月6日，日军统帅部见硫磺岛大势已去，这才命令在硫磺岛海域活动的潜艇全部撤出.

硫磺岛战役号称太平洋战场的"绞肉机"，是"二战"中最残酷的战役之一。整个硫磺岛战役，美军海空火力相当猛烈，从登陆前的火力准备直到战役结束，总共消耗弹药近 5 万吨，几乎硫磺岛上每平方米的土地都承受了近 2000 吨的弹药！即便在如此猛烈的火力支援下，美军推进仍举步维艰，面对日军苦心经营的坚固工事，很多时候飞机轰炸、舰炮轰击甚至坦克开道都毫无作用，全靠陆战队员用火焰喷射器、手榴弹、炸药包一步一步攻击前进，付出了巨大代价。此役中，日军守备部队阵亡 22305 人，被俘 1083 人，共计 23388 人。日军其他损失为飞机 90 余架，潜艇 3 艘。美军从 2 月 19 日至 3 月 26 日，阵亡 6821 人（其中陆战队阵亡 5324 人），伤 21865 人，伤亡共计 28686 人。美日双方伤亡比为 1.23：1。美军登陆部队伤亡人数占总人数的 30%，陆战 3 师的战斗部队伤亡 60%，而陆战 4 师、5 师战斗部队的伤亡更是高达 75%，第 5 两栖军几乎失去了战斗力。战后，尼米兹对参加过硫磺岛战役的陆战队员给予了高度的赞扬："在硫磺岛作战的美国人，非凡的勇敢是他们共同的特点！"美军还有一艘护航航母被击沉，航母、登陆兵运输舰、快速运输舰、中型登陆舰、扫雷舰、运输船各一艘、坦克登陆舰两艘被击伤。

美军为攻占硫磺岛所付出的人员伤亡比日军还多，这是太平洋战争中，登陆一方的伤亡超过抗登陆方的唯一战例。远征部队总指挥史密斯中将说："这是迄今为止最艰苦的一仗。"日军在失去海空支援，又没有增援补给的情况下，以地面部队凭借坚固而隐蔽的工事，采取正确的战术，进行了顽强的抵抗，使美军原计划 5 天攻占的弹丸小岛，足足打了 36 天，并付出了惨重的人员伤亡。美军在此次作战中唯一闪光之处就是舰炮支援比较得力，共发射各种口径炮弹 30 余万，计 1.4 万吨，取得了较好的效果，有力支援了登陆部队的作战。

但美军付出的巨大代价很快就得到回报，当美军登陆后，工兵部队就上岛抢修扩建机场，至 4 月 20 日，上岛的工兵部队已有 7600 人，将一号机场跑道扩建为 3000 米，二号机场的跑道扩建为 2100 米，不仅进驻了战斗机部队，还成为美军 B-29 轰炸机的应急备降机场。美军战斗机部队进驻硫磺岛后，其作战半径就覆盖了日本本土，能有效掩护轰炸机对日本本土的战略轰炸，使对日轰炸愈加频繁和激烈，并将轰炸效果提高了一倍以上，大大加速了日本的崩溃。硫磺岛上应急备降场至战争结束，累计共有 2.4 万架次受伤或耗尽燃料的 B-29 在此紧急降落，从而挽救了这些飞机上 2.7 万名空勤人员的生命。

硫磺岛，不仅使美军获得了轰炸日本本土的重要基地，还打开了直接攻击日本本土的通道。而美军在硫磺岛的惨重伤亡，也使美军的高层意识到如果进攻日本本土，一定会遇到比在硫磺岛更顽强的抵抗，美军的伤亡将会更惨重，因此，日后美国对日本使用原子弹，很大程度其实是出于担心登陆日本本土将会遭到硫磺岛那样的巨大伤亡。

日军在硫磺岛这种几乎被完全孤立的岛屿上进行的抗登陆战，以两万之众，依托工事抗击了 10 万美军整整一个月之久，若非后来日军储备的弹药、物资消耗殆尽，美军的胜利怕还没有这么迅速。栗林也因为以其谋略高明、意志坚韧，领导并组织了硫磺岛的抗登陆战，赢得了美军对他的尊敬。美军此役的指挥官斯普鲁恩斯、米切尔、特纳和史密斯都是在太平洋战争中骁勇善战的名将，参战部队是 3 个师的海军陆战队。要知道海军陆战队不仅接受过严格系统的登陆战训练，且战斗力之强、战斗作风之强悍，战斗意志之顽强在美军中都是首屈一指的，美军的武器、火力上的优势更是不言而喻。日军面对这样的精兵强将，如此密集猛烈的火力，孤军奋战，虽败犹荣，硫磺岛战役也因此成为登陆与抗登陆的经典战例，备受瞩目与研究。

四、冲绳岛登陆战役

日军指挥官们在明知取胜无望的情况下，仍残忍地驱使着士兵进行盲目地抵抗，并尽力保存兵力，一寸一寸地防守着自己的阵线，尽可能地给美军造成最大的杀伤，双方的鲜血交汇在一起，染红了整个岛屿。

——前参战美军海军陆战队队员史雷兹回忆冲绳岛战役时说

（一） 冰山行动

1945 年 7 月 16 日 5 点 30 分，一个比 1000 个太阳还亮的大火球在寒冷的沙漠上空升起。强光闪过之后，主持原子弹研制工作并获有美国"原子之父"之称的奥本海默悲哀地说："我成了死神，世界的毁灭者。"14 天之后的 7 月 30 日，杜鲁门总统发布命令：鉴于日本政府拒绝接受无条件投降，美军可在 8 月 3 日以后，在天气许可的条件下，立即在日本的广岛、小仓、新潟和长崎四城市中选择一个目标，投掷特种炸弹。1945 年 8 月 6 日，代号为"小男孩"的原子弹投到了广岛。由于日本当局向人民隐瞒了美国人使用核武器的消息，加之主战派继续准备在本土决战，甚至在日本的最高决策会议上仍没有讨论广岛遭到原子弹又轰炸的问题。8 月 9 日 10 点 58 分，代号为"胖子"的原子弹投到了长崎，两次原子弹爆炸共造成数 10 万日本人伤亡。美军在日本投下大量传单，称如日本再不投降，将会遭到成千上万颗原子弹的轰炸，直至彻底毁灭！

是什么原因，让战争胜利在望、日本必败之际的形势下，美军决然使用这种

"死神武器？"原来此时让那些在太平洋战场上经历过枪林弹雨之后侥幸活下来的美国小伙子们和姑娘们能尽可能多地返回故乡，已成为美国人民的迫切希望。然而，美国参谋长联席会议通过比较与日本进行的一场惨烈的登陆战役的损失情况，得出的一个惊人的数字：对日军本土作战，美军将不得不付出伤亡达20万人左右的代价，美军陆军参谋长马歇尔认为甚至可能多达100万人的可怕数字。这场给美军带来强烈恐怖震撼的登陆战役就是冲绳岛登陆战役。

琉球群岛是由140多个火山岛组成，总面积约4792平方公里，中世纪时是中国的附属国，其国王每年都向中国进贡，与中国有着密切的经济、文化交流。在日本闭关自守的年代里，是中日两国之间贸易、交往的重要桥梁，因此日本一直允许琉球独立，直到1879年才正式将其纳入日本版图。

琉球群岛又可分为三个群岛，从北到南依次是奄美群岛、冲绳群岛和先岛群岛，与台湾岛构成了一道新月形的岛链，成为日本本土在东海的天然屏障。由于地处亚热带，琉球群岛温暖的气候条件非常适合种植甘蔗和热带水果。这里常年气候温暖、空气清新，为碧绿的海水所环抱，素有"东方夏威夷"之美誉。琉球群岛原本是中国的属地。中国史书最早把这里称为流虬，意思是该群岛漂浮于大海之上，有如虬龙。按汉语"琉"的意思是"石之有光者"，而"球"的意思是磨圆的美玉，琉球即指这一串岛屿宛如发光的美玉。1372年，明太祖朱元璋时期，琉球成为中国的藩属，后来历代琉球王都由中国中央政府册封任命。但日本明治维新后，于1875年将琉球吞并。1879年，日本正式宣布吞并这个群岛，派知事取代原来的琉球王，并把这里命名为冲绳。琉球群岛中冲绳群岛位置居中，距中国大陆、中国台湾和日本本土的距离分别是360、340、340海里，冲绳群岛由冲绳岛、庆良间列岛、伊江岛等岛屿组成，主岛冲绳岛是琉球群岛的最大岛屿，南北长约108公里，东西最宽处约30公里，最窄处仅4公里，面积1220平方公里。人口约46万，主要城市有那霸、首里和本部町。冲绳岛北部多山地，南部则是开阔又平坦的丘陵地带，岛的东海岸有两个天然港湾，金武湾和中城湾，日军建有那霸军港，岛上还有那霸、嘉手纳、读谷和与那原4个机场，是日本在本土西南方向的重要海空基地。冲绳岛上有一种特别的建筑，就是圆形的家墓，用坚固的石料建成，在岛上随处可见，日军稍加改装，就成为坚固的防御工事，在后来的战斗中给美军造成了巨大的困难。冲绳岛因其在日本本土防御中的重要的战略位置，是东北亚地区东出太平洋的必经之地，对于日本而言，琉球群岛是日本本土的南部屏障，如果攻破，可进而直捣东京，被誉为日本的"国门"，因此冲绳岛登陆战就被称作"破门之战"。

海军上将尼米兹开始时考虑进攻台湾，作为进攻日本本土的前进基地。但在战役酝酿过程中，美军新任太平洋航空司令哈蒙中将始终认为，进攻台湾会直接面对日本最强烈的反扑，而进攻冲绳这一孤岛，不仅能使B-29飞行到达"满洲国"和日本九州，连 B-24 也可以对东京进行战略轰炸。这一看法得到了斯普鲁恩斯上将和巴克纳中将的支持。最终美军确定不进攻中国台湾，使冲绳岛成为美军进攻日本本土最理想的跳板。于是在菲律宾战役前夕，美国参谋长联席会议就向太平洋战区下达了于 1945 年 3 月攻占冲绳岛的指令。1945 年 1 月 3 日，美军参谋长联席会议批准了冲绳岛作战计划，2 月 9 日又批准了具体的登陆计划。

美军极为重视这次战役，调动的参战兵力几乎包括了太平洋战区所属的全部盟国陆海军。行动指挥官群星璀璨，阵容豪华。负责为登陆编队提供海空掩护的有两支：一支是美军第 5 舰队的第 58 特混编队，由米切尔中将指挥，下辖 4 个大队，共计 16 艘航母、8 艘战列舰、18 艘巡洋舰和 56 艘驱逐舰，搭载舰载机 1300 余架；另一支是英国太平洋舰队，现属美军第 5 舰队建制，番号为第 57 特混编队，由英国海军中将罗林斯指挥，下辖 4 艘航母、2 艘战列舰、5 艘巡洋舰和 15 艘驱逐舰，搭载舰载机 150 余架。

登陆编队也称联合远征军，由特纳中将指挥，登陆舰艇约 500 艘，护航及支援舰只有护航航母 28 艘、战列舰 10 艘、巡洋舰 14 艘、驱逐舰 74 艘、护卫舰 76 艘，舰载机约 800 架，连同后勤保障和运输船只，总共达 1300 余艘。

地面部队主力是第 10 集团军，由巴克纳陆军中将任司令，下辖海军陆战队第 3 军和陆军第 24 军。海军陆战队第 3 军由陆战 1 师和陆战 6 师组成，军长是盖格海军少将；第 24 军由步兵第 7 师和步兵第 96 师组成，军长是霍奇陆军中将。另有 4 个师为预备队，陆战 2 师为第 10 集团军预备队，陆军第 27 师为留船预备队，陆军第 77 师先担负攻占庆良间列岛和伊江岛作战，然后作为战役预备队，陆军第 81 师则是总预备队，在新喀里尼亚岛待命。共计 10 个师，18 万人。

投入总兵力达 54.8 万人，各种舰艇 1500 余艘，飞机 2000 余架，战役总指挥是第 5 舰队司令斯普鲁恩斯海军上将，战役代号"冰山"，意为如此庞大的参战兵力，仅仅是冰山露出水面的一角，冰山水下部分更大规模的部队将在登陆日本本土时出现。

登陆日期最后确定为 1945 年 4 月 1 日。美军认为冲绳岛距离日本本土较近，必定会遇到日军航空兵的全力反击，尤其是自杀飞机的拼死撞击，尽管这些自杀飞机并不足以改变战役的最后结局，但不可否认对于美军的威胁是巨大的。因此，美军计划在登陆之前，先以航空兵对日本本土、琉球群岛和中国台湾等地的日军航空基地进行大规模突击，以尽可能削弱其航空兵的力量。同时在登陆前一周，以陆军第 77 师在庆良间列岛登陆，建立前进基地，以便在战役中就近进行后勤补给和战损抢修。

日军中只有真正面对美军的冲绳孤军，才真正了解自己的处境。这时冲绳岛已经是掩护日本本土的最后一道南部屏障。为了能守住冲绳岛，日军大本营专门制订了保卫冲绳岛的"天"号作战计划，其主要内容是：由牛岛满陆军中将指挥的第32军在岛上抗击美军登陆部队；以伊藤整一海军中将指挥的第2舰队组成海面特攻队，突入冲绳海域，向美军舰队作自杀性进攻；同时，宇垣缠海军中将组织"神风"特攻队展开特攻，摧毁位于冲绳海外的美军舰队；一旦美军登陆部队失去了舰队支援，牛岛的防守部队便大举反击，将登陆美军赶下海去。

牛岛满，原任中国派遣军第6师团第36旅团的旅团长，参加过南京大屠杀，1939年任关东军第11师团的师团长，后回国任陆军士官学校的校长，冲绳战役前就任第32军司令官。第32军参谋长长勇中将，被称为"昭和陆军风云人物"，其战术思想非常凶悍，自称属于柴田胜家一派的将道，也是南京大屠杀的凶手之一，其时任华中方面军司令部情报参谋，军衔中佐，进攻南京时他多次指令各师团就地"处理"俘虏，故日军在南京对中国战俘进行了大屠杀。

第32军的头等主力是第9师团。第9师团是由来自石川、富山、福井这日本北陆三县的士兵而组成的，具有日本北陆地区所特有的团结一致的特色。从日俄战争开始到二战，这支部队一直在第一线作战，因此也被称为继第2、第6师团之后日本帝国陆军的又一支劲旅。在日俄战争中，参加了旅顺攻坚战。往上猛攻了3次，所属步兵联队的联队长非死即伤。在遭受那么大的损失之后，师团没有经过什么调整又立即投入到奉天会战。1921年到1922年之间，第9师团出兵干涉了俄国革命。1932年因"一·二八"事变而紧急动员。1937年9月加入淞沪会战战场，与中国军队的精锐桂系进行了血战，随后也参加了南京大屠杀。之后，第9师团参加了徐州会战、武汉会战。1940年编入关东军，参加了"关东军特别大演习"，编为驮马师团，编制28万人。1944年6月，第9师团近3万人携带全部装备调往冲绳岛，并在冲绳南部构筑了相当规模的阻击美军登陆的阵地（事后也证明让美军大尝苦头）。从日俄战争开始到二战，第9师团都以善打恶仗著称，鉴于第9师团拥有大量重型火力，兵力和战斗力十分强大，对此第32军的首脑寄予第9师团以极大的希望，军司令官牛岛满计划以中部的两个机场为核心防御地带，先以海上和空中的特攻作战削弱来犯美军，再集中兵力将登陆之敌歼灭在水际滩头。但是不料1944年11月初，日军大本营提出抽调第9师团去台湾，牛岛满极为不满："如果调走第9师团，本岛的防务就无法完成。要抽调的话，索性希望将全军都调去用于决战方面。"大本营不理，12月下旬，9师团丢下进行了半年的作战准备去台湾。作为补偿，日军大本营于1945年1月22日决定调姬路的84师团（师团长就是国民党军宣称在1994年衡阳保卫战中击毙的佐久间为人）增援冲绳，"使32军空喜了一个晚上"，然而23日却突然终止，仍要84师团加强本土防御。这样造成32军极大不满，成为隔阂的祸根。

不过第32军还有另一王牌：关东军第24师团。第24师团1939年10月6日在中国东北哈尔滨编成，后参加"关东军特别大演习"，成为摩托化师团，编制 2.44 万人。1944 年 7 月 18 日，师团主力调往冲绳岛。该师团在冲绳实有 1.43 万人，士兵大多来自北海道，拥有 60 门火炮，虽然比第 9 师团差得远，但也具备相当强大的战斗力与火力，被作为 32 军头号主力使用。

第 32 军还下辖第 62 师团、独立混成第 44 旅团。第 62 师团是中国派遣军 1943 年 5 月以独立混成第 4 旅团（原驻山西阳泉）和独立混成第 6 旅团（原驻山东张店）编成，驻山西榆次，实有 11，676 人，但没有炮兵。该师团 1944 年 4 至 5 月参加了打通大陆交通线"1 号作战"的平汉战役，7 月 24 日调往冲绳编入第 32 军。独立混成第 44 旅团是从日本本土紧急空运来的第 15 联队加上冲绳当地征召的新兵组成，有 4800 人，24 门火炮。有的著作称冲绳日军第 32 军是清一色的关东军部队，并不准确。

这样，第 32 军下辖第 24、第 62 师团，独立混成第 44 旅团，关东军转隶的第 5 炮兵司令部（相当于炮兵师，司令官和田孝助中将，下辖 2 个野战重炮联队、1 个重炮联队、1 个独立重炮大队、1 个臼炮联队等）以及其他直属部队，共有正规军 5.6 万余人，还有海军人员 1 万多人。上述部队均从冲绳以外调来。冲绳当地新征入伍的军人、军属以及参加战斗支援的武装平民，则超过 8 万人。炮兵特别强大，有火炮 410 门（其中野战炮 110 门，山炮 120 门，反坦克炮 80 门，重型迫击炮 100 门），坦克 40 辆。美军公认，太平洋上的日军中，以冲绳的日军炮火最为猛烈，也最为准确。

由于第 9 师团被调走，牛岛放弃了歼敌滩头的方针，决定放弃北、中部机场，而在南部进行持久战。日军大本营、第 10 方面军、航空部队对 32 军放弃如此重要的机场都十分不满，但 32 军赌气不理，放弃了经营半年之久的阵地，手忙脚乱地构筑新阵地和运输大量军需品，结果在美军进攻时一片混乱。牛岛的计划是，让美军登陆部队全部登陆，然后将其诱至得不到海空军火力掩护和支援的丘陵地带决战。决战地点选在岛上两大城市首里和那霸之间，这里有无数洞穴、暗堡和炮台，有两个师团全部驻守在这一地区。独立混成第 44 旅团守卫岛的南端。

伊藤整一海军中将指挥的第 2 舰队几乎就是日本联合舰队的代名词，莱特湾海战后，联合舰队损失殆尽，只剩下第 2 舰队的超级战列舰"大和"号、巡洋舰"矢矧"号和 8 艘驱逐舰。"大和"号是当时世界上最大的战列舰，满载排水量 72809 吨，比名噪一时的德国"俾斯麦"号还要重 2 万多吨。其舷侧装甲厚近半米，被称为"永不沉没的大和"。

宇垣缠海军中将导演的"神风"特攻是一场孤注一掷的大规模自杀强攻。莱特湾海战中，日军首次采用这种野蛮战术。日军飞行员驾驶着挂有炸弹的飞机，一旦发现美舰，就连人带机撞下去，使之发生剧烈爆炸，同时，自己也与目标同归于尽。

日军指挥官牛岛满中将是个秉性温和的老好人，高级参谋八元博通大佐冷静而经验丰富，偏偏参谋长长勇是个"愤怒中年"。此人参加过张鼓峰冲突，满嘴都是"突进、玉碎"之类的军国主义聒噪之语，坚持要在滩头开阔阵地寸土必争。可惜的是他不懂什么军事理论，让冷静的八元驳斥得哑口无言，否则盟军伤亡会小很多。

八元要求日军放弃开阔的滩头阵地，转入有良好地形掩护的南部山区和美军打持久战。大本营对此极为不满，但是长勇被八元驳斥后，没有听从大本营的命令，发扬下克上的精神，命令军队裹挟平民向南方转移。唯一执行的大本营命令，就是不准平民疏散，冲绳平民若有"通敌"嫌疑，可就地杀害。琉球将再一次洒满无辜者的鲜血。

但是日本大本营在保卫菲律宾的"捷号作战"中已经丧失了冷静的判断能力：联合舰队司令丰田副武海军大将上任以来屡战屡败，基本没什么发言权；海空部队中的"愤怒中年"一起胡吹台湾空战大捷，大本营以为美军攻击能力锐减，非常乐观地期待在冲绳彰显"皇军威名"。

（二）海空封锁

根据美军的计划，斯普鲁恩斯和米切尔率领第58特混编队，在硫磺岛战役期间对日本本土实施轰炸的返航途中，于3月1日对冲绳岛进行了猛烈空袭，并对冲绳岛、庆良间列岛和奄美大岛进行了航空侦察和空中摄影，为冲绳战役提供了宝贵的第一手资料。

对于日本本土航空基地的突击，因为距离美军塞班岛轰炸机基地在800海里以上，只有航母舰载机和B-29重轰炸机能够到达。由于航母编队已经在海上征战多日，又要在即将开始的冲绳岛登陆中担当海空掩护的重任，迫切需要在战役开始前进行休整，而B-29又都归美国陆军航空兵的战略空军部队指挥，所以尼米兹向陆军航空兵司令阿诺德上将提出了请求，但阿诺德认为这是纯属战术性质的任务，不愿出动宝贵的B-29，双方各执一词，互不相让。尼米兹一面表示海军在硫磺岛浴血苦战，伤亡惨重，全是为了替战略轰炸机取得基地一面以"战略空军宪章"中规定的战区总司令在紧急关头有使用战略轰炸机的权利，据理力争，阿诺德只得做出了让步，同意将B-29用于对日本本土飞机制造厂和航空基地的轰炸。

从3月9日开始，第21航空队司令李梅少将为提高对日本军事工业的轰炸效果，将原来采取的白天高空精确轰炸战术改为夜间低空轰炸，并拆除了B-29上除尾炮以外所有机载武器，这样就使B-29的载弹量增至7吨，而且全部使用燃烧弹，这一战术史称"李梅赌注"或"李梅火攻"。当晚 334 架 B-29 在东京投下了近 2000 吨燃烧弹,将东京 42 平方公里城区化为一片废墟,建筑物被毁 25 万幢,100 余万人无家可归,平民死亡达 8.3 万人,伤 10 万人,破坏程度毫不亚于原子弹。

随后又以同样战术组织了对名古屋、大阪、神户等城市的大规模轰炸,至 3 月 19 日共出动 B-29 约 1600 架次,投掷燃烧弹近 1 万吨,迫使日军将这些城市的飞机制造厂进行了疏散,从而大大降低了飞机产量。

B-29 轰炸机

3 月 27 日和 31 日,第 21 航空队根据尼米兹的要求转而轰炸日军在九州的各机场,严重破坏了这些机场的设施,使其在九州地区的航空兵力几乎瘫痪、同一时间里,美军组织的攻势布雷又将下关海峡彻底封锁

美战略空军上述活动,严重阻碍了日军海空军对冲绳岛的增援,为冲绳战役的举行创造了极为有利的条件。

为了彻底消除来自日本本土的空中威胁,美军第 5 舰队的主力航母编队第 58 特混编队,经 10 天的短暂休整,由编队司令米切尔指挥于 3 月 14 日从乌利西基地出发,前往攻击日本本土,第 5 舰队司令斯普鲁恩斯以"印第安纳波利斯"号重巡洋舰为旗舰,随同编队行动。

3 月 17 日夜,特混编队被日军侦察机发现,对此日军大本营内部出现了两种不同的意见,有的认为这是美军为在冲绳登陆而实施的预先航空火力准备,应迅速进行反击;有的认为应当在登陆开始之后再组织反击,在情况未明之前不应轻易出击,以免不必要的损失。最后大本营考虑到航空兵力损失严重,新的部队正在突击训练,即使多训练一天,也是有益的,因此只要美军登陆的迹象不明显,就尽可能不动用航空兵,以保存实力。

3 月 18 日,第 58 特混编队到达距九州东南约 90 海里处,从凌晨开始出动舰载机对九州各机场进行突击。日本海军第 5 航空舰队司令宇桓缠海军中将虽然接到待美军登陆编队出现时再出击的命令，但他认为如果不进行反击，任凭美军轰炸的话，他的航空兵力都将被消灭在地面上，因此仍下令出击。双方的飞机在空中交锚而过，美军飞机在九州上空只遭到了轻微抵抗，但机场上基本没有飞机，战果很小。而在美军攻击日军机场的同时，193架日机也对美军舰队发起了攻击，"企业"号航母中弹一枚，一架日军自杀机在"勇猛"号航母舷侧被击中爆炸，碎片落到航母的机库甲板，引起大火，舰上水兵死2人，伤43人，"约克城"号航母也被击伤，舰体被炸开两个缺口，水兵死5人，伤26人，所幸三舰伤势都还不重。日机则损失161架。

3月19日，美军航母编队出动了近千架舰载机对吴港、大阪和神户的飞机制造厂和九州、四国等地的机场进行轰炸。日军第5航空舰队也出动飞机反击。"黄蜂"号航母中弹数枚，燃起大火，损管人员拼死搏斗，才将大火扑灭，舰员死101人，伤269人。但更大的灾难还在后面。7点许，"富兰克林"号航母正在组织舰载机起飞，一架日军的"彗星"轰炸机借助云层掩护，突然俯冲而下，在30米高度投下两枚250公斤炸弹，一枚在机库甲板爆炸，另一枚落在舰尾，穿透两层甲板在军官舱附近爆炸。在机库爆炸的炸弹危害特别严重，因为航母正在组织舰载机起飞，机库里全是加满油、挂满炸弹的飞机，炸弹爆炸后立即引起了可怕的连锁爆炸，火势迅速蔓延，爆炸此起彼伏，大火引起的浓烟直冲云天，航母上几十架飞机都被炸毁，舰员伤亡已经多达数百人，爆炸和大火持续不断，并逐渐波及机舱，"富兰克林"号上层建筑面目全非满是弹洞，甲板上遍布飞机残骸，大火蔓延到了后甲板的弹药堆，引起了更大的爆炸，烟柱高达600米。"富兰克林"号所在的第2大队司令戴维森海军少将见航母伤势严重，通知舰长盖尔斯上校可以下令弃舰，但盖尔斯认为只要提供必要的海空支援和掩护，"富兰克林"号还能挽救。戴维森同意了他的计划，立即调动第2大队的其他军舰前来救援。"圣非"号轻巡洋舰用钢缆拖住"富兰克林"号以阻止其倾覆沉没，同时接下部分受伤舰员，舰长盖尔斯首先下令向弹药舱注水，以避免更大的爆炸，但注水后航母开始右倾。9点30分，"富兰克林"号锅炉停止了工作，右倾加剧，甲板几乎碰到了海面，"圣非"号眼看无力控制其倾斜，担心被航母巨大的舰体拖翻，只得砍断钢缆。"匹兹堡"号重巡洋舰接着赶来，布置钢缆阻止"富兰克林"号倾斜，经过不懈的努力，终于制止了航母的倾斜，"圣非"号再度靠近航母，将钢缆以前主炮作支点，系上航母，协同"匹兹堡"号一起矫正航母的倾斜。

航母上的官兵在舰长的指挥下全力抢救，尽管零星爆炸还不时发生，火势还很猛，但倾覆的危险总算被解除了，第2大队的5艘驱逐舰在航母四周一边搭救落水舰员，一边为航母提供掩护。由于航母所在海域距离日军航空基地还不足100海里，日机空袭的危险随时存在，因此抢救工作非常急迫。中午前后，又有一架日机前来攻击，但未命中。

　　航母上很多舰员在极其危险困难的情况下，表现出了非凡的勇气和崇高的互助精神，水兵唐纳德·加里和300余水兵被困在第五层甲板下的一个舱室里，在与外界联系全部中断的情况下，加里独自一人冒着呛人的浓烟，从一个狭窄的通风道找到了逃生的道路，他随即返回舱室，带领同伴逃生，往返3次才将这300余人全部带出了绝境。舰上的牧师约瑟夫·卡拉汉在飞行甲板上，不顾四下横飞的弹片，安慰伤员，并为死去的官兵进行简短的祈祷，最后还加入了灭火工作，他的行动感染、鼓舞了很多人。

　　遭到如此重创的"富兰克林"号在全体官兵和第2大队友舰的大力支援下，经数小时的拼搏，竟然奇迹般地扑灭了大火。在这场灾难中，"富兰克林"号共有724人死亡，265人受伤。后在"匹兹堡"号的拖曳下，回到了乌利西基地，经短时间抢修，恢复了航行能力，在"圣非"号巡洋舰的护送下于4月28日返回了美国本土的布鲁克林海军基地。"富兰克林"号是太平洋战争中受创最重却没沉没的航母，该舰的抢救经验，对战后航母的舰体设计和损管系统配置具有极大的指导作用。

　　舰长盖尔斯因此受到嘉奖，并在6月30日升任圣迭戈海军基地的司令；加里和卡拉汉被授予美国最高荣誉勋章——国会勋章，1984年和1968年美国海军分别将一艘"佩里"级护卫舰和"诺克斯"级护卫舰以加里和卡拉汉的名字来命名，以此表彰和纪念他们的英勇事迹。

　　在18日和19日两天的突击中，美军损失舰载机116架，有1艘航母遭到重创，4艘航母和1艘驱逐舰被击伤，在空中和地面上共消灭日机528架，炸沉炸伤日舰22艘，并对九州地区的飞机制造厂和航空基地造成了较大的破坏。使九州地区的日军航空兵在此后的两周时间里无力组织大规模行动。

　　3月20日，天气转雨，第58特混编队南撤，日军因航空兵力损失严重，所剩无几，只以少数飞机进行了零星袭扰，有一架自杀飞机撞伤了一艘驱逐舰。

　　3月22日，第58特混编队与后勤支援大队的补给船只在海上会合，进行了海上补给，补充粮、弹、油。

　　3月23日，第58特混编队到达冲绳岛以东100海里水域，开始对冲绳群岛进行预先航空火力准备。日军大本营还以为不过是美军航母编队向乌利西返航时的顺便之举，并不以为然。

　　对于来自中国台湾地区的空中威胁，则由英国的航母编队负责消除。英国海军自1944年末在大西洋已基本掌握了制海权，能够抽调部分舰只转用于太平洋方面，于1944年12月正式组建英国太平洋舰队，由弗雷泽海军上将任司令。经过与美军协商，决定派出航母编队参加冲绳战役，这支航母编队被授予第57特混编队的番号，由英国太平洋舰队副司令罗林斯海军中将指挥，在第 5 舰队司令斯普鲁恩斯指挥下作战。

3 月 16 日，第 57 特混编队从马努斯岛出发，20 日抵达乌利西基地，进行补给和短暂休整。

3 月 23 日，从乌利西起航，向先岛群岛航行。

3 月 26 日拂晓，到达先岛群岛主岛宫古岛以南 100 海里处，随即出动舰载机对岛上机场实施突击，这支航母编队共有 4 艘 2.3 万吨级航母，排水量与美军的"埃塞克斯"级航母相差无几，但舰载机只有 36 架，仅为美军航母载机数的一半，原因主要是英舰飞行甲板以及弹药舱、机舱等要害舱室都有 50 毫米厚装甲钢板，这在后来同样面对日军自杀飞机的亡命撞击时，英舰生存能力要比美舰强得多。但现在由于舰载机数量少，斯普鲁恩斯命令德金海军少将指挥的第 52 特混编队第 1 大队的护航航母与英军航母协同作战，共同对先岛群岛和台湾北部的机场进行压制性轰炸。经过数天空袭，给日军在这一地区的航空兵力和机场设施造成了严重损失。至此，在美军登陆编队到达冲绳岛海域前，第 58 和第 57 特混编队就已经有效地削弱了日军在冲绳群岛北南两个方向的航空兵力，进一步孤立了冲绳岛守军。

（三）攻占庆良间列岛

在冲绳岛西南，距那霸约 15 海里，是由 10 余个岛屿组成的庆良间列岛，这些岛屿坐落在长约 13 海里，宽约 7 海里的海域，10 个主要的岛屿都是悬崖峭壁，礁石林立，日军认为该群岛对冲绳岛的登陆而言没有多大作用，所以防御力量非常薄弱。

美军登陆编队司令特纳在制订冲绳岛登陆计划时就提出，先以部分兵力夺取该群岛，但遭到几乎所有人的反对他们觉得庆良间列岛地形崎岖，无法修建机场，对于冲绳登陆作战没什么价值，如果实施登陆，将会遭到日军猛烈的航空兵力攻击，因为日军在以庆良间列岛为中心，半径 50 海里范围里有 5 处机场，航空兵力雄厚，不仅登陆难以取胜，还会影响随后进行的在冲绳岛的登陆。特纳认为，庆良间列岛主岛渡加敷岛与其以西的 5 个小岛围成庆良间海峡，海面开阔，海峡两端可以布设反潜网，是天然的避风锚地、水深数 10 米，能容纳近百艘大型舰船，而在渡加敷岛以东还有一片稍小一些的开阔海域，则可以建成理想的水上飞机起降基地，这样庆良间列岛就可以成为在冲绳岛登陆的前进基地。而且根据硫磺岛战役的经验，在靠近战场的海域拥有一个避风锚地是绝对必要的。在他的坚持下，美军最终决定先在庆良间列岛实施登陆，以取得前进基地。战役发展进程证明，特纳的这一决定是非常明智和正确的。

　　3月17日，第52特混编队司令布兰迪海军少将、第51特混编队第1大队司令基兰海军少将、陆军第77师师长布鲁斯陆军少将和水下爆破大队大队长汉隆海军上校一起制订了庆良间列岛登陆计划。根据空中侦察，发现日军在庆良间列岛的防御非常薄弱，他们遂改变了特纳原先以一个加强营的兵力逐个攻取的设想，决定以77师主力在6个较大的岛屿同时实施登陆，力争一举夺取庆良间列岛。

　　3月23日，布兰迪海军少将指挥由18艘护航航母、15艘驱逐舰、19艘护卫舰、70艘扫雷舰以及一些炮艇、猎潜艇等小型舰艇组成的第52特混编队，其任务是对登陆作战实施支援，也被称为两栖支援编队，开始对冲绳岛接近航道进行扫雷，护航航母则出动舰载机对冲绳岛、庆良间列岛日军进行轰炸，以掩护扫雷行动。

　　3月25日，支援编队中的2艘巡洋舰和3艘驱逐舰对庆良间列岛实施预先火力准备，同时掩护水下爆破大队侦察各岛屿登陆地点的海滩情况，结果发现久场岛和屋嘉比岛两岛屿预定登陆点的水下密布暗礁，登陆艇无法直接驶上海滩，只能使用履带登陆车。这样一来，现有履带登陆车的数量就不能满足在6个岛屿同时登陆的需要，因此美军临时改变计划，先只在其他4个岛屿登陆。

　　3月26日凌晨，戴约少将指挥的第51特混编队第1大队的11艘战列舰、11艘巡洋舰、24艘驱逐舰和8艘护卫舰对冲绳岛实施炮火准备，吸引日军的注意力，掩护在庆良间列岛的登陆。

　　4时30分，支援编队开始对庆良间列岛实施登陆前的炮火准备。7点许，第77师由430艘登陆舰艇运送，兵分四路，在海空火力支援下，同时在座间味岛、阿嘉岛、庆留间和外地岛登陆，日军抵抗非常微弱，至黄昏时分，美军已占领上述四岛，并开始在庆良间海峡布设浮标等锚地设施。

　　入夜后，日军以自杀飞机和自杀艇对登陆美军进行了特攻袭击，虽给美军造成了一些损失，但对整个战斗已没有多大影响。

　　3月27日，美军扩张战果，向其余岛屿发展进攻，很快就占领了整个庆良间列岛。日军一来没有想到美军会进攻这个群岛，被打了个措手不及；二来防御兵力薄弱，无力进行有效的抵抗；三来随着战争的发展，日军必胜的信念早已破灭，士气低落，与战争初期根本无法同日而语。在此次战斗中，主岛渡加敷岛上300多守军几乎不战而逃，退到岛上的山中，美军只是想夺取一个锚地，并不在意这些日军残部，因此没有组织清剿。而这些日军尽管还有火炮等重武器，但惧怕美军的报复，不仅没有主动出击，甚至连火炮都一炮不发，与美军"和平相处"，直到战争结束。这在以前是无法想象的，日军士气之低，由此可见一二。

　　当天，美军的供应舰、油船、修理船、补给舰等后勤辅助舰只就陆续进入庆良间列岛，很快在此建立起补给和维修基地至31日，庆良间锚地已经成为一个初具规模的前进基地，在冲绳战役期间发挥了巨大作用。

美军占领庆良间列岛还有一个意外收获，那就是俘获了日军配置在该地的 250 余艘自杀摩托艇和 100 余条人操鱼雷。原来庆良间列岛是日军的自杀艇基地，日军原准备当美军在冲绳岛登陆时，以这些自杀艇进行夜间特攻的企图随之破灭。

战斗中庆良间列岛日军守备部队死 530 人，被俘 120 人美军第 77 师的登陆部队阵亡 31 人，伤 81 人；海军阵亡和失踪 124 人，伤 230 人。

3 月 31 日，美军 77 师又占领了庆良间列岛与冲绳岛之间的庆伊濑岛（距冲绳岛约 6 海里），由两个 155 毫米炮兵营组成的野战炮兵集群迅速上岛建立阵地，以便支援冲绳岛登陆。

（四）抢滩冲绳岛

美军攻占庆良间列岛后，目标开始转向冲绳岛，而对冲绳岛的炮火准备从 3 月 26 日就已经开始了。

3 月 26 日 4 点，德约少将的第 51 特混编队第 1 大队开始炮击冲绳岛。天亮后，美军第 58 特混编队的航母舰载机和第 52 特混编队第 1 大队的护航航母舰载机以及从马里亚纳、菲律宾甚至中国大陆基地起飞的陆军航空兵也对冲绳岛进行了持续而猛烈的轰炸。参加轰炸的飞机数量多，任务也各不相同，有的对日军机场进行压制性轰炸，有的轰炸日军防御工事，有的为舰炮火力进行校正，有的担负空中警戒，有的进行反潜巡逻……为了有效地进行组织协调，美军专门成立了由帕克海军上校为队长的空中支援控制分队，对所有参战飞机进行统一指挥和协调。

3 月 29 日，因为美军扫雷舰已经将接近冲绳岛航道中的水雷清扫干净，所以战列舰、巡洋舰能够驶到距冲绳岛很近的距离，进行精确射击。

至 3 月 30 日，美军的火力准备已经进行了足足 5 天，而日军的反应令人诧异至极——没有任何还击！要知道在冲绳岛上有着 10 万日军，却好像什么都不存在一样，让美军感到非常奇怪。

在登陆前的一周里，美军炮火准备消耗了大量的弹药，仅舰炮就达 4 万余发，其中 406 毫米炮弹 1033 发，356 毫米炮弹 3285 发，203 毫米炮弹 3750 发，152 毫米炮弹 4511 发，127 毫米炮弹 27266 发，日军龟缩在纵深坑道工事中，因此效果并不理想。

4 月 1 日，天气晴朗，美军的登陆终于开始了，来自旧金山、西雅图、夏威夷、新喀里多尼亚岛、圣埃斯皮里图岛、瓜达尔卡纳尔岛、塞班岛和莱特岛等地的美军登陆编队于拂晓时分到达冲绳岛海域，并开始换乘。

4 点多，特纳发出"开始登陆"的命令，美军炮火支援编队的军舰随即开始射击，掩护登陆部队抢滩上陆。

陆战2师首先在冲绳岛东南海岸登陆，实施佯动，以吸引日军的注意，分散日军的兵力，为真正的登陆创造有利条件。

8点，美军登陆的主攻部队从登陆舰上沿舷侧的绳网下到登陆艇上，登陆艇排成五个攻击波，以整齐的队形向岸上冲去。陆战1师、陆战6师和陆军第7师、第96师，在冲绳岛西海岸从北到南正面约9公里地段登陆。8点28分，美军飞机结束了最后一次扫射，舰炮也停止了射击，第一波登陆艇此时距海滩仅70米，海空协同完美无缺。8点32分，第一波登陆部队冲上岸。9点，太阳升起来了，阳光驱散了淡淡的晨雾，可以看到海面上履带登陆车和登陆艇排着整齐的队形，一波又一波，川流不息，秩序井然。整个登陆过程，顺利得异乎寻常，日军根本没有任何抵抗，使美军颇有些莫名其妙，不知所以。

10点，美军占领嘉手纳和读谷两机场，美军原以为必定会有一番血战才能拿下这两个机场，根本没料到能在登陆当天占领，而且机场设施都完好无损。日军的防御重点虽然在南部，机场本来也不准备坚守，但是牛岛计划在放弃前将机场设施全数摧毁，使之无法使用，因为日军部署在机场地区的是由冲绳岛壮丁组成的特种勤务旅，这支部队组织涣散，装备低劣，士气更差，美军还未到来，就已经溃不成军，哪里还记得破坏机场？让美军得了大便宜。

下午，美军突击进行物资卸载。海上，日军没有出动一架飞机一艘军舰。冲绳岛上，日军也只有少数狙击兵的轻武器射击和迫击炮零星射击，抵抗极其轻微。

至日落时，美军已有5万余人和大量的火炮、坦克以及军需物资上岸，建立起正面约14公里，纵深约5公里的登陆场。特纳向斯普鲁恩斯和尼米兹报告："登陆顺利，抵抗轻微。"美军上至特纳，下到普通士兵，对日军的神秘消失感到迷惑不解。巧得很，这天正是西方的愚人节，很多官兵甚至想难道这是日军的愚人节玩笑？

4月2日，美军一部开始向东推进，以切断日军防线。

4月4日，美军两个陆战师横跨整个岛屿到达东海岸的中城湾，占领岛中部地区，将日军防线一分为二。美军原计划15天完成的任务，仅4天就顺利实现。

（五）"大和"号覆灭

4月5日，联合舰队决定以第2舰队的"大和"号战列舰、"矢矧"号巡洋舰和"冬月"号、"凉月"号、"矶风"号、"滨风"号、"雪风"号、"朝霞"号、"霞"号、"初霜"号等8艘驱逐舰组成海上特攻队，配合"菊水一号"航空特攻作战，于4月8日拂晓突入冲绳以西海域，歼灭美军登陆编队，支援冲绳岛上守军

夺回机场。由于日军燃油严重短缺，联合舰队费尽九牛二虎之力才收集到 2500 吨燃油，还不到"大和"号燃油舱容量 6400 吨的一半，勉强能保证前往冲绳的单程油耗所需，而且因为航空兵力全数投入菊水作战，对这支出击的舰队没有任何空中掩护，完全是一次地道彻底的自杀性海上特攻行动，所以参战官兵都清楚此次作战是有去无回的。在出征前例行的诀别酒会上，很多人都情不自禁有些失态，与以往出征前的诀别酒会有说有笑的场景截然不同，充满着赴死前的悲怆与凄然。

其中，1941 年下水的日本海军巨型战列舰"大和"号堪称世界海军史上无与伦比的战列舰。它满载排水量 6.8 万吨，主装甲厚超过半米。其水密设计优良，可以抗击鱼雷炸弹连续攻击而仍旧保持生命力。"大和"号上装有 9 门 460 毫米大口径主炮，可将 1 吨多重的巨型炮弹发射到 40 公里外，舰上还装有 140 门大口径高射炮和大量副炮，有很强的单舰作战能力。"大和"号 460 毫米舰炮的基座重达几百吨，单座炮塔的重量比"凉月"号驱逐舰还重。在开炮前，全舰人员必须进入甲板隐蔽所，否则炮口风暴会无情杀伤暴露的水手。而 9 门巨炮开火时，巨舰自身如同遭受鱼雷攻击一样，山摇地动地猛烈震颤。除在它以后下水的同型姊妹舰"武藏"号和"信浓"号外，它在舰艇吨位、航装甲厚度、适航性及舰炮口径、射程等方面远远超过任何国家的战列舰，稳居各国战列舰之冠，也是当时世界上吨位最大的战列舰。在巨舰大炮主义的推动下，各国海军在第一次世界大战后展开一场比战列舰数量、吨位和舰炮火力的军备竞赛。日本海军为争夺太平洋海军优势，不惜调集全国最优秀的造船专家，调拨几万吨优质钢材，耗费大量资金、人力和数年时间，赶在日美开战前夕，设计、制造成功"大和"号巨型战列舰。

"大和"号下水服役后，日本海军视其为"镇海之宝"，曾被用为日本海军联合舰队旗舰。连山本五十六也不得轻易动用（山本因此长期坐镇"长门"号）。太平洋战争开战初期，日本海军为了保护海军元气，不肯轻易动用"大和"号出战，一心留待决战时刻到来，伺机与美国战列舰舰队决战，一鸣惊人。因此之顾，这艘巨型战舰长期闲置无用，几千舰员无所事事，终日在豪华的战舰里品尝优先供给的美味食品。"大和"号还拥有空调、冷柜、豪华的柚木舱室，常年供应冰激凌和强尼沃克威士忌的商店，被其他军舰舰员讽刺为"大和旅馆"。

1944 年 10 月，日美两军在莱特湾进行海上决战。"大和"号与其姊妹舰"武藏"号一起，相伴出航，在菲律宾吕宋岛以南的锡布延海遭遇美国舰载机机群的攻击。两艘日本巨型战列舰在美机追赶下四处奔逃，十分狼狈。"武藏"号在连中 36 枚美国舰载机投放的鱼雷、炸弹后，翻沉在锡布延海的滚滚波涛中。"大和"号也被 3 枚高空坠落的重磅炸弹击中，舰身发生倾斜。次日，"大和"号几经反复，驶进莱特湾战区，刚刚有机会启动 460 毫米巨炮试射，准备轰击美军军舰，却因日军指挥官粟天中将被"武藏"号的翻沉所震慑，担心"大和"号遭美军舰载机追击，重蹈"武藏"号的覆辙，赶紧下令"大和"号回撤。"大和"号失去服役以来唯一一次发挥巨型舰炮威力的机会，一口气逃回日本本土，从此闲置在港湾内。

然而此时"大和"号承担的任务却是那么凄凉：就是要强行冲过美军控制的海域，对冲绳岛周围海域的美舰发动自杀攻击并争取在冲绳岛西岸抢滩搁浅，用舰上巨炮攻击美国军舰，然后2000舰员在冲绳岛强行泅渡登陆，投入保卫冲绳岛的地面战斗。从"大和"的绝命出击，也可以看出日本大本营在最后的窘迫联合舰队司令丰田副武上任以后屡战屡败，已经完全丧失了冷静的判断能力。在下属质疑这次几乎没有可能生还的出击的可行性时，他回答："万一成功就可缔造奇迹。"当出击令递交到军令部时，军令部次长小泽治三郎此时也没有表达反对，军令部长川古志郎则表示沉默。唯一能够阻止这些疯狂计划的联合舰队参谋长草鹿龙之介此时才知道计划的详情。刚刚从九州培训新兵回来的草鹿大吃一惊，但此时反对已经来不及了。后来指挥"大和"舰队出击的伊藤整一中将开始对这种自杀行为表示非常反对，认为这根本不是作战。草鹿只好垂头丧气地对他说："你将是为帝国牺牲的先驱。"伊藤只好回答："只有如此吧。"

1945年4月6日，"大和"号装上仅够其单程航行、日本海军储存的最后的燃油（根据最新数据为4000吨，和以往记录不同，这个数字足够"大和"直线往返冲绳和吴港三次），由一艘巡洋舰和8艘驱逐舰护航，驶离九州以北的濑户内海基地，经由丰后水道，往南向冲绳进发。与以往的气氛不同，这次出击没有民众狂热的欢呼，在落日的余晖中，"大和"号在悲壮愤懑的气氛中开始了它最后的航程。

傍晚时分，运气欠佳的"大和"号还未驶出丰后水道，就被潜伏的两艘美国潜艇发现行踪。其中"红头鱼"号潜艇直接用明码向总部拍发"大和"出击的消息。消息立即引起美军司令部的高度重视。接替哈尔西指挥第5舰队的斯普鲁恩斯梦想用6艘最先进的战列舰与"大和"号展开一场继日德兰大海战后最辉煌的大舰巨炮决战。但是美国海军太平洋舰队第58特遣舰队司令米切尔中将则有不同想法。经过仔细分析，他准确判断出"大和"号的目的地、预定航向和出航意图，下令各航空母舰编队立即出航迎战，向冲绳以北海域进发，出动舰载机攻击"大和"号，在其向冲绳岛航行的途中击沉它。米切尔的说法折服了斯普鲁恩斯："大和"号主炮射程超过41公里，"依阿华"级射程刚过38公里，而"科罗拉多"级射程只有32公里。在战争快结束时，没有必要冒险让6艘主力舰展开炮战，派航空兵去就可以了，战舰要留到登陆东京使用。

4月7日上午12点30分，美机飞临日舰上空，日军舰队排成菱形队形，"大和"号居中，巡洋舰和驱逐舰则在其四周，正以26节航速行进。当美机冲出低垂的云层，展开攻击时"大和"上的24门27毫米高射炮和156门25毫米机关炮一起开火，同时其他日舰也以全部炮火开始对空射击，一时间天空中炮声轰鸣，弹片横飞。美机冒着密集弹雨迅速占据有利的攻击阵位，从各个方向和角度投下了鱼雷和炸弹，战斗机则用机枪猛烈扫射，压制日舰的对空火力，美机攻击凶猛异常，"大和"号在舰长有贺幸作海军大佐指挥下，不断进行高速大角度机动，以规避呼啸而来的鱼雷、炸弹，但仍有一条鱼雷命中左舷前部，两枚225公斤炸弹在主桅杆后面爆炸，炸开了装甲厚实的舰尾雷达室，里面的官兵尽数被炸死，观测仪器全部被毁。"大和"凭借着坚固的装甲防护，还没有受到重创，仍能以18节航速继续航行。"矢矧"号巡洋舰被击中一条鱼雷和一枚炸弹，完全失去了机动能力；"滨风"号驱逐舰被一条鱼雷和一枚炸弹命中，舰体断裂于12点47分沉没；"凉月"号驱逐舰被450公斤炸弹命中，燃起大火；"冬月"号被两发火箭弹击中，幸运的是都没爆炸，逃过一劫。13点10分，第一波美机投完了所携带的鱼雷炸弹，返回母舰。

13点35分，美军第二攻击波到达日舰上空，由于第58特混编队第4大队的飞机比其他两个大队的飞机晚起飞，因此这一攻击波不是集中攻击，而是分成几个波次进行的，持续不断地攻击反而使日军没有喘息之机，对美机的攻击疲于应付，让美机连连得手，美机的攻击有章有法，节奏分明。首先战斗机扫射，压制日舰高射炮火，并乘机投下所携的炸弹，接着鱼雷机集中对"大和"左舷进行攻击，这时"大和"号航速大减，高射炮炮手多被美军战斗机消灭，不仅毫无还手之力，连招架之功也很勉强。13点37分。3条鱼雷命中左舷，海水大量涌入，舰体开始左倾，"大和"号有完善而庞大的注排水系统可以迅速消除舰体倾斜，但一枚450公斤炸弹正巧命中了注排水控制舱，将所有的调节阀门炸毁，无法进行排水，只得采取向右舷对称注水的办法，舰长甚至不等右舷最大的舱室主机舱和主锅炉舱的人员撤出就下令注水，两个舱室数百官兵很快被汹涌而入的海水淹死。总共向右舷注入了3000吨海水，牺牲了数百名舰员和全舰一半的动力，致使"大和"号只能使用左舷一半的动力运转，航速锐减，再也无法进行有效的机动。即使付出这样巨大的代价，还没将左倾消除，美机的攻击又接踵而至。7分钟后，又有两条鱼雷命中左舷，刚刚有所恢复的左倾再度加剧，而且舵机失灵，"大和"号升起了遇难旗，航速只剩下7节，甲板上到处是弹洞，被炸开的钢板四下翻卷，由于左倾已达15度，大口径高炮已经无法操纵，只有25毫米的机关炮还能勉强射击。14点02分，一批美机俯冲而下，投下的炸弹有3枚在左舷中部爆炸，使其左倾加大到35度。14点07分，一条鱼雷击中右舷，此时"大和"号上层建筑面目全非，全舰被浓烟烈焰所包围，完全丧失了机动能力，防空火力微乎其微，又不能进行机动来规避，沦落到任人宰割的地步。14点12分，4架美军鱼雷机冲出云层从容实施攻击，如同是在进行鱼雷攻击表演，美机攻击动作十分完美，投下的鱼雷有两条命中左舷中部和后部。"大和"号升起了紧急求救信号旗，通知驱逐舰靠帮接走舰员，但驱逐舰知道"大和"号弹药舱里近2000发460毫米主炮炮弹只发射了3发，现在随时都有爆炸的可能，都不敢靠近，"大和"号的左倾急剧增大，舰员已经无法站立，很多人不等舰长下达弃舰命令就自行跳海逃生，舰长有贺见此情景，也知道"大和"号已经无可挽救，只得下令弃舰。14点15分，又有一条鱼雷击中左舷中部，伤痕遍体的"大和"号再也经受不住，左倾达到80度，甲板几乎与海面垂直。终于在14点20分倾覆沉没。460毫米前主炮炮膛里的炮弹滑藩下来，撞穿了弹药舱甲板，引爆了舱中的炮弹剧烈的爆炸简直将"大和"号舰体炸断，烈焰冲天而起，翻滚的蘑菇状烟柱竟高达1000米，甚至连110海里外鹿儿岛的居民都看到了大爆炸的火光与浓烟，海面上顿时出现一个深达50米的旋涡。不多时，后主炮炮塔里的弹药也在水下爆炸，钢铁的碎片从水下飞溅而出，爆炸的气浪连海面上挣扎的水兵都感到一阵窒息，伊藤中将和有大贺佐以下2498名舰员随舰葬身海底，只有269人获救，这些生还者于1967年组成名叫"大和会"的战友会，并在臭名昭著的靖国神社竖立纪念碑！碑上刻有一幅"大和"号的浮雕，碑顶放有一枚"大和"号460毫米主炮的穿甲弹，经常聚会追忆往昔。

在美军攻击"大和"号的同时，部分美机也对"矢矧"号巡洋舰和驱逐舰发动了攻击，"矢矧"号已经丧失了机动能力，美军轰炸机和鱼雷机进行的攻击动作漂亮、出色，简直是教科书式的表演，"矢矧"号累计被击中7条鱼雷和12枚炸弹，于14点05分倾覆沉没。

"矶风"号、"朝霞"号和"霞"号驱逐舰也先后遭到重创，不得不自行凿沉。

当"大和"号沉没后，第41驱逐舰大队大队长吉田正义大佐接替指挥，他一面组织残余舰只打捞落水人员，一面向联合舰队司令发电报告战况并请示下一步行动指示。16点39分，联合舰队司令丰田鉴于预期计划已无法实现，决定终止海上特攻，吉田随即率领余下的4艘驱逐舰带着创伤，于8日回到了佐世保基地。

美军的战列舰、巡洋舰编队还未投入战斗，日军的这支海上特攻舰队就被美军舰载机所消灭，美军共出动舰载机386架次，其中战斗机180架次，轰炸机75架次，鱼雷机131架次，被日舰击落10架。

日本海军在冲绳海域活动的11艘潜艇，由于美军反潜兵力雄厚，警戒严密，未获任何战果反被击沉8艘，至此，日本海军对冲绳岛守军的支援均告失利。

（六）"神风"特攻

"神风"特攻是一种利用日本人的武士道精神，按照"一人、一机、一弹换一舰"的要求，对美国舰艇编队、登陆部队及固定的集群目标实施的自杀式袭击，即自杀性"肉弹"攻击的作战方法。即在机上装上大量的烈性炸药，置于飞行员座舱之前，一旦发现目标，就连人带机撞下去，其机头触及坚硬之物立即发生剧烈爆炸。"神风"的典故源于公元 15 世纪元军攻打日本时，胜利在望之际，海上突然刮起强烈的台风，致使蒙古人船毁人亡，全军覆没。素来崇尚神灵的日本国民便把葬元军入鱼腹、救日本于转瞬的暴风称之为"神风"。

这种作战方法在太平洋战争中已频频出现，在美日战争的第一天即偷袭珍珠港战斗中，板田房太郎中尉就曾驾机撞向美军机场机库。首次有组织的自杀性攻击出现在 1944 年 5 月的比阿克岛登陆战中，日本为夺回其与南洋交通线上的要地与美军发生了激烈战斗。27 日，陆军第 5 飞行战斗队队长高田胜重少佐断然率 4 架飞机向驶近的美舰撞去，击沉了美舰。战后，日将此举通报全军，引起了军内外的震动，此次行动成为"神风"特攻战术的先导。

莱特湾海战之后，日本海军的大型舰船基本上荡然无存，硫磺岛海空战中，"神风"特攻队一跃成为日军武器装备中最有效的一种反舰武器。硫磺岛之战结束后，日大本营更是把抵挡美军强大攻势的砝码押在了"神风"特攻上面。为大规模实施这种攻击，他们加紧对"神风"机飞行员的培训，成千上万的日本青年人应召加入"神风"特攻队。一场血腥的"死亡游戏"已经准备完毕，只等待美国人的加入。

日军在冲绳岛身后特攻作战的代号为"菊水"，菊水就是水中的菊花，这是日本 14 世纪著名武士楠木正成的纹章图案，楠木在众寡悬殊的战斗中立下"七生报国"的誓言，意为即使死去七次也要转生尽忠，他就因在战斗中与敌同归于尽的壮举为后世所推崇。

这种自杀式袭击，被技术熟练飞行员严重短缺的日军大力推广，此后这种极其野蛮的战术愈演愈烈，在冲绳战役中更是达到了登峰造极的地步！

4 月 6 日至 7 日，日军以九州的第 5 航空舰队和第 6 航空军为主要兵力，中国台湾和先岛群岛的第 1 航空舰队和第 8 飞行师团为辅助兵力，出动海军飞机 462 架，陆军飞机 237 架，共 699 架，其中自杀飞机 355 架击沉美军驱逐舰 3 艘、坦克登陆舰 1 艘和万吨级军火船 2 艘，击伤战列舰、航母、护卫舰和布雷舰各 1 艘、驱逐舰 8 艘，美军伤亡有数百人之多尽管战前美军就估计到了日军会发动自杀性攻击，但日军攻击之疯狂、美军损失之惨烈，仍令美军胆战心惊。日军将这两天的战斗称为"菊水一号"作战，出击的日机共被击落 335 架，约占出击总数的 48%。

4 月 12 日至 13 日，日军发动了"菊水二号"作战，因为"菊水一号"作战中损失的飞机还没来得及补充，所以出击的飞机数量要比第一次少，海军出动 200 架，陆军 192 架，共 392 架，其中自杀飞机 202 架由于兵力不足，日军在攻击战术上做了一些改进，先出动战斗机吸引美军的战斗机，当美军战斗机燃料耗尽返回母舰时，攻击机才飞临目标上空进行攻击，同时日军还开始使用一种新式武器——"樱花弹"，实际上是火箭助推的载人航空炸弹，由攻击机携带到达战区后脱离载机，由敢死飞行员驾驶冲向目标，装有 1 吨烈性炸弹，由 3 台固体燃料火箭发动机推进，时速高达 800 公里，威力很大，美军则称之为"八格弹"，这种武器给美军造成了不小的损失。此次作战，日军共击沉美军驱逐舰、登陆舰各 1 艘，击伤战列舰 1 艘、驱逐舰 6 艘、护卫舰 3 艘、扫雷舰、布雷舰和登陆舰各 1 艘，日军损失飞机 205 架。

4 月中旬开始，美军为了减少损失，在日机最有可能来的方向派出雷达警戒舰，当发现日机飞来，一边发出预警，一边引导空中的战斗机前去拦截。此外还在刚占领的冲绳岛机场上布置大量战斗机，专门用于截击日军来犯飞机。

4 月 16 日，日军发动"菊水三号"作战，出动海军飞机 391 架，陆军飞机 107 架，共 498 架，其中自杀飞机 196 架，击沉运输舰和军火船各 1 艘，击伤航母、驱逐舰、医院船各 1 艘，运输舰 2 艘，日机损失 182 架。在此次战斗中，美军的"拉菲"号驱逐舰浴血苦战，赢得了"不沉之舰"的荣誉，成为美国海军勇敢和坚强的象征。

当天"拉菲"号担任雷达警戒舰，早上 8 点多，发现日军 50 余架飞机飞来，便立即发出预警，并引导空中的战斗机前去拦截，由于此时空中双方飞机混杂在一起，"拉菲"号怕误伤己方飞机，没敢开火。很快两架日军自杀机猛冲过来，"拉菲"号迅速开火将其击落，随即又有 20 余架日机从几个方向扑来，"拉菲"号全力以赴，组织全舰火力对空射击，日机集中攻击，使"拉菲"号难以兼顾，先后被 3 架自杀飞机撞中，其中一架正撞在 127 毫米尾主炮的炮塔上，剧烈的爆炸当场就将炮塔炸飞，火焰和浓烟喷涌而出，高达 60 米。甲板上到处是日军自杀飞机上航空燃油溅洒所引起的燃烧，火势熊熊，损管队员冒死拼搏，竭力控制火势蔓延。紧接着一架日机投下的炸弹命中 20 毫米高射炮的弹药舱，引发了更大的爆炸，将舵机炸坏，使"拉菲"号失去了机动能力。不久又有两架自杀飞机撞上"拉菲"号，进一步加剧了其伤势，"拉菲"号后半部的火炮全部被炸毁，只剩前部 4 座 20 毫米炮还在坚持战斗。生死搏斗持续了整整 80 分钟，"拉菲"号共遭到了 22 架自杀飞机的攻击，击落了 9 架，但被 5 架撞中，还有 4 枚炸弹命中。"拉菲"号受到的创伤如此之重。凭着全体舰员的努力，最终没有沉没，在 350 名舰员中，死亡 32 人，伤 71 人，几乎占 1/3。次日被拖船拖到庆良间列岛锚地进行紧急抢修。4 月 22 日就能依靠修复的自身动力驶到关岛，最后于 5 月 22 日驶抵本土西雅图，在托德船厂进行大修，直到战争结束后的 9 月 6 日才修复。战后"拉菲"号于 1975 年 3 月退役，1981 年被拖到南卡罗莱纳州帕特里奥茨角，作为一艘历史名舰于 1982 年开始向公众开放。

日军这三次菊水作战都是在白天进行的，虽然容易发现美军目标，也取得了不少战果，但代价也相当巨大。对日军而言，无论是损失的飞机，还是飞行员都很难迅速补充，因此随后的菊水作战，日军只得改为夜间攻击。

4月21日和22日，日军出动飞机317架，其中自杀机131架，实施"菊水四号"作战。

5月4日和11日，日军为弥补损失的飞机，将水上侦察机也改装成自杀机，投入特攻攻击，共出动飞机597架，其中自杀机300架，先后发动了"菊水五号"和"菊水六号"作战。

5月24日、25日和5月27日、28日，日军又将教练机改装成特攻机，以增加特攻机的数量，接连发起了"菊水七号"和"菊水八号"作战，总共出动飞机737架，其中自杀机208架。

6月3日和21日、22日，日军竭尽全力，出动飞机502架，其中自杀机114架，发动了"菊水九号"和"菊水十号"作战。

美军逐步摸索出了对付日军自杀机的方法首先除雷达警戒舰外，还派出预警雷达飞机，严密监视日军最可能出击的方向，还在冲绳岛和附近小岛上建立雷达站，实施严密对空警戒其次运用统筹学原理，科学组织舰船的防空机动，大型军舰与日机来袭方向保持垂直，小型军舰则与日机攻击航向平行，同时采取突然急转和增速，使日机难以对准目标；最后加强战斗机空中巡逻警戒，随时根据雷达预警的报告，进行拦截。而日军的情况正好相反，因为进行自杀攻击的飞行员没有一个能够回来报告攻击经验和体会，因此无法针对美军的战术变化进行必要的改进。此外，最早的以献身为荣、毫不畏死的"神风"特攻队飞行员已经损失殆尽，后来的飞行员大多是迫于压力而出击的，认为这种牺牲没有意义的厌战情绪逐渐在日军内部蔓延，甚至有些飞行员以没有发现美舰为借口返回了基地。最终，日军的攻击效果越来越小，而飞机和飞行员因为损失又得不到补充，能够出动的飞机越来越少，菊水作战才告结束。整个冲绳战役中，日军出动的"神风"特攻队飞机，包括"樱花弹"，共计1500余架次，击沉美舰26艘，击伤202艘，被美军击落900余架。

日军除10次大规模的"菊水作战"外，只要天气允许，每天还组织小批飞机出击，从4月6日至6月22日，零星出击的飞机总数也高达4109架次，其中自杀机917架次，加上10次菊水作战出动的飞机，总计7851架次，其中自杀机2423架次，虽被击落4200余架，但给美军造成了巨大损失，共击沉美军军舰33艘，击伤360余艘。在美军被击沉的33艘军舰中26艘是被自杀机击沉的，占沉没军舰总数的78.8%。就连米切尔的旗舰"邦克山"号航母也于5月11日日军发动的"菊水六号"作战中被两架自杀机撞中，损伤极其严重，舰员死亡和失踪达396人，伤264人。其中一架自杀机撞上母舰时，发动机被爆炸的气浪弹飞进米切尔的司令部所在舱室，使舱内14名参谋军官当场阵亡，米切尔只好率司令部的其余人员转移到"企业"号航母上。不料3天后，"企业"号也遭到了自杀机的撞击，失去航行能力，使得米切尔在 3 天里两易旗舰。冲绳之战，日"神风"特攻作战规模之大，来势之猛，攻击之疯狂，损失之惨烈，在整个二战中绝无仅有，达到了丧心病狂的程度。

"神风"特攻作战后来一直持续到战争结束，日本大本营曾准备在本土决战时发动更大规模的"神风"特攻，与盟军登陆部队同归于尽，到 1945 年 8 月 15 日战败那天，日陆、海军航空兵部队拥有飞机 6150 架，其中特攻飞机 2800 架，接近总数的一半，这些"神风"机分散隐匿在九州附近。然而，在世界反法西斯国家和人民的沉重打击下，1945 年 8 月 15 日，日本被迫宣布无条件投降，"神风"特攻也随之寿终正寝。当晚，"神风"特攻之父大西中将在绝望中以传统方式切腹自杀。至此，"神风"特攻队的血腥历史宣告结束，而先后参加特攻的 4615 余名年轻飞行员却可悲地成为法西斯战争政策的殉葬品。

这种把人当成导弹驾驶仪，把飞机变成导弹的方法是迄今为止战争史上规模最大、最残酷的自杀攻击行动。战争的基本规则是保存自己消灭敌人。日本人无视人的生命，违反这条基本原则，肯定不会获得好的战果。这种疯狂的行为使美国人不寒而栗，眼睁睁地看着一架飞机不顾死活地向舰只撞来，飞行员同归于尽的决心，真是使人周身血液都凝固了。"神风"攻击产生的最直接的后果，是使美国对在日本本土进行登陆作战的代价做了最充分的考虑，最终决定向广岛和长崎投下原子弹，迫使日本投降。

（七）血染冲绳岛

在向北部地区扫荡的同时，美陆军第 24 军向南部日军发起进攻。冲绳岛南部是日军重点设防地区，日军守岛的总指挥——第 32 集团军司令牛岛满在该地区精心构筑了三条防线，决心以此为依托，大量杀伤美军，挫败其占领全岛的企图。在日军的顽强抵抗下，美军在 1945 年 4 月 5 日以后的 8 天时间内伤亡高达 4400 余人，苦战到 4 月 24 日才突破日军第一道防线。

其中 4 月 12 日，美军和日军在伊江岛市的"中央高地"展开了血战。整整 6 天，美军勇敢地向日本据守的高地发起了冲锋，前进的道路不能用米来丈量，只能用尸体作为单位。最终美军夺下该高地，后将其命名为"血岭"。4 月 21 日，美日在峰城山岛展开血战，日军死亡 4700 人，409 人被俘；美军伤亡超过 1100 人。该岛平民死亡 1/3，此前著名战地记者派尔被日军打死。

为了尽可能地降低平民的死亡，美军开始集中平民，将剩余平民集中到安全地区，这使得冲绳人在战后，对美军的占领拥有极为复杂的感情。

但陆军第 24 军对南部地区的进攻却非常艰难，因为日军在冲绳岛的主力就部署在南部，而且充分利用悬崖峭壁、深沟高谷等险峻地形构筑起坚固隐蔽的防御工事，所以美军进展极其缓慢。牛岛原本在大本营的一再督促下，准备于4月8日发动对机场总反击，但在4月7日下午，发现那霸附近海面有美军数百艘舰船活动。牛岛担心美军会从反击部队的侧后实施登陆，加上他本来对这次反击就不积极，正好以此为借口取消了反击，而将全部兵力用于依托工事进行坚守防御，给24军造成了很大困难。

4月9日，由于24军遭到了顽强抵抗，推进严重受阻，美军只得将留船预备队第27师投入南线作战。

4月13日，星期五，黑色的日子，美国总统罗斯福在佐治亚州温泉逝世。美军上至上将司令，下至普通一兵，无不感到震惊和悲痛。尼米兹以太平洋战区全体官兵的名义向罗斯福夫人发去了唁电。日军乘机大做文章，大肆散播题为"美国的悲剧"的传单，声称特攻作战将击沉美军所有战舰，并使无数人成为孤儿。日军大本营急不可耐催促牛岛抓住时机发动反击，在大本营的一再命令下，牛岛发动了反击，但他并没按照大本营的指示投入全部力量，而是保留了相当部分的兵力，只投入了部分兵力对嘉数高地的美军进行反扑。日军先以敢死队员怀抱炸药采取自杀攻击方法炸毁美军坦克，再对失去坦克掩护的美军步兵发起冲锋，美军在日军冲击下，节节败退，死伤将近5000，全凭后续部队的重炮和海空优势火力才将日军攻势遏制。

4月19日，美24军3个师从那霸以北约6.5公里处发动大规模进攻，5点40分，海军的6艘战列舰、6艘巡洋舰和8艘驱逐舰先对日军阵地进行猛烈炮击；6时，陆军27个炮兵营对日军阵地进行了长达40分钟的炮击，共发射了1.9万发炮弹；接着海军和陆战队的650架飞机也对日军阵地实施了航空火力准备，投下大量的炸弹和凝固汽油弹。在这样猛烈持续的火力打击后，24军发起了进攻，但日军利用坑道躲避美军的轰击，当美军炮火开始延伸，地面部队展开攻击时，才进入阵地迎战，因此美军的攻势一次次被瓦解。日军充分显示了其顽强的战斗意志，每一个山头，每一个碉堡，每一个坑道，甚至每一块岩石，美军都必须经过多次血战，才能夺取下来，激烈地战斗整整进行了5天，美军的进展总共也不过数米！一切就像是硫磺岛战斗的重现，只是日军的兵力和要争夺的面积更多而已。性格暴躁的特纳对陆军的缓慢进展大为不满，甚至公然指责第10集团军司令巴克纳的指挥和战术，引起了陆、海两军种之间的争执。

4月6日，美海军陆战队司令范德格里夫特上将到达关岛，准备视察在冲绳岛作战的海军陆战队，但尼米兹认为目前冲绳岛上陆军进展缓慢，为避免引发不必要的陆海军之间的矛盾，暂时不宜前去。因此建议他先视察关岛和硫磺岛的部队。当范德格里夫特在硫磺岛的视察结束后，尼米兹却邀请他一起去视察冲绳岛，因为南线的陆军部队几天来毫无进展，局势不容乐观，尼米兹觉得有必要进行干预。4月22日，尼米兹和范德格里夫特搭乘 C-47 运输机在 12 架战斗机护卫下飞往冲绳岛。次日，尼米兹、范德格里夫特和斯普鲁恩斯在冲绳岛美军已占领地区视察，并与陆军指挥官讨论目前战局，尼米兹有些怀疑陆军采取按部就班的战术缓慢推进只是为了减少其伤亡，而根本不顾海军在冲绳海域支援编队的安危。因此他要求陆军加快推进速度，以便使支援编队从令人生畏的日军自杀特攻中尽早脱身。但第 10 集团军司令巴克纳表示这是一次地面作战，言下之意是冲绳岛上的战斗是陆军的事，不需要海军插手。尼米兹立即冷冷回敬："是的，这是一次地面作战，但我每天损失一艘半军舰，所以如果 5 天里不能取得突破，我将抽调别的部队来。"在海军的强烈要求下，巴克纳决定将陆战 1 师和陆战 6 师调到南线加强正面进攻，而不是范德格里夫特在日军侧后实施登陆的方案，他的这一意见得到了尼米兹的同意。

美军推进至日军主要防线约 4500 米前，双方陷入僵持，巴克纳乘机调整部署，将北部的陆战 1 师和陆战 6 师调到南线，而将南线的第 27 师调到北半岛，接替两个陆战师的防务；攻占伊江岛的第 77 师接替 96 师，投入南线；96 师则休整 10 天，再替换第 7 师休整。美军完成调整后，以 4 个师展开攻击，采取两翼包抄战术，迂回夹击日军主要防线，以加快作战进程。

4月24日，美军终于取得了进展，克服了日军的顽强抵抗，突破了牧港防线。

5月4日，牛岛见美军步步进逼，为争取主动，一反其一直以来所坚持的坚守防御方针，发动了孤注一掷的总反攻。以部分兵力由驳船运送在美军战线后方海岸实施登陆，配合主力从正面发动的攻击。但由于得不到海空军的有力支援，登陆部队在航进途中被美军发现，随即遭到驱逐舰和地面炮火的轰击，还未上岸就被消灭了，正面主攻部队一离开坚固隐蔽的防御工事，立即遭到美军优势炮火的集中轰击，不到 24 小时反攻就被粉碎了。牛岛这次反击得不偿失，损失了大量人员，消耗了大量的弹药，尤其是消耗的弹药难以补充，使日军的弹药储备接近枯竭，牛岛不得不下令节省弹药，每门炮平均每天只有 10 发炮弹，严重影响了日后的作战。如果牛岛不实施这次反击，那么反击中损失的人员、弹药可以在坚守防御中坚持更多时间，给予美军更大的杀伤。

5月8日，纳粹德国宣布战败投降，冲绳海面的每一艘美军军舰向日军阵地发射 3 发炮弹，以示祝贺。

美军投入了新型的喷火坦克和重型坦克，冒着日军的枪林弹雨，碾压日军的战壕，冲入日军的阵地。喷火坦克将凝固汽油射入日军隐藏的山洞和坑道，日军终于支撑不住，其防线逐渐被突破，但牛岛随即在夜色和烟雾掩护下，悄然组织部队有序地撤往下一个防线。因此战斗发展成这样一种模式：日军先是凭险死守，接着美军在猛烈火力支援下取得突破，日军后撤到下一道防线再死守，如此周而复始，日军防区逐渐缩小。

由于美军占领了冲绳岛上的嘉手纳和读谷两处机场后，迅速进驻了大量战斗机部队，并以该两处机场为基地频繁出击，对日军的"神风"特攻作战威胁很大，日军曾多次试图组织反击夺回机场，但或是因为情况变化中途取消，或是因为实力不济反击未果，最终日军决定实施空降突击，机降一支敢死空降分队，破坏机场设施，摧毁机场上停放的飞机，然后利用空降突击的战果，发动一次航空兵的大规模攻击。这次作战由联合舰队司令丰田指挥，从陆军伞兵第1旅抽调了120名精锐官兵组成空降分队，由奥山少佐任分队长，代号为"义烈空降队"，由12架九七式轰炸机运送，作战代号"义号作战"。

5月19日，奥山和各小队队长以及飞行队长讨论了作战方案，决定奥山指挥3个小队搭乘8架飞机攻击读谷机场，渡边大尉则率领两个小队搭乘4架飞机攻击嘉手纳机场，定于5月23日发起攻击。由于天气原因，推迟到5月24日。当天18点40分，运载"义烈空降队"的12架飞机陆续起飞，途中有4架飞机因故障返航或迫降，另有4架飞机在接近冲绳岛时被美军击落，机上所载人员全部丧生，只有4架于22时抵达目的地。日机以机腹着陆方式在机场上降落，突击队员不等飞机完全停稳，就从机舱中跳下，向机场上停放的飞机投掷手榴弹和燃烧弹，顿时两处机场都燃起冲天大火，美军守备部队这才反应过来，急忙开火还击。经过短暂交战，在两处机场上降落的突击队员连同机组人员共56人，全被消灭，美军亡2人，伤18人，有7架飞机被击毁，26架飞机被击伤，还有7万余加仑的航空汽油被烧毁，损失巨大。嘉手纳机场的大火到26日20点才被扑灭，读谷机场上的大火更是燃烧了三天三夜，直到27日早上才被扑灭，这两机场也就因此瘫痪了近三天三夜。可惜26日和27日，天气不佳，日军无法利用空降分队创造的有利战机发动航空兵攻击，但日军在如此不利的战局下，特别是基本丧失制空权的情况下敢于实施这样一次敢死空降突击，完全出敌不意，取得了不小战果，其中的经验教训很值得研究。

冲绳岛上的激战仍在进行，美军于5月27日攻占了那霸，并继续向冲绳岛的首府首里城攻击前进。

5月31日，美军终于取得了重大进展，突破了日军核心防御地带首里防线，海军陆战队攻入了已是一片废墟的首里城，第10集团军司令巴克纳满心喜悦以为冲绳首府被占领，意味着战斗即将结束。但他的想法大错特错了，日军困兽之斗反而更加疯狂！牛岛率余部后退了约10公里，退到岛南端精心准备的最后防线。这是由两座山峰构成的天然屏障，地势崎岖险峻，日军充分利用地形，筑有巧妙隐蔽的炮位和坑道工事，牛岛决心以此为依托，战至最后一兵一卒。因此日军的抵抗丝毫没有减弱，美军主要依靠喷火坦克开路，不少浑身着火的日军冲出阵地，抱住美军士兵同归于尽。美军前进每一米依然非常艰难，面对日军更加疯狂的抵抗，美军还以更猛烈的炮火。美军的海陆空密集火力对日军据守的岛南部几平方公里地区进行了最猛烈的轰击，日军虽然只剩下 3 万余人，大炮也损失过半，弹药更是所剩无几，但仍是死战不退。

6 月 3 日，哈尔西急于从被动挨打的冲绳海域脱身，一面在冲绳群岛各岛屿设立雷达站，形成早期预警雷达网；一面从菲律宾调来了部分海军陆战队航空兵的战斗机部队，进驻冲绳岛机场。然后亲率第 38 特混编队北进，袭击日军在九州地区的航空基地。

6 月 4 日，美军陆战 6 师的两个团在那霸西南的小禄半岛登陆，迂回攻击日军侧背。

6 月 5 日，台风席卷日本九州海域。美军第 3 舰队遭到了严重损失，有 32 艘舰船受创，142 架飞机损毁。为此哈尔西受到了军事法庭的调查，由胡佛将军主持的军事法庭认为哈尔西违反了舰队在遇到大风暴时如何处置的相关规定，对这次损失负有责任，建议将其撤职或勒令退役。但尼米兹认为哈尔西是民族英雄，如果在战役尚未结束时就撤去职务，会挫伤美军的士气，长日军的志气，因此没有对他进行处分。

6 月 8 日，美军第 38 特混编队再次北上，空袭日军在九州地区的航空基地，随后哈尔西将希尔指挥的登陆编队留在冲绳海域，以编队中的护航航母舰载机协同海军陆战队和陆军航空兵，保护登陆滩头和运输船只，自己率领第 38 特混编队返回莱特湾。当第 38 特混编队于 6 月 13 日到达莱特湾时，这支英雄的部队已经在海上战斗了整整 92 天！现在将在莱特湾做短暂的休整，为 7 月间向日本本土发动最后一击做准备。

6 月 17 日，美军又投入预备队陆战 2 师，该师一个团在冲绳岛南端的喜屋武岬附近登陆，协同正面和侧翼友军围歼日军。此时日军的局势已十分被动，遭到全歼只是时间问题了，为了避免不必要的伤亡，巴克纳用明码电报和广播向日军劝降，牛岛根本不为所动，以枪炮射击作为答复。

6 月 18 日午后，巴克纳中将亲临前线督战，当他在陆战 8 团团部附近小山上观察部队推进时，日军一发炮弹飞来，落在他的观察站附近，四下崩飞的弹片和尖锐的碎石片击中他头部，当场身亡。要知道日军当时炮火已极其微弱，当天在他到之前，这里几小时都没有遭到过一次炮击，令人不可思议的是，日军第一发炮弹居然就把这位中将集团军司令炸死了，他也就成为美军在整个太平洋战争中阵亡的军衔和职务最高的将领。巴克纳遗憾地没能活着看到战争的胜利。第 10 集团军司令由海军陆战队第 3 军军长盖格少将代理，盖格因此成为指挥最多陆军部队的海军陆战队将军。5 天后将指挥权转移给了匆忙赶来，以脾气暴躁著称的史迪威陆军中将。

6 月 19 日，牛岛在编号第 89 的山洞坑道里向东京发出了最后的诀别电，然后指挥部下做最后的决死进攻。

6月22日，美军突破日军的最后防线，攻到了冲绳岛最南端的荒崎，并将残余日军分割成三部分。日军都很清楚，末日就要到来了，在坑道里，卫生兵给伤员注射大剂量的吗啡，使他们平静地死去。盖格乐观地宣布已经肃清了岛上日军有组织的抵抗。

6月23日凌晨4点，牛岛知道美军即将占领他所在的摩文仁坑道，脱下军装，换上和服，与身边的参谋一一干杯，喝完了最后的诀别酒，然后剖腹自杀。他的参谋长追随他切腹自杀，还有一些军官也随之集体自杀。至此，日军有组织的抵抗才告平息，而零星日军的抵抗仍在继续，清剿残余日军的工作一直持续到6月底。

7月2日，尼米兹正式宣布冲绳战役结束。但日军残部还没彻底肃清，直到战争结束的9月7日，还有日军在坚持战斗。

战役进入尾声后，有相当多的日军放下了武器，这在以前是非常罕见的。6月15日前，两个半月的战斗中美军总共才俘虏日军322人，而从6月15日到30日，日军不仅有个人或小组投降，甚至还有成建制的部队在军官带领下投降，仅海军陆战队第3军就收容日军投降人员4029人。

在冲绳战役中，只有57万人口的冲绳平民中，死者竟达到约9.4万人（其中武装平民死亡5.6万人）。造成如此大的平民伤亡率和一般充满偏见和仇恨的记录不一样的是，这些平民死亡更多的原因在于日军残暴的政策。日本人一直没有将冲绳平民视为平等国民。冲绳岛民始终保持着自己朦胧的民族感觉，他们普遍视美军为解放者。于是日本正规军强行征召当地居民充当壮丁，甚至组织中学生集体从军，充当通信、护士、工兵等，造成了大量学生的死亡。比如冲绳县立第一高等女子学校322名女生被强行编成一队，充当前线护士、卫生兵等，负责前线伤员的救护、后方医院的护理、甚至埋葬死尸，死亡达2/3，幸存者只有112名。另外一支女子学生队581名中也有334名死亡。初中男生被编入通信队，高中生则单独编成战斗部队"铁血勤皇队"，分编为野战筑城队（工兵）、斩人队（士兵身背炸药包事先躲在单兵战壕里，待美军坦克开过后，对坦克进行自杀式攻击）和千早队（情报宣传），这些部队死亡率都在50%以上，通信队的死亡率达到了70%。冲绳战役打响前夕，日军名义上征用15岁至45岁的男劳力，但最后实际上几乎征用了所有从13岁到60岁之间的冲绳男性。除了充当劳力，还组成一支防卫队，进行简单的自杀式训练后即派上战场，与其说是组织战斗，不如说就是拖延战斗时间，掩护正规军撤退。而日军更为残忍的则是对冲绳平民的残杀和逼迫自杀。日军最后赖以抵抗的主要方式就是利用地势，出现了日军抢夺难民避难洞窟、将难民赶出洞窟充当挡箭牌的事件。更令人震惊的是，为了躲避美军的搜索，日军竟然在不同场合将婴儿窒息致死，以防止啼哭声招来美军。很多平民是被日军以"为皇国效忠"等名义强迫自尽的，日军在逃跑之前往往将手榴弹、毒药等分发给平民，逼迫平民自杀，有的平民在刺刀的威逼下跳崖自尽。战役最后阶段，在喜屋武岬地区也出现了多起日军胁迫平民自尽的事件。这些事件与其说是让平民为天皇效忠。不如说是把平民当成累赘加以"处理"，实际上，很多日军的伤兵也是以同样手段"处理"的。平民大量死亡造成的创伤至今仍然深深扎根在冲绳人的心里。活着的人为战殁者（包括交战双方和不同国籍的平民）树立了纪念碑，所有能查到名字的牺牲者都被镌刻其上，作为冲绳不幸命运的无声控诉。日军在冲绳战役中的暴行在冲绳人中产生了对军国主义强烈的反感和不信任感，对战后日本国内的和平运动也起了很好的反面教材的作用。日本 1970 年从美国手里重新恢复行使对冲绳的主权时，冲绳人民对日本自卫队的进驻产生了强烈的反感情绪，以至日本政府不得不慎重行事，与冲绳地方政府再三商谈后才得以驻军。

冲绳战役历时 3 个多月，是美军在太平洋战争中损失最为惨重的一次战役。美军伤亡 7.5 万人，其中死亡 1.3 万人（陆军死亡 4600 人，海军陆战队死亡 3400 人，海军舰艇人员死亡 4900 人），损失飞机 763 架，在海上美军有 34 艘舰船被击沉，368 艘被击伤（其中有 13 艘航母、10 艘战列舰、5 艘巡洋舰和 67 艘驱逐舰遭到重创）。战役结束后，美军并没有举行大规模的庆祝活动。

日本在冲绳死亡军人和平民总计 18.8 万人，按照分类统计，冲绳县外的日军士兵死亡 65908 人，冲绳本地的军人、军属死亡 28228 人。损失飞机 3400 架，舰艇 20 艘。日本"帝国联合联队"被全歼，号称不沉战舰的旗舰"大和"号也葬身海底。

至此，日本本土已全面处于盟军的攻击之下了。

冲绳岛 3 个月的血战，为日本部署本土防御争取了时间。1945 年 4 月 25 日，日军大本营发出"一亿特攻"的口号，号召全体国民（包括朝鲜、中国台湾）人人参加战斗。5 月 9 日德国投降，日本新首相即发表强硬讲话："全国人民都要当特攻勇士。"日军大本营决定在本土四岛征集 225 万陆军、25 万海军，以及 2800 万国民义勇队（凡 15 岁至 60 岁的男子、17 岁至 40 岁的女子一律编入国民义勇队），不惜"一亿玉碎"。海空军方面，主要是动用 2600 架作战飞机进行常规空中作战，另有 5800 架特攻飞机实施自杀性攻击。至 1945 年 7 月，日本海军可用的军舰仅驱逐舰 19 艘、潜艇 38 艘，也规定全部进行"大和"式的特攻作战。此外还有大量自杀攻击艇，如"回天""震洋"等。日军大本营计划，在以雾岛山为中心的南九州作为核心阵地与美军决战，按照冲绳作战的伤亡比例，当可毙伤美军数 10 万，迫使美军因顾忌伤亡而停战。

8 月 9 日夜，在长崎遭原子弹攻击后，日本召开御前会议，天皇悲切地决定："鉴于彼我战力悬殊，纵继续战争，徒使无辜涂炭，文化摧毁，导致国家灭亡，尤其原子弹的出现，后果不堪设想。为此，朕决定结束战争。"翌日，日本向反法西斯盟国广播，表示可接受《波茨坦公告》，前提是"不改变天皇统治大权"。8月12日，日本得到美国通过瑞士渠道发出的同意答复，天皇于是在8月15日广播了投降诏书：

"往年，帝国之所以向美、英两国宣战，实亦为希求帝国之自存于东亚之安定而出此，至如排斥他国之主权，侵犯他国之领土，固非朕之本志。然自交战以来，已阅四载，虽陆海将兵勇敢善战，百官有司励精图治，一亿众庶之奉公，各尽所能，而战局并未好转，世界大势亦不利于我。加之，敌方最近使用残酷之炸弹，频杀无辜，残害所及，真未可逆料。如仍继续交战，则不仅导致我民族之灭亡，并将破坏人类之文明。如此，则朕将何以保全亿兆之赤子，陈谢于皇祖皇宗之神灵？此朕所以饬帝国政府接受联合公告者也……"

人类历史上规模最大的太平洋战争在日本天皇的投降诏书宣读声中宣告结束。但太平洋战场上，美日两军交战的许许多多辉煌战例，却不断地成为世界战争书籍和影片演绎的主题。

五、魔鬼即将出瓶

（一）决策内幕

尽管败局已定，但狂热的军国分子不甘心失败。他们准备把全体日本国民都推向绝路，不断叫嚣进行本土决战，希望以流血震惊美国，争取在有利的条件下结束战争，决不可无条件投降。从1945年春天开始，日本就进行军事动员，降低征兵年龄，扩大征兵范围，并从占领的中国、朝鲜等地向本土调兵。到了7月，全国已经实行了三次动员。日军人数已经达到了720万，比上一年增加了一倍，飞机也达到了7000架。

日本实行决战的指导思想，就是要在海上、空中和陆上都实施不断的特攻作战。所谓特攻作战，就是用自杀的方式消耗敌军的力量。用神风突击队去炸毁美国的舰艇，用士兵的血肉之躯去炸毁坦克。

6月6日，日本召开最高战争指导会议，提出了今后实行的战争指导基本大纲。大纲确定的方针是：以誓死尽忠的信念为动力，借助地利人和的优势，坚决把战争进行到底，以维护国体，保卫皇土，确保民族将来发展的根基。大纲提出，在国内方面，为适应举国一致的皇土决战，应健全贯彻国民战争精神的各种体制。其中，尤应以组织国民义勇队为核心，以便更加巩固全体国民的团结，充实国家物质力量，特别是确保粮食及特种武器的生产，以此作为国家各项政策的重点。

梅津参谋长在发言中充满信心地说："本土作战与冲绳、硫黄、塞班等孤岛作战根本不同，特别是能对敌军的登陆地点，机动地集中全部兵力，以巨大的纵深兵力进行持续强攻。而且能够得到地利和全国国民无比忠诚的协助，这是本土决战必胜的基础。也就是说，过去在孤岛及远洋作战，我军孤立无援，只能以当地兵力承当全部敌军的集中攻击。而在本土作战，这种情况将会完全改变，一旦我军对登陆部队发动攻势，则将贯彻不成功便成仁的信念，发挥帝国陆军的传统精华，我们确信是必胜的。而且，我军独特的空中及水上特攻战术，白莱特岛战役以来，曾给予敌人以沉重打击，积累了丰富的经验和体会，用于本土作战，必将取得更大战果。"

6月7日，日本召开内阁会议，通过了由日本政府和日军大本营所采纳的"基本大纲"。铃木宣布，要有信心和敌人作战，直到敌人失去战斗意志为止，并要求内阁成员以高度的责任感，抱着杀身成仁的态度来实现这一基本大纲。

种种迹象表明，日本这个恶兽，是不会放下屠刀的。美军认识到，除了进攻日本本土，没有更好的办法来结束这场战争。尽管美军在太平洋战场上采取越岛战术，不断取得胜利，但美军同时也付出了惨重的代价。所以，在雅尔塔会议上，罗斯福向斯大林提出，希望苏联出兵，以减轻美军的压力。在美军内部，对苏联出兵是有争议的。多数海军和空军官员反对苏联参战，因为这样会大大加强苏军在远东的影响。他们也反对直接进攻日本本土，主张通过封锁和常规轰炸结束战争。作战部长欧内斯特·金海军上将强调说："不论苏联参战的愿望如何，苏联是靠不住的，美国不应请求苏联参战。尽管击败日本的代价可能是巨大的，但美国能够单独完成。"以格鲁为代表的一批国务院官员，主张修改无条件投降原则，以政治手段解决日本投降问题，重申苏联参战的条件。

由于军方和国务院在远东战略上存在分歧，杜鲁门在6月18日召开会议，讨论结束远东战争的计划。这个计划的设想是：加强海上和空中的封锁，加强对日本的空中密集轰炸；预定于1945年11月1日以76万人的总兵力进攻九州，1946年春攻击本州，1946年秋结束战争，为此需动用500万军队，并鼓励苏联进攻中国东北。会上还讨论了是否可以通过常规武器进行封锁和轰炸打败日本，陆军参谋长马歇尔指出，这是不可能的。纳粹德国受到那样猛烈的轰炸，一直没有停战。直到盟军攻入和占领了德国本土之后，德国才停战。另外，日本的工业和德国相比比较分散，轰炸更为困难，日本的防空力量很强，这会给美国飞行员造成重大伤亡。

正当与会者收起文件，正准备离席时，杜鲁门注意到陆军部长助理麦克洛伊一直沉默不语，便让他谈谈看法。麦克洛伊征得史汀生同意后，便说："那好，我确实认为还有一个选择，而且我认为这是一个值得探索的选择。除了常规进攻和登陆，我们还可以谋求其他方式结束战争。"接着，麦克洛伊谈到修改无条件投降原则和原子弹问题。他指出使用原子弹前应警告日本，这样可以使美国获得道义上的优势。但会场上有人提出，假如警告之后，原子弹不爆炸怎么办？这对美国的声誉会产生何种影响？反对意见越来越强烈，杜鲁门请麦克洛伊对最后通牒这个问题再考虑一下，至于原子弹，现在还是不公开提为好。

杜鲁门

7月2日，陆军部长史汀生在前两周讨论的基础上给总统写了一份备忘录，全面探讨了政治解决日本问题的方法。备忘录认为，进攻日本本土的战争将会十分惨烈，远远超过对德战争。因此，建议在进攻日本本土之前发出警告，力争以最小的代价结束战争。应由美苏英中四国对日本发出警告，要求日本投降并允许盟军占领，并使日本彻底非军国主义化。只要不威胁战后和平，允许日本发展经济，可以不取消天皇制。

这份备忘录构成了波茨坦会议的基调。7月17日至8月2日，苏、美、英三国在德国柏林郊外波茨坦举行会议。除了处理德国和欧洲的一些问题外，会议还讨论了日本问题，并通过《波茨坦公告》，要求日本政府立即宣布所有武装部队无条件投降。由于苏联当时还没有对日宣战，这个公告以美、英、中三国名义对外公布。

7月27日上午6点，东京的"海外放送受信局"收听到了《波茨坦公告》。在东京政府看来，这项公告中，盟国的立场与以前相比有些松动。苏联没有签署公告，似乎仍保持着中立的立场；同时，盟国放弃以前绝对无条件投降的主张，转而提出了同日本建立和平的八项特殊条件。下午，日本政府召开内阁会议，讨论是否在日本国内发表《波茨坦公告》，争论相当激烈。

最使大臣们感到不安的是通牒中没提到天皇，但也许这是在暗示天皇的地位将维持不变。投降是很可怕的，但这次公告只是要求日本所有武装力量无条件投降，而不是像1943年开罗宣言那样，要求日本国投降。更令人振奋的是，苏联人没在公告上签字，这意味着苏联仍保持中立的地位，可以从新开始谈判。最后，主战派和主和派达成了一致意见，暂时不对公告发表评论，等待苏联对天皇的调停要求作出答复。但对公告，决定予以发表，至于公告中一些可能挫伤国民战斗意志的词句（如允许军队解甲归田和无意奴役日本民族等条款），则予以删除。另外，各报刊登时要用小号字体印刷。

第二天清晨，遵照内阁的方针，各报发表了有关消息，没有刊载社论。但《每日新闻》用大字标题宣称，这个公告是十分可笑的；《朝日新闻》刊登了首相对记者的讲话，铃木贯太郎表示："除了完全不予理睬这个《公告》，并坚决把战争进行到胜利结束，并没有其他道路可走。"

从7月27日到8月1日，美国每天都出动飞机在日本各城市上空散发波茨坦公告和传单。传单警告说，如果不接受波茨坦公告，他们将会受到更猛烈的空中轰炸。每次传单散发之后，紧接着就是一次普通炸弹的猛烈轰炸。日本政府对此无动于衷。

杜鲁门和军方已经认识到，要使日本接受公告的要求，必须用猛烈的打击来证明美国有能力摧毁日本帝国，原子弹就是最佳的武器，能以极小的代价来结束这场战争。

（二）最后的准备

马里亚纳群岛位于西太平洋，它是由星星点点的列岛组成的，其中有一个叫作提尼安的岛屿，名字虽然不为许多人知道，但它当时已成为美军在太平洋最大的空军基地。基地有西、北、南3个机场，各种设施十分齐全。美军轰炸日本的飞机有相当一部分是由美国大陆转场至提尼安岛，然后由提尼安岛飞向日本的。有时候，近1000架的B-29大型轰炸机以仅仅15秒的间隔，从60条跑道上起飞，去轰炸数千海里之外的日本城市。这些战略轰炸机往往施行一种称作"地毯式"的轰炸方法，日夜不停地对日本的目标进行轮番轰炸。每当飞机临近时，东京的防空警报就尖利的呼叫着，一时间，8000米的高空中，数百架美国飞机扔下重达7吨的炸弹，或者抛下250公斤重的一颗颗燃烧弹。驾驶员透过飞机的舷窗，可以看到爆炸后的废墟，以及浓烟和浓烟下的火海。自然，京城皇宫不见得比民居好多少，同样被炸得七零八落，天皇也不得不一次又一次地躲避地下防空掩体。

当然，美国的轰炸机群并不一定都能安全归来，日本的防空炮火非常猛烈，有时还出动飞机进行拦截，因此，空战伤亡相当惨重。有些美军飞机直接被炮火击中，有些虽然带伤脱逃但却在往返途中坠毁。至于在机场起降时失事，更是经常发生的事。

不过，在这个军用机场却有一个特殊的空军中队，特别受到宠爱。这个中队有15个飞机组，每组7个人。同伴们的飞机不分日夜地远距离奔袭日本，这个中队却从不出击。更为特殊的是，这是一个有科学家参加的空军轰炸中队，番号为"第509混合大队"。它的直接领导者是在美国华盛顿的格罗夫斯将军。

早在1944年春天，格罗夫斯就开始考虑原子弹的投掷问题，他找到空军司令阿诺德将军商量，如何改装B-29轰炸机，以便载运原子弹。如果B-29不能用，是否考虑用兰克斯忒式的英国飞机。经过研究，他们决定用改装的 B-29 轰炸机。并提出要空军解决三个主要问题：

第一，飞机必须要有足够的载重能力，弹舱的容量也要足够大，弹舱的舱门也要加大，飞机的航程也要增大；

第二，原子弹装配成功之后，要组建一支有高度作战能力的战术部队；

第三，炸弹一定要准确地投中目标，这需要空军进行这方面的试验。

1944 年 8 月，空军为此制订了一个详细的计划：

第一，及时开始改装飞机，在 1944 年 9 月 30 日以前，提供 3 架经过改装后的 B-29 轰炸机，并在 1945 年 1 月 1 日前，再陆续提供 13 架；

第二，成立第 509 混合大队。

1944 年 12 月 7 日，第 509 混合大队正式成立，编制军官 225 名，士兵为 1542 名。509 混合大队的队长是保罗·蒂贝茨，他被空军司令阿诺德将军誉为空军中最优秀的飞行员，不但飞行技术绝佳，而且具有指挥才能，处理行政事务也身手不凡，这些都很符合格罗夫斯的要求。他需要建立一支独立的空军部队，来执行投掷原子弹的重任。蒂贝茨告诉手下飞行员，他们将要执行的是一项特殊使命，他只字未提原子弹，只是说所做的这件事足以结束战争。

刚接受任务时，他来到洛斯阿拉莫斯，向奥本海默报告。奥本海默只是告诉他有颗超级炸弹，然后把他领到"原子弹发射小组"所在地，把他介绍给组长帕森斯海军上尉，并说帕森斯可能参加炸弹的投掷工作。上尉向他讲了这种炸弹的情况，使蒂贝茨明白了一些随时可能出现的可怕事情。在蒂贝茨离开之前，奥本海默把他叫到一旁，郑重地说："最大的问题是炸弹离开飞机之后，它所产生的冲击波可能会把飞机击成碎片，我很难保证你们会活着回来。"

他们首先在犹他州的温多华基地进行训练，主要课题是高空目视轰炸。飞机飞到 1000 米的高空，投弹手便通过先进的瞄准器，对排列在地面上用石灰画的目标圈进行瞄准。圆圈直径为 100 米，可从高空往下看时，它几乎缩成了一个圆点。习惯于在多云的欧洲上空用雷达进行轰炸瞄准的飞行人员都感到奇怪，为什么要对目标进行目测轰炸训练？至于轰炸的方式则更使他们大惑不解。每次都是单机飞行，而且仅投 1 枚炸弹，这枚炸弹也十分奇特，比一般炸弹要大出许多，足有四五吨重。每次飞机投弹过后，立即做一个 155 度的俯冲转弯，而后迅速离开目标区。在训练期间，不断有"工程师"从洛斯阿拉莫斯来访，他们的目的是想弄清楚在不同的高度和风力风向条件下。炸弹的各种表现。为什么这样，由于军队的纪律，大家谁也不问。知道这已涉及了国家最高机密。但他们同时也隐隐感到，他们要投掷的绝非一般炸弹。

1945 年 4 月底，蒂贝茨上校接到命令，将他的大队和所有装备转移到马里亚纳群岛中的提尼安岛北机场，在那里，他们将接受更加接近实战条件下的训练。在1945年6月以前，第509混合大队进行的都是一般性的技术训练，主要是适应太平洋上空的气候条件并进一步提高投弹精度。从6月底开始，他们开始进行战斗演习训练，此后又进行了实战训练，即用普通炸弹对日本进行轰炸。一方面，这样的训练可使飞行员熟悉目标区情况，提高轰炸技术水平；另一方面模拟与投掷原子弹相同的战术，使日本人习惯B-29飞机小编队高空飞行，用以麻痹日本人，达到使用原子弹的突然性。经过几个月的严格训练，他们的投弹命中率大大提高。尤其是菲阿比，堪称最优秀的投弹手。他能在万米高空目视瞄准，把模拟弹投在100米的圈内。

进入提尼安机场后，第509混合大队开始过上了几乎与世隔绝的生活。他们的营地四周围着铁丝网，并有重兵把守。他们不仅白天练习飞，而且晚上练。不但在晴朗的天气里练，而且在恶劣的天气里仍旧练习。蒂贝茨难以忘记的是那次危险的训练。当时天空布满乌云，暴风雨看起来马上就要到来。但偏偏这时候，他们接到了出发的命令。蒂贝茨果断地驾机升空作业。他向窗外看去，天空没有一丝亮色。雨还没有落下来，但闪电就在旁边响起，雷声也轰隆隆地响着。蒂贝茨驾机在提尼安岛上盘旋了一圈，然后向北面的硫磺岛飞去。突然，一道银白色的闪电从天空划过，紧接着，一颗炸雷从高空落了下来。蒂贝茨一下子把心提到了嗓子眼儿，万一飞机触雷，岂不是机毁人亡。他小心地驾驶着飞机，提心吊胆地在雷雨中飞行着。狂风挟着雨点向飞机吹来，仿佛要把整个飞机击碎。渐渐地，蒂贝茨稳定下来，这是一个难得的考验机会。在雷达引导下，飞机在云山雾海中穿过闪电和暴雨，绕过一个又一个雷区，整整飞了4个小时，又回到提尼安上空。

机场上也布满了乌云，闪电一道比一道亮。蒂贝茨借助闪电，隐隐约约看到了跑道，但一会儿又消失了。雨越下越大，整个机场朦朦胧胧。指挥塔值班员在雨中焦急地和蒂贝茨联系，蒂贝茨驾驶着飞机，在机场上空不停地兜圈子。终于，他看到了跑道在西北方不远处，就驾机向跑道飞去。在离地面一公里时，还偏离跑道100米。指挥塔值班员拼命呼叫："往左边一点儿，往左边一点儿！"蒂贝茨猛一拉操纵杆，飞机像一只轻快的海鸥，稳稳地降落在跑道上。

他们就是这样，一次次模拟投掷，一次次飞行合练，最后不管在任何天气都能编队飞行了。但是，在提尼安北机场，这班人马却总是受到其他部队的嘲笑，因为这个混合大队就像宝贝儿子那样受到关照，整天不知干些什么。有时执行轰炸任务也只是小编队执行任务，而且从来没有什么辉煌战果，偶尔看到的，不过是投几颗练习弹罢了。所以，当他们的飞机从北机场起飞的时候，便有一片嘘声、怪叫跟着升空，伴随而来的还有一首顺口溜：

秘密小队飞上天空，

欲去何地无人知情。

除非你想得罪上司，

最好不要四处打听。

可有一点毋庸置疑，

"509"将赢得战争。

很快，刚起飞的机组扔了一颗练习弹又飞回机场降落了。更多时间里，第509混合大队总是藏身在一座座半圆形活动房屋里，受到铁丝网和轻重机枪的严密保护。显然，它在等待着执行一项特殊使命

1945年7月，在美国华盛顿"曼哈顿计划"办公室，格罗夫斯将军正在向他的一位得力干将弗曼发出指令："你要把一个东西带到提尼安。"弗曼随后才知道，那个"东西"叫作"不可替换物"，代号为"Bron×"货物，它产生于洛斯阿拉莫斯试验基地在试验基地附近的阿尔布开克机场上，全副武装的士兵押送这个"不可替换物"乘车来到机场，立刻装上飞机。三架大型运输机组成编队，在几架战斗机的护航下，带着这个贵重非凡的"货物"和许多技术人员、保卫人员，腾空而起，非常小心地飞往美国西南部上空，随后在旧金山的哈密尔顿机场降落。当然，这个"不可替换物"就是原子弹。

原子弹被带到美国的西海岸，剩下的事情就怎样被带到提尼安空军基地，有两条途径可供选择，一是空中，一是海上。

由飞机空运是比较理想的，这可以节省不少时间，对于瞬息万变的战场来说太重要了，但是，这个宝贝耗费了无数人的心血，科学家们深知它的重要性，没有人肯定地说，飞机一定能够安然无恙地完成这一运送使命。这种事决不允许尝试后再作决定，万一飞机在机场起飞时候就失事，那么旧金山就会被抹平，这座繁华美丽的城市眨眼的工夫就从地球上消失了。而且，飞到太平洋上空后，谁也不知道日本飞机会不会来捣乱。

既然空运没有把握，只有使用舰艇了。

从哈密尔顿机场西行23公里，就是马雷岛海军造船厂。"印第安纳波利斯"重型巡洋舰正停泊在这里，由于前段时间这艘巡洋舰在冲绳岛附近作战时，受到了日本"神风"突击队的袭击，受到了重创，一直在这家造船厂修理。现在，它刚刚结束了为期两个月的修理。格罗夫斯将军看中了它，决定启用这艘重型巡洋舰来执行贵重货物西运的特殊使命。

请求发出后，很快得到了有关部门的批准。在旧金山办公室里，海军少将威廉·珀耐尔紧急召见巡洋舰舰长查尔斯·巴特勒·麦克维上校，珀耐尔将军命令舰长说："你的舰艇需要运送一批特殊货物，起锚以后必须全速驶向提尼安，在那里，货物将转交他人。如果途中舰艇遭到袭击沉没，哪怕只剩下一只救生筏，你也要将

这货物装上救生筏。记住，不惜一切代价保护货物的安全！另外，你和你的士兵们不必知道这货物到底是什么。"舰长麦克维上校表示坚决完成任务，但在离开这间办公室时仍是充满疑惑。

这个"不可替换物"到底是什么，现在不可能轮到麦克维这样一位上校舰长知道。"曼哈顿工程"的军械主任、海军上校狄克·帕森斯只留给舰长一句话："你每天在航行中所保护的东西，对于战争至关重要，它将大大地缩短战期。"

"货物"看起来像一个大圆桶，高不超过 0.6 米，直径却有 6 米。桶上有金属把手，可好像不是用来提的，因为没有人提得起来。它重达 150 公斤，其中 100 公斤是铅绝缘体。

7 月 15 日，弗曼来到了"印第安纳波利斯"号巡洋舰，它正停泊在旧金山猎人角海军基地。与他一起而来的还有一位爱尔兰人，是个上尉，洛斯阿拉莫斯医院的外科主治医生，名叫詹姆斯·诺兰，格罗夫斯称他为"放射学家"。在他们登舰以后，贵重无比的铅桶被吊杆吊上了巡洋舰，弗曼和诺兰，从左舷舱口看着那铅桶被金属丝牢牢地固定在舰长室上方的甲板上。除了守卫人员，谁也不准接近铅桶。临起锚时，麦克维舰长还是疑虑重重，他请来诺兰上尉，想探听一个详情。

诺兰对货物的详情守口如瓶，他告诉舰长："我是一个军医，我可以保证，这件敏感的货物对船和船员没有任何危险，其他无可奉告。"

舰长仍然满腹疑惑地问："难道这是细菌武器？我认为我们还不至于在这场战争中用这类东西。"

诺兰上尉不愿再多说话，尽快地离开了。

7 月 16 日上午 8 时 30 分，"印第安纳波利斯"号巡洋舰驶向提尼安岛。在蓝色的太平洋上，巡洋舰以其最快的速度，劈波斩浪，昂首前进。第 4 天早晨，这艘军舰抵达夏威夷，驶入珍珠港。在此它停了 6 个小时，补充了燃油和各种军需品，然后军舰再次起航，又向西航行了 3000 多海里。7 月 26 日，"印第安纳波利斯"号巡洋舰到达提尼安岛，停泊在离海岸半海里处。"货物"被小心翼翼地用吊杆吊起来，越过甲板栏杆，放到舰旁预先准备好的驳船上。

"印第安纳波利斯"号巡洋舰顺利完成了"货物"长途西运的重任，然后奉命到日本海域参战。仅仅过了 3 天，这艘军舰及其军舰上的水兵就走向了末日。一艘来自广岛吴港码头的日本潜艇，在菲律宾海域偶然遇到了这艘巡洋舰。潜艇当即发射了两枚鱼雷，击中了水上巨舰的舰首右舷。就这样，载重 9000 多吨、有 1996 名舰员的美国"印第安纳波利斯"号重型巡洋舰在两声爆炸后，沉入了海底。1/3 的水手在睡梦中随巨舰葬身海底，跳海的 800 多人在茫茫大海中漂泊了四五天，强烈的日晒、严重的缺水、长久的饥饿疲乏，还有鲨鱼的不断袭击，使他们也一批一批地死去。8 月 3 日，美国太平洋舰队的一架反潜艇侦察机在例行侦察时，无意中发現了海面上漂浮的长达数公里的油迹。飞机马上向基地报告了情况。美国海军舰艇"赫尔姆"号被派来营救船员，搜索死难者尸体，舰长霍林斯沃恩中校在他的《搜索报告》中记录了当时的惨象：

所有尸体状况非常糟糕，估计死后已有四五天了。有些尸体穿着救生衣或救生圈，有的只穿件短裤或粗布工装，大多数尸体一丝不挂。尸体已经肿胀腐烂，辨认不出脸部，大约一半尸体被鲨鱼咬过，有的只剩下差不多一副骷髅。军舰所到之处，都有鲨鱼在周围活动，它们往争相撕咬尸体，有时我们不得不开枪把它们赶跑。大多数情况下，难以得到死者的指纹，他们手上的皮肤已经脱落了，有的双手被鲨鱼咬烂了。在这种情况下，医务官只好从死者手上切下一块皮肤，进行脱水处理，设法让它能够辨认。死者的所有个人财物都被取下来，以便用于辨别身份。尸体经过检查后，绑上三四发炮弹沉入海里。由于尸体太多，到天黑时还有很多未经处理。

还有一艘叫"弗伦奇"号的军舰也参与了搜索。它在两天内搜索到并检验了29具死尸，做出的报告也很单调，总是"尸体严重腐烂"，"无法取得指纹"，"被鲨鱼严重咬烂"。最后统计表明，1996名水手，获救幸存的只有316人，另外1680人长眠在海底。

这些海底冤魂值得欣慰的是，他们是被一艘来自广岛的潜艇击沉的，短短几天之后，他们千里迢迢运送的那个货物就使整个广岛陷入灭顶之灾。

（三）魔鬼出瓶

《一千零一夜》中讲述一个渔夫，曾把一个恶毒的魔鬼从瓶里放了出来。后来，在它还没造成祸害之前，他又想把它装进瓶里。在原子弹研制过程中，有许多科学家就像那个渔夫，一旦洞悉了原子弹这个魔鬼的强大威力，就力主把它放回瓶中。

1941年，玻尔听到德国海森堡讲到原子弹在理论上是可行的，就十分惊异。一方面，他担心纳粹会首先制出原子弹，整个欧洲会处在德国法西斯的掌握之中，因此，他积极游说美英科学家，希望能赶在德国之前造出原子弹；另一方面，他又对原子弹的巨大破坏力十分担心，他希望国际社会能够监督和控制原子核的研究和应用，使原子核的裂变成为造福人类的工具。而不是相反。

1944年初，玻尔和美国大法官弗兰克福谈话时说，一旦战争结束，东西方之间可能会出现摩擦和冲突，在冲突中如果使用原子弹。那就会造成毁灭整个人类的悲剧。最好在原子弹造出之前，或者在原子弹还没有用于战争之前，美国、英国和苏联这些大国应就原子弹的研究和使用达成一个协议，把原子弹置于国际社会的监督之下。弗兰克福是罗斯福总统的好朋友，不久就将玻尔的意见转告给了罗斯福总统。1944 年 7 月 3 日，玻尔向罗斯福和丘吉尔正式呈送了一封信。信中说，随着法西斯的灭亡，盟国之间在政治和经济上的分歧，可能成为主要问题，并引起摩擦。所以，应在世界范围内建立起相互信任。他提出建议说，作为取得谅解的第一步，美英应公开原子弹的秘密，使它处在国际组织的控制之下。但是，美英当时正在和日本苦战，恨不得一下子把日本从地球上抹去，他们都不愿接受玻尔的意见。甚至还误解了这位伟大的科学家。在 1944 年 9 月 17 日的海德公园谈话中，罗斯福和丘吉尔认为应该对玻尔教授的行为进行调查，要采取措施预防他泄露原子弹研究的情报，特别要防止把情报泄露给苏联。丘吉尔还提出要软禁玻尔，后考虑到影响太坏而没有这样做。

爱因斯坦对原子能的国际控制也非常关心，1944 年 12 月，他给玻尔写信，建议召集世界物理学家开会讨论这一问题。通过这些科学家，来对政府产生影响，使原子能的研究走向国际化。玻尔认为，最直接的办法还是劝说美、英领导人。

玻尔终于找到了一次和杜鲁门总统私人谈话的机会。玻尔说："原子弹试爆成功了，但我们希望总统先生不要按照原来的目标去使用原子弹，只要把它拿出来吓吓日本人，敦促他们放下武器就行了。"

杜鲁门却不以为然，他把玻尔这种想法看成是书生之见。不过在言辞上他依旧显得很客气，他说："玻尔先生，对于你和你的同事们的良苦用心，我非常理解，是要讲究人道主义。但是，我和我的顾问们的看法却和您不太一样。日本不但是我们的最大危险，也是全世界人民最危险的敌人。如果日本人不接受无条件投降，我们研制成功的原子弹应该拿来教训他们。"

玻尔听着杜鲁门的话，眼里不由自主地流露出遗憾而痛苦的神色，他嘴唇微微地颤动了一下，情不自禁地叹了口气。他说："总统先生，我知道你要做出不使用原子弹的决定是很困难的。但是，请你认真考虑一下我们的理由。我们建议不使用原子弹的目的，主要是不想利用原子弹毁灭性的力量，这样就不会给人类带来毁灭一切的恐惧和危险。如果人类不想毁灭的话，那就不应该首先使用原子弹。但原子弹实际存在着，在这种情况下，我们应该把它作为一种威慑力量，即利用它来提醒和说服日本人，让他们放下武器，停止侵略战争。让他们了解原子弹武器的巨大威力之后，我想他们会理智地放下武器。"

杜鲁门听到玻尔的话，内心暗暗觉得好笑。他说："你讲得很好，这些想法，我也很赞同。但是，如果我们对日本发出了警告，它依旧不投降，又该怎么办？那么，我们要结束战争，只能从海上登陆，先攻击九州，然后再夺取本州，然后再深入日本的首都东京，这样才能终止战争。但是，想一想不久前的瓜达卡纳尔岛之战，这是盟军和日本军队进行的最大一场战斗。我们英勇的战士在登陆中竟有那么惨重的伤亡，想起这些就令人不寒而栗。以当前的形势来看，我们从海上登陆击败日本不是不可能，但一定会付出大得惊人的代价。你忍心看到那么多人伤亡吗？"

杜鲁门的长篇大论使玻尔哑口无言，他原本准备了一大堆理由，但在这种预想的战场形势面前，都没有太大的说服力。他现在发现，总统对使用原子弹的决心，是不可动摇的。

曾劝说罗斯福支持"曼哈顿工程"的亚历山大·萨克斯也转变了态度，随着战场形势的转变，他在1944年12月向总统提出了一份备忘录，认为如果原子弹的研制取得良好结果后，首先应当安排一次大演习，组织各同盟国和中立国的科学家及宗教代表进行参观，让他们明白原子弹的性质和意义。对德国和日本这些交战国，使用前要发出警告，让居民有时间疏散，免受原子弹的攻击。对交战国要发出通牒，要求投降，否则，将遭到原子弹的毁灭。

1944年11月，盟军攻入德国，美国的"阿尔索斯"特遣队逐渐证实德国的核研究还处于反应堆的研究阶段，并没有制造出原子弹。这使当初主要以德国为竞争对手的美国核物理学家松了一口气，开始考虑原子弹对世界政治和人类和平的作用和影响。

西拉德在1939年曾四处奔走，敦促美国政府支持核研究计划。他请爱因斯坦签名的信，对美国政府下定决心进行核研究起了关键作用。5年后，在原子弹即将诞生的时候，他又开始思考原子弹战后可能对美国和世界的巨大影响。他又一次拜访爱因斯坦，请他再一次写信给罗斯福，希望把原子弹的研究置于国际社会控制之下。爱因斯坦又答应了。

1945年初，西拉德把他的思考写成一份报告，把它和爱因斯坦的信一起准备面交罗斯福总统。罗斯福突然去世后，他又想把这些东西通过新总统的秘书康内利交给杜鲁门。由于新总统刚上任，亟待处理的事情很多，没有时间会见西拉德，康内利就把西拉德介绍给贝尔纳斯法官。贝尔纳斯对西拉德的报告并不感兴趣，他觉得西拉德的担心是多余的。因为据他掌握的情报，苏联根本没有铀，造不出原子弹，不存在战后的竞争，于是很客气地拒绝了西拉德。

芝加哥大学物理系主任康普顿也是一位核研究组织者，1944年6月，在他领导下的"金属计划"的组织范围内，成立了一个"战后核子工作委员会"，专门研究战后美国的核研究问题。这个委员会提出了几个报告，其中强调说："由于核研究潜在的军事效应，会有很多国家发展核子研究，所有的国家都必须做出一切努力，建立起至少能控制核战争的国际组织。"1945年，"金属计划"的化学部副主任弗兰克组织了一个"关于原子能对社会和政治的影响委员会"。6月，委员会的7位知名科学家起草了一份请愿书，又称《弗兰克报告》，其中写道：

核能的发展尽管会加强美国的技术的军事力量，但也会带来比较严重的政治和经济问题。

核弹，作为某个国家的独有的武器，仅能保持几年的秘密。各国科学家都知道它的基本原理。如果不能采取措施，在国际间对核爆炸物建立有效的控制，那么就会导致一场核竞赛。在10年之内，其他国家也会拥有原子弹。由于美国的人口和工业都集中在城市中，这场竞赛我们将会处于为不利的地位。

由于这一因素，如果不先警告就对日本使用原子弹是不合适的。一旦美国先使用这种残酷的武器，它将会失去世界的支持，加速武器竞赛，不利于这种武器的国际控制。如果在日本一处无人的地方，首先演示这种武器的强人威力，将有助于控制协议的达成。

美国原子计划的主要决策人布什和科南特也日趋赞同原子弹的国际控制，在他们的建议下，杜鲁门批准建立一个临时委员会，成员包括杜鲁门的特别助理贝尔纳斯、海军助理秘书巴德、助理国务卿克莱丁，以及科学家布什、科南特和康普顿，史汀生任主席。临时委员会主要任务是研究原子弹对美国的政治、经济、军事和对外关系带来的影响，尤其是对日使用原子弹的问题。在科南特的建议下，临时委员会又成立一个科学顾问委员会，费米、奥本海默、劳伦斯都被邀请加入，为临时委员会提供技术咨询。

在对日使用原子弹的方式上，科学顾问们也存在分歧。劳伦斯一直主张在日本上空做一次技术演示，在减少平民伤亡的前提下促使其投降。另一些人则担心万一原子弹演示不成功，或者日本有针对性地采取了对抗措施，就会起不到恐吓的作用。

1945年6月16日，临时委员会在洛斯阿拉莫斯召开了第二次会议。会上对使用原子弹仍存在很大争议，但参加会议的众人都认识到，使用原子弹是可以结束战争的，但会影响到战后世界的稳定性。就这样，《弗兰克报告》的倡议遭到了拒绝。

1945年，西拉德又联合芝加哥的63位科学家，向杜鲁门写了一份请愿书，要求总统不要开创原子能应用于大规模毁灭的先例。但大部分科学家都同意使用原子弹，前提是要给日本一次投降机会，并让他们获知这种新武器的强大威力。当格罗夫斯征求康普顿的意见时，康普顿说："我同意大多数人的意见。我想，只要战争仍在继续，原子弹就应该使用，最重要的是要日本人投降。"康普顿这句话，成了杜鲁门决定使用原子弹的重要理由。

如果直接由海上攻占日本，迫使日本无条件投降，美军必将付出巨大的代价，这是美军使用原子弹的重要理由。除此之外，还有一个重要的原因，那就是美国想通过原子弹来遏制苏联。当时的国际局势是，在欧洲，围绕着管制德国和波兰问题，苏美之间的冲突十分尖锐。此时，苏联按照雅尔塔协定，正把军队调到亚洲，准备和日本开战。雅尔塔协议中，美英牺牲中国的利益，同意苏联收回千岛群岛和库页岛，并承认苏联在满洲铁路和旅顺港享有特权。这样一来，如果由苏联出兵击败了日本，一定会使苏联在亚洲的势力进一步扩大，那么，欧洲发生的冲突又将会在亚洲发生。这对美国来说，无疑是不愿接受的后果。所以，为了确保美国在亚洲的利益，美军无论如何要抢在苏军参战的8月8日之前，尽快使用原子弹，用美军的武力迫使日本投降。这其实是美军急于使用原子弹的重要意图。

所以，作为美国总统，杜鲁门自然听不进去那些劝阻使用原子弹的建议。另外，还有一个传说，在原子弹试爆成功的前一天，杜鲁门读了《珍珠港之难》，面对美军惨重的损失，杜鲁门气愤异常。他在这篇文章的许多地方用红笔划下了重重的记号，那些文字如此令他触目惊心，对日本人气愤异常：

日本零式飞机像蜜蜂般飞来，珍珠港遭到猛烈空袭，犹如火山爆发的轰响，震撼着整个港湾，烟雾弥漫着整个珍珠港的上空，火光接天。188架海军飞机被完全炸毁，159架被炸坏。"亚利桑那"号、"俄克拉荷马"号、"加利福尼亚"号战舰被炸沉，"内华达"号遭重创，"西弗吉尼亚"号拖着烈焰正在下沉。"宾夕法尼亚"号、"马里兰"号和"田纳西"号都丧失了战斗力。两艘驱逐舰葬身鱼腹，其他的巡洋舰也被炸坏，伤亡人数多达5000多人。情况真是糟透了，在我军海军史上前所未有的这场大灾难中，美国在太平洋的整条战线几乎都垮掉了。

高空轰炸机接连投下5颗炸弹，击中"亚利桑那"号，其中一颗穿过前甲板钻进了燃料储藏舱。顷刻之间，熊熊烈火燃烧起来，整个战舰笼罩在火海之中。很快，前舱的数百吨弹药被引爆了。这艘战舰好像火山一样喷出了火舌，舰上一片漆黑，烟雾滚滚，不到9分钟，这艘3万多吨的巨型军舰裂成两段，渐渐地沉入海底。舰上1500多名官兵当时几乎全部丧生，少数人游向福特岛基地，但水面油层厚达8英寸（20厘米），油很快着火了，一团团火柱有20英尺（6米）高，在水中的人无一生还。

每读到这两段文字，杜鲁门心中就是满腔怒火，他心中只有一个念头：如果日本不投降，美军必须向这个邪恶的国家投下原子弹，而且根本用不着提前发出警告。

箭已在弦，不得不发，美国政府使用原子弹的决心是如此坚决，自然不会因科学家的反对而改变。就这样，许多科学家试图阻止对日本使用原子弹的努力失败了，魔鬼最终逃出了瓶子，一旦自由，它再也不愿回去了。

六、"小男孩"施魔广岛

目标委员会确立第一个原子弹打击对象是京都，但京都悠久的传统文化使它幸免于难。广岛充当了"替罪羊"的角色，它不是替京都，而是替整个日本。蒂贝茨从来没有内疚过，他始终认为，他把原子弹投在广岛并没有错，他杀了不少人，但也拯救了更多的人。但是，在原子弹落下的那一刻，谁来拯救广岛人民呢？

（一）死刑宣判

确定哪个城市作为原子弹的第一个牺牲品是很不容易的，为此，格罗夫斯提议成立一个目标委员会，这个委员会由物理学家彭尼、数学家纽曼以及8位隶属于空军第20军的军官组成。1945年4月27日上午，目标委员会在五角大楼会议室召开了首次会议。格罗夫斯首先发言，他要求参加会议的人对原子弹要绝对保密，这个要求对这些人来说是多余的。然后他给各位空军战略专家发了一份提纲，让他们为怎样才能更有效地使用原子弹出谋划策。格罗夫斯说，至于实际使用的决定，最终由上级领导来做出。

如何才能使原子弹进行最有效的打击，每个与会者都感到很为难。因为大家不知道原子弹的威力有多大，有的说是相当于1000至5000吨TNT，有人认为只有100吨。另外，由于投弹是用瞄准镜而不是用雷达，天气因素就不得不考虑，最好是一个晴朗的天气。丹尼逊说，日本夏季的天气很糟糕，7月最多只有7天好天气，8月最多只有6天，这也许会影响轰炸。后来大家讨论的问题转移到了东京，但由于东京受到了多次空袭，几乎变成了一片废墟，不易对原子弹的效果做出评估。到了下午4时会议结束时，全体与会者就第一目标的条件达成了一个原则上的协议：这个城市人口要稠密，直径不小于5公里。初选的范围相当大，有17座城市被推荐，包括横滨、广岛、长崎和京都。

格罗夫斯最中意的目标是京都，一方面由于京都以前受到较少的空袭，这有助于评估原子弹的效果；另一方面，京都是日本的一座名城，它有1200多年的历史，城市人口约100万，市中心分布着3000座寺庙和神殿，打击京都能给日本造成巨大的震撼。

5月11日，格罗夫斯又在洛斯阿拉莫斯召集有关专家开会，进一步研究目标委员会的建议。会议首先讨论了一些意外情况，如果由于天气恶劣或者对方阻击，原子弹无法投下，那该怎么办？如蒂贝茨的轰炸机执行任务后受到损伤无法降落又该怎么办？科学家们不断对这些有可能发出的意外提出警告。如果让水渗进原子弹，将会引起爆炸；如果在同盟国领土上出现险情，必须抛下原子弹时，一定要把弹筒管道内的炸药撤除。类似的紧急情况都要有合适的应对措施，才能保证安全。

至于轰炸目标，最终减少到5个城市。空军同意将这5个城市作为核武器的打击地，不再进行大规模的常规轰炸。根据格罗夫斯个人的意见，京都被列为第一个轰炸目标。当时会议记录写道："从心理角度考虑，京都的有利条件在于它是日本的文化中心，京都人更能理解这种武器的重大意义。"广岛被列在第二，它是日本第 8 大城市，人口约 34 万。它位于本州岛、本州河口，是日本陆军的一个重要的军运港口，也是日本海军的舰队集结地。城里有当地的陆军司令部，大约驻扎军队 25000 人，他们曾是日本侵略中国山东、河南的主力部队。该城市主要集中在 4 个小岛上，军事工业也很发达。经调查，这里最近降水很少，房屋干燥易燃，地形平坦开阔，在 2000 米的半径内挤满了建筑物。河渠可以成为天然的防火道，所以也是理想的原子弹试验室。更重要一点，这里没有盟军战俘，不必担心伤到自己人。

接下去的目标是横滨和小仓兵工厂，其中小仓兵工厂是日本大型军火工厂之一，从事多种类型的武器和其他防御材料的制造。厂区约 1200 米，宽 600 米，相邻有铁路车辆厂、机械厂和发电厂。此地军事意义巨大，但政治影响不大。

最后一个是新潟，它是临日本海的一个重要港口，有炼铝厂和一个巨大的铁工厂，并有重要的炼油厂和一个油船终点站。委员会讨论原子弹在世界范围产生的影响时，京都得到大多数与会者的赞成，大家都希望原子弹一旦出世，就要在国际上产生深远的影响。与会者认为，京都人由于知识水准较高，有利于把这种国际影响发挥到最大限度。

5 月 28 日，目标委员会在五角大楼召开了最后一次会议。蒂贝茨说他的 21 名飞行员已经精简到 15 名，投弹手进行了几十次投弹演习，大部分着弹点都在目标的 150 米范围内。在不同的飞行高度也进行了演习，飞机有把握在投弹后逃离现场。

与会者研究了一大堆地图和侦察照片，发现京都又出现了一些新情况。喷漆厂已经开始转产炸药，人造纤维厂正生产硝酸纤维。火车站西部出现了一所新建的工厂，每月可生产飞机引擎 400 台。

6 月 12 日，格罗夫斯向史汀生部长汇报了目标委员会的报告。对于第一个打击目标，史汀生认为需要认真考虑。他请来日本问题专家莱肖尔教授，请他谈谈看法。莱肖尔听说京都将列为被毁灭打击的目标，激动得几乎要流下眼泪。他告诉史汀生，虽然京都集中了大量的日本战争工业，但它是日本古都，集中着日本的传统文化艺术，摧毁了京都，必然会严重损伤日本人的民族自尊心，日本将把美国永久地看成敌人，后果是不堪设想的。史汀生内心也对京都十分有好感，他在担任菲律宾总督期间，曾访问过京都，深深地被它那古老的文化所吸引。既然轰炸这座城市会引起不必要的仇恨，遗留下日后无法解决的纠纷和责任问题，他就向总统建议，不把京都作为轰炸目标。

军政首脑经过研究，又综合了各方面专家的意见，最后把广岛、小仓兵工厂、新潟、长崎作为预定的攻击目标。在选定这些目标时，主要着眼于两点：第一，能对日本军政当局产生最大的心理效果；第二，能构成对全世界，尤其是对苏联当局

世界传世藏书

的实力威慑。此外，还要考虑以下因素，携带原子弹飞机的航程、最有效地发挥原子弹的效果和目标区域内可能出现的天气情况。

杜鲁门总统批准了用原子弹袭击日本的作战计划，美国陆军部正式下达了作战命令：

美国陆军战略空军司令斯帕茨将军：

1. 第 20 航空队，509 混合大队应于 1945 年 8 月 3 日以后，在气候条件许可目击轰炸的条件下，立即在下列目标之一投掷特别炸弹：广岛、小仓、新潟和长崎。为带领陆军部派遣的军事人员和非军事的科学人员进行观察和记录炸弹的爆炸效力，应另外派飞机随同运载特种炸弹的飞机飞行。观察机应离开炸弹爆炸点数英里距离以外。

2. 在本部准备就绪时，即运去投掷于上述目标的炸弹。关于上述地区以外的其他轰炸目标，另候命令。

3. 一切发布有关对日使用武器的情报都由美国陆军部长和总统掌握。非经事先特别批准，司令官不得就这个问题发布公报或透露消息。任何新闻报道都将送到陆军部作特别检查。

4. 上述的指令是奉美国陆军部长和参谋总长指示并经他们的批准而发布的。希望由你亲自将这个指令的副本送给麦克阿瑟将军和尼米兹海军上将各一份，供他们参考。

代理参谋总长参谋团将军汉迪
1945 年 7 月 24 日

7 月 29 日，战略空军司令斯帕茨少将在关岛第 20 航空队司令部召集会议，传达了总统命令，宣布攻击目标依次是：广岛、小仓和长崎。到底将手中仅有的一枚核弹（另一枚还没有装配好）投向哪一目标，还需要根据目标区域内的天气情况临时决定。

8 月 2 日，杜鲁门结束了波茨坦会议，在返美途中，他在所乘坐的"奥古斯塔"号巡洋舰上发出了攻击命令。

（二）恶魔降临

8 月 2 日下午，蒂贝茨带着投弹手托马斯·费雷比少校，来到关岛的空军第 20 航空队司令部，向李梅将军报告。

李梅是个矮胖的将军，他把两人带到摆着地图的桌子前，俯视广岛的最新侦察照片，并问费雷比在哪儿投弹最好。费雷比指向了市中心的 T 形桥，它位于日本第二军团司令部西南。李梅同意了。

下午 3 点，执行原子弹攻击的绝密命令——"第 13 号特殊轰炸使命"出台了。命令定于 8 月 6 日实施，广岛的市内工业区再次被确认为第一目标，第二目标是小仓兵工厂，第三目标是长崎。命令强调只能目视投弹，不能动用雷达。将出动 7 架 B-29。一架预先飞往硫磺岛，随时代替"安诺拉·盖伊"号。两架为蒂贝茨护航至目标附近。一架负责摄像，另一架进行空中实验，届时投下 3 个分别带着仪器的降落伞录下爆炸后的数据，其余 3 架随航并前往各个目标测回气象情况。

8 月 4 日下午 3 点，蒂贝茨召集执行命令的 7 名机组人员开会，听取核武器专家、该炸弹设计者之一狄克·帕森斯的讲话。

"你们将要投掷的炸弹，是战争史上的新玩意儿，"帕森斯避开了会泄露机密的字眼，但显然他已汗流浃背，"它是迄今生产出的最具破坏力的武器。我们认为它会把半径 5 公里内的一切几乎全都毁灭。"话音刚落，听众中传来了一阵透不过气似的喘息。接着，他对"曼哈顿工程"做了一些简单介绍，还放映了沙漠基地有关试验的影片。放映的画面效果不佳，帕森斯平静地根据他的记忆补充描绘了沙漠试爆。大家眩晕起来，就连知道此事的蒂贝茨也惊呆了。帕森斯又交代了一些戴防护镜等注意事项，他警告飞行员，任何情况下都不要穿过蘑菇云。然后，蒂贝茨向他的机组讲话。他告诫他的手下人，到时务必戴好护目镜，并宣布新的无线电呼号为"酒窝"。

8 月 5 日下午 3 点 30 分，在"第 509 混合大队"装有空调的炸弹贮藏室里，重达 5 吨的"小男孩"被小心翼翼地放到链式吊车上，然后平稳地移落到一辆拖车上。这位"小男孩"的心脏正是"印第安纳波利斯"号巡洋舰日夜兼程，横渡重洋，以生命作代价运载而来的"不可替换物"。炸弹外壳上写着一些粉笔字，这是希望日本人以及裕仁倒霉，预祝蒂贝茨及其同伴成功的口号。

炸弹盖着防水帆布，在庄严的仪式下被送到半英里外的停机场，然后被放到一个弹坑里。负责运送的飞机被拖到它上面。这架飞机是蒂贝茨驾驶的"安诺拉·盖伊"号，是根据他母亲的名字起的，正式名称为 82 号飞机。一辆吊车把"小男孩"吊进飞机的前弹舱，用特制的缆绳将它固定。

炸弹并没有完全装配好，帕森斯目睹了许多许多飞机起飞时失事的情况，他担心这架也出这种事，这就会使整个岛被炸掉，他向法雷尔建议起飞后再装配。法雷尔连忙给华盛顿的格罗夫斯拍了一份电报："法官（帕森斯的代号）要求起飞后再装配。"格罗夫斯得到消息，大吃一惊，但他远在本土，即使反对也起不到作用了。

12 时 15 分，蒂贝茨领着手下的人来到随军牧师那里，牧师让他们低下头，为他们做动人的祈祷：

哦，永恒的上帝，万能的救世主，

希特勒法西斯已经被您扫荡。

您挥动巨臂，力挽狂澜，
墨索里尼也被您埋葬。
万能的手啊，您的孩子们，
今天正在执行一项伟大的使命：
一场为捍卫美利坚合众国，
为尽快结束战争的斗争。
主啊，祈求您给他们力量，
使他们得以胜利返航。

祈祷之后，他们到食堂吃了登机前的传统的凌晨加餐。然后，大家都回到宿舍休息。但激动的心情使他们难以入睡，有人提议玩扑克，以便消磨掉最后几个小时。

凌晨1点37分，三架气象侦察机首先从北机场不同的跑道上同时起飞。

23分钟后，"安诺拉·盖伊"号和两架护航机的机组人员乘车刚抵达起飞地点，便被弧光灯、泛光灯、发电机、摄像机、摄影师、电影导演以及到处乱窜的摄影记者们围了个水泄不通。这是格罗夫斯将军计划中富于意义的环节之一，他要把起飞的历史场面记录下来。有些科学家对格罗夫斯的这种安排十分不满，在他们看来，那场面就像毒品店开张一样。

2点20分，最后一张合影拍完。每个人尽力掩饰内心的紧张和不安，露出满面笑容，装出一副轻松愉快的样子。蒂贝茨机组12个人一个接一个地爬上舷梯，钻进前舱门。然而就在这一刻，格罗夫斯的助手法雷尔将军发现狄克·帕森斯忘带了一件东西："你的枪呢？"

狄克于是从旁边一个人那儿借了一支手枪，插在腰带上，转身爬上飞机。除了每人必须带枪外，蒂贝茨飞行服的口袋里还预备着一只小金属盒，里面装有12粒氰化物胶囊。上司命令他们若遇不测，可以从"用手枪"或"用毒药"两种方式中选用一种方式自杀。

凌晨2点27分，北提尼安指挥塔向"安诺拉·盖伊"号发出滑行和起飞命令："酒窝82，北提尼安指挥塔命令沿A跑道向东起飞。"

凌晨2点45分，（东京时间8月6日凌晨1点45分，华盛顿时间8月5日上午11点45分），蒂贝茨扭转头向副驾驶员罗伯特·刘易斯上尉说："出发！"

"安诺拉·盖伊"号严重超载，其中包括32000升的汽油。飞机在洒了汽油的跑道上异常费劲地向前滑行。眼下滑行距离已经超过了跑道长度的2/3，可速度依然很慢。机组人员面面相觑。

"飞机太重了！"罗伯特上尉叫道，"拉起来——快！"

蒂贝茨上校不声不响。他在让飞机继续滑行。向前，再向前……眼看跑道将尽，大地快要消失了……就在眼前出现空旷海洋的一刹那，蒂贝茨将飞机拉了起来。

法雷尔将军在指挥塔上惊出了一身冷汗，心怦怦直跳："啊，我从未见过飞机需要这么长跑道，我真以为蒂贝茨飞不起来了。"

凌晨3点，"安诺拉·盖伊"已升到了1500米的高度。机组的新成员帕森斯上校来到蒂贝茨背后，拍拍他的肩膀说："开始吧。"蒂贝茨点点头。

帕森斯带着助手杰普森上尉来到弹舱，他从口袋里摸出1张有11项检验项目的清单，让杰普森举着电筒，开始一项项进行检查，并安装原子弹上仅剩的几个关键部件。杰普森将工具一件件递给他，那情形真像是在飞机上进行一次外科手术。

3点15分，帕森斯开始向"小男孩"中装填炸药，并连接了起爆管，接着他又装上了装甲钢板和尾板。但他留了一个至关重要的电路特意没有接上。为了保险，他准备将这一工作留到投掷前再做。

东京时间4点55分，两架护航机加入了"安诺拉·盖伊"号的行列，蒂贝茨成为V形编队之刀尖。然而到底要对3个目标城市（广岛、小仓、长崎）中的哪一个投弹，谁也不知道，大家都感到了一种紧张的气氛。

在飞过本州海岸时，天气情况很好。蒂贝茨冷静地把飞机拉平，向着广岛方向飞去。这时，再次收到气象侦察机发来的预报：广岛天气晴朗，上空能见度良好，小仓不良。

6点30分，海军上尉杰普森在弹舱将炸弹起爆装置的最后一个电路接通了。所有的准备工作全部完毕。杰普森通知了帕森斯，帕森斯通知了蒂贝茨。现在，蒂贝茨通过话筒向大家宣布："我们就要投掷世界上的第一颗原子弹了！"好几个人激动得难以喘过气来，他们还是第一次听到"原子弹"这个令人可怕的字眼儿。

8月6日7点25分，先行的伊瑟利少校的气象侦察机发来消息，他的飞机在广岛上空巡航时，没有日本飞机拦截，高炮火力也很微弱。伊瑟利报告说："所有高度上云覆盖率低于3/10。建议：优先考虑。"领航员范柯克报告说："我们已经接近广岛。"

不久，他又接着报告说临近目标。"下面是广岛。"蒂贝茨对着话筒通知大家。在薄云的空白处，他和帕森斯看到了一个城市的轮廓清晰地出现在飞机的下面。

"你同意将它作为目标吗？"蒂贝茨问。

"同意。"帕森斯答。

"各就各位，准备投弹，"蒂贝茨对着话筒宣布道，"戴上护目镜。"

8点13分30秒，投弹手费雷比开始控制飞机，他研究过目标照片上的每一个细节。现在，广岛市中心的那座T型相生桥向他的瞄准器的十字线飞快地靠近。不错，就是钢筋结构的相生桥，高达1.5米左右的石栏柱共有几十根，看上去是非常非常坚固。"对准了。"他说。

"再校对一次。"蒂贝茨像是对费雷比，又像是对其他人说，"把护目镜拿在手里，准备投弹时使用。"

8点15分17秒，炸弹舱门自动打开。投弹手叫道："炸弹投出去了！"飞机由于重量一下子减轻了5吨，顿时晃晃悠悠地向高空升去。蒂贝茨赶紧让飞机作了60度的俯冲和150度的右拐弯。原子弹正在下坠，先是自由下落，随后弹头指向目标，稳稳地掉了下去。

（三）刻骨铭心的43秒

在蒂贝茨等人看来，空中飘浮的"小男孩"像一片树叶，晃晃悠悠地朝着相生桥方向坠落。此刻，飞机已经飞出原子弹爆炸的有效杀伤范围。8时15分43秒，一道耀眼的闪光将整个飞机照亮了。尽管飞机背对着原子弹，费雷比突然感到有一束亮光穿过护目镜，好像要穿过他的眼睛，直向大脑刺来，简直难以忍受。他觉得眼睛热辣辣的，头颅有些生疼，好像塞满了辣椒。他突然发出一声惊叫，全身缩进座椅中，心怦怦跳动着。

同一时刻，范柯克发现一道强光充满了四周，把整个座舱都给湮没了。那光完全都是白中带绿的奇怪颜色，像恐怖电影中那样，真令人难以思议。一瞬间，不仅是机舱，连附近的云彩也都是这样，都笼罩上这种白中带绿的颜色。

蒂贝茨也感受到了同样的情景，由于光线太强，他什么都看不见，包括他面前的仪器，他连忙扔掉护目镜。机尾射手卡伦看见一团巨大的火球腾空而起，急骤扩散，就像有颗星星突然裂开，迎面朝他们飞来。他连忙高声发出警告。正在这时，巨大的冲击波夹杂着爆炸声，使飞机猛地向上一蹿。蒂贝茨觉得那声音有点像高射炮的爆炸声。

他高声叫道："高射炮！"

但没有烟火升起。

卡伦又叫道："又来了！"又是一阵剧烈的震动，但飞机没出现任何异常。

气浪过后，飞机掉转机头，掠过目标，开始观察。

刚开始，机组人员看见下面的广岛出现了一个白色的亮点，好像有乒乓球那么大。一转间，这个亮点就变成一个紫色的篮球，而且很快越来越大，越来越亮。它一面上升，一面发出浓烟。紧接着，一道紫色的火柱从火球中升起，迅速上升到1000米的高度，还在继续上升。很快，这根火柱大约有2100米高，远远看去，就像是一颗彗星从外层空间飞来，但它的覆盖面积比彗星要大得多，似乎半个天空都要被盖住了。这个火柱穿过灰白的薄云升到高空，又像火箭一样，呼啸着、翻滚着，穿过一切阻挡它前进的东西。烟雾和火光混在一起，像恶虎一样发出愤怒的吼叫声，整个机组的人都感到周围好像有风暴在狂啸。

火柱上升到大约 3000 米的时候，在它的顶端形成了一团硕大的蘑菇云。这团蘑菇云比火柱更活跃，里面充满了烟和火的浓白色泡沫，不停地发出嘶嘶的声音，上下翻滚着，宛如大海中的波涛。大约七八秒左右，这团蘑菇云又迅速向上飞升，一直到 24000 米高的同温层。从远处望去，它像一朵对着太阳盛开的荷花。只是外面呈奶油色，里面是玫瑰色，边缘向下弯曲着。

不足两分钟，机组人员目睹了这颗原子弹落下到爆炸的情景，当他们飞离爆炸地点之外，最后一次观察时，仍能看到黄棕色的蘑菇云在翻滚着，一浪高过一浪，一层叠过一层，惊心动魄，令人久久难以忘怀。

飞机离广岛渐渐地远了。卡伦对着录音机开始录音："烟柱腾空而起。烟柱中心通红……到处起火……数不胜数……帕森斯上校说过的那种蘑菇云出现了……"

2002 年 8 月 6 日，这是广岛原子弹爆炸 57 周年的日子，美国作家斯塔兹·特克尔对保罗·蒂贝茨做了一次访谈。特克尔时年 90 岁，蒂贝茨已经 87 岁，时隔半个多世纪，蒂贝茨对当年的情景仍记忆犹新。下面是两位老人的谈话：

广岛原子弹爆炸

斯塔兹·特克尔（以下称特）：1945 年 8 月 6 日，那是一个星期日的上午，你驾驶"安诺拉·盖伊"飞到日本广岛并扔下了原子弹，这是在战争里第一次使用原子弹。从那时起，整个世界的命运都改变了。你作为那架飞机的飞行员，事先是不是与物理学家们讨论过这种武器，比如罗伯特·奥本海默？

保罗·蒂贝茨（以下称蒂）：我到洛斯阿拉莫斯一共 3 次，每次都见到了奥本海默博士。

特：奥本海默博士对你说过原子弹的毁灭性了吗？

蒂：从没说过。

特：你最后是怎么知道它的毁灭性的？

蒂：我是从哥伦比亚大学核物理学教授诺曼·拉姆齐那里知道的。他说："我们能告诉你的关于原子弹的唯一情况就是：它的爆炸当量相当于 2 万吨 TNT 炸药。毫无疑问这是一次非常人的爆炸。"他还问我是否愿意参战。我毫不犹豫地表示愿意参战。但我不知道扔下炸弹后，接下来应该怎么做？我对奥本海默博士说："我们在欧洲和北非作战时，都是扔下炸弹后直接向前飞，这一次该怎么做呢？"他说："这次你们不能直接向前飞行，因为炸弹爆炸时你们正好在它的上方，应以正切角度立即离开你投弹的地方。"我又问："正切的角度是多少？"他回答说："从任何一方掉转150度，行动时要最大限度地离开已经爆炸的炸弹。"

特：你掉转方向需要多长时间？

蒂：我曾经反复地练习，最快时能在40到42秒的时间内完成掉转动作。当时我们在提尼安岛。气象预报说8月6日是行动的最佳日子，我们做了一切必要准备，又把一切检查一遍。格罗夫斯将军手下有一名陆军准将使用一种特殊的电传打字机专门负责与华盛顿联系，他一直在那台打字机旁边，最后他告诉华盛顿：已做好一切准备，随时可以行动。5日下午4点左右，我们做好了发发准备。总统下达可以出发的命令后，他们制订了投弹的时间，即上午9点15分。这个时间是提尼岛时间，比日本晚一个小时。我让领航员计算一下时间，看看我们应该在什么时候出发，才能准时到达。

特：那是星期天上午。

蒂：是的，我们大约凌晨2点15分开始起飞，与其他人会合，然后飞向目标，要求不能出现任何差错。目标是轰炸的最佳地点，有河流、有桥梁和一个大神殿。

特：你们一定会选个适当的人来按投弹电钮。

蒂：我们的飞机有一个轰炸瞄准器，它和自动驾驶仪连接。投弹手把投弹位置输入瞄准器，再传送给飞机。由于投弹时会出现打不开炸弹舱门的意外情况，我们就在投弹手的座位下配备了手动的投弹装置，伸手就能拉动。此外，后面的飞机上的人员一定要知道我们何时投弹。虽然我们被通知说不能使用无线电，但我不得不使用。我告诉后面的机组人员，还剩下多长时间，让他们知道何时投下炸弹。完成飞机编队后，我对其他人说："你们知道今天要干什么吗？"他们齐声说："知道，我们要执行一次轰炸任务。"我说："对，但我们这次轰炸任务有点特别。"鲍勃·卡伦是机尾射手，他非常警觉地说："上校，我们今天是不是要投放原子弹？"我说："鲍勃，让你说对了。"然后我又告诉领航员、投弹手和随机工程师这次任务。他们仔细地听着，脸上的表情和原来相比没有任何变化。那些家伙们都不是傻。接着飞机开始下降，当我说出"还有1秒"后，飞机突然倾斜，那个1万磅重的大家伙从前面给投掷下去。我紧紧抓住操纵杆，飞机开始掉头，并保持着一定高度和空中飞行速度。等飞机平衡下来以后，我们去看那个投弹的地方，只见整个天空一片光亮，闪现着美丽蓝光和红光，非常壮观，我们一辈子都没看过这种景色。

特：当时你听到爆炸声了吗？

蒂：听到了。飞机掉头飞走之后，冲击波向我们直扑过来。机尾射手鲍勃大声喊："它过来了。"就在这时，我们都感飞机尾部受到了很大的冲击。在所有飞机上都装有加速度计，用来记录原子弹的爆炸当量。当时我们受到的冲击是2.5G。次日我们从科学家那里得知，当原子弹爆炸时，我们的飞机离爆炸中心10.5公里。

特：有蘑菇云升起吗？

蒂：我见过其他炸弹爆炸后形成的各种蘑菇云。广岛原子弹没有形成那种蘑菇云，我们把它形成的东西叫作一条细绳。它一直向上冲，漆黑漆黑地，里面有白光和灰色，顶部像折起来的圣诞树。

特：接下来发生了什么情况？

蒂：那是地狱的惨状。我记得有位历史学家说一刹那，广岛这座城市就不复存在了。这话很恰当。我们杀掉了很多人，但我们也拯救很多人。

特：回国后杜鲁门总统接见了你们。

蒂：那是1948年的事。我回到五角大楼后，参谋长卡尔·斯帕茨召见我们，等我们到了他的办公室里，杜利特尔将军也在那里，还有一位叫戴夫·希伦的上校、参谋长说："我刚刚接到总统的命令，他让我们立刻到他办公室去。"我们下了车，立即被护送到总统办公室。那里有一位黑人，他让斯帕茨坐在杜利特尔和希伦的右边，毕竟斯帕茨级别高一些，杜利特尔应该坐在他的左边。然后，这位黑人让我坐在总统桌子右边。当杜鲁门总统进来时，我们都站了起来，总统请我们坐下。接着微笑着说："斯帕茨将军，祝贺你成为空军第一位参谋长。"斯帕茨表示感谢。然后总统又对杜利特尔说："那架飞机飞行成功具有重大意义。"杜利特尔说："总统先生，这并不奇怪。"总统又对希伦说："希伦上校，你认识到空中加油的潜力，这非常有远见，总有一天我们会非常需要它。"希伦也表示感谢。然后，总统看了我足足有10秒钟，一句话也没说。后来他终于开口道："你有什么想法？"我说："总统先生，我想我只是执行了命令。"总统一拳砸在桌子上，说："你干得非常好，是我派你去的。如果有人为难你，告诉我。"

特：有人为难你吗？

蒂：没有。

特：你对此次轰炸有过想法吗？

蒂：我没有其他想法。首先，我加入空中兵团就是尽我的最大能力保卫我的祖国，这是我的信念，也是我的努力目标。其次，我有丰富的飞行经验，我知道我做得对。即使我得知自己要做的事情时，我想也没做错。我们是杀掉了很多人，但我们也拯救了更多的人。我们不必再出兵作战。

负责对轰炸效果检查的有两架飞机，一架叫"伟大艺师"号。载着年仅24岁的芝加哥大学物理学家哈罗德·阿格纽。他带着一套复杂的仪器，准备测试这次核爆炸的当量和范围。另一架编号为91，坐着圣母大学物理学家拉里·约翰斯顿博士，他带着快速实验照相机，准备用 16 毫米的彩色胶卷拍摄爆炸时的火球和烟云以及现场的破坏情况。尽管约翰斯顿博士知道这个事业是正义的，这颗炸弹拯救的人，要比可能杀死的人要多得多，但他看到原子弹从天上落下和爆炸的情景后，仍感到深深的恐惧和不安。从此以后，那可怕的原子闪光和蘑菇云，就常常从头脑中再也挥之不去。他常常觉得，它们就像凶恶的野兽，露着狰狞的面目。贪婪地注视着他。这种恐惧的感觉，多年来一直伴随着他。

（四）人间地狱

从高空俯视广岛的 43 秒，是如此惊心动魄，至于地面上发生的事，可想而知了。

8 月，广岛的夜晚异常炎热，人们经常被警报从睡梦中惊醒，大家对此已经习以为常了。每日每夜，美军飞机都在向日本投下成吨成吨的炸弹。但是，广岛始终幸免，没有遭到破坏。有人猜测由于广岛向美国移民比较多，所以美国人对广岛比较友好。还有人说，杜鲁门的一位远房姑妈正住在广岛，所以美国总统特意关照不要轰炸这个城市。因此，广岛一些人并不太仇视那些常常飞过头顶的美国飞机，甚至还把美国的 B-29 轰炸飞机亲切地称为 "B 君"。

8 月 6 日这天早晨，广岛人和往常一样，该上学的上学，该上班的上班。8 点左右，当防空警报响起时，许多只是抬头看看天，一点也没有感到惊慌。

当原子弹落下时，不少人都看见，从高空的 B-29 轰炸机上掉出来个纸屑般大小的白点。又过了一会儿，人们觉得那似乎是个降落伞，没有人会想到它是威力无比的毁灭性炸弹。一个叫田中的日本人，这时候甚至还朝 "小男孩" 伸出双臂，嘴里喊着："你好，天使！"

又是一个巧合，在 "小男孩" 蓝色的铅皮上，还确实有一个 "天使"，那是一张驰名全球的女电影明星丽塔·海沃丝的玉照，不知是哪位美军人员想搞个恶作剧而贴上去的。

但接下来人们才明白，这不是上帝派来的给人们带来幸福的天使，而是魔鬼的使者。

在此之前，广岛是那么生气勃勃。天守阁、广岛大学、国泰寺、三龙公园，一个比一个美丽的地方，让人流连忘返，让人神思飞扬。在此之前，孩子们高高兴兴地走向学校，公务员匆匆地迈进机关，恋人们挽着手悠闲地散步。但 1945 年 8 月 6 日 8 点 15 分 43 秒之后，随着一道强烈的闪光，美丽的广岛变成了人间地狱。

原子弹下坠以后，没有落到 T 形相生桥上，它偏离了预先设计的弹着点 250 米，在广岛市中心岛川医院上空的 555 米的空间爆炸。

在浓浓的雾气中，广岛开始燃烧了。熊熊的烈火，从市中心一带开始，向四面扩展。火舌像一道道河流向四周流去，后面是挟带着燃烧火焰的火风。一根根粗大的火柱，旋转飞舞着向四面八方扑去。福屋百货商场、本州西部供电公司、广岛市政府，一个个大型建筑物被无情地笼罩在火海之中，火从窗口里往里冲，很快就钻进去。不一会儿，一幢大楼就被吞没了。火焰就像飞鸟一样，从这幢楼飞向那幢楼，从这条街飞向那条街。到处都是黑烟，到处都是烧焦的气味。

火海中一切都是那么触目惊心。从横川车站到三龙公园，马路仅仅有100多米长，但躺了90多具尸体。有一对男女被烧得焦黑，但他们的手紧紧地握着。还有一具尸体面部的器官都烧掉了，看起来像个骷髅。还有一具尸体的手向前伸着，似乎想逃出火海。

岛川医院成了原子弹爆炸的中心地带，医院庭院的地面与爆炸空间正好是一个直角，成为广岛死亡世界的焦点轴心。在距爆炸中心450米的范围里，88%的人当场死亡或在当天死去。剩下的12%，大多数在几个星期内或几个月内也相继丧命。

T形相生桥长120米，桥身虽然未被炸断，但两侧的石栏杆都一根根掉进河里，混凝土的桥面就像海洋中的波浪一样隆起了皱纹。

在横川车站上，电线杆都被烧焦了，乱七八糟地倒在那里。与车站相连的房屋，也几乎全倒塌了。瓦砾堆中，压着数不清的人。呼喊声、呻吟声显得那么尖锐而刺耳，仿佛地狱中所有的冤魂都在号叫一样。

三菱银行高五层，是一座钢筋混凝土结构。第5层完全被掀掉了，第4层情况好一些，还有一些残垣断壁倒在地上。下面3层也受到破坏，楼前都是弯曲的钢筋和光秃秃的柱子。据资料记载，当时有一名职员正坐在银行门前的花岗岩石阶上，原子弹爆炸时，这些石阶也被炸开了一道缝。在几千万度的高温下，这个职员被烧得变成了气体，无影无踪，只在石阶上留下一个暗影。这块石阶战后被保存在博物馆，直到现在，石阶上的人影依然可以清晰地看到。

天守阁位于护城河畔天守台上，高大庄严，雄伟壮丽。据后来广岛人传说，它被原子弹爆炸时产生的狂风吹了起来，就像沙漠中的海市蜃楼一样耸立在空中。它被刮往东南方向，一直刮了100多米。其实，真实的情况是，天守阁在爆炸中一下子倒塌了。它落在相距100多米远的对面沟里，完全失去了往日的风采，变成了一堆碎瓦烂砖。

广岛第一中学的教学大楼，也在这一瞬间完全倒塌。门窗被烧成了木炭，混在一堆砖瓦之间，好像一个大垃圾场。在教学楼的旁边，有一个大水池，是消防用的。池边有400多人躺在周围，他们大多数都趴在池边死去了。据推测，许多人在爆炸发生后，在热浪驱赶下来到水池边，被迫趴下来，但一趴下就再也站不起来了。他们的衣服都被烧焦了，骨肉毛发也都被烧焦了，仅仅从乳房和阴部这些部位的形状，才能辨别出是男是女。有的已经变成了木炭，连性别也无法分出。

离爆炸中心较远的御幸桥，北边的栏杆很规则地并排倒在桥上，而南边的栏杆都掉到河里去了。这些栏杆都是花岗石做的，柱顶都蹲着一个石狮子，应该说很坚固了，但它们好像是用纸糊的，一吹就飞了。桥下漂着数不尽的尸体，有的躺着，有的趴着，有的拉着手。他们的衣服好像都被烧焦了，看起来好像半裸着一样。显然，他们也是被热浪烧伤，然后倒在河里的。

崛部克子是木川小学的老师。木川小学在岛川医院的西北方，相隔200米学校定于8时30分召开全体教师会议，由于担心堵车，克子就乘早班无轨电车来到学校踏进校门，克子看看手表，离会议还有15分钟。她松了一口气，正想在办公室桌前坐下，突然有一片朦胧的蓝光闪过，她什么都没有听见，只感到窗子飞了，玻璃碎片四处散开，划破了她的头皮、前额、左臂。以前的防空训练告诉她，这时候应该护住头部，但她早忘记了，她一下子倒在办公桌底下，双手掩住眼睛，大拇指塞进耳朵。

克子很幸运，由于这座楼是厚厚的钢筋混凝土建筑，她没有受到致命的辐射，也没有受到烧伤。当她清醒一些后，看到屋子里的东西完全破坏了，就不敢再待在屋里。刚冲出学校，她立即被裹进一片浓厚、翻滚的黑色尘埃之中。她发现7个小孩正躺在地上哭喊着妈妈，他们正在这里捉迷藏，却找不到一片安全的地方。孩子们身上到处流血，衣服成了碎片，大块大块的皮肤从身上耷拉下来。孩子们由于剧痛，大声哭喊着，克子连忙拉起他们，越过那些变成瓦砾的建筑物，朝木安川河方向艰难走去。路只有几十米，在以前几分钟就走到了，但今天却显得那么漫长，似乎永无尽头。最后，克子带着孩子爬上了河堤，汇入了一股推推搡搡奔向河水求生的人流之中。人们都在拥挤着，孩子们也与她走失了。从此，她再没有见到他们。

克子眼前的这条河，河水平时那么清凉，此时似乎也被点燃了。河面上充斥着燃烧的建筑残骸，还有从附近储木场漂下来的浮木。有些人跳到河里，但生命已经终结了，尸体仍冒着黑烟，远远看去，河水好像一个火炉一样。但人们仍争相跳到河里，当然，已经说不清这些人是跳下去的还是被推下去的。灾难中的人们，衣不蔽体，拥挤在一起，满脸焦黑，浑身流血，不知该走向哪里。多数人都把双臂平着伸直，胳膊肘朝外，他们觉得抬高胳膊可以避免摩擦伤口，减轻灼伤的疼痛。克子看到，周围的大多数人由于烧伤，脸庞和身体都古怪地膨胀起来。不断有人死去，克子也感到身体开始剧痛，并不停地呕出一种奇特的黄色黏液，脸上、衣裤上溅满了血污。她困在逃难的人群中间，寸步难行。只觉得整个广岛，整个日本，整个世界，都在走向毁灭。

伊藤荣是一位家庭主妇，这年34岁，她爱自己的祖国，也相信政府从事的战争是正义的。这天清晨，她自愿参加建立防火线的劳动。做这些事时，她很高兴，因为她能和男人一样，为战争做点事了。突然，一道蓝光闪过，她的右肩着火了。紧接着，天空变得昏暗起来，那些还没来得及拆除的房屋立刻倒了，她也被埋在废墟里，费了好大劲，她终于爬了出来。四处都是"救命"的呼喊声，伊藤荣连忙把身旁这些埋在废墟中的人一个一个往外拉。

一会儿，下起雨来了。雨点是黑色的，像是污油一样，落在衣服上都是斑点，不过谁也没注意到。当烟雾散去，那个熟悉的城市已经消失得无影无踪，到处都是瓦砾。伊藤荣向远处的鹤见桥望去，看不见一座耸立的建筑，只有一条条逃难的人流向河边涌去。她感到很困惑，真是怪事，整个城市一下子被炸平了，这肯定是颗新式的炸弹。

25岁的森下文子是一家炮弹工厂的检验员，表面看来，她没受到什么创伤。上午10点，她和姐姐一家人搀扶着向鹤见桥走去。他们离爆炸中心约1000米，当住房倒塌后，他们就随着人流向桥边跑。这座桥通向近郊的伊士山，山上没有起火。桥边的人不再往河里跳了，河水虽然能够减轻灼痛，但河面上到处是漂浮的死尸。森下文子本想到河里凉快一下，但又感到很恶心，就随着人流向伊士山艰难地走去。她以为自己很幸运，不像周围那些人，大都被烧得面目全非。另外，她的腰带上还缠着5000元现款。为了预防空袭，政府曾号召大家都准备这样的腰带，但没有几个人像文子这样做，所以她一下子就成了富人但她想象不到，她和周围这些逃难的人其实是一样的，几周或几个月后，他们都成为原子辐射的牺牲品。

15岁的寺前妙子是位电话接线员，她工作的电话大楼离爆炸点只有600米。蓝光闪过的那一刻，她刚戴上耳机和话筒，装有电话器材的盒子突然掉了下来，砸在她的身上。她爬到楼梯口，见到楼道阶梯上到处都是同事们的尸体，把路都堵住了，她只好从窗台爬了出去。她的左眼什么也看不见，右脸和右臂鲜血直流，但她却感觉不到什么疼痛。大街上挤满了逃避大火的人群，她看到一个十米岁的小男孩呼唤着一个小女孩："麻子！麻子！你不能死！"但那个小女孩再也没有回应了，下午，妙子艰难地来到了伊土山的山腰，她的脸肿得很厉害，只剩下右眼一道窄窄的缝来看东西。在一个临时急救站门前，一队长长的伤员在等待救护，还有人在尖叫，"水，水！给我点儿水"，"杀了我，请杀了我吧！"队列中，妙子不知等了多久，她的眼睛终于肿得什么也看不见了，只觉得有人在用针帮她缝合伤口，但却不给她打麻醉，妙子疼得直哆嗦。绷带整个地包住了她的脸，只露了两个鼻孔和一张嘴。

34岁的冲本常男是一位会计师，在市郊上班他家离爆炸中心仅仅150米，但幸免于难。因为他的自行车车胎前一天破了，8月6日这天，他不得不一大早离家去上班。原子弹爆炸时，他已经到了离市中心16公里的广岛火车站，刚刚登上一列火车。几个旅客被抛向空中，落下以后压在他的身上。他爬起来时，背上净是血，血是别人的，他因为被别人压着而没有受伤。他先是惊恐地随着人群向北逃去，后来又转向西南方向，平静之后，他决定回家看看妻子是否还活着。早上逃难时，到处都是人，而返回的路上，几乎就他一个人。市区到处是燃烧的大火，街道两边遍布着已经烧焦的尸体，越接近市区，越感到热不可耐。后来他热得再也走不动了，只能换一条道。在路过广播电台时，他看到一辆有轨电车，车中挤满了人，个个都站立着，可是都死了。夜幕降临了，广岛犹如炼狱，犹如火的世界。冲本望着全城的熊熊烈火，感到妻子生存的希望太小了。在广岛市东部和爆炸中心地区，火光都是赤色的，而市西一带，却是蓝色的火光。在那里，幸存的人们正在用汽油成群地焚化尸体。第二天上午 10 点，冲本终于回到了家中，然而，迎接他的再也不是温柔的妻子，而是一片灰烬和妻子烧焦的头颅。冲本没有流泪，这类惨况在短短两天已经见得太多了。他把妻子的头颅装进一个防空兜帽里，带到郊区他父母亲的家，在那里，他把妻子的头火化了。

原子弹的威力太大了，在它落下的一刹那，已经注定这个恶魔脱离了美国人的控制。它要伤人时，不再仅仅指向日本人，也包括在它魔力范围内的所有美国人！

一旦明白这场惨剧是美国人的杰作，日本人愤怒的情绪就开始指向这些可恶的西方人。任何一个美国人，都被日本人看成元凶，都应受到最严厉的处罚。18 岁的矶子玉越过相生桥去寻找她 16 岁的妹妹时，她就看到了这样的场景，一名高大的穿着美国军服的人被绑在桥东头的一根石柱上，周围是愤怒的日本老百姓，一边叫喊，一边往他身上掷石块。不用说。这个可怜的美国俘虏虽然没有立刻丧命在最先进的武器之下，但无疑要被最原始的武器杀死了。

格罗夫斯曾设想广岛没有美国的俘虏，事实上，投放原子弹时，广岛有 23 名美国战俘。爆炸后的两个星期内，在广岛，或许感到最恐怖的不是当地人，甚至不是日本人，而是 10 名美国 B-29 飞机机组的战俘。8 月 8 日，这架飞机在执行轰炸任务时被迫降在日本邻近的海域，机组人员在救生筏里度过了一周，后来被日本渔船捕获。8 月 17 日，战俘被送到广岛。

当时，他们眼睛上都蒙着布，手脚被牢牢捆在一起，躺在城东练兵场的草地上。在他们周围，围满了愤怒的人群，他们想把对美国人的仇恨都发泄到这些美军战俘身上。哪个战俘只要有任何动作，都会招来毒打。为他们当翻译的是军事警官福井伸一上尉，他在美国留过学，对美国有些好感，所以保护了他们。当那些围观的日本渔民准备了一块大砧板，要在上面切下美军俘虏的头时，福井出面阻止了他们的疯狂行动。他将俘虏押上一辆卡车，并对人群大声喊道："我是负责他们的人！"人们只好让卡车开走．一路上，福井不停地大讲投放这种超级炸弹是多么不人道。

当车开到广岛火车站时，福井让司机停下，把战俘的遮眼布拿了下来。"看看你们干了些什么！"他愤怒地叫道，"一颗炸弹！就一颗炸弹！"这些美国俘虏面无表情地坐在卡车里，穿过市区。"那真是一次可怕的行程，"机组报话员马丁塞普夫后来回忆说，"看不见一幢立着的房屋，任何物体都不会移动，狗啊猫啊也都消失了。空气中充满了一股烧焦头发的奇怪气味。没有任何声音，只听到福井愤怒地叫喊：一颗炸弹！就一颗炸弹！"

到了城郊时，卡车再度停下，又有两名美国战俘也被送上车。他们是来自马萨诸塞州罗威尔地区的海军飞行员诺曼·布里斯特和肯塔基州考宾地区的空军中士拉尔夫·尼尔。看起来他俩身体状况真是糟糕透顶，不断地呕吐，仿佛正在经受着巨大的疼痛。B-29雷达军官斯坦利·莱纹后来回忆说："我永远也忘不了当时的情景，从他俩的嘴里和耳朵里，不停地流出黏黏的可怕的绿色液体。"

这两名幸存的美军俘虏说，8月6日，他们与另外21名美国飞行员被关押在广岛。他们只记得发生了一次大爆炸，然后大火开始燃烧，当时他们两人跳进了一个污水池，所以保住了性命。这些人都没听说过原子弹，卡车上其他的人也不知道，他们只对这次爆炸感到万分惊讶。当然，他们还不知道，这两位俘虏的症状正是致命的核辐射中毒的反应。当天晚上，这群战俘被监禁在一个日本军营的囚室里。那两名经历广岛爆炸的俘虏开始感到疼痛难忍，他们不停地尖声叫喊着。看守的日本人实在不耐烦了，就把一只急救箱送给B-29机组人员，他们马上为这两个人注射了吗啡，但吗啡也不管用。

俘虏们要求为他们想想办法，医生请来了，但他愤怒地说："我想听听你们有什么办法，炸弹是你们投的，我能想出什么办法。"

整个夜晚，两个垂死的人在痛苦中叫喊着。"他们祈求我们，用枪把他们打死吧，快点结束所受的痛苦，"莱纹回忆说，"但不到天亮，他们就死了。"

E·索耶，也是广岛美国战俘营中的一个战俘，也是幸存者之一。他在一篇题为《原子弹落下那一天》的回忆录中说，"爆炸发生那天，一片混乱，日本兵都忙着挖掘砖瓦堆寻找幸存者，他们也忙着搜寻其他战俘。他看到一堵烧黑了的墙壁，墙上有个灰色的人身轮廓，看来像幽灵似的。"他判断说："这个人在爆炸时一定是靠墙站着的。"索耶觉得很恶心，在仓库那儿，他们找到了另外几个战俘的尸体。有两个倒在地上，第三个仍坐着，眼睛睁得大大的，但眼珠好像慢慢化成蜡状液汁，从肿胀发红的脸上慢慢流下来。许久许久，他们都惊讶得说不出话来。

在广岛，还有大约3200名日籍美国人，弗洛伦斯·加妮特就是第二代日籍美国人之一。原子弹投放前，她在广岛与祖父祖母居住在一起。加妮特的父亲在洛杉矶经商，希望女儿在日本接受教育，但加妮特却不愿意待在日本。她思念美国，时常梦见汉堡包和热狗。她并不喜欢这里的教育，有时因为和男孩子说说话，就会遭到批评。在当地老师看来，本分的女孩子在这里是不和男孩接触的。另外，她不得不参加防御训练，常常挥舞竹制的长矛。她请老师不让她参加这些训练，但老师不答应。在爆炸当天，加妮特幸免于难，但她不停地呕吐、腹泻，身体极度虚弱，天上落下的黑雨弄得她满身污浊。她最后终于找到了祖父和祖母的尸骨。她把他们放到一堆木头和报纸上面。这时来了一名士兵，帮她完成了火化。

在爆炸中心，温度高达亿度，爆炸中心的许多人在一瞬间消失得无影无踪，他们幸存的亲属始终以为他们只是失踪了。更多的人在一刹那之间被炸得粉碎，以至于寻找残骸都不可能。无奈之中，死难者的亲属只好就地捧起一把灰土，权当祭奠的亡灵。没受伤的人希望找到自己的亲属，受伤的人，更渴望与亲人团聚，在灾难面前，他们这种希望更加迫切。

8月7日，爆炸发生后的第二天，惊恐逃离广岛的市民开始返回家园，希望能找到自己的亲属。其中一人是四年级学生山崎进，他今年才10岁。山崎进家住城东练兵场附近，他最大的爱好就是看那些士兵们在操练，希望有一天自己也能加入他们的行列。此时此刻，他随着人流又向城中走去，希望能找到失散的母亲。他母亲在房屋拆迁队工作，8月6日一大早就出了家门。山崎进像往常一样待在家里，哄年幼的妹妹玩。他在没有任何准备的情况下就被埋在碎石瓦砾之中。他挣扎着爬出来，看到一幅非常奇怪的情景。房屋只剩下一个空架子，成群的人穿着破烂的衣服匆匆走着。一个不知名的妇女带着他，走到了城外。8月7日清晨，山崎进回到家中，却看到那熟悉的房屋已经荡然无存。他来到练兵场，只见四处都是堆得很高的尸体，场地上燃起了大火，许多尸体被扔进火里。整个练兵场挤满了烧伤的人群，许多人不停地呻吟，希望能得到一点水，渐渐地，他们的声音越来越小，最后再也不说话了。

山崎进在这些伤者和死者中间慢慢地走着，希望能看到自己的母亲。死人的面孔都变了形，为了辨认，他不得不凑近这些死者的脸。突然，他看到一个女人，像是自己的母亲，就赶忙跑了过去。真是的，往日慈祥的面容充满了伤痕，浮肿得很厉害。在母亲怀中，他的小妹妹已经快要死了。山崎进忍不住哭了起来，不久他止住了泪水，他觉得应该肩负起家庭的责任他跑到一位熟人家，借来一辆手推车，把母亲扶上车，离开了这个练兵场。在别人帮助下，他们制成了一个小棺材，把妹妹放进去，又运到一个临时的露天火葬场去火化

后来他向别人讨来一瓶椰子油，抹在母亲的伤处，再用布把伤口裹起来，就这样，他每天不停地为母亲换洗绷带，抹椰子油。他们每天的食物是发霉的红薯，后来红薯吃完了，就吃红薯叶。不久，母亲的头发开始脱落，山崎进吓坏了，他以为母亲要死了。周围很多人都是这样，先是头发掉完，然后就死了。但他们最后幸存下来。

红十字医院是广岛最大的医院，有400张床位，在医院走廊的墙壁上，许多人

用鲜血写下自己的名字，希望能被亲人看到。在河里行驶的小船上，大多挑着白色的小旗，上面也写满了名字，都希望被亲人发现。许多人为了找到亲人，不惜跑遍全城，每到一处，都要仔细辨认那些面目全非的尸体，见到受伤者，也都走上去询问。仓本完治找了几天，也没找到父亲的尸体，后来他想起父亲身上常带一个老式大怀表，就不再看尸体的脸，而是不停地搜他们的口袋。就这样找了两个星期，仍没有结果。

有一家公司，爆炸发生时工人全部遇难。公司经理把死者火化后，骨灰放在一个大盒子里，当工人亲属来询问时，他就让他们领走一小撮骨灰。后来，他又把死者们的手表、皮带扣等物品，摆在公司门口，让人来认领。

东京当局很快就意识到，8月6日，广岛发生了一件灾难性的事件，但没人能确定这个事件的性质。早上8点16分刚过，日本广播协会的一名调控员发现，连接广岛广播电台的电话线路中断。几分钟后，东京铁路信号中心发往广岛的电报也被切断。不久，驻大阪的军事通信中央指挥部发现，与广岛的一切军事通信全部失灵。东京政府开始怀疑广岛变成了一座死城，但11点20分，那个骑着自行车冲进广岛的同盟社记者通过一条地区电话线报告了目睹的情况。8月7日凌晨1点，美国总统杜鲁门发布一条声明，声称在广岛投放了一颗原子弹。同盟社无线监听站连忙把消息上报，陆军部决定派全日本最权威的核专家仁科前往广岛，调查此事的真相。

日本首相铃木得知原子弹的消息后，一开始怎么也不相信一枚炸弹竟然有这么大的威力。接到仁科的报告后，他十分震惊。为了避免人心动荡，国民战争意志衰退，日本政府向人民封锁了原子弹袭击的消息。

华盛顿时间比日本晚14个小时，格罗夫斯将军预计在8月5日下午1点听到"安诺拉·盖伊"飞机起飞的报告。他一大早就来到办公室，处理完当天的事务，就焦急地等待着消息。1点过去了，没有消息传来。

下午3点左右，格罗夫斯决定去做点事，来减轻这种焦虑的心情。他告诉值班军官，说要去网球场，有消息随时通知。又让另一个军官带着电话机来到网球场，每15分钟和总部通一次电话。5点，格罗夫斯回到办公室，值班军官告诉他马歇尔将军打来电话，询问任务执行情况，并关照说："不要打扰格罗夫斯，他考虑的事情太多了，希望能早点得到消息。"6点，在夫人和女儿的陪伴下，格罗夫斯来到海军俱乐部与史汀生的助手乔治·哈里森共进晚餐。他对哈里森说："前方还没有消息。"6点45分，有人叫格罗夫斯接电话，在哈里森等人的关注下，格罗夫斯拿起话筒。值班军官告诉他，"安诺拉·盖伊"飞机已按计划起飞，但没有进一步的消息。按照计划，这个时候空袭结果早就应该报告了。

格罗夫斯又回到办公室继续等待，外面房间里挤满了参谋人员，每个人都很紧张。格罗夫斯松了松领带，想营造一种轻松的气氛，但这些行动没产生任何效果。晚上11点15分，参谋总部又打来电话，代马歇尔将军询问情况。格罗夫斯心里开始有些沮丧，看来这次行动要以失败告终了。

11点30分，帕森斯上校发来电报，格罗夫斯亲自把这条电报译出，结果是"结果明确，全面成功"。顿时，胜利的呼声响彻了整个办公室。马歇尔将军立即接到了通知，他只说了一句话："非常感谢你们打来电话。"格罗夫斯这样放下心来，在办公室的一张帆布床上，他很快安然入睡。

第二天凌晨4点30分，格罗夫斯收到了发自提尼安的一份长长的电报，他和助手们一边喝着咖啡，一边欣赏这份捷报。电报说原子弹爆炸后，向空中翻滚的紫色云雾和火焰像个大蘑菇，至少有12000米高，和在新墨西哥州进行的试验相比，规模也是巨大而令人生畏的。电报没有讲到广岛的伤亡情况。

快7点的时候，马歇尔将军来到格罗夫斯的办公室。不久，空军参谋长阿诺德将军和乔治·哈里森也来了。格罗夫斯身穿整洁的军装，胡须刚刚修过，显得十分精神。他们开始轻松地讨论另一个问题，如何发布原子弹爆炸的新闻才能让日本感到恐怖，促使他们早日投降。他们一致认为，不该给日本喘息的机会。格罗夫斯应立即拟定了一份声明，由总统向外宣布。

7点45分，马歇尔将军和史汀生通了电话，史汀生同意打破封锁5年的原子弹消息，并建议总统对格罗夫斯致以最热烈的祝贺。当天上午，马歇尔邀请格罗夫斯到战争部长办公室里办公。坐在这个办公室里，格罗夫斯感到无上荣耀，参谋们不断向他请示总统声明的措辞。对于这颗原子弹对日本人造成的伤害，格罗夫斯一点也不感到内疚不安，他心里想的只是复仇，而不是文明。他考虑最多的是在菲律宾作战美军的伤亡，而不是广岛的伤亡。然而，他也意识到，总统声明的措辞应当慎重。他听取了各种不同的建议，最后决定接受战争部长助理罗伯特·罗维特的劝告。罗维特提醒格罗夫斯，空军以前曾经多次声称炸毁了柏林，但每次只能证明上次所说的是个谎言。格罗夫斯最后拟定的总统声明稿没有谈到广岛地面的伤亡情况，这些他们都不了解。重点是描述原子弹本身的强大力量。声明开始就说："16个小时前，一架美国飞机向日本重要的陆军基地广岛，投下了一颗炸弹。这个炸弹的威力超过2万吨TNT当量。"这个数字只是一个猜测，但没有人能提出证据来反驳这种猜测。

当天上午11点，白宫通知各报社，总统要发表一个重要公报。这个通知没有引起记者们的特别关注，公报太多了，许多貌似重要的公报并没太大意义，对此大家都已经习以为常。但是，当总统新闻秘书宣读公报之后，记者们这才觉察出这次新闻发布会的重要性，纷纷争抢放在门口的印好的公报，快速把这个消息通知报社。公报说：

　　16 个小时前，一架美国轰炸机在日本的重要军事基地广岛投掷了一颗炸弹，这颗炸弹的威力相当于 2 万吨 TNT。日本卑鄙地偷袭了珍珠港，挑起了太平洋战争，现已遭到数倍的报复……为了将日本人民从毁灭中挽救出来，我们于 7 月 26 日在波茨坦向日本发出了最后的通牒，但是遭到日本政府的断然拒绝。如果日本政府继续顽固不化、拒绝投降，那么有史以来从未有过的毁灭性的原子激流，将从天而降如雨般落在日本人头上。

　　此时，杜鲁门总统刚参加完波茨坦会议乘船归国，正坐在奥古斯塔号后餐厅用餐。秘书送来一张电报，写着："成功向广岛投放巨型炸弹。"总统长吁一口气，抓住这付秘书的手说："这是有史以来最伟大的一天！"不久，一名军官送来了轰炸广岛的详细电文，并告诉总统，格罗夫斯已经在华盛顿发布了一项声明。

　　杜鲁门抑制不住内心的激动，用叉子敲打着面前的玻璃杯，示意大家听他讲话他告诉大家，这颗巨型炸弹是颗原子弹。他兴奋地说："这是一次辉煌的胜利，我们胜了，"他又告诉大家："在所有的声明中，原子弹的声明最令他高兴。"

　　格罗夫斯往洛斯阿拉莫斯打电话，告诉奥本海默这个成功的消息。奥本海默听后松了一口气，他向秘书安妮·威尔逊口述了一份广播稿，宣布了这个成功的消息。威尔逊后来回忆说："听到这个消息，整个洛斯阿拉莫斯都沸腾起来，仿佛战争已经结束，我们取得了胜利。"等沸腾的气氛平静之后，奥本海默到在礼堂召开了一次会议。平时在这里召开会议，他来得很准时，而这次，他特意来得很迟，而且从礼堂后边昂首阔步进入会场，当他进入后，礼堂响起了一片欢呼声、跺脚声，还有震耳欲聋的掌声他双手举过头顶向大家致意，和大家共同庆祝这个来之不易的胜利。

　　当天夜里，又举行了庆祝舞会，但突然出现了一种很冷淡的气氛。许多人只是在闲聊，或是在沉默地喝酒。广岛破坏的情况已经传了过来，许多人渐渐变得有些不安。到了 9 点，舞会就匆匆结束了。

七、"胖子"肆虐长崎

　　把"胖子"装入弹舱的前夕，拉姆齐竟然发现有个地方的插头都是阴插头，他违反炸弹中不准用电的操作规定，直接用电烙铁把电路重新焊接，如此草率的做法竟然没有挽回的长崎的噩运。由于小山的保护，长崎的市中心没有化成一片废墟，但到过长崎的人都说。这个城市复兴的希望了。

（一）死神选择了长崎

在广岛投掷原子弹之后，美国马上发动一场对日本的宣传攻势。每隔 15 分钟，美军在塞班岛上的电台就向日本人广播一次，告诉他们投在广岛的原子弹的巨大威力，约等于 2000 架重型轰炸机携带的爆炸力。电台呼吁日本人民敦促天皇结束战争。另外，美军还印刷了大量传单，向日本 47 个人口超过 10 万人的城市散发。传单写道：

美国要求你们立即注意这份传单上所说的话。

美国已掌握人类从未有过的破坏力最大的爆炸物——原子弹。这种新型武器的爆炸力等于 2000 架 B-29 轰炸机所携带的全部炸弹的爆炸力。希望你们好好地思考一下这个可怕的事实。

我们在你们本土使用这种炸弹才刚刚开始。如果你们还有什么怀疑，请你们了解一下广岛挨炸后的情况。

在使用这种新型爆炸物摧毁你们的全部战争资源之前，我们要求你们现在就向天皇请愿，结束战争。现在就要停止抵抗。否则，我们将坚持使用这种武器。

赶快从你们的城市中疏散开！

格罗夫斯非常关注日本人的报道，但他听到的情况却有点出乎意料。那些东京的播音小姐语气依然乐观，只是轻描淡写地说："有 3 架飞机对广岛进行了常规性空袭。"并说："东京开往广岛的列车暂停运行。"除此之外，没有任何关于广岛的详细报道。看来至少在表面上，日本军事当局并没有被原子弹所吓倒。

不过格罗夫斯的疑虑很快被另一件事冲淡了。在离剑桥不远的一个英国乡村庄园里，拘禁着德国一些研究原子弹的专家，包括第一位成功将原子分裂的奥托·哈恩。8 月 6 日晚上，有人将广岛大爆炸的消息告诉了哈恩。哈恩原来不相信这件事，但这是来自美国官方的消息，所以他感到十分震惊，并感到有些沮丧。他觉得任何武器不该把妇女和儿童杀死，所以他心情极不好。下楼后，他把这一消息告诉给了其他人，包括海森堡。

哈恩说："如果美国人已经爆炸了含铀炸弹，我们实在是太无能了。"海森堡听到这个消息后，惊讶地问："他们提到这颗炸弹时，使用'铀'这个字眼了吗？"海森堡松了一口气说："既然如此，那颗炸弹便和原子无关。"

一连几个小时，这些科学家就这颗原子弹的真假和原子弹的道德问题反复争论着。一些人相信这件消息是真的，但更多人认为，美国不可能解决了那些曾经难倒过他们的许许多多技术性问题。最后哈恩说："我想海森堡的猜测是对的，美国人没有什么原子弹，他们只是讹诈。"

格罗夫斯一直命人秘密监听这些人的言谈举止，并即时向华盛顿汇报，当他读到这些监听报告时，不由得暗暗好笑。尤其是哈恩对美国保守原子弹秘密方面的赞语，令他感到很得意，哈恩说："如果他们真的造出了原子弹，那么他们在保密方面真的做得太出色了。"还有一句话是海森堡说的："我感到十分羞愧，我们这些研制原子弹的教授们，竟然连美国人是何以制成原子弹的都不知道。"格罗夫斯也感到很高兴，他觉得这是海森堡对奥本海默等科学家最高度的评价。

　　就日本政府而言，表面上风平浪静，其实，内阁成员对是否接受《波茨坦公告》一直在争论不休。首相铃木和外相东乡都主张停战，但陆相阿南和军部坚决反对。就在日本内阁一次次开会就是否停战的问题进行争论的时候，格罗夫斯决定趁日本人惊魂未定，紧接着进行第二次原子弹轰炸。格罗夫斯担心广岛原子弹爆炸会激起日本人的抵抗意志，同时又担心广岛这次轰炸会被看作是黔驴技穷，于是决定尽快使用"胖子"。目标定为小仓。

　　8月7日，杜鲁门向斯帕兹发出第二道命令："除非有特别指示，否则按原计划进行。"

　　第二颗原子弹是内爆式的钚弹，绰号叫"胖子"。最初的投掷时间计划是8月20日，后来又改为8月11日。广岛投弹成功后，格罗夫斯又催促将时间定在8月10日，他觉这样可以使日本没有时间想出对策。但根据预报，9日将是好天气，而9日以后的5天，都是坏天气，不利于投弹，这就使得情况显得更加紧迫。

　　作为工程技术人员，诺曼·拉姆齐认为9日投弹十分不合适，两天时间，很多检查程序都无法进行。但命令就是命令，他们不得不执行。于是，在炎热的夏季，拉姆齐不得不闷在炸弹库中，高速度地安装"胖子"。为了放松心情，他继续收听东京那些温柔的女播音员的广播。当报道涉及广岛所蒙受的放射性伤残和死亡情况时，他感到有些不理解。广播说，这颗炸弹是爆炸型，而非辐射型，许多人死于砸伤，这些报道使拉姆齐感到都是一些宣传骗局。但是，对另一些事情他又非常担心，据说要结束战争需要投放大约50颗原子弹，组装这些原子弹可不像建个房子那么简单，他希望奥本海默能改进这些炸弹的设计，能够确保全体工作人员的安全。

　　"胖子"结构复杂，在空中无法安装，拉姆齐就待在炸弹库中夜以继日地干着。到了8月7日，胖子的内脏部分已经组装完毕，第二天，开始组装外面部分，之后把它装到钢壳里，这时候它基本上可以上飞机了。这时候已经是深夜，组装人员都疲惫不堪，大家都准备休息了。这时，拉姆齐做了最后的检查，他突然发现在内爆球前面的点火元件和尾部的雷达原件之间，连接的地方好像不太好，似乎有什么问题。认真一看，真的，这两个地方的插头都是阴插头，根本无法连接。拉姆齐吓出了一身冷汗，顿时困意全消。他一遍又一遍地检查电路，把所有的电线连接点又重新连接，至少检查了3遍。终于他发现了问题的根源，有一处线路焊接失误，要纠正这个错误就必须把焊点重新焊接。这个时候再拆开重装可不是一件容易的事，需要全组人员都行动起来，再干上两天才能做完。拉姆齐决定冒险，不采用常规的办法，尽管条例规定不允许在组装室里存在任何能够发生热量的东西，拉姆齐还是叫来了技术员。他们从电子实验室接来一个电源插座，找来电烙铁，然后烧开电线，把插头再焊在电线的另一头。做这些事时，拉姆齐非常小心，尽量不让电烙铁碰到那个可怕的胖子。就这样，一直到第二天夜里22时，胖子才完整地躺在B-29的弹舱里。

在拉姆齐看来，如此草率地组装一颗原子弹实在不是一种科学负责的态度，特别是在提尼安基地这样的条件，飞机起飞时发生坠毁十分频繁，这架载着原子弹的飞机严重超重，出事故更是很难避免。基地司令也听说原子弹的危险性，他强烈要求拉姆齐和帕森斯签署一份声明书，保证原子弹起飞时的安全。两人都在声明书上签了字，但都感到没有把握。拉姆齐觉得根本不用担心事后被追究责任，如果发生事故，他们也会被炸上天，完全不用做任何解释，让那些官员追究鬼的责任去吧。

第2次空投任务落到了第509混合大队斯威尼机组身上。斯威尼曾率领他的机组驾驶"艺术大师"号观测飞机在广岛轰炸中担任轰炸效果观测任务。由于这次"艺术大师"号上仍保留着科学仪表，将再次当作观察机使用。斯威尼只好用另1架B-29轰炸机"鲍克斯卡"作为原子弹载机。斯威尼一次次地祷告，希望自己和保罗·蒂贝茨一样幸运。

8月9日凌晨3点47分，装着胖子的"鲍克斯卡"号B-29轰炸机起飞了，同行的还有两架观察机。这架飞机的驾驶员是查理士·斯威尼少校，轰炸员是克米特·比汉上尉，军械师是阿希沃思海军中校，电子测试员是菲利普·也恩斯中尉。这架飞机的推进器比普通飞机要长一些，有4个桨片。飞机前部像橘子，机身上印着"77"数字，据说这个数字很吉利。

起飞前，法雷尔将军得到消息，天气将会变得不好，但在格罗夫斯的催促下，他决定按原计划投弹。旁边一位海军军官在起飞前问查理士·斯威尼少校："小伙子，你知道这颗炸弹值多少钱吗？"斯威尼听说过一些原子弹的事情，他回答说："听说大约2500万美元呢，这是真的吗？"那位海军军官显得有些婆婆妈妈："当然是真的，就看你的了，别把这些钱白白扔了。"

这次轰炸目标主要是小仓，其次是长崎。为了尽可能轰炸第一目标，规定不管天气预报如何，轰炸机必须尽量靠近第一目标飞行。如果肯定第一目标不能进行目视轰炸，再飞往第二目标。负责摄影的飞机不能提前到达现场，以免使日本产生警觉。因此，需要轰炸机在经过硫磺岛前，必须和硫磺岛、提尼安岛基地联系，核实情况。如果那时不能确立目标，摄影飞机就必须把两个目标都拍摄下来。

载着胖子原子弹的是"鲍克斯卡"号轰炸机，在起飞的时候，斯威尼发现了一个严重的问题：有一个燃料泵有毛病，不能把炸弹仓油箱中的 3600 升汽油输到发动机里去，这意味着飞机可能会面临缺乏燃料的危险，而且还必须在往返途中带着这 3600 升的汽油。但命令已经下达，时间如此紧迫，来不及调换飞机，更没时间抢修。斯威尼粗略估计了一下航程，认为燃料基本够用，决定继续飞行。最后，这个身价不菲的胖子就坐着这架有毛病的飞机起飞了。

为了节省汽油，这三架飞机不再经过硫磺岛，直接向日本飞去。直到这时候，斯威尼还不知道，在预定的轰炸目标中，哪个将是受难者。也许每个城市和每个人一样，都有自己的命运，有的好些，有的差些。这次小仓和长崎的命运取决于城市上空的风，如果风能吹来一片密云，这个城市就会幸运一些，反之，就会遭殃。

9 点 9 分，3 架飞机在九州以南的屋久岛上会合，按照计划，另外 2 架提前起飞的观测和照相飞机本应在那里等候与他汇合，可他只遇到了其中 1 架。斯威尼在那里等候了 30 分钟仍不见另外 1 架的踪影，于是载着原子弹的轰炸机和另一架观测机就向小仓飞去。到达小仓上空时，他们发现情况很不好。小仓上空布满了厚厚的云层，轰炸员比汉上尉瞪大眼睛也看不到下面的情况。斯威尼驾驶着飞机，反复在上面盘旋，希望能发现一个空隙，把飞机上那个昂贵的家伙扔出去，但他们用了 45 分钟，目标仍不能出现在视野中。

当斯威尼决定再一次进入小仓上空搜寻目标时，接到无线电报务员报告：从截获的日本截击航空兵使用的频率看，可能会有战斗机升空拦截。机上一阵慌乱。斯威尼来不及与基地联系便调转机头向西南方向飞去。他决定改为轰炸长崎。离开小仓后他命令向基地发报：小仓上空无法投弹，改炸长崎。看来，命运对小仓真是关照。

10 点 28 分，飞机抵达长崎上空。在轰炸员比汉上尉看来，日本真是太小了，两个地方的天气竟没有多大差别，这里的上空也堆积着厚厚的云层。飞机仍然在上空盘旋，一遍又一遍地寻找目标。油量越来越少了，再等待下去，飞机将不能返回基地了。斯威尼对阿希沃思说："咱们总不能把这个可恶的家伙带回老家吧？"两人一致同意启用雷达搜索目标，指挥投弹。

10 点 58 分，阿希沃思启动了雷达装置，正准备投弹时，轰炸员比汉高兴地大叫说："我看到了，我看到目标了。"前方那厚厚的云雾在这时裂开了一条缝，从缝中可以清晰地看到下面的长崎。这一切显得那么不可思议，好像死神挥动了那把镰刀拨开了云雾，于是，灭顶之灾降临了。

当时，长崎居民已经从报纸上得知广岛被毁的消息，但并没有引起多少人的重视。8 月 9 日 7 点 48 分，长崎曾经拉响了一次空袭警报，但很快就解除了。大部分人依旧忙着自己的事情，当这架轰炸机飞临上空时，由于厚厚的云层，日本人连空袭警报也未发出。

11点2分，胖子脱离了弹舱，闪动着它那可怕的灰黑色身躯，从8500米的高空中落了下来。一分钟后，"胖子"在距地约500米处爆炸了。它没有被投到原定的目标点，而是投在了该目标以北2.4公里的地方，落在了两家大的三菱兵工厂中间，把这两家生产军事物资的工厂炸得粉碎。那里是浦上河流域，四周都是崎岖不平的山谷，机上人员感到有明显的冲击波。胖子爆炸的瞬间，据助理机务员弗拉上士说："我先是看到一阵可怕的闪光，紧接着便涌起了球形的烟云。"座机中每个人都感受到了炸弹的震撼。斯威尼说："我们在约13公里外，看见震波像池塘激起的水纹一样向我们的飞机冲来，震波有两次重重地打击着我们的飞机，飞机颠簸得非常厉害。"

失去联系的观察机，在大约160公里之外看到了一条黑色的烟柱迅速上升，就赶快飞了过来进行观察。但长崎上空的云层太厚了，根本拍不到一张清晰的照片。直到一星期后，才能进行清晰的观察。

返航途中，由于与提尼安基地失去通信联系，加之飞机油料不足，斯威尼和博克决定飞到冲绳紧急着陆。当长崎蘑菇烟云以惊人的速度从7000米升到14000米高空时，斯威尼少校向提尼安发出报告，"袭击长崎，效果良好"。

然而，在两个半小时之前，没有按时抵达预定集合点的霍普金斯违反无线电静默的规定，向提尼安发电询问："斯威尼已夭折了吗？"但这个电文在传输中被断章取义，传到提尼安时，却变成了"斯威尼夭折了"。这种不可宽恕的断章取义使驻提尼安的美军司令部乱成了一锅粥。法雷尔准将和他的参谋部认为前方已放弃这次突袭任务，但不知道究竟发生了什么事，飞机是否正在返航？是已将原子弹丢在海里，还是带回了提尼安？直到法雷尔准将收到斯威尼少校的袭击报告，才从两个半小时的焦虑中解脱出来。

在斯威尼飞离长崎时，距冲绳约560公里，但机上用油只剩下1600升，至多能抵达离冲绳80~120公里的海域上空。看来，他们在归途中要变成海上落汤鸡了。更糟糕的是，提尼安基地方面接到霍普金斯的那份错译的电文后，把海空救援行动取消了。斯威尼呼叫海空救援，毫无反应。面对更加严峻的形势，他只好向提尼安补发了一份较为详细的密电："目视轰炸长崎，未遭反击，技术发挥成功，目测效应与在广岛相差无几，正向冲绳返航，油料成问题。"为节约用油，他们降低飞行高度，收油门，把螺旋桨的转速从每分钟2000转降到分钟1600转。这样一来飞机每小时耗油量为1360升，直飞75分钟，勉强可飞抵冲绳机场。

离冲绳还有15分钟航程时，斯威尼开始呼叫冲绳机场4号塔台："4号塔台，4号塔台，我是酒窝77……4号，4号，我是酒窝77，MAYDAY（国际无线电遇险呼救语）！MAYDAY！"连连呼叫，对方毫无反应。

无奈，斯威尼又用无线电与附近的家岛联系，好不容易接通了，家岛塔台与冲绳塔台之间又没有直接通信联络。因为所用的无线电频率不同，家岛塔台无法及时呼叫 4 号塔台。

此时，斯威尼突然发现了前面的冲绳，再定神一瞧，机场上的车辆络绎不绝。而就在这关键时刻，他右边发动机熄火了。情况万分危急。斯威尼下令发射信号弹，红、绿两色信号弹在机身周围爆炸，可是大白天信号弹根本引不起地面人员的注意。斯威尼反复大声呼叫 4 号塔台，可是所听到的却是塔台跟其他飞机的通话。如果机场上不清除上下穿梭的飞机，他强行降落不是撞毁正起飞的飞机，就是被进场的飞机撞毁。斯威尼回头向机组人员叫嚷："发射所有该死的信号弹！快！"一瞬间，飞机上空炸开了五光十色的火花。

在这生死存亡的最后关头，斯威尼终于发现机场飞机正在火速疏散，消防车和救护车飞速开向跑道。"博克斯卡"号战机像一列失控货车，以每小时 225 公里的速度直插跑道，从跑道上颠起七八米高，又猛烈地回落到地上。当起落架再次触地时，它左外侧的发动机也熄火了。这架 65 吨重的飞机疯狂地向停在跑道边缘的一排飞机冲去。斯威尼紧紧抓住驾驶盘，用尽平生之力压住应急制动器，使飞机在跑道上减速滑行，最终将它钉死在离跑道顶端不远的地方。机舱里死一般地沉静，机上的人员全都瘫倒在椅子里。

远处警报器的尖啸打破了寂静，几秒钟后，一辆辆救护车飞驰而来。斯威尼刚打开前舱门，一个脑袋探进来问："死者和伤员在哪儿？"他幽默地指着北方的长崎回答："在那儿，背后。"在冲绳补充油料后，"鲍克斯卡"经过了 20 个小时飞行，很晚才返回提尼安岛。

（二）地下飞出的彗星

威廉·劳伦斯是美国《纽约时报》的记者，他起草了美国总统在原子弹轰炸后发布的新闻公报，也是唯一被特别挑选出来报道"曼哈顿工程"的新闻记者。在轰炸长崎的行动中，他有幸又被选为现场报道的记者，从而目睹了整个原子弹轰炸长崎的过程。他对这次行动做了详细报道：

他们正准备向日本本土飞去，即将对它进行轰炸。这个轰炸机群由 3 架特制的 B-29 轰炸机组成，这种轰炸机又被称为"空中堡垒"，这 3 架飞机有 2 架不携带炸弹，担任观察任务。这是 3 天中投掷的第 2 枚。这种炸弹相当于 2 万吨 TNT，爆炸力十分惊人，是名副其实的超级炸弹。当它爆炸时，看起来像个小型彗星。

他们选定了几个目标，有小仓和长崎，长崎是一个大型工业和海运中心。

两年以来，威廉目睹了这颗人造彗星的组装工作。就在昨天晚上，乌云密布，电闪雷鸣，是一个十分恶劣的天气。原子弹被小心翼翼地装上了一架空中堡垒，周围都是科学家，还有海军和陆军的代表，而威廉是唯一有幸在现场观察的记者。

B-29 轰炸机

今天，这颗原子弹就要投向日本了，它和三天前那一枚一样，也具有强大的威力。这枚炸弹最关键的部分是炸弹里的核物质，在把核物质装进炸弹之前，威廉对它进行了仔细的观察。炸弹本身并无太大危险，只有把核物质装进炸弹后，在特定的条件下，它的能量才能释放出来。这种核物质所释放的能量是十分惊人的，只要释放出一小部分，就会造成规模最大的爆炸。

子夜时，爆炸任务下达了。威廉发现，为了完成这次爆炸任务，事先进行了大量准备工作。轰炸过程中的每一个细节都被精心设计，每一个目标都在地图上详细标明。多次进行的空中侦察确保他们完成任务。随后，他们到食堂里吃饭，这是一个传统，凌晨登机前都要加餐。

吃完饭，一辆汽车把他们带到供应库，领取执行任务所需的装备，这些装备包括降落伞、氧气面罩、增压服、救生艇和急救药品等。这时离预定的起飞时间还有3个多小时，他们都来到机场上，有的站在空地上，有的坐在吉普车里，故作悠闲地谈着这次轰炸任务。

凌晨大约3点50分，机群起飞了。他们直接朝着日本飞去。夜空中黑云密布，但透过云间的空隙，偶尔能看到闪闪发光的星星。根据天气预报，在飞往日本的途中，可能会遇到暴风雨，但是，在执行任务的时候，暴风雨就会停止，那时会有一个好天气等着他们。

飞了大约一小时之后，暴风雨真的来了。周围一片黑暗，他们的飞机一会儿上升，一会儿下降，幅度不像客机那么大，所以也不是觉得很颠簸，感觉就像是坐着轮船在海洋中航行。

黑夜终于过去了，暴风雨也过去了。驾驶员把飞机拉平，向日本方向飞去。机上的仪表显示飞行高度是5200米，飞机外的温度是零下33℃。但飞机的座舱是密封的，一点也不觉得冷，就像有空调设备的房间一样，舒服极了。机舱内的气压也比较正常，没有感到任何不适。尽管如此，波克机长仍一再提醒他们把氧气面罩拿在手里，万一出现紧急情况时马上可以使用。

曙光渐渐出现了，5点50分，天就大亮了。这时，威廉发现长机不见了。领航员戈德弗雷中尉告诉他说，这是事先安排好的。9点10分，机群将在本州东南方向的屋久岛上空集合。他们的飞机在那里等待长机来到。轰炸员里维中尉走过来,邀请威廉到飞机头部透明舱里,坐在他的旁边,威廉觉得很高兴。

在他们前方,威廉看到气象飞机正在测定风向。投弹前半小时,他们将根据风向等天气因素决定轰炸哪个城市。波克机长提醒威廉说,飞机现在正在爬高,要到达最佳适合投弹的高度。

9点整,他们到达了投弹高度。9点20分,他们到达屋久岛上空。在威廉乘坐的飞机正前方,他看见了携带原子弹的"鲍克斯卡"号。这时,戈德弗雷中尉和古里上士都系上了降落伞,威廉也像他们一样把降落伞系好。

这时飞机开始盘旋,威廉看见海岸上有许多小城镇,可能是轰炸太频繁了,他们没有受到任何阻击。但第三架飞机一直没有飞来。于是他们决定不再等待,直接向目标飞去。9点56分,他们朝海岸线飞去,气象机发来了密码电报,由古里中尉翻译,电报说首要目标和次要目标的可见性均不太好。最后他们飞向了长崎。

在长崎上空,他们又盘旋了一阵子,后来终于发现云层中有个裂隙。这时是11点01分。随后,事先规定的无线电信号响了起来,大家都戴上电焊工用的护目镜,紧张地注视着担任轰炸任务的长机。在半英里外,从"鲍克斯卡"号的肚子里掉出来一个黑家伙。波克机长立即掉转机头,飞出了原子弹爆炸的有效杀伤范围。这时,他们背对着原子弹,整个座舱里充满了阳光。突然,他们感到有一股异常强烈的光芒穿过护目镜,刺得眼睛生疼,整个座舱都被这股强光湮没了。

第一次闪光之后,他们摘下了护目镜。在他们四周,充满了四射的光焰。这是一种蓝中带绿的光,把整个天空都给照亮了。一股强大冲击波向他们的座机扑过来,他们觉得飞机从头到尾都在颤动。紧接着,又发生了4次爆炸。每次爆炸都很强烈,好像有炮火从四面八方向他们的飞机射击,声音也非常大,耳朵都有些疼痛。

坐在尾舱的观察手看到,在原子弹爆炸时,从地下好像升起了一个大火球。这个火球一面上升,一面冒着浓浓的黑烟,黑烟一圈一圈地向外扩散。紧接着,又有一个紫色的火柱从中间升起,快速地上升,高达300米。当他们的飞机掉转机头,又向爆炸方向飞去时,这个紫色的火柱已经快和飞机一样高了。这时,原子弹投下去才40多秒。

眼前的情景真令人恐惧,那个火柱像一颗彗星一样飞了过来,和那些从外层空间飞来的彗星相比,它唯一不同的是从地下飞出的。它快速地穿过白色的云层,继续飞向高空。它越飞越显得变幻莫测。它好像不再是烟尘,也不再是烟与火,而仿佛是一种有生命的东西,成为宇宙间一种新的生物,这个新生物就在他们的眼前不停地展示它的魅力。

在极短的时间内,也许只是一刹那,它又变成了一个巨型柱状的东西。它的下部有 5 公里长，越往上越细，到顶部只有 1.6 公里长。它的底部是棕色的，中间是黄棕色的，顶端是白色的。在这个柱子上，似乎雕着很多可怕的图像，一个个都显得面目狰狞，对着大地露出诡异的笑容。突然，这个烟柱停止了上升的趋势，它好像突然停了下来，在它的上端出现了一团蘑菇云。整个烟柱高达 1400 米。蘑菇云比这个烟柱更加活跃，里面的烟雾翻滚，火光冲天，不断有浓白色的泡沫冒出来，随着一阵阵"嘶嘶"的声音，它一会儿向下扑去，一会儿又升向高空。它像野兽一样，愤怒地吼叫着，挣扎着。仅仅几秒钟，它就摆脱了烟柱的束缚，迅猛地向上飞去，一直飞到 2 万米的同温层高度。

在第一个蘑菇云升上去之后，又一个较小的蘑菇云从烟柱中冒了出来，好像传说中的怪物，头被砍去后，又长出了一个。升上蓝天的第一个蘑菇云很快又变成了一朵花的样子，它的巨大花瓣呈现出玫瑰色，外面是奶油色，边缘向下弯曲。

飞机渐渐远去了，当威廉他们在 300 公里外最后一次观察它时，它仍保持着这个样子。远远看去，这个五颜六色的烟柱仍在翻腾咆哮，它真像一座大山，上面布满了彩虹。在彩虹中，又有很多生命附在上面。整个烟柱一直穿过白云，像一头巨大的野兽，挺立在天地之间，不停地变大、变大。

（三）又一处人间地狱

长崎市位于中岛川和浦上川流域，以及这两条河入海口附近的长崎湾地区。海拔 200 米的丘陵地带把城市分成中岛川地区和浦上川地区。商业中心在中岛川地区，县政厅、市政厅和其他政府机构也集中在这里。浦上川地区位于南北走向的两条丘陵之间的开阔地带，从长崎湾西岸开始，向北断续排列有一大批工厂群，以及许多住宅和学校，也属于较发达的市区。

原子弹爆炸点大致在浦上川地区中央上空约 500 米高处。原子弹爆炸时，光辐射和冲击波的直接破坏主要在浦上川地区。位于市中心区的中岛川地区受到丘陵的良好保护，所以受到的破坏程度较轻一些。

和投向广岛的"小男孩"相比，"胖子"这颗原子弹的威力更大在爆炸中心 2.5 公里范围内，建筑物基本上完全被破坏。长崎从 1944 年开始，逐步建立了比较完善的防空体系。1944 年 9 月设立长崎防卫部，1945 年 2 月组建长崎县总动员警备协议会。救护体系以市医师协会为中心组建。救护部下设 22 个救护所，如新兴善国民学校、胜山国民学校、伊良林国民学校、日本红十字会长崎分会、磨屋国民学校和稻佐国民学校等，计划将 327 名主要救护人员分散在各所担任骨干并以长崎医科大学和三菱医院作为救护中心。

尽管长崎有如此完备的防御和救护能力，但由于原子弹的威力太大，长崎仍遭受了重大损失和伤亡在离爆炸中心相当远的几处地方，爆炸后一个半小时开始起火，并发生大火灾。长崎车站、县政厅、市公会堂等许多地方先后起火，大火很快又蔓延到附近的居民住宅，造成了重大伤亡。巨大的突然袭击，使防卫部基本丧失了指挥能力，很难掌握全局情况。县警备队、特别救护队、旧市区警察署、消防署和警防团等，面对巨大灾害，虽尽了最大努力，仍难以应付这种突发事件。长崎医科大学及其附属医院虽然是医疗救护中心，但由于受到巨大破坏，医生和护士伤亡惨重，无法发挥预定的功能。因此，长崎的医疗救护体系被彻底摧垮。

在距爆炸中心半径 400 米范围内，除躲在防空洞内的极少数人幸免外，其余的人及牲畜都当即死亡，最坚固的建筑物也变成了一片废墟。在中心点东南方 700 米的长崎医科大学主楼和基础医学教学楼受到破坏并被烧毁，全校的教职员工有的当即炸死，有的几天后相继死去，侥幸活下来的甚少。本科和专科的一、二年级学生共 580 名，正在听课时遭轰炸，当场炸死 414 名。带一层地下室的附属医院钢筋混凝土 3 层大楼，只剩下外部框架，内部设施全被破坏，并燃起大火，人员伤亡惨重。稍能挣扎的人，勉强爬上穴弘法的小丘，痛苦难忍地呼叫着朋友，要水喝，在此苦熬的约 300 人，次日早晨有一大半变成了僵尸。

浦上第一医院位于距爆炸中心 1.4 公里的本原小丘上，原子弹的冲击波毁坏了医院内部，并引起火灾，医疗器材和药品大半被烧毁。3 天后，幸存人员清理了废墟，开始收治伤员。

在输送大批伤员和被爆者逃离市区时，"救护列车"起了重要作用。8 月 9 日下午到午夜，就发出了 4 列火车。道尾至浦上之间的各站，如谏早、大村、川棚、早岐等都挤满了逃难者，列车每次运送人员 3500 名。许多伤员逃离长崎之后，长崎附近地方和军队的各家医院纷纷收治病人，挽回了不少人的生命。

长崎大爆炸中，幸存者的回忆同样令人触目惊心。一位年轻的船舶设计师得知轰炸的消息，急忙赶回长崎，他在回忆录中写道：

我必须过河才能到达车站。当我来到河边，走下岸到水边去，我发现河里充满了死尸。我开始在尸体上爬过去。当我爬过约 1/3 的路程时，一具死尸开始在我的重压下沉下去了，我跌进河水里，把烧伤的皮肤弄湿了。我疼得厉害。由于尸体排成的桥梁从中间断了一截，我爬不过去，不得不回到岸上来。

一个三年级的男孩说：

我感到渴得厉害，就走到河边去喝水。从上游许许多多烧黑了的尸体漂流而下。我把他们推开并喝了水。在河岸边也到处躺满了尸体。

一位美国海军军官在 9 月中旬访问了这个城市，他给妻子写了一封信，描述了这个城市被炸 1 个多月后的情况：

这个地方弥漫着一种死亡和腐烂的气味，从通常的腐尸气味到难以捉摸的恶臭，带有强烈的分解氮化物气味。总的印象是一种死寂感。这种印象超越了我们身体感官所能体验到的一切印象。这是死的绝对本质，其含义是终结，不再有复活的希望。所有这一切并不限于一个地方。它遍及城市各处，什么东西都逃脱不了它的触摸。在多数被摧毁的城市里，你可以把死者埋葬，把废墟清除，把房屋重建，那就会再有一个生气勃勃的城市了。但是人们感到这里并非如此。正像《圣经》中所提到的所多玛和格莫（它们因为人民的道德败坏而被毁于天火），这个城市看起来已经没有复兴的希望了。

和广岛一样，长崎被毁的不仅是男人、女人和数以千计的儿童，还有饭店、旅馆、洗衣房、剧团、体育俱乐部、缝纫俱乐部、男童俱乐部、女童俱乐部、爱情、树木和花草、花园、城门、墓地、庙宇和神龛、传家宝、同学、书籍、法庭、衣服、宠物、食品和市场、各种日用品和艺术品。整个社会从根基上变成了一片废墟，凡是到过长崎的人都会惊讶于原子弹这种武器的巨大威力，它能把一切东西都化为乌有。

八、苏联出兵

昔日的帝国在原子弹面前，像个巨大的肥皂泡，轻轻地一戳，一下子崩塌了，仁科建议，预防原子弹只要把入侵日本的飞机全部打下来就可以了，军部做不到。他们只有希望苏联能调停这场战争，但没有料到苏联却果断地出兵。于是日本政府只能发出抗议，说美国违反战时国际法，说苏联违反了和约。它忘记了，在和另一个国家的战争中，它已经树立了野兽的形象。面对这个比野兽更凶残的国家，谁又会讲人道呢？

（一）防不胜防

在轰炸长崎的第二天，杜鲁门总统再次发出警告，如果日本不投降，将有更多的原子弹被投下。与此同时，日本政府通过瑞士政府就美军使用新式炸弹轰炸违反战时国际法，向美国政府提出强烈抗议。抗议说："使用这种以往任何武器和投掷物都无法比拟的，具有不加区分的破坏性和残忍性的炸弹，是对人类文化的犯罪。帝国政府在以自己和全人类及人类文明的名义谴责美国政府的同时，严正要求，必须立即停止使用这种非人道的武器。"

接着，日本新闻界开始全力批判原子弹爆炸罪行的活动。国际上一些爱好和平的人士也纷纷发表声明，反对使用这种武器。在罗马，教皇对日本平民所受的伤亡表示抗议。在芝加哥，西拉德要求芝加哥大学洛克菲勒纪念教堂的神父专门为广岛和长崎的死难者做一次祈祷。在华盛顿，全美基督教堂联邦协会给杜鲁门打来电话，反对进一步使用核武器。对此，杜鲁门解释说，对于原子弹的使用，他比任何人都感到不安，但日本人对珍珠港的袭击和肆无忌惮地杀害战俘的做法，更令人感到不安，日本的残酷和野蛮已达到了令人发指的地步。对日本，无法讲公理和正义，日本人所能听懂的语言就是美国现在进行的轰炸。既然面对的是野兽，就得使出对付野兽的办法。

在华盛顿，格罗夫斯仍指示下属的工厂加快生产钚和铀。在洛斯阿拉莫斯，奥本海默仍在不停地安装原子弹。长崎投弹后不久，他们仍往提尼安岛运送原子弹的有关设备。后来，他们决定暂缓运输，因为有消息说，日本正在考虑投降。格罗夫斯和马歇尔商定，等到8月13日之前，如果日本仍不表示投降，就恢复运输。奥本海默听到这个决定，非常高兴，他们正在给第3颗原子弹填充炸药，一接到通知，就马上中断了这项工作。8月13日，格罗夫斯却不知该不该恢复原子弹的运输，马歇尔和史汀生正忙着分析日本人的意图呢。

广岛爆炸发生后，日本参谋部连忙召来仁科等核专家商量对策，希望仁科能提出有效的预防措施。仁科能有什么办法呢？他只好说："你们把出现在日本上空的每一架飞机都击落下来就可以了。"

作为日本的总参谋部，只能把这项最有效的建议当成一种梦想。用什么来击落每一架出现在日本上空的飞机呢？在中国大陆，中国人民已经发起了总进攻，日本陆军只能龟缩在碉堡或据点中，朝不保夕。在太平洋战场，多数岛屿已经失守，麦克阿瑟正逼近日本本土。除了神风敢死队运用最无赖的战术能对敌人造成一些威胁外，昔日的帝国已经没有能力保持军事上的优势了。美军飞机进出日本是那么容易，简直就像在自己的后花园散步一样随便。此时此刻，不管是东京，还是其他城市，又有哪个城市不是被炸得千疮百孔呢？而对于飞临上空的飞机，谁又能肯定它没有装上一颗原子弹呢？如果装有原子弹，广岛和长崎的悲剧显然又要重演。

但为了维持所谓"皇军的荣耀"，总参谋部要求这些了解真相的科学家保持沉默，报纸也被禁止登载关于原子弹的消息。对此，那些关注民众命运的科学家忧心忡忡。一位参加"仁方案"的日本核物理专家痛苦地回忆说：

在那个时候，我们一直受着良心的责备。在我们周围的所有人当中，只有我们知道即使是单独的一架飞机，即使它只装一颗炸弹，也会造成一场空前的大灾难。每当敌军的飞机飞来，我们的民众对此无动于衷时，我们真想对这些若无其事的人们呼喊："快跑到防空洞里去！这可能不是普通的飞机，它可能会投下特殊的炸弹！"但是，总参谋部要求我们甚至对自己的家属也要严守秘密。因此，我们只能沉默。但是，由于我们不能事先告诉我们的民众，我们的内心感到万分懊恼和羞愧。我感到是我们这些科学家背叛了他们。

日本总参谋部决定派出两个代表团来调查广岛事件的真相，一个由仁科博士率领，由核物理专家组成，另一个以军事人员为主。8月7日下午，两个代表团飞往广岛。但仁科代表团所乘坐的飞机在半途出现了故障，不得不返回修理。当晚，仁科坐在理科研究所的办公室里，心情十分沉重。他留下了一封信：

如果杜鲁门的声明是真的，我想，作为仁科工程的负责人，我应该剖腹自杀。自杀的时间等从广岛返回后再确定。的确，美国和英国的研究人员赢得了一次伟大胜利，他们走在了日本人的前面……他们的性格比我们要优秀。

道格拉斯·麦克阿瑟

第二天一大早，仁科就来到机场，但那架运输机还没修好。政府对这个代表团好像不太热心，直到下午，代表团的一名成员才说服驾驶员，用一架运送弹药的运输机把他们运往广岛。

仁科听说广岛已经停电，就携带一台盖革计数器。他对助手们说："不需要更多的仪器，从广岛的破坏情况和当地人的伤残情况就可以说明问题。辐射造成烧伤和其他烧伤不同，高温可能使铁轨熔化，伤员的白血球会显著下降。"下午，仁科代表团来到广岛上空，从飞机上仁科看到，这座昔日繁华的城市已经变成了烟雾弥漫的废墟，他的判断完全被证实了。当他们在吉岛机场降落后，受伤的士兵向他们描述了爆炸的瞬间情景，一切都毫无疑问，广岛受到了原子弹的攻击。当晚，代表团向东京陆军总部发出电报，汇报了调查团的结论。

尽管仁科对原子弹造成的恶果感到震惊，但他表面上显得十分沉静，也没有停止工作。他带领全组人员积极工作，在废墟进行各种测量和考察。在距离爆炸中心约200米的半径内，所有屋顶上的瓦全被烧融了0.1毫米，根据这一事实，他大致估算了当时的温度。由于原子弹发出的光线太强烈了，周围的一切都褪色了，而且所有的东西都被烧坏了，只在木板墙上留下了人体和各种东西的影子。通过这些影子，他们估算出炸弹在爆炸时的高度。他们还提取了爆炸中心的土样，以便在返回东京的试验室后测定它的放射强度。

以防卫厅第二署署长正藏有末为首的调查团主要由日本军官组成，他们比仁科代表团早一天到达，这些狂热的军国分子都希望这是一颗普通炸弹，以免动摇战争的决心。他们一下飞机，一位高级军官就来迎接他们。这个军官脸被烧伤了，看起来很厉害。但他指着伤处对正藏有末报告说："被烧坏的都是露到外面的东西，只要稍微遮盖点儿东西，就不会有事的。因此，对付这种炸弹不能说没有防御的办法。"

8月10日，日本的各种调查团集中起来，对这个灾难事件的整个过程进行分析。在座的大多数人确信美国人投下的真是原子弹，但仍有人不相信。一位海军学校的教练员说，美国人用的是另一种类型的炸弹，这种炸弹含有液态空气。仁科发言时，他首先叙述了日本在原子弹研究的发展情况，然后强调自己亲自参加过这项工作，并确认这就是原子弹造成的后果。

为了避免平民的伤亡，一些科学家不断呼吁日本政府放弃法西斯政策，选择和平的道路。在轰炸长崎前，阿尔瓦雷斯和莫里森等人写了一封信，敦促日本结束战争。信被抄写了3份，牢牢地系在3个测量仪表上，随同仪表被投到长崎。信是写给坂田教授的，战前坂田曾在伯克利辐射试验室工作，是日本著名的核物理专家。信的内容如下：

我们将这封信交给您，并恳请您利用您的威望使日本总参谋部认识到，如果战争仍将继续下去的话，会有多么可怕的后果降临到普通民众的头上。您很清楚，一旦掌握了这种技术，造出更多的原子弹并不困难。现在，我们已经建成了各种必需的工厂，生产了大量的原子弹材料。一旦这些工厂的产品在日本上空爆炸，会造成怎样的后果。仅仅在3个星期的时间内，我们就在美国沙漠上进行了一次原子弹试爆，在广岛投下了第二颗，今天，又将扔第三颗。

我们恳请您用这些事实向您的领导人说明利害，并尽力让那些领导人不要再继续破坏和杀伤人命。这场战争如果继续下去，唯一的结果就是日本各城市彻底毁灭。作为科学家，辉煌的科学发现被这样利用，我们都感到很遗憾。但我们可以告诉您，如果日本不投降的话，那么原子弹就会像雨点一样落下来，会越来越大。

长崎原子弹爆炸后，这封信有一封被拾到了，被交给日本海军侦察部，后来被转到坂田教授手中。至于在促使日本投降中起没起作用，没有人知道。

（二）苏联参战

日本拒不投降，一个重要原因是希望苏联进行调停。裕仁天皇曾不断召见铃木首相，询问莫斯科方面为什么没有结果。东乡外相也一再给莫斯科的佐藤大使发电报说："此事延误一天可能造成千古遗恨，请速洽莫洛托夫。"对佐藤会见莫洛托夫的要求，苏联方面一再表示无法做出肯定的答复，一切要等苏联外交人民委员莫洛托夫才能做出决定。但莫洛托夫告诉日本驻苏大使佐藤说，因为日本仍在进行战争，拒绝接受《波茨坦公告》，所以日本请求苏联调解远东战争的建议没有希望。

日本人并不知道，不但指望苏联调停没有任何希望，而且在雅尔塔会议上，苏联已经答应，在德国投降及欧战结束两个月或3个月内，参加对日作战。苏联不但不会调停，还要在背后向日本猛刺一刀。

其实日本应该清楚，《苏日中立条约》是双方为了保护自己的利益而签订的。1941年4月，为了避免陷入德、日两线作战，苏联才决定和日本达成协议。而日本希望占领美丽富饶的南太平洋地区，加速南进的步伐。全力推行"大东亚战争"的新政策，也希望避免和苏联开战。就这样，1941年4月13日，莫洛托夫与日本外相松冈洋右在莫斯科签署了《苏日中立条约》，苏日双方各得其所：假若发生苏德战争，日本要保持中立；而假若日美爆发战争，苏联则保持中立，条约的有效期为5年。

条约是建立在双方共同利益的基础上，随着欧洲战争的结束，苏联已经没有两条战线的危险，它开始考虑向日本开战，以获得最大的利益了。在苏联看来，战争是政治的继续，为了需要，可以缔结条约；为了需要，也可以废除条约。希特勒已经给苏联一个深刻的教训，如今苏联要用它来对付日本了。

1943年11月，当斯大林出席德黑兰会议时，他就想废除这一条约了。斯大林向美国国务卿表示，苏联有意参加对日作战。参战的条件是归还整个库页岛，并得到千岛群岛，他还特别渴望得到一个不冻港。

1945年2月，苏、美、英三国首脑一起召开雅尔塔会议，斯大林已经下定决心对日作战。2月11日，三国首脑签署了秘密的雅尔塔协定，它规定："苏美英三大国领袖同意，在德国投降及欧洲战争结束后两个月或三个月内，苏联将参加同盟国方面对日本作战……"

协定签署后，苏军统帅部拟定了对日作战的计划。这个计划有三个作战方案：

一是直接进攻日本本土，因为那里是日本的政治、经济和军事的中心，一旦得手，能够一举摧毁日军的抵抗体系。但是，考虑到日军在本土配置了强大的陆军兵团和海军空军主力，苏军又缺乏大兵团登陆作战的经验，跨海作战必将造成巨大伤亡。因此，这个方案被放弃了。

二是对驻在中国关内的日军实施主要突击，但考虑到日军兵力分散，很难达成歼灭战，于是，这种方案也被放弃。

三是鉴于苏蒙对中国东北大部地区，从地理上形成了自然包围态势，可以从西、北、东三个方向实施突击，同时这里又驻有日本精锐部队关东军，一旦得手，日军将丧失陆军主力，再不能继续进行大规模的陆上战争，因此，把突击日本关东军作为最后一个方案。

1945 年 6 月底，苏军最高统帅部综合考虑了各种情况，决定采取第三种方案，歼灭远东关东军。

关东军盘踞在中国东北地区，号称"皇军之花"，堪称日本陆军的主力和精锐部队。日本的军官和将军都把在关东军中服役看成是从军最大的荣誉，许多日本军政头目都曾在关东军担任过职务。比如日本首相东条英机在这里任过参谋长，最后一任参谋总长梅津美治郎大将也曾担任过几年关东军司令官。

1944 年 9 月 18 日，日本大本营命令关东军做好对苏军进攻的准备。1945 年 1 月，关东军拟定了一个纵深的防御计划，以长春为顶点，以图们江、大连一线为底边的一块大三角地区，确保这里不被苏联攻破。5 月 30 日，日本大本营又对关东军下达了对苏作战计划要领。其主要精神是，以对本土决战有利为根本方针，不拘泥于中苏边境的防守，把中国东北和朝鲜作为一个整体，实行全面持久的防御作战体系。

当时，关东军号称有 100 万人，编有 31 个步兵师团，9 个步兵旅团，2 个坦克旅团，1 个敢死队和 2 个航空军。司令是山田乙三大将，参谋长是秦彦三郎。装备有 5000 门火炮及 1200 辆坦车的 1900 架飞机。

对于苏联的进攻，关东军主要凭借大兴安岭、穆棱河和牡丹江为天然屏障进行固守，不使苏军突入中央地带。把 1/3 的兵力和兵器放在边境地区，把主力集中国东北的腹心地带。日本希望利用边境有利地形消耗苏军，在苏军进攻疲惫的时候，寻机反攻，消灭苏军。

日苏互不侵犯的条约有效期至 1946 年 4 月，日军判断，苏军要把作战重心从欧洲战场转移到远东战场，至少需要 3 个月时间。另外，苏军不会在雨季进攻．因为雨季道路泥泞，不利于机械化大部队的前进。所以，日军认为苏军如果发动进攻，最后也要在 1946 年 9 月中旬

为了造成进攻的突然性，打日军一个措手不及，斯大林决定于 1945 年 8 月 9 日对关东军发起攻击。同日本偷袭珍珠港一样，没有预先通知，直到 8 月 8 日，日本还蒙在鼓里，仍按自己的计划收缩主力

1945 年 8 月 7 日，苏联人民外交委员会的一名官员给日本驻苏大使馆打来电话，告诉他明天下午 5 点，苏联外交人民委员莫洛托大约见佐藤大使，有外交事务相告语。语调平静而放松，和过去完全一样。

佐藤比莫洛托夫更希望这次会晤，国内多次来电，催促和苏联谈判，希望由苏联出面调停但莫洛托大对日本提出的一系列外交要求，不但没有答复，而是一推再推，一拖再拖。这次会晤，佐藤心想也许是商讨这件事。佐藤这样想，心里感到很轻松。汽车在外交人民委员会大厦前停住厂，佐藤走下车来，警卫很自礼貌地走过来，检查了他的证件。向他摆手示意可以进去了。

大厅里空空荡荡的看不到人，和平常一样支静。佐藤提着皮包朝曼洛托夫的办公室走去办公室里没有别人，只有莫洛托夫坐在沙发上，显然是在等他。

看到佐藤时，莫洛托夫立刻从沙发上站了起来，向前走了两步。他的脸上没有笑容，表情极为严肃地说："佐藤大使，我代表苏联政府通知您，自 1945 年 8 月 9 日起，苏联对日本宣战。"

佐藤的脸上刚刚还挂着一丝职业性的微笑，一下子僵住了。他几乎是本能地说道："日本和苏联是有条约的，而且，这一条约的时间还没到期。"莫洛托夫并不回答他提出的问题，立刻将一份外交文件递到了他的面前，这是一份苏联对日参战宣言。

一个月前，波茨坦会议结束时，佐藤听说苏联将对日本宣战，当时就把这个传闻通知到国内，但是日本朝野仍有不少人抱有一种幻想，希望通过日本的外交努力，利用三大国之间的矛盾，使苏联改变进攻日本的计划 此时，面对参战宣言，全部的努力和希望都落空了，佐藤觉得好像被人当头敲了一棒他定了定神，打开了那份文件：

希特勒德国战败投降以后，日本是主张继续战争的唯一大国。日本已拒绝今年 7 月 26 日美、英、中三国提出的日本武装兵力无条件投降的要求。因而，日本政府向苏联提出的关于调停远东战争的基础已不复存在。考虑日本拒绝投降，联合国家向苏联政府提议参加反对日本侵略的战争，以便缩短结束战争的时期与减少牺牲，尽早实现全面和平，苏联政府履行本国对联合国家的义务，已接受联合国家的提议，参加本年 7 月 26 日联合国家宣言，苏联政府认为：本国政府的上述方针是为促进和平。拯救各国国民今后免受新的牺牲与苦难。使日本国民得以避免德国拒绝无条件投降后所蒙受的危险与破坏的唯一途径。有鉴于此，苏联政府宣布：自明日，即 8 月 9 日起，苏联与日本进入战争状态。

1945 年 8 月 8 日

佐藤放下苏联对日战争宣言，拿出手帕擦了一下脸上的汗水，抗议说："日本对苏联决意采取的战争作法，表示遗憾。这在两国关系上是一种片面的毁约行为，而且苏联把对日本宣战说成是为了拯救日本国民的苦难，这一点，也是没有道理的。"

莫洛托夫对佐藤这种无关大局的抗议和解释，理也不理。只是冷冰冰地说了一句："您可以将苏联政府的宣言，和我们会晤的情况，报告日本政府。"

佐藤不置可否地点了点头，拿起皮包，走出了外交委员会的大门。

佐藤回到大使馆，立刻把这个消息向东京报告。当晚 11 点，东京接到了佐藤的报告，急忙命令关东军做好战斗准备。但此时，离苏军总攻的时间只有 70 分钟了。日军有天大的本事，也不可能在 70 分钟内部署有效的防御措施。

　　苏军攻击的主要方向，也大大出乎日军意料。日军认为，苏军的主攻方向一定在海拉尔。这个地方离苏联边境最近，有铁路通向齐齐哈尔和哈尔滨，沿途地形比较平缓，便于大部队运动。但苏军的主要突击方向却选择在另两个方向：一个在现在蒙古人民共和国东部突出部，一个在双城子南北一线。苏军从这两个方向向中心突击，目的在于切断关东军主要集团与驻朝日军预备队的联系，迫使它一开始就处于两线作战的被动局面。

　　为了达到奇袭的效果，苏军统帅部对部队的进攻严格保密。各方面军或集团军的全部战役计划，只限于司令员、军事委员、参谋长和方面军（集团军）司令部作战部（处）长4个人知道；有关战役计划的全部文书都保存在司令员个人的保险柜中；居民不迁离边境地区；苏军继续执行正常勤务，并像往常一样地从事农副业生产；一切调动都在夜间进行，一直到8月8日夜，部队才进入进攻出发地域。在战役准备期间，新到部队的无线电台只收不发，原有的无线电通信都留在原地，并以通常的工作量进行工作；苏联元帅华西列夫斯基、马利诺夫斯基、麦列茨科夫和其他一些将军到达远东时，都改变了姓名，更换了肩章和领章；调到边境地区的部队，一到达目的地就构筑防御工事，好像他们的到来只是为了防御，而不是为了进攻；部队驻地远离居民点，禁止与居民接触。此外，苏军还规定，进攻发起之前，改变以前的惯例，不进行炮火准备。

　　为使战役确有把握，斯大林进一步加强了华西列夫斯基统率的苏联远东军它辖有11个诸兵种合成集团军，1个坦克集团军，3个航空集团军这支大军共有80个师，4个坦克机械化军，6个步兵旅，40个坦克机械化旅，共计157万余人苏军的兵力兵器都有极大的优势，远远超过关东军。

　　8月8日，在后贝加尔和蒙古，直至傍晚，天气仍十分炎热，但晚上却下了一场暴雨。暴雨给苏军增加了行动困难，也掩护了苏军的行动8月9日0点一过，苏联红军百万雄师，便以迅雷不及掩耳的凌厉攻势，从各个方向突入中国东北的中苏边界，对日本关东军发起全线总攻当他们跨过沙漠和草原，强渡额尔吉纳河、阿穆尔河和乌苏里江，突然出现在关东军面前时，不少日军还在睡梦中就被打死了。

　　在地面部队发起进攻的同时，轰炸航空兵的几千架飞机，对日军大后方的火车站、通信枢纽及长春、哈尔滨、吉林和其他重要城市的重要军事目标实施了集中突击。太平洋舰队的航空兵和鱼雷艇编队，也对日军占据的雄基、罗津和清津等朝鲜港口内的舰艇、海岸防御和其他目标实施了袭击。关东军一夜之间受到了整个东北边境和朝鲜沿海方向陆上、空中和海上的全方位全体进攻。山田三乙被打得晕头转向，不知哪里是苏军的主攻方向。

　　经过几天的突击，各路苏军都有很大进展、在进军途中，虽然遇到了关东军的一些部队的抵抗，但阻力不大。主攻方向的后贝加尔方面军进展尤为迅速，坦克第

6 集团军的近千辆坦克，越过沙漠，大兴安岭，直指长春和沈阳，面对这股钢铁洪流，号称"皇军之花"的关东军也只能不断发出哀鸣。

九、日落东瀛

天皇宣布投降的诏书广播之后，日本举国上下一片悲号之声。他们听惯了广播中传来的皇军捷报，而这一次，却是足以令大和民族的精神支柱崩溃的消息。但是，不知日本人民有没有意识到，从此以后，尽管他们不能靠踩蹦别的民族而生存，但他们的儿子再也不用充当肉弹，他们再也不用担心夜晚会响起警报，那令人生畏的原子弹再也不会光顾日本。

（一）终战诏书

原子弹的袭击，苏联的参战，日本内阁震惊了。铃木首相向来以沉着、冷静而著称，但现在，他却变得脸色苍白、简直站立不稳。外相东乡茂德听到的消息是广岛已经被美国的超级炸弹夷为平地，驻扎在广岛的军队总司令被炸死在司令部。他把这些消息告诉铃木，认为必须开会讨论如何结束战争，他个人认为除了接受《波茨坦公告》外，已经没有更好的办法了。

8月9日上午，日本最高战争指导会议在皇宫地下防空洞举行，讨论是否接受《波茨坦公告》以结束战争。参加会议的有首相铃木、陆相阿南大将、海相米内大将、参谋总长梅津元帅、军令部总长丰田大将、外相东乡茂德。会议发言由参谋总长梅津记录。会议一开始气氛就十分紧张，令人几乎要喘不过气来。铃木首相主持会议，并首先发言："今天，诸位到这里来，事关重大，苏联已对日本宣战，我们应有何种对策，希望能有一个共同的协议。"说着他看了一下在座的人，只见阿南陆相紧绷着面孔，梅津的脸色也是阴沉沉的。

外相东乡说："现在我们正面临严峻的形势，8月6日，原子弹毁灭了广岛。3天后，又一颗原子弹毁灭了长崎。8月8日，苏联背信弃义向我开战。8月9日0点，在长达4000公里的中苏边境上，苏联出动了5000辆坦克和1000多架轰炸机。不仅如此，美国有可能再次投下原子弹。现在整个军事形势已经万分紧急，面对当前的形势，我认为只要能保持国体，就应该接受波茨坦宣言。"

海相米内说："我个人认为，东乡的意见还是有道理的，只是我们的条件不知敌方是否允诺，不然我们也是很难接受的。"

听到他们的建议，陆相阿南按捺不住内心的狂乱和激动。他脸上挂满泪水，高声叫喊陆军绝不投降，除非是满足陆军提出的一系列条件。保持国体是最低条件，除此之外，还要授权日本自行开设法庭处理战犯，自行解散军队，并限制占领军的数量。

阿南大声吼叫："尽管苏联参战，又有什么了不起的。就是一亿国民全部战死，我们也要给敌人造成重大伤亡，使日本民族的事业名垂青史。"

这时梅津总长将记录的铅笔，轻轻地放到了桌子上，他的态度和阿南完全不同，显得从容不迫，胸有成竹。他说："日本已经做好了本土决战的准备，敌人还没有来，我们不必惊慌失措，就是苏联出兵对我不利。但目前远未到无条件投降的地步，为什么要无休无止地谈这些呢？"

东乡认为在当前形势下，提4个条件是不现实的，而且原子弹随时都有可能再次落下来，为了使和平谈判更有把握，他认为只提一个条件，就是保证皇室地位。

但阿南、梅津和丰田全都表示反对，这下子，连铃木首相也没有任何办法。会议一直进行到晚上10点半，也没形成任何决议，铃木只好提出奏请裕仁圣断。

在这次会议之前，铃木和东乡就曾面见裕仁，报告会议可能出现的情况，以及他们希望裕仁采取的行动。在通常情况下，内阁应提出辞职。但这次内阁成员意识到，第3颗原子弹随时可能投放，有传闻说美国将在12号对东京进行原子弹袭击。日本的传统是皇室不干涉政府，一般来说，政府首脑们必须达成一致的决议，然后呈报裕仁。所以铃木首相这样一提议，众人都感到十分惊讶。

晚上11点50分，在皇宫防空洞召开第一次御前会议，讨论接受波茨坦公告问题。与会人员除最高战争指导会议6名成员外，还有平沼枢相和迫水内阁书记官长、吉积陆军省军务局长等人。会上铃木宣读了东乡和阿南的两个提案，让大家讨论。

陆相阿南一开始就明确表示："不能同意东乡的提案，我不能想象把皇室交给敌人会是一种什么结果，苏联是一个不讲信义的国家，美国也是个毫不讲人道的国家，不能把皇室交给这样的国家。"梅津总长则发言说："对战争，目前仍有坚持下去的信心，以往的计划也是可以完成的。"

这时，平沼枢府议长追问梅津："眼下敌机连日连夜地轰炸，又扔了原子弹。总长阁下是否还有防御之信心？"对此梅津回答说："空袭并不可怕，原子弹也不是那么可怕，主要是我们防空的效果不好。最后的决战，还是要在本土。胜败要看本土决战，面对敌人的空袭我们不应屈服。"丰田军令部总长马上说："我也同意总长和陆相的意见，不但陆军战斗力很强大，海军也有一定的战斗力，决不能不战而降。"

铃木赞同外相等内阁成员的见解，但他提出了一个折中方案，说道："国体太宝贵了，我们决不能失去它。只要能保持国体，我们不仅可以考虑波茨坦宣言，而且必须立即接受。"说完，铃木把目光投向裕仁，接着说："的确，我们没有投降这个先例，我也觉得这话难以说出口。目前意见分歧很大，不能形成一致决议，然而事态已刻不容缓，我们恭请陛下破例做出圣断，作为这次会议的结论。"

裕仁一直没有说话，只在静静听这些内阁大臣的争论。他心里早就明白，仗是不能再打下去了。关于日本的国力，裕仁心里也是有数的，陆军面对的是人家好几倍的兵力，空军力量更是不能和美国相比，加上敌机连日轰炸，国民已经无法生存，如今苏联又出兵，面对这么多强大的对手，以日本的人力国力，肯定是失败的结局。

他缓缓站起身，看了看左右的大臣，用疲惫的语气说："你们的话联都听到了，敌我力量悬殊，又出现了原子弹，照这样下去，日本民族和国家都要灭亡了，所以朕同意外相的意见。我不堪忍受我的无辜臣民继续蒙受灾难，只有结束战争才是唯一的出路，才能把我们的民族从可怕的惨境中解救出来。"他停了停，提议为那些战死在遥远的异国沙场上的将士和国内空袭中遇难的人们致哀。这时，裕仁忍不住用戴着白手套的手擦拭脸上的泪水。陆相阿南也是泪流满面，泣不成声。满场一片呜咽之声，就连支持结束战争的外相，也落下泪来。梅津总长也是老泪纵横，但仍笔挺地坐在那儿，一动也不动，任凭泪水滑过脸面。

裕仁又说："解除军队武装，处罚战争责任者，朕实难忍受，但想到明治天皇容忍三国干涉的心情，不得不暂时忍耐，以图将来国家复兴"说到这里，裕仁已是泪如泉涌。

内阁成员全体起立，目送裕仁拖着缓慢而沉重的步伐离开会场。此时已经是凌晨2点30分。

铃木宣布："天皇陛下的旨意将作为此次会议一致通过的决议。"各个与会者都签署了会议备忘录，同意在承认保留"天皇最高权力"的条件下接受波茨坦宣言、裕仁决定投降后，铃木次日通过驻瑞典公使请瑞典政府把日本接受波茨坦公告的照会转交美、苏、中、英四国政府，

美国政府是在华盛顿时间8月10日星期五上午7点得知这个消息，日本接受波茨坦公告，除了关键性的一点，那就是"它不能包含任何有损天皇陛下作为主权国家统治者职权的任何要求"。杜鲁门总统当即同国务卿贝尔纳斯、陆军部长、海军部长以及总参谋长举行会议。杜鲁门逐个征求他们的意见。史汀生和李梅上将主张保留天皇。他们认为天皇问题比起稳操胜券的战争胜利来说，是个次要的问题；贝尔纳斯不同意，他认为，在目前情况下，提出条件的应该是美国而不是日本，他辩论说："我不能理解我们为什么要比在波茨坦时同意做的让步还要再进一步，当时我们还没有原子弹，俄国也没有参战。"海军部长福莱斯特尔提出一个折中的建议，美国可以在答复中表示愿意接受日本投降；但同时用能彻底实现波茨坦公告的

意图和目的方式来确定投降条件。

杜鲁门采纳了这个折中建议，他请贝尔纳斯起草一个可以表达这一意思的复文。这个答复在其关键性条款上有意模棱两可：

从投降之时起，天皇和日本政府治理国家的权力将从属于盟军最高统帅……

天皇和日本最高统帅部将被要求签署投降条件……

政府的最终形式将根据波茨坦宣言，由日本人民自由表达的意志来建立。

贝尔纳斯并不急于发出这一答复，征求了英、苏、中三国政府的意见后，他把它放在手边过了一夜，然后，直到 8 月 12 日早上，才发布给无线电台去广播并经瑞士转交。

史汀生仍然力争把空军控制起来，他在星期五早上的会上曾提出，美国应该停止轰炸，包括原子弹轰炸。杜鲁门不太赞同这种想法，但是，他在下午召开的内阁会议上又重新做了考虑。福莱斯特解释总统的意见说："我们将以目前的强度继续作战，直到日本人同意了这些条件，然而有一条限制，即不再投掷原子弹了。"前任副总统现在担任商务部长的亨利·华莱士在他的日记里记录了总统改变想法的理由：

杜鲁门说，他已经下达命令停止原子弹轰炸。他说想到要再消灭 10 万人太可怕了。他不喜欢屠杀他所称的"那些小家伙"的主意。

限制原子弹轰炸的命令来得正是时候。格罗夫斯热衷于使用这种武器，已经提前 4 天又安装了一个"胖子"，他向马歇尔汇报说，预计 8 月 12 日或 13 日，从新墨西哥州运来的钚弹芯和引爆器将到达提尼安岛。只要在运输途中不发生意外，这颗原子弹可以在 8 月 17 日或 18 日在合适的气候条件下投掷。马歇尔告诉格罗夫斯，总统不希望再用原子弹进行轰炸。因而格罗夫斯感到有些遗憾，但运输工作马上停止。

日本方面收听到了美国广播的盟国答复后，狂热的日本军国主义分子对此很不满意，陆海军两总长于上午 8 点上奏裕仁，断然反对接受同盟国公告，并提出一个"必胜计划"：进行一次特殊的袭击。用牺牲 2000 万日本人的代价进攻盟军。同时，几十位军官已秘密集结在陆军部，谋划政变。反叛者试图说服一些上层要员，希望赢得支持，然而没有成功，所以就企图调遣当地部队包围皇宫，软禁裕仁，同时占据政府各个关键部门，控制报刊和广播，切断一切通信联系。

8 月 14 日上午，裕仁要在"吹上御所"召开御前会议。上午 9 点多，10 余辆黑色轿车。穿过坑坑洼洼的路面，驶向日本天皇起居的圣地"吹上御所"。今日的皇宫已经没有了昨日的盛况，经历过美军的轰炸，这里到处都是残垣断壁，纵横的壕沟，光秃的树枝，往日的典雅气派和秀美景致都荡然无存。进来的这些军政大员各个都失去了往日常见的得意笑容，一个个显得悲哀凄苦，满面愁容，充满忧郁和沮丧，简直像来送殡一样。

10点整。裕仁天皇准时来到了宫后的地下防空洞里。自从美军飞机开始对日本本土进行轰炸以来，天皇召开的所有会议，都不得不在防空洞中举行。防空洞修建得十分豪华，洞壁上雕刻着精美绝伦的传说图像，皇台和御座是用珍贵的橡木建造的。但洞中潮气很大，感觉湿漉漉的。

日本有神国之称，他们自称自己的历史比任何民族都要久远，他们把自己居住的岛国当成是日出之岛，他们的天皇是太阳神的后裔，也是大地的中心。长期以来，日本的国民始终对天皇惶恐有加，顶礼膜拜。

然而，此时的裕仁尽管年龄不大，但看起来十分苍老。脸上刻满了皱纹，长长的眉毛耷拉下来，几乎要盖住深陷的眼窝，嘴唇有些干裂，细小的眼睛里布满了血丝。显然这段时间，他过着很不舒服的日子。

裕仁走到扩音机前，首先把终止战争的决定告诉给陆、海军各位元帅和内阁成员，以及最高战争指导会议的成员，请他们支持这个决定。然后，他用发颤的声音问："木户内相的议案是否已经确定?"

铃木首相首先恭敬地说："这个议案关系到帝国的命运，关系甚大。内阁接到美国国务卿贝尔纳斯复照后，连续多次议论，始终未能取得一致意见。美、英、中、苏四国对我们提出结束战争的四项条件全然否决，实在令人难以接受。"内相木户随后发言，他认为四国的复照只要求日本政府统治权力将隶属于盟军最高司令部，并不包含任何损害天皇陛下作为最高统治者的君权要求。假如拒绝接受波茨坦公告，继续进行战争，那么千千万万的帝国臣民就会死于饥饿和轰炸，到那个时候，国家也许就真的解体了。

阿南大将紧接着发言，他认为盟国没有保证天皇体制的诚意，不可用一时的屈辱来换取维护国体。况且日本有700万大军，如果没有决战就投降，这实在是奇耻大辱，在世界战争史上实属罕见。杉山、梅津两元帅相继站起，表达了与阿南大将相同的意见，希望与美国再次交涉，明确表示同意维护天皇制度，如不允许，那就坚决诉诸战争，宁为玉碎，不为瓦全。

裕仁叹了口气，缓缓地说："如果没有别的意见，我谈谈自己的看法。我已仔细听取了反对日本接受同盟国回文的种种理由。不过，我仍坚持以前的看法，没有改变，我现在再重申一遍，我研究了国际和国内的形势，我以为把战争如果拖延下去，除了加剧伤残毁灭外，对我们没有更多好处。我也研究了同盟国回文中提出的条件，认为这些条件完全承认了我们所表明的立场。总之，主要问题在于我国全体国民的信念和觉悟。我认为，此时可以接受对方的要求，希望大家也这样考虑。"

裕仁擦了擦眼泪，继续说道："如果我们再打下去，日本将成为焦土，使万民遭受更大的苦难，我实在于心不忍，无以对祖宗在天之灵。当然，采取媾和手段，对于对方的做法，难以完全置信，但我想较之日本完全灭亡的结果还略胜一筹，只要还留下一点种子，今后还有复兴的希望。回想明治大帝忍气吞声，断然决定接受三国干涉的苦衷，但愿此时此刻，忍所难忍，耐所难耐，团结一致，以求将来的复兴。想到过去在战场上阵亡的，或殉职死于非命的，以及他们的家属，实不胜悲叹。至于身负战伤、遭受战灾、丧失家业的人们的生活，也是我深为忧虑的。此时此刻，如果有我应做的事，我在所不辞。如果需要我向国民呼吁，我随时准备站在麦克风前面。由于对一般国民从来什么也没告诉，现在突然听到这一决定，震动一定很大，陆、海将士的震动将会更大。抚慰这种情绪，可能相当困难，希望很好地体会我的心意，陆、海军大臣共同努力，妥善予以处置。必要时，由我亲自晓谕也行。现在当然要颁发一份诏书，希望政府迅速起草。这些就是我的想法。"

在裕仁讲话当中，各处不由得发出呜咽的声音。裕仁本人也一再挥泪，不停地用洁白的手套擦拭着脸上泪水。讲话也时断时续，声音让人听起来十分悲伤。当裕仁谈到不管他本人如何，也要营救万民，以对祖宗在天之灵时，在场的人都不禁流下激动的泪水。当他讲到如有必要，准备随时站在麦克风前时，全体不禁放声痛哭。

裕仁讲完话，迈着沉重的脚步，走出了令人窒息的地下室。裕仁一走，在座的政府要员又开始痛哭流涕。一声又一声的哀叫在地下室中回响，充满了绝望和悲哀。

遵照裕仁的旨意，内阁当天就起草了终战诏书，这个诏书共815字，与向日本国民宣读诏书的"8·15"这个日子正好相合。由于在日本传统中，天皇从来不做公开的演说，更不会在国民面前直接抛头露面，这份终战书准备先进行录音，然后通过广播告知全体国民。

晚上11点30分，裕仁被护送到皇宫东侧内务省的二楼，站在麦克风前，他问技师："我的声音应该多大？"

技师告诉他按平时说话的声音即可，但他仍下意识地放低了声音：

朕深鉴于世界之大势与帝国之现状，欲以非常之措置，收拾时局，兹告尔忠良之臣民。朕已命帝国政府通告美、英、中、苏四国，接受其联合公告。盖谋求帝国臣民之康宁，同享万邦共荣之乐，乃皇祖皇宗之遗范，亦为朕所眷眷不忘者也。曩者，帝国所以对美、英两国宣战，实亦出于庶几帝国之自存与东亚之安定。至若排斥他国之主权，侵犯他国之领土，固非朕之本志。然交战已阅四载，纵有陆、海将士之奋战，百官有司之奋勉，一亿众庶之奉公，各自克尽最大努力，战局并未好转，世界大势亦不利于我。加之，敌新使用残虐炸弹，频杀无辜，残害所及，实难预料。若仍继续交战，不仅终将导致我民族之灭亡，亦将破坏人类之文明。如斯，朕何以保亿兆之赤子，谢皇祖皇宗之神灵乎！此朕之所以卒至饬帝国政府接受联合朕对于始终与帝国共同为东亚解放合作之各盟邦，不得不表遗憾之意。念及帝国臣民之死于战阵、殉于职守、毙于非命者及其遗族，五内为裂。而负战伤、蒙灾祸、失家业者之生计、朕亦深知尔等臣民之衷情。然时运之所趋，朕欲耐其难耐，忍其难忍，以为万世开太平之基。

朕于兹得以护持国体，信倚尔等忠良臣民之赤诚，常与尔等臣民共在。若夫为感情所激，妄滋事端，或同胞互相排挤，扰乱时局，因而迷误前途，失信义于世界，朕最戒之。宜念举国一家，子孙相传确信神州之不灭，任重而道远，倾全力于将来之建设，笃守道义，坚定志操，誓期发扬国体之精华，勿后于世界之潮流。望尔等臣民善体朕意。

也许是有些紧张，裕仁的声音有些结巴，他念完后，问技师："你看怎么样？"

技师显得十分窘迫，他说有几句话录得不太清楚。裕仁又把讲稿念了一遍，但这次声音又有点过高。裕仁提出要念第三遍，但技师不忍心再让他受到这种煎熬，就说可以了。讲话被复制到两盘录音带上，一盘备用。由于传言军队要政变，录音带被藏在内务省。一名皇室内侍找到一只小小的保险柜，锁好录音带后又用一摞纸把它盖住。

（二）日落东京湾

8月15日凌晨1点左右，在裕仁返回皇宫不久，一群荷枪实弹的少壮军人就包围了"吹上御所"。负责守卫皇宫的近卫师团森猛纠中将仍在办公室，突然，门被撞开了，一伙人闯了进来。这些人有陆军部的细中少佐、东条英机的女婿古贺少佐、陆相阿南的内弟竹下少佐等人。森猛纠马上明白了这伙人的用意，面对枪口，他说："我知道你们想干什么，但我身为近卫师团长官，必须服从天皇的旨意，我的部下也必须这样做。"细中等人不由分说，一声枪响，森猛纠倒在血泊中。随后，1000多人将皇宫团团围住。

这伙人的目的就是要搜查整个皇宫，毁掉天皇的终战诏书。但他们搜遍了整个地方，就是找不到录音带。一位士兵用枪指着那位负责录音的技师，让他说出保存录音带的人。技师赶快撒谎说，那个人是个高个子，已经走了。

宫内大臣石渡聪太郎感到宫内政变这件事和2·26事件完全一样。他清楚地记得，1936年2月26日，一批少壮派军官率领1000多名陆军士兵冲进首相官邸和东京警视厅，杀死了前首相斋藤、前藏相高桥和前陆军总监渡边，现任首相铃木那时是首相侍卫，在事变中负伤。当时石渡聪太郎是近卫师团的少佐，亲眼看到这可怕的一幕没想到，不到10年，这幕悲剧又要重演。

凌晨4点多，在日本2号公路上，37个人乘坐一辆卡车和一辆小汽车，由广岛向东京全速驶来。这37人有5个是学生，2人是广岛青年军成员，其余都是军人。他们自称是"国民神风队"，身上佩戴着手枪、军刀和机关枪，在广岛警备队佐佐木上尉率领下，直冲首相官邸而来，他们妄想把主张投降的首相铃木杀掉。如果赶上内阁开会，就把整个内阁一网打尽。在他们心目中，首相无疑是个卖国贼。

恰好，首相铃木不在家，家里只有小孙子和原百合小姐。佐佐木下令搜查各个房间，当他们发现首相确实不在家时，就把满腔怒火发泄到这座房子上。佐佐下令点燃房子，并用机枪拦截赶来救火的消防车。

日本天皇裕仁

黎明前，军队的高级将领打电话劝说这些反叛者撤出，政变得不到外界支持，注定会失败。但这些暴动分子仍不死心，他们派出一个连来到日本广播协会的大楼，将60多名值夜班的工作人员锁进第一工作室，妄图阻止天皇的录音广播。5点10分，东区陆军司令部田中司令来到皇宫，把传达政变命令的田原少佐逮捕。这一政变遂告失败。这些军官纷纷自杀身亡。

7点21分，日本广播协会播音员馆野通过广播对外宣布："今天午时，天皇陛下将播放谕旨，届时敬请大家恭听天皇的声音。"

尽管这场反对投降的有组织的叛乱已经被平息，但天皇的侍从仍十分担心录音带的安全。他们把一盘录音带和御玺放在一个盒子里，从内务省公开送到广播大楼。另一盘录音带由一位内侍放在饭袋里，悄悄带出内务省大楼，然后乘警车运往广播大楼。

这些措施都是十分必要的，在许多地方都有狂热的主战派分子。11点20分，试播录音时，一名军事警察就拿出佩剑，声称要杀死播音员，被卫兵即时抓获了。1945年8月15日正午时分，广播里响起著名播音员和田信贤的声音："请注意，这是极其重要的广播，请所有听众起立。天皇陛下现在向全体日本国民宣读诏书，我们以崇敬的心情播放天皇陛下的讲话。"随后，日本国歌《君之代》响起，国歌结束之后，一个令人敬畏的声音开始讲话了。

大多数国民都是第一次听到天皇的声音，听着听着，他们已经感到，日本成了名副其实的战败国。许多人禁不住号啕大哭，有的当场昏倒。过去十年，他们听得最多的是皇军一个接一个的捷报，他们津津乐道着皇军占领他国的土地，屠杀当地的人民。如今，他们才明白，曾经战无不胜的皇军只不过是他们自己营造的神话，在真理和正义面前，一旦面临勇敢的抵抗，他们是那么脆弱，就像一条被打断脊梁的恶狗，只能瞪着恶狠狠的目光，再也不能耍往日的威风了。正所谓天网恢恢，疏而不漏，从这一刻起，太阳帝国陨落了。

那些少壮派军官不甘于这样的命运，他们又策划了更大胆的行动。8月29日，美国军舰"密苏里"号驶进东京湾，准备接受日本投降。与此同时，全副武装的海军官兵和海军陆战队第4师也在横须贺登陆。准备顽抗到底的叛乱者组织了神风轰炸机群，妄图炸沉"密苏里"号。这个计划要是成功，美国人必然认为这是日本人最恶毒的阴谋诡计，和平谈判一定会破裂。如果这件事真的发生，美国一定会对日本进行疯狂的报复，日本人民将遭受怎样的苦难，后果真是不敢想象。但是，在投降前最后的狂乱时刻里，裕仁把他的皇族成员派到各个要塞据点，要求遵守天皇的命令。他的弟弟高松亲王，及时赶到厚木机场，劝阻那些杀气腾腾的人，要他们不要起飞。

9月2日上午9点整，日本代表在外相重光葵和梅津美治郎率领下，登上了美国军舰"密苏里"号，向盟军最高统帅麦克阿瑟将军为首的联合国代表团签字投降。麦克阿瑟代表盟国对日本代表团说："我现在命令，日本天皇和日本政府代表，日本帝国大本营的代表，在投降书上指定的地方签字。"9点4分，重光葵代表天皇和日本政府终于在投降书上签上自己的名字。接着，尼米兹海军上将代表美国政府，徐永昌将军代表中国政府，福莱塞海军上将代表英国政府，杰列维扬科中将代表苏联政府，布雷米海军上将代表澳大利亚政府，以及加拿大、法国、荷兰、新西兰的代表们，一一在日本投降书上签了字。

9点25分，麦克阿瑟宣布："让我们祈祷世界恢复和平，愿上帝永远保佑和平。仪式到此结束！"

第二次世界大战结束了，一个新的时代降临了。

"神风特攻之父"大泷治郎中在这天晚上，在绝望中以传统的方式切腹自杀。在遗书《致特攻队员之英灵》中，他说："诸位竭力善战，我借此聊表谢忱。诸位深信最后之胜利属于日本……惜宏愿未酬，我以一死向特攻队员之英灵及遗眷谢罪。"

前首相近卫文磨担心成为战犯，只能在狱中度过余生，就用毒药结束了生命。参与策划太平洋战争的陆军元帅杉山元也用手枪射中了自己的心脏。

东条英机死得很痛苦，日本投降后，那些狂热的法西斯分子敦促他要用死来报效天皇。每当想起墨索里尼被处决后，暴尸街头的情景，他就感到不寒而栗，他也

担心自己的尸体被这样糟蹋。他曾对士兵们说："不受被俘之辱。而择清白死亡之道。"看来，他自己不得不亲自履行自己的诺言了。9月11日，美军来到他的寓所宣布对他逮捕时。他试图用手枪自杀，但他的枪法太蹩脚了，子弹竟没射中心脏。他不但没有逃脱法律和正义的裁决，还引来了一阵嘲笑和斥骂。

第二章　二战秘档

一、外交风云

（一）苏德三次媾和秘档

1939 年年初，英法政府迫于希特勒的战争压力，稍稍改变了绥靖政策，做出愿意同苏联谈判的姿态。4 月 15 日，三国的政治谈判在莫斯科举行。4 月 17 日，苏联外交人民委员李维诺夫向英法提出了 8 点建议，其中有如下三点：

1. 英国、法国、苏联缔结为期 5 到 10 年的盟约，相互承担义务，在欧洲发生针对任何一个缔约国的侵略时，彼此立即给予一切可能的援助，包括军事援助在内。

2. 英国、法国、苏联约定，在发生针对分布于波罗的海与黑海之间同苏联接壤的东欧国家的侵略时，给予这些国家一切可能的援助，包括军事援助在内。

3. 英国、法国、苏联约定，在最短期间内讨论和确定在履行第 1 条和第 2 条时给予这些国家中每个国家的军事援助的规模和方式。

时至 7 月，战争有一触即发之势，为了使谈判早日取得成果，苏联政府建议打破常规，在举行政治谈判的同时举行军事谈判，并为此而派出了以国防人民委员伏罗希洛夫为首的全权代表团。地点仍在莫斯科。然而，这没有得到英法的积极响应。到了 8 月底，3 国谈判在进行了 4 个多月后，仍然达不成协议。

苏联当时面临着极其复杂的国际形势。在东方，日本在"北进"还是"南进"的争论中，继 1938 年挑起张鼓峰事件后，又于 1939 年 8 月再次试探苏联的虚实，在中蒙边境的诺门坎同苏联军队进行了一场激烈的局部战争。

此时的希特勒在准备对波战争时，唯恐重蹈第一次世界大战时两面作战的覆辙，因而迫不及待地要破坏英、法、苏联盟，不惜放低身段拉拢苏联。8 月 19 日，

当苏方同意德国外长里宾特洛甫可于 8 月 26 日或 27 日访苏时，希特勒马上给斯大林去了一封长电，恳求斯大林允许里宾特洛甫在 22 日或至迟在 23 日访苏。斯大林为了挫败英法祸水东引的企图，冲破德、意、日法西斯的包围圈，同意了希特勒的请求。

1939 年 8 月 23 日中午，即在德军入侵波兰前一个星期，里宾特洛甫带着希特勒亲笔签字的全权证书，急忙飞抵莫斯科。经过两国政府的高级谈判，当天晚上就签订了《苏德互不侵犯条约》。条约规定：缔约国双方互不使用武力，也绝不参加直接或间接反对缔约国另一方的国家集团。如果相互之间发生纠纷，两国将通过和平方式解决。条约有效期为 10 年。

就在这天晚上，苏德还签订了《苏德条约秘密附加议定书》，其内容是：

双方在签订互不侵犯条约时，上述全权代表就互相确定双方势力范围问题在秘密的情况下交换了意见，结果达成以下各点：

一、属于波罗的海国家、芬兰、爱沙尼亚、拉脱维亚、立陶宛等国的地区，如发生领土和政治变更时，立陶宛的北部疆界就自动构成德国、俄国势力范围的疆界，同时双方承认立陶宛在维尔纽斯的利益。

二、波兰国家的领土如发生疆界和政治变更时，德国和苏联的势力范围将大体以纳雷夫河—维斯瓦河—桑河一线为界，从缔约双方的利益来看，是否需要维持一个独立的波兰国家和这个国家的边界应如何划定，只有在今后政治局势发展中方能最后确定。在任何情况下，两国政府都将通过友好谅解的途径解决这个问题。

三、在东南欧方面，苏联强调它在比萨拉比亚的利益，德方声明，它在这个地区没有任何政治利益。

四、双方把本议定书看作绝密文件处理。

1940 年 11 月 12 日至 13 日，莫洛托夫访问柏林，同希特勒和里宾特洛甫就苏联加入三国同盟条约，以及在英国被战败和英帝国瓦解后，如何划分势力范围的问题进行了会谈。莫洛托夫提出了对芬兰、罗马尼亚、保加利亚的领土要求，以及在土耳其诸海峡获得基地的要求，并将此作为会谈的先决条件。双方同意通过信函继续交换看法。11 月 25 日，苏联在一份给德国政府的照会中，更为详细地表述了莫洛托夫访问柏林时就苏联加入三国同盟条约的先决条件。希特勒未予答复。从此，柏林和莫斯科之间进行谈判的纽带就被扯断了。

但是，在第二次世界大战最紧要的关头，斯大林仍然数次想与希特勒秘密议和。从 1953 年对贝利亚的审讯记录中，人们可以得知斯大林打算议和的情况。当时，贝利亚被判犯有德国间谍罪和叛国罪。记录显示：1941 年 7 月初德国人占领明斯克后，保加利亚驻苏联大使斯塔梅诺夫曾被召到克里姆林宫。斯大林想马上同柏林联系，斯塔梅诺夫成了最佳人选。一方面，保加利亚是德国的盟国；另一方面，据传这位大使是苏联情报机关的人。与斯塔梅诺夫见面的有 3 个人：斯大林、贝利亚和外交人民委员莫洛托夫。贝利亚说，斯大林一直沉默不语，由莫洛托夫主谈。他坚持要与希特勒议和。作为交换条件，苏联准备交出波罗的海沿岸地区、乌克兰西部、白俄罗斯和摩尔达维亚的部分地区。

苏德这次谈判最终未能成行。一种说法认为，斯塔梅诺夫对苏联领导人说，他不想当中间人，因为他说，苏军"即使后撤到乌拉尔，你们还是能打赢这场战争"。另一种说法是，保加利亚大使把苏联的想法告诉了希特勒，但遭到希特勒的拒绝。希特勒认为按照这种条件媾和对他不合算。

莫斯科保卫战之后，斯大林又想媾和。据历史小说家卡尔波夫说，斯大林议和的借口是需要一个喘息机会，以便重新部署军队。

1942 年 2 月底，苏德在德军占领的姆岑斯克举行了谈判。斯大林派副内务人民委员梅尔库洛夫为代表，德方代表是党卫队头目之一的沃尔夫。苏联要求德国从 1942 年 5 月 5 日上午 6 时起全线停火，然后，根据计划，苏德将共同对英国和美国作战。卡尔波夫在书中披露了这个协议的复印件。俄罗斯科学院通史研究所的研究人员米亚格科夫说："我认为这些文件是伪造的，不知道是谁编造的，错误百出。"

1970 年，英国历史学家加特出版了《第二次世界大战史》。他肯定说，1943 年 6 月莫洛托夫和德国外长里宾特洛甫在基洛沃格勒举行了会晤，德国人将边界划在第聂伯河上，而莫洛托夫要求恢复战前边界。据加特说，因为美国得知了这次接触，所以会晤被迫中断。

有关莫洛托夫与里宾特洛甫举行谈判的传言可能是交战任何一方策划的行动。莫斯科需要这样做，以便促使美英尽快开辟第二战场。而德国人也有可能在库尔斯克战役前放出这样的传言，以便在反法西斯同盟中挑拨离间。库尔斯克战役胜利后，斯大林再也不提与柏林单独媾和一事。

卡尔波夫书中的《绝密报告》如下：

莫斯科 克里姆林宫 1942 年 2 月 27 日 斯大林同志收

1942 年 2 月 20 日至 27 日在姆岑斯克与德国司令部的代表沃尔夫举行谈判，德国司令部认为不可能满足我们提出的要求。

它对我方提出的建议是：停火后，战线维持现状到 1942 年年底之前。

德国不排除这样的可能：德苏能够建立对付英美的统一战线。

讨论中以下问题出现了分歧：

（1）拉丁美洲应当属于德国。

（2）很难理解中国文明。德国司令部认为，中国应当成为日本的被占领土和保护国。

（3）在北非，阿拉伯世界应当成为德国的保护国。

因此，应当指出，在谈判中双方观点和立场是完全不同的。

德国司令部的代表否认德国军队有可能战败。他认为，与俄罗斯的战争会拖上几年，德国最终会取得彻底胜利。德国的主要打算是，一旦俄罗斯在战争中耗尽力量和资源，就会被迫在2~3年后按更苛刻的条件重新举行谈判。

苏联副内务人民委员梅尔库洛夫

（二）苏联"反革命军事法西斯组织"案

1937年5月中旬，希特勒党卫队保安处的海德里希在柏林艾伯莱希特亲王大街盖世太保的秘密地下室里，成立了一个特别实验室。多位特工人员——语言学家、逻辑学家、心理学家、印章专家和笔迹摹仿专家，正在秘密炮制苏联元帅图哈切夫斯基谋反的"专卷"。

海德里希于1904年出生在德国萨勒河畔的哈勒市，家庭优裕，生活富足。他18岁入伍，24岁成为海军军官，27岁成为党卫队里仅次于希姆莱的显赫人物。希姆莱视他为"天生的情报人才"，"一个了解所有线路并使它们始终连接畅通的有头脑的人物"。他性格坚毅，冷血残酷，为达目的不择手段，并因有一头金发而被捷克斯洛伐克人民称为"金发野兽"和"布拉格屠夫"。

1936年12月16日，十多年前被红色苏维埃驱逐出境，充当了双料间谍，而目前正在巴黎避难的原沙皇的将军史科布林，急匆匆来到德国驻法国大使馆，向盖世太保的大间谍卢戈森提交了两份"机密情报"。第一份情报说，苏联红军统帅部正在策划一起推翻斯大林、建立亲德政权的阴谋，主谋正是图哈切夫斯基元帅；第二份情报说，图哈切夫斯基及其亲密战友同德军统帅部和谍报机关一直保持接触。

卢戈森得到这两份"情报"后，如获至宝，马上亲自乘飞机把它送到了海德里希的手里。海德里希不问情报的真伪，只觉得满可以将之变成一把刺向图哈切夫斯基的利剑！

图哈切夫斯基于1893年出生在斯摩棱斯克省多罗戈布日县的一个贵族家庭，从小受到良好的教育。1914年毕业于亚历山大军事学校，获中尉军衔。他参加过第一次世界大战，被俘后逃回俄国，随即加入了苏联共产党。

1918年至1921年，图哈切夫斯基在短短两三年里，就获得了6枚战斗奖章，并在军中被称为"红色拿破仑"。"一战"结束后，他又因在红军改进技术装备、改革军队体制，发展航空兵、机械化兵、空降兵、海军和培训军政干部方面成绩卓著，特别是首次提出了军事史上的大纵深战役和战斗理论而登上荣誉之巅，获得了列宁勋章和红旗勋章。1935年，他被授予苏联元帅的最高军衔。

另外，图哈切夫斯基又在他出版的《进军维斯拉河》《国内战争史》中，两次不点名地批评了华沙之战中的决策性错误，让斯大林心怀忌恨。1930 年，他又在重新装备红军等问题上同斯大林、伏罗希洛夫产生了矛盾。于是，这位杰出的苏军将领渐渐失去了苏联最高层的信任。1934 年基洛夫遇刺事件发生后，苏联笼罩着一片政治恐怖气氛，斯大林掀起了大规模"揭发和铲除人民的敌人"的运动，而这又恰恰引起了具有勃勃侵略野心的德国法西斯的注意。

希特勒在听了海德里希的详细汇报后，很快就认同了这个罪恶计划。

海德里希的第一步是伪造档案。他先派

图哈切夫斯基

出老间谍罗德曼潜入德军最高统帅部的机密档案库，盗走了关于图哈切夫斯基的代号为"R"的文件——1922 年至 1923 年德国一个商业企业家联合会在军事方面同苏联打交道的文件，其中就有图哈切夫斯基的谈话。

德国特工人员在炮制图哈切夫斯基"专卷"时，采用了模仿、篡改"R"文件的办法：一是按照图哈切夫斯基的语调在谈话记录中增添了图哈切夫斯基串通叛国等词句；二是刻意模仿他本人的笔迹和风格，伪造了他给德国朋友的一封信。与此同时，图哈切夫斯基等人给德国出具的收款凭据等也被伪造出来了。文件和信件的每一页上，都盖有德国军事谍报局的"绝密"钢印，德军十多名高级将领的德文缩写签字也出现在文件上。

某日，捷克斯洛伐克驻德国大使马斯特内来到柏林一家高级酒店的餐厅。这是柏林外交官和达官贵人经常光顾的地方。马斯特内作为一名捷克斯洛伐克间谍，刚刚领受了本国政府的一项任务——"必须摸清德苏关系的发展趋势"。

马斯特内心情沮丧，满脸愁容，一声不响地喝着闷酒。

"不要发愁，亲爱的，把所有的烦恼都抛在脑后吧！"贝丽尔小姐关切地劝道。

"你有什么愁心事呀？马斯特内。"贝丽尔小姐娇嗔地问道，"这可能是我们最后一次见面了。"

"怎么啦？"马斯特内不解地问。

"我很害怕……"她小声说，"大家都希望苏德和好，但愿不要发生意外……"贝丽尔想说又停了下来。

"我们应该单独待一会儿。"马斯特内对贝丽尔说。

"好吧！"贝丽尔举起酒杯，脸上掠过一丝喜悦。

"德国政府正在与苏联红军中的反斯大林集团联络，希望苏联出现混乱。"贝丽尔对马斯特内说。

这件事使马斯特内感到震惊，但他脸上依然很平静。"亲爱的，但愿苏德能够保持友好！"贝丽尔说着，用双臂去拥抱马斯特内。

马斯特内的情人贝丽尔是一名德国警察。她年仅24岁，同时兼任德国外交部的秘书。海德里希命令她"在无意之中"把图哈切夫斯基的绝密情报告诉马斯特内。

第二天，捷克斯洛伐克总统贝奈斯得到了这份情报。他马上召见苏联驻布拉格大使亚历山德罗夫斯基。

3天后，法国政府在巴黎举办外交官招待会。法国总理达拉第向苏联大使波特金通报了法国得知的情报："先生，莫斯科有改变政治方针的可能。据可靠情报，德国正与苏联某些红军将领密谋推翻斯大林。"

"这是谣传，先生，不要上当！"波特金说。

10分钟后，波特金回到大使馆，用密电向斯大林做了汇报。这也是海德里希为增加情报的可信度，故意向法国人施放的烟幕。

海德里希的陷阱已经挖好，苏联一步步地陷了进去。

海德里希的代表来到布拉格，同捷克斯洛伐克总统贝奈斯取得了联系。在贝伦茨向贝奈斯提出出售图哈切夫斯基谋反的"专卷"后，贝奈斯马上密报了斯大林。就这样，贝奈斯的特使同贝伦茨进行了接触。斯大林的代表叶若夫也来到柏林。贝伦茨向斯大林索价300万卢布，斯大林毫不犹豫地答应了。

5月20日，斯大林解除了图哈切夫斯基的副国防人民委员的职务，让他担任伏尔加河沿岸军区司令员。苏联人不敢想象，在"五一"节上还陪伴在斯大林身边的图哈切夫斯基，这么快就失宠了。这位生性耿直的苏军元帅感觉事情不妙，赶忙写信给斯大林和伏罗希洛夫，要求退役复员，但他得到的答复却是尽快上任。这时，副国防人民委员戈马尔尼科告诉他："米哈伊尔·尼古拉耶维奇，最近以来一直有人在暗算你。……我认为，对你的全部指责都是胡扯……"

几天后，图哈切夫斯基元帅来到莫斯科喀山火车站，同苏联高级军官们告别。

"元帅，请保重！"许多军官握住他的手。

"谢谢大家。"图哈切夫斯基举手投足之间，显示出一种病态。他步履蹒跚地登上了列车。

6月4日，伏尔加沿岸军区召开了政治工作会议。会议刚刚结束，图哈切夫斯基就被逮捕了。6月10日，在阴暗的地下室里，由伏罗希洛夫等4名元帅组成的军事审判团设立秘密法庭，审讯图哈切夫斯基和另外几位著名将领的"罪行"。图哈切夫斯基说："我不会去请求宽恕，因为这个法庭只能以三流侦探编造出来的假文件为凭据，任何一个思想健全的人都不会尊重这种法庭的。你们自以为是法官，可我要告诉你们，犯罪的是你们而不是我们。"

与此同时，斯大林也在莫斯科召开了苏联革命军事委员会扩大会议，揭露了这个"反革命军事法西斯组织"，号召人们粉碎"反革命阴谋"。

6月12日，图哈切夫斯基和基辅军区司令员亚基尔、白俄罗斯军区司令员乌鲍列维奇、伏尔加军区副司令员帕里曼科夫、红军军事学院院长科尔克、红军干部部长费里德曼等高级干部均被处决。戈马尔尼科在斯大林派人前去逮捕他时，开枪自杀了。当天，塔斯社播发了一则新闻："以图哈切夫斯基为首的反苏托洛茨基军事集团成员犯有违背军人天职罪和叛国罪，已被处决。"

1937年下半年至1938年，斯大林处决了3位元帅、14位军区司令、60位军团长、136名师长（总共35000名红军军官）。就这样，苏联军队元气大伤，这为日后希特勒突袭苏联奠定了基础。

20年后，苏联检察院开始复查这起案件，并向最高法院提交了撤销对所有被告的判决并通过诉讼程序终止此案的结论。1957年1月31日，苏联最高法院军事法庭做出了最终裁决：撤销原判并终止此案。

（三）《大西洋宪章》与《联合国家共同宣言》

苏德战争爆发后，美国总统罗斯福和英国首相丘吉尔考虑到本国的利益和安全，秘密商定进行战时第一次会晤。1941年8月9日至12日，罗斯福和丘吉尔在大西洋纽芬兰岛阿根夏湾的军舰上举行美英首脑会议，史称"大西洋会议"。

会议商讨了欧洲和远东局势，安排了战略部署，确定了对德对苏政策，一致同意对日本发出严重警告，并致函斯大林，建议三国在莫斯科举行会议，为援苏事宜做出正式安排。

大西洋会议标志着美英联合对德宣战。

8月13日，美英双方签署了一项联合声明，并于14日正式公布了这项声明。声明共8条，史称《大西洋宪章》：

美利坚合众国总统罗斯福和联合王国国王陛下政府代表首相丘吉尔经过会晤，认为他们两国国策中某些共同原则应该予以宣布。他们对于世界所抱有的一个美好未来局面的希望是以此项政策为根据。

（一）两国并不追求领土或其他方面的扩张。

（二）凡未经有关民族自由意志所同意的领土改变，两国不愿其实现。

（三）尊重各民族自由选择其所赖以生存的政府形式的权利。各民族中的主权和自治权有横遭剥夺者，两国俱欲设法予以恢复。

（四）两国在尊重它们的现有义务的同时，力使一切国家，不论大小、胜败，对于为了它们的经济繁荣所必需的世界贸易及原料的取得俱享受平等待遇。

（五）两国愿意促成一切国家在经济方面最全面的合作，以便向大家保证改进劳动标准，经济进步与社会安全。

（六）待纳粹暴政被最后毁灭后，两国希望可以重建和平，使各国俱能在其疆界以内安居乐业，并使全世界所有人类悉有自由生活，无所恐惧，亦不虞匮乏的保证。

（七）这样一个自由，应使一切人类可以横渡公海大洋，不受阻碍。

（八）两国相信世界所有各国，无论为实际上或精神上的原因，必须放弃使用武力。倘国际间仍有国家继续使用陆海空军军备，致在边境以外实施侵略威胁，或有此可能，则未来和平势难保持。两国相信，在广泛而永久的普遍安全制度未建立之前，此等国家军备之解除，实属必要。同时，两国当赞助与鼓励其他一切实际可行的措施，以减轻爱好和平人民对于军备的沉重负担。

在制定《大西洋宪章》过程中，双方就各自的殖民利益进行了激烈的争夺。会议期间，美国谴责了英帝国关税限制制度和英德操纵世界贸易的状况。罗斯福认为，大战以后，必须把英国殖民地问题拿出来讨论，而丘吉尔则当场勃然大怒，说他当英国首相的目的，"并不是来主持大英帝国的解体的"。

尽管如此，《大西洋宪章》还是一个重要的历史文献，它成为后来联合国宪章的基础。

1941年9月，在伦敦召开的同盟国会议讨论了《大西洋宪章》。参加会议的有英国、苏联、比利时、卢森堡、荷兰、南斯拉夫、波兰、捷克斯洛伐克、希腊、挪威和"自由法国"。会上，罗斯福和丘吉尔联名致函斯大林，建议召开苏、美、英三国会议，讨论共同对德作战问题和援苏问题。

9月24日，苏联发表声明，同意《大西洋宪章》的基本原则。

1941年9月29日到10月1日，在莫斯科召开了苏美英三国会议。苏联代表团团长是外交人民委员莫洛托夫，英国代表团团长是军需大臣比弗布鲁克，美国代表团团长是罗斯福总统的特使哈里曼。斯大林也参加了这次会议。会议主要讨论了美英向苏联提供武器装备和战略物资的问题。斯大林在会前同丘吉尔的通信中，希望英国能在1941年内于巴尔干或法国开辟第二战场，以迫使德国从东线调走30～40个师。但英国当时自身难保，无法满足苏联的要求。

莫斯科会议取得了很大成果。1941年10月30日，罗斯福代表美国政府写信给斯大林，宣布给苏联10亿美元的无息贷款。11月7日，美国把《租借法》扩大到苏联。到1941年年底，美国援助苏联204架飞机、182辆坦克；英国供给苏联669架飞机、487辆坦克和301支反坦克枪。

1941年12月，日本发动了太平洋战争，美国正式参加了第二次世界大战。12

月 22 日，美英两国首脑在华盛顿聚会（代号"阿卡迪亚"，意为"世外桃源"），以商讨两国的整个作战计划。会议期间，美国倡议由所有对轴心国作战的国家签署一项共同宣言，即《联合国家共同宣言》。美国提出的宣言草案经与英苏政府磋商并加以修改后，用急电发给各同盟国政府。12 月 27 日，罗斯福和丘吉尔分批会见了各同盟国驻华盛顿大使，并告知他们关于这个宣言的内容。

1942 年 1 月 1 日，26 个国家的代表开始在《联合国家共同宣言》上签字。美、英、苏、中四国的代表罗斯福、丘吉尔、李维诺夫和宋子文（中国新任外长）先在白宫罗斯福的书房里签了字。1 月 2 日，《联合国家共同宣言》移放国务院，其余 22 国大使按英文字母顺序依次签了字。

《联合国家共同宣言》全文如下：

美利坚合众国、大不列颠和北爱尔兰联合王国、苏维埃社会主义共和国联盟、中国、澳大利亚、比利时、加拿大、哥斯达黎加、古巴、捷克斯洛伐克、多米尼加共和国、萨尔瓦多、希腊、危地马拉、海地、洪都拉斯、印度、卢森堡、荷兰、新西兰、尼加拉瓜、挪威、巴拿马、波兰、南非联邦、南斯拉夫各国的联合宣言。

本宣言签字国政府，

对于 1941 年 8 月 14 日美利坚合众国总统与大不列颠和北爱尔兰联合王国首相所作联合宣言称为《大西洋宪章》内所载宗旨与原则的共同方案业已表示赞同。

深信完全战胜它们的敌国对于保卫生命、自由、独立和宗教自由并对于保全其本国和其他各国的人权和正义非常重要，同时，它们现在正对力图征服世界的野蛮和残暴的力量从事共同的斗争，兹宣告：

每一政府各自保证对与各该政府作战的三国同盟成员国及其附从者使用其全部资源，不论军事的或经济的。

每一政府各自保证与本宣言签字国合作，并不与敌人缔结单独的停战协定或和约。

现在或可能将在战胜希特勒主义的斗争中给予物质上援助和贡献的其他国家得加入上述宣言。

1942 年 1 月 1 日签字于华盛顿。

（各国代表签名）

《大西洋宪章》和《联合国家共同宣言》，为联合国的成立奠定了基础。

1945 年 4 月 25 日到 6 月 26 日，《联合国宪章》制宪会议在美国旧金山召开。这次会议是在柏林战役已进入激烈巷战的时候召开的。会议根据 1945 年 2 月雅尔塔会议的决议，由中苏美英 4 国发起，50 个国家的代表参加，讨论、制定了《联合国宪章》。

《联合国宪章》共 19 章、119 条。它规定联合国的宗旨是："维护国际和平及安全"，"发展国际间以尊重人民平等权利及自决原则为根据之友好关系"，"制止侵略行为"，"促成国际合作"等。《联合国宪章》规定联合国及其成员国应遵循的原则是：各国主权平等；以和平方法解决国际争端；联合国不得干涉各国的政策。《联合国宪章》还规定了会员国的义务和权利以及6个主要联合国机构的职能范围。

6月26日，各国代表签署了《联合国宪章》。在签字仪式上，中国代表团因在发起国中按字母顺序排在第一位，故代理宋子文担任首席代表的顾维钧第一个在《联合国宪章》上写下了自己的名字。同年10月21日，蒋介石代表中国在联合国宪章上签字。

（四）第二战场之争

1942年，美、英、苏三大国围绕斯大林多次提出的在法国北部开辟第二战场的问题，曾有过多次谈判和激烈交锋，最后终于达成谅解。

在德国法西斯进攻苏联后，美英两国人民一致要求政府在欧洲开辟第二战场，减轻苏联的沉重负担。英国50万产业工人为此举行了声势浩大的示威游行，美国明尼苏达州的工会也号召职工"尽一切力量援助同希特勒作战的国家"。

据已解密的"俄罗斯社会政治历史国家档案资料"，1941年8月下旬，斯大林在给苏联驻英国大使迈斯基的一份电报中说："我们在乌克兰和列宁格勒战场上的形势很不乐观。问题在于，德国人把最后30个师从西部战线调到与我们作战的战场。这使我方情况日趋严峻，更不用说还有20个芬兰师和22个罗马尼亚师也参加了进攻我们的战斗。现在，我们的敌人在战场上一共有300多个师。……如果局面继续这样维持下去，同时英国人还不行动起来的话，我们的处境就会十分危险。……私底下跟你说——我应该对你开诚布公，如果英国人不能在最近的3到4个星期内在欧洲开辟第二战场，我们和我们的盟国就可能输掉这场战争。这是很让人悲哀的，但这很可能是事实。"

同年9月3日，斯大林又在给英国首相丘吉尔的信中写道："德国人认为西线毫无威胁可言，于是便有恃无恐地把西线的全部兵力都调集到了东线。……结果，我们丢掉了大半个乌克兰，此外，敌人还逼近了列宁格勒。……所有这些都削弱了我们的防御能力，并使苏联处于灭亡的边缘。"斯大林认为，要摆脱这种危险的局面，英国"今年必须在巴尔干的某个地方，或者在法国开辟第二战场，迫使德国人从东线战场调走30到40个德国师，同时，在今年10月初之前，保证向苏联提供3万吨铝，并每月至少供应400架飞机和500辆坦克（小型和中型的）。如果没有这两种形式的援助，苏联要么彻底失败，要么削弱到极点，在同法西斯斗争的战场上，永远没有能力再用积极的军事行动去帮助自己的盟国。"

1. 莫洛托夫的穿梭外交

美国总统罗斯福从反法西斯战争的全局出发，积极支持斯大林的倡议。1942 年 4 月 1 日，他批准了陆军参谋部制定的"西欧作战计划"，即"马歇尔将军计划"。4 月 8 日，他委托总统顾问哈利·霍普金斯和陆军参谋长乔治·马歇尔带着这个计划前往伦敦，征求英国的意见。他在给丘吉尔的信中说："哈里和乔治·马歇尔所要告诉你的一切，都是我的由衷之言。我们两国人民要求开辟一个战场，以便卸下俄国人肩上的压力。两国人民很有智慧，完全能够看到俄国人今天所杀死的德国人和所摧毁的装备，比我们两国加起来的总和还要多。即使还没有得到全盘的成功，这毕竟是一个巨大的收获。必须实现这个计划！"

马歇尔和霍普金斯在同丘吉尔和英国三军参谋长们接触后，双方基本达成协议，准备于 1943 年向西欧发动进攻。在此情况下，罗斯福于 4 月 11 日致信斯大林，请他派两名特使前往华盛顿，商讨这一作战计划。但是，斯大林认为，开辟第二战场是美英两国的事情，必须有丘吉尔的坚决支持，因此，他决定派苏联外交人民委员莫洛托夫先到伦敦，再往华盛顿。

斯大林对一贯反苏的丘吉尔的疑虑不是没有缘由的。第二次世界大战初期，由于有了美苏这两个反法西斯的强大盟国，德国对英国的致命威胁已经基本消除，因此，他对开辟第二战场采取了比较消极的拖延态度。对此，希腊记者杰烈比曾在他的《丘吉尔秘密》一书中写道："丘吉尔希望苏联在战争中流血牺牲，希望在胜利时苏联已经筋疲力尽，无法在欧洲和世界起首要作用。红军经过战争初期短暂的失利之后，已经成为决定同盟国能否胜利的重要因素。这时，丘吉尔企图通过战争削弱苏联的想法更加强烈。……斯大林焦急不安地紧急呼吁开辟西线第二战场，可是丘吉尔却始终支吾搪塞。"另外，丘吉尔又担心，如果苏联在短期内得不到美英的军事援助，它就有可能放弃单枪匹马同德国作战的做法，而同德国签订和约，退出战争。

1942 年 5 月 21 日，莫洛托夫一行到达伦敦，同英国政府进行谈判。5 月 26 日，双方签订了一项为期 20 年的同盟条约。但是，在开辟欧洲第二战场的问题上，双方议而未果，因为丘吉尔推说要等罗斯福先表个态。

5 月 29 日下午 4 点，莫洛托夫到了白宫，会见了罗斯福、国务卿赫尔和霍普金斯，进行了初步接触。第二天上午，美国总统罗斯福同莫洛托夫进行了会谈，在座的有马歇尔和海军上将欧内斯特·金。莫洛托夫在会谈时表示："开辟第二战场的问题既是个军事问题，也是个政治问题，但它主要还是个政治问题，因此，它不应当由军人，而应当由国务活动家们来解决。"他列举大量事实，证明美英在 1942 年开辟第二战场，比到 1943 年才动手更为有利。他说："如果你们拖延你们的决定，你们最终将承负战争的主要压力，而如果希特勒变成大陆上无可争辩的主人，那么，明年无疑地将比今年更为艰难。"罗斯福当即征询马歇尔的意见，然后授权莫洛托夫转告斯大林："我们期望今年开辟第二战场。"

罗斯福认为事情到此还是有点含糊，于是又给丘吉尔发了一份电报："我尤其渴望莫洛托夫能就他的使命带回一些实际的结果，并给斯大林一个令人高兴的报告。我倾向于认为，俄国人现在有点儿垂头丧气。"

6月1日上午，罗斯福和莫洛托夫进行了最后一次会谈。莫洛托夫问罗斯福："对于已经提出的那个总的问题，我将给伦敦和莫斯科带回一个什么样的答复呢？总统对第二战场的答复是什么呢？"罗斯福回答说："他可向莫斯科表明，美国政府力争并希望在1942年开辟第二战场，英国和美国都在这方面进行着大量的准备工作。加速组织第二战场的办法之一，就是缩减美国对苏联的供应，以便腾出辅助吨位，把美国军队调往英国。

6月11日，美苏两国同时发表共同声明说：

对于1942年在欧洲开辟第二战场的迫切任务已达成完全的谅解。此外，还讨论了美国向苏联增加和加速供应飞机、坦克以及其他各种战争物资的各项措施……双方对于在所有这些问题上的观点完全一致表示满意。

莫洛托夫返回伦敦后，又要求英国政府同意于1942年横渡英吉利海峡开辟第二战场。丘吉尔在《第二次世界大战回忆录》中是这样表述他当时的想法："我们仍在同美国参谋长一道积极研究这个问题，然而除困难以外，别无所见。一项公开声明当然于事无损，也可使德国人有所畏惧，从而尽可能将其军队留在西线。我们因此同莫洛托夫商妥，发表一项公报。

英苏公报的内容同美苏共同声明一样，载明将于1942年在欧洲开辟第二战场。但是，在草拟公报时，丘吉尔向莫洛托夫递交了一份备忘录，其中指出："我们正在为1942年8月或9月在大陆登陆进行准备"，但是，"事前很难说，到时候是否会出现采取这种行动的形势。我们因此无法许下任何诺言。"

2. 英美提出"火炬"计划

6月8日，丘吉尔在给英国三军参谋长会议的指示中，更为明确地表示，英国无意于1942年在欧洲开辟第二战场。他说：

我将要求三军参谋长考虑下列两项原则：

（1）除非我们打算留在那里，不在法国大举登陆；而且

（2）除非德国人在与俄国人作战中再次失利，因而士气不振时，不在法国大举登陆。

1942年6月17日，即在莫洛托夫回国后不久，丘吉尔带着总参谋长艾伦·布鲁克等飞往美国，次日傍晚抵达华盛顿。在两国政府首脑和参谋长们会谈期间，丘吉尔不赞成于1942年在法国本土登陆，而主张研讨在法属西北非的军事行动。6月

21日早晨，丘吉尔到总统的书房去看望罗斯福。正在这时，一封电报送到总统的手中，上面写着："托卜鲁克投降，25000人被俘。"英军在北非的惨败使丘吉尔大吃一惊，也更增加了他想在北非采取军事行动的理由。马歇尔后来在他的报告中写道："在这次讨论期间，盟国在北非的形势更为严重，以托卜鲁克陷落达到顶点。此后就几乎完全是讨论要采取什么措施以对付开罗所面临的威胁，因为隆美尔的军队被阻挡在阿拉曼一线是费了九牛二虎之力的。"

7月间，马歇尔、金氏和霍普金斯访问伦敦时，美国参谋们主张在西欧作牵制性的进攻，但英国军政领导人则坚决主张在北非采取军事行动，因为这时如在西欧发动有限攻势，那么地面部队，尤其是空军则主要靠英国提供。双方争执不下，最后马歇尔请示罗斯福，美国总统终于同意了英国领导人的意见。

7月24日，美英双方决定于1942年秋天在北非登陆，这次军事行动的密码代号为"火炬"。次日，美国总统正式批准了这个计划。

美英关于登陆北非的决定在英国高层引起了非议。为了劝说苏联接受这种安排，丘吉尔只好偕同他的军政顾问和美国总统驻英特使艾夫里尔·哈里曼，前往莫斯科安抚斯大林。

8月10日深夜，丘吉尔一行从开罗飞往德黑兰。12日，飞机进入苏联领空。丘吉尔后来在回忆录中说："我们隐约望见西海岸的巴库和巴库油田。德军现在离里海很近，因此我们便取道古比雪夫，以便远离斯大林格勒和战区。这就使我们飞近伏尔加河三角洲。极目远望，俄罗斯大地一片褐色，平原万里，了无人烟。……巨大的伏尔加河有很长一段是在宽广黑色的沼泽中流过，蜿蜒曲折，闪耀着光芒。……我反复思量着我到这个悲惨而阴险的布尔什维克国家去的使命。这个国家诞生之初，我曾一度力图扼死它；在希特勒出现以前，我认为它是文明自由的死敌。现在我要对它说明些什么才算尽到责任呢？"

8月12日下午5点，丘吉尔一行飞抵莫斯科，受到莫洛托夫等的隆重欢迎。晚7时，他来到克里姆林宫。丘吉尔回忆说："我到了克里姆林宫，第一次会见这位伟大的革命领袖，深谋远虑的俄国政治家和战士；在以后3年中，我同他保持密切、严肃的关系，相处之中常常感情激动，但有时也非常亲切。"

会见时，英国首相说："英美双方对（在欧洲开辟第二战场）这个问题进行了详细的审查。两国政府认为，他们不能在9月发动大规模的战役。但是，正如斯大林元帅所知，英美两国正准备在1943年进行一次规模很大的军事行动。为此目的，100万美国军队业已定在1943年春季到达联合王国的集结地点，编成27个师的远征军。英国政府还准备为远征军增加21个师。我充分了解，这个计划在1942年对俄国毫无帮助。我有充足理由反对1942年进攻法国海岸……"他还辩解说："战争就是战争，不是开玩笑，如果惹起对任何人没有好处的灾难，那就太愚蠢了。"

克里姆林宫

斯大林对丘吉尔的论据不以为然，反驳道："你们要是不愿冒险，就不可能赢得战争"，"你们不该这样怕德国人。……据我了解，你们是不能用大量的兵力来开辟第二战场，甚至也不愿用 6 个师登陆。"

丘吉尔回答："我们能够用 6 个师登陆，但这样的登陆有害无益，因为它会大大影响明年计划实行的大规模战役。"

为了打破僵局，丘吉尔摊开一幅南欧、地中海和北非的地图，抛出了他的"火炬"作战计划。他说："我想回过头来谈谈 1942 年的第二战场问题。我是专为这个问题来的，我并不认为法国是进行这样一次战役的唯一地点。还有别的地方。因此，我们和美国人决定了另外的计划。美国总统授权我来把这个计划秘密地告诉斯大林元帅。"

斯大林安详地坐着，笑嘻嘻地说："希望英国报纸不要走漏任何消息。"

丘吉尔又扼要介绍"火炬"计划说："这个计划不迟于 10 月 30 日开始，但罗斯福总统和我们都力争在 10 月 7 日实施。……如果能在今年年底前占领北非，我们就可以威胁希特勒欧洲的腹部。这次战役应该被认为是同 1943 年的战役相配合的。"

说到这里，丘吉尔在纸上画了一条鳄鱼，说："我们在打鳄鱼的硬鼻子时，也要攻击它柔软的腹部。"

斯大林高兴起来，说："愿上帝使这一计划成功！"

这时，哈里曼也补充说："罗斯福总统尽管念念不忘太平洋，但仍把欧洲战场视为他主要关心所在。他将竭尽他所能支配的资源来支持这个战场。"

斯大林思索了一会儿，对丘吉尔说："照阁下的介绍，开展'火炬'战役有 4点理由：第一，它会在背后打击隆美尔；第二，它会威胁西班牙；第三，它会使德国人和法国人在法国发生战斗；第四，它会使意大利首当其冲。"

丘吉尔接着列举了第五个理由："它缩短了地中海的海程。"

会谈持续了4个小时。时间已到午夜，丘吉尔还需半个小时才能回到国家宾馆——别墅7号。他虽然有些疲倦，但仍然精神焕发。回到宾馆，他口述了致战时内阁和罗斯福总统的电报。他此时感到，坚冰已经打破，富有人情味的接触已经建立起来。

3. 苏联同意英美安排

8月13日中午，丘吉尔按事先的约定，到克里姆林宫拜访了莫洛托夫，详细阐述了有关"火炬"计划的一些军事问题。晚11点，丘吉尔一行再次来到克里姆林宫，同斯大林举行第二轮会谈。斯大林首先递给丘吉尔一份文件——苏联最高统帅当天签发的《备忘录》：

……我和我的同事们认为，1942年存在着在欧洲开辟第二战场的最有利条件，因为几乎大部德军，并且是最精锐的德军已调往东线，留在西欧的德军为数不多，战斗力也不强。至于1943年开辟第二战场的条件是否将如1942年那样有利，就难说了。

因此，我们认为，在欧洲开辟第二战场，特别是在1942年，是可能的，而且是有效的。我为此事曾力图说服英国首相先生，不幸未收成效，而美国总统的代表哈里曼先生在莫斯科会谈中则完全支持首相先生。

当译员逐字逐句翻译这一文件时，丘吉尔表示要给予书面答复。接着，双方又争论了两个小时。丘吉尔甚至说道："我千里迢迢来到这里，为的是建立良好的合作关系。我们曾竭力帮助俄国，而且将继续帮助下去。现在三大国既已结成同盟，只要不分裂，就一定能取得胜利。"

为了缓和会谈气氛，在译员翻译之前，斯大林开了一句玩笑，说他很爱听丘吉尔先生发言的声调。此后，双方的会谈继续在平静的气氛中进行。

次日，即8月14日上午，丘吉尔在英军参谋长布鲁克和常务副外交大臣卡多根的协助下，对斯大林的《备忘录》做了如下答复：

1942年最好的第二战场以及从大西洋开展的唯一可能的大规模战役是"火炬"作战计划。如果它能在10月实行，将比任何其他计划对俄国更有帮助。它也为1943年的战役铺平道路，并且具有斯大林元帅在8月12日会谈中所提到的四大优点。英美政府对此已下定决心，并且正在以最快的速度进行一切准备工作。……

当天晚上，丘吉尔一行出席了克里姆林宫的正式宴会。宴会约有40人参加，其中包括几位司令官、政治局委员和其他高级官员。斯大林和莫洛托夫诚挚而亲近地招待了客人，气氛友好、热烈。

宴会上，斯大林通过译员同丘吉尔进行了愉快的交谈。双方无拘无束，潇洒自然。斯大林说："若干年前，萧伯纳先生和阿斯特夫人曾经来访。阿斯特夫人建议我邀请劳合·乔治先生访问莫斯科。我说：'我们为什么要请他来？他是干涉我们的头子。'对这一句话，阿斯特夫人回答说：'那是不确切的，是丘吉尔使他误入歧途的。'我说：'不管怎么样，劳合·乔治是政府的领袖，属于左派，他应对这事负责。我们宁愿喜欢真敌人，而不喜欢假朋友。'阿斯特夫人说：'哎，丘吉尔这下完蛋了。'我说：'我不能肯定是这样。假如大难临头，英国人民或许还要求助于这匹老战马哩。'"

斯大林说到这里，丘吉尔插话说："阿斯特夫人讲得真有意思。的确，我是干涉你们的最为活跃的人物。我不希望你有不好的想法。"丘吉尔见斯大林露出友好的笑容，说："阁下，你已经宽恕我了吗？"斯大林回答："这一切都已过去，过去的事情应该属于上帝。"

英国外交官亚历山大·卡多根爵士后来写道：宴会结束后，丘吉尔和斯大林在翻译的帮助下，进行了一次私人会面。两人在深夜豪饮，直至次日凌晨3点，气氛"像婚礼钟声一样欢乐"。卡多根爵士还说："我在那儿找到了斯大林和丘吉尔，莫洛托夫也在场，他们坐在摆得满满的桌子两旁。在各种食物中，最醒目的是一只乳猪和无数酒瓶。……毫无疑问，温斯顿很受感动，我认为这种感情得到了回应。"

8月16日，苏英首脑会谈公报发表。公报全文如下：

苏联人民委员会主席约·维·斯大林同英国首相温斯顿·丘吉尔先生在莫斯科举行了会谈，美国总统代表哈里曼先生参加了会谈。参加会谈的，苏联方面还有：外交人民委员莫洛托夫、伏罗希洛夫元帅；英国方面还有：英国驻苏大使克拉克·克尔爵士、帝国总参谋长布鲁克爵士以及英国军队的其他负责代表和外交部常务次官（副外交大臣）卡多根爵士。

会谈就反对希特勒德国及其在欧洲的同伙的战争，做出了若干决定。对于这场正义的解放战争，两国政府决心全力以赴，直至希特勒主义和任何类似的暴政完全消灭为止。会谈是在热诚和十分真挚的气氛中进行的。这次会谈使我们有机会重申，苏、英、美3国完全依照3国间的同盟关系，已结成亲密的友谊，达成相互的谅解。

丘吉尔于当天上午5点30分从莫斯科起飞。他虽然感觉疲劳，但心情愉快。他后来写道："总的说来，这次访问莫斯科的确使我受到鼓舞。""此外，斯大林完全承认'火炬'作战计划的优越性。"

罗斯福得知丘吉尔与斯大林的会谈成功后，马上给斯大林发了一份电报：

非常遗憾，我不能参加你和丘吉尔先生在莫斯科的会谈。我充分认识到战局的迫切需要，尤其是关于你自己的东线的需要。……我深深地认识到，我们大家的真正敌人是德国，我们必须在尽可能早的时间里集中我们所有的军队和我们的威力来对付希特勒。我可以向你保证，只要关于海运的安排是人力做得到的，都要马上做到。另外，8月就要从这里运出 1000 辆坦克给俄国，其他急需物资，包括飞机，也在赶运之中。

请相信我，我们正以最快的速度和最大的力量在援助你们。美国人民懂得，俄国今年在作战中是首当其冲的，付出了最大的伤亡代价。对于你们所做的杰出的抵抗，我们是充满崇敬的。

（五）太平洋会议：中国对西藏拥有主权

1943 年 5 月，太平洋会议在美国首都华盛顿举行。出席会议的有中国、美国、英国、加拿大、澳大利亚的重要人物。中方代表是时任中华民国外交部长的宋子文，英方代表则是首相丘吉尔。会议主要研究了同盟国各成员国在对德、对日交战中的战略使命。

在 5 月 21 日的会议上，丘吉尔突然对宋子文说："听说中国正在向西藏大举增派部队，准备进攻西藏，那个国家现在很恐慌。"

宋子文当即回应："西藏可不是什么独立国家，中国和英国间所签订的全部条约中，都承认中国对西藏拥有主权！"

当天，宋子文即将此事电告重庆的蒋介石。第二天，蒋介石回电明确答复：丘吉尔的说法是对中国内政的干涉，必须坚决反对。

宋子文 21 日的电文是：

丘相谓，近闻中国有集中队伍进攻西藏之说，致该独立国家大为恐慌，希望中国政府保证不致有不幸事件发生……文答并未有此项消息，且西藏为中国主权所有。

蒋介石 22 日回电：

丘吉尔称西藏为独立国家，将我领土与主权，完全抹杀，侮辱实甚。西藏为中国领土，藏事为中国内政，今丘相如此出言，无异于干涉中国内政。中国对此不能视为普通常事，必坚决反对。

开罗会议

1943 年是整个第二次世界大战转折性的一年。欧洲、北非、远东和太平洋战场上的主动权已经转入盟军手中，而中国人民的抗日战争也已进入再发展阶段。但是，退却中的德日法西斯军队还在顽强抵抗，妄图拖延战争。在这种情况下，美英两国政府首脑在 6 月 17 日至 24 日举行的会议上通过了"霸王"作战计划，决定两

国军队大约于 1944 年 5 月 1 日在法国北部登陆，开辟欧洲第二战场，并在德国崩溃后 12 个月内击败日本。

1. 三国外长莫斯科会议

10 月 19 日至 24 日，苏、美、英外长会议在莫斯科举行。三国代表团的领导人是苏联外交人员委员莫洛托夫、美国国务卿赫尔、英国外交大臣安东尼·艾登。据《艾登回忆录》：会上，"每一个主角都有一个他认为特别重要的题目。俄国人所关心的是 1944 年春天在欧洲开辟第二战场。最合乎赫尔心意的题目是关于战争目标的四国宣言和维护和平的国际组织。我的目的是就建立盟国可以磋商与战争有关的机构达成协议，因为这些问题正纷纷找上门来。所有这些主要目的都一一得到实现。"

会议决定在伦敦成立欧洲咨询委员会，以研究战后的合作问题。

外长会议通过了四项宣言：《四国关于普遍安全的宣言》《关于意大利的宣言》《关于奥地利的宣言》和《关于希特勒分子对于其所犯暴行的责任的宣言》。

在《四国关于普遍安全的宣言》中，中国作为四大同盟国之一的国际地位受到重视。据赫尔回忆，关于中国参加《四国宣言》的事，他曾同莫洛托夫商量。赫尔说："美国政府就中国局势做了并正在做一切可做的事情。在我看来，不能把中国从《四国宣言》中删去。我的政府认为，中国已经在世界范围内作为四大国之一进行战争。对中国来说，现在如果俄国、大不列颠和美国在宣言中把它抛到一边，那在太平洋地区很可能要造成可怕的政治和军事反响。"莫洛托夫承认赫尔说得有理，但以时间紧迫，担心中国驻苏大使得不到授权为理由，想不让中国参加。后经赫尔多次说服和周旋，莫洛托夫终于同意。结果，中国驻莫斯科大使傅秉常与其他三国外长一起，在《四国宣言》上签了字。

《四国宣言》全文如下：

美利坚合众国政府、联合王国政府、苏联政府和中国政府，共同遵照 1942 年 1 月 1 日联合国家宣言以及以后历次宣言，一致决心对他们现正与之分别作战的轴心国继续采取敌对军事行动，直至各轴心国在无条件投降的基础上放下武器为止；

负有使他们自己和同他们结成同盟的各国人民从侵略威胁下获得解放的责任；

认为必须保证迅速而有秩序地从战争过渡到和平，并建立和维持国际和平与安全，使全世界用于军备的人力与资源缩减到最低限度；特联合宣告：

（一）他们用以对其各自敌人进行战争的联合行动将为建立和维护和平与安全而继续下去；

（二）他们中与共同敌人作战的那些国家，对于有关该敌人的投降和解除武装等一切事项将采取共同行动；

（三）他们将采取他们认为必要的一切措施，以防止对敌人提出的条件遭到任何破坏；

（四）他们认为必须在最短期间，根据一切爱好和平国家主权平等的原则，建立一个普遍性的国际组织，所有这些国家不论其大小，均可加入为成员国，以维护国际和平与安全；

（五）为了维持国际和平与安全，在重建法律与秩序和创立普遍安全制度以前，他们将彼此协商，必要时并将与联合国家的其他成员国进行协商，以便代表一个国际共同体采取共同行动；

（六）战争结束后，除了经过共同协商和为实现本宣言所预期的目标以外，他们将不在别国领土上使用其军队；

（七）他们将彼此，并与联合国家的其他成员国协商和合作，以便对战后时期控制军备达成一个实际可行的全面协议。

维·莫洛托夫

科德尔·赫尔

安东尼·艾登

傅秉常

莫斯科，1943 年 10 月 30 日

《关于意大利的宣言》确定，同盟国对意大利的政策应彻底消灭法西斯主义和建立民主制度，但并不限制意大利人民以后选择自己政体的权利。

《关于奥地利的宣言》称，奥地利应从德国统治下获得解放，成为一个自由独立的国家。

《关于希特勒分子对于其所犯暴行的责任的宣言》载明，希特勒罪犯将在其犯罪地点由各国人民加以审判。

10 月 30 日，外长会议结束。当晚，斯大林在克里姆林宫的叶卡捷琳娜大厅举行宴会，招待美英代表。赫尔坐在斯大林右边。据《赫尔回忆录》，席间，斯大林低声对英语译员别列日柯夫说："注意地听一下，把我下面的话逐字逐句地翻译给赫尔听：苏联政府研究了远东的局势问题并已做出决定：在盟国打败了希特勒德国，结束欧洲战争之后，苏联将立即对日宣战。让赫尔转告罗斯福，这是我们政府方面的立场。但目前我们还要保守秘密。"

2. 中国应邀参加会议

莫斯科外长会议后不久，主要同盟国政府首脑便决定举行会议。然而，会议的筹备过程十分复杂。开会的建议首先是由丘吉尔提出来的，不过，他的初衷不是召开美、英、中三国首脑会议，而是由美英两国首脑在德黑兰会议之前进行双边磋商，统一口径，联合起来同苏联打交道。但是，罗斯福担心的正是这一点——他并不希望斯大林感觉到美英两国在联合对苏。罗斯福巧妙地把丘吉尔的建议纳入了自

己的轨道，其理由是有许多涉及远东的问题需要商讨，特别是中国战局和战后中国的国际地位问题。

罗斯福本想召开有苏联参加的美、英、苏中四国首脑会议，因而建议除邀请蒋介石外，还要邀请莫洛托夫参加。可是，斯大林拒绝参加有蒋介石参加的国际会议，因为苏联当时对太平洋战争仍持"中立"态度，他不愿参加讨论对日作战问题的国际会议。最后，罗斯福和丘吉尔决定把会议分成两个来举行，一个是中国人参加、苏联人不参加的开罗会议，另一个是苏联人参加、中国人不参加的德黑兰会议。

开罗会议举行前，罗斯福曾经踌躇满志地对他的儿子埃利奥特透露了他对国际局势的看法："美国将不得不出面担任领导工作，领导并运用我们的斡旋进行调解，帮助解决其他国家之间必将产生的分歧：俄国与英国在欧洲，英国与中国、中国与俄国在远东的分歧。我们有能力做到这一点，因为我们是大国，是强国，而且我们没有妄求。英国已走下坡路，中国仍处于18世纪的状态，俄国猜疑我们，而且使得我们也猜疑它。美国是能在世界中缔造和平的唯一大国。这是一项巨大的职责，我们实现它的唯一办法是面对面地与这样的人会谈。"

1943年11月9日，罗斯福第三次给蒋介石发去电报，邀请他在11月22日抵达开罗，参加四强会议。蒋介石认为，这是一个废除不平等条约、恢复中国国家利益的好机会，于是指定最高国防委员会参事室、秘书厅拟订会谈方案。在最高国防委员会秘书长王宠惠的主持下，参事室拟定的方案有以下几项：一、旅顺、大连两地，一切公有财产及建设，一并无偿交还中国；二、南满铁路与中东铁路无偿交还中国；三、台湾及澎湖列岛两处一切公有财产及建设，一并无偿交还中国。在军事方面，史迪威和商震等人提出，美国应为蒋介石装备训练90个师的军队，并要求英国在反攻缅甸时大力支持。

11月18日，蒋介石偕宋美龄，率领16名随员离开重庆，向南飞越喜马拉雅山脉，到达印度北部的盟军军用机场，20日从印度起飞，向西穿越阿拉伯半岛和红海，于21日上午7点抵达开罗培固机场，下榻于城郊一所独用住宅。随后不久到达的丘吉尔住在离蒋氏夫妇居所不远的英国大使馆里。

11月23日上午11点，开罗会议在可以眺望金字塔的米纳饭店里开幕。罗斯福、丘吉尔、蒋介石及这三国的高级官员均出席了第一次会议。会场四周戒备严密，设有高射炮和雷达阵地，并有英军一个旅负责警卫。在5天的会议中，三国首脑举行高峰会1次，美中首脑会谈4次，英中首脑会晤3次。

会上，各方就远东的战略问题进行了激烈的交锋。在讨论对日作战计划时，罗斯福、马歇尔和史迪威为扩大美国对中国的影响与控制，主张从印度经缅甸向中国方向进攻，将日军逐出缅甸，恢复与中国的陆上交通；蒋介石也希望在缅北发动战役，并要美国满足他"对金钱的没完没了的要求"。但是，丘吉尔不愿美国在东南亚和远东的地位得到加强，不愿美中军队参与解放英国前殖民地缅甸的作战，因而予以反对。三方最后做出在滇缅路对日作战的决定。关于远东战后安排，三方在剥夺日本自1914年以来在太平洋地区夺取或占领的所有岛屿，并将日本侵占的中国领土归还中国等问题上，达成了一致意见，但在战后如何处置原为欧洲国家和日本属地或势力范围的某些殖民地附属国问题上，却出现了明显分歧。罗斯福主张给这些国家以形式上的独立权，以便日后美国扩大自由贸易市场；丘吉尔则拒绝讨论任何有关远东英国殖民地的前途问题，拒绝交还中国的香港与九龙。

开罗会议期间，罗斯福同蒋介石秘密讨论了远东战后的安排问题，特别是在11月23日晚上，罗斯福在宴请蒋介石夫妇之后，进行了一夕长谈。关于这次会谈，美方没有正式记录。后台湾当局通过其驻美"大使"，于1957年把中方的中文记录英译件交给美国国务院，并允许其发表。根据这份记录，会谈的内容有：

（1）关于中国的国际地位——罗斯福总统表示，中国应取得四大国之一的地位，平等参加四强机构，参加制定此类机构之一切决定。蒋委员长回应说，中国将乐于参加四强机构及其一切决定。

（2）关于日本皇族的地位——罗斯福总统征求蒋委员长的意见，战后日本天皇制度是否应该废除。委员长说，这将涉及战后日本政府形式问题，应该让日本人民自己去决定，以免在国际关系中铸成永久的错误。

（3）关于对日本的军事占领——罗斯福总统的意见是，中国应在战后对日本的军事占领中担任主导角色。但蒋委员长认为，中国尚不具备条件担此重任，这个任务应在美国领导下实行，届时如有必要，中国可以参加，以示协助。……

（4）关于用实物赔偿——蒋委员长建议，战后日本对中国的赔偿一部分可用实物支付。日本的许多工业机器和设备、军舰和商船及铁路车辆等等，可以转让给中国。罗斯福总统表示他同意这个建议。

（5）关于归还领土——蒋委员长和罗斯福总统一致同意，日本从中国强占的中国东北四省、台湾和澎湖列岛在战后必须归还中国，这应理解为，辽东半岛及其两个港口，即旅顺和大连必须包括在内。……

……

（7）关于朝鲜、印度支那和泰国——罗斯福总统表示，中国和美国应就朝鲜、印度支那和其他殖民地以及泰国的未来地位取得相互谅解。蒋委员长同意，强调必须给予朝鲜独立。他还认为，中国和美国应共同努力以帮助印度支那在战后取得独立，而泰国的独立地位应当恢复。总统表示他同意。

3.《开罗宣言》正式公布

据媒体披露，就在11月23日晚上，罗斯福和蒋介石单独谈到剥夺日本在太平

洋侵占的岛屿时，罗斯福想到了琉球群岛，并对蒋介石说："琉球系许多岛屿组成的弧形群岛，日本当年是用不正当手段抢夺该岛，也应予剥夺。我考虑琉球在地理位置上离贵国很近，历史上与贵国有很紧密的联系，贵国如想得到琉球群岛，可以交给贵国管理。"罗斯福突然提出将琉球群岛交给中国管理，大大出乎蒋介石的预料，蒋介石一时不知道如何回答。过了一会儿，他才对罗斯福说："我觉得此群岛应由中美两国占领，然后两国共同管理为好。"罗斯福听蒋介石这么一说，觉得蒋介石不想要琉球群岛，因而不再往下说。11 月 25 日，罗斯福与蒋介石再度会晤时，又谈到琉球群岛。蒋介石还是坚持共同管理。据后来跟随蒋介石到开罗的国民党官员分析，蒋介石当时去开罗的主要目的是解决日本归还东北、台湾和澎湖列岛问题，没有把争要琉球群岛列入计划。另外，蒋介石也怕中国得到琉球群岛后，日本战后会找中国的麻烦，使中日两国再度结怨。

开罗会议最主要的成果是美英中三国联合发表的《开罗宣言》。这个宣言是由霍普金斯起草的，经罗斯福、丘吉尔、蒋介石一致同意后，又被带到德黑兰去征求斯大林的意见。斯大林表示完全同意。于是，《开罗宣言》于 1943 年 12 月 1 日在开罗正式公布：

三国军事方面人员，关于今后对日作战计划，已获得一致意见，我三大盟国表示决心以不松弛之压力，从海陆空诸方面加诸残暴的敌人。此项压力已经在增长之中。

我三大盟国此次进行战争之目的，在于制止及惩罚日本之侵略，三国决不为自身图利，亦无拓展领土之意。三国之宗旨在剥夺日本自 1914 年第一次世界大战开始以后在太平洋所夺得的或占领之一切岛屿，在使日本所窃取于中国之领土，例如满洲、台湾、澎湖群岛等，归还中华民国。日本亦将被逐出于其以暴力或贪欲所攫取之所有土地，我三大盟国轸念朝鲜人民所受之奴役待遇，决定在相当期间，使朝鲜自由独立。

我三大盟国抱定上述之各项目标并与其他对日作战之联合国家目标一致，将坚持进行为获得日本无条件投降所必要之重大的长期作战。

《开罗宣言》确认台湾和包括钓鱼岛在内的附属岛屿是中国的神圣领土，它是一份具有国际法效力的条约性文件，即它从法律上明确了日本侵占台湾的非法性，为战后中国处理台湾问题提供了国际法依据。

（六）《开罗宣言》毋庸置疑

1943 年 11 月开罗会议期间，美、英、中三国首脑具体讨论了如何协调对日作战的军事问题和战后如何处置日本等政治问题。其中，中国国民政府主席蒋介石

（兼行政院院长、军事委员会委员长）和美国总统罗斯福在 23 日晚和 25 日下午两次长谈时，主要讨论了政治问题。在此之前，美英两方已就有关问题进行过磋商。讨论时，蒋介石和罗斯福就 8 个方面的问题达成共识。

1. "归还"与"放弃"之争

中美首脑晤谈后，美国总统特别助理霍普金斯受罗斯福委托，根据美、英、中三国会谈和美中会晤精神，起草了《开罗宣言》。关于日本把台湾归还给中国的问题，霍氏拟订的供罗斯福审阅的草案明确表示："被日本人背信弃义窃取的中国之领土，例如满洲和台湾，应理所当然地归还中国。"25 日，美方正式打印的草案中将上述文字中的"日本人"改为"日本"。这份草稿先送给中国代表王宠惠和蒋介石过目，然后在 11 月 26 日交中英美三方代表讨论。中方代表是王宠惠，美方代表是霍普金斯和美驻苏大使哈里曼，英方代表是外交大臣艾登和外交副大臣贾德干。

《开罗宣言》

此时，中英两国代表进行了颇为激烈的争论。英国代表贾德干说，宣言草案中对日本占领的其他地区都"应予剥夺"，唯独满洲、台湾和澎湖写明应"归还中华民国"，为求一致，宜将满洲、台湾和澎湖也改成"必须由日本放弃"。中国代表王宠惠反驳道，全世界都知道，第二次世界大战是由日本侵略中国东北引起的，如果《开罗宣言》对满洲、台湾、澎湖只说应由日本放弃而不说应归还哪个国家，中国人民和世界人民都将疑惑不解。贾德干辩解道，草稿中的"满洲、台、澎"之上，已冠有"日本夺自中国的土地"的字样，日本放弃之后，归还中国是不言而喻的。王宠惠据理力争说，外国人对于满洲、台、澎，带有各种各样的言论和主张，英国代表想必时有所闻，如果《开罗宣言》不明确宣布这些土地归还中国，而使用含糊的措辞，那么，联合国家共同作战和反侵略的目标，就得不到明确的体现，《开罗宣言》也将丧失其价值。美国代表哈里曼赞成王宠惠的意见，贾德干陷于孤立。结果，英方未能就宣言草案这一实质问题进行修改，只是对美方草案作了一些非实质性的文字上的改动，把此段文字表述为："被日本所窃取于中国之领土，特别是满洲和台湾，应归还中华民国"，这样就删去了美方文本中语气较强的"背信弃义"和"理所当然"两个词组。丘吉尔本人又对宣言草案文字做了进一步修改，将文中的"特别是"改为"例如"，又在"满洲和台湾"两个地名后，加上了"澎湖"。

经过当天认真讨论，《开罗宣言》草案经中、美、英三国首脑一致同意后，正式定稿，但暂不发表，由美英人员送往德黑兰，听取参加美英苏三国德黑兰会议的斯大林的意见。11月30日，丘吉尔引用了《开罗宣言》有关日本归还其侵占领土的一段话，询问斯大林有何意见。斯大林答称，他"完全"赞成"宣言及其全部内容"，并明确表示：这一决定是"正确的"，"朝鲜应该独立，满洲、台湾和澎湖等岛屿应该回归中国"。

2. 中国对台湾恢复行使主权

1943年12月1日，中美英三国在重庆、华盛顿、伦敦同时发表《开罗宣言》。这样，《开罗宣言》就在反法西斯战争的历史背景下，以中美英三国首脑会谈精神为基础，由美国代表草拟，经中、美、英三国代表认真讨论，三国首脑同意，并征得斯大林的完全肯定，实际上以国际协定的形式公布于世，表达了同盟国打击并惩罚侵略者、维护国际正义的共同政治意愿，其合理性、严肃性、正义性和有效性毋庸置疑。

1945年10月25日，中国政府正式收复台湾、澎湖列岛，恢复对台湾行使主权。台湾省行政长官兼警备总司令陈仪在台北市接受了日军第10方面军司令长官安藤利吉的投降，被迫割让给日本50余年的台湾省，终于彻底摆脱了日本的殖民统治，回到了祖国的怀抱。1946年10月，在台湾回归祖国一周年之际，蒋介石和夫人宋美龄曾专程赴台湾视察。

第二次世界大战结束时，台湾是中国的一个省，是中国不可分割的神圣领土，在国际社会中被广泛接受和承认。1949年8月，美国国务院白皮书《美国与中国的关系》写道："根据日本投降书，及日本政府按照盟军总部1945年9月2日指令所发表的总命令第一号，中国军队在美国小组的协助下，从日本人手中接收了该岛（台湾）的行政权。"同年12月23日，美国政府在《国务院关于台湾政策宣传指示》中重申：台湾在政治上、地理上和战略上都是中国的一部分，虽然它被日本统治了50年，"然而从历史上来看，它是中国的。在政治上和军事上，它是一种严格的中国的责任"。英国政府持有同样的立场，1949年11月11日和14日，英国外交部次长梅修在国会下院两次回答问题时都明确表示：根据《开罗宣言》，中国当局在日本投降时收复台湾，并在此后一直行使对该岛的控制。

在《开罗宣言》之前的1941年12月9日，中国政府的《对日宣战布告》宣布："所有一切条约、协定、合同有涉及中日间之关系者，一律废止"；在《开罗宣言》之后的1945年7月26日的美、英、中《促令日本投降之波茨坦公告》第八项重申，"《开罗宣言》之条件必将实施"；1945年8月15日日本投降，同年9月2日，美英中法等九国代表于停泊在东京湾的美国海军战舰"密苏里"号上接受日本投降。日本外相重光葵和日军参谋总长梅津美治郎等代表日本天皇和日本政府在投降书上签字，同意接受《波茨坦公告》中所列的全部条款，无条件地将包括台湾在内的所掠夺的领土全部交出。日本《无条件投降书》开宗明义第一条就是：日本接受"中、美、英共同签署的、后来又有苏联参加的1945年7月26日的《波茨坦公告》中的条款"。这样，《中国对日宣战布告》《开罗宣言》《波茨坦公告》和日本《无条件投降书》，这4个文件组成了环环相扣的国际法律链条，明确无误地确认了台湾作为中国领土一部分的法律地位，保证了台湾回归中国的国际协议具有无可否认的有效性。

长期以来，日本右翼势力总是煞费苦心地质疑《开罗宣言》存在的法理效力与存在的真实性，试图以片面媾和的《旧金山和约》抵消或取代《开罗宣言》。近年来，个别"台独"分子也以当年中国个别媒体以"公报"等措辞发表《开罗宣言》为借口，提出《宣言》在当时只能算是一份"新闻公报"（*Press Communique*），不具法律效力。他们还提出，对于1945年7月26日发表的《波茨坦公告》中确认开罗宣言的条款，其效力远不如经48国所签订的旧金山和约，而旧金山和约并未决定台湾主权归属，因此有了所谓"台湾主权未定论"之说。

对于上述谬误，国际公众普遍认为，虽然《宣言》本身只是盟国的战时目标，但盟国已将宣言的条款加入了《波茨坦公告》，并经中、美、英三国元首确认，成为盟国对日无条件投降所提出的条件，而日本也在9月2日的投降书当中确认了《波茨坦公告》。

《波茨坦公告》第八条规定："《开罗宣言》之条件必将实施，而日本之主权必将限于本州、北海道、九州、四国及吾人所决定其他小岛之内。"显然，其他小岛具体何指，身为侵略者和战败国的日本根本没有发言权。

及至1951年《旧金山和约》签订时，日本早已失去中国台湾、朝鲜等地的主权，因此，《旧金山和约》中的领土条款仅是日本放弃对当地主权的宣示。再说，《旧金山和约》把中华人民共和国排斥在外，当时就遭到中国政府的抗议和反对。

对于今天的国际社会而言，《开罗宣言》仍具有维护亚太和平的现实意义。作为继承《开罗宣言》精神的政治、外交实践，中国一方面要求日本正视历史，忠实履行战争结束时对国际社会做出的政治承诺，同时也希望美、英以及所有曾参与制定第二次世界大战后国际秩序的国家负责任地坚守自己的政治立场，维护《开罗宣言》所开启的东亚和亚太秩序。

（七）德黑兰会议

开罗会议结束后，罗斯福和丘吉尔于1943年11月27日直飞德黑兰。在伊朗首都，英、苏两国大使馆近在咫尺，但美国公使馆却距离它们较远。出于安全方面的考虑，斯大林邀请罗斯福迁入苏联大使馆内的一所单独的楼房，罗斯福欣然同意。

会议主要研究并制订了对德作战方针，此外，还讨论了波兰的边界问题、战后分割德国问题，以及建立维持世界和平的国际组织等问题。在忙忙碌碌的 4 天里，三巨头就连吃饭时也在进行磋商。罗斯福单独同斯大林会见了几次，发现斯大林这位穿着米色军装、戴着元帅金质肩章的"苏联独裁者"信心十足，给人以十分深刻的印象。

军事问题很快得到了解决。罗斯福和丘吉尔向斯大林保证，横渡英吉利海峡的作战将在 1944 年 5 月 1 日前后开始。斯大林表示，苏联将配合这次作战发动一场攻势，并答应苏联将在打败希特勒后参加对日本的战争。

波兰的战后地位问题比较复杂。丘吉尔指出，英国打仗是为了保卫一个独立的波兰，他要求讨论波兰未来的政治制度和边界问题。斯大林拒绝同伦敦的波兰流亡政权发生任何关系。关于领土问题，斯大林提出，在西边，波兰人应取得以奥得河为界的领土；在东边，斯大林坚持 1939 年 9 月底的边界线。他说，如果把沿涅曼河左岸一带的东普鲁士北部，包括蒂尔西特和哥尼斯堡划归苏联，他准备接受寇松线作为苏波边界。据美国政府印刷局 1961 年印制的《美国对外关系》，当时，罗斯福和丘吉尔都表示同意波兰的国土西移，但是，罗斯福在同斯大林私下会谈时说，1944 年就要举行总统选举，美国大约有六七百万波兰血统的美籍公民，他作为一个讲求实际的人，不愿失去他们的选票。他说，他虽然同意斯大林的看法，但却希望斯大林理解，由于上述政治原因，他不能在德黑兰或下一个冬天参加关于这个问题的任何决定，现在也不能参加有关这方面的安排。丘吉尔表示，他将把苏联的建议带回伦敦交给波兰人。因此，三大国在这个问题上未达成协议。

关于分割德国的问题，会议认为，一个强大的德国会把世界再次拖入战争。罗斯福主张把德国分成 5 个部分。丘吉尔认为普鲁士是发动战争的祸害，应把它孤立起来，建立一个在奥地利或匈牙利影响下的多瑙河联邦，而对德国的其他部分则应宽容一些。斯大林赞同罗斯福的建议，说要分割德国，那就应当真正地分割。最后，三大国首脑决定由欧洲咨询委员会再进一步研究这个问题。

此外，斯大林要求把 400 万德国男人运到苏联参加一定时间的重建工作，他还要求不经审判程序，就对 5 万名德国军官进行判决，丘吉尔对此提出异议。

苏联译员别列日柯夫在《德黑兰会议的最后一天》中写道："原定 12 月 2 日全天举行会议，然而胡齐斯坦山区突然降雪，使得气候条件骤然变坏。因此，罗斯福需要尽快飞离德黑兰。12 月 1 日夜晚仓促地通过了会议的最后宣言。当时已没有时间将宣言的俄文和英文文本用打字机重打干净，也没有时间去举行签署宣言的隆重仪式，只能采取类似'询问'的方式，分头收集对这一极其重要文件的签字。会议的每一位主要参加者都分别匆忙地签署了文件。我们手中保留着一页折皱不堪、上有铅笔签名的原稿。这张原稿的外形和即将成为举世闻名的三国德黑兰宣言的庄严内容是何等的不相称。"

《苏美英三国德黑兰宣言》全文如下：

我们，美利坚合众国总统、大不列颠首相和苏联人民委员会主席，于过去4天，在我们盟国伊朗的首都德黑兰举行了会晤，确定并重申了我们的共同政策。

我们表示决心，我们3国在战时和战后的和平时期，都将进行合作。

关于战争，我们3国参谋部代表参加了我们圆桌会议的讨论，我们商定了消灭德国武装力量的计划。我们就从东、西、南3方面将发动的军事行动的规模和时间达成了完全一致的协议。

我们在这里达成的相互谅解，保证胜利必将属于我们。

关于和平，我们确信，我们之间现存的协同一致，必将保证持久和平。我们充分认识我们及所有联合国家对实现这种和平负有崇高的责任，这种和平将获得全球绝大多数人民的拥护，并在未来许多世代中，消除战争的祸患与恐怖。

我们和我们的外交顾问一起研究了未来的问题。所有和我们3国一样专心致力于消灭暴政与奴役、压迫与苦难的大小国家，我们都将努力谋求它们的合作和积极参加。我们欢迎它们在它们愿意的时候加入民主国家的和睦大家庭。

世界上没有任何力量能阻止我们在陆地上消灭德国的军队，在海上消灭德国的潜艇和从空中消灭德国的兵工厂。

我们将无情地、日益猛烈地进攻。

我们结束了我们友好的会议，满怀信心，期待着那样一天的到来，那时全世界各国人民将不受暴政的压迫，按照各自不同的意愿和自己的良心自由地生活。

我们满怀希望和决心而来，我们作为志同道合的真正朋友而离去。

罗斯福

斯大林

丘吉尔

1943 年 12 月 1 日于德黑兰签署

会议签署的《苏美英三国德黑兰总协定》当时是保密的，没有公布。后来解密的《总协定》称：

（四）注意到"霸王战役"应于 1944 年 5 月发动，同法国南部的战役相配合。此项战役在登陆器材的数量允许的比例范围内着手准备。会议进一步注意到斯大林元帅的声明，根据这一声明，苏联军队将在差不多同一时间发动攻势，以便阻止德国军队从东线战场调到西线战场。

斯大林对德黑兰会议给予高度评价，他说："德黑兰会议关于对德国共同行动的决议以及这个决议的光辉实现，是反希特勒联盟战线巩固的鲜明标志之一。"

(八) "西塞罗" 秘密行动

德黑兰会议是第二次世界大战时期最引人注目的外交事件之一，它对大战的进程和结局产生了重要影响。由于反法西斯联盟的团结，反对共同敌人的战争首次取得了辉煌胜利，为尽快粉碎德国法西斯创造了条件。

然而，会议做出的最重大的决议——在法国北部开辟第二战场，却是在最后一刻才达成一致的。

那天，当"三巨头"聚在一起共进早餐时，罗斯福笑容满面，喜气洋洋，以引人注目的郑重态度向与会代表宣布说："先生们，我想告诉斯大林元帅一个使他愉快的消息。在英国首相和美国总统的参加下，联合参谋部今天通过了下列决议：'霸王'战役将于1944年5月进行，并将得到在法国南部登陆作战的配合。这次辅助战役的兵力大小视当时登陆工具的数量而定。"

对于这项声明，苏联代表表面上显得镇静自若，但是，他们每个人的内心里都是十分激动的。斯大林的情绪只有从他那异常苍白的脸色和显得更加低沉的嗓音中察觉出来。他略略低下头，说道："我对这个决定很满意……"

大家沉默了好几分钟。然后，丘吉尔说，战役开始的确切日期显然要取决于月相。斯大林指出，他并不要求告诉他准确的日期，5月内当然需要一周或两周的机动时间。他说："我想告诉丘吉尔和罗斯福，在法国登陆战役开始时，俄国人将做好准备，给德寇以沉重的打击。"

罗斯福感谢斯大林的决定，并指出，这可以使德国人无法把部队从东面调往西面。

德黑兰会议就这样结束了有关在法国北部开辟第二战场的问题的讨论。众所周知，后来英美两国对当时所做的承诺又重新加以考虑，拖延了时日，"霸王"战役不是在5月，而是在1944年6月6日才开始的。

"霸王"战役的问题决定之后，会议参加者又着重研究了对所达成的协议严加保密的问题。丘吉尔指出，不管怎样，敌人会很快发觉同盟国的准备活动，因为他们会根据同盟国列车的大量聚集和港口运输繁忙等情况发现这一点。

丘吉尔建议同盟国军事参谋部考虑，如何掩饰准备活动，以迷惑敌人。

斯大林介绍了苏联在这方面的经验。他说，在这种情况下，苏军蒙骗敌人的办法是制造假坦克与飞机模型，修建假机场，然后用拖拉机带动这些模型。这样，敌人就会以为苏军要在这个地区准备进攻。很多地方制造的坦克模型达5000至8000个，飞机模型达2000个，还有大量的假机场。此外，还用无线电来迷惑敌人——在不准备发动进攻的地区进行电台呼唤。敌人测出这些电台，就以为这里有大部队集结。敌机往往夜以继日地轰炸这些实际上完全空旷无人的地区。与此同时，在真正准备进攻的地区却十分平静。所有的运输都在夜间进行。

丘吉尔在听完这些解释之后特别说道："在战争中，真相是如此宝贵，以致它必须由谎言来护卫。"然后他又一本正经地补充说："无论如何将要采取各种措施来迷惑敌人。"

会议参加者商定，了解德黑兰会议所通过决议的人数应尽可能加以限制，并决定采取其他一些防止走漏消息的补充措施。

事后，苏联方面没有像往常一样，口授并用打字机打下最后一次的会谈内容，而是手写记下进攻的准确日期和其他一些决定，以便后来在莫斯科将其整理成记录。为了做到万无一失，苏联方面还把有关德黑兰决议的手写记录交给信使队。这些记录装在特制的厚厚的黑色信封里和帆布袋中，并在多处打上火漆加以密封，然后由武装外交信使送往莫斯科。大概英国人和美国人也采取了类似的措施。尽管如此，有关德黑兰会议最重要的决议仍然落到了德国人手里。

德黑兰会议结束后，法西斯情报部门动用了一切可能的手段来查实会议通过的极为重要的决定。

直到战后才真相大白。英国外交大臣安东尼·艾登从德黑兰返回伦敦后，就向英国驻安卡拉大使纳·海森爵士详细通报了会议的各项决议。他在密码电报中，不仅透露了有关土耳其的谈判情况（这当然是应该的），而且还通报了其他重要问题，其中包括"霸王"战役的日期。所有这些情报都通过海森爵士的侍从、德国雇用的间谍伊列萨·巴兹纳（阿尔巴尼亚人）而落入希特勒分子之手。此人由于向希特勒党卫队情报部门提供了大量重要情报而获得"西塞罗"的代号。巴兹纳经常拍摄英国大使收到的机密文件，并且提供给在安卡拉的党卫队头子慕吉斯。而海森爵士对此却表现出令人瞠目的麻痹大意，他时常把存有文件的黑色小箱放在卧室不加照管，因此，"西塞罗"搞到这些机密电报不费吹灰之力。

慕吉斯在1950年出版的回忆录中谈到，有一次他通宵达旦地在照片洗印室内冲洗"西塞罗"提供的底片。他发现，他已经完全掌握了开罗会议和德黑兰会议的记录。巴兹纳也在此后不久出版的书中对此有所叙述。他写道，在他为德国人拍摄的文件中可以"清楚地看到英国人、美国人和俄罗斯人的企图"。

战时曾任德国驻土耳其大使的冯·巴本写道："'西塞罗'的情报由于两方面的原因很有价值。德黑兰会议上所通过的决议的概要都发送给英国大使，这个概要泄露了同盟国对德国战败后的政治地位的考虑，也向我们表明了，他们之间存在哪些分歧。但他们的情报更为重要的，首先是使我们掌握了有关敌人战役计划的确切情报。"

不过，各方面的情况表明，纳粹头子没有充分利用这一极其珍贵的情报。巴本认为，原因是里宾特洛甫和第三帝国的其他政治家、军事家"对希特勒隐瞒了坏消息”。诚然，希特勒对在德黑兰通过的关于给予法西斯德国以沉重打击的决定，关于盟国达成的要德国无条件投降的协议，肯定不会高兴。但是，从另一方面来说，里宾特洛甫和负责“西塞罗”行动的卡尔滕布龙纳未必敢于对希特勒隐瞒如此重要的情报。不过，法国人马塞尔·博多等主编的《第二次世界大战历史百科全书》确曾写道："里宾特洛甫和卡尔滕布龙纳为谁应将这些重要情报告希特勒争吵了很长时间，以致由于诺曼底登陆，这些材料失去时效。"

最大的可能是：法西斯头目们始终怀疑英国人是否有意泄露这些文件，用假文件来蒙骗他们。要不然，就是他们了解“西塞罗”提供的这些情报意义重大，担心暴露情报的来源，因而不敢让更多的人知道这些情报。显而易见，德国武装力量指挥部在制定战役计划时，完全没有利用这些情报，很可能他们根本就不知道这些情报。不论如何，对德军司令部来说，1944年6月6日拂晓英美联军在诺曼底的登陆完全是突如其来的。

话说回来，即使法西斯的将领们拥有大量关于“霸王”战役的情报，他们也不可能阻挠盟军在法国北部开辟第二战场，因为他们在那里没有足够的兵力来对抗美英军队展开的范围极大的登陆战役。当时在法国北部、比利时和荷兰，德军指挥部仅仅拥有基本上是由17岁的年轻人和上了年纪的老兵补编的40个师，且员额不足，装备陈旧，缺乏足够数量的运输工具。相反，在1944年6月1日前夕，在东部战场上部署的德军却有179个师。

“西塞罗”本人也没有因这次战役而大发横财，希特勒分子支付给他的30万英镑全部都是伪钞。

慕吉斯回忆录出版后，英国议会曾就英国驻安卡拉使馆战时向德国人泄露绝密情报一事进行了质询。下面就是1950年10月18日英国下院会议记录中的一段：

谢泼德先生就有关从我国驻土耳其大使馆窃走并转交给德国人绝密文件，其中包括涉及“霸王”战役的文件的报道一事向外交大臣提出质询。谢泼德先生询问，是否进行过调查，结果如何，采取了何种防止类似事件再度发生的措施。

外交大臣贝文回答说，事实上，战时英国使馆没有任何文件被窃。但对案件的侦讯证明，大使的侍从曾在大使馆内拍摄若干十分重要的机密文件，并将胶卷出卖给德国人。如果大使遵守保存机密文件的各项现行规定，他的侍从就不可能如此行事。此次事件之后，已向有关人员发出新的指令，并已采取防止此类事件再度发生的种种措施。

谢泼德先生指出，慕吉斯在其书中就此问题所做的声明在我们社会上引起极大的不安。假如“霸王”战役的计划事实上未曾被窃，那么，为什么外交部在这种情况下不对此声明加以驳斥？

贝文先生再次强调说，文件未曾被窃，只是被照了相，而盗窃和照相归根到底是一回事。

这样，伦敦方面就正式确认了希特勒分子曾获得绝密文件，其中包括德黑兰会议上做出的极其重要的决议这一事实。

（九）雅尔塔会议

1945 年年初，德军在西线发动的最后一次攻势已被击败，红军已占领波兰和东欧，正在向德国本土逼近，而美国部队刚刚解放了马尼拉，并对日本实施空袭。德日法西斯的失败已成定局。苏美英 3 国为协商解决战后一些重大问题，展开了频繁的外交活动，三巨头的会晤已经刻不容缓。

早在 1944 年 7 月 19 日，罗斯福就致函斯大林，提出了举行三大国首脑会议的建议。但是，斯大林复信表示，他要亲自指挥红军作战，无法分身参加这样的会议，这一建议只好搁浅。同年 10 月，丘吉尔亲赴莫斯科，同斯大林讨论了欧洲和巴尔干问题。在他动身之前，罗斯福两次致函斯大林，表示美国"关心"世界上的所有军事和政治问题，因而希望美国驻苏大使哈里曼能以观察员的身份，列席丘吉尔和斯大林的会谈——罗斯福对英苏两国在巴尔干划分势力范围很不放心。

关于 10 月同斯大林的会晤，丘吉尔在回忆录里写道：

我们在 10 月 9 日下午抵达莫斯科，晚上 10 点我们在克里姆林宫进行了第一次重要会晤。当时在场的只有斯大林、莫洛托夫、艾登和我，另有译员皮尔斯少校和帕甫洛夫。这是达成协议的合适时机。我说："让我们安排一下巴尔干的事情吧。你们的军队已经占领罗马尼亚和保加利亚。我们在那里有我们的利益、使团和谍报人员。我们不要在小事情上造成误会。至于英国和俄国，你看，你们在罗马尼亚保持 90% 的优势，我们在希腊保持 90% 的影响，在南斯拉夫各占 50%，如何？"

我把纸条从桌子上推到斯大林面前，斯大林听完了翻译，停了一会儿，然后拿起蓝铅笔，在纸条上画了一个大勾，之后便把纸条还给了我们。解决全部问题所用的时间还没有写这张纸条所用的时间多。此后是一段长时间的沉默。写着铅笔字的纸条在桌子中间放着。最后我说："人们会不会认为，对于千百万人命运攸关的这样一个问题，我们解决得如此轻而易举，这是否显得有些玩世不恭？还是让我们烧掉这个纸条吧？"

"不，您还是把它保存起来吧！"斯大林说。

事实上，1944 年盟军在诺曼底登陆前两周，丘吉尔曾要英国驻莫斯科大使向斯大林和莫洛托夫试探就确定在中欧、南欧和巴尔干的相互利益达成协议的可能性。当时苏联红军正迅速逼近罗马尼亚和保加利亚，而丘吉尔则愿意在这一地区做出让步，以作为对方在巴尔干其他地区，首先是在希腊做出让步的报答。丘吉尔将试探情况通报了罗斯福，但罗斯福对此表示反对，没有同意丘吉尔的计划。丘吉尔在致函罗斯福时态度十分坚决，执意要罗斯福同意他做的这种安排。在丘吉尔的强求下，罗斯福终于让步了。后来，美国国务卿赫尔在回忆录中写道：美国对丘吉尔-斯大林协议的这种让步，"对雅尔塔会议产生了灾难性的后果"。

前南斯拉夫时事评论员雷·菲亚奇科曾在《在雅尔塔的幕后》一文中说，丘吉尔那张闻名的纸条上写的是：

罗马尼亚	俄国	90%
	其他国家	10%
希　腊	大不列颠	
	（同美国协商）	90%
	俄国	10%
南斯拉夫		50%：50%
匈牙利		50%：50%
保加利亚	俄国	75%
	其他国家	25

这年年末，哈里曼奉命拜会斯大林，试探苏联参加对日作战的条件。最后，三国政府决定，于1945年2月4日至11日在苏联克里米亚半岛的雅尔塔举行三大国首脑会议，即史称克里米亚会议或雅尔塔会议。

美英两国代表团商定，先在马耳他晤面，然后再一同飞往雅尔塔。

会议地址是罗斯福与斯大林协商的结果。据说，斯大林不愿远离祖国，坚持选择黑海海滨的雅尔塔。身体虚弱的罗斯福远涉重洋，在海上先作为期10天的航行，航程近8000公里，再乘坐飞机飞行2200公里，才抵达满目疮痍的雅尔塔。

哈里曼、艾贝尔合著的《特使》一书说，自1937年以来，罗斯福一直为反常的高血压所折磨。从1944年春天开始，他由于心脏扩大和充血性心力衰竭，一直在进行治疗。但是，他现在仍然乘坐"昆西"号重巡洋舰横渡了大西洋。"1945年2月2日星期五早晨，罗斯福到达马耳他。这时，他只有不到10个星期的时间好活了。他那憔悴而衰弱的面容，使丘吉尔和哈里曼均为之吃惊。"

当晚，20架美国"空中霸王"和5架英国的"约克式"运输机，载着大约700名美英官员由马耳他启程。3日正午前后，飞机相继在雅尔塔附近的萨基机场着陆。美英贵宾受到莫洛托夫等人的热烈欢迎。他们在检阅了仪仗队后，分别乘车缓行80英里前往雅尔塔。《特使》写道：路上，"人口稀疏的乡村，展现出残酷战斗留下的创伤；劫掠一空的房舍，横七竖八躺着的烧焦的坦克和打坏的德国车辆。罗斯福和他的女儿安娜·伯蒂格坐在第一辆车上，注视着这种战争景象，对德国人的痛恨油然而生。第二天他对斯大林说：'我比一年以前更加嗜杀了。'"

雅尔塔周围地区曾在德军撤退时遭受掠夺，但它美丽的风光掩盖了原始状态。丘吉尔带去了大量威士忌来抵抗流行的斑疹伤寒、虱子和臭虫，美国海军的一个消毒小组把罗斯福的住处消毒3次，然后才住进去。

雅尔塔会议是在从前沙皇尼古拉的避暑行宫——利瓦吉亚宫举行的。这也是美国代表团的住所。全体会议、两国首脑的私下会晤、外长或参谋长的分组会穿插进行，讨论的问题十分广泛。罗斯福的目标是使苏联加入一个维护和平的世界组织，并做出对日作战的保证。丘吉尔最关心的是波兰问题。但三巨头在德国问题上是团结的，这就是确保德国不会重新起来折磨欧洲。

2月9日下午，当"三巨头"在会议厅听取美国国务卿宣读三国外长上午草拟的关于联合国托管领土的计划时，丘吉尔尚未听完就暴跳如雷："这个材料我连一个字也没有同意过！没有人征求过我的意见，我也没有听说过有这么一件托管的事！"他激动地宣告："在任何情况下，我都不会让四五十个国家胡闹地染指大英帝国的领属！只要我当首相，我绝不会把大英帝国世袭的财产交出去，哪怕一分一毫也不成！"他毫不掩饰地任凭泪水顺颊而淌，会场如坟场般静寂。

会议最后签署了《英美苏三国克里米亚（雅尔塔）会议公报》《克里米亚（雅尔塔）会议议定书》和《苏美英三国关于日本的协定（雅尔塔协定）》。

会议批准了欧洲咨询委员会拟定的关于德国占领区和管理"大柏林"的协定，规定3国武装部队在占领德国进程中应占据严格确定的区域。苏联武装部队应占领德国东部，英军占领德国西北部，美国占领德国西南部。"大柏林"区由苏美英共同占领——苏军占领东北部，美英占领西南部。会议公报还说："我们已就共同的政策与计划商得同意，以便实施在德国武装抵抗最后被击溃后，我们要共同使纳粹德国接受无条件投降的条款。……计划规定，成立一个中央管制委员会执行互相协调管理控制的工作，该委员会由3国的最高司令官组成，总部设在柏林。"

根据丘吉尔的建议，3国代表一致同意，把德国的一个地区让给法军占领，该地区将从英国和美国占领区划出，其范围由英美同法国政府协商决定。

关于德国赔款问题，丘吉尔同斯大林在会上发生了激烈的争论。苏联代表主张，应根据"谁对战争贡献最大""谁受损失最多"的原则来分配德国的赔偿。苏联的实物赔偿方案是：德国赔偿总额为200亿美元，其中50%，应归苏联所有。丘吉尔反驳说，苏联方案是异想天开，"我们不应重蹈第一次世界大战后赔款问题的覆辙"。最后，3国首脑仅仅同意把苏联的方案作为基础，并决定在莫斯科成立一个赔偿委员会来进一步研究这个问题。

关于波兰问题，三方同意组成一个以华沙政府为核心，吸收波兰流亡代表参加的波兰"全国统一临时政府"；三方同意波苏边界基本按寇松线划分。

关于南斯拉夫问题，会议建议1944年11月1日签订的铁托—舒巴希奇协议立即生效。

会议还讨论了联合国问题，并就安全理事会的表决程序等达成了协议。

会议期间，罗斯福同斯大林就苏联参加对日作战的条件，达成了秘密的《雅尔塔协定》，并邀请丘吉尔共同在协定上签字。这一协定是在没有中国代表参加的情况下做出的直接涉及中国主权和利益的决定。

1983年，内森·米勒在《罗斯福正传》一书中写道："雅尔塔会议引起的争论比富兰克林·罗斯福的对外政策的任何其他方面引起的争论都要多。人们指责他把波兰和东欧'出卖'给俄国人，把中国拱手交给共产党。虽然这些指责在50年代已达到顶峰，但直到目前仍有新闻。批评雅尔塔的共同特点是，他们有一种事后聪明的优越感。他们回过头来看雅尔塔会议，认为会议结果是苏联力量的掠夺性发展、冷战、蒋介石被赶出中国大陆……但是总统总算做成了在他所处情况下的最好的交易。"

（十）保卫雅尔塔的"谷地战役"

1945年1月的雅尔塔，是很少有人愿意去的地方。半年之前，克里米亚半岛还是硝烟弥漫的战场，还有不少德军的残部在暗中活动。此外，雅尔塔离前线不够远，还有遭受大规模轰炸的危险。

保卫雅尔塔会议的行动代号为"谷地战役"。1944年春天，乌克兰第4方面军反侦察局在克里米亚半岛清剿德军残部时，抓到了两个年轻的亚美尼亚人，他们是来自维也纳的德国间谍小组的报务员。他们供出了小组其他4名成员。这个间谍小组受命潜伏在辛菲罗波尔和巴赫奇萨赖地区，收集有关苏军的情报，电台呼号是LPC。从那时起，反侦察机关就利用他们与德国特务机关玩起了无线电游戏。"谷地战役"行动开始时，突然从德军方面发来命令："总部致LPC，请回答，你们已经收集到了些什么情况？另外还要加上天气情况，具体是阴晴雨雪，天空是否晴朗？能见度如何？气温是多少摄氏度？请准确地向我们报告，这对我们非常重要。顺致敬意！"这份电报被立即上报给了斯大林。德国人显然是在着手研究克里米亚半岛地区的战役条件。斯大林非常担心德国人对雅尔塔进行大规模的空袭或其他破坏活动。

果不其然，在"谷地战役"行动全面展开的第一天，苏方就发现了大量隐藏的武器弹药和地雷。

为了确保万无一失，各代表团驻地的警卫人员都是由行动总指挥克鲁戈夫亲自挑选的。内务人民委员部4个加强军官配备的混成团被调到克里米亚半岛，另有国家安全人民委员会的900名工作人员参加警卫工作，其中200人为私人警卫，200

人为哨兵警卫，120 人为道路警卫。除此之外，所有的司机都由侦察员担任。

与此同时，无线电游戏也玩得非常带劲。

"总部致 LPC：我们在等待来自克里米亚的新消息！你们那里天气情况如何？请用第 2 或第 3 频道向我们报告每天具体的天气情况！顺致敬意！"

"LPC 致总部：克里米亚没有什么变化。塞瓦斯托波尔港正在扫雷。天气情况多云、大风。早 8 点气温为 2℃。在森林中遇到了一批鞑靼志愿者。他们希望能得到帮助，急需电台用的电池和武器。我们应该怎么办？请指示！"

这份电报抛出了鱼饵，目的是引诱德国特务机关上钩。

"总部致 LPC：请吸收志愿者与你们一道工作，请等待阿利耶夫前往你处！顺致敬意！"

按照约定，情报人员点燃了 4 堆篝火，旁边有 12 名内务部工作人员守候，另有 25 人封闭了所有的通道。夜里 3 点，传来了飞机发动机的响声，夜空中随即绽开了第一朵伞花，下面系着一个箱子。一共 4 只降落伞，其中 1 个箱子落地时被地面的石头撞开了，里面装的是电池和纸币。紧接着跳伞着陆的是阿利耶夫。但是，在着陆之前，他好像发现了什么可疑的情况，就投下一颗手榴弹。但是手榴弹没有爆炸。阿利耶夫只有乖乖地就擒。

第二天早上，LPC 向总部发报称："阿利耶夫已到达，但是身体有病。"

这是约定的暗语，报告阿利耶夫一切都好。苏联反侦察机关通过间谍小组的电台继续戏弄德国的特务机关。实际上，当时那一段时间有可能是克里米亚有史以来天气最好的时期。但是，这种情况若是让德国人知道了，那就完全有可能使"三巨头"会议流产。因为德国空军的轰炸机飞到克里米亚半岛还不足 4 个小时。

克里米亚半岛的防空拦阻火力和密度完全可以与 1941 年、1942 年的莫斯科的防空火力网相比。雅尔塔、塞瓦斯托波尔、萨卡机场等目标都建立了由 600 门高射炮和高射机枪组成的防空火力网。防空部队高度戒备，人不离炮，昼夜如此。

300 架歼击机为克里米亚提供空中保护，其中有 100 架具备夜航夜战能力。除了主要的机场之外，萨拉姆伊、斯坦尼察、敖德萨、尼古拉耶夫等备用机场也都进入了高度戒备状态。

1945 年 1 月 27 日，贝利亚向斯大林报告："所有的接待工作都已全部准备就绪。"

斯大林的特别专列 1 月 29 日从莫斯科出发开往辛菲罗波尔。在辛菲罗波尔，最高统帅换乘装甲轿车前往雅尔塔。在特别车队上路时，所有车辆都被禁止通行。

盟国代表团是从马耳他乘飞机到达这里的。从 2 月 2 日晚上到 3 日早晨，一架接一架的盟国飞机在机场降落。按照"谷地战役"的计划，苏军的歼击机在空中为盟国的飞机护航。在机场上实施了严格的空中管制，对回答不出己方暗号的飞机，无须警告和请示就直接开火。

利瓦季亚宫位于雅尔塔城西4公里处，是"三巨头"会谈的主要场所。住在这里的是美国代表团。英国建筑师设计的伏隆佐夫宫被用来接待英国代表团。

从理论上讲，德国的突袭小组有可能潜入雅尔塔向代表团驻地发起攻击，但在实际上，密集重复设置的检查站杜绝了外来人员自由出入。每一个检查站加盖的印章都有特殊的暗记。会谈代表、警卫、引导员持有不同的证件。各代表团驻地设有三道防线。

在斯大林和苏联代表团的驻地尤苏波夫宫，第一和第二道防线由内务人民委员部混成团的400名官员负责警卫，楼内的保卫工作由随行的警卫人员负责。利瓦季亚宫、伏隆佐夫宫的情况也是如此。

（十一）雅尔塔的秘密交易

1945年2月，美英苏三国首脑罗斯福、丘吉尔、斯大林在雅尔塔会议之外，达成了一项有损中国主权的秘密交易。

早在1943年11月30日，出席德黑兰会议的罗斯福、丘吉尔为了诱使苏联出兵中国东北，就在这天的午餐会上向斯大林抛出了不冻港的话题。丘吉尔首先开口说，他认为像苏联这样一块广大的陆地，应该在远东有一个不冻港作为出海口。他说："这个问题当然会成为战后和平条约问题的一部分。"斯大林当时已有所动。1944年10月，在丘吉尔访问莫斯科时，斯大林明确向他提出了库页岛南部和千岛群岛战后应由苏联占领的想法。1944年11月，斯大林又向美国驻苏大使哈里曼提出了参战远东的条件：废除1905年日俄战争后订立的朴茨茅斯条约，并使用满洲的港口和铁路。美国为了自身利益，表示愿意满足斯大林的要求。

成交阶段是从1945年2月8日下午开始的。罗斯福和斯大林这天举行了密谈。10日，两人再度密谈，并商定了协定文本。11日，美苏两方将协定文本送请丘吉尔过目，征求他的同意。虽然丘吉尔没有参与起草这个协定，但他还是跟罗斯福和斯大林一起在协定上签了字。

对于《雅尔塔协定》的产生过程，苏方译员别列日柯夫在《外交风云录》一书中，做了详细的描述：

由于就苏联参加对日作战和其他一些有关问题进行过预备性协商，在雅尔塔研究苏联参加对日作战问题就容易多了。另外一个原因是，美国参谋长联席会议在克里米亚会晤前夕就美国对日军事行动的展望向罗斯福总统提供了相当悲观的设想。照参谋长们的看法，德国投降后至少要一年半才能击败日本。由于完全没有指望日本很快就会投降，他们计划在1945年至1946年冬才能攻占日本列岛。而如果欧战延长，军队向太平洋战场的调动势必耽搁，那就只得将整个进攻推迟到 1946 年较晚的时候。麦克阿瑟将军认为，"通过东京平原攻占日本的工业心脏地区将会是一场极其激烈的战斗"。参谋长联席会议急于想减少美军在这一作战中的伤亡而期待着苏联的援助。在 1945 年 1 月 23 日致总统的备忘录中，参谋们宣称：

"俄国按照它的能力尽早（对日）作战，对我们在太平洋地区作战提供最大限度的支援，实属必要。在不妨碍我们对付日本的主要行动的情况下，美国将尽可能给予最大限度的支持。俄国在远东对日作战的目标，应该是击败满洲的日本部队，同以东部西伯利亚为基地的美国空军合作对日本本土进行空袭，以及对日本和亚洲大陆间的日本海上交通进行最大限度的破坏。"

美国最高统帅部的这些看法无疑在不小程度上决定了罗斯福在雅尔塔会议上的立场。2 月 8 日，苏联政府首脑和美国总统在小范围内讨论过这个问题。苏联方面参加谈话的有莫洛托夫，美方有哈里曼。除了双方各一名译员以外再无旁人参加。哈里曼谈及这次会见时指出，斯大林开始发言时提到在莫斯科同美国大使进行的谈话，并说，苏联方面希望能讨论苏联准备参加对日作战的政治条件。他接着阐述了1944 年 12 月向美国大使提出的一些想法。

罗斯福回答说，他不认为库页岛南部的归还和千岛群岛的转手有什么困难。至于大连港，正如他在德黑兰已经提到的，苏联无疑应该在南满铁路终点有一个可出入的不冻港口。但他，罗斯福，现在不能代表中国政府发言。看来，他可以向中国人提出一个租让大连的问题，使大连成为一个国际共管的自由港。罗斯福继续说道，他倾向于这种办法，不仅大连，而且香港也可以如法炮制。至于满洲的铁路，他倾向于由俄国人和中国人联合经营，而不是由俄国人租借。

罗斯福如此模棱两可的回答无论如何不能使苏联方面满意。斯大林仍旧坚持自己的意见。他说，如果不接受他的条件，那苏联人民将难于理解为什么苏联要对日作战。德国威胁着苏联自身的生存，因而苏联人对于同德国作战的意义有很清楚的认识；但他们不会懂得苏联为什么要去攻打日本。不过，如能接受他的政治条件，这件事就可以较为容易地用涉及国家利益的理由向人民和最高苏维埃进行解释。

罗斯福由于没有其他理由，便说，他尚无机会同蒋介石讨论这件事。他说，一般说来，同中国人坦率交谈是困难的，因为你同他们谈论的所有事情，不出 24 小时，包括东京在内的全世界就都会知道。

斯大林说，不必急于通知中国人。他只是希望在会议结束前把他的建议写成文件，并得到罗斯福和丘吉尔的赞同。罗斯福未提出异议。

2 月 10 日，莫洛托夫邀请哈里曼到苏联代表团的住地科雷兹别墅去，并交给哈里曼一份苏联参加对日作战政治条件建议的英文本。哈里曼看过文件后指出，他认为总统必将提出下列修正意见：旅顺口和大连应是自由港，满洲的铁路应由俄中联合委员会经营。而且所有协议应该得到中国人的赞同。

哈里曼回到利瓦吉亚宫后，获得总统对他所提修正意见的同意。整个问题于2月10日晚上举行的正式会议后得到彻底解决。斯大林与罗斯福单独交谈时说，他同意满洲的铁路由联合委员会经营。他也不反对得到中国人对所达成协议的确认。但他补充说，中国人还应该同时确认蒙古人民共和国的现状。斯大林也同意大连成为自由港，但仍坚持以租借原则使用旅顺口，因为那里将是苏联的海军基地。罗斯福接受了这一改变，并承担了责任：苏联政府一旦通知他时机已经成熟，他就立即和蒋介石磋商。

在达成协议的基础上，2月11日斯大林、罗斯福和丘吉尔签署了会议文件。

苏美英三国雅尔塔协定（摘要）

（1945年2月11日）

苏联、美利坚合众国及大不列颠三国领导人同意，在德国投降及欧洲战争结束后的二至三个月，苏联将参加同盟国方面对日作战。其条件是：

1. 维持外蒙古（蒙古人民共和国）现状。

2. 恢复1904年日本背信弃义的进攻所破坏的原属俄国的各项权利，即：

（甲）将库页岛南部及其全部毗连岛屿归还苏联；

（乙）大连商港国际化，并保证苏联在这个港口的优惠权利，恢复租借旅顺港为苏联海军基地；

（丙）设立中苏合营公司，对通往大连的中东铁路和南满铁路进行共营，并保证苏联的优惠权益，而中国保持在满洲的全部主权。

3. 千岛群岛交给苏联

经谅解，有关外蒙古及上述港口与铁路的协定，尚须征得蒋介石委员长的同意。根据斯大林元帅的建议，总统将采取步骤以取得该项同意。

三大国首脑同意，苏联的这种要求应在战败日本后毫无条件地予以满足。

苏联方面表示准备和中国国民政府签订一项苏中友好同盟协定，以期用武力帮助中国达到从日本枷锁下获得解放的目的。

约·斯大林

富兰克林·罗斯福

温斯顿·丘吉尔

不言而喻，这项协定完全无视中国的主权，抹杀了中国人民在反法西斯战争中的巨大贡献，它是大国主宰世界的产物。因此，一些美国官员，如美国驻苏大使哈里曼，对中国是否接受《雅尔塔协定》表示怀疑，更有一些美国国务院官员，则对美国为讨好苏联而牺牲中国主权的举动感到羞耻。

在雅尔塔会议召开之前，苏方曾要求中国外长尽快到莫斯科举行会谈，以解决

两国之间的重大外交问题。2月6日，行政院代理院长兼外交部长宋子文约请国防最高委员会秘书长王宠惠、国民政府文官长吴鼎昌和军事委员会办公厅主任兼国民党中央宣传部部长王世杰商谈有关赴苏谈判的问题。但是，苏方此时另生枝节，要中国外长推迟访苏，这不禁引起了蒋介石的怀疑，他在2月7日的日记中写道："俄国延展子文访期，可知罗、丘、史会议已毕。俄国参加对日战争又延至五月以后矣。"

2月11日，《雅尔塔协定》签字。不久，中国驻苏大使傅秉常来电密报了他所了解到的密约内容，这就加重了蒋介石的疑心。他在3月第二周的"本星期预定工作科目"中指出："近日尤感外交之无公理、无情义，而唯以强权与势力是依。我国若不能自立自强，决不能生存于今后之世界！"

为了探明真相，蒋介石一方面恳请当时正在华盛顿的美国驻华大使赫尔利帮忙，希望尽早委派宋子文到华盛顿与罗斯福会面，同时还命令驻英大使顾维钧、驻美大使魏道明想方设法打探《雅尔塔协定》的内情。对于赫尔利的询问，罗斯福似乎也有所悔悟，他让赫尔利去伦敦和莫斯科找丘吉尔和斯大林谈谈，看看有什么可以弥补的办法。3月12日，罗斯福接见中国驻美大使魏道明，向他透露了密约的部分内容。3月15日，蒋介石在接到魏道明的报告后即在日记中写道："阅此，但有痛愤与自省而已……可以断定此次黑海会议俄国对日作战已有成议。果尔，则此次抗倭战争之理想恐成梦幻矣！"

4月5日，蒋介石在日记中表明了他的态度：

关于旅顺问题，宁可被俄国强权占领，而决不能以租借名义承认其权利。此不仅旅顺如此，无论外蒙、新疆或东三省被其武力占领不退，则我亦唯有以不承认、不签字以应之。盖弱国革命之过程中，既无实力，又无外援，不得不以信义与法纪为基础，而不能稍予以法律之根据。如此则我民族之大，凭借之厚，今日虽不能由余手而收复，深信将来后世之子孙亦必有完成其领土、行政、主权之一日。要在吾人此时坚定革命信心，勿为外物胁诱，签订丧辱卖身契约，以贻害于民族，而得保留我国家独立、自主之光荣也。

赫尔利受罗斯福委托，准备就远东问题与斯大林、丘吉尔进行斡旋，然而就在这时，久患重病的罗斯福于4月12日与世长辞，而副总统杜鲁门继任后的态度是：凡是罗斯福做出的决定继续照办，凡是已经允诺的国际义务必须遵守。赫尔利无计可施，只能以"私人"方式，向蒋介石通报了《雅尔塔协定》的相关内容。赫尔利最后还强调，罗斯福和杜鲁门对于苏方的要求均持赞同态度。

1945年4月，中国外交部长宋子文率领中国代表团前往旧金山出席联合国成立大会。据《宋子文传》记载，他在6月5日与美国总统杜鲁门会见时，杜鲁门第一次向他通报了雅尔塔协定的内容。6月15日，杜鲁门致电斯大林："宋子文今日动身经重庆赴莫斯科，他将于 7 月 1 日前到达莫斯科，就苏中协定进行具体讨论。"宋子文一行如期在 1945 年 6 月 30 日抵达莫斯科，斯大林当天就与中国代表团会见。斯大林表示旅顺可不用"租借方式"，但坚持中国必须承认"外蒙独立"。宋子文根据蒋介石的指示，试图将这一问题"搁置"，但斯大林的态度极为强硬，毫不让步。7 月 6 日，蒋介石指示宋子文："若苏联能协助我对日抗战胜利，对内切实统一，则为苏联与外蒙以及我国之共同利益与永久和平计，我政府或可忍此牺牲。"

宋子文回到重庆后，情绪低落。他对赫尔利说："我完全垮了……这个拟议中的与苏联的协定，对负责这个协定的人来说，是政治上的毁灭。"

在战争的最后一周，宋子文又很不情愿地到了莫斯科。在他到达莫斯科的第二天，苏军开始进入中国东北。当时，斯大林奉劝他说，他最好能很快签订协定，不然的话，"共军将进入满洲"。在苏联出兵已成既定事实的情况下，蒋介石、宋子文最终答应在《雅尔塔协定》的基础上，根据苏联提出的条件，签订《中苏友好同盟条约》。签订日期是日本宣布投降的头一天——1945 年 8 月 14 日，签字地点——莫斯科。

宋子文

《条约》载明：中国政府承认外蒙古独立、中东铁路及南满铁路改名为中国长春铁路，主权属于中国，由中苏两国共同经营；旅顺口由"两国共同使用"，民事、行政权属于中国旅顺政府。在《条约》所附照会中，苏联政府承认"东三省为中国之一部分，对中国东三省之充分主权重申尊重，并对其领土与行政之完整重申承认"。

美国《时代周刊》认为，《中苏友好同盟条约》是东北地区蒋介石手中的一张王牌，它有利于蒋介石同中国共产党打交道。该刊写道："其中显而易见的一点是，俄国人转而支持中央政府。中国共产党失去得到苏联同志帮助的希望，将不得不交出他们独立的军队和统治，在一个统一中国的不同政治势力中占据他们的位置。延安反对这样的结果，但它的领导人已看到厄运降临的预兆。"

（十二）波茨坦会议

波茨坦会议也称"柏林会议"。
1945 年 7 月 17 日至 8 月 2 日，苏、美、英在柏林西南的波茨坦举行了会议。

这是第二次世界大战中第三次三大国首脑会议。会议分为两个阶段：第一阶段从7月17日到25日；第二阶段从7月28日到8月2日。在会议第一阶段，温斯顿·丘吉尔代表英国，第二阶段则由工党新政府首相克莱门特·艾德礼代表英国。

会议讨论的问题较为广泛，中心是战后占领德国的基本政治、经济原则，德国和意大利的赔偿，分配德国的商船队和军舰，对意大利、罗马尼亚、保加利亚、匈牙利、芬兰的政策，波兰西部边界，控制黑海海峡，哥尼斯堡地区"让与"苏联以及对战败国某些领土的"委任统治权"等。通过讨论，三大国首脑在一些主要问题上基本达成协议，有些问题还有待进一步协商，因为分歧还不能马上完全消除。

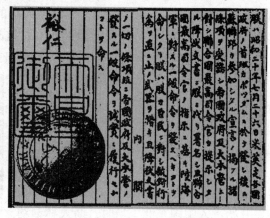

日本天皇接受《波茨坦公告》

8月1日，三大国首脑签订了《柏林会议议定书》，其中载明战后处置德国问题的原则是将之视为一个"经济单位"，还规定解除武装，取消卡特尔，拆除工业设施，肃清纳粹主义，在柏林建立同盟国管制委员会等。在赔偿问题上，三国没有确定最高数额。

会议决定东普鲁士北部和柯尼斯堡委托苏联管理，还决定设立苏、英、中、美、法五国外长会议。

会议期间，即7月26日，苏美英首脑讨论了结束对日作战的条件和有关对日本的战后处置方针，并通过了著名的《波茨坦公告》。该《公告》以美英中三国共同宣言的形式发表。苏联当时还没有参加对日作战，因而没有在上面签字。中国政府虽然没有参加讨论，但在《公告》发表之前已表示同意。苏联出兵对日作战后，也正式在《公告》上签了字，所以，《公告》实际上成了四国的共同对日宣言。

《波茨坦公告》确认了1943年12月1日的《开罗宣言》，要求日本无条件投降，这对日暮途穷的日本法西斯来说是一个沉重的打击。该《公告》说："日本必须决定一途，彼将继续受其一意孤行、计算错误而使日本帝国陷于毁灭边沿之军人统制，抑或走向理智之路？"《公告》特别指出："开罗宣言之条件必将实施，而日本之主权必将限于本州、北海道、九州、四国及吾人所决定其他小岛之内。"《公告》最后警告日本："吾人通告日本政府立即宣布所有武装部队无条件投降，并对此种行动之诚意予以适当及充分之保证。除此一途，日本即将迅速完全毁灭。"

（十三） 纽伦堡审判

第二次世界大战给各国人民造成了深重的灾难。为了维护战后和平，国际社会在两个方面采取了重大措施：一是建立一个维护世界和平的国际组织——联合国；二是审判和惩处在第二次世界大战中犯下滔天罪行的战犯。

战争期间，世界各国人民就已纷纷要求惩办战争祸首。1942 年 1 月，轴心国在它们占领的土地上大肆进行杀戮，因此，在伦敦的法国、比利时、荷兰、卢森堡、希腊、挪威、波兰、南斯拉夫八国流亡政府提出警告：法西斯国家的所有罪行都将组织法庭进行审判，罪犯必须被绳之以法。

1. 筹备

1943 年 11 月 2 日，苏、美、英首脑在莫斯科宣言中做出了关于惩罚法西斯战犯的决定。1945 年 8 月 8 日，苏、美、英、法代表在伦敦正式缔结了"关于控诉和惩处欧洲各轴心国家主要战犯"的协定，并通过了《国际军事法庭宪章》，决定由该四国各派法官和助理法官 1 名，组成纽伦堡国际军事法庭，审判第二次世界大战的主要战犯。

这次史无前例的审判，是在极其困难的条件下进行的。当时的德国一片混乱，国家的基础设施几乎全部被毁，人民的未来完全没有着落。食物短缺，盟军尽力为德国平民提供最基本的口粮。大量的德国投降士兵被关押在临时搭建的战俘营中，条件恶劣，食物匮乏。所有的德国陆海空士兵都必须接受审查，主要目的是确定他们的真实身份，判明他们是否犯下了战争罪。党卫队成员是重点审查对象，所以不少人极力隐瞒自己的身份，其中就有党卫队和盖世太保的最高首领海因里希·希姆莱。但是，每一个党卫队成员的手臂上都有编号刺青，他们不难被审查人员发现。

欧洲国际军事法庭的地址最后确定在纽伦堡。该市是巴伐利亚州境内一座具有千年历史的古城，也是纳粹运动的发源地和纳粹党人的精神大本营。纳粹党登场后，每年的党代会都在这里举行。第二次世界大战期间，它又成为希特勒的鹰巢。在第三帝国雄霸天下的日子里，纽伦堡是纳粹党的头面人物经常出没之处。从法律角度来看，纽伦堡曾经产生过极其丑恶和肮脏的《纽伦堡法》，它以法律的形式排斥、迫害犹太人，成了第二次世界大战种种兽行的一根导火索。把审判放在纽伦堡，是以正义战胜邪恶的极佳表现。

军事法庭的章程规定，犯有下列三种罪行的个人或组织应受审判和惩罚：一、破坏和平罪：指策划、准备、发动或进行侵略战争，或参与实施上述任何罪行的计划或阴谋等；二、战争罪：指杀害、虐待或劫走占领区的平民，杀害或虐待战俘或海上人员，杀害人质，掠掠公私财产，恣意破坏城镇等；三、违反人道罪：指战争发生前或战争期间对于任何平民的杀害、灭种、奴役、放逐以及其他不人道的行为等。

审判前的逮捕工作充满了奇遇和惊险。战争快结束时，纳粹二号人物赫尔曼·戈林居然给艾森豪威尔将军写了一封信，说是想同将军单独谈判。艾森豪威尔表示："好吧，你等着。"他派汽车把戈林接到美国军营里。几天以后，戈林作为战犯被捕了。

在纽伦堡审判中被指控和起诉的纳粹德国罪魁共 20 多人：赫尔曼·威廉·戈林、鲁道夫·赫斯、约阿希姆·冯·里宾特洛甫、罗伯特·莱伊、威廉·凯特尔、恩斯特·卡尔滕布龙纳、阿尔弗雷德·罗森堡、汉斯·弗兰克、威廉·弗里克、尤利乌斯·施特赖歇尔、瓦尔特·冯克、雅尔马·沙赫特、古斯塔夫·克虏伯·冯·博伦和哈尔巴赫、卡尔·邓尼茨、埃里希·雷德尔、巴尔杜尔·冯·席拉赫、阿尔贝特·施佩尔、弗里茨·绍克尔、阿尔弗雷德·约德尔、马丁·鲍曼、弗朗茨·冯·巴本、阿图尔·赛斯-英夸特、阿尔贝特施·佩尔、康斯坦丁·冯·牛赖特和汉斯·弗里切。

被宣布为犯罪集团或组织的是：德国内阁、德国民族社会主义工人党政治领袖集团、包括保安勤务处（通常被称为 SD）在内的德国民族社会主义工人党党卫队（通常被称为 SS）、秘密警察（通常被称为"盖世太保"）、冲锋队（通常被称为 SA）以及参谋总部和国防军最高统帅部。

在开始审讯以前，战犯莱伊（希特勒的忠实信徒）畏罪自杀。战犯克虏伯经医务委员会检查，认为患有不治之症，不能受审，法庭宣布中止审讯他的案件。被告鲍曼未缉拿归案，关于他的案件，法庭决定实行缺席审理。

按照法律程序，罪犯在受审前 30 天，即在 1945 年 10 月，各自收到一份长约2.4 万字的德文起诉书。

2. 审讯

1945 年 11 月 20 日上午 10 点 3 分，国际军事法庭开始审讯。庄严肃穆的法庭内座无虚席。英国劳伦斯大法官担任军事法庭庭长。纳粹首要罪犯由宪兵监押，分两排坐在辩护律师的后面。起诉书对 24 名德国纳粹分子、6 个犯罪集团或组织提出指控。24 名被告中有 21 名出庭受审，他们都在纳粹统治德国和争霸世界的年代里，充当了希特勒的左膀右臂，给欧洲人民和世界人民带来极大的痛苦和灾难。

开庭后，首席检察官、美国大法官杰克逊首先宣读起诉书。他说："我们力图审判的这些罪行是被精心策划的、极端恶毒的和充满破坏性的，人类文明无法容忍它们被忽视而不受到审判，更无法容忍它们卷土重来。"

从 1945 年 11 月底到翌年 3 月，法庭对战犯罪行进行了检举。

11 月 29 日，法庭上放映了纳粹党人关押和残杀俘虏的集中营的纪录影片，战

犯们反应强烈。脸色苍白的弗里切看到德军把俘虏关在仓库里活活烧死时，吓得目瞪口呆。凯特尔取下耳机，擦拭头上的汗水。形容憔悴的赫斯双眼瞪着银幕。施佩尔满头大汗地坐在那里，显得很是颓丧。冯克哭了起来。

12月初，起诉代表团根据缴获的无数文件和电影纪录资料，揭露了纳粹德国准备进行侵略战争的详细情况，特别是揭露了进攻苏联的"巴巴罗萨"计划的情况。在确凿的罪证面前，除了戈林桀骜不驯，拒不认罪外，其余战犯一个个哑口无言。德国海军总司令邓尼茨说："一开始，我对自己被当作战犯押来受审非常生气，可是现在听了这些控诉，我觉得应该把事情的真相搞个水落石出。"

从1946年3月8日起，战犯们开始为自己辩护。每个被告都提出种种遁词，推卸罪责。戈林等还把罪责一股脑儿推在希特勒身上。尽管他百般狡辩，但在法庭检察官的严词质询和确凿的证据面前，他不得不承认自己负有杀害战俘和犹太人的罪责。在审讯期间，这个曾经飞扬跋扈的纳粹头子体重减轻了80磅。

赫斯和里宾特洛甫不愿出庭为自己辩护。里宾特洛甫面色苍白，神情沮丧。凯特尔为自己辩护时，说他只是奉希特勒之命行事。许多战犯都试图抵赖杀害犹太人的罪行。巴本、牛赖特、赛斯-英夸特、沙赫特和冯克等则拒绝承认自己有罪。

针对战犯们的罪行，法官杰克逊又发言说："半个世纪以来，世界上从未见过这样残酷的大屠杀和不人道的行为，这样野蛮地把大批人逐出家园，使之沦为奴隶的暴行，这样骇人听闻的灭绝少数民族的血腥罪行……被告席上的这些战犯，对上述种种罪行并不是不知情，相反，他们和这些暴行都有关系……可是这些被告却在法庭上声称自己没有罪……如果承认这些人无罪，那就等于承认世界并没有发生过战争，并没有人遭到屠杀，也并没有发生过罪行。"

英国的哈莱特·肖克劳斯在补充发言中指出：纳粹党人杀死了1200万人。欧洲犹太人的2/3都被他们杀害了。单是杀人犯自己承认杀害的人数就达600万人。在奥斯威辛、达豪、特来勃林卡、布痕瓦尔德、毛特豪森、梅德奈克和奥兰宁堡等地的集中营，纳粹凶手们用毒气室和焚尸炉，像工厂操作那样集体屠杀了大批的人。700万欧洲的男人、妇女和儿童被赶出家园，被当作牲畜备受虐待、殴打和杀戮。对于这样空前的暴行，全世界人民能够视而不见吗？

纽伦堡法庭进行了长达4个月的法庭审讯，共开庭403次。核实查对3000多份原始材料。传讯237名证人和数百名其他人。听取16个报告。为被告进行辩护的22名德国律师提交法庭的书面材料不少于30万份。法庭的英文记录厚达17000多页。

3. 判决

1946年9月30日，法庭开始判决。法官们在长时间的发言中，把纳粹的罪行做了系统的叙述——判决书长达250页。

10月1日，法庭对每一名战犯进行判罪，并判决纳粹党的领导机构、党卫队、国家秘密警察和保安勤务处为犯罪组织。

那天，每一名受审者依次在被告席上出现。第一个出现的是戈林。法庭庄严地宣布：判处戈林绞刑。当他听说被判死刑时，脸色灰白，张目结舌，一动不动地站了一会儿，然后扔下耳机，转身走出法庭，回到囚室，躺在铺上。其他战犯在听取判决时，有的故作镇静，有的惊恐万状。

被判处绞刑的有12人：赫尔曼·威廉·戈林、约阿希姆·冯·里宾特洛甫、威廉·凯特尔、恩斯特·卡尔滕布龙纳、阿尔弗雷德·罗森堡、汉斯·弗兰克、威廉·弗里克、尤利乌斯·施特赖歇尔、弗里茨·绍克尔、弗雷德·约德尔、阿图尔·赛斯－英夸特、马丁·鲍曼。

被判处无期徒刑的有3人：鲁道夫·赫斯、瓦尔特·冯克、埃里希·雷德尔。

被判处有期徒刑的有5人：卡尔·邓尼茨（10年）、康斯坦丁·冯·牛赖特（15年）、巴尔杜尔·冯·席拉赫（20年）、阿尔贝特·施佩尔（20年）。

宣告无罪的有3人：雅尔马·沙赫特、弗朗茨·冯·巴本、汉斯·弗里切。

国际军事法庭上的苏联法官对上述3人被宣告无罪，对鲁道夫·赫斯被判处无期徒刑，对不宣布德国内阁、参谋总部和国防军最高统帅部等组织为有罪，发表了不同意见。苏联法官说："我不同意法庭对上述部分的判决，因为它不符合事实真相，并且是以不正确的结论为根据的。"

这天下午，法庭闭庭。被告施佩尔、邓尼茨等6人先后上诉，要求减刑；戈林也上诉，要求改绞刑为枪决。所有上诉均被驳回。1946年10月16日，判决得到执行，里宾特洛甫等罪犯被押上纽伦堡监狱死刑室的绞架。

欧洲其他国家也进行了各自的战犯审判。其中，挪威审判并处死了曾于1940年鼓动德国入侵本国的吉斯林，法国审判并监禁了亨利·贝当元帅，后者曾是法国的民族英雄，但在1940年法国战败后，他成了维希政府的领导人。

4. 戈林自杀

1946年6月，戈林的律师施塔默尔声称，戈林曾真诚地力图制止战争，他个人不能对希特勒的侵略政策承担责任；他只是为国家利益才掠夺艺术品，并未参加把集中营扩建为死亡工厂的活动。最后，这位辩护人的结论是："他对希特勒的忠诚毁了他自己。"

然而，法官杰克逊却勾画了一幅戈林的可憎形象："戈林所起的巨大的、多方面的作用在于他既是军人又是强盗。他到处插手。他利用他的冲锋队的彪形大汉使这帮人夺取了政权。为了巩固这一政权，他又阴谋策划、烧毁了国会大厦。他建立了盖世太保和集中营。如果需要干掉对手或制造丑闻，以摆脱桀骜不驯的将领时，那么戈林的手脚是相当利落的。他建立了空军，用来对付不设防的邻国。在驱逐犹

太人出境方面，他出谋划策，积极效力。他竭尽全力，把德国的经济用于战争，而且在很大程度上参与了这场战争的策划活动。他是仅次于希特勒而集全体被告罪恶活动之大成的人物。"

英国主要起诉人肖克劳斯爵士也从起诉当局的角度总结了戈林的罪行："戈林在所有这些问题上应负的责任是无法否认的。他把自己打扮成正人君子，但是在建立这个罪恶体系的人物里，他是希特勒以外的最大的人物。有谁比他更了解发生的这些事件，或更有机会对事件的进程施加影响呢？他们领导纳粹国家的政府，逐步建立起旨在进行战争的各种组织，阴谋策划侵略战争，实施暴政。这些事件都离不开纳粹国家各机构密切的配合。如果不是纳粹统治集团有计划地强迫军队执行命令，他们不会侵入异国领土，不会开枪，不会投炸弹，不会去建造毒气室，不会去驱赶受害者。在全德境内所犯下的，如今已昭然若揭的这一系列罪行，必然涉及纳粹统治集团中的每个人，因为他们构成这一条锁链的各个环节。因为如果没有每个人的配合，侵略计划也好，大规模屠杀也好，都是不可能进行的。纳粹分子借以对领袖忠心效劳的领袖原则正是纳粹党和这批人的创造。"

一个月后，国际军事法庭在1946年9月30日和10月1日再次开庭，法官劳伦斯勋爵宣读了对戈林的最后判决："戈林是进行侵略战争的元凶之一，他经常、几乎是一贯起了推动作用，而且一贯紧跟希特勒行事，所以不存在减刑的可能。他既是政治的，也是军事的首脑。他是奴隶劳工计划的负责人，也是制定在国内外镇压犹太人和其他种族计划的元凶。所有这些罪行他都供认不讳。他本人的供词足以证实他的罪行。这种罪行是骇人听闻的。根据全部材料，对这样的人根本不能宽宥。"

戈林是被叫到审判大厅听取判决书的第一名被告。当审判大厅的同声翻译装置出现故障时，肃静紧张的气氛更为强烈，法官和被告不得不等待技术人员排除故障。然后，法官劳伦斯勋爵宣判说："被告赫尔曼·威廉·戈林！国际军事法庭根据起诉书所确定的你的种种罪行，判处你绞刑。"

戈林通过耳机听到这一判决后，一动不动地站在那里。此时，座无虚席的法庭也鸦雀无声。戈林把耳机扔到桌上，转过身子，最后一次离开了法庭，并对下面等着他的盖伯特说："死刑！"他的双手微微抖动，请求让他自己一个人待一会儿。他的双眼淌出了泪水。

在整个审讯过程中，戈林一直担心他的妻子和女儿。他被捕后，埃米·戈林也被捕受审，她被准许把女儿埃达留在身边。她一直被关押到1946年3月。盖伯特博士在她被释放之后曾去看过她，后来还允许她与戈林通信。她被释放的消息使戈林在精神上稍许轻松了一些。自9月中旬起，埃米·戈林也和其他犯人的妻子一样，可以在最严密的监视下去探望丈夫。当然他们之间隔着一道金属栅栏。有一次探望时，她把埃达也带去了，然而这被证明是一次疏忽，因为戈林一见到他的小女儿就昏倒在地。直到死，他都同其妻子保持着密切关系。在宣判死刑后，埃米被准许最后一次探望她的丈夫。

戈林曾说，他作为一名军人，应该执行枪决，不应蒙受绞刑的侮辱。法庭驳回了他的申请，戈林因此决定自杀。1946 年 10 月 15 日晚，他在自己的单间牢房里服了毒药。当看守发现情况有些不对头时，戈林已处于垂死挣扎之中。请来的医生确认他已死去。

戈林是怎样躲过各种搜查，成功地把纳粹头目一向随身携带的毒剂胶囊，一直隐藏到临死之前的呢？直到 1967 年 9 月，由于当年的监狱长美国人安德勒斯上校公布了戈林的诀别书，这个谜才被最后解开。诀别书的日期是 1946 年 10 月 11 日。内容是：

监狱长：

自我被俘以来，我一直把毒剂胶囊带在身边。在我被押解到蒙道尔夫时，我身上共有 3 粒胶囊。我把第一粒留在我的衣服里，以便它在搜查时可能被发现；第二粒在我每次脱衣时放在衣帽里，穿衣服时再随身带上。我在蒙道尔夫和在这里的单身牢房里巧妙地把这粒胶囊隐藏起来，所以它虽经反复彻底搜查也未被发现。在出庭时我把它藏在我的手提箱中那个圆形护肤霜盒的护肤膏里。对于受命检查我的人，他们不应为此而受到指责，因为事实上，这粒胶囊是不可能被找到的。这也许只是事出偶然吧。

赫尔曼·戈林

写于盖伯特通知我监察委员会拒绝我要求把行刑方式改为枪决的申请之后的片刻。

5. 囚徒和逃犯

对于没有被判处死刑的被告来说，西柏林的施潘道监狱就是他们的归宿。这座可容纳 600 人的监狱由占领国的军队轮流看守。在所有囚犯中，服刑时间最长的是鲁道夫·赫斯。

赫斯于 1894 年 4 月 26 日出生于埃及亚历山大港，他的父亲是一个富商，他在埃及生活了 14 年，后来成为希特勒的忠实信徒。1941 年 5 月 10 日晚 6 点，也就是德国进攻苏联前 1 个多月，赫斯竟然爬进一架 M-110 战斗机，独自一人在暮色中飞往英国，在苏格兰的贝蒂市附近跳伞时扭伤了脚踝。他自称阿尔弗雷德·霍恩，是英国的朋友，被一农民搀扶到他家的厨房。接着，在见到汉弥尔顿公爵时，他便改变了腔调说："我是来拯救人类的，我是鲁道夫·赫斯。"他要求英国向德国投降，并在遭到拒绝后要求回国，但英国没有同意。战争期间，他一直被关押在一家大庄园里，直到送上纽伦堡战犯审判庭。赫斯的飞行"使命"究竟是什么？数十年中，众说纷纭。赫斯本人 1966 年在施潘道监狱曾对施佩尔说，他的那个主意是在睡梦中由超自然力量所启示的。孰是孰非，只有待英国政府今后公开档案时，谜底才能揭晓。

晚年的赫斯，身患多种疾病，其双目近乎失明。尽管这样，他依然笃信法西斯主义，拒不承认自己犯下的罪行，也拒绝以犯人身份同家属见面。

1987年8月17日下午3点，施潘道监狱里除了执行守卫任务的美国士兵外，只有一个幽灵似的老年德国犯人。此人老态龙钟，步履蹒跚。他像往常一样，离开囚室，来到狱中花园。卫兵跟在后面，见他随意走进花园中的一个小屋。好几分钟过去了，仍不见老犯人出来。卫兵急了，冲进小屋一看，不由得大惊失色：老犯人倒在地上一动不动，脖子上缠着一根电线……老犯人被送入邻近的英军医院急救，该用的办法都用上了，4点10分，医生终于宣布：抢救无效，犯人死了。一道道电波迅即传遍全球：鲁道夫·赫斯在遭囚禁41年之后自杀身亡，死时93岁。

赫斯死后，施潘道监狱立即被拆除了。

当第二次世界大战的硝烟散去时，同盟国曾经提出，要把战犯们一一捕拿归案。事实上，在纽伦堡审判中，到案的战犯达95%。但是，由于种种复杂的政治原因，仍有许多战犯逃之夭夭。资料显示，在可统计的纳粹逃犯中，逃往阿根廷的人数多达5000名，逃至巴西的有1500~2000名，逃至智利的有500~1000名，其余逃犯则大多躲在巴拉圭、乌拉圭、美国等国家。

瓦尔特·劳夫是一名顽固的纳粹分子和前党卫队成员，他是"流动毒气车"的发明者，东线的10万犹太人、俄罗斯人就被极其痛苦地杀害在这种车子里。但是，他却逃脱了审判，逍遥法外，死后被葬在南非，昔日的同党们还向他的坟墓行了纳粹举手礼。

恶名昭著的"死亡天使"约瑟夫·门格尔曾是纳粹德国设在波兰的奥斯威辛集中营的希特勒冲锋队军医，执掌生杀大权。他以"改良人种"为名，把无数囚犯作为试验品，直接或间接杀死了40万人，其中大部分是犹太人，有1/4是孩子，约1500人是孪生者或侏儒。1949年春，门格尔逃到阿根廷，与另外两人会合。他尽量隐瞒自己的身份，并且不断改变行踪。10年后，门格尔获得了巴拉圭的国籍，然后转到巴西定居。1979年2月5日，门格尔在家中咽下了最后一口气。1985年6月，世界新闻界聚集到圣保罗附近的一个小城，观看了一座坟墓的挖掘。这座坟墓埋葬的是沃尔冈夫·格哈德，然而，真正的亡灵却是约瑟夫·门格尔。

奥地利犹太人西蒙·维森塔尔曾一直致力于追捕纳粹战犯，他和同伴一起，曾将1100名纳粹战犯送上法庭。其中，被称为"里昂屠夫"的克劳斯·巴比虽在战后得以逃到玻利维亚，但却于1983年被法国政府引渡归案，并以反人类罪被判处终身监禁。

阿道夫·艾希曼是纳粹大屠杀政策的制定者之一，在被屠杀的600万犹太人中，大约有 200 万人由于他制订的"最后解决方案"死于非命。他于 1950 年 5 月偷渡到意大利后，一个深知他底细的神父给了他一本化名克莱门特的护照，并帮助他逃到了阿根廷。1960 年，由于维森塔尔做出的巨大努力，艾希曼被以色列秘密特工绑架，使他在耶路撒冷受到审判。由于有不少纳粹大屠杀受害者出面作证，以色列政府将艾希曼安排在防弹玻璃后面受审。面对控诉，艾希曼全以"一切都是依命令行事"作答。但是，大量人证物证决定了他的命运，他因战争罪被判处死刑，并于 1962 年 5 月 31 日被押上了绞刑台。

（十四）绞刑

戈林元帅终于成功地欺骗了盟军的法庭，从而逃脱了上绞架的命运——就在 10 名其他纳粹战犯被处死之前不久，他在监狱里自杀了。

尽管美国卫兵昼夜监视他的每个行动，这个纳粹王朝的皇太子还是向嘴里塞了一个装有氰化钾的小玻璃瓶，把它咬碎，吞进肚子里。

戈林吞毒的时候，监狱警卫司令、美国陆军上校波顿·C.安德雷斯正在步行穿过监狱大院，到死囚牢向戈林和其他 10 名被判了死刑的纳粹领导人宣读国际军事法庭下达的执行死刑的命令。

如果戈林没有服毒自杀的话，那么，在死刑执行令宣读后的一个小时，以他为首的纳粹政治、军事头目就要押出监房，带到监

戈林元帅

狱庭院中的体操房里，在那里，他将第一个被送上绞架。

戈林自杀前，并没有告诉他以及其他死刑犯，他们即将被处死。

他是怎样猜到自己大限已到？又是怎样藏了一小瓶毒药的？这些问题，连监狱警卫部队也感到困惑不解。

首先被绞死的是纳粹外交部长里宾特洛甫。然后，其余 9 名纳粹头子一个接一个魂归西天。死刑在纽伦堡城监狱里的小健身房执行，其内部颇像一个谷仓。执行死刑时，有电灯照明。

处死里宾特洛甫等 10 人，大约用了一个半小时。这个一度飞扬跋扈的纳粹外交骗子走进行刑室时是今天凌晨 1 点 11 分。1 点 16 分，他脚下的活板被打开。1 点 30 分，监刑官宣布他已毙命。

今天一共动用了两台绞架。走上绞架，要通过 13 个台阶。最后一个上绞架的是奥地利奸细、纳粹驻荷兰长官赛斯-英夸特。他脚下活板被拉开，掉下去被吊死的时间是 2 点 45 分。宣布他已毙命是 2 点 57 分。

在面临死亡的时候，10 名罪犯全都摆出无所畏惧的样子。他们中有的态度激烈，有的听天由命，有的祈求上苍宽恕。

除了纳粹理论家阿尔弗雷德·罗森堡之外，所有的人在绞架前都发表了简短的遗言，遗言中充满民族主义的感情，表达了他们对德国未来的福利和复兴的关心。

只有一个人的临终遗言同纳粹的意识形态有关。那是屠杀犹太人的头号刽子手施特赖歇尔，他比其他死囚都更桀骜不驯。在他即将登上通往绞架的台阶时，他用全部力量高呼"希特勒万岁"。

2 点 12 分半，施特赖歇尔在行刑室出现了。就在这里，守卫监狱的美国部队在上周六傍晚举行了一次篮球比赛。

施特赖歇尔走到行刑室门口时，在门口值勤的卫兵敲一下门。其他人被押进来时都是如此。

奉命到监狱院子里的死囚牢提押犯人的美军中校首先进来。紧跟着，走进来施特赖歇尔。两名美军伍长把他拦住，架住他的双臂。另一个伍长则取下他的手铐，再把他的双手用皮带绑好。

施特赖歇尔和其他罪犯走进刑室时，首先见到的是站在他们眼前的另一名美军中校。在这位中校监视下，他们的双手被反绑，而他们进来时，却戴着手铐。

这个罪犯形容丑陋、猥琐，身材矮小，他穿着旧得露了线的外衣和系上领扣的绿色旧衬衫，没戴领带。他瞥了一眼矗立在他眼前的 3 具绞架。其中有两具用来处死罪犯，第三具做备份。

在很快地瞥了一眼绞架后，施特赖歇尔环视行刑室。在看到临场监刑的美国、英国、法国和俄国军官时，他的眼光在他们身上稍停了一会儿。

这时，施特赖歇尔的双手被紧紧地捆在背后。两名卫兵，一边一个，把他引到左边的 1 号刑台。他以坚定的步伐，走完了通往第一个木台阶的 6 英尺路。但是，他脸上的肌肉却在紧张地痉挛着。当卫兵要他停下验明正身时，他尖叫一声："希特勒万岁！"

他的尖叫，使记者不由得打了一个冷战。这时，记者正以美国新闻界唯一代表的身份，在现场观看执行死刑。

当他的尖叫声消失的时候，站在台阶旁的另一位美国上校直截了当地说："问他叫什么名字！"

翻译把这句话泽成德语后，施特赖歇尔喊道：

"你们知道，问什么！"

翻译又把问题重复一次，这次，他号叫道：

"尤利乌斯·施特赖歇尔！"

刑台有 8 英尺高、8 英尺宽，到上面去，要走 13 层台阶。施特赖歇尔被卫兵推了一下，才走完最后两步，来到绞索前。

绞索是从架在两根柱子上的横梁上挂下来的。行刑人是个美军伍长，他把绞索的一头固定到一根木头上。

卫兵把施特赖歇尔拉转过来，让他面对行刑室正面的入口处。

他再一次瞥了一眼盟军的军官和代表世界新闻界的 8 名记者，这些人坐在面对绞架的小桌子的后面，他们的背后是墙壁。

施特赖歇尔眼里燃烧着仇恨，他看看临场监刑的人，尖叫起来：

"这是 1946 年的皮里姆节！"

站在绞架边的美国军官说：

"问他还有什么话要说！"

当翻译把这句话译完时，施特赖歇尔喊道：

"布尔什维克早晚要把你们全部绞死！"

当黑色的绞索套在他的脖子上的时候，有人听到施特赖歇尔说："阿德莱，我亲爱的妻子！"

就在这时，他脚下的活门呼的一声打开了。绞索立即拉直，施特赖歇尔的身体在空中猛烈摇晃。人们清楚地听到，从下面的陷坑里传来了痛苦的呻吟声。

从死囚牢到行刑室，大约要走 70 步。原来的打算是把罪犯押解过来的时候，不给他们戴械具。然而，当监狱当局发现戈林自杀时，便立即给他们都戴上了手铐。

当等着行刑人把绳索套在他的脖子上的时候，面孔像黄鼠狼的里宾特洛甫对人类发表了最后一次演讲。他用坚定的语调，响亮地说：

"愿上帝拯救德国！"

他又问道：

"可以说几句话吗？"

翻译点头表示同意。这个前纳粹外交变色龙，在德国入侵波兰之前曾与俄国就签订互不侵犯密约进行过谈判，他也曾赞成处死被俘的盟军飞行员。他说：

"我最后的希望是，德国能继续存在，东西方之间能达成谅解。我愿世界永远和平！"

在活板打开前，这个头套绞索的前外交家目不斜视，双唇紧闭。

紧接着里宾特洛甫走上绞台的是威廉·凯特尔元帅，他是普鲁士军国主义和官僚主义统治的象征。

他是根据盟国制定的法律被处死的第一个军事领导人。依照这个法律，职业军人不得以执行上级命令为借口，逃脱对发动侵略战争应负的法律责任。

　　凯特尔走上刑台时，是在里宾特洛甫脚下活板打开后两分钟。后者还吊在绞索上。

　　这位元帅当然见不到外交部前部长，因为后者吊在平台下面，绳子仍然是直的。

　　凯特尔看来不像里宾特洛甫那样紧张。尽管他双手反绑，但是他却昂着头，迈着军人的步伐走到绞台边。

　　当监刑人问他叫什么名字时，他用响亮的声音回答："威廉·凯特尔！"他登上刑台时意气昂扬，似乎在登上阅兵台，接受德国军队的致敬。看来，他根本不需要一左一右两个卫兵扶持。

　　他在刑台上转过身来，带着普鲁士军人那种传统的傲慢气概看着台下的目击者。当被问到有何遗言时，他双目直视远方，高声说：

　　"我恳请全能的上帝怜悯德意志人民。为了祖国，有200万德国军人献出了生命。我不过是在步我的儿子们的后尘而已。"

　　然后，他高呼："一切为了德国！"这时，他脚下哗的一声，他那穿着军服、足蹬皮靴的身体径直掉了下去。在场观察的人都说，他在这里表现出来的勇敢精神，比在法庭上更大。在法庭，他试图用希特勒鬼魂为自己开脱。他声称，一切过错都应归于元首，他不过是在执行命令，因此他不负任何责任。

　　就在里宾特洛甫和凯特尔还吊在绳子另一端的时候，这个令人毛骨悚然的进程暂停了一会儿。

　　负责指挥行刑的美军上校向代表盟军联合指挥部的美国将军请示，在场观刑的人是否可以抽烟。在将军表示同意之后，在场的30多个人都掏出香烟来了。

　　他们中包括美军占领区德国政府的两名代表——巴伐利亚政府首脑魏尔汉姆·霍格纳博士和纽伦堡市检察官杰科伯·雷斯纳博士。

　　美军官兵们一声不响地走动着，有时悄悄交换几句，而盟国的记者则拼命地记笔记，把这个历史性的血腥场面记录下来。

　　过了几分钟，一位美国军医在一位俄国军医陪同下，走向第一具绞架，他们掀开屏幕，在绞台后面消失了。两位军医都带着听诊器。

　　1点30分，他们出来了，开始同一位身材矮小、壮实、脚蹬马靴的美军上校交谈。这位上校转过身来，啪的一声来了个立正，面对监刑人宣布道：

　　"罪犯业已毙命！"

　　两名美国担架兵出现了，他们抬着一副担架，走了进去。这时，行刑人从腰旁的刀鞘里抽出一把侦察兵用的刀子，割断了绳索。

很快，里宾特洛甫僵硬的尸体被抬出来了，送到行刑室的另一头的硬帆布屏幕的后面。死者的脖子上，仍然套着黑色的绳索。干完这事，不过用了 10 分钟。

指挥行刑的上校面对观看的人说："请把烟熄灭掉，先生们！"然后，他对他称为"诺尔曼"的另一位上校说了些什么，对方说了一声"OK"，就走了出去，到死囚牢里提押罪犯。

被带进来的是恩斯特·卡尔滕布龙纳，他是盖世太保首领，是欧洲中古黑暗时代以来最大规模谋杀的直接指挥者。

卡尔滕布龙纳走进行刑室是 1 点 36 分。他很紧张，在登上刑台时，不断舔嘴唇，但他的步履十分坚定。当被问到他叫什么名字时，他的回答声音冷静而低沉。当他在刑台上转过身来时，他看到有位美军随军神父按照方济各会教派习惯，身穿法衣，站在他的对面。

监刑人问卡尔滕布龙纳还有什么话要说。他冷静地回答道：

"我想说几句话。"

"我热爱我的德意志人民，热爱我的祖国。"

"我按照我的人民制定的法律，尽了自己一份职责。遗憾的是，领导我国人民的并不是军人，在我并不知道的情况下，犯了罪行。"

这些话，很像他手下的一位特务——他的名字可能是罗道夫·胡埃斯——在法庭上发表的奇谈怪论。这个特务按照卡尔滕布龙纳的命令，在集中营里用毒气处死了 300 万人。

当行刑人即将把黑色的绞索套到他的脖子上的时候，他还在用冷静、低沉的声音讲话。他讲了一句德国成语，翻译出来，意思大约是——

"让德国交好运吧！"

1 点 39 分，他脚下的活板打开了。

1 点 44 分，监刑人宣布凯特尔元帅毙命，3 分钟后，卫兵就把他的尸体抬走了。于是，绞架被腾出来，准备绞死阿尔弗雷德·罗森堡。此人是纳粹理论的奠基人，他试图把纳粹主义变成一种宗教。

罗森堡表情木然，双颊深陷，面色青黄。但他并不紧张，他走向并登上刑台时，步履从容。

罗森堡看了牧师一眼，但没有说话。在他走进行刑室后 90 秒钟，就被吊起来了。处死罗森堡，用的时间比其他人都短。1 点 52 分，监刑人宣布卡尔滕布龙纳毙命，在此之前，行刑室安静了一会儿。接着，汉斯·弗兰克被押了进来。此人是驻波兰长官，前党卫队将军。在所有的死囚中，只有他面带微笑走向死亡。

尽管他很紧张，不断往肚子里吞口水，这个罪犯——在被捕后，他改信了天主教——的表情像在表明，他为能够清偿自己的罪孽感到如释重负。

他安详地报告了自己的名字。当被问到有无临终遗言时，他用几乎听不到的耳语似的声音说：

"我对我被拘押期间得到的待遇表示感激，我请求上帝以怜悯之心接受我的到来。"

当绞索的套子降临到他头上的时候，他又吞了一口口水，闭上了眼睛。

纳粹内政部长、69岁的威廉·弗里克是第6个被处死的。2点5分半，他走进刑室，其时，罗森堡毙命的消息刚宣布。看来，他的步履最不坚定，因为在登上刑台时，在第13个台阶上绊了一下。他的临终遗言是："德意志万岁！"

2点20分，宣布弗里克毙命，之后，他的尸体被抬走。接着，弗里茨·绍克尔——此人是血债累累的纳粹头目，负责组织奴隶劳动。

绍克尔身穿毛衣，但没穿外衣。他双目圆睁，是10名死囚中态度最恶劣的。

就是这个绍克尔，把数百万人赶到奴役场所，这种罪行，从纪元前到现在，都是空前的。他从刑台上环视着行刑室，突然尖叫道：

"我是无罪而死的。对我的判决是错误的，愿上帝保护德国，使它再次强大起来。愿上帝保护我的家庭。"

2点26分，活板打开，如同施特赖歇尔一样，在绞索被他自己的身体拉紧的时候，绍克尔大声呻吟。

第9个被处死的是阿尔弗雷德·约德尔上将，他是希特勒的战略顾问，也是他的密友。他那黑领子的魏玛共和国制服在背后卷起来，看来是匆匆忙忙地穿上的。当他走进行刑室时，带着明显的紧张表情。

他不断舔嘴唇。当他向前走的时候，看来疲惫不堪，步履不像凯特尔那样稳定。但是，当他说出最后6个字时，声音很安详：

"祝福你，德意志！"

2点34分，约德尔摔到绞架下的陷洞里，在那里，他和绍克尔吊在一起。6分钟后，监刑人宣布约德尔已死亡，他的尸体然后被抬走。

捷克斯洛伐克出生的赛斯-英夸特在这场盟国法律导演的血腥戏剧中，是最后出场的演员。他于2点38分30秒走进行刑室。他戴的那副眼镜，使他在用铁腕统治荷兰的那些年代里，成了人人熟悉的可憎的形象。在那些年代里，他把数以万计的荷兰人送进德国的劳动营。

赛斯-英夸特用紧张、低沉的声音发表了临终演讲。他说：

"我希望，这次处决，是第二次世界大战后采取的最后一次悲剧性行动。我希望各国人民和平相处，相互了解，这将成为从这次大战吸取的教训。""我相信德国！"

（十五）落日——记日本签字投降的一幕

《参考消息》编者按（2005）朱启平先生（1915～1993 年）在第二次世界大战中曾受《大公报》派遣，在美国太平洋舰队任随军记者；1945 年 9 月 2 日，参加了"密苏里"战舰上日本向盟军的投降式，写成一时传诵的通讯《落日》（刊登在 1945 年 11 月 2 日《大公报》）。值此纪念抗战胜利 60 周年之际，本报将《落日》全文刊登，再次重温那不寻常的一幕……

1945 年 9 月 2 日上午 9 点 10 分，我在日本东京湾内美国超级战舰"密苏里"号上，离开日本签降代表约两三丈的地方，目睹他们代表日本签字，向联合国投降。

这签字，洗净了中华民族 70 年来的奇耻大辱。这一幕，简单、庄严、肃穆，永志不忘。

天刚破晓，大家便开始准备。我是在 7 点多钟随同记者团从另一艘军舰乘小艇登上"密苏里"号的。"密苏里"号舰的主甲板有两三个足球场大，但这时也显得小了，走动不开。到处都是密密簇簇排列着身穿咔叽制服、持枪肃立的陆战队士兵，军衣洁白、折痕犹在、满脸堆笑的水兵，往来互相招呼的军官，以及二百多名各国记者。灰色的舰身油漆一新，16 英寸口径的大炮，斜指天空。这天天阴，灰云四罩，海风轻拂。海面上舰船如林，飘扬着美国国旗。舱面上人影密集，都在向"密苏里"号舰注视着。小艇往来疾驶如奔马，艇后白浪如练，摩托声如猛兽怒吼，几乎都是载着各国官兵来"密苏里"号舰参加典礼的。陆地看不清楚，躺在远远的早雾中。

1. 签字场所

签字的地方在战舰右侧将领指挥室外的上层甲板上。签字用的桌子，原来准备向英舰"乔治五世"号借一张古色古香的木案，因为太小，临时换用本舰士官室一张吃饭用的长方桌子，上面铺着绿呢布。桌子横放在甲板中心偏右下角，每边放一把椅子，桌旁设有四五个扩音器，播音时可直通美国。将领指挥室外门的玻璃柜门，如同装饰着织锦画一般，装着一面有着 13 花条、31 颗星、长 65 英寸、阔 62 英寸的陈旧的美国国旗。这面旗还是 92 年前，首次来日通商的美将佩里携至日本，在日本上空飘扬过。现在，旗的位置正下是签字桌。桌子靠里的一面是联合国签字代表团站立的地方，靠外的留给日本代表排列。桌前左方将排列美国 50 位高级海军将领，右方排列 50 位高级陆军将领。桌后架起一个小平台，给拍电影和拍照片的摄影记者们专用。其余四周都是记者们的天下，大炮的炮座上，将领指挥室的上面和各枪炮的底座上，都被记者们占住了。我站在一座机关枪上临时搭起的木台上，离开签字桌约两三丈远。在主甲板的右前方，紧靠舷梯出入口的地方，排列着水兵乐队和陆战队荣誉仪仗队，口上又排列着一小队精神饱满、体格强壮的水兵。

2. 白马故事

8点多钟，记者们都依照预先规定的位置站好了。海尔赛将军是美国第三舰队的指挥官，"密苏里"号是他的旗舰。因此从来客的立场讲，他是主人。这时他正笑吟吟地站在出入口，和登舰的高级将领们一个个握手寒暄。之后，美国太平洋舰队总司令尼米兹将军到了，海尔赛将军陪着这位上司走入将领指挥室，舰上升起尼米兹的五星将旗。海尔赛以前曾在向记者的一次谈话中说过这样一件事：他看中了日本天皇阅兵时骑的那匹白马。他说，想等击败日本之后，骑上这匹名驹，参加美军在东京街头游行行列。他还说，已经有人在美国国内定制了一副白银马鞍，准备到那时赠他使用。一个中士也从千里外写信给他，送他一副马刺，并且希望自己能在那时扶他上马。我还想起，第三舰队在扫荡日本沿海时，突然风传"密苏里"号上正在盖马厩。现在，马厩没有盖，银驹未渡海，但日本代表却登舰投降来了。

乐队不断奏乐，将领们不断到来。文字记者眼耳倾注四方，手不停地做笔记。摄影记者更是千姿百态，或立或跪，相机对准各处镜头，抢拍下这最有意义的时刻。这时候，大家都羡慕四五个苏联摄影记者，其中两个身穿红军制服，仗着不懂英语，在舰上到处跑，任意照相。可是我们这些记者因为事先有令，只能站在原定地点，听候英语命令，无法随意挪动。这时，上层甲板上的人渐渐多了，都是美国高级将领，他们满脸欢喜，说说笑笑。我还从来没有见过在这样一块小地方聚集这么多的高级军官。

3. 代表到来

8点半，乐声大起，一位军官宣布，联合国签字代表团到。他们是乘驱逐舰从横滨动身来的。顷刻间，从主甲板大炮后走出一列衣着殊异的人。第一个是中国代表徐永昌将军，他穿着一身洁净的哔叽军服，左胸上两行勋绶，向在场迎接的美国军官举手还礼后，拾级登梯走至上层甲板上。随后，英国、苏联、澳大利亚、加拿大、法国、荷兰、新西兰的代表也陆续上来了。这时，记者大忙，上层甲板上成了一个热闹的外交应酬场所。一时间，中国话、英国话、发音语调略有不同的美国英语以及法国话、荷兰话、俄罗斯话，起伏交流，笑声不绝。身移影动时，只见中国代表身穿深灰黄军服；英国代表穿全身白色的短袖、短裤制服，裤管上还镶有长长的红条，海军则穿海蓝色制服；法国代表本来穿着雨衣，携一根手杖，这时也卸衣去杖，露出一身淡黄咔叽制服；澳大利亚代表的军帽上还围有红边……真是五光十色，目不暇接。

8点50分，乐声又响彻上空，盟军最高统帅麦克阿瑟将军到。他也是坐驱逐舰从横滨来的。尼米兹在舰面上迎接他，陪他进入位于上层甲板的将领指挥室休息。

舰上升起他的五星将旗，和尼米兹的将旗并列。军舰的主桅杆上，这时飘起一面美国国旗。

上层甲板上热闹的场面渐渐结束了。联合国代表团在签字桌靠里的一面列队静立。以徐永昌将军为首的50位海军将领和50位陆军将领，也分别排列在预先安排好的位置上。这时有人说，日本代表团将到。我急急翘首望去，只见一艘小艇正向军舰右舷铁梯驶来。不久，一位美国军官领先，日本人随后，陆续从出入口来到主甲板。入口处那一小队水兵向美国军官敬礼后，即放下手立正。乐队寂然。日本代表团外相重光葵在前，臂上挂着手杖，一条真腿一条假腿，走起路来一瘸一拐，登梯时有人扶他。他头上戴着大礼帽，身穿大礼服，登上上层甲板就把帽子除了。梅津美治郎随后，一身军服，重步而行，他们一共11个人，到上层甲板后，即在签字桌向外的一面，面对桌子列成三行，和联合国代表团隔桌而立。这时，全舰静悄悄一无声息，只有高悬的旗帜传来被海风吹拂的微微的猎猎声。重光一腿失于淞沪战争后，一次在上海虹口阅兵时，被一位朝鲜志士尹奉吉投掷一枚炸弹炸断。梅津是前天津日本驻屯军司令，著名的《何梅协定》日方签字人。他们都是中国人民的熟人，当年在我们的国土上不可一世，曾几何时，现在在这里重逢了。

4. 仪式开始

9点整，麦克阿瑟和尼米兹、海尔赛走出将领指挥室。麦克阿瑟走到扩音机前，尼米兹则站到徐永昌将军的右面，立于第一名代表的位置。海尔赛列入海军将领组，站在首位。麦克阿瑟执讲稿在手，极清晰、极庄严、一个字一个字对着扩音机宣读。日本代表团肃立静听。麦克阿瑟读到最后，昂首向日本代表团说："我现在命令日本皇帝和日本政府的代表、日本帝国大本营代表，在投降书上指定的地方签字。"他说完后，一个日本人走到桌前，审视那两份像大书夹一样白纸黑字的投降书，证明无误，然后又折回入队。重光葵挣扎上前行近签字桌，除帽放在桌上，斜身入椅，倚仗桌边，除手套，执投降书看了约一分钟，才从衣袋里取出一支自来水笔，在两份投降书上签字。梅津美治郎随即也签了字。他签字时没有入座，右手除手套，立着欠身执笔签字。这时是9点10分，军舰上层传来一声轻快的笑声，原来是几个毛头小伙子水兵，其中一个正伸臂点着下面的梅津，又说又笑。但是，在全舰庄严肃穆的气氛下，他们很快也不出声了。

麦克阿瑟继续宣布："盟国最高统帅现在代表和日本作战各国签字。"接着回身邀请魏锐德将军和潘西藩将军陪同签字。魏是菲律宾失守前最后抗拒日军的美军将领，潘是新加坡沦陷时英军的指挥官。两人步出行列，向麦克阿瑟敬礼后立在他身后。麦克阿瑟坐在椅子上，掏出笔签字。才写一点，便转身把笔送给魏锐德。魏锐德掏出第二支笔给他，写了一点又送给潘西藩。他一共用了6支笔签字。签完字后，回到扩音机前说："美利坚合众国代表现在签字。"这时，尼米兹步出行列，他请海尔赛将军和西门将军陪同签字。这两人是他的左右手。海、西两人出列后，尼米兹入座签字，签完字，就各归原位。麦克阿瑟接着又宣布："中华民国代表现在签字。"徐永昌步至桌前，由王之陪同签字。这时我转眼看看日本代表，他们像木头人一样站立在那里。之后，英、苏、澳、加、法、荷等国代表在麦克阿瑟宣布到自己时，先后出列向麦克阿瑟敬礼后，请人陪同签字。陪同的人澳大利亚

日本投降仪式

最多，有4个，荷兰、新西兰最少，各一人。各国代表在签字时的态度以美国最安闲，中国最严肃，英国最欢愉，苏联最威武。荷兰代表在签字前，曾和麦克阿瑟商量过。全体签字毕，麦克阿瑟和各国首席代表离场，退入将领指挥室，看表是9点18分。我猛然一震："九·一八"！1931年9月18日日寇制造沈阳事件，随即侵占东北；1933年又强迫我们和伪满通车，从关外开往北平的列车，到站时间也正好是9点18分。现在14年过去了。没有想到日本侵略者竟然又在这个时刻，在东京湾签字投降了。天网恢恢，天理昭彰，其此之谓欤！

5. 投降书脏了

按预定程序，日本代表应该随即取了他们那一份投降书（另一份由盟国保存）离场，但是他们还是站在那里。麦克阿瑟的参谋长苏赛兰将军本来是负责把那份投降书交给日方的，这时他却站在签字桌旁，板着脸和日本人说话，似乎在商量什么。大家都不知道出了什么事，记者们议论纷纷。后来看见苏赛兰在投降书上拿笔写了半响，日本人才点头把那份投降书取去。事后得知，原来是加拿大代表在日本那份投降书上签字时签低了一格，占了法国签字的位置，法国代表顺着签错了地方，随后的各国代表跟着也都签错了，荷兰代表首先发现这错误，所以才和麦克阿瑟商量。苏赛兰后来用笔依着规定的签字地方予以更正，旁边附上自己的签字作为证明。倒霉的日本人，连份投降书也不是干干净净的。

日本代表团顺着来路下舰，上小艇离去。在他们还没有离舰时，11架"超级堡垒"排列成整齐的队形，飞到"密苏里"号上空，随着又是几批"超级堡垒"飞过。

机声中，我正在数架数时，只见后面黑影簇簇，蔽空而来，那都是从航空母舰上起飞的飞机，一批接一批，密密麻麻，不知有多少架，顷刻间都到了上空，然后

向东京方向飞去。大战中空军将士厥功其伟，理应有此荣誉，以这样浩浩荡荡的阵势，参加敌人的投降典礼。

我听见邻近甲板上一个不到 20 岁满脸孩子气的水手，郑重其事地对他的同伴说："今天这一幕，我将来可以讲给孙子孙女听。"

这水兵的话是对的，我们将来也要讲给子孙听，代代相传。可是，我们别忘了百万将士流血成仁，千万民众流血牺牲，胜利虽最后到来，代价却十分重大。我们的国势犹弱，问题仍多，需要真正的民主团结，才能保持和发扬这个胜利成果。否则，我们将无面目对子孙后辈讲述这一段光荣历史了。旧耻已湔雪，中国应新生。

（十六）中东铁路的变迁

中东铁路是"中国东清铁路"的简称，亦作"东清铁路""东省铁路"，民国后改称"中国东省铁路"。该铁路干线由满洲里经哈尔滨到绥芬河，全长 1480 多公里；由哈尔滨经长春到大连是中东铁路支线，称南满铁路，全长 940 多公里。

19 世纪 40 年代，沙俄的侵略势力伸入中国的黑龙江流域。从 19 世纪中叶起，沙俄先后强迫当时的中国政府签订了《中俄瑷珲条约》《中俄北京条约》等一系列不平等条约，把黑龙江以北、乌苏里江以东的 100 多万平方公里的中国领土并入俄国版图。沙俄为了增强其对外扩张的实力，进一步侵略和占领中国东北和朝鲜，并与当时也觊觎这些地方的日本对抗，于 1891 年 2 月决定修筑西伯利亚铁路。

1896 年（光绪二十二年），清政府特使李鸿章赴俄祝贺沙皇加冕典礼，与沙俄签了《中俄御敌互相援助条约》即《中俄密约》，允许俄国修筑东清铁路。

1898 年 8 月，东清铁路破土动工，以哈尔滨为中心，分东、西、南部 3 线，由 6 处同时开始相向施工。北部干线（满洲里至绥芬河）和南满支线（宽城子至旅顺）及其他支线，全长约 2500 多公里，采用俄制 1524 毫米轨距，干支线相连，恰如"T"字形，分布在中国东北广大地区。1903 年 7 月 14 日，东清铁路全线通车，并开始正式运营。

日俄战争（1904 年）后，沙俄把南满铁路的长春至大连段转让给了日本。

从 1920 年起，东清铁路始称中国东方铁路，简称中东铁路或中东路，长春以北段由中苏共同经营。

1922 年 2 月 28 日，中国政府与苏俄政府代表就中东铁路问题签订的协定大纲规定：中东铁路归中国政府管理；俄人所有该铁路股份由中国政府于此后 5 年内收回；该路未完全收回前，苏俄政府代表有权派员参与该路路政；中东路所负各国政府及外商之债，由中国政府完全负责。

1931 年"九·一八"事变后，日本占领了东北，使中东铁路处于日军包围之中。时年11月，日本违反原来向苏联所做的允诺："日本军队奉命不得使中东铁路遭受任何损失"，派兵进驻中东铁路地区，使苏联感到极大不安。但日本没有直接用武力接管中东铁路，而是企图用破坏、挑衅等手段迫使苏联自动退出该铁路。苏联当时也没有立即退出中东铁路，但它在暗中作了应变的准备，把一批铁路车辆运入苏境。日方向苏方提出交涉，没有达到还车目的，就下令封锁满洲里和绥芬河，并禁止货运列车出境。

1933年5月2日，苏联为了缓和同日本的矛盾，由外交人民委员李维诺夫出面，提议把中东铁路卖给"满洲国"（实际上是日本），"以为中东铁路纷争解决的实际方法"。此后，苏日双方进行了近两年的谈判，于1935年3月24日苏联以1.4亿日元把中东铁路及其一段支线卖给了日本。根据"大纲协定"，中东铁路为中苏两国合办和所有，因此，苏联这样做，明显违反了"大纲协定"。中国政府向苏日双方提出抗议，指出苏联无权单方面处理中国财产。日本买下中东铁路后，立即把宽轨改为窄轨，以适应其对华侵略战争的需要。

1945年2月，美、英、苏三国领导在苏联雅尔塔举行会谈，讨论战后德国的处理问题以及苏联参加对日作战问题。美苏双方围绕苏联参加对日作战的条件，进行了极秘密的幕后讨论。在"恢复历史正义"的口号下，苏联提出要求恢复沙俄在日俄战争中丧失的全部权利。10日，苏联方面向美国方面提交了一份《斯大林元帅关于苏联参加对日作战政治条件草案》，后经斯大林和罗斯福修改，便成了美、英、苏3国领导签署的严重损害中国主权的雅尔塔协定。

当时的中国政府没有参加雅尔塔协定，也没有公开表示同意这个协定，然而这个协定的绝大部分条款却关系到中国。苏联特别强调要保证它在中东铁路上的"优越权益"。事实是，俄国已在1905年把南满铁路转让给了日本，苏联也于1935年把中东铁路卖给了日本，所以，日本投降后这条铁路理应返还给中国。后来的中国报纸在评论雅尔塔协定时，谈到了当时中国政府在两个大国的压力下接受雅尔塔协定的隐衷："此项协定的内容，直接间接影响我国主权，我国身为当事国，既未参与，亦未示同，自难接受此项协定外交所发生之拘束，但我国当时所接受者，厥为美国对增进中苏邦交之提示，于是遂有宋院长之赴苏，与莫斯科谈判之获得结论，签订中苏友好同盟条约也。"

雅尔塔协定签订后，中国方面对苏联要租借旅大和合办中东铁路事已有所闻，而美苏双方对协定的内容却一直保密。当时，中国驻美国高级官员向美方当事人提出询问时，他们都守口如瓶。只是在苏联向美国做了相应的表示之后，美国急于以中国主权换取苏联早日出兵参战，便压中国政府全盘接受雅尔塔协定，但它又不愿对苏做出超越雅尔塔协定的让步，以致影响其控制和独占中国的阴谋计划。

1945年6月9日，美国新总统杜鲁门把雅尔塔协定内容告诉了当时的中国政府行政院长宋子文，并要宋立即去苏就履行雅尔塔协定一事与苏谈判、签约。杜鲁门强调说："一旦苏俄参加对日作战，则美国政府对于雅尔塔协定，便不能不予以支持。"

从 1945 年 6 月 30 日起，中苏两国在莫斯科举行谈判。谈判中，中国方面受到来自美苏两国的双重压力。8 月，中苏签订了《中苏友好同盟条约》《中苏关于中国长春铁路协定》以及关于大连、旅顺口协定等文件。

《中苏关于中国长春铁路协定》的内容有：（1）中东铁路和南满铁路合并为中国长春铁路，由中苏"共同所有，并共同经营"；（2）铁路所有权为中苏共同所有；平均属双方，任何一方不得以全部或一部转让；（3）关于铁路管理，仍沿用以前的做法，中国人任理事长，苏联人任铁路局长；（4）在对日作战时期，苏联有权利用该铁路运输军队和军需品；（5）协定有效期为 30 年，期满后，苏联将把中长铁路连同该路之一切财产，无偿转移交给中国政府。

新中国成立后，中苏两国的关系进入一个新的历史时期，这为解决两国之间历史上遗留下来的一些问题，其中包括中东铁路问题创造了良好的条件。

1950 年初，中苏两国领导人在莫斯科举行正式会谈，讨论与两国有关的重要的政治问题、经济问题以及两国间的其他一些问题，包括中东铁路问题。2 月 14 日，中苏双方通过谈判，签订了《中苏友好同盟互助条约》《中苏关于中国长春铁路、旅顺口及大连的协定》以及苏联向中国提供贷款协定等文件。有关中东铁路的协定说：

缔约国双方同意苏联政府将共同管理中国长春铁路的一切权利以及属于该路的全部财产无偿移交中华人民共和国政府。

此项移交一俟对日和约缔结后立即实现，但不迟于 1952 年末。

在移交前，中苏共同管理中国长春铁路的现状不变。惟中苏双方代表所担任的职务（如铁路局长，理事会主席等职），自本协定生效后改为按期轮换制。

根据这项协定，1950 年 4 月 25 日，中苏双方通过谈判，成立了中国长春铁路公司，作为中苏两国在中东铁路移交前共同管理该路的机构。1952 年 9 月 15 日，中苏发表联合公告，宣布为进行铁路移交工作而成立中苏联合委员会，该委员会应于 1952 年 12 月 31 日前将中东铁路向中国移交完毕。这就是说，苏联到时将把它在中东铁路所拥有的一半财产（另一半属中国）无偿移交给中国。同年 12 月 31 日，中东铁路移交仪式在哈尔滨举行。从此，这条被沙俄、苏联和日本侵占、经营 50 余年的中东铁路，完全返还中国，中国对中东铁路的主权也完全得到了恢复。

（十七）苏联援华始末

1937 年 8 月淞沪会战一开始，国民政府就向国际社会发出了救援呼吁，但是，

当时只有苏联明确表示支持，因为它自己的远东边境同样受到日本人的威胁。

8月21日，中国与苏联签订了久拖未决的互不侵犯条约，苏方允诺中国可以不用现款购买苏联军火。28日，苏联驻华大使鲍格莫洛夫奉召回国，行前同中国外交部长王宠惠商讨了苏联参战的必要条件。11月10日，伏罗希洛夫在宴别中国代表张冲时，要张回国转告，在中国抗战到达生死关头时，苏当出兵，决不坐视。然而，12月5日，斯大林、伏罗希洛夫又称，必须在《九国公约》或其中大多数国家同意"共同应付日本侵略时"，苏联才可以出兵。对此，蒋介石深感失望，但仍表示"尚望贵国苏维埃能予中国以实力援助"。

此前一年，中国政府花费巨资，修建了一条从兰州到苏联边境，长达2700公里的西北公路，准备接受苏联的援助。随后，苏联向中国提供了最先进的武器和军备，派遣军事顾问、专家和志愿飞行员，为中国军队培养了一批高素质的干部。中国军队在苏联的帮助下，顽强抵抗在装备上优于自己的日本关东军。

当然，苏联同蒋介石的合作比较复杂，充满矛盾。国民党把苏联视为意识形态的敌人，一直在亲苏和亲西方之间摇摆不定，试图从两边捞取好处。这经常造成斯大林与蒋介石之间的关系紧张，而日本人则试图从这一矛盾中渔翁得利。在太平洋战争爆发以前，英国和美国一直为日本撑腰，充当中日"和平谈判"的中间人，提出对东京相当优厚的条件。苏联没有参与这一"阴谋"，它清楚地表明了自己的立场：把中国从外国侵略者手中解放出来，让中国人民自主决定命运，并实实在在地向中国军队伸出了援助之手。

1937年10月至1941年6月底，中国有40多个师使用的是苏联的炮兵武器，近50个师使用的是苏联的枪支。中国的空军、炮兵和装甲坦克部队或是依靠苏联武器武装，或是从无到有建立起来。

1937年，关东军的空军实力是中国的13倍。当时，中国空军仍处于初建阶段，国内的航空工业也刚刚起步，中国空军装备的450架老旧飞机，大多是从美国、意大利、德国、英国、法国等国购进的，经过几个月的战斗，到11月初，这些飞机只剩下36架。

抗战的头4年，苏联向中国提供了1250架飞机，其中包括伊-15、伊-16、高速轰炸机、重型轰炸机和远程轰炸机等。

1937年9月初，时任苏联国防人民委员的伏罗希洛夫接到命令，要求他立即从苏联空军现役部队抽调战斗机和轰炸机机组人员，组成援华航空队奔赴中国。为了保密，援华航空队的飞机运到中国时，机翼和机身上的苏联空军徽标都被抹去，漆上了国民政府的青天白日旗，方向舵上也涂上了蓝白相间的斑马条纹。为了避免过分刺激日本，援华航空队以志愿的形式帮助中国抗战，这一秘密行动被命名为"Z计划"。

10月，从苏联阿拉木图经兰州到汉口的航线开通，第一批苏联志愿航空队抵达中国，共有空、地勤人员 254 名，分别组成以基达林斯基领导的轰炸机大队和以库尔丘莫夫领导的战斗机大队。途经凉州时，库尔丘莫夫不幸因飞机失事殉职，普罗科菲耶夫接替他指挥战斗机大队。同时抵达的还有 500 名苏军专家，他们开始向中国飞行员教授驾机技术。由于只能在战争条件下授课，这一工作进展困难。当时，国民党政府缺乏适宜现代化飞机起降的机场，几乎没有防空力量。

苏联飞行员首次参战是在 1937 年 12 月 1 日。7 架伊-16 飞机参与了南京空战，驾机者是飞行员多贝什、库德莫夫、马钦等，他们与 20 架日本歼击机鏖战，击落了两架日机，自己也损失了 1 架。与此同时，9 架苏军高速轰炸机飞往被日军侵占的上海，向机场和港口投放炸弹。日军 1 艘巡洋舰、6 艘军舰被击沉，若干飞机被炸毁。

1938 年 4 月 29 日下午，日机在芜湖起飞准备轰炸武汉。中方布置在彭泽、九江一带的监视哨立即将日机型号、数量、起飞时间等情报向武汉上报，武汉不动声色地做好了迎战准备。各种战机依次升空，然后兵分两路，一路盘旋升高，占据有利高度，一路往预定空域设伏。日机发现中伏后，阵脚大乱，迅速散开，企图驱逐中方战机为其轰炸机扫清空域。日机远程奔袭油料有限，中方战机果断与之展开空中缠斗。苏联航空队的伊-15 和伊-16 勇闯敌阵，忽高忽低，各施所长，不时有日机拖着长长的尾烟栽向地面。3 架日机突出重围侥幸逃离，后来也因缠斗时间过长油料耗尽而全部坠毁。这一仗，中方以 36∶5 的战绩获胜。

1938 年冬，又有一批苏军飞行员抵达中国，其中包括苏联英雄雷恰戈夫，以及雷托夫、波雷宁、日哈列夫、索尔和赫留金等。他们的到来粉碎了日军的空中优势。

1939 年 2 月 18 日，苏联航空队在武汉上空击落了 12 架日本飞机。2 月 23 日，一个小分队远征台湾，摧毁了台北机场上停放的 40 架日军飞机和 3 年的燃油储备。4 月 29 日，日军对武汉发起进攻，苏联飞行员予以反击，击落日军 54 架轰炸机中的 21 架，5 月 31 日又击落日机 14 架。

这年 6 月，苏联空军又有志愿航空队 4 个大队来华支援，苏联空军上校库里申科和科兹洛夫各率领一个由 20 架重型轰炸机组成的轰炸机大队进驻成都，苏普伦和柯基那基则各率领一个由伊-15 和伊-16 驱逐机组成的驱逐机大队进驻重庆，这大大增强了中国抗击日寇的空中力量。10 月，苏联空军援华达到最高峰，当时在华人员达到 425 人。

10 月 3 日下午 2 点 35 分，苏联援华航空队 12 架重型轰炸机在库里科夫的率领下，从成都起飞楔形编队，一路保持无线电静默，高速接近汉口。汉口机场上，200 多架日军战机整齐排列。苏联航空队的轰炸机以迅雷不及掩耳之势俯冲轰炸，弹仓里的高爆弹、杀伤弹、燃烧弹带着尖厉的呼啸声扑向地面，登时炸毁了 60 架、炸伤了约 100 架日机。有人把这次轰炸称为"中国空军的台儿庄大捷"，而日方却把这一天称为"罪恶的厄日",直言此役为"日本空军的大败笔"。

10月14日,库里科夫接到作战命令,出击日军军事基地。编队飞临武汉上空时,遭到日军机群的拦截。经过激战,击落6架敌机,但他的飞机遭到重创,仅以一个发动机沿着长江向驻地返航。到达万州上空时,机身失去平衡,难以控制。为了保护飞机免遭破坏,他不顾个人安危,操纵飞机,寻机迫降,终于平稳迫降在长江水面上。库里申科由于长时间驾机,劳累过度,再也无力跳出机舱,为中国人民的抗日战争献出了年轻生命。

2013年3月23日,中国国家主席习近平在莫斯科国际关系学院发表演讲时特别指出:"抗日战争时期,苏联飞行大队长库里科夫来华同中国人民并肩作战,他动情地说:'我像体验我的祖国的灾难一样,体验着中国劳动人民正在遭受的灾难。'他英勇牺牲在中国大地上。中国人民没有忘记这位英雄,一对普通的中国母子已为他守陵半个多世纪。"

在同日机的空战中,苏联飞行员古边科奋不顾身地驾机撞向敌机,共击落敌机7架,因而被授予苏联英雄称号。14名在华参战的苏联飞行员获得了金星英雄奖章,200多人为中国人民的抗战事业献出了宝贵的生命。

1941年年初,德国对苏联的战争威胁日益迫近,为了避免在东西两面分别同德国和日本作战,苏联决定通过承认日本在中国东北建立的伪满洲国来换取日本放弃对苏联远东的威胁。是年4月,《苏日中立条约》签订,日本政府顺势通过外交渠道,要求斯大林召回在华对日作战的苏联飞行员。苏联领导层不得不做出让步,逐步满足了日方的要求。尽管如此,苏联仍然不惜破坏同日本签订的中立协定,苏联军事专家在中国一直工作到1944年下半年。

在此期间,蒋介石政府和一些国民党高级将领担心苏联顾问"有害思想的影响",不满他们坚决不参与任何针对中国共产党的军事计划。1942年至1944年间,苏联顾问数量锐减,他们实际上已不能直接在指挥机构和军队中工作,而被"隔离"在军事院校中,无法对武装斗争的进程施加影响。不过,即使在这样的不利条件下,他们仍然竭尽全力履行自己的国际义务。仅在飞行学校,他们就培养了1800多名学员,其中包括1204名飞行员、160名领航员和450名航空机械师。当苏联志愿飞行员回国后,中国空军便开始完全依靠这些训练有素的本国飞行员和技术人员同日本侵略者作战。

苏联对中国人民正义斗争的支持受到了中国政府的高度评价。1944年6月24日,何应钦将军在接见即将回国的苏联军事顾问时表示:中国在抗日战争一开始就得到了苏联人民及政府的同情与支持,苏联军事顾问及志愿人员在战斗中表现出的英雄主义和自我牺牲精神,尤其值得钦佩和尊敬。

（十八）外蒙古独立记略

外蒙古独立是指外蒙古于 20 世纪上半叶脱离大清帝国统治的历史事件。外蒙古与内蒙古在第二次世界大战之前同属中国的一部分。外蒙古包括现在的蒙古国以及唐努乌梁海地区。今日外蒙古大部分地区属蒙古国，目前是一个被国际社会广泛承认的主权独立的国家，而唐努乌梁海地区则先后被俄国、苏联控制，之后一部分被并入俄罗斯苏维埃联邦社会主义共和国（今俄罗斯联邦），另外一部分则被并入蒙古人民共和国。

1. 历史沿革

蒙古高原历来是蒙古人繁衍生息的地方。13 世纪初，蒙古人的首领成吉思汗统一了这一地区的所有蒙古部族，建立了蒙古帝国。其后，忽必烈建立的元朝包括现今中国的大部、蒙古高原、外东北等地。明朝时，蒙古残余势力退回塞外，维持北元政权，与明朝对抗。其后，满族统治者与漠南蒙古（内蒙古）诸部结盟，进入中原，建立清朝，其他蒙古部族也逐渐成为清朝的臣属。

清代将蒙古分为设官治理的内属蒙古和由札萨克世袭统治的外藩蒙古。外藩蒙古又分为内札萨克蒙古和外札萨克蒙古。清代后期的官方文书中出现了"内蒙古"和"外蒙古"的概念，内蒙古指内札萨克 49 旗，外蒙古则指喀尔喀 4 部。

16 世纪，沙俄开始经营西伯利亚，与外蒙古地区有了往来。1727 年中俄签订的《布连斯奇条约》，肯定蒙古属于清朝管辖，而沙俄则取得了在恰克图和外蒙古地区通商贸易的特权。

2. 第一次宣布独立

1911 年 10 月，武昌起义爆发，沙俄认为公开分裂外蒙的时机已到，一面在北京向中国政府要求所谓外蒙"自治"权和俄国控制外蒙的特权；一面又在外蒙古库伦（今乌兰巴托）策划所谓"外蒙"独立——藏传佛教格鲁派活佛哲布尊丹巴在俄国驻库伦领事的策动下出使俄国后，于 11 月 30 日宣布"独立"，成立"大蒙古国"。接着，俄蒙军队包围了清政府驻库伦的办事大臣衙门，解除了清军的武装，并将办事大臣三多及其随从人员押送出境。12 月 28 日，哲布尊丹巴在库伦登基，自称"日光皇帝"，年号"共戴"。

1912 年 11 月 3 日，沙俄政府不顾中国政府的抗议，同外蒙古当局订立《俄蒙协约》，其中规定：由俄国扶助外蒙古的"自治"及训练外蒙古军队；外蒙古不得允许中国军队入境，不准华人移植蒙地；外蒙古准许俄国人享受本条约广泛的特权。内外交困的北京政府别无他路，只得与沙俄谈判，寻求解决外蒙古问题的办法。11 月 18 日，蒙古国外务部照会法国、英国、德国、美国、比利时、日本、丹麦、荷兰、奥匈帝国外交部，宣称"独立"。

1913 年 11 月 5 日，沙俄迫使袁世凯北洋政府签订了《中俄声明》。声明虽然承认外蒙古是中国的一部分，要求外蒙古取消独立，但又规定，中国不得在外蒙古派驻官员，不驻军，不移民；承认外蒙古的"自治汉"。

1915 年 6 月 7 日，沙俄政府、外蒙古当局和北洋政府 3 方又在外蒙古的恰克图签订了《中俄蒙协约》，确认 1913 年的《中俄声明》，并将之具体化。

1917 年，俄国爆发十月革命，新成立的苏维埃政府在 1919 年和 1920 年两次发表对华宣言，宣布废除沙俄与中国签订的不平等条约，放弃从中国掠夺的一切。

1919 年 7 月 25 日，苏俄政府发表声明说："外蒙古是一个自由的国家，它的一切权力属于蒙古国，任何外国都无权干涉它的内政。"声明表示，苏俄要求立即同外蒙古建立外交关系。11 月 7 日，由于白军和红军均陷入苏联国内战争而无暇顾及外蒙古，中华民国总统徐世昌和政府首脑段祺瑞决定出兵外蒙，派直系将领徐树铮率兵进入外蒙古库伦，挟持"内阁总理"巴德玛·多尔济，软禁哲布尊丹巴活佛，并全面否定《中俄声明》。11 月 17 日，外蒙古正式上书中华民国大总统徐世昌，呈请废除俄蒙一切条约。11 月 22 日，《中国大总统公告》取消了外蒙古的自治，恢复了旧制。北京政府在库伦设立"中华民国西北筹边使公署"，由徐树铮部在外蒙古驻防，并派兵收复唐努乌梁海。孙文因此赞扬徐树铮说："徐收回蒙古，功实过于傅介子、陈汤，公论自不可没!"

3. 苏联和蒙古

1919 年，牧民出身的苏赫-巴托尔和乔巴山寻求共产国际帮助建立独立的蒙古国。

1920 年，苏赫-巴托尔和乔巴山在列宁的帮助下组建了蒙古的共产党，即蒙古人民革命党。

1921 年，远东白俄谢米诺夫的军队在东北日本军人的支持下侵入外蒙古。2 月 21 日占领库伦，扶植起新的政权，活佛、王公们又一次宣布"独立"。接着，苏俄红军借口白俄军队入蒙，也进军库伦。7 月，在红军的支持下，外蒙古成立了亲苏的新政府，实行君主立宪制度。11 月 5 日，外蒙古宣布成为"独立国"，建立"人民革命政权"。同日，苏俄和外蒙古订立了《苏蒙修好条约》，双方相互承认为合法政府。北洋政府虽对苏俄出兵并成立政府提出了抗议，但鞭长莫及，无能为力。

1924 年 5 月 31 日，苏联同北洋政府签订《中俄解决悬案大纲协定》，表示承认外蒙古是中国的一部分，尊重中国对外蒙古的主权，并答应从外蒙古撤军。由此，中苏建立了正式外交关系。11 月 26 日，蒙古人民革命党宣布废除君主立宪制，成立蒙古人民共和国，定都库伦，改城名为"乌兰巴托"。中国以及英、美等并未承认这一政权。

4. 国民政府和蒙古

1928 年，中华民国军队曾在外蒙东部边界与苏军发生小规模冲突。此后，中华民国政府一直处于内外交困的境地，再也没有进入蒙古。与此同时，在乔巴山等人的领导下，蒙古人民共和国实行了苏联式的政治制度。

1939 年 4 月 13 日，苏联同日本签订《苏日中立条约》，并发表联合声明说：苏联保证尊重"满洲国"的领土完整和不可侵犯，日本保证尊重"蒙古人民共和国"的领土完整和不可侵犯。对此，中华民国外交部长王世杰发表声明宣布："《苏日中立条约》，对于中国绝对无效。"

1945 年 2 月，美国总统罗斯福、英国首相丘吉尔和斯大林在雅尔塔举行三国首脑会议。在商讨对日作战问题时，斯大林提出苏联对日作战的条件之一是"外蒙古的现状须予维持"。斯大林的要求得到了罗斯福和丘吉尔的同意。2 月 11 日，3 方签订密约——《雅尔塔协定》。6 月 15 日，美国驻华大使赫尔利奉命把《雅尔塔协定》的内容正式通知了蒋介石。蒋介石感到愤怒，却又无可奈何，只得同意派行政院院长宋子文、外交部部长王世杰和蒋经国赴莫斯科谈判。6 月底至 8 月中旬，中苏双方在莫斯科举行多次会议，争论激烈。斯大林几乎是以威胁的口吻对宋子文说：外蒙古人民"既不愿加入中国，也不愿加入苏联，只好让它独立"；如果中国不同意，苏联就不会出兵中国东北。宋子文据理力争，毫无结果。在严酷的既成事实面前和强大的国际压力下，蒋介石只得指令宋子文接受苏方条件，允许外蒙古"独立"。8 月 14 日，宋子文拒绝在《中苏友好同盟条约》及其附件上签字，并辞掉外交部长一职，最后该条约由王世杰签署。双方关于外蒙古问题的换文说："鉴于外蒙古人民一再表示其独立愿望，中国政府同意，将在日本战败后举行公民投票以确定外蒙古的独立。"

曾任中华民国驻联合国代表的蒋廷黻认为：中苏条约"与五十年前大清帝俄同盟条约太相同了。条约及换文，就全体看起来，是极有利于苏俄的，简直可说是片面的、不平等的。苏俄如严格遵守这条约及换文，于苏俄只有利而无害。任何公平的研究员，不能避免这个结论。"

著名外交家顾维钧后来也写道："我仍然无法理解为什么我们在莫斯科的代表团认为非得向苏联做出超过需要之外的让步不可。即使从英国的观点来看，中国在外蒙问题上是能够不让步的，美国的国务卿贝尔纳斯持有同样的看法。这是贝尔纳斯在 1945 年 9 月从莫斯科来参加五国外长会议时在伦敦对我说的。然后他问我为什么我们做出了不必要的让步，他指的是蒙古。我虽不理解为什么这样做，但觉得这个评论进一步证实了艾登对我说的话是有理由的。我对中国在莫斯科所采取的立场自然是极感失望的，我设想一定有不得不这样做的理由。我希望有朝一日能够公开当年我们的重庆政府为什么决定不惜任何代价与苏联缔结这个条约的全部理由。"

1946 年 1 月 5 日，中华民国承认蒙古人民共和国独立。2 月 13 日，国民政府与蒙古建立外交关系。8 月 6 日，中华民国驻联合国大使徐淑希发表了支持外蒙古加入联合国的声明："蒙古人民共和国在数月之前，尚为中国之一部分，称为外蒙古。

其独立乃由选举之故，国民政府将为欢迎其加入联合国之一国家，吾人固竭诚期望其加入此国际机构。……"

1952年，中华民国向联合国控告苏联。联合国大会以25票赞成，9票反对，24票弃权通过联合国大会谴责苏联的505号决议。是为"控苏案"。

1953年，蒋介石宣布废除1945年中苏条约中关于外蒙古的换文，不承认外蒙古的独立，并下令把外蒙古重新纳入"中华民国"的版图之内。他还在国民党的中央会议上"检讨"说："承认外蒙古独立的决策，虽然是中央正式通过一致赞成的，但我本人仍愿负其全责。这是我个人的决策，是我的责任，亦是我的罪愆。"蒋介石还称，放弃外蒙古"实在是一个幼稚的幻想，绝非谋国之道"，并表示自己"对总理、对革命、对国家和人民应该引咎自责"。

2004年，台湾当局"行政院"通过了废除《蒙古盟部旗组织法》和《管理喇嘛寺庙条例》决议。行政院表示，"蒙古各盟部旗已非我国统治权所及地区，因此该法已无继续施行的必要。"

5. 中华人民共和国的态度

1931年11月7日，《中华苏维埃共和国宪法大纲》主张："中华苏维埃政权承认中国境内少数民族的民族自决权，一直承认到各弱小民族有同中国脱离，自己成立独立的国家的权利。蒙古、回、藏、苗、黎、高丽人等，凡是居住在中国的地域，他们有完全自决权：加入或脱离中国苏维埃联邦，或建立自己的自治区域。"

1939年12月，毛泽东在《中国革命与中国共产党》一文中提出，"现在中国的国境：……正北面，和蒙古人民共和国接壤。"

1949年1月，毛泽东试探性地向来访的苏联部长会议副主席米高扬谈起内外蒙统一然后加入中国的问题，对方答道：我们不主张这样的统一，因为这可能导致中国失去一大块领土，如果真这样的话，那将是内外蒙统一起来建立一个独立国家。3月5日，毛泽东在七届二中全会上做报告表示：不承认国民党时代的任何外国外交机关和外交人员的合法地位，不承认国民党时代的一切条约。但中苏后来发表公告称："1945年8月14日中苏签订的条约约定均已失去效力，但双方政府确认，蒙古人民共和国的独立地位已因1945年的公民投票及中华人民共和国业已与其建立外交关系而获得了充分保证。"8月14日，《人民日报》发表郭沫若题为《我们应该怎样认识外蒙古独立》的文章，表示赞同外蒙古独立，并谴责"中国侵略者"压迫和欺负蒙古人民。文章说："有什么理由跟在美帝国主义和蒋介石反动派后面，来对苏联'愤慨'呢？"10月16日，中华人民共和国同蒙古人民共和国建交。

1950年2月，中共党史学者胡华在《人民日报》发表题为《承认和保证蒙古人民共和国的独立地位》的文章，说是"只有国民党反动派才痛恨蒙古人民共和国有独立地位"，并批评这种"大汉族主义情绪"蛊惑了不少国人。

1953年，赫鲁晓夫上台后，毛泽东趁机再次提出外蒙古回归中国问题，但赫鲁晓夫拒绝讨论这一问题。此后，蒙古人民共和国与中华人民共和国交换地图，正式划定边界。

1989 年 5 月 16 日，邓小平对戈尔巴乔夫说："六十年代，在整个中苏、中蒙边界上苏联加强军事设施，导弹不断增加……真正的实质问题是不平等，中国人感到受屈辱。"

1994 年，《中蒙友好互助条约》签订，双方表示互相尊重国家主权和领土完整。

（十九）中国审判日本战犯

第二次世界大战胜利后，国民政府审判日本战犯的工作由于一些特殊原因，未能如期有效地完成，于是就有了中华人民共和国对日本战犯的审判。

1956 年 4 月 25 日，中华人民共和国第一届全国人民代表大会常务委员会第 34 次会议，根据中共中央提出的建议，通过了《关于处理在押日本侵略中国战争中战争犯罪分子的决定》（以下简称《决定》），最高人民检察院于同年 6～8 月，先后分 3 批对在押的 1017 名职务较低、罪行较轻、悔罪表现较好的日本战犯宣布免于起诉，立即释放，由中国红十字会移交日本红十字会乘船回国。同时，最高人民法院特别军事法庭也对罪行较重的前日军将领铃木启久、藤田茂、佐佐真之助、伪满洲国国务院总务厅长官武部六藏等 45 名日本战犯，分别在沈阳、太原两地进行了公开审判，分别判处 8～20 年有期徒刑。这些战犯除佐佐真之助在服刑期间病亡之外，其余 44 人在 1964 年 3 月 6 日全都刑满释放或提前释放，回到日本。

1. 战犯来源

1945 年 8 月日本战败后，苏联红军在中国东北境内俘虏和捕获了一批日本侵华战犯和伪满洲国官员，其中 2000 余名战犯已被苏联军事法庭判刑，尚余近千名战犯被羁押在苏联海参崴的战犯收容所。

1950 年，毛泽东出访苏联，提出将苏联红军在东北战场俘获而尚未判刑的日本战犯引渡到中国，由中国政府对他们进行审判和改造。这年 7 月 18 日，在位于中苏边境的黑龙江省绥芬河市，苏方将 969 名日本战犯和 60 多名伪满战犯移交给中国政府，由全副武装的军警押解，乘专列抵达辽宁省抚顺，被关押在抚顺战犯管理所。另外，在解放战争中，被中国人民解放军俘获的 100 多名参加蒋介石、阎锡山部队的日本战犯，则收押在太原战犯管理所。

1954 年 1 月，周恩来总理向最高人民检察院提出，要对日本战犯进行侦讯工作，调查清楚他们在中国所犯的主要罪行。2 月，最高人民检察院从全国抽调了近千名司法干部和日语翻译，集中在北京学习、集训两个月，然后组成侦讯工作团，奔赴抚顺、太原战犯管理所开展工作，并从近千名战犯中筛选出 120 名作为重点侦

讯对象。

工作人员不畏艰苦，足迹遍及东三省乃至全国各地，对数万名幸存者和知情人进行了调查取证，同时查阅了封存多年的日伪档案和当时发行的报刊杂志。全部侦讯、调查工作从 1954 年 4 月至 1955 年 10 月，历时一年半，从而掌握了大量第一手材料和有力证据。事实表明，这批战犯自 1931 年"九一八"事变，至 1945 年 8 月 15 日日本投降这 14 年，罪行昭彰。关押在太原的日本战犯，既在日本侵华战争中犯罪，投降后又与阎锡山的军队勾结，继续进行侵略犯罪。大规模侦讯工作，为其后最高人民法院免予起诉所释放的 1017 名战犯奠定了基础。据此，侦讯工作团人员向最高人民检察院和最高人民法院提交了审判武部六藏、藤田茂等 36 名战犯名单，并提出对其中罪行特别严重的战犯从重处理的建议。

2. 沈阳审判

全国人大常委会的《决定》对处理日本战犯的原则和有关事项做了具体规定，《决定》授权最高人民法院组织特别军事法庭对日本侵华战争罪犯进行审判，并任命了特别军事法庭的组成人员。

特别军事法庭设在辽宁省沈阳市皇姑区黑龙江街的一座具有中国古典风格的建筑中，"中华人民共和国最高人民法院特别军事审判庭"的牌匾显得特别醒目。沈阳是"九·一八"事变的发生地，日本侵华的罪恶就从这里开始。将审判战犯特别军事法庭设在这座充满历史沧桑、饱经战火袭扰的城市，具有特别的意义。

特别军事法庭共掌握 28000 余件控诉书、鉴定书和与本案有关的日伪档案 8000 余份。法庭坚持做到每一件起诉的罪行，都有大量可靠无误的证据、材料。前伪满洲国国务院总务厅长武部六藏和总务次长古海忠之，曾积极推行日本军国主义的侵华政策，使中国人民遭受了深重灾难。前日军第 117 师团长铃木启久中将，指挥所属部队大肆血腥屠杀，制造了骇人听闻的"鲁

沈阳特别军事法庭审判

家峪惨案"，还在长城两侧建立广达 640 平方公里的"无人区"，使田野、山岭瞬间变成一片焦土，整片土地变成人间地狱。前日军第 59 师团中将师团长藤田茂，在"秀岭一号"作战中，下令枪杀 86 名战俘，而在山东省安邑县上段村指挥大"扫荡"时，命令士兵将全村男女老少 140 余人全部杀害，同时残杀 12 名俘虏，将全村都烧掉。前伪满洲国宪兵训练处少将处长斋藤美夫，亲手制定奴役中国人民的政策和法令，推行"治安肃正""思想对策"等政策，在中国东北各地和广东等地抓

捕抗日志士和居民达 48172 人，其中被杀的有 5017 人。前伪满洲国北安省、奉天省警务厅厅长兼地方保安局局长三宅秀也是日本职业警察，为人凶残，他在抓捕中国爱国人士和刑讯逼供、残杀百姓等方面犯下了累累罪行，仅有案可稽的就有 3900 多人被他杀害致死，抗联英雄杨靖宇将军就是在他的指挥下被杀害的。

经过特别军事法庭调查、审理并确认，武部六藏、铃木启久等 36 名被告在侵华战争中分别犯有毁灭城镇乡村罪，进行间谍、特务活动罪，制造细菌武器罪，施放毒气罪，强奸妇女罪，侵略中国战争罪，虐待、屠杀战俘罪，违反人道罪等多种罪行。

1956 年 6 月 3 日，最高人民检察院对武部六藏、铃木启久等 45 名日本战犯提起公诉，最高人民法院特别军事法庭于 9 日上午 8 点 30 分在沈阳开庭，公开审判铃木启久等 8 名日本战犯。在大量确凿的证据面前，被告纷纷低头认罪。在特别军事法庭庭审会场上，可以看到这样一幅画面：几乎所有被告都对自己的罪行供认不讳，深有认识，向原告表示真诚悔罪。

经过 10 天的公开审理，6 月 19 日，特别军事法庭庭长袁光少将宣读审判书：判处铃木启久有期徒刑 20 年，判处藤田茂、上坂胜有期徒刑 18 年。

7 月 1 日至 20 日，沈阳特别军事法庭公开审理了武部六藏等 28 名日本战犯。判处前日本伪满洲国国务院总务厅长官武部六藏、前日本伪满洲国宪兵训练处处长斋藤美夫少将有期徒刑 20 年；判处前日本伪满洲国国务院总务厅次长古海忠之有期徒刑 18 年。其余战犯也一一受到惩处。

对另外 933 名日本战犯，经最高人民检察院核准免予起诉，从宽处理。同年 6 月 16 日、7 月 18 日和 8 月 21 日，这些战犯分 3 批由中国红十字会送交日本红十字会，乘日本"兴安丸"号客轮回国。而在中国服刑的日本战犯由于改造较好，1964 年 3 月，中国政府决定将全部在押服刑的日本战犯予以特赦。至此，改造日本战犯的工作画上了一个句号。

3. 太原审判

1952 年 6 月，山西省人民检察署成立了"山西省日籍战犯罪行调查联合办公室"。7 月，先后从各单位接收日本战争罪犯 136 名，属于军事系统 65 人，行政官吏 27 人，警宪特 30 人，其他 14 人。其中，有原日本关东军高级参谋、阎锡山西北实业公司顾问，曾阴谋策划"皇姑屯事件"，炸死张作霖和操纵控制山西经济命脉的河本大作；有杀害抗日英雄赵一曼的大野泰治；有原日伪山西省政府顾问辅佐官城野宏等。从 1954 年 2 月到 1956 年 6 月，经过两年多侦讯调查，为司法部门提起公诉、交付审判提供了大量人证物证。

日本投降后，第 2 战区司令长官阎锡山利令智昏，竟与曾经的敌人同流合污，私下收编驻山西日军残留官兵为其卖命。

1945 年 8 月底，阎锡山在太原绥靖公署会见驻防山西的原日军第 1 军司令官澄田时，提出将"日本寄存武力于中国"，明确表示把山西境内的日军统一收编，照常驻扎原防地，协助第2战区共同"剿共"。澄田当然不敢如此胆大妄为，他表示如果只留部分可以考虑，但最好采取"个别发动"的办法，即私下与日军官兵达成交易。

作为山西受降主官，阎锡山有权处理辖区内的日军。他一意孤行，聘请澄田等日本将官作为第2战区"总顾问"或"副总顾问"，任命日军旅团长坂井少将为"太原市警备司令"。这样，对中国人民犯下滔天罪行的日军在投降后继续为非作歹。

阎锡山为了掩人耳目，将日军武器上的特别标志"菊花"去掉，打上"晋"字钢印，又将日军出操时将枪架起的情形，拍成照片后送报国民政府，瞒天过海，表示山西日军受降完毕。

由于阎锡山的"个别发动"和"残留运动"，至12月底，约有8000余名日军被留用。内战开始后，曾经在侵华战争中屠杀中国人民的日本官兵，又不同程度地卷入反共的内战中，继续屠杀中国人民。1949年太原解放后，残留的日军官兵被解放军俘获，移交公安机关关押。

1956年夏，在侦讯工作终结时，首先由最高人民检察院对山西在押的次要和悔罪表现较好的120名日本战犯宣布免于起诉。嗣后，交由中国红十字会遣送他们从天津分批乘"兴安丸"轮船归国。在这期间，经最高人民检察院审查确定，关押在山西的日本战犯中，有9名将被起诉。

6月10日至11日，最高人民检察院对富永顺太郎提起公诉，公开审理。特别军事法庭设在山西太原市海子边大礼堂，旁听代表有4000余人。

审判长朱耀堂宣布开庭，首先审判犯有侵略战争罪和特务间谍罪的富永顺太郎，由公诉人控诉了他所犯的罪行。最后，法庭判处富永顺太郎有期徒刑20年。

6月12日至20日，特别军事法庭依照审讯程序，对犯有侵华战争罪的前日本军政人员城野宏等8名战犯，逐个进行了审判。

审理后法庭认定：这些被告分别以日本军政官员等各种身份，参加了侵略中国的战争，违背了国际法准则和人道原则，是犯有严重罪行的战犯。日本投降后，他们又犯有"残留"山西，参加阎锡山部队，反对中国人民解放战争，并妄图寻机复活日本军国主义的罪行。这些战犯多数是曾驻扎在山西各地的前日军指挥官，有的是命令或指挥所属部队残杀平民，制造了骇人听闻的惨案；有的是命令所属部队或亲自俘虏、杀害中国抗日军民；有的命令部队烧毁平民房屋，大肆抢劫、掠夺财物。

特别军事法庭经过9天的庭审，对8名日本战犯做出了最后判决。判决城野宏有期徒刑18年；相桌圭15年；菊地修一、永富博之、大业泰治13年；住冈义一、笠实11年；神野文吉8年。

新中国成立后对日本战犯的宣判及改造，起到了很好的效用。这些战犯后来被释放回到日本，他们中相当一部分人以亲身的经历告诫国人，力主日中修好，同时，与日本右翼展开坚决的斗争，为增进日中友好往来，做出了大量有益的工作。

二、决策内幕

（一）"九·一八事变"——日本关东军为何选择"九·一八"

"九·一八"事变的发生，是日本帝国主义为了吞并中国、称霸亚洲及太平洋地区而采取的一个蓄谋已久的重要侵略步骤。早在 1927 年夏，日本内阁就在东京召开"东方会议"，制定了《对华政策纲领》，声称中国东北"在（日本）国防和国民的生存上有着重大的利害关系"。同年 7 月，日本内阁首相、陆军大将田中义一向天皇奏呈的"田中奏折"公然宣称："惟欲征服支那，必先征服满蒙，惟欲征服世界，必先征服支那。倘支那完全可被我国征服，其他如小中亚细亚及印度、南洋等异服之族，必畏我敬我而降于我。"

日本法西斯为发动侵略战争，不断制造事端，大肆渲染"满蒙危机"，为行使武力寻找借口。1931 年 5 月，日本军事间谍中村震太郎，非法侵入中国东北边境屯垦地区，进行军事侦察，收集情报，被中国东北军屯垦第三团关玉衡部捕获，并将其秘密处死，这件事被称为"中村事件"。当年 7 月，关东军侦知此事，便将这一事件视为"解决满蒙问题开端的绝好机会"。1931 年 7 月，陆军参谋本部把攻城重炮秘密调运至沈阳，对准东北军驻地北大营，8 月，日本陆军大臣南次郎在日本全国师团长会议上叫嚷满蒙问题只有用武力解决，随后进一步做了发动此次战争的各种准备。同月，本庄繁走马上任关东军司令官，立即听取了关于"满蒙"情况的汇报和作战计划报告，随即发出"训示"，表示"已下重大决心共图伸展国运之大业"，接着，本庄检阅了以攻击中国军队为目标的军事演习，直到 9 月 18 日事变当天，本庄才回到旅顺关东军司令部，至此，关东军已处于临战状态。经过长达数年之久的精心策划和充分准备，日本发动侵华战争的日期迫在眉睫。

9 月中旬，在奉天柳町一家带有艺妓的"菊文饭店"里，一场招待日军参谋本部建川美次少将的酒宴正在举行，建川此行是奉日军参谋总长金谷范之命压制关东军的策谋计划，而他本人对这个计划却持赞成态度。此时，策划事变阴谋的另一个主角坂垣征四郎大佐显得有些焦躁不安，这位日后在东京审判庭上被判绞刑的甲级战犯，此刻的心中也没什么太大的把握，正在作战室里来回踱步，嘴里不停地念叨着自己的座右铭："人生之途，当全力以赴。"

关东军原计划是于9月底发动事变，并按分工做好了准备，但建川在临行前授意桥本欣五郎给关东军发出了密码电报，告之："事已暴露，必须立即动手。"关东军接到桥本电报后，当即于15日午后召开了紧急会议，16日凌晨2时，坂垣和石原通知今田、三谷等人提前于9月18日发动事变。之所以要提前行动，并不完全是因为建川此行导致的，还有就是为防止泄密怕事情再出现意外变故。

1931年9月18日晚，盘踞在中国东北的日本关东军按照精心策划的阴谋，将沈阳附近柳条湖一带南满铁路路轨炸毁，并嫁祸于中国军队，诬称是中国军队所为，日军以此为借口，突然向驻守在沈阳北大营的中国军队发动进攻，这就是所谓的"柳条湖事件"。据这一事件的具体执行者、日本关东军参谋花谷正后来回忆道："9月18日夜，岛本大队川岛中队的河本末守中尉，以巡视铁路为名，率领部下数人，向柳条湖方向走去，一边从侧面观察北大营兵营，一边选了个距北大营约800米的地点，在那里，河本亲自把骑兵用的小型炸药装置放在铁轨旁，并亲自点火，时间是夜晚10点钟刚过，轰然一声爆炸，炸断的铁轨和枕木向四处飞散……"

9月18日23点46分，花谷正以土肥原的名义给旅顺关东军司令部发出第一份电报，谎称中国军队在沈阳北部北大营西侧破坏了铁路，袭击日本守备队，日中两军正在冲突中。19日0点40分左右，关东军司令官本庄繁向所属部队下令，向东北各地的中国军队实施进攻。同时，又令驻东北的关东军第二师主力迅速进攻沈阳城。

"九·一八"当晚，驻守在北大营的东北军独立7旅，约有7000人，该旅军官大部分来源于东北讲武堂，少数是保定陆军军官学校的毕业生，也有毕业于日本陆军士官学校的。士兵一般具有初小文化，也有中学毕业生，素质在当时的军队中算是拔尖的。在北大营的东北角还有一支拥有12辆轻型坦克的坦克队，当时驻守北大营的独立7旅可以算得上是全东北武装最现代化的部队了，据"九·一八"历史博物馆史料记载，日军向北大营发动进攻时，第7旅参谋长赵镇藩一面命令部队进入预定阵地，一面用电话向东北边防军参谋长荣臻请示，所得到的命令却是"不准抵抗，不准动，把枪放到库房里，挺着死，大家成仁，为国牺牲"。于是在"不抵抗"的政策下，独立7旅被迫带着伤痛向东撤退，日军很快攻入北大营。

一位北大营士兵生前接受采访时说："日本人见人就杀，有的人躺在床上没动竟被活活刺死，最后一清点，光我们班就死了6个，说来丢人，我们北大营一个旅，有步枪有机枪有大炮，愣被五六百名小鬼子打得弃营逃跑。"由于东北军执行了上边的"不抵抗政策"，致使日军当晚便攻占北大营，次日占领整个沈阳城。日军继续向辽宁、吉林和黑龙江的广大地区进攻，由于东北军放弃了有组织的抵抗，在短短4个多月内，日军就占领了东北全境128万平方千米，相当于日本国土3.5倍的中国东北全部沦陷，3000多万父老成了亡国奴，这就是震惊中外的"九·一

1931 年 11 月 4 日，日军向当时的黑龙江省府齐齐哈尔发动进攻时，东北军爱国将领马占山毅然下令坚决还击，在江桥打响了东北军有组织抵抗日本侵略的第一枪，马占山所部与日军血战江桥，鏖战了半个月，由于敌众我寡，没有后援，最后不得不撤离江桥。这是中国军队对日本侵略军第一次正式抗击，马占山的名字，迅速传遍全国，成了当代的"爱国军人"和"民族英雄"，从此名垂史册。

"九·一八"事变（日本称满洲事变）爆发后，日本与中国之间的矛盾进一步激化，在日本国内，主战的日本军部地位上升，导致日本走上全面侵华的道路，"九·一八"事变爆发后短短几个月时间内，东北三省全部被日本关东军占领，因此被中国民众视为国耻，直至今日，9 月 18 日在中国许多非正式场合都被称为"国耻日"。

"九·一八"事变拉开了日本武力侵华的序幕，也使日本成为亚洲第二次世界大战的策源地，1937 年 7 月 7 日，得寸进尺的日军又在中国的北平挑起了"卢沟桥事变"，中国军民被迫奋起反抗，中国的全面抗战终于爆发了。

（二）日本因何选择了"南进"——"诺门坎事件"

第二次世界大战前夕，在日本军方上层，存在两种主张，以陆军为首的主张向北扩张，与苏联开战，被称为"北进"派；以海军为首的主张向南扩张，与英美开战，被称为"南进"派。

两派相持不下，日本最高决策层只好决定采取"南北并进"战略，但这只是个暂时的折中方案，主张"北进"的陆军军官，仍然有着很强的势力。

1939 年，中日战争已进入了相持阶段，由于日本陆军在华战场的屡屡得手，使得狂妄的日军更加目空一切，驻扎在中国东北的日本关东军急不可耐的也想建功立业，日本陆军原本就看不起苏军，他们认为才经过"大清洗运动"后的苏军更是不足为虑，日军中的"北进"派想通过一次作战来试探一下苏军的实力，于是在当时满蒙交界处的诺门坎挑起了一次日苏大战，史称"诺门坎事件"。

1939 年 5 月 15 日，日本关东军第 23 师团骑兵连队长东八百藏中佐奉命率 600 多名骑兵，在 5 架日机的配合下向哈拉哈河以东的蒙军七二四高地发起攻击，蒙军抵挡不住，撤到了河西岸。

5 月 17 日，东八百藏率部队返回海拉尔，苏军随即介入，将第 11 坦克旅开往哈拉哈河地区，同时命令驻在乌兰乌德的摩托化步兵第 36 师一部向哈拉哈河集合，苏联的飞机也开始在诺门坎地区侦察飞行。

5 月 27 日，日军再次向苏蒙军发起攻击，第 23 师团骑兵连队和重装甲车部队虽包抄奇袭蒙军指挥部得手，但很快被苏军坦克包围，日军的坦克装甲部，根本不

是苏军重型坦克的对手，日军的骑兵面对苏军这些横冲直撞的"钢铁怪兽"更是束手无策，苏军轻而易举地全歼了这股日军的快速部队。斯大林敏锐地觉察到日军的意图是在试探苏军的实力，为其日后进攻苏联做准备，故此认为，必须坚决粉碎日军的进攻，否则后患无穷。他决定派得力战将朱可夫负责指挥苏军与日军作战，斯大林给朱可夫只有一句话："在尽可能短的时间内击败入侵的日军，但行动不超过蒙古人民共和国边界！"

6月20日，日军第23师团主力全体出动，小松原带着两万多人浩浩荡荡地向诺门坎进发了，同时出动的还有作为战略预备队的第7师团主力，这是日军两支最精锐的部队，日军吸取了以前装甲兵力不足的教训，关东军司令部特调日本当时仅有的一个坦克师——第一坦克师以及关东军航空兵主力180架飞机前来参战，6月22日到26日，日苏飞机在蒙古上空进行了数场激战，日军4天之内损失了84架飞机。

地面，在7平方公里的战场上，近千辆战车相互厮杀，这是亚洲史上第一次大规模坦克战，日军89型坦克抵挡不住苏军重型坦克的攻击，经此一战，日军坦克部队基本瘫痪了，安冈坦克师团的溃败极大震动了东京，认为造价昂贵的坦克此后不宜再用。

6月27日上午，在海拉尔机场起飞的137架日机，奔袭了苏联的塔木斯克机场，给苏军造成惨重损失，据日军作战部队向关东军司令部的报告，此役共击落苏机99架，击毁地面飞机25架，苏军前线飞机损失过半，一时丧失了制空权，但苏军调来的新型的伊-16战斗机投入战斗后，很快又夺回了制空权。

7月2日夜间，日军第23师团主力偷渡哈拉哈河，并攻占巴音查干山，对苏军形成了合围的态势，但在装甲力量上占有绝对优势的苏军向日军发动了猛烈的反冲，日军本以为苏军在侧翼遭到威胁后，会主动后退，不料却遭到如此众多的装甲车的打击。苏军两个重坦克旅在日军战车群中横冲直撞，如入无人之境。走投无路的日军只得组织敢死队抱着反坦克地雷和燃烧瓶扑向苏军坦克，进行自杀性攻击。在苏军坦克的打击和碾压下，日军开始溃散。

经过3天激战，日军师团主力被击溃，其残部被击退至哈拉哈河东岸。朱可夫将军在战后这样评价日军坦克部队："坦克非常落后，基本战术动作也很呆板，死盯着迂回和侧击这一种办法，很容易被消灭。"

到了8月19日，日军在诺门坎前线各部队经过半个月的补充和休整后，兵员达到5万余人，坦克182辆，飞机310架，苏军也加强到5.7万人，498辆坦克，385辆装甲车，515架飞机。

8月20日凌晨，苏军发起全线总攻，猛烈的炮火加上150架轰炸机和100架战斗机向日军轰炸扫射，把日军绵延40公里的前沿阵地打成一片火海。苏军从南北两翼向诺门坎合围，日军第23师团陷入苏军合围中，只能利用数不清的沙坑作拼死抵抗，而苏军则在朱可夫的严令下不计一切代价的硬啃猛打，在苏军的巨大压力下，日军官兵陷入绝望之中。

29 日，身受重伤的日军第 23 师团第 64 联队联队长山县武光大佐自杀毙命，同日，日本陆军航空兵头号王牌篠原弘道少尉也在空战中丢了性命，日军第 23 师团仅存的 2000 余官兵在 31 日侥幸逃出合围圈，苏军一直追击到将军庙一线方才停了下来。

此役歼灭关东军主力目的已基本达到，斯大林也不想在远东引发苏日大战，9 月 15 日，日本驻苏大使东乡与苏联外交部长莫洛托夫签订了停战协定，双方于 9 月 16 日凌晨 2 点停止一切实际军事行动，到此"诺门坎事件"宣告结束。在 4 个月的战斗中，日军伤亡 6 万余人，损失飞机 660 架。

诺门坎战役使东北关东军向西侵略的企图彻底落空，进而促使日军不得不放弃"北进政策"而选择"南进方针"，进攻太平洋诸岛，偷袭珍珠港，最终导致日本法西斯完全覆灭。

（三）日本人自己把自己给骗了——搏杀荒岛

瓜岛，是瓜达尔卡纳尔岛的简称，位于太平洋上所罗门群岛的东南端，长 145 公里，宽 40 公里，陆地面积约 6500 平方公里，是长链状的所罗门群岛中一个较大的岛屿。岛上地势崎岖，森林密布，罕有人迹。第一次世界大战以来，其为美国属地，太平洋战争爆发后被日军占领。由于它位居澳大利亚门户，并且临近日本，地理位置极为重要。

日军在中途岛惨败后，将进攻目标转向南太平洋，计划夺取新几内亚的莫尔兹比和所罗门群岛，并要把瓜岛建成南太平洋上不沉的航空母舰，以扩大日本海军在南太平洋的作战区域。同时，美国人也看中了瓜岛，打算派一支部队在岛上登陆，使之成为既是遏制日军南侵的战场，也是美军进行两栖作战，发起最终以日本本土为目标的反攻起点。

1942 年 5 月，日军占领该岛后就开始修建机场，至 8 月初，瓜岛机场已基本建成，辅助设施也大体完工。此时，瓜岛有日军工兵 2700 人，警备部队 240 人，共约 2940 人。

美军在无意中发现了瓜岛上的日军，并发现了正在修建中的机场，便决计攻占瓜岛。1942 年 8 月 7 日上午，美军 3 艘巡洋舰和 4 艘驱逐舰开始炮击瓜岛，美海军陆战第一师师长范德格里夫特少将指挥部队开始登陆，几乎未遇抵抗，美军就登上了瓜岛，并不停地向岛内纵深进攻。8 日下午，当美军占领高地时，在机场的日本工兵仓促地向西退去，逃入丛林中，美军未经战斗就夺占了机场，为纪念在中途岛作战中战死的特级飞行英雄亨德森中校，将瓜岛机场命名为"亨德森"机场，接下

来的日子，日美双方在这个荒芜的小岛上展开了人类战争史上最为惨烈的争夺战。

起初日军对占领瓜岛的美军并没介意，认为不过是小股的美军所为，但经过两次支队级的进攻失败后，日军开始意识到事态的严重性了，派出了精锐的仙台师团，在瓜岛北岸登陆，趁着夜色穿过岛上的丛林逼近美军，美军控制了整个瓜岛白天的制空权和制海权，日军则利用夜晚不断地发起夜袭，试图攻击和夺占亨德森机场。8 月 26 日，日军为夺回机场发动了自杀性的进攻，日军的攻势收获的只是尸体。日军伤亡不断增加，物资开始匮乏，绝望的日本陆军开始向山本五十六求援。日本海军计划用登陆艇、驱逐舰和潜艇趁着夜色为瓜岛上的日军输送人员和物资，日军把这一计划称为"东京快车"，日军希望能用新增的日军在人数和意志上压倒美军。

从 1942 年 8 月到 1943 年 2 月，日美双方在 6 个月的时间里进行过大小海战 30 余次，其中较大规模的海战就有 6 次，双方损失的驱逐舰以上的舰只各 24 艘，美国海军沉没航空母舰 2 艘、巡洋舰 8 艘、驱逐舰 14 艘，阵亡约 3300 人，伤约 2500 人；日本海军沉没航空母舰 1 艘、战列舰 2 艘、巡洋舰 5 艘、驱逐舰 11 艘和潜艇 6 艘。伤亡 2.5 万人。瓜岛争夺战起初从一个不起眼的小机场的争夺开始，直到双方不断地往里面投入，最后发展成为双方的海、陆、空大战，实在是双方始料不及的，日本在一个本来计划中没有的地方耗尽了自己的能力，更是它万万没想到的。

瓜岛惨败使山本大将决定不再冒险将主力舰投入瓜岛战役，停止了增援瓜岛，岛上日军的生存变得越来越困难，1943 年 1 月 4 日，日军大本营不得不下达了从瓜岛撤退的"K 号作战"命令，为此日军花了数周时间计划，准备以联合舰队的运动转移美军的注意力，掩护岛上的日军撤出。直到 2 月 1 日，20 艘驱逐舰经过 3 个夜晚的快速撤运才将日军 1.2 万名饿得半死的幸存者撤出了瓜岛。等到瓜岛上的美军增加到 4 万人，并于 2 月初完成对日军阵地的钳形攻势时，美国人才发现他们的猎物已从手缝中溜掉了，历时半年的瓜岛争夺战就此结束。

这次瓜岛大战，是日本陆海军协同作战的第一次大败北，也是盟军在南太平洋诸岛登陆作战的首次告捷。日军不仅海军、航空兵损失惨重，甚至开战以来从未失利的陆军最精锐的第二师团等部也蒙受了巨大损失，特别是日军的大型军舰、飞机和技术熟练、训练有素的飞行员的损失，更是日军所难以弥补的，战役结束时日军兵力上的优势已荡然无存，从此盟军在南太平洋上也掌握了战略主动权，而美国海军陆战队第一师与日军的几个精锐师团顽强对峙 5 个月，一战成名，"海上魔鬼"的称号沿用至今。

瓜岛距离日本本土 3000 海里，无论是从舰艇部队和航空部队的作战能力，还是从后勤运输所需的船舶，都是日本力不从心的，自中途岛战役失利后，日军未及时收缩战线，转入战略防御，仍然继续向所罗门群岛发动进攻，显然是不自量力的蛮干。所以说，日军战略企图与军事实力之间的不可解决的矛盾，是导致日军瓜岛战役失败的最根本原因。这场战役发展成为对日军极为不利的消耗战，双方飞机对飞机，军舰对军舰拼消耗，日军这是以自己的短处与美军的长处相比拼，美军的损失凭借其巨大的工业能力能够迅速弥补，而日军几乎没有能力来补充损失，不仅失去了瓜岛，还对以后的作战产生了深远影响。

（四）第二次世界大战日军第一次"玉碎"——血战阿图岛

阿图岛是美国阿拉斯加半岛以西上千千米外阿留申群岛中的一个小岛，阿留申群岛在当时的战略位置相当重要，它是白令海与太平洋的天然分界，同时又是美苏之间领土距离最近的地方，对日本来说是通往北美、北欧的捷径，可以成为日本海军骚扰美国在北太平洋海上作业的一个据点，并能对美国西海岸形成威胁。

中途岛海战之后，美军在太平洋上转入反攻，日军占领的阿图岛和吉斯卡岛就像扎在美国喉咙里的一根小刺，必欲拔之而后快。美军计划"奇袭"阿图岛，但是却行动迟缓，等到1943年6月，美军集结力量进攻阿图岛时，日军已经在阿图岛上苦心经营了一年多，在弹丸之地集结了多达2600多人的兵力，修筑了众多的永备工事。

中途岛海战

1943年3月26日，美军海军少将查尔斯·麦克摩里斯率领的分舰队，偶然之间遭遇了细萱戊子郎中将率领的增兵阿图岛的日本舰队，日军有4艘巡洋舰和4艘驱逐舰，稍弱于美军。麦克摩里斯意识到，如果让这批日军进入阿图岛，将大大增加美军收复阿图岛的难度，于是立即下令开炮，两支舰队你来我往，相互炮击了3个小时。

这次海战双方都没有投入空军力量，这使它成了太平洋战争中屈指可数的仅以海上舰炮交战的传统海战之一，美舰在这次战役中表现糟糕，美重型巡洋舰"盐湖城"号中弹数发，失去了反击能力，进退两难，细萱戊子郎本可以下令围攻，给它致命一击，但他认为己方舰队遭受了比美军更惨重的损失，就命令舰队迅速脱离战区，逃之夭夭。就这样，麦克摩里斯侥幸地赢得了科曼多尔群岛海战的胜利，而细萱戊子郎却因为判断失误和胆小懦弱，被解除了职务。

增援计划的失败使得山崎保代大佐率领的2600多人的阿图岛守军必须独自面对1.1万人的美国第7步兵师。1943年5月11日，美军分成三路在阿图岛登陆，一支在东北部，另两支在东南部。作战计划是登陆之后，两个方向的部队对进，占领阻隔两个登陆场那座高山间的隘口，会合之后再由东向西推进，将日本人赶下海。

美国人走了运，原计划登陆时间定在 5 月 7 日，可是阿留申恶劣的天气推迟了美军的进攻时间，日本守军原本做好了全面迎战的准备，但几天后仍不见动静，以为是虚惊一场，于是放松了警惕，因此，当美第 7 师于 5 月 11 日登上滩头时，他们竟没有遭遇任何抵抗。当时的大雾天气有如天助，使美军避免了伤亡，几乎没有遭遇日军的有效抵抗。接下来的是一场苦战，给美军造成巨大麻烦的是地形和天气，在光秃秃的荒原上向 40 度以上的斜面发起冲锋，难度可想而知。找不到隐蔽物遮拦的美军为了减少损失，只能步步为营。而当时岛上气温接近冰点，彻骨寒冷，美军很多人没有御寒物品，只穿着夹军服和半高帮的皮鞋。他们的耳鼻面孔被冻伤，手指脚趾冻得发紫变黑，很多人因此不得不因冻伤而截肢。更糟的是，由于冻土地带处于解冻时期，美军的登陆车和昵称为"猫"的拖拉机经常陷在泥里寸步难行，美军士兵只能靠人力拉着火炮前进，甚至排成人龙，手递手地向前线传送弹药和给养，而日本人的状况也已濒临绝境，他们被困在东部的冻土高山上，伤亡惨重。

5 月 29 日夜，守岛日军在指挥官山岐保代的率领下，突然冲下山对美军位于谷地的中心营地发动赌博式攻击，试图夺取美军军火，由于黑暗和大雾，美军被打了个措手不及，中心营地伤员和后勤人员惨遭屠戮，日军再冲上一个高地就将夺取到美军辎重，此时，500 名维护车辆装备的美国工程兵挽救了危局，这些没有受过多少正规军事训练的工程兵，居然打退了日本人的多次冲锋，守住了那个至为关键的山头，并把日本人逼下了山谷，后来，那座山就被命名为"工程师岭"。

弹尽粮绝的日军 5 月 30 日在谷地内集体自杀。日军士兵临死前密密麻麻地聚在一起，把手榴弹绑在胸口拉动引信。

巨大爆炸过后，死尸残缺不全地叠在一起，惨不忍睹。次日早上，美军士兵目睹了山谷的惨象，"堆满了缺胳膊少腿的尸体，无头的躯体散落一地"。美国士兵感到困惑，他们实在无法想通日本人为什么如此轻视自己的生命。阿图岛战役结束，日军只有 27 人幸存，大多是自杀未遂者。

这场战役对于整个太平洋战场来说并不具备决定性的意义，但几十年后，日本人还对此战记忆犹新，1943 年 5 月 31 日，日本电台报道了阿图岛守军"全员玉碎"的惊人消息，日本各大报纸也在这一天出现了黑字标题："阿图岛皇军全员玉碎"，这是日本在战争中第一次在战报上使用"玉碎"一词，也就从这时开始，"全员玉碎"一词开始频频出现在日本政府的公报上。

后来美军曾在一名战死的不知名日本军医身上缴获了一本日记，它记述了日军一步一步选择死亡方式："5 月 27 日，冻雨继续，疼痛刺骨。我们找一切东西让人们安息，吗啡、鸦片、安眠药。……2000 人的部队还剩下 1000 人，他们都是伤员、战地医院的和战地邮局的人。""5月28日，我们的弹药用光了，……自杀事件到处继续。"在5月29日最后一篇日记里，这名军医写道："今天晚上8点钟，我们全体在总部集合，战地医院也参加了，我们将发动最后一次攻击，医院所有的伤员都被命令自杀，剩下的33个活人和我也将去死，我毫无遗憾。为天皇尽忠，我感到骄傲，因为我此刻内心平静，下午6点，用手榴弹料理了一些伤员……再见，我亲爱的妻子，你爱我到最后一刻。我们的儿子，他只有4岁，他将无法阻挡地长大，可怜的小儿子多喜谷，今年2月才出生，再也不会见到你的父亲了。"

疯狂做最后一搏的日军让参战美军士兵至今记忆犹新，一位美军连长记述了最后发生的事情："我突然发现在浓雾之中，有一种异样的声音传来，终于看清了——在咫尺之外有一大群幽灵般的人踩着残雪，向我们步步逼近，这些日本人衣衫褴褛、脸色发青、神情呆滞，男人握着枪或赤手空拳，而女人们则举着一把刺刀或是一根木棒，整个队伍似乎都无声无息，我们的士兵突然看到这种景象，无不毛骨悚然，猛烈的扫射开始了，枪炮弹在人群中炸响，树上的积雪簌簌落下，日本人也纷纷倒下。"

阅读多名日本兵留下的日记，一个深刻的印象就是，从战役一开始，大部分日本兵就躲在自己的散兵坑或掩体内各自为战，并没有大规模、有组织的顽强抵抗，他们一开始幻想着增援部队和航母来救援，幻想破灭了就自杀攻击。

这是一场湮没于历史中的小战斗，小到在太平洋战争的恢宏画卷中被很多战争史研究者忽略不计，但是这场小小的战斗意义却非常重大，因为它证明了日军的的确确侵入了美国本土。

1942年日军对阿图岛的占领是自1812年美国独立战争以来，外国军队唯一一次侵占美国领土。在这次战役中，美军第一次见识了日军的大规模死亡冲锋和集体"玉碎"的疯狂，为美军赢得太平洋战争的胜利提供了宝贵的经验。

（五）斯大林巧破英法"祸水东引"——《苏德互不侵犯条约》

1938年，欧洲大陆风云变幻，战争危机日益临近，希特勒一面大肆叫嚣要消灭社会主义的苏联，一面又加紧准备，要向西方侵略扩张。面对纳粹德国咄咄逼人的扩张态势，英法等国采取了绥靖政策，姑息养奸，一味地妥协、退让，只企图把希特勒这股祸水引向苏联，指望德国和苏联在战争中两败俱伤，他们则可坐收渔人之利，这就是臭名昭著的"祸水东引"政策。为此，在德国吞并了奥地利后，英法又以出卖他国的利益来换取自己的平安，与德国签订了《慕尼黑协定》，肢解了捷克斯洛伐克。

《慕尼黑协定》的签订标志着英法绥靖政策的顶峰。协定使捷克斯洛伐克丧失了1.1万平方英里的领土、360万居民和1/2以上的经济资源，丧失了捷作为边境

地区安全屏障的防御要塞，破坏了英法在东欧的同盟体系，加强了纳粹德国的经济和军事实力，助长了德、日、意法西斯的侵略气焰。英国的战时首相温斯顿·丘吉尔曾说过："《慕尼黑协定》是西方民主国家向纳粹武力威胁的'彻底投降'、是英国未经战争而遭到的一次可耻的失败。"

在战争的阴云下，斯大林先是想谋求要与英、法联手结盟抵制纳粹德国的扩张，1939年4月至8月，英、法、苏三国在莫斯科举行军事、政治谈判，苏联提出建立一个针对法西斯德国的军事同盟，以共同抗击德国的计划。然而，由于英法心中仍怀有怂恿德国进攻苏联，使两个潜在敌人共同消亡的"祸水东引"鬼胎，使得谈判毫无结果，三国谈判很快陷入了僵局。这时，希特勒已经决定要实施侵略波兰的"白色方案"，当他得知莫斯科正在举行英、法、苏三国谈判后，深感忧虑，担心一旦英、法、苏三国结盟，他将在未来战争中陷于被两面夹击的境地。

1939年5月到8月间，希特勒多次通过外长里宾特洛甫向斯大林表示纳粹德国无意侵略苏联，并希望改善苏德两国的关系。8月2日，希特勒直接电告斯大林，要求苏德会谈签约，当时，正和日本在远东地区的诺门坎激战的苏联面临着腹背受敌的危险，斯大林决定和德国缔约。

8月22日，德国外长冯·里宾特洛甫带着希特勒亲笔签字的全权证书，去到莫斯科，8月23日正午，斯大林、莫洛托夫和里宾特洛甫通过两次会谈，当晚，双方正式签订了《苏德互不侵犯条约》。

《苏德互不侵犯条约》的签订，宣告了英法纵容德国祸水东引政策的彻底破产，使英法搬起的"祸水东引"这块石头砸了自己的脚，也激化了日本和德国之间的矛盾，即使苏联避免了两线作战的危险，同时也为苏联赢得了23个月的战备时间，利用这段时间，苏联加紧建立"东方战线"，趁德军横扫西欧无暇东顾之际，苏联在占领波兰东部领土后，1939年10月至1940年3月发动了苏芬战争，苏联取得芬兰部分领土，1940年7月，立陶宛、拉脱维亚和爱沙尼亚波罗的海三国被并入苏联，同年6月，苏联占领罗马尼亚的比萨拉比亚和北布科维纳。

东方战线的建立使苏联增加了46万多平方千米的领土，边界线向西推进了约300—400公里，在一定程度上增加了防御空间，极大地改善了苏联的战略地位。直到1941年6月22日清晨，希特勒沿苏德几百英里长的战线上发出的大炮轰隆声，才把苏德的这一"蜜月"轰得烟消云散，在西线腾出身的希特勒撕毁了《苏德互不侵犯条约》，开始了"巴巴罗萨计划"，苏德战争爆发了。

（六）"雄鹰"出逃——波罗的海三国并入苏联内幕

1939年8月23日，为了粉碎英法"祸水东引"阴谋，苏联与纳粹德国签订了《苏德互不侵犯条约》，在条约中，拉脱维亚和爱沙尼亚被纳入苏联的势力范围。9

月 28 日，苏德两国签订《苏德友好边界条约》，立陶宛也就此被划入了苏联的势力范围。斯大林在希特勒那里获得承诺后，立即开始着手兼并波罗的海三国，就在这个时候，在爱沙尼亚发生了一起波兰潜艇"雄鹰"号出逃事件，苏联抓住此事大做文章，向爱沙尼亚施加压力，逼迫爱沙尼亚与其签约。

1939 年 9 月 1 日，纳粹德国对波兰发动闪电进攻，第二次世界大战正式爆发，爱沙尼亚政府为防引火烧身，幻想以保持中立独善其身，然而到 9 月中旬，波兰潜艇"雄鹰"号意外造访，彻底打碎了他们的迷梦。

"雄鹰"号是 1939 年 2 月才列装波兰海军的一艘荷兰造最新型潜艇，至事发时才服役短短 7 个月。该艇潜水排水量为 1473 吨，水面航速为 20 节，装备有 12 根 550 毫米口径的鱼雷发射管，总共配有 20 枚鱼雷，另外，艇上还配备了一门 105 毫米口径的火炮、一台 40 毫米双联高射炮和一挺双管机关枪，艇上乘员达 60 人。

波兰潜艇"雄鹰"号原本是因故障前往瑞典进行维修的，因为潜艇指挥官科洛茨科夫斯基在中途生了重病，随艇医生怀疑他是患了伤寒，由于怕传染才决定改道去爱沙尼亚首都塔林为艇长治病。9 月 14 日晚，他们到了塔林，艇长被确诊只是疲劳过度，而不是伤寒，于是便把艇长留在塔林医院中治疗。当时波兰已经与德国开战，闻知此事德国驻爱沙尼亚的大使要求爱沙尼亚立即扣留"雄鹰"号，身为一个小国的爱沙尼亚只能照办，9 月 15 日，"雄鹰"号被爱沙尼亚政府扣留。9 月 17 日国际时局发生变化，苏联也对波兰出兵，得知这一消息后，"雄鹰"号潜艇副艇长格鲁钦斯基少校决定组织武力行动夺回潜艇，9 月 17 日晚，波兰水兵占领了潜艇，逃离了塔林。次日天亮后，尴尬的爱沙尼亚政府发布了一条惊人消息，各国驻塔林使馆及当地媒体都接到了通知："深夜 3 点钟左右，被扣的波兰水兵夺艇而逃，此前已从艇上卸下 14 枚鱼雷、运走炮弹并拆下火炮尾闩，但艇上仍余有 6 枚鱼雷，当班的爱沙尼亚哨兵奋力阻止，但也被波兰人随艇掳走。"

在这个事件中，应该说爱沙尼亚政府措施不当，看守不力，有失职之过，至于其中有没有其他原因就不得而知了，但原因不重要，苏联要的只是一个借口。9 月 19 日，苏联以波兰"雄鹰"号潜艇事件开始向爱沙尼亚政府施加压力，声称波兰"雄鹰"号潜艇就活动的波罗的海三国的水域内，对苏联的船只构成了威胁，苏联将不承认爱沙尼亚对它的沿海水域拥有主权，它的安全将由苏联来保卫。为迫使爱沙尼亚政府就范，苏联的飞机和军舰开始在爱沙尼亚的领空领海活动，并开始在爱沙尼亚边境集结兵力示威。

9 月 21 日，意大利驻塔林使节向国内发回过一封电报，描述了那里的情况："这里阴云密布，人心惶惶。以潜艇逃逸为借口，苏联军舰不肯离开爱沙尼亚水域，并严密封锁了海岸，可能是在为随后的占领做准备。苏联军舰的示威和部队在边境集结，旨在迫使爱沙尼亚放弃徒劳无用的抵抗，乖乖束手就擒。"

为了缓解危机，9 月 24 日，爱沙尼亚外交部长谢利捷尔亲率政府代表团到莫斯科谈判，请求和解。苏联政府趁机要求签订"互助条约"，莫洛托夫威胁说："如果你们不愿意和我们签订互助条约，那么我们将不得不通过其他的途径，也许是更严峻、更复杂的途径来保障苏联的安全，请你们不要迫使我们对爱沙尼亚使用武力。"在苏联强大的压力下，9月27日，爱沙尼亚政府决定接受苏联的缔约建议，在莫斯科与苏联签订了《苏爱互助条约》，爱沙尼亚就此允许苏联红军进驻本国领土，并在帕尔迪斯基城、哈普萨卢城、萨列马岛和希乌马岛修建海军和空军基地。《苏爱互助条约》签署后，苏联政府马上就把目光转向波罗的海的另外两个小国——拉脱维亚和立陶宛。在苏联的武力威胁下，拉脱维亚政府于10月5日与苏联签订了《苏联和拉脱维亚互助条约》，10月10日，立陶宛代表团也接受了苏联的建议，签订了《苏联和立陶宛互助的条约》，10月29日在评论与波罗的海三国的协议时，斯大林说："我们找到了一种形式，可使我们将它们纳入苏联影响的轨道，我们不要将他们苏维埃化，而要等他们自己这样做。"

1940年7月14日和15日，波罗的海三国自己宣布成立苏维埃政府，并主动请求加入苏联。8月3日至6日，苏联最高苏维埃第七次会议通过决议，接受立陶宛、拉脱维亚和爱沙尼亚三国加入苏联，1940年9月28日，苏军开进了波罗的海三国（立陶宛、拉脱维亚、爱沙尼亚）。

（七）斯大林为何不防范德军的闪电突袭——"大雷雨计划"

1941年6月22日，纳粹德国出动大军向苏联发动突然袭击，给苏联人民造成了重大灾难，然而鲜为人知的是：在德国对苏开战之前，苏联领导人曾制订过进攻德国的秘密计划，不过由于种种原因，这一计划未能付诸实施。

希特勒的"巴巴罗萨计划"付诸实施，德军在漫长的战线上对苏联发起突然袭击，苏德战争爆发。战争前期，毫无准备的苏军被打得措手不及，短短10天之内，德军就突进苏联境内600多千米。整师、整军的苏军被德军消灭或俘虏，仅第一天的战斗，苏军就损失1200架飞机，其中800架还未起飞就被炸毁，德军的突然袭击，取得了战役上的巨大胜利。一贯警觉的斯大林为何不防范德军的闪电突袭？面对可能发生的战争，斯大林真的没有防范吗？

事实上，斯大林对希特勒从来没抱什么幻想，他非常清醒地知道苏德早晚是要开战的，他与希特勒签订的条约，不过是为了即将来到的战争争取些准备时间的权宜之计，因此说斯大林没有做好战争准备是不符合事实的，只不过他确实没料到希特勒会在此时开始战争。据披露的内幕资料显示，在苏德战争爆发前，斯大林曾得到过许多关于纳粹德国即将进攻苏联的情报，但它们都无一例外地被红军的情报总局归入了"可疑情报来源"。斯大林不相信那些情报自有他的道理，类似的情报已经十几次放在他面前了，结果都没有打，作为政治家的斯大林，有他自己对战争会在何时爆发的判断，只不过他没料到希特勒是疯子！疯子的思维是常人难以预料的。从苏联红军在卫国战争前期遭受的惨重损失看，红军似乎的确是在毫无戒备的情况下被纳粹德国打了一个措手不及，然而，事情真的只有这么简单吗？据战后的苏联史料表明，在5月中旬，苏联内地军区许多集团军已开始按总参谋部的命令，在部队野营训练的伪装下，向前线开进。也就是说，当庞大的德国战争机器缓缓向东部移动的同时，苏联的军事机器也在发动之中，只不过斯大林比希特勒慢了一步。早在1941年春天，斯大林就很清楚，苏联在战争中采取防御战术是没有任何前途的，那时他就已经考虑首先向德国开战的计划。他调集重兵于苏德边境，并不是因为他预见到希特勒随时可能侵苏而采取的防范措施，不然的话，他就不会在德国不宣而战时显得手足无措。1941年5月初的一天，苏联军队高级指挥官聚集在克里姆林宫，为军事科学院毕业生举行庆祝活动。斯大林在祝酒时说道："奉行和平政策当然是一件好事，我们至今也一直实施着防御方针。但是，我们的军队已经大大改进，同时配备了充足的现代化武器，军队实力增强了，我们应该从防御转向进攻。"斯大林的这番讲话使苏联领导层对战争的态度发生了根本性的转变，苏共中央书记亚历山大·谢尔巴科夫在一次谈话中公开表示，不排除苏联根据局势发展采取进攻性军事行动以掌握主动权的可能性，苏联其他高级领导人如安德烈·日丹诺夫、米哈伊尔·加里宁等当时也都曾表示苏联可能首先对德国开战。斯大林特别重视进攻，他的计划是，一旦德国和英法开战，苏联就选择时机主动进攻，使德国处于两面作战的不利状态。

苏军总参谋部按照斯大林的指示精神，迅速制订了进攻德国的作战计划，命名为"大雷雨计划"，明确决定"6月12日开始进攻德国！"但由于准备不够，只得推迟到7月，时任苏军总参谋长的朱可夫在这份计划中指出："为预防敌人的突然袭击，我军的任务已不是防止德军的进攻，而是趁德军正在集结、尚未形成有效防线和诸兵种协同能力之际，对其实施突然打击，并歼灭德军。"从前线兵力的配置来看，也证明了这一点，当时斯大林在西部边境部署了数量惊人的部队，从苏军的兵力部署状况来看，与其说是防御性质的，不如说更带有强烈的攻击性。正是因为苏军在全力准备攻击，因而缺乏防御的准备和部署，纵深非常薄弱，才会在德军的突然打击下溃不成军。为了实施"大雷雨计划"，苏德战争爆发前夕，苏联人自己已经把边境上的铁丝网拆了，地雷挖了，还修建了不少东西纵向的公路（正好被德军利用长驱直入），有个苏军师长说那时他的部队正在开往西方的铁路上。

斯大林万万没有想到，希特勒是个不按常理出牌的狂人，在德英战争尚未结束的情况下，就突然发动了侵苏战争。苏军当时的副总参谋长事后感叹道："要是进攻希特勒的时间真的是1941年6月12日该多好呀！那样就比希特勒进攻苏联的时间提前了整整10天……"

"大雷雨计划"——一个苏德战争爆发前，苏军试图先发制人进攻德国的计划；

一个曾经存在，只因慢了一步而夭折了的计划真的存在吗？历史是不容假设的，但如果连俄罗斯自己的"历史学家"都承认"大雷雨计划"的存在，我们也不妨换个角度去重新审视一下"第二次世界大战"的历史，或许有助于解开某些历史中的谜团。

（八）耀眼的桂冠——苏军两大元帅争夺攻打柏林指挥权内幕

科涅夫，第二次世界大战中和朱可夫、罗科索夫斯基并称的苏联陆军的野战三驾马车之一，苏联陆军攻击之王。他擅长步炮协同作战，能把强大的炮兵火力和步兵高速度下出其不意地进攻完美无缺地结合起来，他在1943年后打出了一系列经典的攻击战，直至在柏林战役抢去了朱可夫的光芒，在柏林战役时，科涅夫是乌克兰第一方面军的统帅。

朱可夫，苏联军事家，1943年1月18日，朱可夫被授予苏联元帅军衔，是苏德战争中继斯大林后第二位获此殊荣的苏军统帅。因其在苏德战争中的卓越功勋，被认为是第二次世界大战中最优秀的将领之一，时任白俄罗斯第一方面军统帅。

白俄罗斯第一方面军统帅原本是罗科索夫斯基，从当时战场形势看，他的第一白俄罗斯方面军正处在直接面向柏林的位置，无疑他具有最好的机会取得"柏林征服者"的荣誉。但出乎他的意料，斯大林通知他最高统帅部已经决定将他调任为第二白俄罗斯方面军司令，同时由朱可夫接任他的第一白俄罗斯方面军司令的职务，显然斯大林是想把征服柏林的荣誉保留给朱可夫元帅。斯大林原来的意图是让红军统帅中最有声望的朱可夫指挥白俄罗斯第一方面军占领柏林，但由于德军向首都集结百万重兵，摆出了全力固守的架势，因此有必要让科涅夫指挥的实力强大的乌克兰第一方面军也加入柏林方向作战。

1945年4月1日，斯大林召集苏军高级将领研究对德国的最后进攻，谈到进攻柏林的问题，科涅夫表示他的乌克兰第一方面军将采取一切措施，保证攻克柏林。朱可夫也请战说已做好充分准备，锋芒直指柏林，况且他的部队距离柏林最近。斯大林决定让朱可夫元帅的白俄罗斯第一方面军正面攻击柏林，而科涅夫的乌克兰第一方面军则在柏林南翼助攻。科涅夫很不服气，最后，斯大林要他们两人准备好各自的作战计划，两天后提交最高统帅部定夺。4月3日，两位方面军司令员再次来到斯大林面前，各自陈述了自己的计划和理由，在斯大林面前据理力争，斯大林终于做出了让步，两个方面军的分界线划到了柏林以南40公里的古本，就是说只要科涅夫能在朱可夫之前到达古本，他就可以直接进攻柏林，两支苏军随即展开了竞争。

科涅夫命令部队："必须立即强渡施普雷河，于4月20日夜至21日凌晨从南面冲入柏林。我们部队应抢先进入柏林，较好地完成伟大的斯大林的命令。"朱可夫命令部队："最晚不迟于4月21日凌晨4点，第二近卫坦克集团军部队应不惜一切代价冲进柏林郊区，随后立即向斯大林同志汇报，向媒体公布。"

战役开始后，朱可夫方面军受阻于赛洛高地，而科涅夫则长驱直入，科涅夫命令他的两个坦克集团军司令员："脱离方面军的主力部队，更大胆地向战役纵深挺进，不要顾及后方。"随后他接到斯大林的电话，最高统帅告诉他，朱可夫的部队遇到德军的顽强抵抗，进攻受阻，询问是否可以将朱可夫的两个坦克集团军调过来，通过他的方面军打开的缺口向柏林方向突击，科涅夫认为这将造成很大混乱，现在他这里战事发展顺利，他完全可以用自己手中的两个坦克集团军向柏林进攻，斯大林表示同意，让他把坦克集团军转向柏林。接完电话后，科涅夫立即向两个坦克集团军司令下达命令，让他们向柏林方向迅猛发展进攻。两个坦克集团军接令后，立即风驰电掣地杀向柏林，4月21日，朱可夫和科涅夫的两个方面军从四个方向冲向柏林，于25日又在柏林以西会合，随即以多路向心突击战术，强攻市区。27日，苏军突入市中心，一天之内摧毁300个街头据点，逐街逐屋进行争夺战。

4月29日，在抢占通往国会大厦的要冲安加尔特车站时，朱可夫抢占了先机，科涅夫对朱可夫说："您的楚科夫和卡图科夫集团军切断了我的卢琴斯克和雷巴尔科集团军的战斗队列，请改变您的兵团进攻方向。"朱可夫立即用自己的方式做出反应，他认为科涅夫的两个集团军故意跟进的唯一目的就是首先抢占国会大厦，随即向斯大林做了汇报："所有这一切都在制造羁绊，妨碍部队，严重破坏了战斗指挥。"斯大林随后签署命令，要求两位元帅从4月29日开始，严格遵守新分界线，把国会大厦划给了朱可夫，命令科涅夫清除柏林南部和西南部地区的德军，朱可夫最终在攻克柏林指挥权的争斗中获胜。

朱可夫的部队开始攻打处于其作战范围内的德国国会大厦，30日，希特勒在总理府地下室自杀，当晚9点50分，第150师战士叶戈罗夫中士和坎塔里亚下士将师军旗插上国会大厦圆顶，这面军旗后被誉为"胜利旗帜"，1946年，康塔里亚和叶戈罗夫被授予"苏联英雄"称号。5月20日，"胜利旗帜"在参加了红场上的胜利大阅兵后，正式交给红军中央炮兵博物馆，如今在俄武装力量博物馆内珍藏。

（九）点燃第二次世界大战的导火索——"希姆莱作战计划"

1939年8月31日晚，在德国和波兰的边境上响起了枪声，数股为数不多的波兰士兵越过边境，袭击了德国的格莱维茨电台和其他一些地方……

1939年9月1日晨，在纳粹德国的上空响彻了希特勒那声嘶力竭但又极富鼓动性的声音："昨天晚间，波兰的军队已经对我们的领土发起了进攻。为了制止这种疯狂的行为，我别无他策，此后只有以武力对付武力。我又穿上了这身对我来说最为神圣、最为宝贵的军服，在取得最后胜利以前，我决不脱下这身衣服，要不然就以身殉国。"当天，数十万德国军队对波兰展开了蓄谋已久的闪电攻击，一场导致了5500万人伤亡的世界大战就此打响了。

按照先期制定的"白色方案"，以反击波兰入侵为借口，德军航空兵配合装甲部队对波兰进行了闪电突击，9月16日，波兰政府逃亡国外，被遗弃的守军和人民进行顽强的抵抗，但落后的波军根本没有进行现代化战争的力量和经验，波兰的失败已成定局。在此期间，与波兰签有条约的英法被迫对德宣战，这场德波边境冲突事件揭开了第二次世界大战的帷幕。

这场被称之为"第二次世界大战导火索"的德波边境冲突事件，其实是希特勒自己指使他的安全警察总监海德里希上演的一场闹剧，对于野心勃勃的希特勒来说，吞并波兰是计划中的事，早在1939年4月初，希特勒和他的最高统帅部就下令制订旨在灭亡波兰的代号为"白色方案"的对波兰作战计划，由于波兰是英法的签约盟国，希特勒需要为入侵波兰寻找一个借口，希特勒把这事交给了德国盖世太保头子希姆莱，要他在德波边境上制造一个事端，希姆莱又把这个任务交给了他的得意门生海德里希。海德里希，外号"金发恶魔"，被希特勒称为"铁石心肠的男人"，他接到任务后，很快就制订出了一个栽赃嫁祸的计划，海德里希给这个计划起了一个代号"希姆莱作战计划"。

为了完成这个计划，海德里希挑选了党卫队突击队队长缪勒，他是海德里希在基尔时代的朋友，海德里希交给他一项任务，要他虚构一件波兰人袭击格莱维茨电台的边境事件，他说，"外国报纸和德国宣传部门需要掌握波兰对外侵略的真凭实据"，作为导演的海德里希规定，"波兰分遣队"应占领电台，并且要把它"控制"到有一名说波兰语的德国人通过电台发出愤怒的号召时为止，海德里希说："在演说词中应当这么说，波兰和德国之间的分歧随时会发生，波兰人应当团结起来镇压每一个反抗他们的德国人。"

一切细节都考虑得有条不紊，"进攻"在规定的时间进行了。8月31日下午4时，在海德里希的亲自布置下，从纳粹集中营中拉来了十几名死囚，让他们全部穿上波兰的军服，并给他们配备了波军的武器，缪勒对那些将被杀害的判刑者保证说，由于他们为了祖国参加这次行动，因而应该受到赦免和释放。接下来，由一小队身着便装的党卫队，在一个叫约克斯的党卫队军官的率领下，将这一批"波兰军人"拉到波德边境的树林里杀死，只保留了一名死囚，身着波兰军服的党卫队押着这名幸存的死囚，冲进位于德波边境的格莱维茨电台，然后让翻译掏出早就准备好的讲话稿，对着麦克风用波兰语进行播音，就这样，无数正在收听广播的德国人听到了波兰人的声音和夹杂其间的枪声，念完后他们打死了那名死囚，胡乱开了几枪后离开了那里。这次事件的全过程只有4分钟，4分钟之后，约克斯就带着人马溜得无影无踪了，只是在电台门外，横七竖八地留下了几具血淋淋的穿着波军制服的尸体。

缪勒战后在纽伦堡供认说："他大约有 12 个或 13 个被判过刑的犯人，让他们穿着波兰制服的尸体躺在出事地点，这样可以说明他们是在进攻时被打死的，为了达到这个目的，海德里希雇用了一名医生，由他给这些人打上一支死亡针，然后再给他们补上几枪，当这次袭击结束之后，新闻记者和其他人士被领到现场。"

在同一时间里，在德国克罗伊堡北面的边界的德国霍赫林登海关，由党卫军伪装的"波兰军人"也从波兰境内向德国边境进行了进攻，第二天一早，德国的所有报纸、电台、广播都无一例外地发布了同一条新闻"波兰暴徒进犯德国"。德国国防军被迫转入进攻，以"回击"波兰的入侵，第二次世界大战的导火索就这样被党卫队的间谍们点燃了。

在知道这件事真相之前，6 年已经过去了，在谈到缪勒挑选出来参加这次行动的那些人员时，党卫队突击队中队长比尔克尔说，除缪勒外，他们全部被"消灭"了。

（十）弱国悲歌——第二次世界大战中的波兰

第一次世界大战结束后，战败的德国被迫割让大片土地，但泽被划归波兰辟为自由市，通往波罗的海的"但泽走廊"将原本连成一片的德国领土分成了两块，位于"但泽走廊"之东的东普鲁士成了远离德国本土的"孤岛"。因此德国人一直对失去"但泽走廊"地区耿耿于怀，希特勒上台后便发誓要报这一箭之仇，他以极快的速度重整军备，在短短的几年间就把德国从《凡尔赛条约》的受辱者变成欧洲最大的军事强国。

从 1938 年 10 月起，德国向波兰接二连三地提出领土要求，要波兰交出"但泽走廊"和但泽，并将在"但泽走廊"建筑公路、铁路的权利也转让给德国。这些要求遭到波兰政府的严词拒绝，于是德国决定用武力迫使波兰就范，1939 年 3 月，德国占领捷克斯洛伐克。为了消灭英法在中欧的主要盟国波兰，解除进攻西欧的后顾之忧，补充军事经济资源和建立进攻苏联的前进基地，波兰成了它的首要目标。3 月 21 日，德国向波兰发出最后通牒，要求波兰归还但泽并解决"但泽走廊"问题，再次遭到波兰拒绝，同日，波兰与英法正式结成军事同盟，英法于 31 日给予波兰安全保证，有了英法的保证，波兰态度更加坚决。

德国对波兰的侵略战争，是希特勒称霸世界的战争总计划中的一个重要组成部分，波兰位于欧洲东部，东接苏联，西临德国，南界捷克斯洛伐克，北濒波罗的海，战略地位十分重要。波兰是当时英法在欧洲诸盟国中军事上最强大的一个国家，德国如果占领波兰，不仅能获得大量的军事经济资源，而且还能大大改善自己的战略地位，既可以消除进攻英法的后顾之忧，还可以建立袭击苏联的基地，因此，德国在吞并奥地利和捷克后，下一步侵略的目标就定在了波兰。1939 年 8 月

23 日，德国外长里宾特洛甫和苏联外长莫洛托夫共同签订了《苏德互不侵犯条约》，希特勒认为进攻波兰的条件已经成熟了。

早在 1939 年 4 月 3 日时，希特勒就已经下达了代号为"白色方案"的秘密指令，要求德国三军部队于 9 月 1 日前完成对波兰作战的准备工作，希特勒在指令中强调指出："一切努力和准备工作，必须集中于发动巨大的突然袭击。"而波兰在和英法结盟后，在德国进攻的威胁下，波兰统帅部也制订了代号为"西方计划"的对德作战计划，计划中的总兵力约为 100 万人，最高司令官为斯米格威-罗兹元帅。波军总司令部计划实施战略防御，阻止敌人，为英法联军的行动赢得时间并根据形势采取进一步行动。

按照希特勒的要求，德军统帅部计划以快速兵团和强大的空军，实施突然袭击，闪电般摧毁波军防线，占领波兰西部和南部工业区，继而长驱直入波兰腹地，围歼各个孤立的波兰军团，力求在半个月内结束战争，然后回师增援可能遭到英法进攻的西线。为此，德军共集中了 62 个师，160 万人，组成了南路和北路两个集团军群。

1939 年 8 月 31 日晚，一支身穿波兰军装的德国党卫军，冒充波军，袭击了德国边境的格莱维茨电台，在广播里用波兰语辱骂德国，并丢下几具身穿波兰军服，实际上是德国囚犯的尸体，接着，全德各电台都广播了"德国遭到了波兰突然袭击"的消息。

希特勒是下定决心破釜沉舟，不惜冒与英法发生大战的风险，下达了第一号作战指令，命令德军于 1939 年 9 月 1 日凌晨发起攻击。他要求德国军人要有铁一般的意志和决心，速战速决，不给波兰以任何喘息机会。他说："如果部队停止不前，那就是指挥官的责任，在战争中要不惜任何手段取得胜利，在胜利后人们是不会追究胜利者的。"

9 月 1 日拂晓，德国军队大举入侵波兰，向波兰发起了"闪电式进攻"。9 月 3 日上午 9 点，英国对德国发出最后通牒，要求德国在上午 11 点之前提供停战的保证，否则英国将向德国宣战，随后法国也发出类似通牒，期限为下午 5 点，德国对此置之不理，英法被迫对德宣战，第二次世界大战全面爆发。

英法虽然名义上对德宣战了，但实际上却是按兵不动，演出了一场闻名于世的"静坐战争"，坐视波兰孤军苦战。波兰在战前过高估计了自己的实力，他们的计划是主动放弃不可能防守的但泽走廊，在本土抵抗德军 6 个月，法国答应波兰最早可以在开战两周之后从西线夹攻德国。但波兰人没有想到自己在两周之内已经全线崩溃，更没有与苏联和德国同时开战的准备。开战仅一周，9 月 7 日德军前锋已经直抵华沙城下，当天，苏军又从东边向波兰的背后捅上了一刀。早已同德国商量好瓜分波兰的苏联，借口波兰政府已不复存在，便撕毁《苏波互不侵犯条约》而出兵波兰。

苏联白俄罗斯方面军和乌克兰方面军分别在科瓦廖夫大将和铁木辛哥大将的指挥下，越过波兰东部边界向西推进，9月18日，德苏两军在布列斯特－里托夫斯克附近会师。波兰政府知道大势已去，9月16日波兰政府撤往罗马尼亚，后转往法国，组织流亡军队继续抵抗。27日华沙守军停止了抵抗，28日，华沙守军司令向德第8集团军司令拉斯科维兹上将签署了投降书，华沙陷落，10月6日，波兰的战斗行动结束。

在第二次世界大战中，波兰作为一个完整的交战国只存在了两个星期，就沦为德国"闪电战"和苏联"背后一刀"的牺牲品。1939年，波兰亡国后，波兰人先在法国后在伦敦建立了流亡政府，在第二次世界大战的整个6年当中，波兰人无论在东线、西线、北非、意大利战场，都继续和德国作战。第二次世界大战要结束时，由于英国不可能为了波兰的利益去与苏联叫板，波兰流亡政府的利益再次被出卖，在强国的谈判桌上，弱国的利益注定永远只能是别人交易的筹码。在1945年1月的雅尔塔会议上，英国公开放弃了支持波兰流亡政府的立场，斯大林则同意在战后波兰进行大选来建立一个联合政府，大部分流亡的波兰军队在1945年解散，到1947年，流亡政府所有剩下的军队正式撤销番号，波兰流亡政府自此名存实亡了。

（十一）战争奇闻——"静坐战争"

在希特勒制订"白色方案"决定进攻波兰时，德军将领多担心自己陷入两线作战的困境而反对这个计划，哈尔德将军说：只有几乎完全不顾我们的西部边境，我们才有可能在对波兰的进攻中取得胜利。以当时的德军实力看，的确还不足以在打东线波兰的同时再在西线与英法开战，当时德国在西线与法国110个师对峙的只有23个师，而且德军当时的军火"仅够1/3的德军用14天的"，要想在14天内打败法军显然是不可能的。希特勒对德军将领们说，时间是站在我们的敌人那方的。但希特勒是个战争赌徒，他赌英法不会与德国开战。1939年9月1日，纳粹德国对波兰发动了闪电战，与波兰订有条约的英法两国为了履行它们与波兰的条约，不得不对德宣战，第二次世界大战爆发。

在东线孤军奋战的波兰一心在指望着它的盟国，指望着西线的战争，它的盟国是宣战了，但实际上却是"宣而不战"，上百万装备精良的法国陆军面对着23个德国师，只是躲在钢骨水泥的工事背后静静地坐着，一枪不发，眼看着自己的盟国波兰被纳粹德国消灭了。这场战争，法国人称之为"奇怪的战争"，德国人称它为"静坐战"，英国人称它为"虚假战争"。

从英国来看，它对波兰的保证只是泛泛而论，但是对于法国来说，它对波兰的义务却是具体而明确的，在《法波军事协定》中明确规定：法国方面将"总动员令下达后不出3天的时间内，逐步对有限目标发动攻势"，条约还进一步规定，"一且德国以主力进攻波兰，法国将从法国总动员开始后第 15 天，以其主力部队对德国发动攻势"，事实上，总动员令已在 9 月 1 日宣布，可法军却一直依然"按兵不动"。纳粹将领们在追溯往事的时候，都认为，在波兰战役期间，西方国家没有在西线发动进攻，是错过了千载难逢的良机。

为什么会出现这场奇怪的战争？其实，奇怪的战争一点都不奇怪，在纳粹德国疯狂四下侵略扩张的时候，英法始终存在一种侥幸的心理，那就是"祸水东引"，它们指望着苏德两败俱伤而不想赶在苏联之前对德国开战，所以这时它只来了个"宣而不战"，可是他们万没想到，在希特勒的战争计划中，首先的目标是西线，直到德国入侵挪威，英法才如梦方醒，但为时已晚了。

由于长期采取了绥靖政策，英法两国对纳粹德国始终抱有幻想，总一心用牺牲其他国家的利益来换取自己的平安，而不是积极备战，在军备的增长上远远落后于德国，他们对德国的武器和空中优势怀有恐惧心理，法国政府从一开始就坚决要求英国空军不去轰炸德国境内的目标，生怕法国工厂会遭到报复性的打击。殊不知如果对德国的工业中心鲁尔进行全力轰炸，很可能使希特勒遭到致命性的打击。许多纳粹将领后来承认，这是他们在 9 月间最担心的一件事。再就是英法在战略部署上存在分歧，双方都想在同盟中充当主角，但又都不愿派出更多部队，一直没能建立一个统一的指挥系统。这一切，导致了英法这场静坐战的产生，从而为自己酿造了 1940 年 5 月惨败的苦酒。

（十二）"欧洲最强大的军队"为何不堪一击——"挥镰行动"

1940 年 2 月 22 日，希特勒批准了与"曼施坦因设想"大致相同的新作战计划。德军参谋部将这一计划取代号为"挥镰行动"。曼施坦因的战略构想是：德军进攻的主要矛头应放在中央，而不是在右翼。以强大的装甲部队，对具有战略决定性的突破口——阿登森林地带，实施主要突击。这是攻其不备、出奇制胜攻入法国的一条捷径，可切断南北盟军之间的联系，分割合围英法联军，迅速灭亡法国。

据当时任第 19 装甲军军长的古德里安说，除了希特勒、曼施坦因和他本人以外，几乎再没有任何人对这个计划具有信心的。德军陆军总司令勃劳希契和参谋总长哈尔德认为这是个疯狂的方案，它将使德国装甲部队的精华面临法军侧翼攻击，并可能导致全军覆没。

但希特勒坚决支持这个计划，并以此从新设计了对英法的进攻方案。1940 年 5 月 10 日，希特勒开始实施曼施坦因的"黄色计划"，对英法发动了代号"挥镰行动"的"闪电战"，仅用了 5 天，荷兰就投降了。又用伞兵出其不意地攻克了比利时牢不可破的艾本·艾玛尔要塞。

5 月 14 日，大规模的袭击开始了，这是决定命运的一天。一支在数量、集中程

度、机动性和打击力量等方面都是空前未有的坦克部队，从德国边境通过阿登森林出发，分三路纵队突破了法军的缪斯河防线。

这是一股令人胆寒的巨大力量，天上有一批又一批的"斯图卡"式俯冲轰炸机发出凄厉的呼啸，地面是机械化部队扬起的冲天尘埃，大地都在颤抖中。这个钢与火的队伍不是惊慌失措的守军手中的任何武器所能阻挡得住的。德军的坦克师在刚搭好的浮桥上一拥而过，防线上的法军已被击溃，没有被围和被俘的队伍都在仓皇后撤，北部的英法联军和比利时的 22 个师都已陷入被截断后路的极端危险的境地。

在这条战线的后面，英法联军已经没有一支值得一提的兵力。德军与英吉利海峡之间已经没有障碍。5 月 15 日清晨，法国总理雷诺用激动的声音打电话告诉第一天上任首相的丘吉尔说："我们打败了！"丘吉尔不相信，号称欧洲最强大的的法兰西军队怎么会在开战的第一周之间就被打败了？这是不可能的。5 月 16 日，并不了解情况的丘吉尔从伦敦飞到巴黎，问联军总司令甘末林："战略后备部队在哪里？"怕甘末林听不清，他还特意插进一句法语："什么地方有大量的人力？"

甘末林这位法国将军向他摇了摇头，耸了耸肩回答："没有！"从来没听说过一支大军在受到攻击时会不留些后备队的！丘吉尔过后说："我奇怪得说不出话来，这是我一生中所碰到的最令我吃惊的事情之一。"

7 个坦克师，集中在盟军防御阵地最薄弱的一点上进行突破，这一仗就是这样打的。用的是坦克、"斯图卡"式俯冲轰炸机和伞兵部队，后者在盟军的后方或者在看来是固若金汤的堡垒头顶上降落，造成了极大的混乱。盟军的将领们被一点也没料到的事态发展弄得不知所措。

丘吉尔后来写道："我简直弄不明白，动用大量快速装甲部队进行袭击这种战术在一战后会产生这样大的变革。"

对于德军来说，在战略和战术的执行上，一切都是按计划行事的，只是执行的比预定的计划要好，他们的成就超过了希特勒的最高希望，德军的将领们都给自己胜利的闪电速度弄得乱了章法。对于自己军队进展的速度，德军的最高

"斯图卡"式俯冲轰炸机

统帅部也同样吃惊，高度紧张的希特勒突然担心起来，生怕出现第二次马恩河事件。

尽管第二天法军崩溃的消息不断传来，希特勒还是非常的担心，他不断地要求他的军队放慢进攻的速度，希特勒对着自己的将军们喊着："我们会使整个行动毁

掉，我们有遭到失败的危险！"

5月17日早上，带着装甲军到英吉利海峡去已经走了1/3路程的古德里安将军，奉命停止前进，希特勒估计"强大的法军将会发动一次出人意料的反攻"，希特勒挥舞着拳头喊着："1914年的马恩河奇迹绝不能重演！"

可是法军并没有什么可以反攻的部队，在众将领们的强烈要求下，希特勒只允许他们"大规模侦察"，正等得手痒难耐的装甲师，一接到这个命令，便不管三七二十一，7个装甲师全速向英吉利海峡"大规模侦察"前进了。

5月19日早晨进抵离英吉利海峡只有50英里的地方，5月20日晚，第二装甲师已经占领了松姆河口的阿布维尔。比利时军队、英国远征军和法军的三个军团都已经陷入重围之中。战况的进展令希特勒欣喜若狂，在他接到陆军总司令关于攻下阿布维尔的电话报告时激动得语不成声。

5月24日，从阿布维尔向英吉利海峡推进的古德里安坦克部队，分别攻占布伦和包围了加莱这两个重要港口，并进抵格腊夫林，这个地方离敦刻尔克约20英里。乱成一团的英国军队、法国军队和比利时军队被迫退到格腊夫林与敦刻尔克之间一个很小的三角地带。面对大海，望洋长叹。突围的可能性是没有了，唯一的希望是由敦刻尔克从海上撤退，而此时，德军的装甲部队已经望见敦刻尔克，并已摆好了阵式，准备投入最后的厮杀。

就在这个时候，前线德军接到了希特勒一个奇怪的命令，要他们停止前进。这对战场上的将军们来说是无法理解的，这个命令无论从什么理由出发，都无疑是给了盟军一个意外的喘息机会。它导致了敦刻尔克大撤退这个奇迹的产生，30多万联军从海上撤到了英国。

德军总参谋长哈尔德在日记中愤怒地说道："从最高统帅部发来的这些命令真是莫名其妙，坦克都像瘫痪似的停在那里不动了。"

直到26日夜，希特勒才取消了停止前进的命令，装甲部队可以继续向敦刻尔克挺进了，但到了这个时候已经太迟了，被围的联军已经得到自己加强防务的时间，一边抵御，一边偷偷地逃到海里去了。

6月5日，敦刻尔克陷落的第二天，德军以压倒的优势从阿布维尔到莱茵河展开了攻势，德军在"胜利的混乱"中潮水一般地涌过法国，6月14日，占领了巴黎，6月19日，在贡比桑法国政府签订了停战协议。法兰西战役以德国的完胜结束。

（十三）希特勒为何放走34万英法联军——戈林之欲

1940年5月10日，德国开始实施"黄色方案"行动，发动了西线攻势，以7个装甲部队为先导的德军，对荷兰、比利时和法国展开了闪电攻势。精妙的策划、卓越的指挥，高度集中的火力加上人员优秀的作战素质，使这场闪电攻势取得了令人瞠目的成功。

5月20日晚，势如破竹的德军装甲师就占领了松姆河口的阿布维尔。5月24日，从阿布维尔向英吉利海峡推进的古德里安坦克部队，以让人目瞪口呆的速度，分别攻占了布伦和包围了加莱这两个重要港口，并进抵格腊夫林，将惊慌失措的比利时军队、法国军队和英国远征军共计40余万人，三面围困在格腊夫林与敦刻尔克之间一个很小的三角地带。

前有大海，后有追兵，被围的联军和比利时军队突围的可能性是没有了，他们唯一的希望是由敦刻尔克从海上撤退。而此时，德军的装甲部队已经可以望见敦刻尔克，并已沿运河一线摆好了阵式，准备投入最后的厮杀。

濒临绝境的比利时军队和英法联军全军覆灭的灾难，似乎已经无法避免。然而，5月24日晚上，德军最高统帅部突然发出一道使德军前线将领大惑不解的紧急命令，命令要德军的坦克部队停在运河一线，不要再向前推进！开战以来势不可当的德军装甲集群的战车在乱成一团的联军眼皮底下刹住了，原地待命，直到16日夜。

这道命令无疑是给了面临崩溃的联军一个意外的喘息机会，当晚英军开始执行"发电机计划"，从英国本土紧急动员了850多艘各类船只，开始了历史上著名的敦刻尔克大撤退。直到6月4日晨，在德军的鼻子尖下撤出了34万人，创造了一个叫德国人万万想不到的奇迹。

在德军眼看就要取得这次战役中最大胜利的时候，怎么会发出这道难以解释的命令呢？下这个命令的原因是什么？谁应该负这个责任？这个问题在有关的德军将领和历史学家中众说纷纭，曾引起过一场大辩论。

以伦斯德和哈尔德为首的将领，把责任完全推到了希特勒身上。而丘吉尔则在回忆录中为这场争论火上浇油，他认为这个命令出自伦斯德，而不是希特勒，他引述了德军司令部的战争日志中的记载为证。

在5月24日早晨，希特勒曾到伦斯德的司令部去过，当时伦斯德建议"在离敦刻尔克不远的运河一线上的装甲师应当停止前进，等候更多的步兵部队的接应"，希特勒同意了这个建议，认为装甲部队应当保留下来，留待进攻松姆河以南的法军时使用，并说盟军陷入的袋形地带如果太小，就会妨碍空军的活动，就在那天晚上希特勒从最高统帅部发出了正式的命令。

德军总参谋长哈尔德则把矛头指向了德国的空军司令戈林，他在日记中愤怒地说："从最高统帅部发来的这些命令真是莫名其妙，我们的装甲部队由于元首的直接命令，都将因此完全停止下来！消灭包围圈中的敌军，要留给空军去干！"这个表示轻蔑的惊叹号表明，戈林当时也参与了希特勒的决定，事实上戈林的确曾建议"由他的空军单独来消灭被包围的敌军"！

希特勒为什么发出了这道命运攸关的命令？除了军事上的考量还有其政治上的原因，希特勒当时用两个主要考虑来支持他的这道"停止进攻"的命令：第一个考虑是军事上的理由，他认为那里的地形不适合坦克活动，会造成很大的损失，所以要等待步兵的参战；第二个理由是政治上的，目的是想使英国避免一场奇耻大辱，从而促进和平解决，这一点，与后来副元首赫斯只身飞往英国谋求议和是遥相呼应的（对于后一个原因，哈尔德认为那是希特勒突然发生的神经错乱）。此外，还有一个希特勒不便明言的隐情，那就是希特勒不希望看到这一辉煌的胜利全部被陆军获得。因为指挥陆军的将领们与他们的元首处于两个不同的社会阶层，古德里安曾这样评价他的元首："这位混世魔王希特勒，他是我们大家命运的统治者。他出身微贱，所受的学校教育和家庭教育都极有限，并且说话和态度都非常粗俗。"所以有人认为希特勒和陆军军官团还未达成百分百的信任关系。

这个时候，戈林就利用了这个机会，向希特勒建议单独用他的空军来解决被围的盟军，这样一则不用装甲部队来冒险，二则如果这一伟大胜利的荣誉由他获得，元首和纳粹党的威望也会提高。元首显然是过分相信了戈林的保证和"斯图卡"轰炸机的威力，因而批准了这一方案，可惜的是，那几天由于天气的原因以及英国空军的全力拼搏，戈林的保证没能兑现。

再有一个原因，那就是当地是日耳曼人聚居区，这里居民中的纳粹党支持者较多，他们响应希特勒的号召，准备把佛兰德斯变成纳粹党的独立王国，与德意志遥相呼应。歼灭战如果打响，佛兰德斯的日耳曼人聚居区将成为一片焦土，当地居民有遭受重大损失的可能，这是希特勒不希望看到的。

总之，直到26日夜，希特勒才取消了停止前进的命令，装甲部队可以继续向敦刻尔克挺进了，但到了这个时候已经太迟了，被围的联军已经得到自己加强防务的时间，稳住了阵脚，德军的装甲部队在敌人有准备的抵御下，进攻已经非常的困难，而英法联军则一边抵御，一边偷偷地逃到海里去了。这道对战争过程造成极大影响的命令，是第二次世界大战中德军统帅部犯的第一个大错误，希特勒为什么要下这个命令而放走已成瓮中之鳖的英法联军呢？这已成为"第二次世界大战"史上一大奇谜。

（十四）隆美尔之怒——托布鲁克之战

在托布鲁克以东31千米处，德国陆军在那里设有一个军人墓地，在整整一个月的围城攻城战斗中，有1000多名德军官兵被埋葬在这里了。埃尔温·隆美尔、弗里德里希·斯图尔特和一大群德国官兵，肃立在墓场一侧，向他们死去的同胞行军礼，步枪手齐声鸣枪，向死者致哀。托布鲁克是昔兰尼加最具战略意义的港湾，对德军来说，托布鲁克是良好的补给基地，对英军来说，托布鲁克是通往埃及的要塞。英德双方，志在必得，英中东军总司令韦维尔决定坚守托布鲁克。

该要塞的防御工事是意军构筑的，十分坚固，驻守在这里的英军共计6个步兵旅，4个炮兵团、两个反坦克团，共3.6万人。

丘吉尔凭他的直觉也意识到托布鲁克是北非命运的关键，他对托布鲁克的战略位置也一目了然，他知道托布鲁克有意大利军队留下的永久性防御工事，隆美尔不拿下托布鲁克就进军埃及，即便可能也要冒极大风险，因为托布鲁克的英军一出来就会切断他的补给线。托布鲁克防圈内包括了32英里长的巴尔比亚大道，隆美尔要想往东进攻，就得在南方的沙漠中修筑50英里的半环形小路，不但路面糟糕，而且会受到要塞大炮的阻击，所以丘吉尔给韦维尔发电报说："托布鲁克必须死守，决不作撤退打算。"

1941年4月11日，隆美尔包围托布鲁克并发起进攻，但因为隆美尔兵力不及英军一半，直至5月9日，他仍然被挡在了坚固的托布鲁克要塞面前。英国参谋长委员会发电报告诉韦维尔："必须在托布鲁克坚守到底，我们可以从海上支援要塞。"

韦维尔接到电报后立即任命莫斯黑德为要塞司令，莫斯黑德中将刚上任就粉碎了德军连续4天的进攻，英军获得了昔兰尼加战役开始以来的第一个胜利，丘吉尔立即致电韦维尔："请将战时内阁最衷心的祝贺转达给所有参战部队，他们进行了最成功的战斗。打得好，托布鲁克！"

4月18日，保卢斯中将作为德军最高统帅部的代表来到了沙漠，保卢斯当年和隆美尔曾在一个团队中服役，两人深有私交。最高统帅部的哈尔德上将认为，也许只有保卢斯才能改变隆美尔疯狂的念头。

隆美尔拉着保卢斯围着托布鲁克半环形的防圈转了几天，然后和盘托出了自己的进攻计划，这一次隆美尔的进攻计划是：首先从西南面佯攻，吸引守军兵力，主力则绕过托布鲁克，对准托布鲁克以东的扎法兰，摆出一副向利埃边界方向追击的样子，然后一个"回马枪"，用两个德国师向要塞发动总攻。隆美尔让一个意大利步兵师在托布鲁克以西扬起灰尘，而第12装甲师则从内陆进行迂回包抄，接着出其不意地从东南方向发起进攻，攻击日期定在4月30日。保卢斯以最高统帅部代表的身份当即否决了隆美尔的进攻计划，第15装甲师还没到，隆美尔就想发动大规模的进攻，任何一位理智的军人都会认为这只能是自杀。

此时的希特勒正一心要大举进攻苏联，没有心思把精力放到地中海南岸的非洲，与希特勒不同，丘吉尔把"北非侧翼阵地"看得几乎与大英帝国本土一样重要。当英军被赶出昔兰尼加后，丘吉尔不顾本土部队装备不足的事实，断然决定增兵北非。5月12日，得到增援的韦维尔在丘吉尔敦促下，决定对隆美尔发动大规模的反攻，行动代号为"战斧作战"。丘吉尔对该计划的目标是雄心勃勃的，一心要在北非取得一场"决定全局"的胜利，彻夜消灭隆美尔的部队，而韦维尔则比较谨慎，他只希望这次进攻"最终将敌军赶回到托布鲁克以西"。

6月15日凌晨4点，"战斧作战"行动开始，英军兵分三路从利埃边境向德军阵地发起了大规模的进攻，6月17日，战局突变，按隆美尔的计划，德军11坦克师从贾扎拉防线南端的比尔哈希姆突然冲出来向北进攻，英军第2和第4坦克旅陷入了德军两个师的包围中。英第4坦克旅一开始就溃不成军，英第2坦克旅和赶来增援的英第22坦克旅被迫撤退。

激战至黄昏，英军损失了131辆坦克，大部分是美国援助的M3中型坦克，德军的行动完全出乎英军的意料之外，英军高级指挥官急忙下令部队赶紧撤退。6月19日拂晓，在炮兵和空军的火力掩护下，德军部队从东南面向托布鲁克要塞发起了突然进攻。当日上午，德国非洲军攻占了托布鲁克港并攻入城镇，英军要塞司令莫斯黑德率3.3万名守军向隆美尔投降，这一战隆美尔缴获了足够3万人用上一个季度的物资和大量燃料，至此，隆美尔征服了整个昔兰尼加。

英军烧毁了大部分的辎重，全线退回了埃及境内，丘吉尔寄予厚望的"战斧作战"以失败告终，"战斧作战"后，隆美尔被希特勒晋升为上将，他的非洲军也升格为非洲装甲兵团，韦维尔则被丘吉尔解除了职务，奥金莱克将军接替他为英中东军总司令，6月22日，51岁的隆美尔被擢升为德国陆军元帅。

（十五）一着错满盘输——德军缘何兵败斯大林格勒

斯大林格勒位于伏尔加河下游西岸，原名察里津，既是苏联内河航运干线伏尔加河的重要港口，又是苏联南方铁路交通的枢纽。德军占领乌克兰后，斯大林格勒成为苏联中央地区通往南方重要经济区域的唯一交通咽喉，战略位置极为重要。如果德军占领这一地区，苏联就会失去战争所需要的石油、粮食和重要的工业基础，而德国此时也迫切需要这些资源。

在即将发动攻势之前，希特勒曾对第6集团军司令保卢斯将军说："如果我拿不到迈科普和格罗兹尼的石油，那么我就必须结束这场战争。"

按照希特勒的要求，德军最高统帅部拟定了1942年夏季南方作战计划，代号"蓝色行动"，7月，德军投入150万的兵力开始了对斯大林格勒的进攻，希特勒甚至定下了7月25日以前攻占斯大林格勒的计划。

7月17日，霍特第四装甲集团军推进到顿河中游，保卢斯第6集团军也前出到顿河大弯曲部，一切都进行得相当顺利，但是此时希特勒突然改变了作战计划，他认为攻占斯大林格勒无须那么多兵力，遂于17日命令霍特第4装甲集团军从斯大林格勒方向南下，调往高加索方向。这样，斯大林格勒方向的进攻部队就只剩下了保卢斯的第6集团军，对此，英国军事史学家富勒写道："和1941年一样，因为分散了兵力，希特勒自己毁灭了他的战役。"

7月23日，德军的攻势进入高潮，进展之顺利甚至出乎德军自己的预料，苏联军队在空旷的大草原上很难进行有效的抵抗，然而，第6集团军在战役初期就取得令人满意的战果使希特勒再次改变了计划。

当时苏军正在顿尼茨盆地和顿河上游之间全线后撤，一路向东撤到斯大林格勒，另一路向南退守顿河下游。

德军必须当机立断，是集中力量拿下斯大林格勒还是把主要矛头指向高加索，以夺取苏联的石油，此时的希特勒却被一时的胜利冲昏了头脑，他错误地认为苏军已经无力进行抵抗，斯大林格勒已是唾手可得，于是他做出了要同时拿下斯大林格勒和高加索的狂妄决定，这么一来，斯大林格勒已不再是这次战役的唯一目标。

9月13日，德军以17万人及500辆坦克向保卫斯大林格勒的苏联第62集团军发起猛攻，德军在几个地段突破苏军防线攻入市区阵地，一场最为残酷、最为激烈的市区争夺战开始了。

9月14日，争夺市中心的激战达到了白热化的程度，德军从早到晚冲锋不止，死伤惨重。据守斯大林格勒的62集团军的战士，抱着与城共存亡的决心和德军浴血战斗，斯大林格勒的每一处残垣断壁都成了抵抗德军的堡垒，苏军与德军贴身肉搏，德军的闪电战用不上了，他们占优势的飞机大炮也用不上了，斯大林格勒苏军的顽强反击，使德军陷入了困境。

从9月13日到26日，德军每天几乎伤亡3000多人，但仍然不能占领全城，德军的士气一天天低落下去，一个德国士兵在家信中哀叹："我们不久就可以占领斯大林格勒，但是它仍然在我们面前——相距如此之近，却同时又像月亮那样遥远。"

严寒的冬季终于来到了，毫无过冬准备的德国士兵陷入饥寒交迫中，很多士兵被冻死，德军的战斗力一天天衰弱下去，战争的形势逐渐开始变化。1942年11月19日，苏联红军开始实施天王星行动，以110万人、1300架飞机、1.5万门大炮开始了大反攻，11月23日，苏军把33万德军困在了包围圈中，弹尽粮绝的德军处在死亡的恐惧之中。德军司令保卢斯在笔记中写道："士气低落了，解围的希望破灭了，越来越疲惫的士兵都在斯大林格勒的地下室里为自己寻找避难所，越来越经常听到关于反抗已毫无意义的抱怨声。"保卢斯向希特勒发出突围撤退的请求，刚从阿尔卑斯山赏雪归来的希特勒发来一份急电："不许投降，第六军团必须死守阵地，直至一兵一卒一枪一弹。"保卢斯陷入了绝望之中，垂头丧气地坐在地下室的行军床上，向希特勒发出最后一份急电："部队将于24小时内最后崩溃。"

万般无奈的希特勒急忙发出一份电令，升保卢斯为陆军元帅，其余117名军官也各升一级，希特勒希望他的封功加爵能加强德军将士"光荣殉职"的决心，接到电令的保卢斯彻底地失去了希望。

1943年2月2日，持续了6个月之久的斯大林格勒大会战终于结束了，9.1万多名德国官兵，其中包括保卢斯在内的24名高级将领，穿着单薄的衣衫，抓紧裹在身上满是血污的毛毯，在-24℃的严寒下，一步一拐地走向寒冷的西伯利亚战俘营。斯大林格勒大战给了希特勒以致命的打击，德军再也无力进行大规模的反攻了，他们一步步后退，开始走下坡路，苏联红军则开始大反攻，陆续收复了失地，直至攻入德国本土。

斯大林格勒大战的胜利，成了苏德战争的转折点，也是第二次世界大战的伟大转折，在斯大林格勒战役中，希特勒不切实了解敌情，在进攻时分散兵力，让霍特第4装甲集团军往返奔走，贻误战机，以及不给前线将领一定的临机处置权，保卢斯这位德国陆军副总参谋长的将才眼睁睁看着左翼后方存在着被敌利用的危险而无可奈何，明知应立即向西南方向突围，但又不敢违背希特勒的命令而最终导致坐以待毙。

（十六）"虎！虎！虎！"——珍珠港事件的"苦肉计"

据海军部长诺克斯的密友詹姆斯·斯泰尔曼透露：1941年12月6日晚，在美国白宫，美海军部长诺克斯、海军作战部长斯塔克、陆军部长史汀生、陆军参谋长马歇尔和商务部长霍普金斯少见地聚在一起，与总统罗斯福一同消磨时光，他们在等待一件事——日军进攻珍珠港！

珍珠港，位于夏威夷群岛，距日本约3500多海里，距美国本土约2000海里，是美国太平洋舰队最重要的基地。1940年春夏之际，纳粹德国以"闪电战"横扫西欧，英军退守英伦三岛，日本军方中的"南进"派认为这是日本占领太平洋诸岛，攫取战略资源的大好时机。日本联合舰队司令官山本五十六认为，美国太平洋舰队在珍珠港的主力对日本"南进"计划威胁最大，为去掉后顾之忧，山本五十六制订了一个偷袭珍珠港的作战计划。

1941年12月7日，珍珠港上空的日本飞机接到了一个信号："虎！虎！虎！"这是对珍珠港美军基地发起进攻的命令，日本海军特混舰队长途奔袭，以354架舰载机偷袭了美军太平洋舰队基地珍珠港，击毁击伤美国舰艇40余艘，美国损失飞机260多架，伤亡4000多人。这一事件震惊了整个美国，第二天美国总统罗斯福发表了著名的国耻演说："昨天，1941年12月7日，美国遭到了日本蓄意的攻击，这个日子将永远是我们的国耻日！"当天下午，美国政府对日宣战。英国首相丘吉尔得知日本偷袭珍珠港消息之后的第一句话就是"好了！我们总算赢了"，当初为了把美国拖进战争，他费了九牛二虎之力，也只是搞到一个《租借法》，想不到日本人帮了他大忙——珍珠港事件使美国人终于找到了参战的借口！

按詹姆斯·斯泰尔曼所说，美国总统罗斯福和一些美国上层官员事先已知日本要偷袭珍珠港的计划，他的说法是否属实？后人为此收集了许多资料，以期证明美国到底是否事先知道日本要偷袭珍珠港？从那些资料中人们提出了一些疑问：在日本偷袭珍珠港前，美国当时的海军情报官劳伦斯·萨福德中校破译了日本联合舰队向珍珠港开进的详细情报，这份极有价值的情报由海军作战部长斯塔克中将送到了白宫，然而，罗斯福却只漠不关心地说了句：知道了！罗斯福在得知这份情报后，曾密电海军太平洋舰队司令金梅尔海军上将，让他立即把珍珠港内的航空母舰调到外海，照例进行训练，而其他舰船则一律留在港内，在金梅尔接到总统的密电后，美军太平洋舰队通信参谋莱顿中校也破译了日军的密码，并将其送到金梅尔的办公室，但金梅尔却不屑一顾地将其扔在桌上，只是对莱顿说："军人最大的弱点是惊慌失措。这没有什么！你已尽到职责了，但是，不能把这件事情告诉任何人。"当日本飞机在珍珠港上空扔下第一批炸弹时，下面整齐地排列着美军的水面舰船和作战飞机，只有航空母舰没在港内。

袭击前日本大使从日本外务省获得了一封很长的电报，并受令在发起袭击前（华盛顿时间下午一时）将它递交给美国国务卿科德尔·赫尔。但大使人员未能及时解码和打印这篇很长的国书，最后这篇宣战书在袭击后才递交给美国，这个延迟增加了美国对这次袭击的愤怒，它是罗斯福总统将这天称为"一个无耻的日子"的主要原因。实际上这篇国书在日本递交美国前就已经被美国解码了，据说乔治·卡特利特·马歇尔在读过这篇国书后立刻向夏威夷发送了一张紧急警告，但由于美军内部传送系统的混乱，这篇电报不得不通过民用电信局来传送，在路上它失去了它的"紧急"标志，袭击数小时后才由一个年轻的日裔美国邮递员将这张电报送到美军司令部——这看上去也太不可能了。

从这些证据来看，在当时以罗斯福为首的美国上层，有极少数人事先就已经知道了日军将进攻珍珠港的情报，并且显得是那样胸有成竹，在这一切情报最终报告给罗斯福时，他正在与他的助手和好友霍普金斯交谈，他对霍普金斯说："我料定我们的敌人不会永远不犯错误，如果日本人进攻我们，我将争取国会批准美国参加这场战争。"近年来，包括美国学者在内的一些西方学者，以此为据，认为珍珠港事件是罗斯福为了摆脱国内孤立主义思潮的束缚，以太平洋舰队为诱饵所施的一个苦肉计，珍珠港被袭，真的是罗斯福的苦肉计吗？至今还是一个谜。

（十七）诺曼底登陆的预演——悲壮的迪耶普奇袭

1944年6月6日，盟军成功登陆诺曼底，创造了20世纪最辉煌的渡海登陆作战战例。不过，在此之前，英国曾经进行过一次登陆尝试，虽然失败了，但意义重大，它为诺曼底登陆做了很好的铺垫。

1942年春，战争形势对同盟国极为不利，在欧洲战场上，纳粹德国占领了整个西欧并浸入苏联腹地；北非战场上，德军逼近埃及；太平洋战场上，日本占领了整个东南亚，但此时英国做的仅仅是同纳粹德国隔着英吉利海峡对峙，斯大林要求丘吉尔立即在西欧开辟第二次世界大战场，缓解苏联的压力，然而，这时的英国和美国还不具备大规模登陆的实力。受形势所迫，丘吉尔决定在法国沿岸某处发动一次奇袭，以吸引德军的注意力，缓解东线压力。同时也希望通过实战试验新装备，获取两栖登陆作战经验。英军联合作战司令部在蒙巴顿将军的主持下，开始着手制订偷袭法国的计划，命名为"战马"计划，按计划陆海空三军将有万余人参战。

联合作战司令部原定于7月4日实施"战马"计划，部队已于7月初在怀特岛的港口集结，因为天气不好，计划用于攻击炮台的空降部队无法伞降，偷袭日期推迟到了7月8日。不料7月7日，英国这支想侦察"欧洲堡垒"（德军在法国西海岸构筑的工事）而准备偷渡海峡的舰队还未启航，就被德国飞机发现了，随之而来的轰炸使这次袭击被迫取消。很快蒙巴顿将军又制订了代号为"庆典"的作战计划，拟由加拿大步兵和英国陆军组成英加联合特遣队，在法国港口小镇迪耶普展开一次登陆战。迪耶普处于英吉利海峡最窄处，进攻路线短，而且处于皇家空军战斗机的作战半径之内，这次作战的直接目标是摧毁德军的防御工事并抓获一些俘虏，获取军事情报。

登陆部队总兵力6100多人，包括4963名加军官兵、1000名英军敢死队员和50名美军观察员，皇家空军抽调了74个飞行中队为此次行动提供空中支援，加拿大第二步兵师师长罗伯特少将负责统一指挥。在行动的那个晚上，盟军希望能悄悄完成登陆行动，然而不幸的是，一阵激烈的炮声使盟军的希望落空了。原来一支由猎潜艇护送的德国船队正沿着海岸自东向西航行，在昏暗中撞上了由23艘登陆艇组成的东外翼英国第三突击队，德军猎潜艇发射照明弹后，向英国炮艇猛烈开火，英国炮艇遭到重创，23艘登陆艇也被打散，驻守迪耶普的德军接到警报后，立即进入临战状态，德国空军和英国空军也随即展开激战，迪耶普登陆行动由奇袭变成了强攻。

盟军主攻作战群分为两波，第一波包括两个团和30辆坦克；第二波由一个营和14辆坦克组成，由于侧翼几个突击队的失败，除"赫斯"炮台外，德军岸炮均没有遭到破坏，正面攻击面临极大困难，英军舰艇释放的烟幕在掩护登陆艇免遭德军炮击的同时，也遮住了英军自己的视线，根本无法看清海滩上的情况。

第一波作战群的登陆艇和坦克在德军火力网中向前猛冲，最后只有三辆坦克通过海滩，冲上滨海大道，一些加军士兵与三辆坦克配合，打死了一些德军，还击毁了几门反坦克炮，但坦克炮弹打完后，不得不退回海滩。在海滩进攻受阻时，旗舰"卡尔普"上的登陆部队总指挥罗伯兹少将对发生在海滩上的惨剧一无所知，上午7时，罗伯兹获知加军一部攻入迪耶普后，误以为加军已经控制整个迪耶普镇，于是下令第二波作战群上岸，这批部队上岸后立刻遭到猛烈打击，伤亡惨重，只有一个排冲进迪耶普镇，弹药耗尽后被迫投降。

罗伯兹少将对这些情况仍然不清楚，8点30分，他又派出最后一支预备队——皇家海军陆战队，从第二波作战群的登陆点上岸。由于海面上烟雾弥漫，这支预备队在海上转了 90 分钟才抵达预定海滩，这时烟雾被风吹散，德军的炮弹和子弹雨点般落在陆战队的头上，海滩被鲜血染红，营长菲利普斯少校知道成功登陆已不可能，当即命令登陆艇返航，避免了全军覆没的厄运。直到中午时分，部分陆战队员撤回，罗伯兹才知道海滩上伤亡巨大，作战已经失败，只好下达撤退命令。此时德军的空中反击持续不断，"伯克利"号驱逐舰因遭受重创不得不被已方舰艇击沉，"卡尔普"号驱逐舰也被击伤，8 月 19 日午夜后，运载着 500 多名伤员的驱逐舰驶抵朴次茅斯。

在这次迪耶普登陆作战中，加拿大部队损失 3363 人，英军伤亡 247 人，约有 2200 名盟军官兵被俘。英国海军损失驱逐舰一艘、登陆艇 33 艘，死伤 550 人，英国空军损失飞机 106 架，坦克 30 辆。德军损失较轻，伤亡 591 人，损失飞机 48 架，盟军除了夺取并摧毁巴伦修比尔炮台外，其他部队都没有实现预定的目标，但从战争全局来看，这次作战虽然失败了，但意义重大，它为诺曼底登陆做了很好的铺垫。

迪耶普登陆战役是第二次世界大战中盟军在战略上迫不得已进行的一次中小规模的登陆作战，从 1942 年 8 月 18 日晚 10 点始，至 8 月 19 日 13 点止，历时 15 个小时。迪耶普登陆战役作为盟军开辟第二次世界大战战场的一次悲壮预演，虽然以惨败收场，但为盟军后来在北非、西西里、诺曼底大规模登陆提供了宝贵经验。1944 年 6 月 6 日，在盟军成功地反攻欧洲大陆的历史性时刻，美国陆军参谋长马歇尔和海军作战部长金联名致函蒙巴顿将军："今天，我们去看了在法国国土上的英美军队。我们认识到这次冒险行动赖以成功的了不起的技术，大多归功于你和你的联合作战司令部人员的研究与发展。"

蒙巴顿将军对迪耶普之战曾评价说："偷袭迪耶普的行动使德国人深信英国人不会在开阔的海滩发动全面进攻，而我们经过研究发现，利用预先建造好的流动港是可以进攻开阔的海滩的。事实上我们正是利用自己研制的可以漂过海峡的流动港，在敌人受骗而未加严守的开阔海滩大规模登陆成功，因此迪耶普袭击也就成为'伟大的欺骗'。"

（十八）谁在缅甸"坑"了中国远征军——"先欧后亚"

1937 年底，为了打通中国和国际间的交通，中国政府征集了约 20 万各族劳工在中缅边界的崇山峻岭之间，以 3000 条生命为代价，开辟出一条长达上千里的公路——自通车起的 3 年里，滇缅公路上 1.5 万多辆汽车，一共抢运了 50 万吨军需品，以及不计其数的各类物资，是一条支撑抗战不折不扣的生命线。1941 年，英美盟军在太平洋战场上节节失利，年底，日军先头部队入侵缅甸南部，直接威胁仰光和滇缅公路，鉴于缅甸局势岌岌可危，为了保障滇缅公路的通畅，保障援华的租借法案物资顺利抵达中国，中国政府决定派出远征军出兵缅甸。

　　1942年3月，戴安澜的第200师率先与日军在缅甸同古开战，被兵力占优势的日军包围，经激战后突围，不久，日军夺取了英军控制的仁安羌，英军开始向印度方向逃避，致使中国远征军右翼暴露，远征军被迫后退。4月29日，中国军队与后方联系的要地腊戍被日军占领，8月4日，中国远征军被迫全部撤出缅甸。除第38师和第22师撤到印度外，其他部队由杜聿明率领按蒋介石命令突破封锁线，穿越野人山返国。一路上战士落伍、失踪、疾病死亡以及被敌追阻杀伤者比战场上死伤的多数倍。"官兵死亡累累，前后相继，沿途尸骨遍野，惨绝人寰"。据统计，10万余众的中国远征军至此仅存4万。事后，蒋介石的参谋总长何应钦也不无感叹："此次入缅参战，自始至终战况都非常被动，虽然官兵英勇奋战，但也无法挽救全局，实为憾事。"

　　中国远征军第一次入缅作战以失败而告终，那么这次悲壮惨烈的缅甸征战，中国远征军失败的最主要原因是什么呢？据事后分析，敌情不明是这次远征军失败的一个主要原因，远征军全线崩溃前，在战场上始终没有发现早已参战的日军第56师团，正是这个师团最先在中路挫败了远征军决战的计划，然后又出其不意地从东线突破了远征军薄弱的防线，席卷了整个后方，从而导致了远征军的全面溃败。在实际交战过程中，远征军原以为面对的敌人仅有日军第55师团，既没有发现从泰国增援上来的日军第18师团，也没有发现从海上登陆增援的第56师团，稀里糊涂地把日军三个精锐师团当一个师团来打，以4个半师的兵力摆了个围歼对手的阵势，所以远征军一开始作战便陷入了十分被动的局面。

　　但远征军这次入缅失败从根本上讲还是一个制空权的问题，战场上的制空权完全掌握在日军手中，德国著名将领隆美尔就说："假使敌人握有完全的制空权，那么我方尽管拥有极现代化的武器，也还是无法与他作战的，就好像野蛮人碰到了近代的精兵，其结果是不问可知了。"这次中国军队赴缅远征，事先英美曾承诺空中掩护的，可在战斗中，英美的承诺却没有兑现，这也是导致中国远征军失利的原因之一。早在1941年5月20日，英国远东军总司令波普汉托中国军事考察团团长商震致函蒋介石，将指定"霍克"战机100架，分配给中国。但后来英方食言，把这批飞机全部用在了北非战场。1942年3月15日，即同古激战的第4天，也就是英军在缅全部45架作战飞机在马圭被毁后的第4天，蒋介石同英军印缅战区总司令亚历山大将军共进晚餐后再次商谈，亚历山大亲口答应蒋介石，几个星期后将有324架飞机投入缅甸战场，但是直到缅甸战场全面崩溃时都没见到这些飞机的踪影，而日军投入战场的飞机数量已经达到400多架。其实从3月开始，由于非洲战场的需要，英国早就无意将空军用于缅甸战场，蒋介石被亚历山大将军这个弥天大谎所迷惑，还乐观地把缅甸作战看成是一场中国军队在英军绝对制空权支援下的对日作战。

　　1942年4月18日，也就是我东线被日军第56师团突破之际，宋美龄致电美国总统行政助理居礼先生，表达了对美国把原来承诺拨给中国战区的飞机移给欧洲的不满，但美国方面对此置若罔闻。到了 6 月初，隆美尔在北非突破加查拉一线进逼托布鲁克，集结在印度、原定支援缅甸作战的实力强大的美国第 10 航空队，也紧急向地中海转移，这时中国远征军各部正在艰苦的环境下撤退。这一切都是由于美国在第二次世界大战中的"先欧后亚"战略，在北非出现危机时，美英两国先后把原定用于缅甸战场的飞机几乎全部都调往地中海，致使中国远征军作战失去了空中掩护，英美是以缅甸战场的失利，去换取北非战场的制空权。

既然制空权是决定战场常规作战的至关重要的因素，那么就必须承认一个基本的事实，中国远征军第一次入缅作战的失败在客观上具有不可抗拒性，由于完全丧失了制空权，中国远征军是在失败不可抗拒的情况下，苦苦支撑着缅甸的战局，北非战场盟军的制空权是用放弃缅甸战场的制空权换取的，中国远征军以自己悲壮的失败换得了英军在北非战场的胜利。

（十九）公理难敌强权——战后蒋介石为何错失收复香港良机

抗战期间及日寇投降时，蒋介石趁着中国在反法西斯阵线中地位增强的机会，曾先后三次提出收回香港，然因中国是大国而非强国，或遭英国无理拒绝，或美英狼狈为奸施加压力，使公理难敌强权，结果都以失败告终。

每年的 7 月 1 日是香港回归祖国的纪念日，但是很少有人知道，1945 年抗战胜利后，中国军队曾有机会收复香港，让"东方之珠"提前 52 年回归祖国，然而蒋介石为获得美英的支持，发动内战，屈从于美英压力，在最后关头放弃了收复香港的主权。

蒋介石

1941 年 12 月，日本发动了太平洋战争。在日军凌厉的攻势下，英军节节失利，很快，中国香港与新加坡、马来亚、缅甸等英属殖民地，相继落入了日军手中，由于战争的需要，英国政府指着中国牵制日军和出兵帮它守护东南亚所属殖民地，蒋介石于是打算趁此良机收复香港，1942 年，蒋介石向英国提出了收回香港的要求，在国际上得到了广泛同情。

罗斯福总统是聪明的，这不光表现在战场上，这时，美国为了把英国挤出亚洲，趁机向英国施加压力，指责英军在亚洲战场节节失败是因为"殖民地太多，战线拉得过长"。美国的态度，无疑对英国是一个强大的压力，对中国国民政府是个巨大的鼓舞。为了迫使英国在香港问题上让步，中国政府的策略是先与美国达成共识，再向英国施加压力。

英国出于需要中国出兵保卫其殖民地缅甸和印度的目的，主动提出与中国进行废除不平等条约及签订新约的谈判，谈判之初，蒋介石坚持收回香港，然而，英国人从内心里并不想交还香港，谈判只是权宜之计，为的是让蒋介石能够坚持抗日，以减少英军在太平洋战场上的压力。早在1941年4月，中国驻英大使郭泰祺就曾与美国政府交涉过废除不平等条约的问题。美国国务卿赫尔在会谈中表示赞同中方的建议，美国极愿中国完全"获得香港主权"。

1942年8月底，美国向英国提出共同发表一项阐明两国对其太平洋领地之间相互关系的联合声明，进一步对英国施压。在这种情况下，中国政府于是正式邀请美国立即与中国举行废除不平等条约的谈判，希望美国在这个问题上起个带头作用。英国外交部一听到此事，立即于9月15日指示英国驻华大使薛穆：在"废除治外法权"问题上，要争取主动，以免被美国抛在后面。第二天，英美政府分别发表声明，准备与中国政府谈判，立即放弃在中国的"治外法权"。

10月9日，美英两国同时通知中国，准备马上就废约问题与中国谈判，次日下午，蒋介石公布了这一喜讯，高兴地说："我国百年来所受各国不平等条约之束缚，至此可以根除。"中国与美英废除旧约签订新约的谈判展开，朝野都以为，随着中英间不平等条约的废除，只等打败日本，香港就可以回归祖国怀抱了。11月22日起，美、中、英三国首脑聚集开罗召开会议，商讨战后重建世界秩序事宜。罗斯福作了令人鼓舞的表态："英国是不应再在香港享有帝国主义的特权了，战后可由中国先行收回香港，然后宣布香港为全世界的自由港。"随着战争向有利于盟军的方向发展，英国在香港问题上也日趋强硬。在1943年的开罗会议上，中英就香港问题展开了交锋，但丘吉尔直接回绝了蒋介石，蛮横地宣称："不经过战争，休想从英国拿走任何东西！"

英国的决定传到中国后，舆论大哗！著名作家林语堂立即在美国著文，对英国的主张进行了猛烈的抨击，他还警告英国："即使中国政府不打算与英国兵戎相见，但是中国人民为了收回香港是不惜与英国一战的，中国的500万士兵在对日战争中流血牺牲，不是为了让英国重新占领香港这个英国从鸦片战争中掠夺来的战利品，和号称英国王冠上的第二颗最明亮的钻石的。"

蒋介石在1942年12月31日的日记中，记下了对英国让步的事实，但又自我宽解道：如果英国坚持不归还"新界"，"一俟战后用军事力量，由日军手中取回，则彼虽狡猾，亦必无可如何"。1945年8月15日，日本宣布投降后，香港问题重新摆到了桌面上。此时的形势对中国收复香港极为有利，因为按照远东盟军统帅麦克阿瑟发布的第一号受降令：凡在中华民国（满洲除外）、台湾地区、越南北纬 16 度以北地区之日军，均应向中国军队投降。香港就位于北纬 16 度以北地区，而且在战争期间隶属于中国第二方面军所辖战区的一部分，因此许多人建议蒋介石趁机派兵进驻香港，然后再与英国交涉。蒋介石于是命第二方面军司令张发奎将新一军和十三军集结于靠近香港的宝安地区，准备接收香港。

8 月 18 日，丘吉尔密电杜鲁门，宣称香港是英国领土，英国不能同意中国对 8 月 15 日 "第一号命令" 所做的 "香港在中国境内" 的解释，请求他指示麦克阿瑟，命令日本大本营在港的日军，在英国海军到达时，必须向英军司令官投降。与此同时，英国在军事上也为重占香港积极行动起来。

当时，距香港最近的英军，是停泊在菲律宾苏比克湾的英国太平洋舰队。英国政府为了抢先到达香港，夺取胜利果实，一听到日本投降，就命令该舰队的海军少将夏悫："立即率领皇家海军特遣舰队，开赴香港！"

英国在外交上也采取了相应对策。日本投降后第二天，英国驻重庆使馆将一份备忘录交给中国政府，单方面宣布：英国正派遣军队去重新占领香港，并恢复香港政府。其实，恢复在香港的殖民统治是英国的既定政策。

为了重占香港，1944 年初，英国政府就成立了一个名叫香港计划小组的机构，负责策划恢复殖民机构的事宜，并确定了战后武力占领香港的方针，准备在战争后期出动军队不惜一切代价攻占香港。为配合军事行动，英国还向香港派遣了大批间谍。日本投降前夕，英国派人秘密联络被日军囚禁的港英政府官员，要求他们与日军交涉，为英军重占香港做准备。

自从德国投降后，美国同苏联在欧洲展开了激烈的争夺，美国需要英国的支持。因此，在香港问题上，美国支持中国收回香港的立场发生了改变，杜鲁门支持英国重返香港。他通知麦克阿瑟："为了更顺利地接受香港地区日本军人的投降，须将香港从中国战区的范围内划出来。"杜鲁门也致电丘吉尔，同意英国接收香港日军投降。英国政府希望身为军人的蒋主席，理解英国的处境，英国曾在香港受辱于日军，必须直接从日军手中把香港接收回来，才能 "洗清耻辱"，英国欢迎蒋介石 "以中国战区总司令" 的身份，派代表参加英方在香港接受日军投降的仪式。

1945 年 8 月 13 日，英国命令海军少将夏悫率领一支特遣舰队开赴香港。为配合海军的行动，英国派出了大约一个师的陆军兵力前往香港，在派出军队的同时，英国也对美国展开了外交攻势，英国人很清楚，在香港归属问题上，美国的天平倾向于谁，香港就将归谁所有，在中国这边，蒋介石虽然已经集结了部队，做好了进入香港的准备，但他却迟迟没有下达进军香港的命令。

蒋介石知道，将来发动内战，不能少了英美两国的援助，若此时出兵香港，必然会失去英国的支持。于是，蒋介石连续两次声明中国无意以武力收复香港，希望这件事能通过 "外交" 途径来解决。他还向美国派出了使节，去寻求美国的支持，幻想通过美国的干涉来实现香港的回归，但杜鲁门这时已完全站在英国殖民主义的立场，并宣称，英国在香港的主权"不容置疑"。

8月20日，夏悫少将率领特遣舰队，乘坐巡洋舰"史维苏尔"号，在海军航空兵的掩护下，由两艘驱逐舰和两艘潜水艇护航，大摇大摆地开进了维多利亚港。香港同胞眼睁睁地看着英军接过了香港的管辖权。

9月1日，驻港英军成立了军政府。1946年5月1日，被日军囚禁的前港督杨慕琦返港重任总督，恢复了英国对香港的统治。

三、长空角逐

（一）笕桥上空的 4：0——中日"八一四"空战

1937年8月14日，弱小的中国空军在杭州湾上空，首次和侵华日军航空队展开空战，这场罕见的"空中肉搏"，几乎震惊了整个世界。

1937年8月13日，日军对上海发动攻击，淞沪战事爆发。8月14日上午，中国空军开始对进犯上海的日军重要目标连续轰炸，并袭击了设在上海日商公大纱厂内的日军军械库。为了报复中国空军，日本海军第三舰队司令长官谷川清中将命令驻台北的鹿屋航空队立即出击。同日下午14点50分，日军精锐木更津航空队和鹿屋航空队从台北出发，18架"三菱96"式轰炸机分两批往杭州上空飞来，目标直指笕桥机场。

迎战日机的是中国空军第四大队，该大队曾于8月7日奉命移防河南周家口，8月13日，航空委员会又密令其赶到杭州，8月14日下午，第四大队的27架"霍克-3"式驱逐机先后飞抵笕桥机场，这些飞机经长途航行着陆后，多数还未来得及加油，敌机逼近的警报就拉响了，从南京接受命令后赶来的大队长高志航看到紧急信号后，立即跃入机舱，第一个驾机直上蓝天，其他战机也先后起飞，准备迎战。20分钟后，日军轰炸机飞到笕桥机场，在500米高空，开始投弹，但命中率不高，仅炸中机场的一些设施和加油车，正在4000米高空搜索敌机的飞行员们听到轰炸声，立即穿云下降，发现敌机正在杭州湾上空疏散队形，日机这样做是为了便于各自搜索轰炸目标，但也等于自行解除了轰炸机群强大的空中交叉掩护火力，为中国空军各个击破提供了良机。

这时，杭州一带上空因受台风影响，乱云飞舞，中日飞机在云雾中展开了一场大厮杀，高志航首先咬住了一架敌机，他在分队长谭文的配合下，把一串仇恨的机枪子弹射了出去，敌机中弹，拖着长长的黑烟坠向地面，这是中国飞行员在空战中击落的第一架敌机。随即在机场东端，中队长李桂丹击落第二架敌机，与此同时，四大队 22 中队在安徽广德上空也与来袭的敌浅野机群相遇，中队长郑少愚追敌至钱塘江上空，命中一架敌机，日军飞行员跳伞，地面警卫部队抓到了三个俘虏，其余的敌机见势不妙，落荒而逃，其中一架重伤的日机，未及回到台湾松山机场，就在基隆附近坠海。

当天世界各大报纸和通讯社，都以惊人的速度详细报道了此次战况，中国空军首战大捷，从此，世人不得不对这支弱小的空军刮目相看，就连日军飞行员也承认中国"飞将军"是"一流的勇士"，接着国内迅速掀起了"空军热"，每有空军的新闻，报童不用满街跑，只要站在街头一喊，报纸很快就被抢光，当时男孩子能当上空军，姑娘能嫁给飞行员，是人们公认的荣耀。就在中日首次空战不久，日本鹿屋航空联队队长、海军航空大佐石井义剖腹自杀。

这是中国空军首次参战，他们从中国空军的诞生地——浙江杭州的笕桥机场起飞，直飞上海参加战斗，当天就取得击落日机 4 架、击伤 1 架，而我方零伤亡的辉煌战果，取得了中日空战的首次胜利，一举粉碎日军航空兵不可战胜的神话，增强了中国军民抗战的必胜信心。当时的国民政府为纪念这首次空战的胜利，也为了进一步激励前线的士兵们英勇抗击日寇，鼓舞全国人民的抗战热情，故将这一天定为"空军节"，第四飞行大队被命名为"志航大队"。

（二）鲜为人知的苏联"飞虎队"——苏联援华航空志愿队

抗战初期，中国空军仍处于初建阶段，国内的航空工业也刚刚起步，中国空军装备的几百架飞机大多是从美国、意大利、德国、英国、法国等国购进的。经过几个月的战斗，到了 1937 年 11 月初，中国空军剩下的飞机不到 36 架，只能用"拆东墙补西墙"的方法组装一些飞机。

相比之下，日本已自行生产了 1500 多架军用飞机，包括多种型号的轰炸机、战斗机以及侦察机，战场的形势万分危急。国民党政府开始寻求外援，当时美国人与日本人搞得正热火，将大量钢材等战略物资提供给日本，助纣为虐，大发战争财，蒋介石见求助美国无望，只能将目光投向苏联。

早在 1934 年 10 月，蒋介石考虑到一旦抗战全面爆发，中国将难以从海上获取外援，因而私下派清华大学教授蒋廷黻赴苏，同苏联外交副人民委员斯托莫里雅科夫密谈，希望改善中苏关系，从苏联获得军事援助。之后，蒋介石又多次派人同苏联方面接触。1931 年"九一八"事变后，苏联一直担心日本北上，与西路的德国遥相呼应，形成对苏联的东西夹击。面对日益恶化的国际环境，扼制日本在亚洲的扩张成为苏联的战略选择，1937 年 8 月 21 日，中苏两国正式签订了《互不侵犯条

约》。

此后，苏联开始向中国提供经济贷款和军事援助，并派遣军事专家和志愿航空队参加中国的抗日战争。

1937年9月初，时任苏联国防人民委员的伏罗希洛夫接到命令，要求他立即从苏联空军现役部队抽调战斗机和轰炸机机组人员，组成援华航空队奔赴中国。为了保密，援华航空队的飞机运送到中国时，机翼和机身上的苏联空军徽标被抹去，漆上了国民政府的青天白日徽，方向舵上也涂上了蓝白相间的斑马条纹，为避免过分刺激日本，援华航空队以志愿的形式帮助中国抗战，此秘密行动被命名为"Z计划"。

1937年10月，从苏联的阿拉木图经兰州到汉口的航线通航，10月下旬，第一批苏联志愿航空队先后到华，第一批共有空、地勤人员254名，分别组成以基达林斯基领导的轰炸机大队和库尔丘莫夫为首的战斗机大队。途经凉州时，库尔丘莫夫不幸因飞机失事殉职，普罗科菲耶夫接替指挥战斗机大队。此后，苏联志愿航空队的兵力不断扩充，最高峰时，达到战斗机、轰炸机各4个大队。

当时，中国空军的飞机在淞沪会战中几乎拼光，急需补充，本来中国空军已向欧美国家订购了363架飞机，但到1938年4月仅得到85架，其中还有13架未装好，在这关键时刻，苏联大批的飞机源源不断地运进中国，苏联的援助，对中国空军来说，真可谓雪中送炭。

虽然严格保密，空中转场也被要求保持无线电静默，但日本情报部门很快侦察到苏联空军援华的情报，在之后的空战中，日本也曾抓获被击落的苏联援华飞行员，但又忌于苏联的强大实力不敢撕破脸皮，对于苏联援华抗日，双方彼此心照不宣。苏联援华志愿航空队到华后，即在国民政府和苏联军事顾问团的领导下开始参加对日作战。航空队装备的都是当时最先进的战机，性能比日制飞机优越，因而初期对日空战战绩颇佳。1937年12月1日，大队长普罗科菲耶夫率领的第一批苏联志愿飞行员刚在南京机场着陆，日机突然来袭，苏联战机紧急升空作战，击落数架敌机，初战告捷，给了日本空军一个下马威。

1938年4月，国民政府情报部门截获敌后谍报，称日本海军木更津航空队飞抵芜湖机场。木更津航空队由日本天皇亲自命名授旗，与鹿屋航空队一起并称为日本空军的两张王牌，国民政府情报部门最终判定木更津航空队将在4月29日日本天长节那天参与轰炸武汉，以此给天皇祝寿。我方遂决定将计就计，在天长节那天，通过空中设伏对来犯之敌迎头痛击。4月29日下午，日机果然在芜湖起飞准备轰炸不设防的武汉，我方布置在彭泽、九江一带的监视哨立即将日机型号、数量、起飞时间等情报向武汉上报。武汉则不动声色地做好了迎战准备。各种战机依次升空，然后兵分两路，一路盘旋升高，占据有利高度；一路飞往预定空域设伏。2点左右，披着伪装色的日机分两个空中梯队如期而至，木更津航空队为第一梯队护航。

木更津航空队发现中伏后，阵脚不乱，迅速散开，企图驱逐我方战机为其轰炸机扫清空域。日机远程奔袭油料有限，我方战机果断与之展开空中缠斗。

苏联航空队的伊-15和伊-16勇闯敌阵，忽高忽低，各施所长，不时有日机拖着长长的尾烟栽向地面。日军第二梯队见大势已去，扔掉炸弹掉头逃跑。3架日机突出重围侥幸逃离，后来也因缠斗时间过长油料耗尽而全部坠毁。这一仗以36：5的战绩我方大获全胜。

1938年5月30日，9架日本轰炸机出现在汉口机场上空，苏军立即起飞迎敌，随着两架日机冒着浓浓黑烟栽向地面，又来了近百架日机试图掩护剩下的轰炸机返航，但逃跑途中仍有14架日机被击落，苏军援华飞机只损失了两架。

1939年6月，苏联空军又有志愿航空队4个大队来华支援，由库里申科和科兹洛夫各率领一个由20架重轰炸机组成的轰炸机大队进驻成都，由苏普伦和柯基那基各率领一个由伊-15和伊-16驱逐机组成的驱逐机大队进驻重庆，这大大增强了中国抗击日寇的空中力量。

到1939年10月，苏联空军援华达到最高峰，当时在华航空人员达425人，苏联驻华空军顾问阿尼西莫夫、副顾问胡鲁耶夫、参谋长伊里茵也常驻成都，并经常与中国空军共同研究对日空战的对策，鉴于轰炸重庆的日机主要集结于汉口，故决定派驻成都的重轰炸机去袭击日机在汉口的基地。

10月3日下午2点35分，苏联援华航空队12架重型轰炸机在库里申科上校的率领下，从成都起飞楔形编队，一路保持无线电静默，高速接近汉口。机场上200余架战机整齐排列，宛如受阅。作战时机千载难逢，苏联援华航空队的轰炸机以迅雷不及掩耳之势俯冲轰炸，弹仓里的高爆弹、杀伤弹、燃烧弹带着尖厉的呼啸声扑向地面。

据苏联方面的统计，日方至少有60架飞机被完全炸毁，另有接近100架受伤。日本空军苦心修整经营达一年的基地被炸得面目全非！基地司令官冢原二四三少将严重受伤，鹿屋航空队副队长小川、木更津航空队副队长石河等4名校官和一名尉官当场被炸死，200余人负伤，日军哀叹这是"事变开始以来最大的损失"。而苏联轰炸机仅一架受轻伤，在凯旋途中，苏联轰炸机利用机载机枪与从孝感机场起飞追来的日军战斗机交战，结果顺手牵羊又击落日机3架。

汉口大捷战绩辉煌，并创造了第二次世界大战空战史中炸毁敌机数量第二的骄人纪录，有人甚至称为"中国空军（实为苏联志愿援华航空队）的台儿庄大捷"。日本王牌飞行员坂井三郎当时正在汉口机场值勤，后来他在《"零"式战机的命运》一文中回忆："敌军（指苏联飞机）投弹之准确，轰炸之猛烈，脱离战场之快速，可谓空前绝后，从无如此的干净利落。"并称1938年10月3日这一天为"罪恶的厄日"，直言此役为"日本空军的大败笔"。

苏联援华志愿航空队的战绩主要在1938年取得，1939年后由于飞机老化落后，战斗减少。1941年4月13日《苏日中立条约》签订后，苏联向日本保证不再支持中国抗战，苏联志愿航空队结束援华使命，仅仅两个月后，苏德战争爆发，由于国内战事吃紧，苏联志愿援华航空队也陆续回国参加卫国战争。中国人不会忘记，全面抗战最初两年，苏联志愿援华航空队对中国人民的支援，从中国天空、江河中消失的200余架日机、数十艘舰船，是他们在中国抗战史上留下的辉煌的一笔，他们是抗战的功臣，也是中国人民的朋友。

（三）送给天皇的"生日礼物"——武汉空战

1938年2月至5月，在抗日战争中，中国空军和苏联空军志愿队在湖北省武汉地区空域共同抗击日军飞机空袭武汉的三次空战。

1937年12月南京失陷，国民政府迁都重庆，但在"九省通衢"的华中重镇武汉仍有许多重要机关，所以武汉仍是日军的轰炸重点。当时驻防武汉、孝感地区的空军有第三、四、五航空大队和苏联志愿航空队。在1937年8月国民政府与苏联签订互不侵犯条约，同时援助国民政府性能较好的伊-15（包括伊-15-3、伊-15比斯）和伊-16战斗机并派出志愿航空队。在此之前国民政府空军损失惨重，几无战斗力，第四大队大队长高志航也牺牲在日机的轰炸下。

日寇军事统帅在占领南京之后得意忘形，竟狂妄地认为只要攻占武汉，控制了中原大地，似乎就能让中国屈服。所以早在1937年的9月中旬，在调集主力向徐州进攻的同时，日本海军航空本部就秘密策划了从空中进袭武汉三镇的详尽作战计划，企图通过对武汉的空中袭击，摧毁我军作战指挥体系、军事生产基地和空军机场等，达到瘫痪中国军队交通运输的目的，为下一步从地面大举进攻武汉创造条件。

4月29日是日本的"天长节"，即天皇的生日，为庆祝天皇生日，日军决定再次空袭武汉。然而，此前中国空军已从一名被击毙的日军飞行员的笔记本中获悉了这一重要情报。不明就里的日军出动36架重型轰炸机，在12架战斗机的掩护下，一路杀气腾腾飞临武汉。敌机来袭的消息迅速传到设在汉口机场的中国空军第4大队指挥所，大队长李桂丹急令第4大队所属的第21、第22和第23三个中队，立即全部起飞，迎战日机。

第4大队组建于1936年10月15日，原驻扎在河南周家口机场，1937年8月14日，在大队长高志航的率领下开赴华东抗日前线。同一天，第4大队在杭州首次与日机交战，就取得4：0的战绩。此后，第4大队越战越勇，又连续击落几十架日机，不幸的是，1937年11月21日，高志航大队长正准备率领转场至周家口机场的第4大队起飞迎敌时，一群日军攻击机突然飞临机场上空，高志航英勇献身。高志航牺牲后，李桂丹接任第4大队大队长的职务，他把第4大队改名为"志航大队"，立志要为死去的同乡、战友报仇！

机会终于来了。

这一天，日机来得太快，第4大队刚在汉口上空集合，尚未编好队，大批日机已逼近武汉上空，水平方位为武汉东南，高度约4000米。大队长李桂丹当机立断，指挥战机立即投入战斗，第22、第23中队担任主攻，第21中队负责掩护，顷刻之间，一场激烈的空战打响了。在武汉上空第4大队只有9架战斗机，敌机在数量上占有绝对优势，面对劣势，中国的9架战机冲入敌机群展开混战，空战中21中队的董明德、杨弧帆、柳哲生、刘宗武四机协同作战首开纪录，击落日战斗机一架。柳哲生在协同战友击落一架敌机后又单独作战击落一架敌机，该机队其他战鹰又击落3架敌机，其中陈天民驾驶着才从兰州接收来的E-152战斗机，直插敌机群中，开战5分钟就击落敌机一架。在遭到敌人5架九六式舰载战斗机围攻时，陈怀民的座机中弹起火，他沉着地紧握操纵杆，扭转机身猛烈撞向日本海军第二航空队高桥宪一的九六式舰载机，高桥宪一当即机毁人亡。陈怀民撞机后曾经翻身出舱准备跳下，却不料伞衣被烈火燃着，身子自3000米高空坠落，直插江心……

许多百姓闻讯后坚持在江中反复打捞多时，直到6月初，英雄的遗体才从淤泥中浮现，人们在烈士的飞行服里找到一块怀表和留给母亲家用的一枚大洋。陈怀民少尉在其两年的飞行作战生涯中，曾经先后击落3架、击伤4架敌机。他至少两次受伤迫降，有一次跳伞后被树枝挂住，造成重伤，但他事后对人说："打仗就不能怕死，我上了天就没有想到要回来，否则，作战中就会挫伤自己的意志。"在当天的近30分钟的战斗中，中国空军共击落日机21架，令日军颜面尽失。次日，闻讯的冯玉祥将军被陈怀民的英雄事迹深深感动，写诗赞道："舍身成仁同归尽，壮烈牺牲鬼神泣。"武汉如今还有一条陈怀民路，以纪念这位以身殉国的空军英雄。

就在战斗处于胶着状态之际，中国空军另外一支编队赶来增援，顿时士气大振，日军编队见势不妙，纷纷向汉阳一带逃窜，中国空军飞行员哪里肯舍，调转机头一阵穷追猛打，所采取集中局部优势兵力各个击破的战法见效明显，只见日军飞机在空中纷纷开花，地面升腾起坠落时的浓烈黑烟。中国驱逐机越战越勇，不给残敌丝毫喘息机会，一直追歼至黄陂东湖仓予埠、黄花涝以及后湖一带。"二一八"武汉大空战取得11∶5的战绩，是自首都南京失守以后，中国空军在空战中取得的第一次一边倒的伟大胜利，胜利的喜讯迅速传遍武汉三镇的大街小巷，百万军民无不欢呼雀跃。21日，武汉各界举行万人集会和游行，以"庆祝空捷，追悼国殇"，这次空中大捷极大地鼓舞了军心和民心，也更加激励了广大军民高涨的抗战热情。

这场以机群对机群的大规模空战，只进行了30分钟，国民政府空军击落12架日机（10架战斗机、两架轰炸机），这也是我空战史上十分辉煌的一页，但我空军也付出了很大的代价，其中大队长李桂丹、中队长吕基淳、飞行员陈怀民、巴清正、王怡、李鹏翔等壮烈牺牲，20日，在武汉举行二万多人参加的追悼大会，武汉各界在汉口总商会公祭殉国空军将士，蒋介石主祭。孔祥熙、于右任、冯玉祥及中共中央和八路军代表王明、周恩来、叶剑英等出席致祭，于右任题写的挽联是："英风得天地，壮气作山河。"中共中央代表周恩来、秦邦宪也敬献了花圈，挽词写着："捐躯报国。"朱德总司令和彭德怀副总司令的挽词是："精忠神勇。"在之后的一个多月内，日军再未敢进犯武汉。直到 5 月 31 日，日军才出动 36 架战斗机和 18 架轰炸机袭击武汉，但又被击落 14 架，至此中国空军在武汉空战中已经击落日机 47 架，不但狠狠打击了日军的嚣张气焰，也大大鼓舞了中国人民的抗战士气。

（四）"空中飞虎"——抗日战争中的美国援华志愿队

"飞虎队"——正式名称为美籍志愿大队，又称中国空军美国志愿援华航空队，第二次世界大战期间在中华民国成立，由美国飞行人员组成的空军部队，在中国、缅甸等地对日作战，在中国的抗日战争处于异常艰难困苦的危险时刻，给予了中国人民最无私的支援。从那时起，直至第二次世界大战结束前夕，这支航空队尽管在编制隶属甚至名称上有很多变化，但有一点没有变，即它一直在陈纳德直接指挥下在中国战场与日军作战，为中国争取抗日战争的最后胜利立下了功勋。

"飞虎队"创始人是美国飞行教官克莱尔·李·陈纳德。1937 年 5 月，陈纳德作为国民党的航空顾问来到中国，陈纳德是一位杰出的空战战术家，也是优秀的特技飞行员，因为听力受损、患有支气管炎和低血压，他实际已经被美国陆军航空队停飞，退役时还仅仅是一名上尉。

1937 年 7 月 7 日，日军对中国发起全面侵略战争，横扫中国陆军，眼见得日本的飞机在中国的天空上耀武扬威，不可一世，陈纳德在写给他的朋友黑格·汉森的信中这样写道："朋友，我可以保证……如果中国人有 100 架好的飞机和 100 个训练有素的飞行员，他们就可以消灭日军的空中力量。"从那时起，他就为组建一支援华飞行队而奔走。不过看来陈纳德有时候确实很可笑，因为中国至少需要 1000 架飞机才能掌握一定的制空权。

1940 年底，蒋介石政府派代表团前往美国为飞虎队购买军机，美方在华盛顿的伯灵空军基地为中国客人和他们的顾问陈纳德展示了"寇蒂斯" P-40 "战鹰"飞机，负责飞机展示的飞行员是约翰·阿里森少尉，陈纳德后来在他的回忆录《战士的自述》中写道：阿里森 5 分钟的展示，比我之前和以后看的任何人都更多的展示了 P-40 的性能。他降落后，中国客人指着这架 P-40 露出笑容，说："我们需要 100 架这种飞机。"我说："不，你们需要 100 个这样的飞行员。"陈纳德向来看人不走眼，阿里森是那种有着惊人天赋的飞行员，后来，阿里森驾驶 P-4c 追随陈纳德在中国作战，他第一次参加空战，就击落了两架日本飞机，也有的说他当时击落了 3 架，但是第 3 架飞机一直没有得到证实。

"飞虎队"是在那个特定的历史环境之下的一个政治产物，它是由美国军人组成的空军部队来中国帮助中国人民的抗日战争。由于政治上的原因，他们是以民间身份来中国的，不代表美国政府，不代表美国军队。他们一共有300多人。这些军人是一批有叛逆性格的年轻人。彼特·莱特，当时刚从海军航空学院毕业的年轻飞行员，当时是在北大西洋舰队"冉杰"号的航空母舰服役的一个不知天高地厚的新兵，1941年7月1日，他手里晃动着调令，走进舰长指挥室。得意扬扬地跟他的长官说："你看！罗斯福总统的调令，调我去中国执行特殊任务。"他说的话很牛气，年轻人就是这个样子，他自认为有了这个调令，可以在临走前要要高调，气气长官。这位长官一听到彼特的话就发火了，他生气地对手下说，"少尉彼特·莱特目无长官。先把他关起来，调查这份调令真假以后再处理他。"这一下可把他吓坏了，"冉杰"号航空母舰就要出海了，一出海就几个月，如果把他的事情调查出来有了下落，他根本就不能赶上7月8日去中国船。这时候他得罪了长官，更是别想在军队里混了，所以彼特真是急坏了。第二天早上他千拜托万恳求，让给他送饭的勤务兵打电话通知白宫特使俄温先生才把他从软禁中救出来。类似他的情况，美国海军和海军陆战队一共流失了60多名飞行员。

接队员时，陈纳德从昆明赶了过来，这批小伙子早就听说他了，当他们看到长官陈纳德时，有点儿目瞪口呆，不知道谁叫了一声："哇，老头子！"大家哄堂大笑。这话真的很贴切，在这批二十几岁的小伙子眼里，51岁的陈纳德算是老人，这个名字就成为"飞虎队"队员对他的爱称了，大家传达他的命令时张嘴闭嘴就是"咱们老头子说……"

在"飞虎队"刚建立时，陈纳德根据队员飞机上的漫画，将飞虎队编成了三个中队：第一中队由前陆军驾驶员组成，队长是罗伯特·桑德尔，即"亚当和夏娃队"，第二中队外号"熊猫队"，杰克·纽柯克指挥，第三中队由陆、海军和海军陆战队的驾驶员组成，命名为"地狱里的天使"，由阿维特·奥尔森担任中队指挥官。

P-40飞机是飞虎队的主要装备，也是太平洋战争初中期美国陆军的主力战机。第二次世界大战期间，P-40主要对手是日本"零"式战斗机。对比而言，日本的飞机轻巧灵便，但美国的P-40的射程远。根据这两种战机的特点，陈纳德决定取长补短，采取迂回战术，绝对不能和他们面对面在空中绞杀。两机一组，打了就跑，有点儿胆小鬼的味道。陈纳德对不以为然的手下说："只要人活着就有机会打敌人。"

1941年12月7日，陈纳德率第一中队和第二中队到了昆明。20日，防空台侦测到一批日机向云南飞来，陈一白将军急告陈纳德所有战机都升空迎击。由于战争初期，国民政府的战机和飞行员在作战中损失较大，使得本已珍贵的战机和飞行员难以得到补充，而难以组织空中力量截敌，日机有时甚至在无战斗机保障护航的情况下，就出动轰炸机起飞进行轰炸。当天，入侵日机10架，被击落6架，击伤3架，志愿队无一架损失，志愿队初战告捷。昆明各报相继报道战斗经过，称美国志愿队的飞机是"飞虎"，志愿队此战一举成名，被称呼为——"飞虎队"。

P-40 飞机

1942年2月3日，宋美龄致电陈纳德，要他出任驻华空军指挥官，军衔升为准将，陈纳德从一个鲜为人知的退役陆军航空上尉，一跃成为世界各国的新闻人物。在美国，太平洋战争开始后，各个战场上的消息都不佳，战争正处于黑暗的时刻。这时突然冒出陈纳德带领一小批空军队员，取得辉煌胜利的消息，立即引起美国人民的轰动和兴奋，陈纳德顷刻之间成为美国家喻户晓的英雄，获得"飞虎将军"的美称。

1942年7月4日，美国独立纪念日，美国志愿队奉命在这天的午夜12点解散。颇具讽刺意味的是：美国志愿队这一天仍在空战！整整一天，陈纳德都在发布命令和拟订公文。工作结束后，陈纳德参加了美国志愿队工作结束仪式——告别宴。1943年，志愿航空队改为第14航空队，除了协助组建中国空军对日作战外，还开辟了号称死亡之路的"驼峰航线"，为突破日本的封锁，把大量的战略物资从印度接运到中国做出了贡献。

（五）瓜岛"仙人掌"——美国海军陆战队的 VMF-223 中队

瓜岛战役是太平洋战争中的一场重要战役，美日两国海军的较量以及经典的登陆作战，至今都令许多人记忆犹新，然而很多人并不知道，瓜岛上有一支神秘的美军航空队，对这场战役的结果起到了至关重要的作用。他们对制空权的牢牢把握，保证了美军最后的胜利。

日军在中途岛战败后，虽然被迫暂时停止了对东南太平洋一些岛屿的进攻，但为了重新夺取战略主动权，进逼美军的反攻基地——澳大利亚，仍坚持继续对新几内亚的莫尔兹比港作战。由于瓜岛是控制所罗门群岛岛链和邻近海域的一把钥匙，所以日海军为了加强在南太平洋的空中打击力量，扩大空中支援的区域，于1942年6月底派遣工兵部队在瓜岛修建机场，至8月5日修建工程基本完毕。8月7日那天，一架日本"零"式战斗机快速掠过瓜岛上空，飞行员正在寻找的是日本工兵部队三天前刚刚竣工的前进机场，日军已决定在这个新基地部署中程轰炸机，从东

面切断澳大利亚的盟军抵抗力量。令日本飞行员大为震惊的是，机场跑道两侧跑动的都是美国人。原来，美国海军陆战队第一师在前一天突然登陆，岛上日本工兵部队退入丛林待援，瓜岛机场已经完好无损地落入了美军之手。

占领了瓜岛机场的美军修建大队开始在日军的空袭下拼命工作，他们在日军不间断的炮击中修好了一条跑道，为纪念在中途岛作战中战死的特级飞行英雄亨德森中校，将瓜岛机场命名为"亨德森"机场，接下来的日子，双方在这里展开了人类战争史上最为惨烈的瓜岛争夺战。

日军第25航空队出动了51架飞机，于当日对瓜岛实施了空袭，但遭到美军60多架舰载战斗机的有力拦截，被击落19架，未取得什么战果。次日，即8月8日，第25航空队又出动41架飞机奔袭瓜岛，美军舰载飞机紧急起飞拦截，日军飞机不顾损伤，好不容易突破了美机的拦截，飞临瓜岛海域的盟军舰队上空，最终炸沉"埃里奥特"号运输船，炸伤"贾维斯"号驱逐舰。美海军被迫撤退，登岛美军部队陷入孤立。日军认为，瓜岛上的美军已不足为虑，他们可以随时全歼美军。但日本人想错了，8月20日，陆战队航空兵第23航空大队12架道格拉斯"无畏"式俯冲轰炸机和19架格鲁曼F4F"野猫"式战斗机前来增援瓜岛。谁也不会想到，这些被称为"仙人掌"飞行员的年轻人在此后的6个月里将在这里成为太平洋战场的焦点人物。

亨德森机场的生活艰苦乏味，简易机场雨天就成了一汪泥浆，不下雨就到处灰尘翻滚，飞行员们见到机场四周长满了仙人掌，就将自己称为"仙人掌"航空队。他们整天飞行，吃的是猪肉罐头、脱水土豆和从日本人那里缴获的大米，日本的水上飞机常来骚扰，它们胡乱扔几颗炸弹，有时是日舰抵近，进行一阵炮击，都搅和得他们晚上没法安睡。和海军陆战队一样，飞行员之中也有许多人传染上了疟疾或痢疾，有的人同时遭受这两种疾病的折磨。

进驻后不到12个小时，"仙人掌"部队就打垮了日军步兵的一次进攻，次日"仙人掌"飞行员驾机轰炸了附近的拉包尔和新不列颠日军基地，美国飞行员希望用这种特殊的方式宣告自己的到来，在与日军战斗机的第一次交锋中，史密斯上尉指挥的4架F4F"野猫"式迎战13架日本"零"式，虽然初战没有取得战绩，但"仙人掌"飞行员由此树立了与"零"式交战的信心。

仙人掌航空队的队长史密斯上尉当时27岁，日军偷袭珍珠港时，史密斯的部队正从夏威夷前往威克岛，但威克岛陷落了。随后他被任命为新组建的VMF-223首任队长。中队当时装备的是当时美国海军的主力战斗机——F4F"野猫"。这种由格鲁曼公司设计的舰载战斗机机身粗短，头部如啤酒桶，起落架主轮收在机身两侧，6挺12.7毫米机枪分装在梯形中单翼上，除机身构造坚固外，其性能不如日军三菱公司造的"零"式战斗机。由于战争初期，装备日军航母的"零"式战斗机在多次海空大战中战果惊人，以致大多数美军飞行员认为，千万不能与"零"式进行一对一的格斗空战，史密斯的飞行员均为没有空战经历的新手，对"零"式战斗机更有一种恐惧感，只有中队副卡尔上尉在中途岛曾击落过一架"零"式战斗机。事实上，"仙人掌"飞行员是在付出了惨重的代价之后才找到了与日军战机周旋的有效战术，由于总是处于数量上的劣势，他们总是将轰炸机和登陆舰只作为主要攻击目标，尽力避免与"零"式纠缠。当然，"零"式战斗机也不是想躲就躲得了的，在激烈的缠斗中，总是会有"零"式忽然蹿起来咬住你的尾巴，好在美国人最大的优势是他们离基地的距离较近，只要能成功跳伞，大部分"仙人掌"飞行员都能被高效率的搜救队或当地友好土著找到并返回基地重新投入战斗，而日本飞行员就远没有那么幸运了。

虽然"仙人掌"航空队的大多飞行员都还是一群没有任何战斗经验的新手，"野猫"式战斗机的性能也比日军的"零"式战斗机稍逊一筹，但是由于美军确保控制住亨德森机场，抢占了地利，而远在拉包尔的日军航空兵在飞往瓜岛途中没有任何中转基地，"零"式战斗机受到燃料和航程限制，在瓜岛上空只能停留15分钟，为了对抗"零"式，美军在所罗门群岛的海岸侦察哨一刻不停地监视瓜岛上空，在日机到来前两个小时就向机场提出敌袭报告，使美机就能够抢在日机来临之前半小时左右起飞，在日军飞行航线上抢占有利位置和高度，以逸待劳。史密斯在1942年8月30日，为了保卫瓜岛不受轰炸机和战斗机的攻击，带领战友们，成功击落了来袭的22架"零"式战斗机中的14架，失去"零"式保护的日本轰炸机，在还没抵达瓜岛前就被迫撤离了。当史密斯的中队被轮换下来离开瓜岛时，他一共击落了19架敌机，被授予了荣誉勋章。尽管日本人对人数有限的瓜岛美军不屑一顾，但他们很快发现美军的防御能力越来越强，而支持美国人的核心力量就是那些"仙人掌"飞行员，激烈的战斗使"仙人掌"飞行部队的损失率异常之高。至9月10日，岛上美军战机仅剩下3架海蛇式、22架俯冲轰炸机和11架"野猫"式。同日，日军向机场南端发动猛攻，日军共出动了60架战斗机和72架中型轰炸机支援地面部队大举进攻，力图一举夺回机场。美国海军紧急派来22架增援战机，"仙人掌"亦紧急升空阻击日军。29日，新乡上尉率队掩护从拉包尔出发的木更津航空队的18架"陆攻"轰炸机空袭瓜岛，美军出动"野猫""空中眼镜蛇"等24架战机进行拦截，新乡专心保护"陆攻"的安全，尽量避免卷入空战。率队返航后，新乡接到拉包尔第26战队司令部电报："本日战果太小，明日要进一步努力。"这使新乡甚为愤怒，决定次日全力投入空战，并扫射亨德森机场。8月30日，新乡只派6架"零"式战斗机保护"陆攻"，自己率18架"零"式战斗机于8点从布卡起飞，直扑瓜岛。新乡将空战指挥交给日高上尉后，带僚机俯冲去扫射机场。在混战中，史密斯先后打掉了3架日机，当他和僚机进入雨云向东飞行时，发现两架低飞的日机，史密斯立即冲过去将长机一举击落，这就是日军指挥官新乡上尉的座机。

当月从日本轻型航空母舰"龙骧"号起飞的飞机再一次光顾"亨德森"机场，

"仙人掌"航空部队的飞机紧急起飞升空后，一举击落 21 架来袭日机后，"仙人掌"航空部队越打越勇，又顺着逃走的日机一直追到"龙骧"号上空，"龙骧"号怎么也没想到自己的舰载机却引来这么一大批美机，顿时先乱了阵脚。在美"无畏"式俯冲轰炸机和"野猫"式战斗机的轮番攻击下，"龙骧"号先后中了 10 枚500 千克炸弹和两条鱼雷，很快便在海面上消失了。

在艰苦卓绝的 6 个月瓜岛争夺战中，"仙人掌"部队共损失了 277 架战机，94名飞行员阵亡，但他们与友军一起共击毁了 900 架日军飞机，击毙日军精锐飞行员2400 名，此后，日本人再也没能弥补他们在人力资源上的惨重损失，而年轻的美国飞行员却在这里获得了必胜的信心。在尔后的瓜岛海空战全过程中，"仙人掌"航空部队以其战绩而被赞誉为美军在西南太平洋上"不沉的巨型航空母舰"，为美取得整个瓜岛作战胜利做出了突出贡献。从 1942 年 8 月到 1943 年 2 月，不起眼的"仙人掌"部队顶住了日本航空兵精英的进攻，使战局陷入僵持。此时日军已有两万人或战死或死于疾病和饥饿，而美军死伤也近 6000 人。日军大本营认为赢得瓜岛付出的代价实在太大，决定撤出剩余的 1.1 万多名士兵。

对于瓜岛战役和亨德森机场在第二次世界大战中的历史地位，一位历史学家有这样一段精辟的论述："对于亨德森机场的重要性，日军的疯狂进攻就是最好的注脚。由于丢掉了这个战略机场，他们丢掉了瓜达尔卡纳尔，接着就是所罗门和整个新几内亚和俾斯麦群岛及他们的北方基地。在人类战争史上还尚未有那么多军舰、战机和战士因为亨德森机场这样区区几平方英里的空地而送命。"

（六）残骸成了后来者的地标——"驼峰"航线

半个世纪以前，1945 年 5 月至 8 月，在中国西南部，中美两国人民并肩抗击日本法西斯，由此展开了一场特殊的较量，开辟了一条被称为"驼峰航线"的国际战略空运通道，投入飞机 2000 余架，在云南至印度汀江开辟了世界航空史上最惨烈的一条"死亡战线"，为中国抗日战场运送 80 余万吨军用物资，其间，共有 609 架飞机坠毁、近 2000 名飞行员牺牲。至今仍有许多坠机残骸散落在高黎贡山自然保护区一带。

在中国抗日航空烈士的 30 块纪念碑的 60 面上，一共刻着 3300 个烈士的名字，其中有 2200 个美国人，这些年轻的美国飞行员，把他们年轻的生命献给了中国的天空。每一个中国人都会对他们表示崇敬，他们什么都没有留下，唯一留在这个世界上的只有纪念碑上这些名字。

1942 年，日军切断中缅公路，中国对外的一切物资运输中断，美国总统罗斯福下令：不惜任何代价，开通到中国的路线，由于海陆已无通道，只能开辟空中航线，于是著名的驼峰空运诞生了。"驼峰航线"西起印度阿萨姆邦，向东横跨喜马拉雅山脉、高黎贡山、横断山、萨尔温江、怒江、澜沧江、金沙江，进入中国的云南高原和四川省。航线全长800—1000公里，地势海拔均在4500—5500米上下，最高海拔达7000米，当时很多飞机满载货物时只能飞4000米高，山峰起伏连绵，犹如骆驼的峰背，故而得名"驼峰航线"。

1942年5月，滇缅公路被用来运送军事用品、汽油和其他货物。在1942年4月和5月，日本占领缅甸，有效地切断了滇缅公路。打破了日军对中国的封锁，保持国民党政府所要求的战略物资的不间断供应，中美两国政府被迫在印度到云南之间，开辟出一条战略物资转运的空中航线。"驼峰航线"是世界战争空运史上持续时间最长、条件最艰苦、付出代价最大的一次悲壮的空运。

"驼峰航线"途经高山雪峰、峡谷冰川和热带丛林、寒带原始森林以及日军占领区；加之这一地区气候十分恶劣，强气流、低气压和冰雹、霜冻，使飞机在飞行中随时面临坠毁和撞山的危险，飞机失事率高得惊人。有飞行员回忆：在天气晴朗的时候，我们完全可以沿着战友坠机碎片的反光飞行。他们给这条撒着战友飞机残骸的山谷取了个金属般冰冷的名字"铝谷"。因此，"驼峰航线"又称为"死亡航线"。从1942年直至1945年日本投降，几乎每天都有近100架飞机穿梭往返在白雪皑皑的喜马拉雅山上空。不计成本、不计代价、不分昼夜，24小时换人不换机飞行。坠毁就坠毁，被日机击落就击落，谁能过去就过去。一架飞机，一直要飞到最后的坠毁！到抗战结束前，"驼峰"空运几乎每天都要坠毁几架甚至十几架飞机！"驼峰"等同于"残酷""死亡"，飞越"驼峰"就等于向着地狱扑去。

自从1942年3月仰光沦陷直到1945年史迪威公路开通之前，中国通往外部世界的道路已基本上中断。如何将抗战所需的大批物资、弹药运进中国成为当务之急。早在1942年10月8日，陈纳德在写给美国总统特使温德尔·威尔基的信件中，就提出开通"驼峰航线"的建议。

驼峰运送行动是世界上规模最大，时间最长的空中战略桥梁，"驼峰航线"这一空中桥梁的空运行动一直持续到战争结束。在长达三年多的艰苦飞行中，中国航空公司总共飞行了8万架次，运送了85万吨的战略物资、战斗人员3.35万人，有力地支援了中国同胞，英勇抗击日本侵略者，为取得最后胜利提供了有力保障。可以说，没有"驼峰航线"，整个抗战局面就要重新改写！中美两国为开辟和维持"驼峰航线"提供了巨大的人力、物力，并付出了重大的牺牲。中美两国飞行员用鲜血和生命开辟的"驼峰航线"，是铸造在世界屋脊之上的一座历史丰碑，他们的英雄业绩，永远载入了中国抗日战争和世界反法西斯战争的光辉史册。

（七）哈勒欣河上空的"不死鸟"——斯科巴里欣

由于地缘政治上的冲突，日俄在近代曾多次开战，两国在1904年在中国的东北爆发全面的日俄战争，结果日本战胜，中国的东北落入日本的势力范围，俄国亦被迫把库页岛南部割让与日本。

1931 年，日本关东军发动"九·一八"事变，全面占领中国东北三省之后在 1932 年成立了听命于日本的伪满洲国，伪满洲国与外蒙古为邻，并分别有日本及苏联的驻军，日苏双方在不少的地段存在边境纠纷。

1939 年 5 月，日本为侵略外蒙古和苏联的远东地区，经常在东起伪满洲国边境城市诺门坎，西至外蒙古哈勒欣河东岸地区进行武装挑衅，并借口蒙古牧民侵犯哈拉哈河边界挑起军事冲突，双方在这一地区集结大量兵力。5 月 11 日，哈勒欣河战役爆发。战争一开始，日陆军航空队便投入大批兵力夺取了制空权，苏空军参战后，通过空战很快夺回制空权，空中态势发生根本性改变。

1986 年，苏军《红星报》记者采访了曾在哈勒欣河对日空战中首次成功地创造了迎面撞击敌机奇迹的苏联英雄斯科巴里欣。斯科巴里欣出生于莫斯科，后经推荐参加了苏联空军，在与蒙古国接壤的苏联后贝加尔地区服役。

1939 年日军侵略外蒙古时，斯科巴里欣担任后贝加尔第 22 歼击机航空兵团飞行副大队长。1939 年 5 月，斯科巴里欣所在的飞行大队奉命全部转场到外蒙古境内的巴音图门机场，参加与日军航空兵的作战。

开战之初，诺门坎的苏联航空部队是由第 70 战斗机联队和第 150 轰炸机联队构成的第 100 昆合飞行团。关东军为了得到制空权，于 13 日投入了第 24 战队，在 20 日记录了第一次击落苏方侦察机。22 日苏军出动了第 100 余架战机进行了反击，事情发展到这一步，诺门坎上空的战斗已经演变成了双方的大空战。

5 月 24 日，苏联空军又出动了 5 批飞机与日本空军作战，斯科巴里欣的伊-16 歼击机大队与友邻部队的一个伊-15 歼击机大队准备联合作战，对付气势汹汹的日本空军飞机。由于伊-15 飞行速度较慢，斯科巴里欣率领的伊-16 提前飞抵集合空域，等待伊-15 的到来。

可是，等了很长时间也没见伊-15 的踪迹，于是斯科巴里欣决定率机返航。但在返航途中，他们也没有遇见伊-15 歼击机大队。原来，伊-15 歼击机大队在前往集合空域的途中，被日本空军的飞机全部击落了。于是，此战况立即汇报到苏联国防人民委员部，国防人民委员伏罗希洛夫指示赴蒙参战的苏联空军停止一切行动。

1939 年 6 月 12 日，日军发动了第二轮攻势，派出强大的机群对苏蒙军的阵地进行突击。已经得到了增援的苏军立即出动了 60 架伊-15 歼击机截击，空中一片混乱，双方不时有油料耗尽的飞机退出战场，立即又有新的兵力加入战斗，这次空中交战持续了整整 8 个小时，苏军损失了 34 架飞机。

6 月 18 日，朱可夫被苏军统帅部任命为第 57 特别军军长。6 月 19 日，苏机轰炸阿尔山、甘珠尔庙和阿木古郎附近的日军集结地，500 桶汽油被炸起火。关东军司令部急调第一坦克师和第二飞行集团支援前线的第 23 师，此次调来的飞机共有

180架。6月21日，日军第二飞行集团团长嵯峨彻二中将把他的司令部从新京迁至海拉尔，调来4个飞行团，集中17个战斗轰炸机和侦察机中队。

6月22日，苏联空军的95架歼击机与日本空军的120架歼击机在哈勒欣河上空展开了空战，双方在诺门坎地区上空大战3天，近60架飞机被打落在大草原上，在这一仗中，斯科巴里欣首战告捷，一举打下数架敌机，因而被提升为大队长，苏联空军飞行员终于在哈勒欣河上空第一次战胜了日本空军，此后，苏联空军牢牢地掌握了制空权。在与日机空战中，苏联飞行员表现出勇敢、顽强的精神和高超的技能。在参战飞行员中，有26人因战功卓著被授予"苏联英雄"称号，在斯科巴里欣服役的22团里，有11名飞行员获此殊荣。

日军为了夺取战场制空权，从国内抽调了有经验的飞行员到这一地区参战，为了打击日军的嚣张气焰，苏联大本营同意了朱可夫的要求，给他派来了21名荣获"苏联英雄"称号的飞行员。

领队的是朱可夫在白俄罗斯军区已很熟悉的著名飞行员斯穆什克维奇，同时送来了新型飞机伊-16和"鸥"型飞机，同时还从境内陆续抽调了8个大队200架最先进的伊-16歼击机，以加强其在作战地区的空中优势。

6月26日，苏军出动了一个歼击航空兵团共50架伊-16飞机对日军干珠尔机场实施强击，在接近机场时遇到60架日军歼击机的拦截。伊-16歼击机在远距离发射火箭弹，日军飞行员对这种远射程大威力武器毫无戒备，中弹的飞机当即凌空爆炸，短短几分钟便有6架日机被击中。

空战持续两个多小时，直至双方油料耗尽，这次交战苏军以损失两架飞机的微小代价换取了击落19架日机的胜利。

6月27日晨3点，137架日机在海拉尔机场起飞，偷袭苏军机场，6点20分，日军机群到达塔木察格布拉格机场上空，进行狂轰滥炸，机场顿时黑烟覆盖，日军作战部队向关东军司令部报告击落苏机99架，击毁地面飞机25架。

7月初，苏、蒙联军在哈拉哈河西岸发起反攻时，苏空军突击日军在哈勒欣河上架设的浮桥，切断日军向东岸撤退的通道。7月上旬，日军航空兵又配合骑兵和坦克部队支援步兵的大规模进攻，双方混战不休。

在此期间，苏方出现了以斯科巴里欣率先以机相撞战例，苏联政府对在哈勒欣河上空空战中撞击敌人的苏联空军飞行员给予了高度评价，授予上尉斯科巴里欣、大尉库斯托夫、中尉莫申苏联英雄称号。斯科巴里欣开创了第二次世界大战中首个以战机相撞的战例，因而一举成名。

8月20日，苏蒙军队发起了全歼日军第6集团军的总反击，这天清晨，苏军153架轰炸机在100架歼击机的掩护下开始突击。苏军机群飞过敌军前沿，主要突击敌炮兵阵地和装甲部队集结地，由于此时日本空军已处于完全被动地位，因此只能眼巴巴地看着阵地被蜂拥而至的苏军飞机炸得支离破碎。21日凌晨，日军出动了临时拼凑起来的 40 架轻型轰炸机和少量重型轰炸机，在 20 余架歼击机的掩护下，准备突然袭击苏军后方集结的重兵集团，早有准备的苏军几个 N-16 歼击机中队闻讯后立即起飞，刚刚开始轰炸的日军机群发现苏联飞机，慌忙扔下炸弹返航，苏军航空兵紧追不舍，在追击中又击落敌轰炸机 10 架，歼击机 6 架。

9 月 15 日停战协定签署的当天，双方还通过突击对方机场争夺制空权，导致在机场上空发生大规模空战。苏军 200 余架歼击机与日军 180 架战斗机还进行了一场空前规模的空战，日机被击落 20 余架。诺门坎的航空战以当天日本空军第四次对苏军的塔木斯克机场空袭宣告结束，诺门坎事变也在当天达成停战协议后落下了帷幕。

诺门坎空战是苏联在参加第二次世界大战前夕进行的一场规模较大的空战，不仅沉重打击了日军航空兵的嚣张气焰，夺取了这一地面的制空权，同时又为航空兵支援地面部队作战积累了宝贵的实战经验，而斯科巴里欣也在这次战役中一举成名，因其撞落敌机自己安然返回而被人们称为哈勒欣河上空的"不死鸟"。

（八）"夜间女巫"——卫国战争中的苏联女子航空团

女战斗机飞行员，这个特殊的群体无论在哪个国家都会引人注目，其实女性从事飞行的历史和男性相比，几乎不相上下。1910 年，法国就出现了世界上第一个女飞行员雷蒙德男爵夫人，在此以后，美国、法国、英国等国家就不断有女性投入飞行领域之中。

苏联是第一个吸收女性飞行员加入战斗行列的国家，卫国战争期间，在遭受了巨大的人员伤亡之后，苏联政府号召所有没有孩子的妇女投入到这场战斗中来，苏德战争爆发以后，将近 1000 名妇女参加了苏联空军，她们中有许多人在前线浴血奋战，就像她们的男性战友一样在保卫祖国的战场上与敌人厮杀。人们常说"战争让女人走开"。而这些苏联女飞行员的经历告诉了世人："女人与战争是密不可分的，女人在战争中表现出的意志和力量更是惊人的。"

1941 年 10 月的一个清晨，上千名女兵一起乘坐一列闷罐火车向东进发，那一刻的汽笛声中，炮火声夹杂着姑娘们的低吟声从此回荡在她们的耳畔："再见，莫斯科，我们将为你而战。"由于在卫国战争中人力损耗巨大，苏联迫不得已让女飞行员驾驶作战飞机，当时苏联红军组建了三个完全由妇女组成的战斗航空团——586 战斗机航空团、587 昼间轰炸机航空团和被德军称为"夜间女巫"的 588 夜间轰炸机航空团，在战争的岁月里，这三个团中诞生了许多被德国兵称为"恐怖天使"的苏联优秀女飞行员。

第 588 夜间轻型机团所装备的是 Po-2 教练机，这种双翼木制战斗机被姑娘们戏称为"带发动机的降落伞"。德国人常常这样谈论这个团："我们最不能理解的是，苏联空军中最令人感到头痛的却是女人，这些女飞行员无所畏惧，她们能一夜接着一夜地驾驶着航速缓慢的双翼轰炸机袭击我们，有时候甚至整夜不让我们睡觉。"第588夜间轰炸机团的作战行动十分成功，三年内一共飞行2.4万架次，有23人次获得"苏联英雄"称号，12人获得"红旗勋章"。德国人给该团起了一个绰号为"夜间女巫"（即北欧神话中的夜晚骑木头扫把杆飞行的巫婆），这些勇敢的姑娘为赢得此绰号而感到骄傲。

Po-2的设计起于1927年，尼古拉·波尔卡波夫于同年受命设计一种用于飞行员基础训练的教练机，在当时的技术条件下，Po-2教练机被设计成双翼机，敞开式双座舱，加装了发动机消声消焰器和机枪，可携带300千克炸弹，在卫国战争中，简陋到极点的Po-2发挥了其他飞机不能取代的作用，大量的Po-2组成夜间轰炸机团，一到夜晚就飞临敌人的战线、机场等目标进行袭扰，虽然轰炸本身不会给敌人造成多大损失，但使德军整夜不能安眠。那时，格尔曼和她的战友们一晚上要飞6~10次，扔完炸弹，回来加油装弹，然后又直接飞回去。标准的攻击模式是在距离目标还很远的时候关闭发动机，靠Po-2良好的滑翔性能飞临目标上空，当德军听到风吹Po-2翼间张线的啸声时，飞机已经就在他的头顶上了。攻击完毕后，Po-2再重新启动引擎跑掉。格尔曼开始和叶夫多基娅搭档，在她牺牲后，马古巴·苏尔塔拉诺娃（也是苏联英雄）成了她的飞行员。

Po-2飞得很慢很低，但是极不容易被击落。德军的地面雷达或机载雷达对Po-2也无可奈何，一是飞得太低，信号被地面杂波湮没；二是Po-2绝大部分材料是木材，对雷达波反射很小。德军的早期红外线探测装置因为M—11发动机功率很小，红外特征不明显而无法探测到。德军的夜间战斗机Bf-109、Fw-190最低速度远大于该机，即使发现Po-2，只要Po-2向旁边来一个转弯机动，敌人的夜间战斗机必然冲到Po-2前面，不得不再绕一个大圈再来寻找。这种"猫捉老鼠"的游戏，绝大部分以战斗机的失败而告终。况且，Po-2飞得离地面很近，几乎是掠地飞行，敌军战斗机不可能飞得这样低，敌方战斗机根本无法攻击，地面炮火也无法跟踪射击，所以Po-2的女飞行员们屡屡获得成功。德军司令部曾经许愿，只要飞行员击落一架Po-2即可获得铁十字勋章。

战争使这些20岁出头的女飞行员们逐渐成熟，她们学会了因陋就简，并巧妙地与敌人周旋。她们不但会用旧降落伞为自己缝制胸罩，也学会了以难度极高的超低空飞行来准确地轰炸目标。娜塔莎后来成了一名出色的轰炸手，她利用自制的瞄准器，超低空飞行至德军坦克的上空，再给敌人以致命的一击，她的机翼上常常挂着德军坦克的残骸。"为了不被发现和躲避敌军的高射炮，我们在接近目标前必须关掉引擎，滑翔飞行。"娜塔莎回忆道："当我预感到敌军有所察觉，并准备开炮向我射击的那一瞬间，真是恐怖至极。"

对于这些苏军女飞行员来说，被俘比死亡更为可怕，尽管每次空战都意味着经受一次生死的考验，但她们的飞机上从不配置降落伞，因为她们具有强烈的爱国热情及民族自尊心，她们宁可战死疆场，也不愿落入法西斯的手心去任人摆布。在一次空袭行动中，8名女飞行员驾驶的飞机被敌人高射炮击中，她们毫不犹豫地驾驶飞机呼啸着冲向敌军阵地，与敌人同归于尽，这使那些以铁的纪律和残忍性格著称的德国兵也闻风丧胆。

这些夜间轰炸航空团的姑娘们平均每晚执行15次任务，虽然获得了一些战果，但是也付出了惨重的代价。对于那些对女子航空团没有特别了解的人根本不能想象这些妇女在战场上像男人一样的战斗，她们的事迹也从来没有专门被记录、传颂过，事实是，这些女子航空团负责地勤的姑娘们一年四季无论面对各种恶劣气候，她们都要亲自把60千克重的压缩空气拖拽到飞机上以准备再次出击，拖拉着火药桶、武器、保养飞机、装填炸弹、维修自己的飞机，等等，她们要忍受风霜、暴晒、压力、焦虑、饥饿和疲劳。

最值得骄傲的是1943年6月的战斗，那次福米切娃的中队得到了空军总部的赞赏。9架Po-2轰炸机在战斗机的护卫下，到库班执行任务。期间护卫战斗机离开轰炸机去追逐敌人的飞机。8架别的德国战斗机想乘虚而入，Po-2轰炸机向敌机猛烈开火，打下了4架敌机。而5架Po-2轰炸机被打下，但是机组人员都安全回到基地，这件事成了苏联报纸的头条。

作为防范措施，德军第四航空团临时组建了一支夜间战斗单位，第一驱逐航空团第10中队，在探照灯的帮助下，"梅"式110的驱逐攻击给缓慢而老旧的苏联Po-2夜间袭扰机造成了极大的损失，这些Po-2夜间袭扰机很轻易地就被飞机上的机枪和地面的炮火所击中，飞机脆弱的外壳让它们不堪一击，驾驶员也没有逃生的余地，因为在1944年夏季以前，这种飞机的驾驶员一直没有配备降落伞，不少飞行员因此而牺牲。伊莲娜作为晚间轰炸大队的女上尉，指挥两个飞行中队的20架飞机和240名女兵，她当时最大的痛苦是她不忍心但又不得不下令让那些朝夕相处的女战友们上天执行任务，而这样的任务往往意味着有去无回。

随着苏联红军向高加索推进，德军节节败退，女子飞行轰炸队的作用也就越发突出，她们有时一晚上连续轰炸六七次，在漆黑的夜空往返穿梭，成千上万的德国官还在酣睡时，就被炸得血肉横飞，德军惊恐的称她们为"恐怖天使"，伊莲娜为自己消灭法西斯的使命而自豪，并获得了苏联的荣誉勋章。1943年1月6日，经过女子战斗航空团全体队员的不懈努力和顽强拼搏，她们终于得到了苏联将士的尊重与认可，并获得了近卫46夜间轰炸航空团的新部队番号。据苏联军方统计，该团共计执行飞行任务2.4万架次，在敌方上空投下了3000吨炸弹。这个团的23名女飞行员获得了苏联英雄金星奖章，在苏联空军战斗航空团中没有一个团能获得如此重大的殊荣。

苏联的勋章奖章非常多，但没有一个比得上苏联英雄的金星奖章，获得者同时被授予列宁勋章，是苏联最高荣誉。在一次联席会议上，所有男军官都不自觉地将目光注视在了两位女同志身上，这并不是因为她们都是标准的俄罗斯美女，而是因为两人胸前那枚金光闪闪的"金星勋章"——那是每一名飞行员都想要获得的荣誉！在卫国战争期间，苏联涌现了很多像她们这样的女性，她们在战争年代所表现出来的巨大勇气为她们赢得了社会的尊敬，就像苏联男飞行员曾经对他们的女战友说过的那样："即使我们把地球上所有的花都摆放在你们的跟前，也不足以表达我们对你们英勇之举的敬意。"

在三年的战争中，这些姑娘们完成了 24 万架次飞行，向敌方阵地投下了 10 万颗炸弹，战火纷飞的日子使这些苏联女飞行员都不适应安逸和平的生活了，她们不无感慨地说："我们赢得了勋章，却失去了生活的乐趣与美好的梦想。"她们开始羡慕那些留在国内的女伴们，因为她们都顺利地完成了学业，并建立了美满的家庭，战争阴云在这些女兵心中留下了难以磨灭的痕迹。然而，她们对自己的选择却从未后悔过，因为比起一般苏联女孩，她们真正领略了战争的激烈与残酷。同时，她们也感到无比幸运，能够在这场旷日持久的战争中为保家卫国做出贡献。苏联女兵在第二次世界大战中所发挥的重要作用是不容低估的，我们将永远记住那些在战争中为了自己的祖国而献身的女兵们！

（九）"斯大林格勒白玫瑰"——苏联美女飞行员莉莉娅

莉莉娅·利特维亚克，1921 年 8 月 18 日生于莫斯科，世界上空战纪录最高的女战斗机驾驶员，第二次世界大战时期苏联战斗英雄，曾荣获"苏联英雄"称号。168 次出战，单独击落敌机 12 架，联合队友击落了 3 架敌机，是第二次世界大战女飞行员里击落敌机数量最多的一个，被德国飞行员称为"斯大林格勒白玫瑰"，她也是世界上第一名王牌女飞行员。

1942 年，苏联著名女领航员马林娜·拉斯科娃说服斯大林，在红军中组建了三个完全由妇女组成的战斗航空团——586 战斗机航空团、587 昼间轰炸机航空团和被德军称为"夜间女巫"的 588 夜间轰炸机航空团。在这三个战斗航空团中，一些人成为传奇式的人物，其中便包括莉莉娅·利特维亚克。

莉莉娅·利特维亚克 14 岁时，她瞒着父母悄悄在当地的飞行俱乐部学习飞行技术。一年后，她已经学会了独自驾驶飞机。1941 年 6 月，苏德战争爆发。当莉莉娅听说马林娜·拉斯科娃在组建一个完全由妇女组成的飞行团时，她马上报了名。很快，莉莉娅和她的同伴被送到了伏尔加河下游的一个小镇。在那里，她们接受了半年的密集训练。莉莉娅在训练过程中表现出了精湛的飞行技术。她的技术不仅优于其他队友，连指导她的男教练都要逊色三分。结束训练后，莉莉娅和队友们组成了 586 战斗机团，在距离斯大林格勒 200 英里远的萨拉托夫开始了战斗。

由于飞行技术高超，莉莉娅被派往男飞行员的战斗机团。曾经先后参加过 286 战斗机团、437 战斗机团和 87 战斗机团的战斗。1942 年 9 月。鉴于莉莉娅的出色表现，她和其他七名战友被派往 286 战斗机团。队长巴拉诺夫认为女飞行员根本吃不消繁重的作战任务，因此拒绝接收女飞行员，不论莉莉娅如何解释，巴拉诺夫一概不允。这时，队中王牌飞行员阿列克塞·索洛马丁帮了莉莉娅，她被允许做索洛马丁的僚机。在后来的日子里，莉莉娅和索洛马丁渐渐萌生了感情，结成了一对比翼双飞的恋人。

要赢得男队友的尊重，女飞行员需要证明自己的能力，这对莉莉娅来说显得尤其困难，因为她的美貌常常掩盖了她的能力，她长着一头金发，有着迷人的双眼，和大多数年轻女子一样，她的身上也保留着爱美的天性。在接受训练的时候。她一开始拒绝剪去自己的长发，她还曾经把皮靴的一部分拆下来做成飞行服的毛皮领子，由于修改军服被认为是破坏国家财产，她为此被关了禁闭。

莉莉娅热爱自然，喜欢花朵，常常到机场附近采野花，带回来插在飞机座舱里，因为莉莉娅的名字和俄语百合花的发音相近，战友们都亲切地称她为百合。她在自己驾驶的飞机机身两侧分别画了一朵百合，德军把百合误认为是玫瑰，因此称她为"斯大林格勒白玫瑰"。

1942 年 9 月 13 日，莉莉娅生平第一次击落了梅塞施密特 BF-109 战斗机和容克 Ju-88 轰炸机两架敌机，成为世界上第一位击落敌机的女性。她击落的第十个猎物，是一个有二十几架纪录的德国王牌飞行员，这家伙跳伞被俘后，提出想要见一见击落他的对手，当翻译请来了身高 1.50 米的金发女郎莉莉娅时，他怎么也不肯相信这就是把他击落的那个人。

1943 年 1 月底，莉莉娅和另外两个女飞行员一起来到战斗最激烈的斯大林格勒前线，加入了 296 战斗机团。2 月中旬的时候，她已经击落了 5 架敌机，为此赢得了一枚红旗勋章，并被提升为中尉。在随后的 3 月和 7 月，她的飞机被击中过两次，一次迫降，一次跳伞，但都被抢救了过来，在一次训练新飞行员的任务中，她的爱人索洛马丁不幸坠机身亡，而她亲眼目睹了这悲剧性的一幕，对她造成了极大的打击，在承受失去爱人的痛苦之时，莉莉娅的体力也经受了很大的考验。

几次死里逃生之后，她最终还是没能摆脱死神的纠缠。1943 年 8 月 1 日，9 架苏联飞机在莫斯科南部城市奥利尔地区与 40 余架敌机交锋，莉莉娅的雅克-1 战斗机击落了两架敌机，但终因寡不敌众，被敌军击落。"斯大林格勒白玫瑰"就这样永远地凋谢在了祖国的天空，莉莉娅牺牲的那天离她 22 岁生日还有 14 天。莉莉娅的牺牲使基地人员无不为之垂泪，由于遗体始终未能找到，大家并没有为她举行葬礼。

在卫国战争期间，苏联涌现出了很多像莉莉娅这样的女性，她们在战争年代所表现出来的巨大勇气为她们赢得了世人的尊敬。就像苏联男飞行员曾经对他们的女战友说过的那样："即使我们把地球上所有的花都摆放在你们的跟前，也不足以表达我们对你们英勇之举的敬意。"

1976年，莉莉娅的遗体最终被两个男孩在德米特里耶夫卡村的田野里发现，就在坠毁的雅克-1战斗机翅膀下面。遗体身穿飞行夹克，口袋里还装着证件。1989年，苏联为莉莉娅举行了庄严的葬礼，戈尔巴乔夫总统于1990年追授莉莉娅"苏联英雄"称号。在顿涅茨克以东90千米的库拉斯尼，人们为纪念这位伟大的女战士，建造了一座高大的纪念碑，碑上是她的半身雕像。她迷人的笑容，永远留在了人们的心中。

（十）"复仇天火"——杜立特空袭

"我们不想火烧世界，只想火烧东京。"

1942年4月18日，珍珠港事件后的第133天，东京。虽说是战争期间，但日本首都东京依旧是一派歌舞升平，空气中弥漫着轻松、慵懒的气氛，丝毫没有感觉到日本帝国已经处于战争之中，即使是正在进行的防空演习，也没能给人们松弛的神经紧紧"弦"。中午时分，防空演习还未结束，参加演习的人员就纷纷开始收拾手里的工作，准备收工去吃午饭。虽然日本人都知道他们的祖国已经卷入了一场世界大战，但就凭着眼下皇军在亚太地区首屈一指的海空军力量，不可能有任何一个敌对国家能对日本本土发动攻击。忽然，几架飞机低低飞过，几乎是擦着人们的头顶一掠而过，尖利的引擎声分外刺耳，这次在演习上空出现的，是真正的美国轰炸机！美机从容投下炸弹，然后扬长而去，轰然炸响的炸弹让整个大日本帝国都为之一震！

自从珍珠港事件以来，罗斯福一直敦促他的军事计划人员寻找轰炸东京的办法，太平洋外围和菲律宾的一片溃败中，这种需求就更加迫切。使用陆基飞机从中国起飞，飞机只能飞单程，直至1942年1月中旬，金海军上将的参谋部想出一个方案：从一艘航母上出动陆基轰炸机进行轰炸。航空母舰可以将飞机载到靠近日本海，但中型轰炸机无法在航母上降落，完成轰炸任务的飞机要飞往中国大陆。作为对日军突袭珍珠港的报复，在美国战争史中，这是唯一一次美国陆军航空队的轰炸机在美国海军航空母舰起飞执行的战斗任务，由于这个任务是由战前曾是著名飞行员的吉米·杜立特中校一手策划，所以又称"杜立特空袭"。

可以说，美国太平洋舰队总司令尼米兹有效地发挥了美军的优势，那就是天马行空的想象力。他的一名军官建议说，可以使用陆军的飞机从航空母舰上起飞，因为陆军的飞机是双引擎的，航程远远大于海军的单引擎飞机。这样就可以保证美军的航母待在安全区域，但是从航母上起飞的飞机仍然可以飞抵东京。让陆军的飞机在航空母舰上起降，这是一个天才的想象，也是一个从未遇到过的难题。因为这需要改装飞机、重新训练飞行员，并且需要足够的勇气来承受随时出现的失败——也许它根本就不可能成功，但是，尼米兹批准了这样的作战方案。

尼米兹的计划是，战机在完成对东京的轰炸后不必返回美国的航空母舰，而是返回离东京不过500英里的中国浙江。战机在中国安全着陆后，飞行员将携带他们的战机加入陈纳德的飞虎队，交由蒋介石统一指挥。这个计划选中了中型轰炸机B-25和最新服役的航母"大黄蜂"号，并由当年的飞行速度世界纪录保持者詹姆斯·杜利特中校领导完成。为此B-25进行改装，拆掉了一切不必要的设备，增加了油箱和伪装用的木制机炮。

1942年4月2日，"大黄蜂"号在6艘舰只的护航下载着杜立特的机组人员和16架B-25，告别了旧金山的金门大桥，劈波斩浪，在阴沉的海面上向着九州海岸以西400英里的目标海域进发。通告了这次任务的目标后，全体人员欢声雷动。4月17日下午，"迈克特遣舰队"离起飞点只有24小时的水程，仍未被敌人发现，"大黄蜂"号上的甲板人员对B-25作了最后检查。每架飞机携带4枚500磅的炸弹，米切尔上校的勋章都系在了炸弹上。炸弹上还写着："我们不想燃烧世界，只想燃烧东京。""让杜立特和他勇敢的中队起飞吧。一路平安，上帝保佑！"哈尔西向"大黄蜂"号发出信号。上午8点，"大黄蜂"号调头迎风，杜立特紧紧握了一下舰长米切尔上校的手，然后对他的同伙喊道："好伙计们，就这么着，一起出发吧！"1942年4月18日，由波音公司生产的16架B-25"空中堡垒"轰炸机，各自携带4颗230千克重的炸弹，从"大黄蜂"号航空母舰上腾空而起，向日本列岛飞去。

尼米兹本来以为这是一次和珍珠港相媲美的突袭行动，但是在距离日本列岛650海里的海域，一艘装载有无线电装置的日本渔船发现了这些B-25飞机，并且向东京发布了无线电预警，美军驱逐舰迅速赶到，炸沉了这艘泄密的渔船，但是美军已经没有秘密可保了。

"大黄蜂"号航空母舰

好在很快就要到了，保密与否已经不再重要。然而即将抵达日本列岛上空时，16架飞机中只有两架飞机的飞行员还能找到预定的飞行路径，另外14架全部迷航了，如果要寻找既定的轰炸目标，就得绕更远的路。指挥官只好命令他们尽量飞到日本上空，赶紧找个目标把炸弹扔下去算了。

就这样，16架远道而来的飞机毫无秩序地从不同方向进入日本领空，然后胡乱地投弹。接二连三的飞机和混乱不堪的战术，在日本空军那里却意外地成了杰出的战术，因为他们无法判断这些飞机从哪里来，还有多少，然后又到哪里去。空军想升空拦截，都不知道该怎么去拦截。

当第一批轰炸机掠过日本上空的时候，人们不约而同地向头顶望去，人们挥着手，以为是日本空军在做逼真的表演，只有当爆炸震撼着首都，滚滚浓烟升起的时候，他们才知道这是真的轰炸。很快，东京电台广播说，轰炸造成了3000人死亡，但是日本军方迅速干涉了广播，他们修正说，有9架美军飞机被击落，胆小怕死的敌机只是在郊区胡乱轰炸，重要的军事单位毫发无损，日本军方的说法并不是事实，虽然日军的高射炮发挥了作用，但是这16架飞机依然把炸弹全部扔到了日本的国土上，随后都安全地离开了日本领空。

袭击日本的16架飞机全部脱离目标上空，其中一架受伤飞往海参崴，而后被苏联扣留。其余15架飞机均飞往中国，目标是中国湖南株洲机场，但由于黑暗、大雾和缺油，飞机均没有到达目的地，15架飞机散落在中国浙江和江苏，75名机组人员中，三人在飞机迫降时遇难，8人跳伞在日本占领区而被日本俘虏，其中只有4人在战后幸存。杜立特的降落伞徐徐落在农田里，而后杜立特被中国农民救起，杜立特用生硬的中国话说："我是在天上打日本的！"这就足够了。杜立特与其余63名机组人员随后均被中国军民护送到后方，而后辗转回国。

轰炸东京的行动是一次并不成功的空袭，其象征意义远远大于实际的轰炸效果，但是它在美日两国引发了截然不同的反应。管中窥豹，罗斯福总统的喜悦溢于言表。当记者询问轰炸东京的飞机是从哪里起飞的时候，总统故作神秘地说："香格里拉。"在东京，这次空袭却大大震动了日本朝野，日本本土再也不是东条首相声称的歌舞升平的乐土了，东京在被轰炸的第二天，就有500架战机从太平洋战场返回日本列岛保卫本土领空，同一天，海军大将山本五十六公开向天皇谢罪，为了防止再让日本本土遭到空袭，山本五十六决定展开一次战役，也就是导致了日本海军惨败的中途岛海战。在战争中，有时候一些并不成功的战役往往带来意想不到的成功效果，这在第二次世界大战中真是屡见不鲜，"杜立特空袭"有幸就是其中之一。

（十一）空袭"日本的珍珠港"——特鲁克

"特鲁克"在马来语中的意思是"云中之山"。与其他的珊瑚岛有所不同，特鲁克岛是整个特鲁克群岛中最大的一个，该岛形状呈三角形，中间有一个礁湖，是舰船停泊的天然之地，它不仅是加罗林群岛的心脏，还是日本在南太平洋防线的心脏。经过20多年的经营，特鲁克成为日本在其本岛之外的最为重要的海军基地，太平洋战争爆发后，日本联合舰队的主力部队也长时间驻扎在该处，战略地位相当重要，有"日本的珍珠港"或日本的"直布罗陀"之称。

第二次世界大战的太平洋战争期间，特鲁克岛一直披着神秘的色彩。在这座形势险要的岛上，日军在礁湖的深水中建立了潜艇基地，不断地把这些海底魔爪伸向各个海战战场，伸向盟军海上交通线。湖面上经常云集着成百艘杀气腾腾的舰只，一有风声，立即出动，岛上建有大型机场，几百架日机构成强大的攻击力量，在突出地面的山头上，日军修筑了坚固的防空掩蔽部和炮火阵地，密密麻麻的大口径岸炮，组成了强大的防空防御屏障，日本把它称之为"不沉的航空母舰"。

1942 年 7 月，中途岛海战刚刚结束，山本五十六就将他的联合舰队司令部迁至特鲁克港，从此，这里成了日本帝国海军的大本营。1944 年 2 月 10 日黄昏，美军两架"B-24"飞机飞临特鲁克岛上空侦察，带回了令人垂涎欲滴的情报："特鲁克港云集着上百艘日本舰船"，美机在特鲁克上空的出现，引起日军联合舰队司令古贺的惶恐与不安，此时此刻，战局对日本十分不利，日军已在太平洋各群岛节节败退。于是，三十六计走为上，几天之后，他下令联合舰队撤离特鲁克港。日舰队主力撤离后，岛上驻有陆军第 25 师团主力，机场上有近 300 架飞机，港湾尚有不少舰船和货船。

占领特鲁克既是美军在太平洋反攻作战的重要一步，更是美国总统罗斯福亲自制订的"车轮计划"中的关键一步。1944 年 2 月，美军开始进行马绍尔群岛战役之时，美国太平洋舰队司令切斯特·尼米兹上将马上就意识到特鲁克日军的众多飞机将对美军进行的反攻构成严重威胁，于是他决定利用美军的空中优势彻底荡平特鲁克的日军，解决掉特鲁克日军的威胁。许多计划人员认为作战要冒大风险，他们估计，这将是太平洋战争中第一次大规模空战。据此，斯普鲁恩斯抽调了 6 艘战列舰、10 艘巡洋舰和将近 30 艘驱逐舰为 9 艘航空母舰护航。

1944 年 2 月 12 日，美国海军第 58 特混舰队的 9 艘航空母舰在 60 多艘护航舰艇的保护下悄悄驶离海军基地，向前方进军。由于美军实行了严格的保密制度，除了米彻尔将军和少数几个人外，大部分人员一直到 2 月 16 日特混舰队即将抵达攻击目标时，才知道此次攻击行动的任务就是空袭特鲁克。2 月 17 日 6 点 43 分，200多架新型美国海军舰载作战飞机相继从 5 艘母舰上起飞，呼啸着向特鲁克飞去。大约 26 个月之前的一个早晨，涂着红色旭日标志的日本飞机就是这样扑向珍珠港的，现在"日本的珍珠港"也要遭受同样的命运了。尽管美军发动攻击的迹象已经很明显，日军居然也疏于防备，特鲁克的日军依然被打了个措手不及。此时的特鲁克虽然有数量多达 300 多架的飞机，但是大部分飞行员却请假外出，大多数飞机还停在机场上。停靠在港口内的舰只多没有做好启航的准备，这不禁让人想起了当年美国在珍珠港的情景。另外，美国此时不仅在飞机数量和质量上占有巨大优势，而且在飞行员素质上也占有巨大优势。

美国飞机首次飞临特鲁克的上空时空中也基本上没有任何戒备，当警报响起后，日本人仓促应战，据美国F6F战斗机的飞行员宣称，看见有日本飞行员是穿着睡衣在驾驶战斗机。日军的防空火力虽然反应也说得上迅速但没有什么准头，空中的美国战斗机追逐着匆忙起飞的日本飞机，这些飞机显然没有什么战斗力，空中不时有被击落的飞机坠下，在混战中美军也发生了一些飞机被己方飞机误击，造成不必要的损失。与此同时，美军舰上炮火万炮齐轰；美军轰炸机又不断俯冲轰炸。呼啸而下的炸弹把特鲁克岛上的防御设施炸得支离破碎，一片狼藉，粗大的椰子树齐齐地切断，珊瑚沙被卷上天空。岛上大火熊熊，黑烟翻滚，乌烟瘴气。海面上，日军也是一片凄惨混乱景象，日轻巡洋舰"那珂"号拖着黑烟负伤逃跑，驱逐舰"太刀风"号、"舞风"号也不顾一切地逃窜，那些毫无防范能力的一群群货船、油船急如丧家之犬，在四散逃命中相继被击毁。第一波攻击结束，特鲁克暂时恢复平静。日军趁这工夫赶紧抢救伤员、清理障碍、修复防御工事以抗击美军可能再次发起的攻击。下午3点多，美军舰载攻击机第二波攻击再次降临被炸得满目凄凉的特鲁克。日军仅有几架飞机起飞迎战，其他飞机已被美军基本消灭，这几架飞机很难对抗强大的美国舰载机机群，一眨眼的工夫就再也看不到日本飞机了，没有了空中威胁，美军飞机在特鲁克上空随心所欲地进行轰炸，它们躲开地面防空火力的射击，将所携带的鱼雷和炸弹全部扔在了特鲁克，特鲁克已被炸得体无完肤，基本丧失了作为一个军事基地的重要价值。由于特鲁克地位的重要，它遭受的攻击使日本朝野上下感到十分震惊，为加强特鲁克的防御，古贺峰一于2月20日下令将腊包尔的航空兵力调往特鲁克方向，结果日本在外南洋的航空兵力被抽空，腊包尔也就此失去作用。日本的"绝对国防圈"还没有建设完成其前哨基地就相继被攻破，日本的战败现在看来也仅仅是时间的问题了。

（十二）"猎杀孔雀"行动——"绝密电"葬送山本五十六

日本海军联合舰队司令山本在"伊号作战"结束后，决定利用一天时间视察巴拉尔、肖特兰和布因等前线基地，以激励士气。山本的副官渡边海军中佐草拟了日程安排，亲自把它送到第8舰队司令部，他要求派信使把日程表送去，但通讯军官却说，必须用无线电报发出，渡边不同意，担心美国人能截收到电报，并可能破译。通信军官说不可能，这部密码4月1日才启用，不可能破译，绝对安全，因此最后还是用无线电发出了。

1943年4月13日黄昏，位于腊包尔的第8方面军司令部里，终于发出了极其机密的无线电波。这一决定山本命运的绝密电波，飞越了辽阔的南太平洋海空，到达了日军在北所罗门群岛的各部队。驻守肖特兰岛的日本第11航空队司令城岛高次接到电报后很气愤地对手下讲："在风云变幻的前线，怎么能把长官的行动计划用如此冗长的电文发出来！只有傻瓜才这样做。这事太愚蠢，等于是公开邀请敌人。"事后城岛高次还飞往拉包尔面见山本，请求山本不要前行，但被山本拒绝！

正如渡边所担心的那样，电报发出片刻就被美国人截获并破译。4月14日，上午8点，美太平洋舰队的情报官员爱德华·莱顿中校到尼米兹的办公室向他做了汇报。尼米兹上将获悉，山本将于4月18日早晨6点，乘坐一架中型轰炸机由6架战斗机护航离开腊包尔，于8点抵达巴拉尔岛。尼米兹看完电报后抬头笑道："我们是不是想办法活捉他？"

"他是他们之中出类拔萃的。"莱顿答道。

"山本是日本少壮派军官以及士兵崇拜的偶像。日本人的心理状态你是清楚的，这将使所有日本人大吃一惊。"尼米兹下决心活捉山本五十六，他随即电告这个地域的司令官哈尔西将军，并授权他起草作战计划。这个任务既得到海军部长诺克斯，也得到罗斯福总统的批准。4月15日，尼米兹批准哈尔西的作战计划，并祝他"顺利、丰收"。

1943年4月18日，是个星期日，黎明时天气晴朗潮湿。这一天，对于日本和美国来说，都是个难忘的日子。因为正是在一年前的4月18日，"大黄蜂"号航空母舰载着杜立特的B-25轰炸机群首次轰炸了东京。一年后，鬼使神差，又赶上了这一天！

一大早，山本五十六司令长官身穿雪白的海军新军装，左右胸襟悬挂着大将的胸章，当他走近他的座机——三菱公司制造的"一"式轰炸机时，转向拉包尔的海军司令草鹿任一中将，交给他两个卷轴，请他转交第8舰队的新任司令，这是山本书写的明治天皇的诗。

山本的座机于东京时间8时整准时离开腊包尔，同机的有他的秘书、舰队军医长和航空参谋，宇垣参谋长乘坐另一架三菱造"一"式轰炸机，机内还有另外几位参谋人员。渡边中佐眼看着二架飞机消失在空中，对自己未能与司令长官同行颇感失望。

两架崭新的"一"式轰炸机在3000米的高度向南飞去，相距之近以致使宇垣参谋长都在担心机翼要碰撞。有6架"零"式战斗机在他们上空护航，真是一次愉快平静的飞行。经过3个多小时的飞行，布干维尔在左下方出现后不久，机群开始降低飞行高度，准备在巴莱尔机场着陆。突然一架"零"式战斗机出列，向右急转——远处10多架P-38正向北飞来，随即6架"零"式急速爬升，与美机的掩护组缠斗起来。而美机的攻击组则朝两架"一"式轰炸机猛扑过去，两架"一"式轰炸机见势不妙，急剧下滑，企图以超低空摆脱攻击，美机的攻击组哪肯放过，紧盯不放。这时高空的"零"式才意识到上了当，有3架"零"式不顾一切俯冲下来，但为时已晚，山本座机已经被击中，燃起大火，转眼之间化为一团火球坠入布干维尔岛茂密的丛林。山本座机坠毁的一刹那，截击功臣兰菲尔看得非常清楚，他永远也不会忘记，"轰炸机全身橄榄绿色，比树叶的颜色还深，擦得锃亮，在阳光下闪闪发光",后来他在回忆这惊心动魄的一刹那时这样说。

当时乘坐二号机、幸免一死的参谋长宇垣中将,后来在其战地日志《战藻录》中,对这段经历做了如下记述:"当我机降低高度紧贴原始密林飞行时,敌机与我护航战斗机展开空战,数量4倍于我之敌,无情地逼近我庞大的'一'式轰炸机。我机迅速来了个90°以上的躲避急转弯。一号机向右,二号机向左,两机分离开来,间距增大了。"

"作了两次躲避转弯之后,我向右方眺望,想看一看山本长官搭乘的一号机如何。哎呀,在距离大约4000米处,一号机紧擦着原始密林,喷着浓烟和火焰,慢速向南下方坠落。我脑子里想,完啦!飞行参谋站在我的斜后方过道上,我拉了拉他的肩膀,示意让他注意长官的座机。这是我们同他的永诀。这个过程只有20秒钟左右。因敌机袭来,我机又做了一个急转弯,这时再也看不见长官的座机了。我急切地等待恢复水平位置,心中充满了忧虑,担心事情的结果,尽管其必然结果是可想而知的。当我定睛再看时,座机已无影无踪,只见原始密林中升起了冲天的黑烟。啊,万事休矣!"

几乎和山本座机遭攻击的同时,参谋长宇垣的座机也遭到了巴伯中尉的攻击。只见巴伯不顾俯冲下来的"零"式机的扫射,不失时机地向宇垣的座机射出了一排密集的子弹。当他向轰炸机开火时,看到这架轰炸机在颤动,但仍然毫不手软地继续射击,一直把它的机尾垂直翼打断为止。宇垣座机的飞行员双手拼命扳住操纵杆,仍不能制止住飞机往下冲,转眼间便掉进了大海。伏击战仅仅历时三分钟,到9点38分,布干维尔岛上空周围又恢复了原来的寂静。

1943年4月18日,是日本联合舰队司令山本五十六被美国空军击毙的日子,这位曾经在太平洋上兴风作浪,并为日本取得赫赫战功的海军大将之死,使日本海军损失了最优秀的战略家和海军舰队统帅,日军将山本之死列为"甲级事件",并开始进行调查,日军也曾怀疑过密码被破译,就故意拍发草鹿任一中将前往前线视察的电文,作为试探,但美军识破了日军的伎俩,在电文提及的时间和航线上,没有出现一架美机。因此日军认为密码绝对可靠,山本之死纯属偶然……

(十三) 库班大空战——苏德争夺制空权的殊死拼杀

1943年夏,苏军在苏德战场中央方向和西南方向展开了新的强大进攻,这一进攻有利于在北高加索重新发动进攻。北高加索方面军奉命肃清德军塔曼集团。为达此目的,计划从陆地和海上对新罗西斯克实施突然突击,攻占该市后向上巴坎斯基发动进攻,以便对防守"蔚蓝色防线"的集团构成从南面进行包围的威胁。当时,德军由于地面兵力不足,便企图借助空中力量来固守塔曼半岛。

1943年4月下半月至6月初,在苏德战争中,北高加索方面军航空兵以及黑海舰队航空兵一部对德军实施的数次空中交战。

在库班战役中，苏军的企图是，夺取苏德战场南翼制空权，为支援地面军队解放塔曼半岛创造有利条件，参战兵力为北高加索方面军航空兵和黑海舰队航空兵部分兵力，共有飞机 1100 架左右，由方面军空军司令员韦尔希宁中将指挥。而德军则希望使用空中力量消灭梅斯哈科登陆场苏军，破坏苏军进攻，守住塔曼半岛，参战兵力为第四航空队，作战飞机近 1400 架，由第四航空队司令里希特霍芬指挥。在双方的空军中，德军轰炸机占优势，苏军歼击机占优势，整个战役包括三次空中交战和一次突击机场作战。

4 月 17 日，库班战役的第一轮大角逐同时在陆地、海面和空中爆发，其中尤以空战最为激烈。德国空军第 4 航空队在这小小的空间中投入作战飞机近千架次，猛烈轰炸登陆场，支援步兵作战，其出击机场多在克里米亚和库班半岛上，距前线仅 50 公里到 100 公里，因此出动强度非常高，异常猛烈的火力风暴不时向"小地"登陆场刮去。苏军空军第 4 集团军最初出动了 300 架次的飞机阻击敌军的空地攻势，打得十分顽强，但由于力量占劣势，其基地又是在 150 公里到 200 公里以外的克拉斯诺达尔，因此一度陷入被动。苏军坐镇前线指挥的大本营代表、空军司令诺维科夫元帅决定大规模增兵库班，扭转被动局面。他从统帅部大本营调来了轰炸航空兵、歼击机航空兵，使苏军的飞机出动数量增加到一天 900 多架次。

从 4 月 17 日至 24 日，在历时 8 天的激战中，德军共损失飞机 182 架，其中 152 架被歼击机击落，30 架被高炮击落，德国空军被迫转入防御作战。苏联元帅格列奇科在回忆录中写道："在反击德军对梅斯哈科的各次冲击中，我方空军起了重要作用。它以密集袭击的方法牵制了敌人的进攻，迫使敌空军降低了活动的积极性。"德军第 17 集团军也不得不承认"俄国航空兵从登陆兵上陆地域到诺沃罗西斯克所采取的进攻以及对我方机场进行的猛烈攻击，均表明俄国空军的力量有多么强大"。

5 月 26 日晨，苏军在经过 40 分钟猛烈的炮火准备和用 340 架飞机进行的航空火力准备后，第 56 集团军和第 37 集团军在基辅村和莫尔达维亚村之间的方向上转入进攻，在此之前的几分钟内，强击机在突破地段施放了烟幕。由于实施了卓有成效的炮火准备和航空火力准备，苏军仅用 6 小时就突入德军防御纵深 3～50 公里，德军统帅部了阻滞苏军的攻击，决定把所有的航空兵都集中到战场上空。

在进攻的头 3 个小时，德军航空兵就出动飞机 1500 架次，从中午开始，在苏军进攻部队的上空出现了一批又一批的敌轰炸机，在这一天的黄昏时，德军 600 架轰炸机对苏军实施了 20 分钟的突击，苏军歼击机同德军航空兵进行了激烈的空战，但由于德军航空兵兵力比苏军多出 1.5 倍，苏联歼击机并没能完全制止德军的活动，德军又暂时夺取了制空权。

在库班空战中，苏军主要使用的战机是 IL-2 这种"飞行坦克"，IL-2 在德军中有个外号叫作"黑死神"，它以其坚固的装甲和强大的火力而闻名于世，这种飞机战时产量高达 36163 架，在世界战争史上高居第一。

当然东线的那些"德国战鹰"们是不会放过这种猎物的，但出乎意料的是这块硬骨头实在不太好啃，德军 JG52 第一大队的沃尔特·托特军士是这样描述的："它飞得是如此之低，以至于我们无法捕捉到它的薄弱点——机身下的散热器。我们从两边不停开火，瞄准的是对方的尾翼，但直到尾翼被打掉后，这架飞机还在飞行！这时轻型防空火力从地面袭来，我们不得不在树顶高度放弃了追逐。这些鸟儿是最难对付的目标，如果你从后面攻击它，子弹只能从机身那坚固的装甲上弹开，而那个驾驶员简直是坐在一个装甲澡盆里！"

5 月 27 日晨，为了保持制空权，德机在这一天内竟出动了 2700 架次，由于德军航空兵连续不断地袭击，使苏军白天进攻和机动很困难。苏军元帅格列奇科回忆当时情况时说："在进攻的第一天，就感到我们的歼击机太少了，无法抗击敌人航空兵的大规模空袭，它们往往被敌人歼击机缠住，让敌人轰炸机溜进来。"

从 5 月 26 日至 6 月 7 日，为了打击德国航空兵的活动能力，苏军加强了对德军机场的夜间突击，苏军的这个措施使德国航空兵的活动能力有明显的下降，苏军歼击机又重新成了库班河天空的主人。

从 5 月 20 日至 29 日，苏德空军共进行了两轮交战，苏军飞机一天之内出动达到了 1300 架次，首次库班空中交战是在新罗西斯克附近小地的梅斯哈科地域登陆场进行激战过程中发生的，德军企图在该登陆场消灭第 18 集团军登陆集群，苏军航空兵的顺利行动和对第 18 集团军可靠的空中掩护，打破了德军这一计划。以后几次空中交战分别在克雷姆斯卡亚镇、基辅斯卡亚镇和摩尔达万斯卡亚镇等地域展开。库班空中交战过程中进行了多次持续数小时的激烈空中战斗，双方广为增兵，有几天，编队空中战斗约达 50 次，双方都有 30~50 架以上的飞机参加。

苏军重新占领克雷姆斯卡亚后，航空兵将主力用于执行消灭德军纵深目标的任务，不分昼夜地对敌人后方目标的交通线进行突击，同时以部分兵力继续支援地面部队进攻。在 4 月 29 日至 5 月 10 日这段时间里，空军第 4 集团军、黑海舰队航空兵和远程航空兵共出动飞机 1 万多架次，其中半数以上是对战场上德军地面部队和技术兵器进行打击。同时，苏联空军在这段时间内还消灭德机 368 架，完全获得了库班河上空的制空权。

在苏德双方进行第一次空中交战的同时，苏联空军机群于 4 月 17 日到 29 日突击了高加索地区德军的 18 个机场，击毁德机 260 架。在历时 50 多天的库班空战中，苏军航空兵共出动飞机 3.5 万架次，击毁德军飞机 1100 架，其中 800 多架是在空中击落的，苏军损失飞机约为德军的一半。

通过空中交战，苏军夺得了苏德战场南翼的制空权，为夺取整个苏德战场的战略制空权打下了基础，为进而夺取整个苏德战场的制空权铺平了道路。

（十四）"大炮鸟"传说——"死亡天使"汉斯·鲁德尔

"你是德国人民所曾拥有过的最伟大和最勇敢的军人"，1945年1月1日，希特勒对一位德国飞行员说。这位飞行员的名字叫：汉斯·乌尔里希·鲁德尔。在当时，这个名字已经成为传奇+勇气的同义词，更是第二次世界大战德国空军的象征。

"斯图卡上校"鲁德尔，第二次世界大战德国空军中的超级坦克杀手，举世闻名的"斯图卡之王"，他的战绩远远超过地上的同行，他获得了第三帝国所有可以获得的勋章，他甚至得到了为他专门制作象征德军最高荣誉的勋章，在东部战线，他被称为"死亡天使"。

汉斯·弗里希·鲁德尔1916年7月2日生于德国东部施林津，是一位神职人员的长子，他的梦想是成为一名体操教师，但新生的德国空军对于当时的年轻人似乎更有吸引力，于是鲁德尔在1936年志愿加入空军。

经过两年的飞行训练，他被推荐到俯冲轰炸机部队，伴随着苏德战争的打响，1941年6月，他执行了第一次俯冲轰炸任务，在接下去的18个小时内，他一共执行了4次战斗任务，出色的飞行技术为他赢得了一枚一级铁十字勋章。

1941年9月23日，鲁德尔的连队袭击了珂琅施塔德港湾中的苏联舰队。在袭击中，鲁德尔用1000千克炸弹击沉了苏联战列舰"马拉"号，炸弹命中了"马拉"号的弹药库并把它炸成了两截。

1942年1月中旬，他的出击次数已达到500次，并因击沉3艘敌舰而从司令官冯·里奇特霍芬空军二级上将手中接过骑士勋章。

德军陷入斯大林格勒血战时，鲁德尔正在国内克林堡州的勒希林空军试验机场试飞新型的Ju-87G"斯图卡"，这种新型号专为反坦克设计，机翼下装有两门37毫米长身管自动火炮，所以又被称作"大炮鸟"。

1942年9月，鲁德尔接受了第二俯冲轰炸连队第一中队第一分队的指挥权，在斯大林格勒地区执行战斗任务，那时他的分队经常被派去对付苏联坦克，鲁德尔的Ju-87G成为苏联坦克兵的噩梦。1943年7月库尔斯克大战中，鲁德尔率领第二对地攻击航空团直接支援保罗·豪塞尔的党卫军装甲军团。他乘坐的那架"大炮鸟"飞临战线侧翼的苏联坦克集群上空。当天一名苏军前线炮兵观测员向军长递交了一份报告，描述了他所经历的最恐怖的一天："德国飞机从头顶冲下来……拉起时高度只有不到10米，我看得见飞行员的脸……炮声、闪光，那飞机在我们坦克的浓烟中穿行，它又来了……不断有战友牺牲，我们的坦克部队消失了……"由于他击毁了大量的苏军坦克，此时他已经成为苏军飞行员觊觎的猎物，斯大林本人就曾悬赏10万卢布要鲁德尔的项上人头！如果谁能击落他将意味着莫大的荣耀。

鲁德尔一生被击落过30多次，但他自豪地宣称这全部是被地面炮火击中的，他没有被任何一架敌机击落过！德涅斯特河上的战斗也许是他最接近被敌机击落的一次了，1944 年 3 月 13 日，苏联空军超级王牌，第 69 航空团指挥员列夫率领苏军第 69 航空团出击时，在德涅斯特河上空发现了由鲁德尔少校率领的德空军"殷麦曼"连队的三机编队。肖斯塔克夫率部下进行了坚决地攻击，德机一毁一逃，而他本人则死死"咬"住了鲁德尔的座机。鲁德尔极力想甩掉肖斯塔克夫，两人进行了一场惊心动魄的近距离追逐战。在一连串的超低空急转弯中，双方都把飞机的性能和自己的驾驶技术发挥到了极致，然而决定命运的常常就是在那么一点点！

生死成败往往决定于一瞬间，最后幸运女神终于向鲁德尔露出了微笑。肖斯塔克夫因飞机坠毁身亡，而鲁德尔则死里逃生躲过一劫。

1945 年 2 月，他的右大腿被防空火力击伤，随后被截肢。虽然他在装上了假肢以后返回了战斗岗位，战争结束时，他想带着他的分队进行一次自杀攻击，但被他的上级阻止了，理由是："在未来的日子里，祖国有可能还需要他。"这也是他唯一不进行自杀攻击的原因，德国战败后，他带领航空团向美军投降。

（十五）闪击战的利剑——第二殷麦曼俯冲轰炸联队

闪击战——由古德里安创建的战争模式，也叫闪电战，它像漆黑的夜里突然闪电一样的打击敌人，攻势凌厉，似乎无往而不利。闪击战是第二次世界大战期间德军首先并且经常使用的一种战术，它是以制空权为前提，以装甲部队为决定性力量，不顾侧翼暴露的危险，向敌人后方做快速、大胆的袭击。闪击战充分利用飞机、坦克的快捷优势，以突然袭击的方式制敌取胜。它往往是先利用飞机猛烈轰炸敌方重要的战略设施——通信中心，把敌人的飞机炸毁在机场，取得制空权，并使敌人的指挥系统瘫痪。闪电战就是将奇袭、快袭集中一起，像闪电一样打击敌人。可以使敌人在突如其来的威胁之下丧失士气，从而在第一次巨大的打击之下就会立即崩溃。德军在第二次世界大战之初的闪击战中的两大法宝是——天上的斯图卡，地上的装甲。

新兴的德国空军为了即将到来的"闪电战"也紧锣密鼓地研制用来支援陆军突击部队的俯冲轰炸机，这种新飞机称为"斯图卡"，在所有正式以"俯冲轰炸联队"命名的部队中，组建最早且最著名的是第二殷麦曼俯冲轰炸联队。

1933 年希特勒正式掌权后，允许帝国航空部门开发俯冲轰炸项目，一年之后，德军 162 轰炸机联队正式组建成立，装备亨克尔 He-50B 型双翼战机进行俯冲轰炸训练。1935 年 3 月，162 轰炸机联队正式以一战王牌殷麦曼的名字被命名为"第二殷麦曼俯冲轰炸联队"，这对于全队官兵来说这无疑是一个巨大的鼓励，所有的人都为自己可以在右前臂戴上绣有"殷麦曼"的领口带而感到自豪，这位一战的传奇人物曾为德国赢得了无数胜利与喜悦，此时这个传统落在了他们身上。

德国飞行员马克斯·殷麦曼中尉在第一次世界大战中击落过敌机 15 架，因作战地点多在法国北部的里尔上空而得名"里尔之鹰"，但真正让他闻名于世的绝不是这 15 架的纪录，这样的战绩在德国空军中根本排不上号。他真正的超人之处是他发明了著名的"向上跃升接半滚改平"机动动作，史称"殷麦曼转弯"，从而开辟了垂直机动的新领域，使空战真正成为一种全方位机动作战。到当代，这个动作还在格斗训练和特技表演中使用，名为"半筋斗翻转"或"上升倒转"。战史专家克里斯托弗·钱特说："空战史上的真正作战是从波尔克和他的伟大的竞争者马克斯·殷麦曼中尉开始的。"

作为以德军一战传奇英雄命名的一支王牌联队，第二殷麦曼俯冲轰炸联队从第二次世界大战爆发伊始就活跃在战斗的最前线，在此之后，在德国士兵之间开始流传"哪里有步兵，哪里就有我们的斯图卡"——"殷麦曼"俯冲轰炸机联队就此一炮打响，德军上下无人不知这支有一战英雄命名的王牌联队。从波兰、法国、英国、希腊、巴尔干，再到北非、苏联、东欧，从鼎盛至衰败，这个联队可以说几乎就是整个第三帝国兴衰史的缩影和再现，在 6 年之中，这支联队南征北战，为纳粹德国鞍前马后，赢得了无数的胜利，取得了骄人的战绩，可谓屡立奇功。

指挥第二殷麦曼俯冲轰炸联队创造传奇般战斗经历和骄人战绩的是联队长汉斯·卡尔·斯德普，他的继任者更是大名鼎鼎的汉斯·乌尔里希·鲁德尔，使这支用一战德军著名飞行员殷麦曼名字命名的联队成为第二次世界大战中德国空军最出名的部队之一。

在第二殷麦曼俯冲轰炸联队中涌现出许多像汉斯·鲁德尔、奥斯卡·迪诺特、鲍尔-维尔纳·霍泽尔这样的王牌飞行员，可谓英才辈出。它的指挥官汉斯·乌尔里希·鲁德尔被称为"斯图卡之王"，希特勒曾对这位新教牧师的儿子说："你是德国人民所曾拥有过的最伟大和最勇敢的军人。"在第二次世界大战期间的德军中，这个名字已经成为传奇加勇气的同义词，更是第二次世界大战德国空军的象征。第二次世界大战中鲁德尔共执行了 2530 次战斗任务，击落 9 架苏军飞机，在不到 6 年的战争中，他还摧毁了 150 个炮兵阵地，519 辆苏军坦克，1000 余辆其他各种型号车辆，击沉了战列舰"马拉"号，击伤了战列舰"红色 10 月"，还击沉了另外一艘巡洋舰和一艘驱逐舰，70 艘两栖登陆舰，炸毁许多的桥梁、掩体和补给线。

在第三帝国四面楚歌、岌岌可危的末期，也只有这支联队敢于在鲁德尔的率领下在昼间出动，在毫无制空权且缺少本方保护的情况下，冒着密集的防空炮火攻击东线的苏联装甲铁流——然而这也只是螳臂当车的蚍蜉撼树之举，终究不能扭转这注定失败的结局，尽管这支联队身为纳粹所用，在战争史上写下了不算光彩的一笔，但是抛开政治因素，单以联队官兵的战术思想、作战经验及无畏勇气来讲，这些都是兵家认为的上乘之能——以至于为了纪念这支联队在军事上的光荣事迹，StG. 2 这个番号在战后也被德国空军坚定地保留下来。

（十六）王牌的碰撞 ——"猎鹰 1 号"和"斯图卡之王"的生死较量

"王牌"这个词最初由法国人在"一战"中创造，指空战中击落 5 架或更多飞机的飞行员，"王牌"成了优秀飞行员的代称。"一战"结束时，主要参战国都诞生出本国王牌飞行员，如德国的沃纳·沃斯、加拿大的威廉·艾弗里·毕晓普、美国的弗兰克·卢克。其他如德国的奥斯瓦德·波尔克、英国的爱德华·曼诺克、奥匈帝国的哥德温·布鲁茂斯基，他们的领导能力与个人成就同样闻名于世。法国的乔治·居内梅、美国的埃迪·里肯巴卡、英国的艾伯特·鲍尔、意大利佛朗西斯科·巴勒可、德国的曼弗雷德·冯·里希霍芬不仅是本国而且是世界公认的英雄。

据统计，在两次世界大战中参战各国飞行员击落的敌机有 40% 是仅占飞行员总数 4% 的王牌的战绩！可见，在战争中王牌真正起到了以一当十的军中顶梁柱的作用。但是，在实际空战中王牌们相互面对面较量的机会相对很少，一方面是相遇的机会少；另一方面即使相遇了大家都是高手通常谁也奈何不了谁，而顶级王牌间的对决更是凤毛麟角。

1944 年 3 月 13 日，在东线德涅斯特河上空，进行了一场惊心动魄的生死对决，攻守双方分别为苏德空军的两个顶级王牌——攻方是苏联空军王牌，第 69 航空团指挥员列·肖斯塔克夫，守方是德国空军王牌、"斯图卡之王"汉斯·乌尔里希·鲁德尔。

温斯顿·丘吉尔曾把苏联称为"一个谜一样的国家"，第二次世界大战期间东线上空的战斗也可以被称作一个谜，被称为"猎鹰 1 号"的苏联的空军王牌列夫·肖斯塔克夫，在其有生之年就已成为传奇人物，他早在西班牙内战期间就与德国空军交过手，在苏德战争的头几个月，他作为第 69 航空团的指挥员参与了奥德萨的防御。苏联空军派遣飞行员参加了西班牙内战，其中有不少人成了王牌，还有一些苏联飞行员在 20 世纪 30 年代末在中国战场获得作战经验，列夫·肖斯塔克夫就是其中最著名的一个。第二次世界大战爆发后，列夫·肖斯塔克夫率领第 69 航空团与 14 架德空军的 Me.109 发生了激烈的空战，取得了击落 9 架 Me.109 而己方没有任何损失的战绩。在被击落前，肖斯塔克夫共执行了 200 次飞行任务，参加过 32 次空战，取得了击落 15 架敌机的战果。似乎这个成绩在最后的苏联王牌中排不上号，但是他是在 1944 年 3 月阵亡的，而那时苏联头号王牌伊凡·尼·阔日杜布也才击落了 20 架敌机而已。

肖斯塔克夫的战机是苏联当时最先进的拉-5FN-TK 战斗机，1944 年，拉格-5FN 取代了苏联空军的拉格-5，和后者相比，拉格-5FN 更快。中高空作战性能更好。这种型号采用有燃油喷嘴技术的 M-821PN 发动机以改善高空性能，同时

降低了后机身高度并采用新型座舱，改善了各个方向的视野。拉格-5PN 性能上不仅可以和 Bf-109G 相抗衡，还足以媲美 Fw-190。在拉格-5FN 出现前，德军的 Me-109 新型号和 Fw-190A 战机在速度和爬升率方面超过了拉格-5FN，而新出现的拉格-5FN 在这两方面又超过了德国战机，是斯大林格勒和库尔斯克战役空中作战取得胜利的重要原因之一。但画蛇添足的是，为突出飞机的高空性能，曾有部分拉格-5FN 加装了由 Treskin 设计的涡轮增压器，称为拉格-5FN-TK。结果高空性能是提高了，但中、低空性能下降，这种缺点对于绝大多数空战发生在中、低空的苏德战场是致命的！——肖斯塔克夫的座机就是拉格-5FN-TK。

1944 年，肖斯塔克夫指挥的第 69 航空团和鲁德尔指挥的"殷麦曼"连队同处一个战区，对于当年的那场生死决战，后来苏德双方都有文字记载，根据弗·德·拉弗里年科夫的《他的代号猎鹰 1 号》一书中记录，列夫·肖斯塔克夫曾与一位取得过"金质勋章"的"斯图卡"飞行员进行过空战，毫无疑问，这只可能是汉斯·乌尔里希·鲁德尔！

汉斯·乌尔里希·鲁德尔的座机是身上漆着毒蛇图案的 Ju-87c "斯图卡"，第二次世界大战初期，轴心国之一的纳粹德国凭借"闪电战"横扫欧洲大陆。而立下赫赫战功的除了令人闻风丧胆的装甲部队，更有德国空军中有名的精确对地武器 Ju-87 "斯图卡"。Ju-87G 是 Ju-87 系列的终极型号，是一种单发双座反坦克攻击机，它是一种专门的反坦克强击机，机上除了驾驶员外还配有一名机枪射手。

汉斯·乌尔里希·鲁德尔是在第二次世界大战德国空军中的超级坦克杀手，举世闻名的"斯图卡之王"。他的战绩是世界空战史上的一个神话，不仅前无古人，而且很可能后来也无人能够企及！对苏军而言他早已经是东部战线名副其实的头号"死亡天使"，由于他击毁了大量的苏军坦克，此时他已经成为苏军飞行员觊觎的猎物，如果谁能击落他将意味着莫大的荣耀。

1944 年 3 月 13 日，苏联 69 航空团的指挥员列夫·肖斯塔克夫带队出击时，在涅斯特河上空发现了德国空军"殷麦曼"连队指挥官汉斯·乌尔里希·鲁德尔少校率领的三机编队。肖斯塔克夫率部下进行了坚决地攻击，短时间内德机一毁一逃，而他本人则死死"咬"住了鲁德尔的座机。鲁德尔见甩不掉肖斯塔克夫便驾机进入超低空，肖斯塔克夫紧追不放。在离地面极近的高度，两人在很近的距离内进行了一场惊心动魄的追逐战，在一连串的超低空急转弯中，双方都把飞机的性能和自己的驾驶技术发挥到了极致。

在汉斯·乌尔里希·鲁德尔的自传中，他曾回忆起他的 Ju-87 遭到一位极为出色的 La-5 飞行员的攻击："我真不明白，他怎么能够随着我的飞机作急转弯"，鲁德尔写道："我的额头上布满了汗水。"就在鲁德尔近乎绝望的时候，他突然听到他的后座机枪手卡特曼喊道："我击中他了。"鲁德尔继续写道："他可能是被卡特曼击中了，也可能是由于他的飞机受到我的飞机在急转弯时所引起的气流影响而失速进入螺旋，但是没关系，我的耳机中突然收到苏军波段中传来的飞行员绝望的喊声，从混乱的信息中他得知刚刚坠毁的是一名非常著名的飞行员，甚至可能是一名苏联英雄称号的获得者。"

战争就是这样，生死成败往往决定于一瞬间。汉斯·乌尔里希·鲁德尔大难不死，在这场战斗的 16 天后即他被授予了当时德国的最高军事荣誉——"钻石双剑银橡叶骑士勋章"！但这也并非他荣誉的顶点，最终他又获得了作为军人独一无二的"钻石金双剑金橡叶骑士勋章"！同时他创造了也许是他人永远无法企及的战绩——击毁 519 辆坦克、近 1000 辆其他车辆，摧毁 150 个炮兵阵地，击沉苏联 2.4 万吨级的战列舰"马拉"号以及两艘巡洋舰和一艘驱逐舰、70 艘登陆舰、击落敌机 9 架，而没能创造奇迹改写历史的列夫·肖斯塔克夫，在人们为他的陨落短暂的悲痛后则被湮没在群星璀璨的王牌长河中。

（十七）被遗忘的空袭——德累斯顿大轰炸

德国萨克森州的德累斯顿一座文化古城，也是当年德国三大铁路枢纽之一，虽然也有一部分的军工企业，但总的来说其军事价值不大。所以当时德累斯顿的防空力量十分薄弱，因为德国人不认为德累斯顿会成为盟军重点空袭的城市。

1944 年德国空军的空中防御体开始崩溃，盟军进攻德国本土时，发现德国已成一片废墟，盟军轰炸机部队如入无人之境。为了打击德军的交通运输和军工生产，同时更重要的是打击德国人民的信心，英国首相丘吉尔亲自把在预定的苏军占领区内的德累斯顿定为目标。1945 年 2 月 13 日夜，德国东部城市德累斯顿这个被称为"世界建筑宝库"的文化古城突然遭到猛烈的轰炸，英美盟军大规模空袭德累斯顿，几小时之内，这座常被人们称为易北河畔的佛罗伦萨、精美绝伦的巴洛克式老城变成了废墟，城里数以万计的居民和难民葬身火海。

这一天是星期二，正值德国的狂欢节。在最初的两次空袭中，盟军共投下了 65 万枚燃烧弹，529 枚威力强大的薄壳空投炸弹和 1800 枚烈性爆破炸弹。官方数据显示，对德累斯顿的轰炸造成了 13.5 万人死亡。但是真正的死亡人数至今没有人能确切地知道，因为当时德累斯顿聚集着上千名没有登记身份的难民。

一位参与轰炸的英国空军飞行员回忆："当时的场景让我完全震惊了，我们仿佛飞行在火的海洋上，炽热的火焰透过浓浓的烟雾闪烁着死亡的光芒，我一想到在这人间炼狱里还有很多妇女和儿童，我就无法自制地对我的战友们喊道：'我的上帝，这些可怜的人们！'我无法形容我当时的感觉，也无法为之辩护……"

在英国出动 796 架飞机连续轰炸这座具有 750 年历史的名城德累斯顿，造成 13.5 万人民死亡后，丘吉尔让人认为他似乎是一个无意中把花盆打碎的小孩子。在他后来的名著《第二次世界大战回忆录》中，竟一次都没有提到对德累斯顿的轰炸，这本书最后让他获得了诺贝尔文学奖。

历史学家都认为，德累斯顿并没有军事上的价值，主要企业生产瓷器和香烟。后来公开的《皇家空军内部报告》进一步证实：英国的意图是在敌人已经部分崩溃的情况下，避免城市在未来战争中发挥作用，顺便向苏联人显示，如果他们来的话，皇家空军轰炸指挥部能做什么。对这种出于政治目的造成的屠杀，英美史学界通常轻描淡写一带而过。

对德累斯顿的轰炸使上百万居民无家可归，他们同外地逃难者形成一支难民大军，此后，每年2月13日20点15分，德国东部的各个乡村教堂都会响起沉闷的钟声，纪念这次给平民带来巨大灾难的大空袭。战后，人们认为这次"雷击"行动是不顾人道主义原则的"恐怖主义行动"，把哈里斯称为"屠夫"。

哈里斯也承认，这是杀戮人民，他只是强调"雷击"方案不是由他制订的，哈里斯认为，德累斯顿遭盟军轰炸后的惨景只是残酷战争的一个侧面，在第二次世界大战中，鹿特丹、考文垂以及列宁格勒这些城市也遭到了同样严重的破坏，而破坏这些城市的罪魁祸首正是德国军队。

虽然这场灾难已成为历史，但有关德累斯顿的争执却时起时落，始终没有停息。苏联在冷战早期把德累斯顿轰炸当作宣传工具，以此来疏离东德人与美国人、英国人的感情。英国学者底彼德·阿宾格对那次大空袭做了较为客观的估计——共死亡13.5万人，3.55万座建筑物被炸毁，其遭破坏程度仅次于受原子弹袭击的广岛。

盟军对德累斯顿进行的大规模轰炸是否真的具有军事价值？这个问题的答案目前众说纷纭。英国历史学家弗德里克·泰勒认为，德累斯顿所处的地理位置具有重要战略意义，它成为盟军的打击目标是理所当然的。但是有人不同意泰勒的观点。作家弗兰茨-库洛维夫斯基也在其畅销书《1945年2月的德累斯顿》中将英美空军的空袭称为没有任何军事意义的大屠杀。

轰炸城市本来的目的是促使人民起来推翻暴政，但丘吉尔当年在回忆录中写道："由轰炸机展开的进攻并不能够削弱德国的军用生产，也不能挫伤平民的斗志。相反却造成161个德国城市的毁灭和57万平民在空袭中死亡。"指挥德累斯顿轰炸的英国皇家空军轰炸机司令部副司令桑德比中将说："谁都无法否认空袭德累斯顿是一场真正的悲剧……真正无情的是战争，一旦全面战争开始，那么它就不可能有任何真正的人道主义。"

英国著名军事理论家哈特曾指出："如果文明的捍卫者们只能把自己的胜利建筑在以最野蛮、最原始的方式去赢得战争，那岂非文明本身的极大讽刺？"当世人为这场惨剧展开人道主义争论时，真正的罪魁祸首希特勒在他最后的日子里却淡淡地说道："当我的人民在这些考验下毁灭的时候，我不会为之流一滴眼泪，这是他们自己选择的命运！"

（十八）地狱般的空战——德军"神风"突击队为希特勒殉葬

众所周知，日本军国主义战争狂人曾在第二次世界大战后期组建过一批所谓的"神风"突击队，甚至改装出一批特别攻击飞机，用于以自杀方式，通过与盟军大型舰只或大型轰炸机的撞击手段来达到阻碍盟军的大反击以苟延残喘的目的。其实在第二次世界大战结束阶段，穷途末路的纳粹德国也试图用这种极端方法挽回失败的命运。这支德国自杀飞行部队的绰号叫"埃尔贝"，当时指挥该作战计划的是哈纳·赫尔曼上校。

被誉为德国"空中魔女"的女飞行员汉娜从 1943 年冬天开始研究自杀式飞机，在 1944 年 2 月 28 日，她以日本的"神风"突击队为例向希特勒建议建立一支有人驾驶的轰炸机部队敢死队。尽管汉娜曾经对所有人保证她自己也将带领此战斗队亲自上前线，但她的这个建议在德国空军之中遭到了极为强烈的反对，还好那个疯狂的元首保持了难得的清醒而拒绝了。

自 1944 年夏季以来，美国陆航第八军在对德国本土的战略轰炸中已逐步取得空中优势，德军江河日下的防空力量眼看就要失去招架之功。在这样的情况下，1945 年初，绰号"野猪"的德国空军赫尔曼少将出人意料地向上级提出了一个十分荒谬的招数——撞击战术。该战术效仿日本人的"神风作战"，即利用低成本的单座单发战斗机参与夜间拦截作战，在不考虑参战人员生存的前提下，采用"一对一"的敌我损失交换，迫使盟军暂停或降低对德国城市的轰炸。赫尔曼把这种战术的代号叫"高楼"。

赫尔曼动用那些尚未出道的飞行学员，驾驶着战斗机以冲撞并与目标同归于尽的"自杀攻击"方式来对付盟军的四发动机的大型轰炸机。如此做法，竟与当时日本战争狂人的行径如出一辙！对德国而言，这是孤注一掷的最后一搏。在取胜无望的情况下，德国空军不得不谋求"极端手段"。对于这种不合常理的野蛮战法，尽管遭到一些人的强烈反对，但在纳粹高层的支持下，这项极端作战计划还是得以实施。希特勒默许了赫尔曼的作战计划，只是虚伪地要求参加自杀行动的成员必须"绝对自愿"。为了进行验证，赫尔曼亲自夜航试飞，按照他的设想，单座战斗机应提前埋伏在被空袭城市周边的空域中，待敌人机群逼近时，则一涌而出，并充分利用己方探照灯光和地面大火的反射光，以纯粹自杀的方式瞄准并攻击之……

1945 年初，形势日趋险峻，赫尔曼迫不及待地向空军总部递交了从速实施自杀攻击的申请，并以个人名义起草了一份敢死队募集飞行员的文告。3 月 8 日下午，该文告通过电传方式秘密发往战斗机改装部队以及一部分正处于休整训练的战斗机部队。据说，个别前线值班的战斗机部队也收到了该文告。

在这份文告中间，赫尔曼承认作战生还的概率是很低的，但仍希望为 350 架单座战斗机招募到 2000 名飞行员。3 月 24 日，有关志愿人员已前往柏林以西 100 千米处的谢汀达尔空军基地报到。1945 年 3 月 11 日，赫尔曼在柏林以西的施坦达尔机场成立易北特别司令部，有 300 余名德国军人报名加入，在他们签字的申请书上，赫然写有"返航机会为零""生还机会渺茫"等字眼。

司令部只提供基本的起降和编队训练，一份战后遗存的课程表显示，一名自杀飞行员的训练只有 7 天：一至两天起降和简单集合训练，两天编队飞行和起降复习，最后三天进行撞击和简单规避训练。之所以把训练时间安排得这么短，主要是出于飞行员心理状态的考虑——自杀作战不能等待太长时间，送炮灰上战场也要注意让他们在最佳的亢奋状态下出击。

托姆普夫是易北特别司令部中的少数幸存者之一，当时他不到 20 岁，是滑翔机飞行员，因为有家人在盟军空袭中丧生而加入自杀部队。他来到施坦达尔基地后受到优厚待遇，纳粹宣传部长戈培尔亲自给他们洗脑。司令部训练班负责人奥托·库内克少校曾是一名轰炸机飞行员，他非常清楚轰炸机的软肋在哪，所以在授课时特意让几个人站在学员面前，他们脖子上挂着轰炸机各薄弱部位的牌子。他要求飞行员们只能在极近的距离上才能开火，至少击落一架轰炸机后才能跳伞，必要时撞击轰炸机。

为了传授所谓的"撞机"经验，库内克专门找来在东线见识过苏联红军"空中撞击"的飞行员，以及日本提供的"神风"突击队作战资料，让学员汲取经验。在撞击作战中，撞击飞机必须尽一切可能提高速度，而减轻飞机重量是有效途径。库内克下令拆除用于撞击作战的飞机上的武器和额外设备，只留下两挺 MGl3 机枪。以如此脆弱的火力，要打掉坚固的轰炸机，除了撞击别无他法。

当训练结束后，这些飞行员被分配到 4 个大队。分别部署在施坦达尔、比特菲尔德、莱比锡和加德雷根。佩尔茨、赫尔曼和德国空军司令部最终确定出击时间为 4 月 7 日。当撞击部队司令官布鲁纳少校就是否需要做特别准备咨询赫尔曼时，得到的答复居然是"什么都不要，只要一颗无畏的心"。埃尔贝部队实际上并没有，也无法实行必要的演练。4 月 7 日便匆匆派出 120 架自杀飞机升空拦截盟军机群。

4 月 7 日的德国天空充斥着云团，能见度只有 15 千米。盟军 1304 架轰炸机和 792 架护航战斗机乌云压顶般扑向德国。11 时 16 分，随着象征死亡的绿色信号弹升空，易北特别司令部的 185 架战机开始了"死亡之旅"。按计划，他们将从 11000 米的高度向盟军轰炸机群展开俯冲攻击，由于供氧装置已被拆除，德军飞行员必须忍受低温缺氧的折磨，一些人还没见到美军战机就昏厥了，飞机也随之坠毁。

12 时 30 分，德军自杀机群开始发起攻击。美军飞行员惊恐地看到，德军战机竭尽全力冲向美军轰炸机，在极近的距离上做着难以想象的危险动作。由于对手飞得太快了，而且全无畏惧，没在欧洲见识过自杀作战的美军飞行员一度因惊恐而忘记开火。在突然的打击下，美军战机编队发生混乱。第 452 大队的一架 B-17 轰炸机最先中招，一架德军飞机撞入机身后段，B-17 瞬间解体。紧接着，又有数架轰炸机化作火球，美军飞行员的耳机里充斥着撕心裂肺的叫喊声！

空战中，一些德军飞行员在最后关头奇迹般地逃离飞机。他们在撞击前的一刹那抛掉座舱盖和安全带，在几千米高空打开降落伞。然而，即便打开降落伞，一些飞行员仍没能活下来——他们没能把握好开伞高度，在 7000 米以上提前开伞，由此产生的长时间高空降落使他们遭受到缺氧和低温的折磨。

德军曾在地面发现几具被冻僵的自杀飞行员尸体。据档案显示，此次自杀作战中，德军损失 100 余架飞机，77 名飞行员丧生，而美军有 56 架轰炸机被毁。在这次昙花一现的特别攻击飞行之后不久，德国大本营就下达了中止执行的命令。据说剩下的埃尔贝部队成员在兵临城下、大军压境的危急情况之下纷纷向南方突围。一场形同螳臂当车式的纳粹自杀飞行部队闹剧就此草草收场。战后，赫尔曼受到纽伦堡法庭的审判，但他只受到最低程度的量刑，之后被美国空军招募，研究如何防止第三次世界大战时苏联空军可能的"撞击战"。

（十九）纳粹之鹰——"里希特霍芬联队"沉浮记

1935 年 3 月，德国空军重建时，为纪念一战时的英雄曼弗雷德·冯·里希特霍芬男爵（"红男爵"），将第一支组建的战斗机联队 JG-132 命名"里希特霍芬"，因为 JG-132 是德国空军的第一支空军队伍，第二次世界大战时德国的不少著名飞行员都曾经在队里接受训练。

3 月 14 日，德国空军重建时，希特勒发布了一道充满了激情的命令："我宣布这个以英雄的名字命名的'里希特霍芬联队'，将会在精神上与物质上共同承担起它神圣的责任。"

另一位也曾经在 1917 年 6 月担任第四战斗机中队中队长的空中英雄——罗伯特·冯·格莱姆上校（此人后来成为德国空军元帅）从冯·格莱姆少校手里接过了联队长的重任。格莱姆上校在一战时曾任波克战斗机中队中队长，并有 6 架的战绩。他于 1940 年 9 月 3 日离开了联队长的位置另谋高就。在其任职期间，他又在 JG-132 取得 18 架战绩，并于 1940 年 8 月 28 日获得了骑士十字勋章，这也是 JG-132 的第一枚。

1938 年 4 月 21 日，是"里希特霍芬"去世 20 周年纪念日，帝国元帅赫尔曼·戈林在为纪念"里希特霍芬"而修建的纪念碑两侧分别画有两架战斗机，一边是一架全红色的福克三翼机（正是曼弗雷德阵亡时所驾驶的机型），而另一侧则是涂有联队标记（镶嵌有红色的"R"的银色盾牌）的暗绿色的 Bf-109，这块石头仿佛成了一座联结历史与现实的桥梁。

JG-132 下属的 4 个大队分别于 1939 年至 1940 年上半年陆续建成。对于"里希特霍芬"联队的飞行员来说,没有比他们能装备德国最新型的 He-51 型战斗机更让他们高兴的事了,当年的夏天,联队的四个大队全都完全装备亨克尔公司的最新产品——He-51。

1938 年 11 月 11 日,德国空军的组织结构发生变化,其中的变化之一就是将现有的战斗机部队划分为重型战斗机部队与轻型战斗机部队,重型战斗机部队后来在战时演变为了驱逐机部队。里希特霍芬连队在这次整编时,失去了四个大队中的两个大队,这时诞生了一个新的联队——JG—131 联队。在闪击波兰时 JG-132 还没有完全建成,只有一个中队短暂参战。1939 年 11 月 22 日赫尔穆特·维克少尉,这位后来在不列颠空战中表现最出色的王牌飞行员取得了自己的第一个也是联队的第二个战绩——一架法国的 P-36 "鹰" 式战斗机。JG-132 的第一个战绩是在同一天由三中队的克利军士长取得的,除此之外,JG-132 就没有部队参加这次战役。后来 JG-20 的第一大队被并入联队,联队的力量得到加强。在这一时期,战斗机联队 JG-132 主要的任务是在国内保卫德国的首都柏林。

波兰战役结束后,1940 年春季,德国的战斗机联队开始准备西线战役,JG-132 当时隶属南段面对法国边境的第三航空队。JG-132 的战争生涯在德国进攻西线的低地国家和法国的时候正式开始。

值得一提的是,1940 年 4 月 25 至 26 日夜间,JG-132 在德国的西北海岸击落了英国空军的一架 Hampden 轰炸机,这也是德国空军所击落的第一架英国空军的夜间轰炸机。这时的里希特霍芬联队还是一支不成熟的队伍,在它的飞行员里有三分之二是刚刚跨出航校大门的新手,而他的四名主要指挥官,却有两人是一战时的飞行员。就是这样一支队伍正要参加德军对法国与低地国家的进攻。

1940 年 5 月 10 日,西线战役开始,JG-132 隶属于第三航空队,负责支援地面上的古德里安将军所领导的 A 集团军,进攻法国北部地区。JG-132 所属的第一、三大队在这一过程中始终保护着地面部队而自己也没有更多的损失,而他们的战绩也达到了 100 架。敦刻尔克战役开始以后,JG-132 三个大队全都回到联队属下。他们在法国所击落的敌机数达到了 235 架。JG-132 参加了著名的不列颠空战,驾驶 Bf-109E 型战斗机。战役期间赫尔穆特·维克成了德国空军的一颗闪亮明星,在他的总共 56 架战果里,有 42 架是在这时取得的,在 JG-132 当时的战绩总排名是第一,在不列颠空战结束时,联队共有 42 位飞行员战死或被俘。

1941 年 7 月 8 日,JG-2 取得了第 664 次空战胜利,由此追平了 "一战" 时老 "里希特霍芬" 联队的战绩。1944 年 1 月 JG-132 取得了第 2000 次胜利,但是美国空军轰炸机部队的到来为德国空军敲响了丧钟。

1944 年 6 月 6 日盟军进行诺曼底登陆的时候,德军很偶然地在交战区域部署了 19 个战斗机大队,盟军的空中作战与对地面目标的轰炸,使得德方的各个大队,都遭到重大的损失。到 6 月的最后一天,在一个月以前还有 150 架战斗机的 JG-132

集中后只剩下了 17 架。7 月，JG-132 最后从诺曼底前线撤回。稍后，连队长率领剩下的部队返回德国。1944 年 11 月，它们花费了 8 周时间重新装备。在这期间，他们参加了他们最后的战斗：帝国保卫战。

JG-132 这时的两项主要职责分别是对地掩护和在西线空中作战。这时他们天天参与攻击美军的重型与中型轰炸机，这一时期联队的主力成了年轻的、只受过基础训练的、没有任何作战经验的飞行员。

1945 年 1 月 1 日，JG-132 参加了"底板行动"，这次行动是德国空军最后一次大规模地使用战斗机对盟军位于法国与低地国家的机场的大规模行动。此次行动的目的是给阿登地区的德国突击部队提供短暂的空中优势，但是结果却使德国空军遭受巨大损失。联队的 90 架战斗机从三个机场分别起飞后在 Koblenz 上空集合，没想到，他们还没有穿越敌人的防线，还在己方阵地上的时候，伤亡就开始了。对方的防空部队得到飞机接近的警报，于是大开杀戒。

当幸存者返回以后，损失情况为：23 个阵亡或失踪（当日的统计），10 人被俘 4 人受伤。这一比例在德军当日参战的 11 个战斗机联队也算是相当高的了，这对 JG-2 和德国空军来说都是致命的一击。

而到 1 月中旬，第一与第三大队也只执行一些有限的战斗，但是在盟军连续不断的作战中，联队的成员缺少经验与不熟练的问题日益凸显，这使得他们的损失越发的加大。三四月份的时候，全联队能够使用的战斗机只有不到 20 架了，面对压倒性数量的盟国空军他们的失败已经不可避免。

1945 年 5 月 7 日，JG-132 在慕尼黑由联队长布林根（JG-132 头号王牌，112 架战绩获得者）率领向盟军投降，彻底结束了自己的战争岁月。

在第一次世界大战结束德国空军奉命投降时，戈林率领他的飞行中队的飞机回到达姆施塔特的一个空军基地。当戈林驾机驶近机场的尽头时，他将机身倾斜至翼梢碰到地面，他连续剧烈地抖动机身，直到"福克"式飞机成为一堆碎片，其他飞行员纷纷效尤。第二支"里希特霍芬联队"投降的时候没有重现当年戈林带领的飞行员们在降落的时候摔碎座机的壮举，他们平静地投降了。

（二十）JV-44——"加兰德的马戏团"

1942 年 7 月 18 日，首席试飞员弗·文德尔在德国的莱普海姆机场上空举行了一次划时代的飞行，大战中最成功的实战型喷气战斗机 Me. 262 问世了，在第一次试飞 Me. 262 之后，加兰德兴奋不已地说："坐在 Me. 262 上，你的感觉就像托着天使的翅膀飞翔，这不是前进一小步，这是一个飞跃！"他相信这样的飞机被用于战场必会产生极大的作用，可让他失望的是，希特勒对这种新式战机的重要性并没认同，只是淡淡地说可以把它用于轰炸上——而不是如加兰德所期望的那样用于空中的格斗。

"在我看来，Me.262 是整个战争中最优秀的战斗机，是一个足以扭转战局的杀手。但幸运的是，德国空军始终没能装备足够数量的 Me.262。否则，欧洲的天空将在它的翼下颤抖。"英国皇家空军著名试飞员艾瑞克·布朗过后这样评价它。

在德国空军中对 Me.262 的使用一直存在争论，加兰德和战斗机部队指挥官们希望所有生产的 Me.262 都是战斗机，用于对抗盟军的大编队轰炸机群，而希特勒和轰炸机部队指挥官们希望得到一种"闪电"式的战术轰炸机，并不断要求工厂将其作为主要生产型号。希特勒在 1943 年 11 月 26 日宣布了将 Me.262 当作"闪电轰炸机"使用的命令后，他勉强同意了 Me.262 战斗型的测试继续进行，但前提是不能影响 Me.262 轰炸型的生产。1944 年 7 月中旬，第 262 试飞分队对 Me.262 的战斗型的测试终于开始了。他们尝试着攻击飞越试飞基地上空的盟军远程侦察机，以检验 Me.262 的实战效能。

1944 年 7 月 25 日，一架隶属于英国皇家空军第 144 中队的哈维兰"蚊"式侦察机在慕尼黑附近遭遇了一架 Me.262，皇家空军飞行员华尔中尉随即加大油门并推杆让"蚊"式进入俯冲状态以增加速度，并向左急转弯，通常这一套机动对于摆脱纳粹空军的战斗机非常有效，但这次 Me.262 却很快就追上了他。华尔发现很难甩脱追击者，在逃入云层之前，Me.262 居然从容地对他进行了三轮开火。这就是盟军飞行员第一次遭遇 Me.262 时的情景，事后华尔在谈到这种德国空军的新式战斗机的时候仍心有余悸，在接下来的一个月里，"诺沃特尼"大队宣称取得了 5 个战绩。

1945 年，已到了第二次世界大战的后期，德国的前景越来越糟，颓废的戈林只是把战败的责任推到空军的指战员身上，前线指挥官们被无理地指责为懦弱、说战争的不景气都是因为他们的无能所至，这引起了部下极大的不满。1 月，德国空军高级军官们集体联名，要求戈林以空军大局为重自动辞职，戈林把这一事件称为"叛变"，其结果是加兰德被解除了战斗机总监的职务。

当月下旬，加兰德被告知元首希望他能成立一个只有一个中队建制的小规模单位，来证明他本人一直宣称的："Me.262 是一种优秀的战斗机。"

戈林还告诉加兰德，他可以自己来选择该单位的名称及代号，但不能包括本人的名字，加兰德选择了 JV-44，部分原因是对 1944 年亲眼见到的曾经是那么显赫一时的德国空军以及他本人的衰败加以嘲讽，另一部分是为了纪念他自己所指挥的第一支部队，西班牙内战时德国兀鹰军团第 88 战斗机大队的第三中队，该中队外号"米老鼠中队"，加兰德希望不敢太高，JV-44 要是能有 J88 的一半成就他就心满意足了，也希望能够在战争的末期能再次唤醒德国空军的光荣。

对于 JV-44 的成立，身为空军中将的加兰德非常高兴地说："我对能在战争的最后时间里重新回到前线的激烈作战中去深感满意，在这最伟大的、也是我最后所在的单位中留下的美好的记忆将伴随我的一生。"连队长沃尔夫冈·施佩特少校说:"我们尊敬加兰德,在极不公正地被戈林解除职务后,他没有退缩,也不会呻吟着钻进某些蜗牛壳里去,相反的,他组成了一个仅有中队建制的单位开赴前线,在最后的日子里保卫着自己的祖国,他是军人的楷模。"

加兰德因为被解职,反而得到了成立他自己梦寐以求的建立 Me.262 中队的机会,1945 年 4 月 5 日,在希特勒的亲自干预下,戈林准许被解职的原战斗机总监阿道夫·加兰德准将组建并亲自指挥 JV-44,以慕尼黑附近的雷默为基地投入战斗。

当时许多其他的战斗机部队由于缺乏各种作战物资而无法正常运转,大量有经验的飞行员阵亡,鉴于此种情况,加兰德便把许多著名的王牌飞行员召集到 JV-44,以便充分发挥 Me.262 的作战能力。加兰德自任中队长,他的中队成员包括格尔德·巴克霍恩、瓦尔特·克鲁平斯基、海因茨·巴尔、埃里希·霍哈根、京特·吕左、威廉·赫格特,各个都是得过骑士铁十字勋章的王牌。许多不讨戈林欢心的连队长、大队长们,都前来参加这个中将所领导的喷气机中队,该中队不属于任何连队、航空师、航空军或者航空队——它是彻底独立的。

JV-44 也成了名副其实的精英中队,它又被称作"专家中队""尖子中队"和"全明星中队",当时在德国空军各部队很快流传起这样的说法:"如果你想加入JV-44,那最少你得有骑士十字勋章",加兰德曾经形容那里"铁十字勋章在我们单位就像制服一样普遍"!但那里又是一个绿洲,一个远离战争末期疯狂的营地,聚集着一群追梦者,他们是天空中最后的骑士,空战精英们驾驶着当时最先进的:Me.262 捍卫着德国空军最后的荣誉。

一名加入了 JV-44 的成员说道:"听说加兰德在勃兰登堡成立了一个新的喷气式战斗机单位,所以我从利岑菲尔德打电话给他要求加入,他的回答是:'当然没问题,很高兴你能来,不过你要带一架喷气机一起来!'所以我去了利佛海姆的喷气机工厂,想得到一架 Me.262。我对他们说了我正在为组建 JV-44 部队而收集飞机,但那里竟然没有人听说过这个单位!无论如何,在那个时间形势已经非常混乱了,我还是设法搞到了一架飞机并且直接飞往勃兰登堡—布瑞斯特。"——这就是JV-44 得到人员和装备的典型方法!

JV-44 于是成了众人皆知的、在某些人眼里甚至是臭名昭著的飞行单位——主要是由于它那令人眩目的飞行员名单,那里面的家伙们除了是天才战斗机飞行员外,还是些"顽固"的捣乱分子、不服从管理的"造反派",在他们眼里除了加兰德就再也没有值得一提的上司了。4 月 5 日,刚组建的 Jv-44 第一次执行截击任务,出动 5 架战斗机击落了两架美国的轰炸机,随着盟军的地面部队不断深入德国境内,摧毁了大部分德国空军战斗机的地面控制站。

因此即使对于这些身经百战的王牌飞行员来说,简单的起飞和降落都变得困难重重,一天出勤 10 次或是击落 5 架盟军飞机都变得十分艰难,在战争结束前才匆匆投入战斗的 JV-44 根本没有引起盟军的注意。

1945 年 4 月 10 日，来自各部队的 50 架 Me.262 战斗机被美国轰炸机和为其护航的 P-51 "野马"式战斗机击落了 30 架，而德机则击落了 10 架美军轰炸机——这也是整个战争中喷气式战斗机最惨重的一次损失，其余的飞机在返回机场后由于缺乏燃料只能停在机场坐等战争的结束，此时盟军已快速推进到德国腹地，一个又一个的 Me.262 基地被迫放弃，到了 4 月底，已经没有 Me.262 能够飞翔在德国的天空了。

1945 年 5 月 3 日，JV-44 接到了命令，改编为 JG7 的第 4 大队，但这时战争基本上已经结束了。当 Me.262 拖着喷气发动机凄厉的尖啸掠过盟军的千机编队时，宣告了喷气机时代的来临，Me.262 成了第三帝国日渐西沉的天空之中最亮丽的一抹余晖。

Me.262——第一种投入实战的喷气式飞机，一种有可能改变战局的飞机，一种给盟军造成巨大的心理压力和损失的飞机，一架标志着人类航空技术向前迈进一大步的飞机，Me.262——这个名字本身就是一个传奇。有人说它是为人类航空事业带来曙光的天使，有人却说它是插上了翅膀的魔鬼，但有一点是肯定的，作为争论的焦点，Me.262 有着恒久不变的魅力。

（二十一）落日余晖——最后的王牌与最完美的空战

1942 年秋天，美国轰炸机 "B-29" 开始和皇家空军一起对德国进行大规模战略轰炸。此前，德国情报部门早就清楚地知道 "B-29" 的存在，德国空军认为："如果 B-29 对德国进行轰炸，现有的战斗机完全无力截击。因为在同温层中，现有的战斗机达不到这样的高度，即使勉强达到，也完全丧失了机动能力，更不要说发动攻击了。"

为了应对盟军的 "B-29"，在 1940 年底前，福克·沃尔夫设计局在首席设计师库尔特·坦克博士，即 Fw-190 的总设计师领导下开始对 Fw-190 型战斗机系列进行研究改进，以提高其高空作战性能。

"Fw-190" 战斗机系列的终极型号 "Ta-152" 战斗机就是为竞争帝国航空部的 "极高空战斗机" 而研发的。

尽管姗姗来迟，但 "Ta-152" 卓越的性能却并没有因此而埋没，在第三帝国最后的日子里，唯一装备了这种战机的 Bf-109 连队在短短 8 个星期的时间里，面对盟军绝对的空中优势，取得了不凡的战绩，成为日薄西山的第三帝国黄昏中最后一抹余晖。

"Ta-152" 是纳粹德国在第二次世界大战末期由 Fw-190 发展的一种高空高速活塞战斗机，它是作为 "最终解决方案" 的极致之作。由于诞生时期偏晚，生产数量太少，并未在战争中发挥太大作用，但其优秀的性能仍获得了交战双方的一致赞赏，它与 P-51H、喷火 XIV 一起被誉为终极活塞式战斗机，其各项飞行性能已经接近活塞式战斗机的极限。

Ta-152 型战斗机

"Ta-152 的操控性能使得之前所有的德国战斗机黯然失色，在与盟军现役的战斗机的缠斗中，Ta-152 是最优秀的！它极小的转弯半径和令人惊讶的爬升性能在我看来没有一种现役战斗机能和她媲美。"——这是"Ta-152"王牌约瑟夫·基尔军士长谈对"Ta-152"的印象。

Ta-152 量产型于 1945 年 1 月开始列装参战，截至终战各型生产总数相加不足 150 架，列装部队的数量更少，大多数"Ta-152"在等待向部队移交时被盟军飞机炸毁在停机坪上。没有一个战斗机连队完全换装"Ta-152"，仅有小部分战斗机中队把"Ta-152"和"Fw-190"一起使用，主要用于"Me.262"轰炸机基地的保护任务，即在"Me.262"起飞和降落时在机场上空警戒以防止盟军飞机偷袭，其中最著名的就是 JG-301"野猪"连队。代号"野猪"连队的 Bf-109 连队是德国空军中唯一装备了"Ta-152"的部队，在战争结束前的短短几个月内，"野猪"连队开始换装作业，原打算接收 35 架"Ta-152"，但最终只得到了 16 架。

在疲于奔命的东西两线同时作战中，"Ta-152"飞行员们得以与苏、英、美等国的战斗机遭遇，尽管由于种种原因，他们一般仅能以 6 架飞机出动作战，但直到 8 个星期后战争结束，仅有两名飞行员阵亡，而他们至少击落 9 架敌机。直到战争结束，作为高空战斗机设计的"Ta-152"从未在其设计初衷的领域一展身手——它们一次也没有在高空拦截过盟军的轰炸机和侦察机，但事实证明，即使在中低空的格斗中，"Ta-152"也不逊色于任何对手。

1945 年 4 月 14 日下午，因为有报告说，8000 米外西南方向的路德维希勒斯特铁路调车场有两架敌机正在进行低空攻击，3 架 Ta-152 被命令立即起飞，飞行员是队长奥夫海默中校、萨特勒军士长和约瑟夫·基尔军士长，起飞后的德机几乎立即就发现了敌机——两架"风暴"式飞机。正在这时，飞在前面的萨特勒军士长的飞机因机械故障一头栽向地面，此时空中的交战双方是 2：2。超低空的混战开始了，"风暴"是一种很快的飞机，曾被英国人用来追逐德国的 V-1 飞弹，但现在，在不超过 50 米的低空，速度已不是什么优势。优异的盘旋性能才是一切之本，在急速盘旋中，约瑟夫·基尔军士长才意识到"Ta-152"的妙处。依仗着"Ta-152"

的优异的盘旋性，约瑟夫·基尔军士长咬住一架"风暴"并击中其尾部，这架"风暴"在大幅度的侧滚中失速坠毁。实在巧的是，"风暴"的坠毁地点离萨特勒军士长的残骸竟相距不足百米！两个名不见经传的飞行员，各自驾驶代表一方在欧洲战场上最先进的活塞式螺旋桨战斗机，像他们许许多多的同胞们一样，在和平的曙光即将来临之际，悄然离去，第二天人们以最高礼仪把他们并排安葬在纽施塔特-格列维的公墓。

在不到两个月的时间中，约瑟夫·基尔军士长共击落敌机 5 架，成为第三帝国历史上唯一的 Ta-152 王牌，他最后说："如果能早一些装备部队，多一些生产量，那么至少地面部队和大后方的城市也不会丧失空中支援，被炸得那么惨，第三帝国还能多活几个月甚至于一年……"

四、碧海风波

（一）斯卡帕湾的幽灵——"皇家橡树"号沉没之谜

斯卡帕湾位于英国最北端奥克尼群岛境内的半封闭水域，由该群岛里的主岛、霍伊岛、南罗纳赛岛与一干小岛包围，是一良好的天然海湾，长约 24 公里，宽 13 公里，面积 130 平方公里，为一封闭型海湾。有三条航道通大西洋和北海。第二次世界大战开始后，英国巡洋舰、战列舰和航母等大型战舰纷纷停泊在斯卡帕湾。斯卡帕湾戒备森严，在 7 个入口中有 6 个设有防潜网，还布设有水雷场。只有第 7 入口处航道狭窄、水下岩石密布，没有设防潜网。

1939 年 9 月 1 日，纳粹德国突然袭击波兰，拉开了欧战的序幕。作为波兰盟国的英国于 9 月 3 日对德宣战。9 月 4 日，英国首次动用轰炸机空袭德军战舰。海上力量处于弱势的纳粹德国决定孤注一掷，对拥有世界强大海上力量的英国海军进行一次绝密的偷袭行动。

1939 年 10 月 13 日晚上，在英国东北部的斯卡帕湾地区，在耀眼的探照灯下，一艘由德军上尉普里恩指挥的德国 U 型潜水艇悄悄地沿着英吉利海峡曲曲折折的海岸线，顺着斯卡帕湾的潮水前进。U-47 号潜艇利用北海的夜色，躲过英国东北沿海反潜部队的警戒，悄然钻进斯卡帕湾。普里恩此行的目标是英国海军的"皇家橡树"号战列舰。

U-47 号潜艇潜入斯卡帕湾时发现，潜行越来越难，沿途不仅航道狭窄，还散落着英军故意布设的沉船。艇长普里恩不得不使尽浑身招数，小心翼翼地躲过英军布设的一道道水下关卡。潜艇为了不暴露自己，不时刮着周围的障碍物。有的艇员紧张得要命，以为撞上水雷了。午夜，随着潜艇钻到航道防御中心地带，艇员们更是紧张万分，总觉得已被英军发现，随时可能遭到英军强有力的攻击。然而，什么事情也没有发生，英国海军对其战舰的安全并不太在意——斯卡帕湾被认为是潜艇根本无法到达的地方。

U-47 号潜艇

潜艇在整个死亡航道整整缓慢潜行好几个小时，于 10 月 14 日凌晨抵达袭击位置。普里恩惊奇地发现，偌大的港湾几乎空荡荡的，纳粹德国的情报曾说，港口停泊着 10 多艘大型战舰，包括航母、战列舰和巡洋舰等此时全无踪影。原来，纳粹 10 月 12 日派飞机侦察斯卡帕湾军港后，引起了英军高度警惕。为了防止意外，英军随即下令港湾内多数战舰转移。然而，纳粹 10 月 13 日并没有派飞机侦察，U-47 号潜艇根本就不知道港湾的战舰情况有变。普里恩的潜艇沿着大陆海岸继续向前航行，终于发现了两艘巨大的战舰，普里恩命令潜艇缓慢靠近并仔细观察。根据船上烟囱、三角桅杆和炮塔的外形，普里恩判断出这应该是"皇家橡树"号战列舰。紧接着又发现了不远处的另一艘战舰，普里恩认为是"反击"号（实际上是排水量为 6900 吨的"飞马"号水上飞机母舰），U-47 号潜艇开始向这两艘大型战舰靠近。

那艘大型战舰正是英军战列舰"皇家橡树"号，该舰全长大约 180 米，满载排水量达 3.4 万吨，是英国威力极大的海上炮击平台。凌晨 1 时许，U-47 号潜艇齐射了三枚鱼雷，其中两枚射向"皇家橡树"号，另一枚射向水上飞机母舰。几分钟后，一枚鱼雷击中战列舰，另外两枚鱼雷没有命中目标。正在战列舰上酣睡的英军水兵听到爆炸后，猛地惊醒过来。然而，他们首先想到的不是自己遭到袭击，而是认为战舰发生了事故。这些水兵认为，强大的港湾防御固若金汤，纳粹德国潜艇不可能有机可乘。水兵们还认为，战列舰作为钢铁堡垒，潜艇是奈何不了的。更有甚者，军港指挥官认为战舰遭到了纳粹德国战机夜袭，急忙发出空袭警报，开始全力组织部队防空作战。这个时候，如果英军迅速在港湾内组织反潜防御作战，那么，后面的惨剧或许可以避免。

U-47 号潜艇齐射三枚鱼雷后，本以为迎来了杀身之祸，开始迅速往外逃命。然而，潜艇外逃了一段距离后惊奇地发现，英军并没有派战舰进行追杀。潜艇看到"皇家橡树"号并没有沉没，决定再来一次袭击。潜艇没费多大力气，就再次潜行

到"皇家橡树"号附近。1点22分许，纳粹潜艇再次齐射三枚鱼雷。"皇家橡树"号这次没那么幸运，随着巨大的爆炸声，海面上烈焰冲天浓烟滚滚，该舰在10分钟后即告沉没。舰上包括英国皇家海军第二舰队司令布拉格若夫在内的24名军官和809人丧生，只有375人生还。普里恩注视着"皇家橡树"号沉没，下令迅速撤离，1点28分，U-47号潜艇全速逃命而去。2点15分，潜艇逃出了英军控制的斯卡帕湾。10月17日，U-47号潜艇抵达德国威廉港。德国海军司令雷德尔与邓尼茨已经在码头上等候。艇员们登岸后，邓尼茨为所有人都亲自颁发了铁十字勋章，普里恩也被授予一级铁十字勋章。当天下午所有艇员都乘坐专机飞往柏林并得到了希特勒的亲自接见，希特勒亲自为普里恩佩戴上骑士十字勋章，并称赞这次奇袭斯卡帕湾作战行动的成功是"德国海军潜艇部队作战历史上最为引以为自豪的战绩"。当天晚上，U-47号潜艇全体艇员都与希特勒共进了晚餐。

U-47号潜艇成功击沉"皇家橡树"号战列舰无疑是人类战争史上最精彩的战例之一，人们认为：这次的事件标志着交战双方实力对比的天平开始朝德军潜艇一方倾斜。

（二）被舰炮击沉的唯一航母——英国皇家海军"光荣"号

"光荣"号航空母舰于1915年5月1日开工建造，1934年5月1日到1935年7月23日进行了改装，加长了飞行甲板，1940年6月8日从挪威撤退时被击沉，这是战列舰巨炮击沉航空母舰的唯一战例。

1940年6月初，英法联军在法兰西战役中的失败已成定局，为了保卫岌岌可危的英国本土，丘吉尔首相被迫做出了从挪威北部的纳尔维克撤回其全部武装力量的决定。纳尔维克的撤退进展很快，所有法国、英国、波兰的军队连同大量的物资和装备都已装上船，编成三个护航队驶往英国，而没有受到敌人的阻挠。

6月3日，英国海军的"皇家方舟"号和"光荣"号航母驶进刚刚占领的纳尔维克港，为撤退护船队提供掩护，8日早上，在回收了本舰舰载机和皇家空军的格罗斯特"斗士"和"飓风"战斗机后，"光荣"号开始向英国返航。由于在回收战机的过程中"光荣"号耗费了过多的燃料，无法与其他军舰一起高速返航，只好在"热情"号和"阿卡斯塔"号这两艘驱逐舰的护卫下，用巡航速度向西航行，途中为了节省燃料，"光荣"号将18座锅炉中的6座熄火，航速相应降低到17节。

挪威北部和斯卡帕之间的这部分海域一向被认为是最安全的，"皇家方舟"号和"光荣"号在一二艘驱逐舰护航下往返过多次，全部安然无恙。但没有料到偏偏就在最后一次遇上两艘德国主力军舰——"沙恩霍斯特"号和"格奈森诺"号。"沙恩霍斯特"号和"格奈森诺"号是两艘仓促建成的军舰，它们不伦不类，其排水量与英国的战列舰相当、速度与战列巡洋舰相当、装甲厚度又大于战列巡洋舰，可火力又介于战列巡洋舰和巡洋舰之间，其结果是英国的战列舰追不上，巡洋舰打不过，战列巡洋舰与之较量又要吃亏，因为它们具有以上意想不到的古怪特点，使其像两条鲨鱼，既凶猛，又难捉。当时德国海军并不知道盟军的撤退计划，只见盟军云集纳尔维克，便派了"沙恩霍斯特"号等舰专门袭击来往于北海的防御能力薄弱的补给船，行动代号为"朱诺"。

此时的"沙恩霍斯特"号和"格奈森诺"号在6月8日刚击沉了一艘油轮和送运兵"奥拉马"号，正继续在海上搜寻新的战利品，下午4点，"沙恩霍斯特"号前桅瞭望平台上的古斯少尉候补生正集中精力努力观察，突然他在目镜中发现了一缕淡淡的黑烟（"光荣"号是以煤做燃料，它的烟远远就能被人看到），古斯立即激动的抓起电话向舰桥报告，一时间，"沙恩霍斯特"号上几乎所有的望远镜全部转向右舷，16点56分，"格奈森诺"号自己也发现了右舷的英国编队，两艘德国战舰立即全速驶近侦察，它们看见的黑烟正是英国的航空母舰"光荣"号编队所在位置。

此刻载满了飞机的"光荣"号航母，竟然对德国的战列巡洋舰的逼近毫无察觉，尽管皇家海军的舰船已经发出了航线上有德国大型舰只活动的通报，"光荣"号还是没有足够重视，也没有组织有效的空中巡逻，当时它判断德国舰只已经返回了特隆赫姆。"光荣"号当时搭载有10架"海斗士"舰载战斗机和6架"箭鱼"鱼雷机，另外，还有10架皇家空军的"飓风"和10架"斗士"战斗机。

"光荣"号已经历经了几个月的海上巡航，为了让疲惫不堪的舰员好好休息一下，"光荣"号的奥尔斯舰长不但没有命令进行飞行侦察，反而将战备等级降为最低的4级战斗准备，结果此时"光荣"号桅顶的观察哨无人值班。直到17点，"光荣"号才发现了从西方出现的两艘奇怪的船，但"光荣"号仍然没有立即警觉过来，只是派出"热心"号前去核实目标身份，同时命令将5架"箭鱼"提升至飞行甲板，准备起飞侦察，直到17点20分，"光荣"号才发觉大事不妙，当他们发现前方逼近的是德国的"沙恩霍斯特"号和"格奈森诺"号时，一切都已经晚了。

下午5点30分，"沙恩霍斯特"号首先在2.8万米处首次齐射，在这个距离上，"光荣"号的120毫米单管炮是完全无用的，护航的两艘驱逐舰也勇敢地插到航空母舰和德国战列巡洋舰之间施放烟雾，设法掩护"光荣"号逃离。"光荣"号一边发出战斗警报和求救信号一边加速，试图避开德国舰队，它笨拙地向左转向，躲进"阿卡斯塔"号散布的烟幕中，直到现在，它的飞机仍然没有起飞一架，被提升到飞行甲板上的两架"箭鱼"还挂着深水炸弹，这对德军战舰来说真是千载难逢的进攻机会，两艘德国巡洋舰加速追击，英国皇家海军的"阿卡斯塔"号在舰长格拉斯弗德海军中校指挥下，全速避开"沙恩霍斯特"号的炮火，同时将所有的烟雾筒都投进海中施放烟雾，舰长将命令传给各个作战岗位："我们至少可以给他们一些颜色看看。"

　　这时，"光荣"号上的两架"箭鱼"飞机已经换上鱼雷准备起飞了，双方都意识到动作必须快，生死就在一线间，没有等到飞机起飞，"沙恩霍斯特"号于17时37分发射的齐射中，1发283毫米穿甲弹终于在2.4万米的距离上命中了"光荣"号飞行甲板中部。炮弹在飞行甲板中央炸出了一个大洞，它的前飞机棚以及甲板也被"沙恩霍斯特"号的280毫米舰炮击中起火，将旋风式飞机烧毁，并使鱼雷不能由舱下吊上来装在轰炸机上，"光荣"号再也不可能起飞飞机了，不仅如此，这发命中弹还诱发前机库大火，四散的弹片击穿了两座锅炉的进气道。现在的"光荣"号已经丧失了自身的一切抵抗能力，只有寄希望于两艘小小的驱逐舰的保护才能脱险了。

　　两艘驱逐舰面对强敌毫不畏惧，它们的战术是在航空母舰和德国战列巡洋舰之间拉上一道几千米长的烟雾，以隔断德国人的视线，然后转向进入己方一侧烟雾中，再穿出烟雾或隔着烟雾向战列巡洋舰发动鱼雷攻击，"阿卡斯塔"号在烟雾后向"沙恩霍斯特"号和"格奈森诺"号发射了一批又一批的鱼雷，但都没有命中。此时两艘德国战列舰的炮火却越来越准确，"光荣"号接连中弹，全舰燃起大火并逐渐向右倾斜，17点56分，1发283毫米炮弹命中"光荣"号舰桥，将包括奥尔斯舰长在内的几乎全部舰桥军官炸死，只得由副长洛威中校接替指挥，此时"热心"号的烟幕逐渐将"光荣"号裹得严严实实，几分钟后，德国战列舰就因丢失目标被迫停止射击。

　　两艘德舰严密监视着烟雾线，当再次发现"热心"号舰艉穿出烟雾时，"沙恩霍斯特"号上的9门280毫米主炮和12门150毫米副炮一顿猛射，一颗炮弹击中了"热心"号的机器舱，舰上的鱼雷手阵亡，"热心"号中弹后主机停车，舰身向左舷倾斜，18点17分，"热心"号在完成了第7次毫无成效的鱼雷攻击后，再也支撑不住开始下沉，5分钟后，"热心"号倾覆沉没，它的主桅已经被打垮，但她的120毫米舰炮却一直从战斗开始响彻到没入水中的一刹那。"热心"号沉没后，"沙恩霍斯特"号上的全部舰员都松了口气，这回他们总算可以不受干扰的对付英国航空母舰啦。此时大风已吹散了屏蔽"光荣"号的烟幕，"格奈森诺"号重新开始射击，并接连命中，18点34分，"光荣"号仅剩的一个护卫"阿卡斯塔"号向"沙恩霍斯特"号左舷发射了剩余的4条鱼雷。

　　英国驱逐舰反击机会完全出乎"沙恩霍斯特"号的意料，而且也不信在这么远的距离会受到鱼雷的攻击，因此没做什么躲避动作。一条鱼雷击中"沙恩霍斯特"号，浓烟腾空而起，巨大的水柱向上直冲。击中"沙恩霍斯特"号的是英国改进型重型舰用鱼雷，战斗部装有365千克混合烈性炸药，爆破威力等效于450千克左右的FNT炸药，"沙恩霍斯特"号战列巡洋舰的防雷系统设计要求是防御250千克TNT当量的水下爆破，按照德舰的一贯表现，实际性能可能超过设计要求，但肯定无法抵御450千克TNT当量的鱼雷。被鱼雷击中导致"沙恩霍斯特"号的C炮塔失灵并进水 2500 余吨，"沙恩霍斯特"号中雷后暂时停止射击，"格奈森诺"号马上将火力从奄奄一息的"光荣"号转移到"阿卡斯塔"号上来。由于"沙恩霍斯特"号的教训，"格奈森诺"号格外小心谨慎，它始终避免进入"阿卡斯塔"号鱼雷射程以内，随后两艘德国战列舰密集的副炮火力覆盖了"阿卡斯塔"号。两艘德国战列舰的炮火越来越准确，"光荣"号接连中弹，全舰燃起大火并逐渐向右倾斜。19 点 8 分，"光荣"号发生了剧烈的爆炸沉没，"阿卡斯塔"号于 9 分钟后步了"光荣"号的后尘，在"光荣"号东北约 4000 米的洋面上消失，19 点 22 分，"格奈森诺"号舰下达战斗结束命令。

在海军的发展史上，航母是战舰的克星，"光荣"号是唯一被舰炮击沉的航母。对英国人来说，这是一场悲哀的失败，如果"光荣"号能保持 1~2 架飞机的空中巡逻，完全可以避开被屠杀的命运，说不定还能召唤其他英舰将两艘德国军舰一举围歼，好心的奥尔斯舰长因为自己的仁慈付出了太大的代价，他确实让自己的部下舒服的休息了几个小时，但却换来了 1000 多条生命死亡的最终结果。

这是一场海上骑士般的海战，在这次海战中，"热心"号和"阿卡斯塔"号的勇敢行动也赢得了德国水兵的钦佩和赞誉，"阿卡斯塔"号沉没后，马沙尔中将曾命令德国军舰将主桅上的战旗降下一半，全体舰员立正向其致敬。3 艘英国军舰沉没后，约有 900 人爬上了救生艇，但由于害怕遭受攻击，德国军舰没有救捞一名英国水兵就匆匆撤退，而其他英国军舰根本不知道"光荣"号遭此劫难，虽然当时适逢极昼，但北极地区蜡烛般的太阳根本无法带给英国落水舰员多少温暖，绝大部分缺乏食物的幸存者体力慢慢耗尽，直至冻僵死亡。

这次战斗是人类仅有的主力舰与正规航母交战并获得全胜的战例，其中"沙恩霍斯特"号对"光荣号"的精确射击，也创下了第二次世界大战舰炮命中海上航行目标的最远纪录。1941 年 5 月，英国海军终于一雪前耻，报了这一箭之仇，在挪威海岸以北 70 海里处，孤独的"沙恩霍斯特"号在茫茫大海上露出了它巍峨的身躯，4 艘英国驱逐舰将鱼雷一条条地投入冰冷的海洋，爆炸声此起彼伏，"沙恩霍斯特"号燃起的大火照亮了天空，这艘巨舰已是伤痕累累，整条船笔直地没入了大洋。事后通过统计来自各方面的资料发现，"沙恩霍斯特"号遭受的打击是令人震惊的——数百发炮弹在它的身上爆炸，在对它进行攻击的 55 条鱼雷中至少有 17 条直接命中！英军指挥这场海战的弗雷泽中将对手下官兵说道："先生们，如一天你们被派遣到这样一艘军舰上，参加这么一场实力悬殊的战斗，我希望在场诸君能向'沙恩霍斯特'号官兵那样轰轰烈烈地作战！"

（三）冰海浩劫——"PQ－17 船队"的悲剧

希特勒入侵苏联后，苏联加入反法西斯盟国一方，英国首相丘吉尔宣布将给苏联以支持和援助，由于德军的封锁，主要物资只能通过北极航线运往苏联。北极航线起点在冰岛，终点为摩尔曼斯克和阿尔汉格尔斯克，在第二次世界大战的过程中，北极航线是一条对苏联战场极端重要的生命线，尽管这条航线上布满了艰辛和危险，盟国仍使用该航线向苏联运送了大量军火，对苏联卫国战争做了重大贡献。

1942年夏天，德军机械化部队在南线突破，越过顿河草原直逼斯大林格勒和高加索山，苏联战场危如累卵，斯大林连续三次写信让丘吉尔火速开出PQ-17船队，以解燃眉之急。丘吉尔深知北挪威德国海空军兵力强大，迟迟不下开船令。后来连罗斯福总统也看不过去了，亲自写信建议尽快开船，这时，英国人才决心开出PQ-17船队。

1942年6月27日，一支庞大的海上编队悄然离开冰岛西南部的雷克雅末克港，开始向苏联西北部的摩尔曼斯克军港驶去，整个航程超5000公里，行动编号为PQ-17船队。这是盟军自1941年8月开始在北冰洋航线上向苏联运送作战物资以来派遣的最大船队，也是北冰洋历史上最大的、最有价值的军事运输，总共有35艘船只参加。

为了确保这支船队万无一失地把物资送到苏联，英国海军派出了6艘驱逐舰和15艘其他武装船只近距离护航，此外，盟军4艘巡洋舰和3艘驱逐舰在船队北部大约60公里外进行警戒。此外，还有一支编队为船队提供远距离护航，这支编队离船队大约320公里，包括"胜利"号航母、两艘战列舰、两艘巡洋舰和14艘驱逐舰。

从这个布置上看，英国海军在：PQ-17船队上真是煞费苦心，PQ-17船队不仅仅只是为了闯过北极，丘吉尔还有更大的雄心：利用PQ-17船队为诱饵，诱出德国那艘重达5万吨的战列舰"提尔皮茨"号，一鼓而歼灭之，永绝北极海上大患。

7月1日，正在大西洋北部搜寻目标的纳粹侦察机发现了PQ-17船队，德国海军立即派出两艘潜艇进行跟踪侦察，掌握情况后，德军决定，集中兵力袭击这支船队。7月2日早上6点30分，纳粹7架HE-115鱼雷机展开袭击，但遭到PQ-17船队猛烈的防空火力拦截，两架飞机被击落，其余飞机不得不匆忙投掷鱼雷而去，那些鱼雷均在射程之外发射，未能击中任何目标。这时，分散在挪威海上的德国潜艇立即向PQ-17船队的航线集结，并伺机下手。但护航队反潜兵力雄厚，直接进攻占不了便宜，德国潜艇只好耐心地尾随船队，几名大胆的德军艇长寻机攻击了船队，除了饱尝深水炸弹外，一无所获。

此时，船队指挥防空和反潜的汉密尔顿少将承受了极重的心理压力，他的商船队和紧急支援舰队虽然能勉强应付空中和水下的攻击，然而目前PQ-17船队已处在"提尔皮茨"号的威力区域，一旦"提尔皮茨"号出动，他拿什么去同它的8门381毫米口径巨炮对抗呢？"提尔皮茨"号只需在英舰的火炮射程之外，用800

千克的巨弹就足以将商船和军舰——击沉，英舰的 203 毫米炮简直形同儿戏。

正当护航编队全力抗击纳粹袭击的时候，英国海军大臣庞德忽然得到情报说，"提尔皮茨"号已经离港出航，"提尔皮茨"号是 1942 年初刚投入作战的纳粹最大战舰，排水量近 5 万吨，比英国航母还要大。庞德担心，一旦"提尔皮茨"号快速接近挪威北部庞大的船队，护航编队和船队均将受到沉重打击。而这时，320 千米外的那支远距离护航舰队为流冰所阻，无法赶到，诱歼计划全盘落空。经计算，10 小时后，PQ-17 船队将进入"提尔皮茨"号的火炮射程，PQ-17 船队面临着全军覆没的命运。无奈之下的英国第一海务大臣庞德以海军部名义，向汉密尔顿的 PQ-17 船队及护航舰队发出了那道历史上有名的命令："护航舰队以最大速度向西方撤退，运输船队分散向俄国港口进发。"汉密尔顿少将接到庞德的电令后，忍痛向 PQ-17 船队下了解编令。护航编队撤离后，庞大的船队也开始疏散，孤立无援的在北冰洋海面上缓慢行驶，没有任何保护，很快成为纳粹潜艇和战机猎杀的靶子。

实际上，令人生畏的"提尔皮茨"号并没有亲自参加屠杀，希特勒特别担心离 PQ-17 船队仅 300 千米的那支英国强大的航母编队，为保全实力，"提尔皮茨"号走到半道就折返南航，回到了北挪威的腾峡湾，全部攻击都是由德国潜艇和飞机单独或联合执行的。7 月 5 日上午 8 点 30 分许，北冰洋最大的截杀行动开始了，一时间，北冰洋上空尽是求救的信号，英国货船"拜伦帝国"号是首批遭到纳粹潜艇鱼雷的袭击被击沉的船只之一，接着美国一艘货轮被潜艇鱼雷击沉，随后纳粹 9 架俯冲轰炸机拼命发动攻击，击沉多艘船只。随着天黑的到来，纳粹停止了袭击，这天，盟军船队损失大约 9 艘船只。7 月 6 日后，纳粹继续展开疯狂的袭击行动，到处追杀 PQ-17 船只，7 月 10 日，两艘船只好不容易驶到离苏联摩尔曼斯克港只有 160 千米的海域，突然遭到纳粹战机的追杀，被炸成碎片沉入海底。

PQ-17 船队的命运是北方航线中最凄惨的一幕，也是第二次世界大战海运史上令人毛骨悚然的一次死亡航行，皇家海军对流冰、天气和航程中的困难估计过低，而对"提尔皮茨"号的威力又估计过高，因此走向了惊慌失措的极端，作为其代价，24 艘商船永远地埋在北极海底的泥沙中，足足一个月后，才有 13 艘商船或其他船只陆续进入阿尔汉格尔斯克和摩尔曼斯克，其中 2 艘英国船、6 艘美国船、2 艘苏联船、1 艘巴拿马船，另外两艘是仅存的救护船，上面挤满了因冻伤而终身残疾的盟国海员。

苏联港口的吊车卸下了所有这些船上的 7 万吨货物，那些挂着冰凌的"喷火"式战斗机、"谢尔曼"式坦克、道奇卡车和一箱箱弹药无言地述说着它们辛酸的经历和盟国海员的英勇，然而还有 13 万吨货物永远无法打击法西斯匪徒了，它们包括 430 辆坦克、250 架战斗机、3350 辆卡车，还有大批粮食、汽油、轮胎、医药、弹药、电台，等等，这一事件给当时英国以重创，被认为是英国在第二次世界大战期间"最大的海军灾难"！

（四）"潜艇杀手"——"英格兰"号

1941 年 12 月 8 日，日本突然向珍珠港内的美国太平洋舰队发起突袭，"俄克拉荷马"号身中两条鱼雷和数枚炸弹，不久后沉没。英格兰少尉不幸成了舰上几十名遇难者之一。英格兰少尉阵亡后，他的母亲 H. B. 英格兰夫人满怀悲伤之情，在国内发起了一个捐资造舰的行动，她积极地向民间募捐，目标是用这笔资金为美国海军建造一艘新的战舰，最后她本人也亲自捐助了一笔不小的款项。1942 年，海军当局决定用英格兰夫人募捐来的资金建造一艘新的护航驱逐舰，1943 年 9 月 26 日，舰体建成，在旧金山下水，同年年底军舰全部建成，装备给了英格兰少尉生前所在的太平洋舰队，舰队用英格兰少尉的名字命名的这艘新的护航驱逐舰，正式舰号是 DE635。1944 年 3 月 12 日，"英格兰"号在首任舰长帕德莱顿少校的指挥下，来到了硝烟正浓的南太平洋战场，加入了西南太平洋舰队的作战序列。

1944 年 5 月 14 日，由武内少佐指挥的日本"伊-16"号潜艇，满载大米从特鲁克港起航，驶向布干维尔岛的布因，去给那里的一支已弹尽粮绝的日军送粮。途中，武内少佐用无线电向总部的小和田少将报告"伊-16"号潜艇的方位。不料，日军的无线电报被美国海军情报部门截获，并破译了出来，美国西南太平洋舰队司令部即刻命令所罗门群岛图拉吉港的第 39 护卫舰分队出击。5 月 18 日，分队长汉斯中校率"英格兰"号、"乔治"号和"拉比"号 3 艘护航驱逐舰驶向"伊-16"号潜艇必经的航道，守候伏击。

下午 1 点左右，"英格兰"号护航驱逐舰上的声呐兵用声呐第一个发现了"伊-16"号潜艇，并测出了它的方位。当"英格兰"号护航驱逐舰与"伊-16"号潜艇的距离缩短至 360 米时，舰长发出了命令："深水炸弹，定深 40 米，放！""刺猬"式深水炸弹呼啸着飞向前方，钻进大

"英格兰"号护航驱逐舰

海，在海面上溅起的浪花，组成了一个圆圆的图案，很快，水下响起了爆炸声，但目标没有被命中。武内听到爆炸声后，立即下达了命令："快深潜！用蛇行行驶摆脱敌舰追击！""伊-16"号潜艇的潜逃并未逃过"英格兰"号护航驱逐舰上声呐兵的耳朵，接着，定深 60 米的一排深水炸弹射出，可是仍然被武内指挥"伊-16"号潜艇躲过。"英格兰"号连续攻击了 4 次，都被狡猾的"伊-16"号逃过，幸运的是，舰上的声呐始终死死地咬住了它。下午 14 点 23 分，"英格兰"号发起了第 5 次攻击，一排"刺猬弹"齐刷刷地落到目标区的海面中，几秒钟后，一连串爆炸声

在水中响起，只听见从海洋深处传来一声闷雷似的巨响，舰长知道深水炸弹已命中了目标。20分钟后，海面上浮出了木板、污油、废罐头、大米袋。"伊－16"号潜艇在"刺猬"式深水炸弹的打击下发生大爆炸，葬身于大海深处，这是"英格兰"号创纪录时的第一个猎物——日本"伊－16"号潜艇。

5月20日，日本第51潜艇分队司令加户大佐率7艘潜艇离开塞班海军基地，日夜兼程，驶往美国海军舰队必经的航道，马努斯岛东北海域，伺机攻击美军舰队，日本第51潜艇分队的行踪又被美国海军情报部门侦察到了，美国第39护卫舰分队再次奉命出击，"英格兰"号、"乔治"号和"拉比"号护航驱逐舰紧急出航，驶往马努斯岛东北预定海域。5月21日，"乔治"号上的雷达首先发现了一艘正在水面行驶的日本"吕－106"号潜艇。分舰队司令汉斯中校当即下令3艘护卫舰前去围堵。

"吕－106"号潜艇发现情况不妙，马上紧急下潜，在海面上消失了，"乔治"号和"英格兰"号护航驱逐舰同时向潜艇下潜的地方发射深水炸弹，但都没有命中目标。原来狡猾的"吕－106"号潜艇下潜后，并不降速潜伏，而是在水下向"英格兰"号驶去，企图利用"英格兰"号的尾流作掩护，逃脱美舰的追击。"英格兰"号舰长识破了敌人的伎俩，立即命令掉转舰首，用声呐罩住"吕－106"号潜艇，接着射出了深水炸弹几分钟后，"英格兰"号上的人们听到了熟悉的闷雷似的巨响，"吕－106"号潜艇沉入了海底。

5月22日，"英格兰"号又击沉了一艘日本"吕－104"号潜艇。5月24日，"英格兰"号护卫舰再显身手，击沉日本潜艇"吕－116"号。5月26日，"英格兰"号护卫舰再露锋芒，击沉日本潜艇"吕－108"号。为了全歼这一海域中的日本潜艇，美国的"斯彭利尔"号和"黑泽伍德"号护卫舰也起来参战。5月30日凌晨，"黑泽伍德"号护卫舰发现了一艘日本潜艇，汉斯中校当即命令"乔治"号、"拉比"号和"黑泽伍德"号一起去围歼日本潜艇。

3艘美舰用"刺猬"式深水炸弹发射炮和舰尾滑道发射深水炸弹，可是，那条日本潜艇都狡猾地躲过了深水炸弹的攻击，被发现的那条潜艇，是日本第51潜艇分队司令加户大佐乘坐的"吕－105"号潜艇，它在3艘美国军舰的围歼下，已在水下潜航了25个小时，艇内氧气即将耗尽，急需补充新鲜空气。入夜后，加户命令"吕－105"号潜艇借着夜色的掩护，悄悄地浮出水面换气。不想"吕－105"号潜艇浮出水面的位置，正好位于"乔治"号和"拉比"号护卫舰之间。两舰虽同时发现了"吕－105"号潜艇，但由于相距太近，无法向潜艇开火，等两舰调整好方位，加户已命令潜艇紧急下潜，3艘美舰再次施放深水炸弹，可就是无法命中目标。

"英格兰"号护卫舰在距"吕－105"号潜艇1800米处用声呐再次发现了目标，并紧紧地跟踪着，7点30分，"英格兰"号上的"刺猬"式深水炸弹齐射，几分钟后，海面下传来了猛烈的爆炸声！爆炸点太深了，以至水面上连一个旋涡都没有，"英格兰"号在目标海域继续搜索，耐心等待。终于，他们看见了浮出海面的潜艇残片，这艘与美舰周旋了 30 多小时、躲过了 21 次攻击的"奸鼠"终于一命呜呼。

"英格兰"号护航驱逐舰在 12 天的战斗中，连续击沉 6 艘日本潜艇，而自身却丝毫无损，这在世界海军史上是空前的，因此，"英格兰"号获得了"战果最显著的猎潜舰"的美誉，"英格兰"号因此殊功，荣获总统奖章。在太平洋战争中，"英格兰"号除了总统奖章外，还获得 10 枚作战勋章，为盟国战胜日军立下大功。海军作战部长奥内斯特·金将军保证，在美国海军舰艇序列中，将永远保留"英格兰"号的英名。1945 年 10 月 15 日，"英格兰"号被宣布退出现役，1960 年 10 月 6 日，美国海军一艘新的驱逐舰 DLG-22 号下水服役，按照金将军的诺言，该舰被命名为"英格兰"号。

（五）装甲战舰——"格拉夫·斯佩海军上将"号

"格拉夫·斯佩海军上将"号是德国海军仅有的 3 艘袖珍战列舰中最具传奇色彩的一艘，因为打响了第二次世界大战中的第一场海战而备受各方关注，当年的"格拉夫·斯佩海军上将"号袖珍战列舰风光无限，它是德国在受《凡尔赛和约》限制下独创的一种"装甲巡洋舰"，它凭借 33 门火炮和 8 具鱼雷发射管和极大的行驶速度，曾独自扼守南大西洋的水面交通要道，成为第二次世界大战初期恶名远播的"海上杀手"。

"格拉夫·斯佩海军上将"号虽名为"袖珍"，但其火力却大大超过了一般的重巡洋舰，厚重的装甲使它能抵挡 203 毫米巨炮的轰击，一旦失手，它又能开足马力，以 28 节的高速溜之大吉。对盟国海军来说，这艘袖珍战列舰就是一头凶恶、灵活的"海上鳄鱼"，神出鬼没地威胁着海上的运输船只。

在第一次世界大战中，德国军舰曾经在日德兰大海战中使强大的英国海军吃够了苦头，第一次世界大战后，英美等国彻底肢解了德国的公海舰队，还在 1919 年 6 月 28 日签署的《凡尔赛和约》中添加了许多防范德国海军重新崛起的条款，条款中明确规定："战败的德国不准建造和拥有一艘无畏型的战列舰"，然而没过多久，英美等西方列强于 1922 年 2 月 6 日在美国华盛顿召开会议，会上签署的《华盛顿条约》却意外地给德国海军舰队的复活带来了一线希望，该条约却允许德国海军设计建造排水量不超过 1 万吨、可以携带 280 毫米口径舰炮的军舰，这为后来德国袖珍战列舰的诞生留下了不可多得的机会。

雄心勃勃的德国人想尽办法，如何在《华盛顿条约》允许的范围内充分发挥当时的技术优势，设计建造一种介于战列巡洋舰和重巡洋舰之间的新型装甲战舰。简单地讲，该级舰的火力比当时的任何一艘装备 203 毫米火炮、只有轻装甲防护的一万吨级条约型重巡洋舰都要强，高达 26 节的航速比当时的战列舰要快，使其能避免与之交火，能够进行远洋破坏交通运输作战。德国海军于 1926 年决定"德意志"级总共建造 5 艘，但实际上"德意志"级只建造 3 艘，分别为"德意志"号、"舍尔海军上将"号和"格拉夫·斯佩海军上将"号，这 3 艘袖珍战列舰的建成使德国人有了一支初具规模的舰队。

1939 年 9 月 3 日，英国对德正式宣战。当天邓尼兹派出的 U-30 号潜艇便初战告捷，击沉英国邮轮"雅典娜"号，由此大西洋海战拉开序幕。当时，英国舰队的实力远非德国舰队能比，英国立即封锁了德国的北海沿岸及波罗的海的出口，不过对英国人的这一举措早有预料，在战争开始前，"格拉夫·斯佩海军上将"号袖珍战列舰和另一艘袖珍战列舰"德意志"号及部分潜艇派到了海上，战争一爆发它们便立即向同盟国的运输商船发起了频频的袭击。从 8 月底离开家乡威廉港进入南大西洋阵位后，到 1939 年 12 月中旬，"格拉夫·斯佩海军上将"号已先后击沉了 9 艘敌方商船，这几条永沉海底的运输船让"格拉夫·斯佩海军上将"号名声大噪。只要这艘袖珍战列舰出动，在它航程之内的任何运输船只都不再安全。一时间，"格拉夫·斯佩海军上将"号的恐怖阴影笼罩着整个南大西洋。

英国皇家海军对"海狼"——德国海军的潜艇无可奈何，但对付德国的袖珍战列舰却很有一套，为保护海上交通大动脉的安全，英国海军派出 3 艘巡洋舰"埃贾克斯"号、"阿基里斯"号和"埃克塞特"号，专门追踪"格拉夫·斯佩海军上将"号，这一追就是数月。

猎人也有成为猎物的时候，"格拉夫·斯佩海军上将"号的风光很快就到了头，紧随而来的是无法逃脱的厄运，1939 年 12 月 13 日黎明，3 艘英国巡洋舰假扮成商船瞄准机会，在南大西洋上蒙得维的亚附近海域伏击了"格拉夫·斯佩海军上将"号，首先给这艘德国战舰出其不意的打击，第二次世界大战中的首场海战也由此拉开了帷幕。

"埃克塞特"号、"埃贾克斯"号和"阿基里斯"号重巡洋舰布成"品"字形战阵，向"格拉夫·斯佩海军上将"号猛烈轰击。德国人也不甘示弱，前、后两座主炮塔的 6 门 280 毫米大炮和船舷的 8 门 150 毫米副炮全力还击，战斗一直持续到深夜，参战的双方战舰都遭到对方猛烈的炮击。"格拉夫·斯佩海军上将"号也损失惨重，舰上有 36 名船员丧命，60 名伤员中也有数人伤重不治，而战舰必须进行修理才能继续投入战斗。

德国人在雷达的引导下，找准英国舰队的缝隙，居然钻出了包围圈。在走投无路的情况下，汉斯·朗斯多尔夫舰长指挥战舰驶向中立国乌拉圭的蒙得维的亚港。"格拉夫·斯佩海军上将"号急需补充燃油和修理破损，返回德国似无可能，只得暂时躲避在蒙得维的亚港内，12 月 15 日，英国一艘重巡洋舰已赶来支援，此外，英国还虚张声势，散布了还有一支中型舰队等待在拉普拉塔河口的谣言，汉斯·朗斯多尔夫舰长信以为真，以为自己已被团团围困，按国际法规定交战方舰船只能在中立港口停留 72 小时！"格拉夫·斯佩海军上将"号在规定时间内根本无法修复，其实只要硬挺着在港内不出，舰上官兵的生命便可以保全，但这个死硬的纳粹舰长选择了另一条路。

星期日下午，随着朗斯多尔夫的一声军令："格拉夫·斯佩海军上将"号拔锚启航，驶向港外。一出港口，他立刻发现，辽阔的海面上，威风凛凛地耸立着 7 艘英国战舰，它们正高昂着炮口，严阵以待，伦道夫意识到再战也无生还的可能，便下达了沉船的命令。8 点 44 分，站在救生艇上的朗格斯道夫最后看了一眼自己的战舰，按下了遥控起爆器，早已装在舰上的炸药轰然爆炸，遮天蔽日的浓烟瞬间吞噬了不可一世的"海上杀手"。纳粹德国海军的"皇后"自沉了，至此，"格拉夫·斯佩海军上将"号自参加第二次世界大战到灭亡经历了短短三个月的时间。尽管在战争中"格拉夫·斯佩海军上将"号对英、法等国造成的物质损失并不算太大，但它成功地吸引了大量英国军舰和辅助舰只的注意力长达 3 个月之久，而如果这些舰只用于其他海域作战可能会取得更好的战果，从这个角度来看，"格拉夫·斯佩海军上将"号取得了不小的战绩。

朗斯多尔夫舰长在"格拉夫·斯佩海军上将"自沉后，于 1939 年 12 月 19 日饮弹自尽，他的尸体在 20 日早上被发现，全身被包裹着自己军舰的旗帜，随后他被就地埋葬在那里。英国前首相温斯顿·丘吉尔在他关于第二次世界大战的著作中这样描绘朗斯多尔夫舰长的行为——"格拉夫·斯佩海军上将"号受到勇猛果敢的指挥，战术神出鬼没，成为德国海军最为活跃的海上袭击舰。

从 2004 年 2 月起，以乌拉圭为主的多国潜水员开始打捞这艘充满传奇色彩的袖珍战列舰，然而进展并不太顺利，迄今为止，由埃克托尔·巴多率领的打探队只捞出一具 0.3 吨的青铜雄鹰，这是"格拉夫·斯佩海军上将"号的舰首像。

（六）德国人的大洋之梦——"俾斯麦"号战列舰

"俾斯麦"号战列舰是纳粹德国海军的"俾斯麦"级战列舰的一号舰，"俾斯麦"号长约 270 米，装甲厚度 330 毫米，船的宽度 36 米，为 8 门 380 毫米炮创造了独特而稳定的平台，它是第二次世界大战时德国所建造的火力最强的战列舰，舰名命名的来源是 19 世纪德国铁血首相奥托·冯·俾斯麦。这艘以德国著名的铁血宰相俾斯麦命名的军舰是德国海军的骄傲——标准排水量 4.2 万吨，号称是欧洲最大的战列舰，德国人把它称为"永不沉没的战舰"，"俾斯麦"号充分体现了德国的大炮巨舰主义，他们企图用它在大西洋上称霸。

1940 年 8 月 24 日，"俾斯麦"号正式服役，1941 年 5 月 19 日，"俾斯麦"号在"欧根亲王"号重型巡洋舰的伴随下，悄悄驶出格丁尼亚港，前往大西洋，企图截杀盟军的商船，这是它的第一次也是最后一次出击，舰队由刚瑟·吕特晏斯海军上将指挥，德国人把这次行动命名为"莱茵演习行动"。同日，英国本土舰队新任司令约翰·托维海军上将发到海军部的电报说，发现一支德国舰队出海了，他当即采取行动，派出侦察机前去打探德舰行踪。

5月24日黎明，德军两艘致命的战舰正经过北大西洋冰冷的海域，"欧根亲王"号重型巡洋舰处于领头位置，后面是布满枪炮、威力无比的战列舰——"俾斯麦"号。此时，德军并不知道，在约48公里以外的东南方向，两艘英国战舰全速向他们驶去，准备进行拦截。原来，在"莱茵演习行动"开始后的三天，英国空军的一架侦察机在挪威的卑而根附近拍到了它的照片，立即派出了"威尔士亲王"号和"胡德"号。5点许，"胡德"号发现了德舰，舰长霍兰下令准备战斗，一时间英舰上警报大作，炮弹上膛炮手就位，不久"俾斯麦"号的舰长卢金斯也从望远镜里看到了"胡德"号和"威尔士亲王"号，他万万没有想到碰上的竟然会是英国最强大的战列巡洋舰"胡德"号和最新的"威尔士亲王"号战列舰！因此于5点39分下令转向，准备避开英舰，几乎是在同时，英舰也在转向，舰首直指德舰，猛扑过来！

5点49分，霍兰命令向德军领头舰——"欧根亲王"号开火，因为英国人误将"欧根亲王"号当成了"俾斯麦"号，"胡德"号在5点52分主炮抢先开火，"威尔士亲王"号随后也向"欧根亲王"号开火，直到打了两轮齐射后，霍兰才发现攻击的目标是错误的，立刻命令将火力转向"俾斯麦"号，但已浪费了很多时间，并造成了一些混乱。"俾斯麦"号上的8门380毫米炮也开火了，它的测距仪锁定了"胡德"号，一颗1700磅的穿甲弹击中了"胡德"号的重要部位，一个主弹药库的火药点燃了，然后，爆炸摧毁了船体，这艘威风一时的战舰瞬间折成了两半，不到10分钟，希特勒超级武器上的大炮就击沉了英国海军的骄傲，这是令人震惊的胜利。也有一种说法认为是击沉"胡德"号的是"欧根亲王"号，因为当时能命中"胡德"号弹药舱的炮弹只能来自"欧根亲王"号，但不管是哪艘德舰的战功，大英帝国航速最高火力、最强声名、最显赫的战舰，就此终结。"胡德"号沉没后，德舰立刻将炮火指向"威尔士亲王"号，该舰舰桥遭一发15英寸炮弹击中，除舰长与一信号兵外所有舰桥人员阵亡，另外各处遭4发15英寸炮弹及4发8英寸炮弹击中，舰体受重创，数门主炮因故障与战损而无法发射，在重伤之下失去战斗力，6点13分，"威尔士亲王"号施放烟幕弹逃出战场，"俾斯麦"号只付出轻微的代价便赢得胜利，它也曾中弹，但损失不大，只有几个人受伤。

5月24日，"俾斯麦"号遭到从"胜利"号航空母舰上起飞的"剑鱼"式鱼雷机的攻击，被命中一枚鱼雷，但仅造成了轻微的损伤，随后"欧根亲王"号继续前进，进入大西洋，"俾斯麦"号则转向前往法国圣纳泽尔以修理损伤，由于油料不够，半途又转向布勒斯特。英国人很快确定了"俾斯麦"号的位置，英国皇家海军这回是铁了心要干掉"俾斯麦"号了，舰队新任司令托维坐镇"乔治五世亲王"号，英国几个舰队拉开一个大网向"俾斯麦"号围拢过来。

5月26日，15架从英国航空母舰"皇家方舟"号上飞来的"剑鱼"式战机又施突袭，尽管武备精良，"俾斯麦"号依然无法对飞行速度慢并且盖着蒙布的英国鱼雷攻击机发动的进攻予以还击，这次"俾斯麦"号中了三枚鱼雷，其中两枚并没有造成大的损害，但第三枚却击中操舵装置，这是它唯一的弱点，舰舵炸歪了，不能转动，战舰开始在海上不停地打转。

这些飞机摧毁了"俾斯麦"号的舰舵，使它的命运操纵在英国水面舰艇的手中了。

5月27日晨，英军的主力追击舰队赶到，包括英王"乔治五世"号与"罗德尼"号战列舰及巡洋舰、驱逐舰，用炮弹、鱼雷轮番对操纵失灵的"俾斯麦"号进行轮番攻击，"俾斯麦"号进行了一次最勇敢的战斗，抵抗着数倍于己的敌人，由于舵机失灵，航向不定，前后火控站先后被击破，甚至在前20分钟内舰艏的两门主炮就先后报废，所以还击效果不佳，"俾斯麦"号被最少数十枚，甚至上百枚大口径穿甲弹以及数百枚小口径炮弹击中。在没有希望的情况下，德国人开始准备自行炸沉军舰以避免被俘获，英国"多塞特郡"号重巡洋舰随后在近距离发射了三枚鱼雷，全部命中，10点36分，"俾斯麦"号终于沉没于布雷斯特以西400海里水域。

"永不沉没的战舰"沉没了，大西洋海底成为它的水下坟墓，此次大战，英国皇家海军派遣了大量军舰前往拦截"俾斯麦"号，包括多达8艘战列舰及战列巡洋舰，和两艘航空母舰，即皇家海军约半数的力量，才最终将"俾斯麦"号击沉。"俾斯麦"号这艘超级军舰凝聚了德国人进入大洋的梦想，可惜这个梦并没有维持多久——在它的第一次出击中就被击沉了，德国人在那个时代的大洋之梦也随之消失在冰冷的大西洋中。6月1日夜，"欧根亲王"号在海上晃了几天后，提心吊胆地逃回了布勒斯特港，"莱茵演习行动"最后以失败而告终。

"俾斯麦"号的神话是建立在击沉"胡德"号上的，"胡德"号在"俾斯麦"号出现之前是世界上最大的军舰，英国海军的象征。希特勒说过，"俾斯麦"号是一艘复仇之船，他的确完成了这一使命，它击沉了"胡德"号，一下释放了压抑在德国海军心中20年的痛，把整个英国带入悲伤，不过它自己也以一个悲惨的结局画了一个句号，随风飘散的，不仅仅是英国海军的骄傲，同时也有德国海军的大洋之梦。

（七）大炮巨舰时代画上句号——纳粹海军的最后一仗

"沙恩霍斯特"号战列巡洋舰是第二次世界大战中德国最著名的水面舰只之一，

它于 1935 年 5 月在威廉港始建，1936 年 10 月下水，它的下水曾轰动一时，纳粹头子希特勒曾亲自参加了它的下水仪式，1938 年 1 月"沙恩霍斯特"号正式服役，"沙恩霍斯特"号取代"格拉夫·斯佩"号成为纳粹舰队的旗舰。

由于德国设计人员缺乏经验，这艘仓促建成的军舰，存在着很多缺陷，不伦不类。其排水量与英国的战列舰相当、速度与战列巡洋舰相当、装甲厚度又大于战列巡洋舰，可火力又介于战列巡洋舰和巡洋舰之间。其结果是英国的战列舰追不上，巡洋舰打不过，战列巡洋舰与之较量又要吃亏。因为"沙恩霍斯特"号具有以上意想不到

"沙恩霍斯特"号战列巡洋舰

的古怪特点，使其像条鲨鱼，既凶猛，又难捉。"沙恩霍斯特"号战列巡洋舰是第二次世界大战中德国海军最富有传奇色彩、战绩最大的舰只。虽然它最终还是落得了长眠海底的悲剧性结局。但是它的存在曾长期令盟国海军头疼不已，而且首创了以舰炮击沉航母的战例。

1943 年下半年，德国在苏联已陷入困境，在这种背景下，盟国前往苏联摩尔曼斯克的护航运输队又重新恢复。当海军元帅邓尼茨接到飞机报告，由 19 艘商船编成的 Jw-55-8 护航运输队正以 8 节航速通过挪威海时，他手中唯一能够动用的大型战舰只有"沙恩霍斯特"号战列巡洋舰了。为了切断苏联这条海上补给线，邓尼茨通过无线电报向前线指挥作战的海军少将埃里希·贝下达了作战命令："敌人试图通过为俄国人提供粮食和武器的重要商船队为我们的东线圣战增加困难。为此，我们必须向我们的东线部队提供帮助。我们寄希望于'沙恩霍斯特'号上的无敌重炮群。我相信你们的进攻意志。"并称，"一旦英海军主力出现，便立即撤出战斗。"

当邓尼茨派"沙恩霍斯特"号出击时，他只知道 Jw-55-8 护航运输队已从苏格兰的埃韦湾启航，护航兵力单薄，事实上，皇家海军早就做好了跟埃里希·贝少将摊牌的准备。

1941 年 5 月，一支英国舰队在格陵兰岛附近将德国的 U-110 号潜艇逼出水面，英国人在潜艇的电报柜中找到了密码电报，英国几百名数学专家利用这些电报顺利破译了德军使用的"恩尼格马"密码系统，从此英国人可以接收和破译德军总部发往舰船的大部分电报内容，"沙恩霍斯特"号刚一出动，英国方面就已获得了准确的情报。英军新式战列舰"约克公爵"号和它的姊妹舰组成"二号战斗编队"向挪威海域全速前进，舰上官兵都意识到，这是全歼德国海军的重要一役，也许是第

二次世界大战结束前与德军进行的最后一次大规模海战，此时英国海军已稳操胜券。

26日7点30分，德国舰队驶抵熊岛东南约40海里洋面，"沙恩霍斯特"号在航行中雷达损坏，成了一只冰海的瞎蝙蝠，这为英国战舰提供了极佳的机会。"沙恩霍斯特"号没有找到护航运输队，遂掉头南下，去搜索护航运输队。9点许，英国"一号战斗编队"拦住了它的去路，双方进行了短暂的交火，"沙恩霍斯特"号被命中数发炮弹，9点46分，埃里希·贝向邓尼茨拍发了一份电报："和敌巡洋舰交火，敌舰配有火炮瞄准雷达。"

为保存实力，埃里希·贝紧急下令撤出战斗，14点30分，下达返航命令，此时"沙恩霍斯特"回程不到200海里，20时许，它就可以返抵挪威海岸。

"沙恩霍斯特"号因为雷达损坏，正在黑夜中摸索前进，三座炮塔均处于静止状态，它完全没有意识到前方以"约克公爵"号为旗舰的英军"二号战斗编队"的炮口正在迎接它的到来。此时"沙恩霍斯特"号正在挪威海岸以北70海里处向东高速前进，在它的北面大约10海里处是英国的巡洋舰队（3艘巡洋舰），正与它向东平行航行，在它的舰尾偏南方向是英国"约克公爵"号战列舰、一艘巡洋舰和4艘驱逐舰，英舰正在对它形成包围之势，约翰牛张开的大口就要合上了，英国皇家海军占绝对压倒优势，单是"约克公爵"号战列舰的10门356毫米火炮，一次齐射就能朝"沙恩霍斯特"号发射7吨穿甲弹。

昏暗的天光下，能见度大约为1.2万米，"沙恩霍斯特"右舷瞭望员举起望远镜，目镜中出现了一团隐约的暗影，他放下望远镜，揉揉眼，再次扫视着那个可疑的方向，"正前方，发现敌舰！"他惊叫道。在这片暗无天日的洋面上，英德双方舰只正相向而行，不期而遇了。午后，德舰首先发现了英国巡洋舰，279毫米主炮立即瞄准了英舰"贝尔法斯特"号，下午4点54分，一颗照明弹从皇家海军轻巡洋舰"贝尔法斯特"号上呼啸着钻入夜空，转瞬间黑暗的天空变得如同白昼一般，孤独的"沙恩霍斯特"号在茫茫的大海上露出了它巍峨的身躯，许多从未见识过"沙恩霍斯特"号威严的英国水兵不禁啧啧称奇。而"沙恩霍斯特"号的官兵也仿佛魔法般的一下子涌到了甲板上，此时的"沙恩霍斯特"号已然陷入数艘英国军舰的合围之中。"准备战斗！"舰长埃里希·贝发出了命令，他知道此时此刻只有虎口拔牙般地拼命了，素质优良的德国水兵们在战斗警报声中快速进入战位，只等那决定生死的时刻到来，埃里希·贝下达了攻击命令，曾经将英国海军光荣号航空母舰送入地狱的279毫米炮弹离膛而去，巨大的水柱将"贝尔法斯特"号团团围住，英舰毫不逊色地展开了反击，一场激烈的海战在风雪交加、怒涛汹涌的冰海上拉开了序幕。当两舰的距离只剩下14海里时，1发360毫米炮弹已经向德舰射来，双方旋即转入了最重量级的死拼，当"沙恩霍斯特"号从左舷的浪谷中跃起时，它那279毫米炮开始喷出了道道橘红色的火球。甲板上翻起团团白色的硝烟，经冷风一刮，四下乱窜。双方的距离实在是太近了，尽管"沙恩霍斯特"号具备航速上的优势，可是仍然无法逃脱英舰"约克公爵"号火炮的射程，360毫米巨炮炮弹不断地在它周围爆炸，被击起的水柱将它牢牢罩住，"沙恩霍斯特"号自然不会坐以待毙，283毫米巨炮对英舰还以颜色，这是人类历史上最残酷、最激烈的海战之一，交战双方中的任何一次准确的命中都可以导致对手的彻底毁灭。

"沙恩霍斯特"号此时的目标只有一个，那就是比它更壮、更猛的"约克公爵"号战列舰，只有背水一战消灭这艘皇家海军的新型战列舰才有可能改变自己垂死的命运。于是279毫米巨炮直指"约克公爵"号，"沙恩霍斯特"号还击的炮火准确命中了"约克公爵"号的桅杆，但这发炮弹没有炸开，只是将约舰桅杆上的雷达天线砸断。一名英勇的英国军官顶着狂风冒死攀上桅杆将天线修好，而"沙恩霍斯特"号趁机赶快逃跑。此时"沙恩霍斯特"号处境不妙，没有雷达什么也干不成。一艘盲目乱撞的德舰，和一个实力不明、目光锐利的对手较量，只能甘拜下风。

英舰的立世之本是更为有力的炮火及更为强壮的舰体，而德舰所能依赖的是更高的机动性能和日耳曼士兵高超的战斗技能。到现在为止，他们已经成功地两次命中英舰"诺福克"号、一次击中"约克公爵"号。但是随着战斗的持续，素有优良传统的皇家海军愈发表现出骁勇善战的本色，英舰队上下都明白今天将是改变历史的一天，一发紧似一发的炮弹向着"沙恩霍斯特"号射去，"沙恩霍斯特"号航速增大到了31节。它和英舰拉开了距离，然而仍未逃出"约克公爵"号的火炮射程，伴随一声巨响，舰桥前方进出一道强光，一座主炮中弹起火，接着一团浓密的黑烟从"沙恩霍斯特"号舰艏的主炮炮台上腾起，并在几十米的高空中幻化为明亮的橙色火光，"沙恩霍斯特"号终于被击中了！英舰官兵深受鼓舞，命中率也不断升高。又一发炮弹准确地击中沙舰舰艏的另一个主炮炮台，第三发炮弹则击中了"沙恩霍斯特"号位于吃水线上的锅炉房，炮弹击穿了一根通向轮机的重要的蒸汽管道，"沙恩霍斯特"号的航速一下子从30节降到了10节。

"左舷，两艘敌舰！"它们是英国驱逐舰"索马斯"号和"野人"号，正以30节高速破浪而来，"右舷，敌舰两艘！"英国驱逐舰"蝎子"号和"斯托尔德"号已切断"沙恩霍斯特"号的前进航线，英国人左右展开围了上来。

"蝎子"号和"斯托尔德"号各发射了8条鱼雷，"沙恩霍斯特"号成功地规避了15条鱼雷，但舰桥附近还是被一鱼雷命中，舰体水线下闪出一片强光，一根根白色的水柱冲天而起，飞溅的海水卷上甲板，冲刷着已遭破坏的前主炮炮塔。"索马斯"号和"野人"号也冲到"沙恩霍斯特"号右舷1海里处，冒着猛烈的炮火，一连发射了12条鱼雷。有3条鱼雷命中目标，冰冷的海水从德舰装甲板的数个破口涌进舱内，将来不及逃走的舰员毫不留情地淹死。19点，"约克公爵"号追上了逃跑的德舰，再次用356毫米主炮进行轰击。第一次齐射，就击中了"沙恩霍斯特"号。第二次齐射，又撕开了它的鸭尾梢和水上飞机库。上层建筑和下甲板中弹起火，"沙恩霍斯特"号成了一座烈火地狱，整个战舰都被浓烟烈火笼罩着。

意识到自己的末日到了。面色铁青的埃里希·贝一边命令轮机兵进行紧急抢修，一边给邓尼茨及"元首"发电。他的电文如下："只要我们还有最后一发炮弹，我们都将坚持战斗！"4艘英国驱逐舰将鱼雷一条条地投入冰冷的海洋，远处的爆炸声此起彼伏，"沙恩霍斯特"号燃起的大火照亮了天空，这艘巨舰如今已是伤痕累累、一片狼藉再也不能动弹了。"约克公爵"号及3艘巡洋舰再度出场，此时他的猎物仍在做最后的挣扎，虽然已经无法对英舰构成任何威胁了。英舰继续将无情的炮弹不断地抛投到"沙恩霍斯特"号身上，突然沙舰身子向南方发生了倾斜。晚上7点12分，"贝尔法斯特"号终于敲掉了沙舰最后一座主炮炮塔，令英军司令感动的是，仅剩下两门150毫米副炮的沙舰还在继续战斗。

19点11分，埃里希·贝收到了邓尼茨的回电："潜艇部队和驱逐舰部队正火速赶赴战场。"埃里希·贝瞧了瞧电文，嘴角露出了一丝苦笑，一股寒风裹着浓烟从裂缝钻进了舰桥，迷眼呛人，他随手扔掉了电文。舰体的倾斜加大，使150毫米炮无法开火。埃里希·贝舰长打开了扩音器："全体注意，穿救生衣！"片刻，他又补充道："弃舰！"45分钟后，"沙恩霍斯特"号舰艏猛地向下一沉，整条船笔直地没入了大洋。事后通过统计来自各方面的资料发现，"沙恩霍斯特"号遭受的打击是令人震惊的——数百发炮弹在沙舰上爆炸，在对"沙恩霍斯特"号进行攻击的55条鱼雷中至少有17条直接命中！

伴随"沙恩霍斯特"号一起沉入冰海的共有1968名德国官兵，几百人在它沉没时跳进了大海，冰冷刺骨的海水使得落水官兵在几分钟内便失去了知觉，接着便溺水而亡。英国驱逐舰在茫茫冰海上全力搜寻幸存德军，"蝎子"号和"无比"号两舰总共只救起了36名冻僵了的水兵。他们浑身沾满油污，死死地抓着救生筏，正用一种毛骨悚然的声调，哼着一首古老的歌："水兵的坟墓不会开出鲜花。"

据史料分析，由于通信困难和错误的导航，德军未能及时地搜寻到英军编号为Jw-55B的物资舰队，导致了德军著名的战列巡洋舰"沙恩霍斯特"号于1943年12月26日在挪威北部的北角海域被英军击沉。沙舰的死亡出击是最后的一次传统模式的海战，沙舰的沉没为大炮巨舰的历史画上了凄婉的句号，在这以后，潜艇与航空母舰的作用愈加明显，并将海战的作战方式推入了一个崭新的阶段。

（八）"复仇者"拦截德日水下交易——"I-52"号潜艇沉没之谜

第二次世界大战中后期，日本军方希望从德国获得新武器和新技术，而德国则需要来自日本占领区的原材料和战略物资，但双方的陆路交通被阻断，德国方面派出的船只只能取道大西洋与日本交换物资。对于潜艇的水下运输，日本人并不陌生，1943 年初，日本海军就秘密派遣一艘编号为 I-8 的大型潜艇，成功地完成了从日本到欧洲的货物运输任务。尝到甜头的日本人开始建造更大型的潜艇，为建立与德国之间的水下秘密运输线做准备。

1944 年 1 月 20 日，日本海军副参谋长电告日本驻柏林海军武官：I-52 潜艇将于 3 月 16 日从日本佐世保起航，途经台湾海峡，在新加坡做短暂停留后，将于下旬赶往最后的目的地——法国洛林。潜艇中载有大量德国急需的战略物资，其中锡、钼、钨等贵重金属 228 吨，鸦片 288 吨，奎宁 3 吨，生橡胶 54 吨。此外，海军副参谋长还在电报中特别强调了艇上还载有 146 根金条，重达两吨，分装在 49 个金属密封箱内，要求德国必须作好护卫和接收准备，确保万无一失。

I-52 是日本研制的一艘可运载 300 吨货物的大型潜艇，1943 年底，I-52 潜艇在日本海军基地建造完成，它航速 11 节，续航能力特别强，不需中途加油，航程就可达 1.9 万千米，并可携带三个月的生活给养。为了自卫，潜艇的前甲板上还装了 1 门 140 毫米的火炮，在日本人看来，有了 I-52，建立一条穿越大西洋的水下运输线将万无一失。经过紧张的准备，在司令官龟雄宇野的指挥下，于 1944 年 3 月 16 日离开日本佐世保军港，秘密驶往控制在德国手里的法国港口洛林。由于 I-52 仅有一艘且是第一次远航，德国海军及日本驻德海军武官对它都很不熟悉，于是便频频请求东京电示 I-52 的外形特征，以便接收。1 月 29 日，东京海军总部电告柏林："艇外部特征极为特殊，未设停机坪，艇身前甲板装有一门 140 毫米火炮。"德军与日本驻德海军武官终于弄清了 I-52 的特征细节，不过，他们没有想到，盟军几乎是与此同时搞清了潜艇的相关情况，原来，日德之间的无线电报已全都被盟军情报部门截获并破译了。

按事先与德国人的约定，5 月 15 日，I-52 绕过了非洲好望角，进入大西洋，这艘自以为能瞒天过海的日本潜艇没想到的是，美军司令部的海图上已经赫然标出了它要与德国潜艇接头的精确位置 6 月 23 日 19 点 30 分，德国 U-530 潜艇首先到达会合点，焦急地等待了将近 4 个小时后，U-530 的声呐兵终于听到了 I-52 的螺旋桨声，两艘法西斯潜艇立刻浮出水面，U-530 艇艇长肯特少校放下一条橡皮艇，将领航员、无线电操作员和无线电台送上 I-52，2 小时 15 分钟后，双方才交接完毕。与此同时，停泊在 90 千米外的美国第 10 舰队的小型反潜航母"博格"号，已经下令泰勒上尉驾驶"复仇者"式鱼雷轰炸机急速升空，直扑 I-52 潜艇。

2 点 45 分，泰勒上尉驾驶的"复仇者"式鱼雷轰炸机突然出现在海域上空，并用探照灯搜寻海面。U-530 匆忙潜入深水，逃到了安全海域，然而，I-52 可没有那么幸运，泰勒上尉的"复仇者"出现在它头顶上时，它正在海面上以 12 节的速度慢悠悠地散着步，听到鱼雷机巨大的轰响声，龟雄司令官才命令紧急下潜，但龟雄的命令还是下晚了，泰勒上尉驾驶着"复仇者"式鱼雷轰炸机轰鸣着飞过 I-52

的艇艏，在潜艇的艏、艉两处分别投下一颗威力巨大的深水炸弹，然后，又瞄着匆匆躲进水中的潜艇投放了一枚 Mk24 鱼雷。此后，U-530 就再也没有收到过来自 I-52 的信号，日本驻柏林海军武官还抱着一丝希望，期望能够举行一个隆重的庆祝仪式，然而，随着时间的推移，I-52 生还的希望越来越渺茫，8 月 30 日，德国海军正式宣布：I-52 失踪，可能被盟军击沉。

美国军界一直把第二次世界大战中攻击日军 I-52 潜艇作为一次成功击毁潜艇的战例，为此，当时执行轰炸任务的泰勒也获得了海军颁发的飞行十字勋章。I-52 的沉没是第二次世界大战中盟军无线电情报战成功的范例，在此之前，日德已经有 18 艘物资运输潜艇被盟军击沉，而 I-52 的沉没无疑是对日德最沉重的打击。

（九）"孤独的北方女王" —— "提尔皮茨" 号战列舰

在那个风起云涌的两次世界大战海上战场，战列舰无疑是一种力量的象征，也是一个时代的代名词，虽然她的时代已经过去，但它带给你的那种无法匹敌的震撼感让人永远无法忘记，德国海军于 1936 年 10 月动工建造，1940 年 12 月服役的 "提尔皮茨" 号战列舰，就在第二次世界大战中演绎了许许多多的故事。

"提尔皮茨" 号战列舰是以 "德国海军之父"、德意志帝国海军元帅阿尔弗雷德·冯·提尔皮茨命名的 "俾斯麦" 级战列舰，它是德国海军最具威力的 "俾斯麦" 号战列舰的姊妹舰，这一级别的战列舰，德国一共只生产了两艘。"俾斯麦" 号被击沉后，它成了德国海军手中的一张王牌，素有 "北方孤狼" 之称。

"提尔皮茨" 号标准排水量 4.2 万吨，航速 30 节。舰上武备计有 380 毫米主炮 8 门，150 毫米副炮 12 门，105 毫米高射炮 16 门，37 毫米高射炮 16 门，20 毫米高射机关炮 20 余门，曾经饱尝过 "俾斯麦" 号苦头的英国人，对它是谈虎色变。在 "俾斯麦" 号被击沉后，德国海军意识到出动大型水面舰只在没有空中掩护的情况下深入大西洋的确是一种不切实际的想法，所以他们改变策略，将 "俾斯麦" 号的姊妹舰 "提尔皮茨" 号派往纳粹海空力量较强的挪威伺机出击，以图配合潜艇与航空兵切断盟军的北极航线和大西洋航线。这一策略最初十分有效，为了防止 "提尔皮茨" 号可能进行的偷袭、保护北极航线和大西洋航线，皇家海军包括战列舰和航空母舰在内的大量大型舰只都被牵制北冰洋水域，这对皇家海军在其他战场的作战产生了相当程度的不利影响。

希特勒曾对海军司令雷德尔元帅说过："如果哪一艘德国军舰不是在挪威沿海，那它一定是在错误的地方。" 1942 年年初，"提尔皮茨" 号被调往挪威，驶入了位于挪威中部的特隆赫姆港。当时，在通往苏联北部港口摩尔曼斯克的航线上，频繁地航行着一支支满载战争物资的同盟国护航运输队。"提尔皮茨" 号停泊的挪威海岸，就处在这条航线的附近。它犹如一个拦路强盗，随时都可能突破对方的警戒幕，袭击盟国的船队。为此，英国不得不在北海水域始终保持一支相当雄厚的兵力，其中包括两艘新型战列舰和一艘航空母舰。

1942年9月26日，在完成了全部训练和调试后，"提尔皮茨"号开始了服役后的第一次作战任务，"提尔皮茨"号离开阿尔塔峡湾北上，开始截击北方航线船队的行动，目的是要切断盟国支持苏联的"北方航线"。

鉴于威胁北极航线的德军大型水面舰艇只剩下"提尔皮茨"号战列舰，为消除这一威胁，苏军于2月11日晚出动15架挂载1000千克重磅炸弹的重型轰炸机，飞往"提尔皮茨"号的锚泊地挪威阿尔塔峡湾。由于苏军飞行员地形不熟，天色又黑，最终只有4架飞机发现德舰并实施了攻击，投下的炸弹只有一枚穿甲弹给德舰造成了轻微损伤。为了能够彻底或者暂时消除"提尔皮茨"号的存在对盟军战略造成的不利影响，皇家海军的将领们决定主动出击，将"提尔皮茨"号与和它协同作战的"沙恩霍斯特"号与"吕佐夫"号一并消灭在他们的基地。

这三艘军舰均躲藏在挪威北部的阿尔塔峡湾，峡湾群山环抱，为这些军舰提供了一道理想的天然屏障。峡湾的入口处密布雷阵，在锚地中布设有多组反潜网和防雷网。为了防止盟国空袭，在峡湾周围的群山上还配置了大量的高射火炮，所有这些不利因素都提高了突击作战行动的难度。在权衡了各种可行的方案后，皇家海军决定出动X型微型潜艇对"提尔皮茨"号进行偷袭。为了消除北方航线上的心腹之患，英国人在飞机进行轰炸依然不能奏效的情况下，决定效法意大利海军进行水下突袭。英国人开始投入大量精力研制代号为"X"的袖珍潜艇。X型袖珍潜艇，长14.6米，直径约1.8米，艇员4人。耐压艇体内装有一部供水上航行的柴油机和一部供潜航用的电动机。主要攻击武器是两个各装4000磅炸药的金属筒，分别固定在主艇体外左右两侧。攻击的程序和方法是：X型艇由母艇（潜艇）拖曳至目标区，然后脱离母艇，驶向目标舰，抵达目标舰后，将炸药筒解下，置于目标舰的下方，再迅速撤离。

1943年9月11日下午，11至14日，天高气爽，英军6艘潜艇先后驶出基地，各自拖带一艘X艇，这一天海上风平浪静，潜艇航渡一帆风顺。各艇均以较高的航速驶向目标区。22日凌晨4时，在通过了铺设在军舰周围的防鱼雷网后，两艘X艇接近了目标"提尔皮茨"号，这两艘X艇先后在该战舰的下方放置了携带的爆破装置，设置的时间到了，巨大的爆炸将"提尔皮茨"号震离水面，使它遭到了较严重的破坏，该舰因此在瘫痪了6个月才恢复了战斗力。这次袭击是成功的，"提尔皮茨"号在相当长的一段时间内失去了战斗力，其后果是深远的。

同年12月，"沙恩霍斯特"号铤而走险，单枪匹马地向北极水域出击，很快就被英国舰队击沉了。如果"提尔皮茨"号没有受伤，与它一起协同作战，战斗结局也许就会迥然不同。

尽管"提尔皮茨"号战列舰已被英国皇家海军击伤，暂时躲避在挪威阿尔屯港

"养伤"，但是它的存在依旧是皇家海军的心腹大患，"提尔皮茨"号随时可以伤愈复出，这对盟军在 1944 年为开辟第二次世界大战战场而即将展开的欧洲登陆计划来说是一个严重的威胁，丘吉尔首相特别指示英国海军，务必将其击沉或重创。1944 年初，英国海军就决定在"提尔皮茨"号修复被 X 艇所造成的损伤之前再发动袭击，力求击沉或重创它，以彻底消除对北极航线的威胁。由于德军

"提尔皮茨"号战列舰

采取了更为严密的防范措施，X 艇已难再奏效，所以英军准备以航母舰载机进行攻击。

4 月 3 日，6 艘航空母舰出动了总共 41 架攻击机（不包括战斗机）前往攻击"提尔皮茨"号。"提尔皮茨"号被命中大小共 15 弹，从 1944 年 8 月 22 日起到 8 月 29 日，英军舰载机先后 4 次对"提尔皮茨"号进行大规模空袭，但都没有造成德舰多大的损害。

直到 1944 年 4 月，"提尔皮茨"号才蹒跚南驶，在它离开峡湾后，英国的陆基飞机蜂拥而来，轮番轰炸，使它屡受创伤。

这一年 11 月 12 日，英国空军出动轰炸机携带专门设计用来对付大型军舰的 5.5 吨的"高脚柜"超级炸弹，两枚"高脚柜"直接命中"提尔皮茨"号的舰体，4 枚近失弹在船体附近爆炸，"提尔皮茨"号终于被炸沉在挪威特罗姆塞以西 4 海里的林根峡湾哈依岛南侧海域，结束了它短暂的一生，有 902 人随舰沉没。

为了击沉这艘超级战列舰，英军前后曾出动过人操鱼雷、袖珍潜艇。还组织过 13 次大规模空袭，出动过 600 架次飞机，终于如愿以偿，战后，一家从事废钢铁贸易的公司，在向挪威政府支付了 12 万克郎后获得了"提尔皮茨"号残骸的所有权。

有"北方孤狼"之称的"提尔皮茨"号从未参加过任何一场堂堂正正的海战，但是作为一艘超级战舰，虽然只待在港内，但却吸引了大量英国和部分美国的海军力量为其前往苏联运送战争物资的船队护航。它的存在本身就是莫大的威胁，迫使英国海军本土舰队在北海部署了大量的兵力，丝毫不敢掉以轻心，其兵力不敢放手在其他作战方向。在 1942 年 7 月期间，它的出航迫使盟军的 PQ-17 护航运输船队解散了护航队，召回了护航舰，最后使得失去保护的运输船遭到惨重损失，而"提尔皮茨"号在这场战斗中竟然一炮未发就收到全功，这就是它的价值！由于它长期部署在北方海域，又缺乏其他大型水面军舰的配合，形单影孤，得到了"北方孤狼"的称号，同时由于它的孤单与尊贵，人们又把它称为"孤独的北方女王"。

（十）舰载航空兵时代的开端——突袭塔兰托

塔兰托军港，位于意大利酷似长靴的亚平宁半岛足跟脚弓处的塔兰托湾东北部，舰队从塔兰托出发，可与西西里岛遥相呼应，严密控制东地中海，如此得天独厚的自然条件，加上完善的后勤保障设施，使塔兰托毋庸置疑地成为意大利最重要的海军基地。以该港为基地的就有4艘战列舰、8艘重巡洋舰、5艘轻巡洋舰、16艘驱逐舰、4艘护卫舰、21艘潜艇、8艘高速鱼雷艇以及其他舰艇多艘，正因为塔兰托驻有如此多的军舰，尤其是锚泊的战列舰和重巡洋舰几乎占意大利海军的70%，所以有人说，如果把意大利海军比作一柄宝剑的话，那塔兰托就是锋利的剑刃！1940年7月15日，意大利战列舰"杜伊里奥"号完成了现代化改装，8月2日，新型战列舰"利托里奥"和"文内托"号编入舰队，它们是意大利最优秀设计家和卓越工艺的杰作，标准排水量4.4万吨，装备381毫米大炮9门，航速达30节，在当时是最快的战列舰，这样塔兰托军港中的意大利舰队的力量大大增加。

第二次世界大战爆发后，随着法国的战败投降，英国所面对的战争局面就显得异常严峻，英国海军所面临的形势也非常不利，原来根据与法国的协议，英国海军主要负责在大西洋上进行护航作战和封锁北海海域，阻止德国海军主力舰队进入大西洋，而在地中海与意大利海军角逐的使命则由法国海军来承担，但现在，英国海军将要在大西洋和地中海上，同时迎战德国和意大利海军，而且此时正是德国海军潜艇海上破坏交通活动非常猖獗，英军不得不投入大量的护航反潜兵力，再要分出部分兵力对付意大利海军，颇有些捉襟见肘。1940年8月底，英国海军从本土舰队抽调"光辉"号航母、"勇士"号战列舰、"卡尔丘特"号和"考文垂"号巡洋舰加强地中海舰队实力，这才稍稍缩小了双方兵力对比上的差距。

意大利海军深知自己虽然在兵力对比上具有较大优势，但缺乏空中掩护和支援，与英军对阵绝对没有便宜，所以，海军司令坎皮奥尼采取消极避战的策略，只是在为北非航线护航时才出海，而且只要一发现英军有所动作，就立即掉头返航，龟缩于塔兰托军港，任凭英军如何引诱，就是闭门不出。意大利海军躲在塔兰托港内拒不出战，为尽快消除意大利舰队对英国地中海护航运输船队的威胁，英国舰队的坎宁安上将决心袭击意军港塔兰托，皇家海军决定打上门去，坎宁安上将决定利用舰载航空兵，向塔兰托港进行空袭，从空中攻击龟缩在塔兰托军港的意军舰队！

这个计划最早是由地中海航母部队司令利斯特少将提出来的，原来利斯特在战争爆发前任地中海舰队"暴怒"号航母舰长时，曾制订过空袭塔兰托的方案，此时英国人开始着手于这个方案的实施。1940年11月6日，英国海军的"卓越"号航空母舰在4艘战列舰、两艘巡洋舰和多艘驱逐舰的伴随下，从亚历山大港开到了地中海中部，11月11日晨，从马耳他起飞的美制马里兰式双发远程侦察机拍来了照片，从照片上看，意海军的战列舰停泊在格兰德港，而巡洋舰、驱逐舰停泊在皮克洛港，港四周有 300 门高射炮、探照灯和阻塞气球，港中还设有防雷网，防御十分严密。英国舰队航空兵司令利斯特少将命令"卓越"号从距塔兰托 170 海里的海域派出两批飞机，第一批 12 架，第二批 9 架，对塔兰托实施两次攻击，19 点 30 分，"卓越"号开到预定位置，此处距塔兰托 170 海里，利斯特少将命令舰载机出发，19 点 45 分，"卓越"号增速到 28 节，逆风急驶，第一攻击波——12 架"剑鱼"机飞离甲板，在皎洁的月色下，向塔兰托飞去。当天夜幕降临后，塔兰托已经两次拉响防空警报，那是一架英军侦察机引起的，这架侦察机盘旋监视，使意军两次拉响警报，倒使意军对防空警报有了几分麻木，20 点 30 分，夜袭塔兰托战斗开始了。

攻击在 23 点开始，第一批次空袭由队长威廉森少校率领 12 架"旗鱼"鱼雷攻击机，组成 4 个飞行小组穿出云层，从海洋方向冲进港口。意大利高射炮喷射着猛烈的火舌，天空布满火网，意军探照灯的光柱不停地转动，红、黄色曳光弹像喷发的火山。12 架"箭鱼"、两架"旗鱼"攻击机飞到港湾东面拦阻气球屏障外投下照明弹，照明弹由小降落伞悬挂，在 1400 米高度开始燃烧，使整个军港耀如白昼。鱼雷从阻塞气球的钢索间穿掠而过，迎着刺目的探照灯光和密集的弹雨，向格兰德港内的战列舰冲去。威廉森少校驾着的鱼雷攻击机被意军高射炮击中栽进大海，驾驶员威廉森少校和领航员斯卡利特上尉从坠海的飞机中及时爬出，游上岸后被意军俘虏，但是，飞机坠海前发射的鱼雷却命中了意军战列舰。另一个机队从西北方向进入港内，立即对停泊在港内的意军战列舰进行了攻击，两枚鱼雷命中了意军"利托利奥"战列舰。在两个鱼雷攻击机机队袭击意军战列舰的同时，4 架携载炸弹的"旗鱼"式攻击机开始轰炸港内意军的巡洋舰、驱逐舰和海军码头，瞬间，意军塔兰托军港像一个被捅翻的马蜂窝，乱作一团。第二攻击波接着进行，两架攻击机投下 24 枚照明弹，把海港夜空照得通明，5 架鱼雷攻击机投射 5 枚鱼雷，其中 1 枚命中已遭重创的意军"利托利奥"战列舰，使其舰体折断，沉入大海，有一枚命中另一艘意大利战列舰，使其动弹不得。

12 日凌晨，英军在回收了所有飞机后，突击群与掩护群会合，然后全速返航，平安回到亚历山大。

此战，英军仅出动 21 架飞机，在 65 分钟时间里，击沉战列舰 1 艘，击伤战列舰 3 艘，巡洋舰和驱逐舰各 1 艘，英军仅有两架飞机被击落，两架被击伤。一艘航空母舰加上 21 架"老掉牙"的舰载攻击机，在一夜之间就改变了地中海战场上的力量对比，扭转了整个地中海地区的战局，充分显示了航空母舰在现代海战中的巨大作用，完全可以说，奇袭塔兰托，将以舰载机的揭幕之战而名垂青史！意大利海军在此次奇袭中，主力舰只几乎损失了一半，可谓元气大伤，而且此后再未恢复，迫于英军的巨大威胁，被彻底吓破了胆的意大利海军将幸存的军舰撤离塔兰托，分散到北部港口，将地中海的制海权拱手让出！

在此后的一个月里，英军地中海舰队在地中海上活跃异常，严重遏制了意大利至北非的海上运输，同时有力掩护了己方海上运输，从而保证了北非英军在 1940 年 12 月取得了空前大捷！

（十一）遭欺骗的冤死鬼——澳军“悉尼”号巡洋舰

“悉尼”号巡洋舰曾是澳大利亚海军的骄傲，第二次世界大战期间屡立奇功，1941 年 11 月 19 日，“悉尼”号完成护航任务后回港时，竟然被伪装成荷兰商船的德国军舰“鸬鹚”号击沉后失踪，而船上 645 名官兵竟然无一人生还，这成了一个至今未解的谜。

1941 年 11 月 19 日下午 4 点多，在澳大利亚西北沿海，排水量达 9000 吨的“悉尼”号轻型巡洋舰正从护航任务中返回母港墨尔本，这时，一艘荷兰商船进入了“悉尼”号的视野，澳大利亚的水兵们万万没想到，自己遇到的就是纳粹最大的海上假货船“鸬鹚”号。

鼎鼎有名的“鸬鹚”号是原为德国汉堡-美洲公司的货船“斯蒂尔马克”号，1938 年于基尔的克虏伯-日耳曼尼亚船厂下水，1940 年，“斯蒂尔马克”号被德国军方征用，改造成辅助巡洋舰，自 1940 年 10 月投入使用以来，“鸬鹚”号就一直在南太平洋和印度洋以货船的模样“招摇撞骗”，干着偷鸡摸狗的勾当。在遇到“悉尼”号之前，假货船“鸬鹚”号已经“战果累累”，总共击沉了 10 艘戒心不足的盟军商船，总吨位达 5.6 万多吨，此时在澳大利亚西海岸鲨鱼湾以西的海域，悬挂荷兰国旗伪装成荷兰商船的“鸬鹚”号被排水量 7000 多吨的皇家澳大利亚海军“悉尼”号轻巡洋舰发现了，“悉尼”号一边追赶“鸬鹚”号，一边向“鸬鹚”号发信号，以确定其身份，并试图进行检查。

说实在的，“鸬鹚”号的任务并不是用于海上作战，尤其是面对这样一艘先进巡洋舰，德国人希望能够蒙混过关，当“悉尼”号向德船靠近时，德国人看见他们准备发射观察飞机，如果那样的话，“鸬鹚”号的身份就将暴露了，因为在它的甲板上堆放着许多水雷。但“悉尼”号上的水上飞机又被拖回原位，这时“鸬鹚”号戴特默斯舰长对下属说：“啊，船上的午茶时间到了，现在他们要说旅途愉快了。”正在德国人庆幸时，突然“悉尼”号打来旗语，坚持要德船升起秘密信号旗。

就在“悉尼”号还在为上船检查做准备的时候，眼看无法蒙混过关的“鸬鹚”号升起了德国旗，并首先在几百米的近距离内向“悉尼”号猛烈开火，并发射了两枚鱼雷。德舰上 6 门 150 毫米重型舰炮突然轰击澳舰，“悉尼”号舰桥和甲板上的水兵当场全部被炸死，两个前炮塔也被炸毁，战斗只进行了大约 5 分钟，澳舰就遭到了重创，“悉尼”号整个被大火包围，舰首等处被炸塌，一艘完全没有防备的巡洋舰离它认为的"荷兰商船"实在是太近了，而后者一分钟内就变成了一艘战舰。

"悉尼"号上没死的水兵们随后用后部炮塔上的152毫米口径火炮开始还击，"鸬鹚"号原为货船改装，速度很慢，一旦遭到攻击，很容易被击中，不仅如此，德舰为了像货船那样增强欺骗性，没有安装防护装甲，因此，一旦被击中，很容易造成重创。双方射击持续了半小时，"鸬鹚"号受到致命伤，交火中，"鸬鹚"号军械库和轮机舱首先中弹，烟囱被击毁，最终失去动力，德国人意识到全完了，不得不做弃船的准备，当船员们都上了救生艇离开后，"鸬鹚"号被引爆自沉。而"悉尼"号在激战中船尾被击中，在行驶了一段路程后，螺旋桨轴断裂。据"鸬鹚"号幸存者回忆说，"悉尼"号在海上漂浮了一段时间后，随即传来了几次巨大的爆炸声，就从视线中逐渐消失了，"悉尼"号携带着645名官兵包括舰长约瑟夫·伯恩内特一起沉没了。"鸬鹚"号393名舰员中，78人丧生，其余的315人包括舰长获救，幸存的德国官兵在澳大利亚西海岸的阿巴罗尔豪斯岛登陆，随后被澳大利亚军队抓获，于战争结束后被释放回国。

"悉尼"号是一艘轻型巡洋舰，长169米，宽17.3米，最高时速32节，1934年首次出海。第二次世界大战爆发后，"悉尼"号被派往地中海，在与意大利海军的多次交战中立下战功。1940年，"悉尼"号在一艘英国驱逐舰的协助下击沉了意军快速巡洋舰"科尼奥尼"号，一个星期后，又击沉了一艘小型意大利油轮。此后，"悉尼"号多次执行袭击港口和拦截意大利商船的任务，并屡创辉煌战绩。1941年2月，"悉尼"号回到澳大利亚，在印度洋执行巡逻和护航任务。然而，澳大利亚没有料到的是，回到家门口的该舰居然成为澳大利亚有史以来最大的海上悲剧。几十年来，澳大利亚人一直难以相信：一艘德国"商船"居然能够使用老式的舰炮击沉一艘现代化巡洋舰！"悉尼"号的沉因始终没搞清，也许是燃烧的大火引发了它的弹药库而导致了爆炸，但令人一直无法理解的是，破旧的德舰尚且能使大部分人生还，而现代化的"悉尼"号那么多人居然没有一人能够逃生！

"悉尼"号遭击沉使澳海军损失惨重，其沉没地点长期以来也一直是个谜，第二次世界大战后，虽然澳大利亚海军多次试图寻找"悉尼"号的残骸，但每次都无果而终，直至60年后澳大利亚政府才宣布，一支寻找"悉尼"号的研究队伍在珀斯以西800千米处发现当年与"悉尼"号同归于尽的德国"鸬鹚"号战舰，这成了寻找"悉尼"号的重大突破口。随后，在距"鸬鹚"号残骸12海里，距当时交战地点8海里的2470米深的海底找到了"悉尼"号的残骸，根据澳大利亚1976年通过的《历史沉船法》，历史沉船的挖掘将受到法律保护，政府可以宣布沉船周围200公顷海域为保护区，任何水下活动都被禁止。"悉尼"号的法定所有者是澳大利亚皇家海军，目前海军表示暂时没有打捞计划，不过，他们计划在悉尼举行纪念活动，让"悉尼"号阵亡官兵的家属缅怀先人。

（十二）"猪猡"人操鱼雷——奇袭亚历山大港

亚历山大港，位于埃及东北部的尼罗河三角洲，是埃及第二大城市，始建于公元前332年，是古代著名的港口，由于该港位于苏伊士运河西侧，正扼亚、非、欧三大洲的航运要冲，历来是兵家必争之地。第二次世界大战期间，是英国海军在地中海的重要基地。为了防止德意军队的偷袭，英军在亚历山大港防御配系相当周密完善，连水下都有几道防潜网，可谓固若金汤。

1941年12月18日晚20点30分，意大利海军"斯基尔"号潜艇携带着三只"猪猡"悄然抵达亚历山大港入口处约一海里处，"斯基尔"号升起潜望镜，艇长福格西中校仔细观察了周围情况，见一切正常，便下令人操鱼雷出动。三只"猪猡"依次从潜艇甲板上的特殊容器里滑入海里，向亚历山大港驶去。"斯基尔"号潜艇则立即向外后撤，一直到距离港湾五六海里处才浮出水面，严密监视着港内的一举一动。

"猪猡"是意大利人开发的一种特种武器，"猪猡"当然是昵称，正式学名为慢速鱼雷，也就是大名鼎鼎的人操鱼雷，其实就是两个人开着改造过的鱼雷想方设法跑到敌人军舰的肚子下引爆，由于是在水下驾驶，又把那两个驾驶鱼雷的人叫"蛙人"。此刻，月黑云低，伸手不见五指，能见度很低，正是天助人愿，三只"猪猡"悄悄地向港湾驶去，作为此次袭击的带队指挥，杜兰德·贝尼上尉驾驶着一只"猪猡"航行在最前面，由于能见度很低，无法分辨岸上情况，贝尼上尉只有根据指南针指示的方位，向港湾驶去。

英军在亚历山大港的戒备相当严密，港湾入口处设有防潜网，网上还挂着很多爆炸物，一旦撞上就会炸得粉身碎骨，不要说大型潜艇，就连"猪猡"这样的袖珍潜艇都没有空子可钻，而且不时有巡逻艇在港湾入口处巡弋，一有可疑情况就不分青红皂白投下深水炸弹。看着戒备森严的入口处，贝尼上尉心凉了半截，怎么才能进入港内？他怎么也想不出一个周密而又安全的渗透潜入的办法。苍天不负有心人，就在贝尼上尉苦思冥想之际，否极泰来，好运降临到了意大利人头上，3艘英军驱逐舰出海归来，用灯光信号表明身份后，港湾入口的防潜网慢慢打开，放驱逐舰进港，这可是千载难逢的好机会，贝尼上尉赶紧挥手招呼身后的两只"猪猡"，迅速尾随在驱逐舰后面，顺利通过了戒备森严的警戒圈！

进入港湾后，由于天色黑暗，根本无法辨别停泊的军舰，三只"猪猡"只能根据平时的训练，分别向看上去个头最大的3艘军舰驶去，贝尼上尉和比安奇军士选中的是"勇士"号战列舰，马切格利亚上尉和斯杰盖特军士选择的是"伊丽莎白女王"号战列舰，马特洛塔上尉和马利诺军士选中的目标则是7500吨级的"寒戈纳"号油船。

目标已定，三只"猪猡"各自开始行动。港内由于不时有军舰驶过，军舰航行所产生的尾流将轻巧的"猪猡"冲得左右摇晃，要花费很大的气力才能稳住，三组突击队员不愧是经过长期针对性训练，最终克服了种种困难，隐蔽地接近了各自目标，并在舰船中心龙骨位置附近将定时炸弹卸下，可是经过那么长时间的操艇，体力消耗极大，几乎都到了精疲力竭的地步，再也没有一丝力气将炸弹固定在船体上，只能一卸了之，任其沉在舰船下方的海底（好在亚历山大港水深只有13米，海底距离船底不过只有几米，不至于影响爆炸的威力），然后在定时器上调好引爆时间，驾驶着半截雷体向港口外撤去。

尽管贝尼等放置炸弹的行动是在水下，应该是十分隐蔽的，但是水面上总会有些异样动静，因此引起了在港内巡逻的英军注意。当贝尼上尉和比安奇军士刚刚浮出水面，正想喘口气休息片刻再撤离，一束刺眼的光柱便牢牢照住了两人，随着一阵引擎声，英军巡逻艇已经到了跟前，两人来不及有任何反应就被俘虏了。随后其他4名突击队员也相继被俘，被俘的突击队员根据事先的约定，一律以沉默来对付英军的审讯，直到爆炸前10分钟才告诉英军，这样英军连撤出军舰人员的时间都非常紧张，更别说寻找、排除爆炸物了！

在英国海军"勇士"号战列舰上，舰长摩根上校正在审讯一名刚刚被俘不久的意大利海军军人，他一身黑色的潜水衣，被俘时筋疲力尽、精神委顿，似乎在刚刚结束的什么行动中耗尽了体力，但是周围并没有可疑的迹象，而这位不速之客几个小时来一直三缄其口，只是眼光不时地向舱室墙壁上的时钟投去一瞥。

突然，这名战俘开口了："能给我来杯咖啡吗？"热腾腾的咖啡端了上来，他三口两口喝下肚，似乎恢复了一些精神，不等摩根舰长问话，就主动说道："我是意大利海军杜兰德·贝尼上尉，出于人道主义精神考虑，我可以告诉舰长阁下，您的军舰再过10分钟就要爆炸了！现在进行人员疏散还来得及，不过您得抓紧时间了！"

10分钟后，"勇士"号和"伊丽莎白女王"号战列舰都发生了大爆炸，随着三声轰隆的巨响，3艘舰船的底部都被炸出一大洞，如此严重的损伤，一般情况下是难逃倾覆沉没的命运，好在亚历山大港的水深较浅，3艘舰船进水下沉后数米就座沉海底，这才逃过了覆灭的厄运。但是尽管有地理之利，3艘舰船还是遭到了重创，特别是"勇士"号和"伊丽莎白女王"号战列舰整整一年时间都无法出海作战！此次袭击，意大利海军仅仅出动一艘潜艇，付出三只"猪猡"人操鱼雷和6名突击队员被俘的微不足道的代价，就重创英军两艘战列舰，袭击亚历山大港的确是一次代价小、战果大的成功袭击！正因为意大利海军人操鱼雷的出色战绩和作战效能，引起各国海军的重视，英国、德国和日本都相继组建了专门从事水下奇袭的人操鱼雷或袖珍潜艇部队。

1943年9月意大利投降，转而投身同盟国一方，参加过袭击亚历山大港的贝尼也从战俘营回到自己部队，再度披挂上阵炸沉过一艘德国军舰，并因此而获得勋章，特别巧的是，为他授勋的正是时任同盟国驻意大利海军使团团长的原"勇士"号战列舰舰长摩根少将！

（十三）"远东之盾"与"大和之矛"——日英新加坡海战

1941 年 12 月 10 日，85 架日本战机仅用两个小时，就将英国以"威尔士亲王"号和"反击"号战列舰为支柱的 Z 舰队击沉，1942 年 4 月 5 日，重新组建的英国 Z 舰队再次被日本 318 架战机击沉，大英帝国的海上力量被日本轻松击溃，为日军控制太平洋创造了有利条件。

英国海军"威尔士亲王"号战列舰是"乔治五世国王"级战列舰的二号舰，也是太平洋开战前英国最先进的战列舰，为区别英国旧式战列舰中同名的级别而称为"新乔治五世"级。该级别是按照伦敦海军公约而设计的，始建于 1937 年初。这一级别共 5 艘，为"乔治五世"号、"威尔士亲王"号、"约克公爵"号、"安森"号以及"豪"号，"威尔士亲王"号在太平洋开战的第三天被日军飞机击沉，也是该级别中唯一战沉的一艘。马来半岛为太平洋和印度洋的分界线，称为"远东直布罗陀"的新加坡更是扼守着太平洋与印度洋之间航运要道马六甲海峡的出入口，也是阻挡日军夺取荷属东印度（现印尼）石油的天然屏障。大英帝国已经在新加坡经营多年，其章宜海军基地更是规模不凡。但第二次世界大战开战后，英国已无余力顾及这块属地，在新加坡的部署已降到了最低的程度。

1941 年下半年，德军转向东线进攻苏联，大英帝国本土所受的压力已逐渐减少，同时日本南下太平洋的意图日趋明显。为了维护英国在远东殖民地的利益，8月，在大西洋宪章会议上，丘吉尔决定在远东承担更多的义务，并向罗斯福保证将派出一支令人生畏的、快速的、高级的战列舰和航空母舰特混舰队前往新加坡，以瓦解日本海军的活动。随后，丘吉尔不顾海军部的反对，派遣"无敌"号航母、"威尔士亲王"号战列舰、"反击"号战列巡洋舰和护航舰直奔远东。

12 月 4 日，英舰队抵达新加坡，12 月 8 日，日本偷袭珍珠港的同时，由日本马来的小泽舰队负责掩护日本登陆舰队准备在马来半岛登陆，远东舰队司令菲利普斯中将决定由"威尔士亲王"号、"反击"号和 4 艘驱逐舰组成 Z 舰队截击日本登陆部队。此时的 Z 舰队处于日本海军陆基航空兵的攻击范围内，而又没有空中掩护和支援，但菲利普斯对自己这支舰队有信心，还从来没有像"威尔士亲王"号这样强大的战列舰被飞机打败过的先例。

日军对 Z 舰队的到来早有准备，驻西贡机场的第 22 岸基航空部队（有 140 多架"97 式"攻击机和 36 架"零"式战斗机）已做好战斗准备。12 月 8 日，从西贡起飞的日军航空兵多次空袭马来半岛尚未被日军占领的机场和新加坡航空基地，使英军的 250 架飞机损失殆尽。12 月 8 日下午，菲利普斯中将在没有空中掩护、敌情不明的情况下率领 Z 舰队冒险出航，12 月 10 日，Z 舰队被日机发现，由于没有战斗机掩护，英舰被动挨打，"反击"号和"威尔士亲王"号多处被炸弹和鱼雷击中，相继沉没，菲利普斯以下舰上官兵 840 人葬身海底，从此，英国海军对日军在马来半岛作战行动不再构成威胁，此战显示了航空兵在海战中的巨大威力，表明战列舰称霸海洋的时代行将结束，水面舰艇编队没有空中掩护已难以在海战中夺取胜利。

1941 年 12 月 10 日晨，英国首相丘吉尔床边响起了急促的电话铃声，听筒里传来第一海务大臣达德利·庞德的语无伦次、低沉又悲惨的声音："首相，我不得不向您报告，'威尔士亲王'号和'反击'号都被日本飞机炸沉了。"

丘吉尔哀叹这是对他"一生中最沉重和最痛苦的打击"。英国 Z 舰队的覆灭可以说是武器发展的必然结果，过去的海上霸主战列舰终究不敌新兴的航空力量，英国 Z 舰队的覆灭，使日军夺得了马来海域的制海权和制空权，为日军海上输送任务的顺利完成提供了保障，更为日军全面占领马来西亚、新加坡等国提供了有利条件，对英国在远东的军事地位产生了灾难性的影响，使英美两国在一段时间内失去了在太平洋远东地区的制海权。

（十四）海战史上首次航母对决——珊瑚海海战

1942 年初，日本联合舰队还沉浸在胜利之中，在日本看来，美国的经济潜力虽大，但转入战时状态还需要一个过程，预计美国 1943 年夏季才可能组织反攻，而日本完全有时间进一步推进战线，扩大防御圈，控制澳大利亚就是这一战略的反映。

1942 年春，日军占领东南亚广大地区后，决定向西南太平洋推进，夺取新几内亚岛的莫尔兹比港和所罗门群岛的图拉吉岛，以掌握该地区制海制空权，切断美利坚合众国通往澳大利亚联邦的海上交通线。1942 年 2 月初，日军占领了澳大利亚东北的俾斯麦群岛的拉包尔基地，3 月初占领了新几内亚的莱城、萨拉莫阿。按计划随后即应对图拉吉和新几内亚东部的莫尔比兹港实施登陆。但由于美国航母的活动，这一计划就被推迟了。直到 4 月底，第 5 航空战队（"翔鹤"号和"瑞鹤"号）、第五巡洋舰队（"妙高"号和"羽黑"号）从印度洋归来，进攻图拉吉和莫尔比兹港的计划才随即开始。

5 月初，日本第四舰队司令井上成美海军中将派高木武雄海军中将率领"翔鹤"号和"瑞鹤"号航空母舰（舰载机共 125 架）及重巡洋舰 3 艘、驱逐舰 6 艘从特鲁克岛出发，原忠一海军少将率"祥凤"号轻型航空母舰和重巡洋舰 4 艘、驱逐舰 1 艘从拉包尔启航，掩护登陆船队驶向目标。实际上，前来迎击的美第 17 和第 8

特混舰队已先于日机动编队进入珊瑚海，通过破译密码，已知日军即将对莫尔比兹港实施登陆，同时其先遣队将先占领图拉吉，并基本掌握了日方投入的兵力。因为对盟军来说，集结必要的兵力对付来敌并不容易。"萨拉托加"号被日潜艇击伤，在西海岸修理，"企业"号和"大黄蜂"号在袭击东京的返航途中，可供使用的就是第8特混舰队"列克星敦"号和第17特混舰队"约克城"号航母，另有8艘巡洋舰和13艘驱逐舰，由弗莱彻统一指挥，两支舰队5月1日进驻珊瑚海。

5月6日到7日，日本"翔鹤"号和"瑞鹤"号派出舰载机搜索敌人，舰载机发现并击沉油船和驱逐舰各1艘，同时，美舰载机攻击日军登陆船队和护航编队，93架美国战斗机和轰炸机经过半个小时的轮番进攻，"祥凤"号已中了13颗炸弹和7条鱼雷，井泽下令弃舰，标志着日本帝国海军在这里丧失了第一艘大型舰只。

"约克城"号航母

5月7日，美日双方舰队刚好处于相互攻击范围，但双方由于技术原因而没有发现对方，相互错过了先发制人的时机，下午日本再次派出舰载机搜索敌人，在暮色中，几架迷失方向的日本飞机甚至错误地试图在"约克城"号上降落，但由于识别信号不对，被高炮手发现并将其中的一架击落入海，另外几架慌忙逃入黑夜中。

5月8日，命运注定搜索的飞机几乎将同时发现彼此的目标。8点15分，美军飞行在最北边的侦察机发回报告："敌人的航空母舰特遣舰队在'列克星敦'号东北约175英里的海面上以25海里/小时的速度向南行驶。"仅仅几分钟以后，美国航空母舰的无线电台收到了日本人兴高采烈的报告，显然表明他们自己也被发现了。

8日上午，双方航空母舰编队在200海里距离上出动舰载机群展开激战。美军出动飞机约70架次，对高木舰队发动攻击。"瑞鹤"号航空母舰逃进雷雨区，免遭袭击；"翔鹤"号航空母舰被两颗炸弹击中，失去作战能力。日本出动飞机约90架次，对美舰发动攻击。"列克星敦"号航空母舰被两条鱼雷击中该舰左舷，又被两颗炸弹击中，后因燃油气体泄漏发生爆炸而沉没，已经降落到该舰的36架飞机也随之沉入大海。"约克城"号航空母舰也被击伤。这场遭遇战只持续13分钟，日本人飞走的时候，兴高采烈地报告他们替前一天"祥凤"号的失败报了仇，毫不含糊地击沉了一艘"大型航空母艘"和一艘"中型航空母舰"。

美第 17 特混舰队 "约克城" 号上虽然尚有轰炸机和鱼雷机 27 架、战斗机 12 架，但已入夜，弗莱切无意再战，遂率队撤离战场，在这一天的战斗中，美国损失飞机约 70 架，日本损失飞机约上百架。此次海战是战争史上航空母舰编队在目视距离之外的远距离以舰载机首次交锋，也是日本海军在太平洋战争中第一次受挫。从战术得失来看，日本海军取得了珊瑚海海战的战术上的胜利，但日本海军由于损失的飞机和飞行员无法立即得到补充，日军的武力扩张第一次遭到遏制，被迫中止对莫尔兹比港的进攻。日本海军第 5 航空战队的这两艘航母原本要参加中途岛计划，由于 "翔鹤" 号受损、"瑞鹤" 号严重减员，削弱了日军在即将举行的中途岛海战中的实力。

"祝贺你们在最后两天中取得的光荣成就"，尽管尼米兹向弗莱切发出了这样的电文，但珍珠港的司令部中笼罩着阴郁的气氛，因为 "列克星敦" 号沉没了，但日本联合海军受到了多大的打击还很难判断。尼米兹宣布这是 "一个具有决定性深远意义的胜利"，意义究竟多么深远，在后来的一个月里还无从知道。其实说得具体一点，"翔鹤" 号受损、"瑞鹤" 号严重减员，而第 5 航空战队的这两艘航母原本要参加中途岛计划，但现在以无法实现了。否则在中途岛美日航母的比例将是 4 : 6，而不是 3 : 4，而从一个月后的中途岛大战看，这种差别绝对是非常重要的。

（十五）决定日本命运的 5 分钟——中途岛战役

中途岛属波利尼西亚群岛，位于太平洋中部，檀香山西北 2100 公里，为珊瑚环礁，周长 24 公里，环抱东岛和桑德岛，陆地面积 5 平方公里，该岛距美国旧金山和日本横滨均相距 2800 海里，处于亚洲和北美之间的太平洋航线的中途，故名中途岛。其特殊的地理位置决定了它战略地位的重要性，中途岛距珍珠港 1135 海里，是美国在中太平洋地区的重要军事基地和交通枢纽，也是美军在夏威夷的门户和前哨阵地，中途岛一旦失守，美太平洋舰队的大本营珍珠港也将唇亡齿寒。

1942 年 4 月 18 日，美军杜立特航空队空袭东京后，日本认为威胁来自中途岛，山本五十六遂决心实施中途岛战役，企图夺取中途岛，迫使美军退守夏威夷及美国西海岸，同时诱歼美国太平洋舰队以保障日本本土的安全，中途岛战役定于 6 月 4 日。日本在珊瑚海海战之后的仅仅一个月就已经把中途岛拟定为下一个攻击目标，这不仅能报美国空军空袭东京的一箭之仇，还能敞开夏威夷群岛的大门，防止美军从夏威夷方面出动并攻击日本，日本海军想借此机会将美国太平洋舰队残余的军舰引到中途岛一举歼灭。为达到这个目的，日本海军几乎倾巢而出，投入大半兵力，舰队规模甚至超越后来史上最大海战莱特湾海战时的联合舰队，是日本海军在第二次世界大战中最大的战略进攻。

然而，山本所不知道的是，5 月中旬，美军从破译的日本海军电报中就已掌握了他进攻中途岛的企图，并已做好了充分的准备，不仅加强了岛上的防御力量，尼米兹还准备了以3艘"约克城"级航空母舰为主力，再加上约50艘支持舰艇的舰队，埋伏在中途岛东北方向，准备攻击前往中途岛的日本舰队。与此同时，19艘潜艇部署在中途岛附近海域，监视日舰行动，网撒下了，就等着山本五十六这个猎物光临了。

6月4日凌晨6点整，南云忠一舰队的108架战斗机发起了空袭中途岛的第一攻击波，当第一批战机加速穿越晨空向目的地飞去时，第二攻击波的飞机也聚集在航空母舰的甲板上伺机而动，南云忠一在飞机起飞时，并不知道美国航空母舰就在他的翼侧。日军以损失6架战机的很小代价完成了第一次攻击，中途岛损失惨重，机场、油库、海上飞机滑行坡道、营房、餐厅等处均遭毁坏，并有15架美战机被击落。8点，日侦察机的报告发现美军5艘巡洋舰和5艘驱逐舰，南云忠一的参谋长草野主张第二波攻击中途岛，回头再来对付这10艘军舰组成的普通舰队，然而几分钟之后，日侦察机又发回一份语意模糊的电文："敌舰似乎由一艘航空母舰殿后。"

确认美方航空母舰阵容之后，南云忠一处于进退维谷的境地，第二航空母舰战队司令山口多闻海军少将向南云忠一建议"立即命令攻击部队起飞"，可此时空袭中途岛的第一攻击波机群返航正飞抵日本舰队的上空，第二批突击飞机换装鱼雷还没有完成，如果马上发动进攻，那么油箱空空的第一攻击波机群会掉进海里。南云忠一权衡再三，决定把攻击时间推迟，首先收回空袭中途岛和拦截美军轰炸机的飞机，然后重新组织部队以进攻美军特混舰队。但这至少需要一个小时的时间，美军飞机将完全可能利用这段时间发起对南云忠一舰队的袭击，如果美机恰巧在日军为飞机补充弹药和油料之时进行轰炸，日舰将面临致命的打击。这是一种危险的方案，但南云忠一却认为这是正统的战略战术，他希望毕其功于一役，而又尽可能减少损失，他是在赌博，他不太相信美国舰队会抓住稍纵即逝的战机。

战局就在这短短的一小时内急转直下，幸运女神给处于劣势的美国人助了一臂之力，美军终于抓住了这个千载难逢的战机，8点左右，筹划已久的对日攻击战开始了。一队由15架鱼雷机组成的编队，独自向北搜索，终于发现了南云忠一编队，不幸的是，这组美机燃油耗尽，而且无战斗机掩护，在舍生取义、勇敢地冲向目标的英雄壮举中，被日"零"式战机和高射炮火纷纷击落。与此同时，由"企业"号起飞的14架鱼雷机和由"约克敦"号上起飞的12架鱼雷机在袭击日舰"苍龙"号和"飞龙"号的战斗中均遭重创，更为可悲的是，美机所投鱼雷竟无一命中日航空母舰，就在美军败局将定的时刻，却出现了戏剧性的转折，从"企业"号上起飞的33架"无畏"式俯冲轰炸机，在预定海域没有发现目标，搜索了一个小时也一无所获，由于燃料不足，正准备返航时，却突然意外地发现了一艘日军驱逐舰，美机飞行员认为，这艘驱逐舰或许能够帮助他们找到日航空母舰，于是他们紧随日舰而行，果然在 6000 米高空中，他们发现了由 4 艘航空母舰组成的蔚为壮观的南云忠一的舰队，"企业"号的 33 架"无畏"式俯冲轰炸机，分成两个中队分别攻击"赤城"号航空母舰和"加贺"号航空母舰，接踵而来的是 17 架从"约克镇"号航空母舰上起飞的"无畏"式俯冲轰炸机则专门攻击"苍龙"号航空母舰。此时的日舰正处于极易受攻的境地，甲板上到处是鱼雷、炸弹以及刚加好油的飞机，而且保护航空母舰的"零"式飞机已经全部升空，正在四处追杀美国鱼雷轰炸机，这正是美军求之不得的有利时机，于是"无畏"式俯冲轰炸机对日本航母开始了无畏的攻击。

南云忠一的一念之差，终于招致了日本海军 350 年来最大的悲剧，就在第一架日本战斗机将要飞离飞行甲板时，美机的攻击已然从天而降，一切都是那么巧合，日军航母上堆满的易燃易爆的物品只要沾上点火星，就足以把这个钢铁巨物送入海底。美军飞行员犹如大发横财一般痛快淋漓地轮番攻击，连续投弹，顷刻之间，日舰上火光冲天，烈焰升腾，日军的 3 艘航空母舰刹那间变成了三团火球，堆放在机库里的飞机以及燃料和弹药引起大爆炸，惊人的爆炸声此起彼伏火光直冲云霄，短短的 5 分钟，日本 3 艘航空母舰被彻底炸毁了，转眼之间，威武一时的南云忠一的舰队只剩下"飞龙"号航空母舰独撑危局了。

日本航空母舰编队遭受的毁灭性打击，令"飞龙"号的司令官山口多闻怒不可遏。他在接替了南云忠一的空中作战指挥权之后，毫不犹豫地对美航空母舰发动了反击，"飞龙"号发动两次进攻后，舰员们疲惫不堪，战斗力大减。但山口仍决定黄昏时再次出击，给美舰队以最后的致命一击，正在这时，斯普鲁恩斯派遣的一支俯冲轰炸机分队神不知鬼不觉地冲向"飞龙"号，一连串重磅炸弹呼啸而下，四弹命中目标，"飞龙"号在尚未对美舰造成致命一击之前，先遭毁灭，于 21 时 23 分葬身汪洋，"飞龙"号的沉没，标志着显赫一时的南云忠一的舰队主力的彻底倾覆。远在 300 海里外的"大和"号战舰上的山本五十六眼见大势已去，痛苦地向庞大的日本舰队发出了承认失败的电文，撤销了中途岛作战计划，失去了空中掩护的日本舰队狼狈撤回。中途岛海战改变了太平洋地区日美航空母舰实力对比，日军仅剩重型航空母舰 1 艘，轻型航空母舰 4 艘，更加要紧的是，在这一战中，日本损失了大量有经验的优秀飞行员，从此日本在太平洋战场开始丧失战略主动权，战局出现有利于盟军的转折，这场海战可说是太平洋战区的转折点。

（十六）日本帝国海军的象征——"大和"号的悲哀

"大和"号战舰是日本帝国海军联合舰队辉煌时期的象征，它拥有 7.2 万吨排水量和 27 节航速，装备有 150 多门不同型号火炮的最强大火力，包括 9 门 18 点 1 英寸口径的巨炮，它可以在 22.5 英里的射程内击穿 3200 毫米的装甲，它自身的装甲也是"无畏"级战列舰中最厚的，当时世界上任何战舰几乎都无法击穿，可谓坚不可摧，这艘战舰是世界上最大的战列舰，也是日本征服世界之梦的象征。日本决定建造"大和"号这样的巨型战列舰，主要是出于在太平洋上与美国海军决战的考虑，旧日本帝国的海军认为，要想在西太平洋战胜美国海军，就必须组建以战列舰为核心的海上打击力量，在海上截击美国舰艇编队。由于日本海军在军舰的数量上无法与美国抗衡，因此只能力图在单艘军舰的战斗力上超过美国。

1942年2月12日，"大和"号接替"长门"号战列舰成为日本联合舰队旗舰，"大和"号舰龄最短，排水量最大，火力最强，装甲最厚重，被誉为无坚不摧、固若金汤的海洋钢铁城堡。因此迷信大舰巨炮制胜论的日本海军对它的期望值很大，认为凭借像"大和"级战列舰这样的单舰威力就可驰骋太平洋，与美舰队抗衡了，然而在美航母特混舰队的打击下，"大和"号终其一生几乎是无所作为。

日本帝国海军联合舰队的主力、超级战列舰"大和"号是当时世界上最大的战列舰，号称"永不沉没的战列舰"，一直作为前联合舰队司令官山本五十六海军大将的旗舰。1942年6月，"大和"号作为联合舰队旗舰参加了中途岛海战出师受挫，战列舰舰队和航空母舰舰队分开使用，4艘航空母舰全军覆没，而"大和"号则在300海里以外无所事事。

1944年6月，太平洋战争的形势已经变得对日本越来越不利。"大和"号参加了马里亚纳海战。在这场航空母舰大战中，"大和"号第一次用主炮向来袭的美国飞机发射"03型"防空弹。1945年3月26日，美军开始实施冲绳岛登陆战，日本出动大量自杀飞机攻击美国舰队的同时，企图出动包括"大和"号在内的水面舰艇舰队支援冲绳日军的作战，对此联合舰队司令部表示反对，但日海军军令部却以"大和"等舰的出击事关海军"荣誉"为借口，坚持出动该舰，4月5日，军令部正式下达了命令"大和"号自杀性出击作战的"天一号作战"命令。1945年4月6日，联合舰队司令官丰田副武海军大将下达作战命令：以"大和"号战列舰、"矢矧"号巡洋舰和8艘驱逐舰组成海上特攻队，协助日空军和陆军，歼灭冲绳岛附近的美国护航运输队和特混编队。这是联合舰队最后一支舰队，也是世界海战史上空前绝后的"自杀舰队"，在美机肆虐横行的大海上，在无空中掩护的情况下，进行最后一次有去无回的攻击，而"大和"号上的燃油只能保证其航行到冲绳岛，这是一张驶往地狱的单程船票。

4月6日下午6点多，在日本沿海的美国潜艇"线鳍鱼"号发现并报告"大和"号动态，当晚，接到"线鳍鱼"号潜艇报告的美第58特混舰队司令米切尔中将，命令麾下的4支航空母舰特混大队迅速北上，进行拦截，4月7日晨美搜索机报告发现"大和"舰队。

在冲绳以东海域的"邦克山"号航空母舰上，第58快速航母特混舰队的指挥官米切尔海军中将，被这一场最后的史诗般对决所吹响的号角深深吸引，他面容苍白、憔悴，与他的外号十分形似，就叫"白头海雕"。米切尔感觉到这将是一场战列舰与航空母舰之间激动人心的终极对决，尽管此前航母参与了太平洋上几乎所有的大型战役，但在此前的大小战役中，只凭空中力量是否能战胜一支强大的水面舰队，还没有得到有效证明，这场战斗将是永远平息这场争论并证明上述问题的最佳机会。4月7日10点，美280架舰载机起飞，向"大和"号舰队发起进攻，12时，"大和"号上的雷达发现美军飞机编队，几分钟后美国战机开始进行攻击，首先是日护航驱逐舰"滨风"号被炸弹击中沉没，"大和"号左舷被两条鱼雷击中，右舷舰尾命中两颗炸弹，后部无线电室被炸，雷达室被炸成两半。

对于大多数参加此次攻击"大和"号的美军飞行员来讲，这是他们第一次见识到从18英寸巨炮中发射的"03型"防空弹，这些庞然大物每一个都和一辆小轿车那么重，圆锥形的弹体在飞近的飞机周围爆裂、燃烧。由于没有雷达引导，尽管这些防空炮火犹如风暴一般，但炮手们实际只能乱射一气，只有少量不走运的飞机被击中，其他大部分都能规避。下午1时，美军第二攻击波的100余架美机到达，对"大和"号进行了狂轰滥炸，"大和"号舰体左舷中部被三条鱼雷命中，使其舰体左倾达7°~8°，几乎与此同时，由于美机投下的一枚450千克重的航空炸弹炸毁了"大和"号排水阀门，使该舰无法进行排水作业。

最关键的尾部海水控制中心也被一颗鱼雷和炸弹击中，这就迫使"大和"号不得不将海水灌入右舷引擎舱以保持平衡。虽然海水涌进能够校正倾斜，但将会使"大和"号失去更多的动力，同时也意味着右舷引擎舱内的300名船员将因此失去生命。舰长有贺幸作以近乎哽咽地声调发出了命令，阀门打开了，几秒钟后，汹涌而入的海水夺取了引擎舱内的每一条鲜活的生命，但这一孤注一掷的所有成效，也仅仅是亡羊补牢。

14点12分，"大和"舰左舷中部和后部又被两条鱼雷命中，舰体倾斜达16°~18°，"大和"号舰长有贺幸作发出了弃舰命令，很快，"大和"号就已完全横倾并开始下沉，海面顿时形成一个深达50米的大漩涡，许多落水的船员被卷入了巨大的旋涡中，下沉20秒后，"大和"号主炮弹药库爆炸，海面上冲起了巨大的水柱，其沉没地点在日本九州岛西南，德之岛西北，东经128度04分，北纬30度43分。此役，"大和"舰队只有4艘驱逐舰带伤逃回佐世保军港，6艘舰只沉没，"大和"号及其护航舰上超过4000名船员阵亡，日本帝国海军的象征"大和"号伴随着日本征服世界之梦就此结束了它的短暂的生旅。

作为世界上最强大的战列舰"大和"号，终其一生毫无建树，最后只落得个当"自杀"舰的作用，既是日本的悲哀，也是战列舰的悲哀。

（十七）最短命的航母——日本"信浓"号

"信浓"号航空母舰是当时世界上排水量最大的航空母舰，"信浓"号服役后第一次正式出航仅仅 20 小时就被美军潜艇的鱼雷击沉，更是创造了世界舰船史最短命的航空母舰的纪录。

战争到了 1944 年末，日美的海上军事力量已经有了极大的差距，在经历了 5 场航母大战以后（珊瑚海海战、中途岛海战、第二次所罗门海战、圣克鲁斯海战和马里亚纳海战），曾经强大联合舰队的主力航母或沉或重伤，能够作战的已经很少，日本海军已经到了穷途末路的地步。

"信浓"号最早是作为快速装甲航母来设计的，原本是超级战列舰大号系列的第 3 艘，它在"大和"号和"武藏"号动工之后的 1940 年 5 月开始动工，地点是日本的横须贺造船厂。但是在施工期间，日军在中途岛遭到惨败，4 艘重型航母被击沉导致日军航母机动力量大大减少，日本海军方面处于无奈，只能下令将已经完成一半建造计划的"110 号舰"改建成航母。

无舰可用的尴尬局面和帝国即将灭亡的危局，使得日本海军严令"110 号舰"必须在 1944 年内改建成，造船厂方面只得不分日夜赶工并尽量忽视次要的流程，由于此前横须贺工厂的许多熟练工人都被杀鸡取卵式的征召入伍，因此这次不仅使用了民间船厂工人和海军轮机学校的学生，甚至连民间中学生都被动员进厂。

在建成"110 号舰"就是拯救日本的信念下，"110 号舰"果真也比预定时间提前 5 个月"完工"了，其实该舰仍然有大量细节部分没有完成，建成后的"110 号舰"正式命名为"信浓"号。

由于赶进度，使许多建造工作都是匆匆完成；再加上原材料短缺、熟练技术人员少，建造质量根本无法保证，这为日后实际使用留下了极大隐患，"信浓"号航空母舰于 1944 年 11 月完工。

整个改装过程中，仅加装的防护装甲就消耗钢材 1.7 万吨，满载排水量竟然高达 7.2 万吨，是第二次世界大战中吨位最大的航空母舰。

"信浓"号与其他航母相比，最大的特点是装甲防护力强，该舰采用的是"大和"级战列舰的舰体，具有严密的水下防御，设计有三重舰底，水线处有厚 200 毫米的装甲带，为此不惜耗费上万吨的钢材，全舰划分为 1147 个水密隔舱，以保证遭到水下攻击时海水不会大量涌入舰体，从理论上讲，"信浓"号拥有当时最强的水下防护能力。

由于此时美军飞机对京滨地区的空袭越来越猛烈，海军决定将"信浓"号转移到相对安全的内海军港。

1944 年 11 月 28 日 13 点 32 分，"信浓"号搭载着大部分官兵、一些舾装工程人员和其他乘员，在第 17 驱逐舰队的"滨风"号、"矶风"号和"雪风"号三舰的护卫下离开了横须贺，在三艘驱逐舰队护卫下的"信浓"号，小心翼翼地按 Z 字形航线前行着，虽然这种走法较费时且操纵麻烦，但相对直航还是更容易给原始的潜艇鱼雷火控系统制造麻烦。

由于那天当晚美军有 B-29 的轰炸任务，美国潜艇"射水鱼"号受命准备救助可能被击落的美军飞行员，后来因计划取消，正在海上游弋待命，突然，艇长恩赖特中校从潜望镜中看到了一个小岛，起初他还以为这是日本海域的一个刚刚出现的火山岛，不久他才发现这是一艘军舰！在不远处正以 20 节的速度按 Z 字形航线航行，这其实就是"信浓"号航空母舰在进行她的处女航。发现了目标，艇长恩赖特十分高兴，经过仔细观察以后，恩赖特根据它的巨大身躯判断是日军的一艘油轮，潜艇对付油轮是手到擒来的活，恩赖特下令潜艇全速前进追击该舰。由于"信浓"号走的是"Z"字路线，所以尽管整个编队速度较美潜艇快，但却不能摆脱以近乎直线行进的"射水鱼"的跟踪。接近目标后，恩赖特中校断定那是日军一艘 2.8 万吨的"飞鹰"型或"大凤"型航空母舰，此后的时间里，"射水鱼"号一直跟踪日军航母适机下手，苦于航母进行反潜规避，不断改变航向，在错过三次攻击机会后，Z 字形航行的日军航母刚好通过"射水鱼"号正面 1400 米外、70°方位，处于完美的攻击位置。一分钟后，在日军航母走出最后一个 Z 字的一刹那，"射水鱼"号的首部鱼雷发射管以 8 秒的间隔向目标连续发射了 4 枚鱼雷，稍后又以间隔 25 秒的频率再度射出第 5、第 6 枚鱼雷。在射出的 6 枚鱼雷中有 4 枚准确地击中了"信浓"号，此时是夜里 3 时，"信浓"号舱室被撕开了 10 多米宽的口子，海水汹涌地灌了进去，"射水鱼"号紧急下潜到 121.92 米的潜水极限躲避攻击，随即高速脱离了战场。

"信浓"号舰长阿部俊雄认为 4 条鱼雷对于"信浓"号这样庞大的航母来说不算什么，加上担心继续遭到潜艇攻击，于是航速未减，给损管造成很大不便，按照日本海军的传统，舰艇在服役之前，要对他们实施专门的配置教育和基本训练，而"信浓"号 19 日服役，20 日出港，新舰员在紧急情况下，连舱门都找不到，更别说进行损管堵漏排水注水了，"左舷全群注水"命令下达不久，防御指挥官、内务长三上治男中佐发现军舰的倾斜居然又开始增加，他不知道，惊慌的水兵并没有按照命令及时向左舷全群注水，更令他吃惊的情况就在这个时候发生了，升降口水密门关闭后，边缘居然露出了两厘米多的缝隙！显然，这个舱室要么没有经过气密试验，要么测试根本就不合格，现在他知道一切都完了。当晚 10 时 28 分，阿部俊雄大佐下令弃舰，同时 3 艘驱逐舰开始转移"信浓"号的船员，30 分钟后，"信浓"号沉没，"信浓"号的 2515 名船员只有 1080 人被救，有 1435 人遇难。至此，随着第一次航行不足 20 个小时，当时世界第一巨舰"信浓"号就沉没，这也是世界历史上由潜艇击沉的最大一艘战舰，与它同级的"武藏"号在莱特湾海战被击中 20

余条鱼雷后才沉没，而"信浓"号才中了 4 枚就迅速沉没了，一方面是船员的抢救能力不足，再就是为了提早完工而在质量上没有严格把关所致。

不过从战争的情况来看，一艘"信浓"号已影响不了战局的发展了，它的命运在它下水时起就已经注定了。

（十八）沉没的马赛曲——第二次世界大战中的法国海军

1940 年 5 月 10 日，西欧战役开始，海上战斗尚未打响，法国却从陆地上溃败了，素有"欧洲大陆第一强国"之称的法国，在第二次世界大战中仅支撑了 50 多天就放弃了抵抗，于 1940 年 6 月 22 日晨，在巴黎郊外贡比涅森林福煦元帅的专车上与德国代表团签订了《法德停战协定》。

《法德停战协定》的签订，改变了法国的命运，也改变了法国海军的命运。根据《法德停战协定》规定：法国舰队除为了保卫法国殖民地利益而留置那一部分外，应一律"在指定的港口集中，并在德国或意大利监督下复员和解除武装"。根据这条协定，法国海军这支世界第四大海军，被迫封存在土伦、阿尔及尔、奥兰港和卡萨布兰卡等几个港口，等候对自己命运的宣判，它的不幸，也由此开始……

可叹的是，法国海军遭到的首次打击，不是来自征服者的德军，而是来自昨天的盟友英国海军，英国首相丘吉尔不能容忍强大的法国海军力量有一天成为威胁英国本土或威胁其海上运输线的可能性存在，要么拥有它，要么消灭他。于是在他的授意下，英国制定了旨在夺取和控制法国海军，代号为"弩炮计划"的军事行动。7 月 3 日，英国针对法国海军发起"弩炮"行动，包括 3 艘战列舰在内的一大批法国舰艇被毁，1297 名法国水兵被打死，341 人受伤。令法国人无法接受的是，打败他们的德国人尚且允许法国人保留自己的海军，而几周前还并肩作战的盟友英国人却要对法国人赶尽杀绝，这使英法这对昔日的盟友反目成仇，法国海军从此视英国为宿敌。

在此之后，贝当元帅的维希政府将海军主基地设于靠近统治心脏且濒临地中海的土伦港。幸存的法国舰队大部分聚集于此，约有 135 艘舰船，包括约 80 艘远海舰船与 55 艘小型港口船舶，其中还有战斗力完备的"斯特拉斯堡"号轻型战列舰。在火炬战役开始后，土伦的法国舰队再次陷入危机，盟军开始与达尔朗谈判，目的就是想要夺取法国海军舰队，丘吉尔曾对艾森豪威尔表示："如果我能见到达尔朗的话，尽管我极仇恨他，但我若能以爬行一里路来使他把舰队带到盟军这边来，那我也欣然照办。"

1942 年 11 月，维希政府三军总司令达尔朗出于对德国人的极度憎恨，下令在土伦和达喀尔的法军剩余舰队迅速开往北非，但是在土伦的法国舰队不愿与英国舰队一同作战，他们无法原谅英国人在米尔斯克比尔和达喀尔所犯下的罪恶，土伦舰队司令拉波尔德海军上将坚决拒绝了达尔朗的要求，英国人为他们当年的行动付出了代价。

1942 年由于德国在地中海局势迅速恶化，希特勒认为占领法国南部并夺取法国舰队有助于抵抗盟军在地中海可能的登陆行动，立即下令占领全部法国，并计划夺取在土伦的法国舰队。11 月 27 日清晨，希特勒完成了他的前期准备，他下令夺取土伦法国舰队的"里拉"行动开始，德国装甲部队开始进入土伦城，德军在港口附近部署了炮兵，并在土伦港外的水域敷设了水雷，将法国土伦舰队几乎困在港中。

在"里拉"行动开始前，德国海军总司令雷德尔元帅试图说服希特勒，以武力夺取法国舰队是一个错误，作为一名从最初级的水手升至元帅的军人，雷德尔知道他的法国同行会做出什么，但希特勒没能听取他的劝阻。

此时英国已经派出一支强大的海军舰队开到土伦港外，随时准备帮助法国舰队出逃，但出于对英国人的刻骨仇恨，几乎没有法国舰艇愿意与英国人"同流合污"。舰队司令拉波尔德再次重申："没有任何外国人会登上任何一艘法国舰。"为了保证舰队不落入德国人手中，他把各舰舰长召集到办公室，要求他们保证，他们的舰船绝不会落入外国人手中，两位拒绝保证的驱逐舰舰长被饬令上岸，解除了职务。

如果说盟国未能得到法国舰队的话，那么德国人也是如此。面对德国人的包围，高傲的法国海军拒绝了英国人的援助，他们不愿意向敌人屈服，不论他们是德国人还是英国人，他们选择了一条最悲壮的方式——自沉。在德军冲入土伦港时，已经被剥夺了航行能力的法军战舰集体悬挂法国海军旗，同时引爆了安放在舰体内的炸药！

11 月 27 日当天，拉波尔德在"斯特拉斯堡"号上发出了他最后的命令："破坏！破坏！破坏！"这一指令在信号灯、无线电与通信小艇上一次又一次地被通知给各舰舰长，按照预先的计划，整支舰队迅速展开行动，在短暂的交火后，德军恢复了理智，试图用谈判方式稳定法国水兵的情绪，并夺取舰队。一名德军军官靠近战舰，用法语喊道："上将！我们的司令要求您完整地放弃战舰！"而愤怒的拉波尔德在舰上回应道："该舰已经沉没！"

舰长鸣响了汽笛，随着这个信号的发出，安放在各处炸药的引线被点燃，这支曾经是世界第四的海军用充满悲壮色彩的自我毁灭实践了自己的誓言，也捍卫了自己的荣誉。法国人的高傲决定了他们不会向自己的敌人投降，法国海军的荣誉决定了他们的命运。当执行夺船任务的德军很礼貌地询问可否让他们上船时，每艘舰上的官兵都很客气地邀请他们光临，德国人虽然登上了一艘又一艘的战舰，但只能无可奈何地眼睁睁地看着它们在一点点沉没。所有在港口的驱逐舰都被他们的舰员炸毁并沉没在他们的系泊处，港内数十艘小型船舶也被自沉，在被毁灭前，它们的舰炮还摧毁了附近的海岸炮台。

法国海军履行了高傲而固执的弗朗索瓦·达尔朗在1940年许下的承诺："他们的舰艇决不会落入德国人之手。"土伦港中的135艘舰船中，只有大型驱逐舰"虎"号、"猎豹"号以及4艘潜艇仍然幸存。法国舰队自沉海底是第二次世界大战中最悲痛的一幕，诚如戴高乐所言，"在1940年时，海军的确具有头等作用"，在法国本土的抵抗失败后，如果法国政府退到北非坚持抗战，那么盟国仍然能够处于比较有利的地位，英法海军联合起来完全能够彻底控制地中海，隆美尔根本就不会有在北非黄沙中展现自己卓越智慧才干的机会。"——如果真要是那样的话，恐怕也不会有戴高乐展现自己卓越智慧才干的机会了。

（十九）美军最倒霉的战舰——"波特尔"号驱逐舰

"波特尔"号在美国海军中的名气，不是因为其战功，而是因为其所遭遇的倒霉经历。"波特尔"号是美国海军第二次世界大战期间赶造的驱逐舰，1942年5月开工建造，同年9月建成下水。1943年7月该舰正式服役，编入大西洋舰队。

舰上的125名水手和他们的"波特尔"号一样，都是崭新的，大多数人从高中校园或自家农场直接爬上了军舰，他们甚至从来没见过海军军服！新水手们只训练了短短4个月，就接到了出海执行任务的命令，"波特尔"号真是美国海军史上最幸运的战舰，刚刚服役4个月便被委以为总统护航的重任。

1943年11月，美国总统罗斯福、英国首相丘吉尔和苏联统帅斯大林聚会德黑兰，这就是历史上著名的"三巨头"德黑兰会晤。这次会晤意义深远，它巩固了同盟国之间的合作，保证了反法西斯战争的胜利，罗斯福总统、美国军方高级将领以及其他美国高层重要领导80多名，乘坐"依阿华"号战列舰赶往德黑兰，由3艘驱逐舰和另两艘护航航母组成了护卫编队，看着坐着这么多大人物的"依阿华"号，"波特尔"号上的水兵们开玩笑说："如果希特勒能把这艘4.5万吨的战列舰击毁，那他就中大奖了！"说者无意，可随后发生的一件事，却差点让这句话成为现实。

11月14日，编队驶近百慕大海域，"依阿华"号战列舰舰长决定在这里让总统和高官们解解闷儿，演示演示自己的战舰如何防御敌人的空中进攻。准备过后，几只巨大的气象气球被释放到空中，"依阿华"号上凡是能对空射击的舰炮都对准了它们猛轰，罗斯福总统在甲板上看得兴致勃勃，5000米外"波特尔"号的沃尔特舰长和手下的水手们也看得心痒难耐，他们也很想挤过去凑凑趣儿，但无奈自己名气太小，只能在外围放放哨。上帝也许看穿了"波特尔"号的心思，特别让几只气球从"依阿华"号编成的火网中漏出来，慢慢飘进它的射程。"机会来了"，沃尔特舰长大喜，立即命令水兵们各就各位，向气球射击，并同时进行鱼雷发射训练，"能不能露脸全看这次了！"

甲板的炮位上，水兵们专心地轰击飘浮的气球，"波特尔"号舰长沃尔特命令全体舰员进入战斗状态，模拟发射鱼雷，甲板下的鱼雷舱里，两名水兵开始进行鱼雷发射操作，他们得把鱼雷发射管里的推进火药拿出来，因为这只是训练，不需要把鱼雷发射出去。像往常一样，他们先得为鱼雷找个目标，"依阿华"号当然是首选，因为它又大又明显。一切准备就绪，随着沃尔特舰长命令："鱼雷——发射！"谁也没想到的事发生了，甲板上所有的人都发出了惊讶的"呜喔……"声！一枚鱼雷竟窜入水中，直奔罗斯福总统乘坐的"依阿华"号而去！那枚鱼雷最多只用两分钟就能跑到"依阿华"身边，到那时，就算它是战列舰恐怕也得在劫难逃了！

"右舷有鱼雷！不是演习！不是演习！右舷有鱼雷！""依阿华"上一片大乱，苦着脸的"威利"号舰长和水兵远远地瞧着人仰马翻的上司们，欲哭无泪。谢天谢地，"依阿华"号肥胖的身躯转了一个完美的弯，与鱼雷擦肩而过。"轰"的一声，鱼雷在"依阿华"号舰尾300米处爆炸，激起了一股冲天水柱！"波特尔"号被勒令脱离舰队，就近停泊在百慕大海军基地，全体舰员被拘留调查，这事在美国海军史上仅此一例。经过调查，这只是意外操作事故，"波特尔"号驱逐舰就此出了名，凡是与它相遇的舰只都会跟它开个不大不小的玩笑："别开炮，别开炮！我不是总统！"

鉴于"波特尔"号如此不光彩的表现，美海军部决定将这艘战舰调往最偏远的阿留申群岛，此后的一年中，"波特尔"号竭力挽回损失的声誉，但不论多么努力，这艘战舰注定是多事之舰。

一次演习休整期间，该舰一名水手上岸喝得大醉，谁也没有留意，这位醉汉登舰后一闪身，闯进了主炮炮塔，众人阻拦不及，此人竟然拉动了127毫米主炮的发火闩！炮弹出膛，不偏不倚，径直落到了基地司令家门前的花园！这一天，基地司令恰巧正在家宴请全体参演指挥官及他们的夫人！说来也巧，所幸没有人受伤，唯一受到伤害的是"波特尔"号，炮打司令又给它多添了个笑柄。

1945年，太平洋战争进入最后阶段，美国海军部决定将"波特尔"号从阿留申调往菲律宾海域，参加对日最后作战。冲绳战役期间，"波特尔"号担任最危险的防空雷达哨任务，这一次，"波特尔"号表现不错，击落了6架日军战机，引导舰队击落7架。然而，厄运似乎不愿意放弃最后一次戏弄"波特尔"号的机会，1945年6月10日晨8点15分，日军一架老旧的九九式舰载轰炸机忽然朝着"波特尔"号撞下来，"波特尔"号防空火炮猛烈开火，准确命中日机，可令人意想不到的是，这架被击中的自杀式战机坠海后落在"波特尔"号身边，巨大的水下爆炸将"波特尔"号整个托出了海面，旋即又重重地砸落下来，顿时，"波特尔"号全舰多处起火，动力全失，水管断裂，经三个小时的抢救，舰长不得不下令弃舰，弃舰后仅 12 分钟，"波特尔"号即倾覆，迅速沉入了海底，之后，"波特尔"号被美国海军部从作战序列中永远除名。"波特尔"号驱逐舰的确是一艘不平常的战舰，它是美国海军史上最幸运的战舰——刚刚服役 4 个月便被委以为总统护航的重任；它还是美国海军史上最乌龙的战舰——例行演习时竟向自己总统乘坐的军舰射出致命的鱼雷；它更是美国海军史上最悲惨的战舰——不但曾经全体舰员被拘，自己被击沉，最终还被海军永远除名。

（二十）美国海军最大的悲剧——"印第安纳波利斯"号沉没始末

1930 年 3 月 31 日，一艘崭新的"波特兰"级重巡洋舰在新泽西州卡姆敦纽约造船厂铺设了第一根龙骨，次年 11 月 7 日，该舰下水，舷号 CA-35，该舰被命名为"印第安纳波利斯"号。按照海军的传统，舰员们都把这艘标准排水量 9950 吨的重巡洋舰亲切地称为"印地"。

在第二次世界大战期间，美国罗斯福总统和高级军政要员多次乘该舰视察和出访。珍珠港事件后，该舰加入太平洋舰队参战。第二次世界大战后期，作为美国海军名将斯普鲁恩斯将军率领的第 5 舰队旗舰参加过许多重要海战，如马里亚纳群岛登陆战、袭击日本本土、硫黄岛登陆战役、冲绳岛战役。

1945 年 7 月，美国第五舰队旗舰"印第安纳波利斯"号巡洋舰担负了运送原子弹"小男孩"到提尼安岛的任务，由于任务紧急，"印地"于 7 月 15 日离开旧金山，19 日抵达珍珠港，26 日在没有护航的情况下抵达提尼安岛。这次航行"印地"创下了一项纪录——从旧金山出发在 10 天内航行 5000 英里！在把货物卸到西太平洋的提尼安岛之后，这艘巡洋舰继续驶往关岛，从那里，它穿过菲律宾海，前往美国海军在菲律宾群岛上建造的基地莱特。

1945 年 7 月 16 日，一支专门在水下巡逻的日本潜艇编队"多门"大队也离开了九州岛西南角日本最大的海军基地——吴港码头。

就在"印第安纳波利斯"号抵达关岛海军基地的前三天，美国海军的"山洼"号驱逐舰在"印第安纳波利斯"号即将前往的海域执行护航任务时，遭到"多门"大队中编号为 I-53 号潜艇的水下伏击，威力强大的"凯特"鱼雷将该驱逐舰一下子炸成了两截，美国海军 119 人阵亡。然而，日本潜艇在这一海域的军事行动并没有引起美军各级指挥官的高度重视，甚至在发给"印第安纳波利斯"号的敌情简报中竟漏掉了"山洼"号被击沉的情况。

一直的顺境使"印第安纳波利斯"号的官兵产生了麻痹轻敌的思想，此时距日军宣布无条件投降，仅有半个多月的时间，胜利在望。在战火中挣扎了数年的军人在战争结束前夜产生了轻敌思想，关岛的海军军官曾向他们提出过航线附近有日本潜艇出没的告诫，但被当作了"耳边风"。在航行途中，按规定巡洋舰为避免袭击应走"之"字形航线，但"印第安纳波利斯"号只在最初的半天敷衍了一下，就开足马力直线行进了。

7月29日深夜，天空云层密布，站在舰上一端几乎看不到另一端。在上床睡觉之前，舰长麦克沃伊留下话来，如果天气好转，就恢复曲折前行。午夜时分，云层突然散开，月亮探出头来。就在这一时刻，在距离军舰不远处，一艘日本潜艇悄悄伸出了潜望镜，这正是日本伊-58号大型潜艇，形单影只的"印地"不知不觉中成了日军的极好目标。

0点15分，日本艇长桥本森千宣一声令下，"伊-58"射出两枚鱼雷，第一枚炸掉了巡洋舰的舰首，第二枚猛地蹿入它的火药库，伴随着两声巨响，"印地"上火光熊熊，仅仅过了12分钟，巡洋舰就沉没了，"印第安纳波利斯"号重巡洋舰成了被日本潜艇击沉的最后一艘大型军舰。日本潜艇发起袭击时，"印第安纳波利斯"号上的人员正处于午夜交班之中，许多人并没有入睡，因此大部分船员还是暂时逃脱了灭顶之灾，在全舰1300多人中，只有400余人随舰一起沉没，近900人及时逃了出来，漂流在海上的水兵们只能祈盼着美军的救援，然而由于种种原因，他们在海上整整漂流了4天4夜后对他们的救援才开始。

整个搜索行动共持续了6天，在"印第安纳波利斯"号900名逃生的船员中，只有317人获救，在海上漂流的这些天中，干渴、饥饿、暴晒和凶残的鲨鱼，给每一个人留下了极其恐怖的记忆。

美国第5舰队旗舰"印第安纳波利斯"号在第二次世界大战行将结束之时葬身海底，让人觉得非常可惜。而更让人痛心的是，军舰沉没后又有数百名船员由于各军种间的扯皮得不到及时救助而死于水中，其中的教训值得后人深思。

"印第安纳波利斯"号巡洋舰舰长麦克沃伊1920年毕业于美国海军学院，因战功卓著多次被授予"战斗之星"勋章，他虽然侥幸活了下来，但是却没逃过军法的处置。大型巡洋舰被击沉、近千人丧生，这场悲剧是必须有个说法的，否则也无法向国人交代。因此，舰长麦克沃伊上校成了整个事件的替罪羊，受到军事法庭的审判。麦克沃伊面临两项指控："没有遵守命令采用Z字形航线而导致军舰处于危险之中和没能及时下达弃舰命令。"

庭审结束后，法庭认为对麦克沃伊"忽视命令置海军舰艇于危险之中"的指控成立，鉴于"印地"被击中后舰上通信瘫痪，因此法庭认为麦克维"未能及时下达弃舰命令"的指控不成立。

军事法庭确认麦克沃伊上校对"印第安纳波利斯"号重型巡洋舰的沉没负有"不可推卸的责任"，他被美国军事法庭以"导致舰只沉没"的罪名投进了监狱，因鉴于他在第二次世界大战中成绩出色，不久便予以释放并恢复其工作。被释放后的麦克沃伊每天都收到大量的信件，有些是向他表示慰问的，但也有一些是死者的父母向他要儿子的，这给麦克沃伊造成了巨大的精神压力，1968 年 11 月，他走到自家的草坪上，用左轮手枪结束了自己的生命。

"印第安纳波利斯"号巡洋舰

"印第安纳波利斯"号的沉没原因是多方面的，舰长麦克沃伊虽然有一定的责任，但在此次航行中有许多重要的情况并没通知他也是导致这次悲剧发生的重要原因，所以把责任完全推到麦克沃伊身上还是有失公允的。很多人再问："不久前美国一艘巡洋舰在那个水域被日潜艇击中沉没，为什么美国海军最高指挥部始终知道'印第安纳波利斯'号正驶入危境，却从未向舰长发出过警告?" "为什么他们在水里泡了近 5 天而无人前去救援?"

1996 年，在世的"印第安纳波利斯"号上的幸存者们召开集会，强烈要求重新调查半个世纪前的这桩悬案，还其舰长以清白。在他们的努力下，美国海军再一次展开了认真的调查工作，最终确认麦克沃伊舰长无罪，为其平反。美国政府承认对麦克沃伊的指控"从道德上而言是不成立的"，对他的定罪属于"审理不公，导致他不公正地蒙受耻辱，并且毁了他的行伍生涯"。

现在，美国海军历史上最大的冤案终于真相大白，舰长麦克沃伊总算可以安息了。美国国会一些议员已于当年 5 月中旬提出一份议案，建议总统授予麦克沃伊和舰上水手荣誉奖章，麦克沃伊沉冤得雪了。

可是，那些因为指挥机关大意而无谓地长眠于海底的"印第安纳波利斯"号船员们又向谁讨还公道呢?——其实在战争中冤魂甚多，本就不可能去计较什么公道，活过来的人只能庆幸自己的"运气"。

(二十一) 太平洋中的猛鲨——第二次世界大战美军的潜艇战

20 世纪初，海军序列里出现了作战潜艇。1914 年 9 月 22 日，德国 U-9 号潜艇在一个小时内，击沉了英军三艘 112 万吨级的装甲巡洋舰震惊了世界。

第二次世界大战爆发后，德国潜艇四面出击，沉重打击了盟军的海上交通线，以击沉1300多万吨商船和192艘军舰的骄人战绩，进一步震动了各国海军界，美国人终于发现了潜艇在侦察、破交和反舰作战中的巨大作用。

虽然如此，在太平洋战争爆发以前，潜艇在美国海军的战略中并不占重要的位置，然而，太平洋战争一开始，美国海军潜艇就成了与日本海军作战的主要力量。

第二次世界大战的太平洋海战是从一次反潜作战开始的，大约在南云中将的飞机出现在瓦胡岛上空一个小时之前，美国驱逐舰"伍德"号就在靠近珍珠港入口处侦测到一艘日本袖珍潜艇，"伍德"号攻击了这艘袖珍潜艇，并将其击沉。日本偷袭珍珠港，挑起了太平洋战争。这突然的一击给了美国当头一棒，在水面力量不足的情况下，只好把太平洋战区的潜艇部队作为主力投入作战。

美国太平洋战区的潜艇部队主要由驻守在珍珠港的太平洋舰队和驻守在甲米地基地的亚洲舰队组成，在当时，太平洋舰队拥有21艘大型潜艇，亚洲舰队拥有23艘，而日本海军起码有60艘主力潜艇。

从数量上看，美军潜艇明显处于劣势，而且，由于美军潜艇装备的鱼雷技术性能差，其在质量上也不占优，海军作战部长随即坚决地打破了美国的惯例，下令对日本这个岛屿帝国实施无限制的潜艇战。这支"海豚式的海军"使用破旧落后的装备，从此开始进行了一场鲜为人知、旷日持久的消耗战。

1941年末，美国的亚洲舰队正饱受日本轰炸机群的密集轰炸，迫不得已的麦克阿瑟命令驻守菲律宾的大多数水面舰艇撤退到爪哇，只留潜艇部队在海军上校威尔克斯的指挥下驻守甲米地基地，威尔克斯在环绕吕宋岛防御警戒线部署了28艘潜艇，但并未对日军入侵菲律宾造成多大威胁。这些潜艇对日军战舰、运输兵船、货船发动了31次攻击，发射鱼雷66枚，却仅击沉了3艘货船，1941年圣诞节时，即将弹尽粮绝的亚洲舰队潜艇无奈向爪哇岛的苏腊巴亚港口退却。

珍珠港事件后，美国人开始认真思考如何有效运用自己手中的潜艇，从这时起，美国潜艇开始作为一种进攻性武器出现在太平洋上，以自由猎杀出现在视野中的敌水面舰船目标。

大战之初的美国潜艇部署的过于分散，又没有统一的指挥，数量也不足，美国潜艇的艇长们在首次与敌舰接触时多半过于谨慎，在1942年中，美军潜艇战斗巡逻350次，击沉日本舰船180艘，72.5万吨。其战果不丰的主要原因是没有把破坏日本海上运输线作为主要任务。

太平洋战争爆发后不久，尼米兹出任美太平洋舰队司令，他本人有潜艇专家之称，因而对于潜艇的战略作用认识比较深刻，在使用上就能把潜艇集中使用在破坏日本海上交通的行动之中。在此期间，美国海军潜艇主要用于袭击日本海上运输线，支援美军岛屿岸上防御作战以及执行援救等任务。

相对于太平洋初期的美国来说，日军的潜艇无论是在数量上还是在质量上都占有优势，日本人潜艇的鱼雷比美国的可靠，速度高、航程远、弹头威力更大，日本人还有低噪声齿轮传动装置，但日军的潜艇直到战争后期一直缺乏雷达。

日军的潜艇没有像德国和美国那样将潜艇主要充当劫掠商船的角色，而主要是以军舰为目标。这与他们的作战对象是有关的，因为美国不像日本，处处依赖进口资源以维持战争，然而美国潜艇则开始通过不间断地攻击日本货船，以此来削弱日军的战争潜力。与此同时，美国海军对无线电情报部门加大了工作力度，基于获得的一系列正确的情报，美国海军"鲔鱼"号潜艇被部署在日本海军"伊-173"号潜艇可能出现的航线上，伺机发动攻击。

1942年1月27日，伊-173按预定时间出现在"鲔鱼"号正前方，后者于是迅速将其击沉。随着太平洋战线的不断拉长，日本海军越来越力不从心，8月10日上午，陈旧的美军S-44小型潜艇发现日军重型巡洋舰编队后，冒险攻击，竟导致日军"加古"号重型巡洋舰因锅炉爆炸而沉没，此举极大地鼓舞了美军的士气。

经过一年的苦苦消耗作战，到1943年，美军潜艇部队的实力已大为增强，不但潜艇数量增加了66艘，而且质量也大大提升。从1942年起，美军在潜艇上装备了水面搜索雷达，并可以与鱼雷数据计算机相连，这使得美国潜艇可以在夜暗或迷雾中攻击肉眼无法观测的目标，从而大大提高了每次出航攻击得手率。

1943年，美军潜艇共进行了1000余次袭击，击沉300多艘日军舰船，共计180万吨。其实作为一个人口众多的岛屿国家的日本来说，从战争一开始其关键的海上运输线就处于威胁之下，这是它的先天不足，可以说，日本伴随着源源不断地掠夺和进口战略物资而推动战争，而又随着一艘艘满载战略物资的船只被送进海底而输掉了战争，据统计，在整个第二次世界大战期间，美军潜艇共击沉日军1113艘商船，总吨位共计超过532万吨。

由于在浅海海域作战的危险性，自1943年10月以来美国潜艇一直未敢进入日本海，1945年1月，美国海军"石首鱼"号潜艇首次潜入日本海，击沉一艘货轮并击伤令一艘。艇长基恩·福拉奇因此荣获战斗荣誉勋章。6月，借助新服役的雷达设备，一支由9艘潜艇组成的美国潜艇群再次进入日本海，共击沉23艘船只，此外还包括日本海军"伊-122"号潜艇，总吨位共计5.5万吨，自身仅损失1艘。此时的美国潜艇的战斗力已不仅仅是限于以货船为主了，日军的"大风"号、"翔鹤"号和"信浓"号航母都被它先后送入了海底。到战争结束时，美国的潜艇已完全掌握了主动权，可以说，如果战争继续下去，整个日本海将被美国潜艇牢牢控制。

对于许多参加第二次世界大战的老兵来说，几十年前那场惨烈的太平洋战争至今仍历历在目，美国海军尤其是美军的航空母舰在战争中起到了决定性作用，给人们留下了深刻的印象。至于第二次世界大战中的美国海军潜艇，多数人认为其作用只是辅助性的。在第二次世界大战期间，日本总共损失了超过1000万吨的各类商船和货轮，到战争结束时，日本的经济已处于全面崩溃的地步。

　　而在这场对日本旷日持久的封锁战中，美国潜艇的战绩占到了其中的54%，而美国海军潜艇部队官兵人数仅占美国海军力量的1.6%，如果说在这场海上交通线之战中日本人遭到完败的话，胜者无疑是美国潜艇。